Häussermann • Piepho

Aufgaben-Handbuch

Ulrich Häussermann • Hans-Eberhard Piepho

Aufgaben-Handbuch

Deutsch als Fremdsprache

Abriß einer Aufgaben- und Übungstypologie

iudicium

Wir danken ganz besonders den folgenden Kolleginnen und Kollegen, die uns wichtige Manuskripte und Manuskriptdrucke zur Verfügung stellten: Dr. Yingjie Dai, Dr. Hans-Dieter Dräxler, Prof. Dr. Ursula Hirschfeld, Dr. Eva-Maria Moerke, Dr. Michael Müller-Verweyen, Dr. Angela Noke, Mag. Marion Umbreit, Enzio Wetzel.

Konzept und Aufbau des Handbuchs entstanden im Gespräch zwischen den beiden Autoren. Hans-Eberhard Piepho hat zu jedem Kapitel zahlreiche Ideen und Vorschläge beigesteuert und die Entwicklung des Manuskripts sehr genau begleitet. Überdies hat er für dieses Buch eine Reihe von Textabschnitten geschrieben, sie sind jeweils mit H.-E. P. bezeichnet.

Damit dieses Handbuch nicht noch dicker wird, zeigen wir keine Aufgaben und Übungen, die ein großer Teil der Lehrerinnen und Lehrer wahrscheinlich nicht benützen kann und wird: Aufgaben und Übungen zur Tätigkeit des Dolmetschens und Übersetzens, zur Alphabetisierung, zur Arbeit mit Video und Computer, zur Arbeit mit Liedern (mit Ausnahme solcher Beispiele, die zugleich für den allgemeinen Sprachkurs geeignet sind). Nicht zum Thema gehören die Bereiche Lernkontrolle, Prüfungen.

Die Deutsche Bibliothek – CIP-Einheitsaufnahme

Häussermann, Ulrich:
Aufgaben-Handbuch Deutsch als Fremdsprache :
Abriss einer Aufgaben- und Übungstypologie /
Ulrich Häussermann ; Hans-Eberhard Piepho.
– München : Iudicium, 1996
ISBN 3-89129-269-4
NE: Piepho, Hans-Eberhard:

Inhalt

Kapitel 4
Aufgaben und Übungen zum Erkennen und Erproben der grammatischen Instrumente

Kapitel 5
Aufgaben und Übungen zur Sensibilisierung für sprachliche Nuancen 170

– Plateau – Kapitel 6
Didaktische Durchblicke 194

Kapitel 7
Aufgaben und Übungen zur freieren Verwirklichung im Sprechen 242

Kapitel 8
Aufgaben und Übungen zur freieren Entfaltung der Lese-Intelligenz

Kapitel 9
Aufgaben und Übungen zur schriftlichen Arbeit

Kapitel 10
Aufgaben und Übungen zum experimentellen Verstehen und Schreiben 358

Kapitel 11
Aufgaben und Übungen als Anstöße zu interkulturellem Lernen 399

Kapitel 12
Aufgaben und Übungen zur Bewußtwerdung und Erleichterung des eigenen Lernens

Kapitel 13
Ganzaufgaben

Kapitel 14
Spiele

Vorwort

„Ein Buch soll helfen, zu entdecken" (Borges).[1] Unser Ziel ist es, das Auswählen, aber auch das Erfinden von Aufgaben und Übungen leicht und lehrbar zu machen.

Wir zeigen Ihnen an 291 Beispielen, wie Übungen und Aufgaben aussehen sollten,

– damit sie erfrischen, auffordern

– damit sie wirklich funktionieren

– damit sie die Lernenden so früh wie möglich frei und selbständig machen.

Dieses Handbuch ist an Lehrerinnen und Lehrer im Fach Deutsch als Fremdsprache adressiert. Es ist kein Aktenschrank, keine Registratur. Es ist ein Musterbuch zum Anwenden, ein Tisch mit fertigen und halbfertigen Teilen zum Ausprobieren, Weiterbauen, Umbauen. Die Sprache des Buches ist daher nicht die der Theorie, sondern die der Ermunterung, des Appells.

Die Grenze zwischen Aufgabe und Übung fließt und kann sehr unterschiedlich definiert werden. Als Übungen bezeichnen wir Beispiele von eher bindender, als Aufgaben solche von eher freisetzender Struktur.

Das Buch besteht zu zwei Dritteln aus Beispielen. Sie stammen aus den heute gängigen Lehrwerken (und einigen weniger bekannten Materialien). Wir danken den Verlagen, die uns in großzügigster Weise den Abdruck erlaubt haben, und danken den Lehrbuchautorinnen und -autoren, von deren Phantasie und Erfahrung unser Buch lebt.

Etliche Aufgaben und Übungen stammen aus unveröffentlichten Materialien. Die Bezeichnung DRUGSTORE steht für: Werkstatt Piepho. Die Bezeichnung KÜCHE steht für: Werkstatt Häussermann.

Statt einer Einleitung gibt es ein Plateau-Kapitel (S. 194–241), in dem einige Grundbegriffe und Fragen diskutiert werden, die für die Arbeit mit dem Handbuch wichtig sind. Dort werden auch Begriffe wie Aufgabe, Übung, Typologie ausführlicher erörtert.

---

[1] Jorge Luis Borges: Die zwei Labyrinthe. München: dtv 1986. S. 255

Kapitel 1

Aufgaben und Übungen zur Sensibilisierung des Hörens

Statistiken erzählen, daß wir mehr Sprache über das Lesen aufnehmen als über das Hören. Das ist richtig – solange wir die Quantität messen, die Menge der Wörter. Stellen wir die Frage nach der Qualität, hört es mit dem Messen auf. Hören ist qualitativ mehr Kommunikation. Hören

- geschieht direkt, während das Lesen eine indirekte, durch intellektuelle Tricks schon veränderte Form von Kommunikation ist

- ist mehr Erlebnis. Es bewegt primär die Empfindung, dann erst schaltet sich, oft, der Verstand ein

- nimmt mehr wahr, hört Signale zwischen und hinter den Worten – Stimmcharakter, wechselnde Tonhöhe, Tempi, Tonstärken, Pausen ...

- stellt, eben dadurch, mehr persönliche, affektive Nähe her (sogar über technische Umwege).

Fazit: Das Hören hat eine Schlüsselfunktion bei der Begegnung mit einer neuen Sprache. Mit dem Hören-Lernen fängt alles an – ganz besonders in einem kommunikativ orientierten Sprachunterricht.

Hören heißt ja, auch in der Muttersprache, noch nicht Verstehen. Es wird zum Verstehen durch eine Vielfalt geistiger Tätigkeiten. Im Fremdsprachenunterricht muß ich sie fast alle noch einmal lernen. An die Aufgaben und Übungen zum Hören-Lernen sind also genaue Anforderungen zu stellen – ganz besonders in einem kommunikativ orientierten Sprachunterricht.

Viele Filter, Brüche, Spiegel trennen das Hören schon in der Muttersprache vom Verstehen.[1] Um so zahlreicher und unübersichtlicher sind die trennenden Grenzen, die sich zwischen das Hören in der Fremdsprache und das Verstehen schieben. Eine davon ist die Angst.[2] Wir sind damit mitten im Thema Aufgaben und Übungen. Gegen die Angst gibt es ja ein verläßliches Mittel, das Tun, nämlich das erfolgreiche und immer wiederholte Tun. Hören ist eine so aufregende Sache, weil die gesprochenen Worte so schnell verklingen, das Verstehen hat nur Sekunden Zeit. Höraufgaben und -übungen müssen so gemacht

---

[1] Dazu besonders konkret: Friedemann Schulz von Thun: Miteinander reden 1. Reinbek: Rowohlt 1981

[2] HANS LUDWIG BAUER (1992), S. 24: „Angst verschließt die Ohren"

sein, daß diese Tatsache kein Handicap bedeutet. Gute Höraufgaben, gute Hörübungen, besonders für Anfänger, sind so leicht, daß sie den Lehrenden oft als zu leicht erscheinen. „Die besten Lernerfolge treten ein, wenn die Schüler die Übung weitgehend erfolgreich durchführen können" (Penny Ur[3]).

Ein moderner Sprachunterricht setzt Hörübungen und -aufgaben sofort beim allerersten Einstieg ein, denn dieser Sprachunterricht will ja vom ersten Moment an erfolgreiche Kommunikation herstellen. Das Anliegen also: „Intensive Hörverstehensschulung von Anfang an" (Solmecke[4]). Da in gängigen Deutschprogrammen oft nur wenige angemessene Höraufgaben und -übungen für Anfänger vorliegen, sollen sie den Schwerpunkt dieses Kapitels bilden.

Zusammenfassung, Präzisierung: Höraufgaben und -übungen für Anfänger müssen

- *leicht* sein (was nicht bedeutet, daß der Hörtext leicht sein muß). Es müssen

- *viele* Aufgaben und Übungen sein (und sie müssen so gut sein, daß Lernende und Lehrende Lust haben, sie alle zu benützen). Je größer der Anteil des Hörens im Unterricht, desto leichter wird das Hören und Verstehen. Und, das ergibt sich aus dem Wörtchen „viel", sie müssen

- *vielfältig* sein. Ein konzertiertes Angebot also, ein zusammenstimmendes Instrumentarium verschiedener Aufgaben- und Übungsformen. Die Schülerinnen und Schüler sprechen je nach „Lerntyp" und Lerngewohnheit auf die verschiedenen Formen ganz verschieden an.[5]

Das Kapitel besteht aus zwei Teilen:

- Hör-Kommunikationsübungen und -aufgaben

- Mitschreibübungen und -aufgaben

Nicht behandelt werden in diesem Kapitel: Aufgaben und Übungen zur Phonetik (siehe Kapitel 2), Grammatikaufgaben in Hörgestalt (siehe Kapitel 4), das Hören literarischer Texte (siehe Kapitel 10).

---

[3] PENNY UR (1987), S. 34
[4] GERT SOLMECKE (1993), S. 6
[5] Eine erste Übersicht über die *Text*arten, die sich bei der Auswahl für Hörübungen anbieten, gibt WERNER BEILE (1980), S. 8/9

Hör-Kommunikationsübungen und -aufgaben

1 Ein-Punkt-Aufgaben

Diese Art von Aufgaben ist sehr wenig verbreitet, aus einem zunächst verständlichen Grund: Man argumentiert, aus einem Hörtext müsse doch mehr herauszuholen sein als nur eine Antwort. Es ist aber gerade eine entscheidende Hör- und Denkleistung, die e i n e didaktisch gezielte Aufgabe zu erfassen und zu lösen.

Diese Aufgaben sind leicht und zugleich schwer. Es geht ums Hören, um die Konzentration der Sinne und des Denkens auf den Hörtext. Diese Konzentration wird vom Didaktiker gestört, wenn er (meist schriftliche) Fragen formuliert, die zu verstehen Mühe macht. Auch auszufüllende Schemata, Listen, Raster beeinträchtigen die Hörkonzentration gründlich, vor allem auf der Anfängerstufe. Die gestellten Fragen und Aufgaben müssen so einfach und dienlich wie irgend möglich sein, sie sollen die Hörenden nicht belasten. Die Hörenden sollen ganz frei sein fürs Hören.

Auf der anderen Seite sind schon diese allerersten Höraufgaben wirkliche Aufgaben.[6] Denn erwartet wird nicht ein plattes Registrieren und Wiedergeben des Gehörten, sondern ein gedankliches Umsetzen, Interpretieren, Urteilen, Schließen.[7] Also eine intellektuell komplexe Tätigkeit, die auf der Übung des hörend-deutenden Verstehens, über die jeder in seiner Muttersprache verfügt, aufbaut. Und die nur funktioniert, wenn die Lernenden ihr persönliches Weltwissen bereithaben und „abrufen". Der Anspruch ist also zugleich bescheiden und hoch. Bescheiden, was die sprachliche Anforderung an das Deutschverstehenkönnen betrifft, hoch, was die Herausforderung der geistigen Beweglichkeit betrifft.

---

[6] Denn sie stellen eine Distanz zum Gehörten her, lösen einen relativ freien geistigen Vorgang aus. Zur ungefähren Abgrenzung zwischen „Aufgabe" und „Übung" siehe S. 195–197. 235

[7] Gehen wir von der Stufung nach Bewußtseinsgraden aus, die M. Wendt bei seiner Beschreibung des Hörverstehensweges vorschlägt, so handelt es sich hier bereits um die gedanklich komplexeste Stufe, die „analytische". Michael Wendt: Zur Arbeit mit authentischen Hörtexten im Französischunterricht. In: Der fremdsprachliche Unterricht 1988. Heft 88. S. 16–19

Vier Ausschnitte[8]

a

> *Was sind die Leute von Beruf?*
>
> 1 *Frau* Ich studiere schon vier Semester an der Universität Zürich.
>
> 2 *Frau* Ich bin spezialisiert auf juristische Fachliteratur. Unsere Buchhandlung ist im Zentrum von Berlin.
>
> 3 *Mann* Ich gebe seit 12 Jahren Unterricht in Englisch und Französisch hier an der Realschule.
>
> 4 *Mann* Ich habe Elektrotechnik studiert und arbeite jetzt bei der Firma Mercedes hier im Konstruktionsbüro.
>
> 5 *Frau* Ich schreibe für die Süddeutsche Zeitung und arbeite jede Nacht bis elf.

b

> *Dialog 1*
>
> *Kind A:* Wo ist denn die Pumpe? Ich habe schon wieder keine Luft.
>
> *Kind B:* Sag, wie alt ist denn dein Fahrrad?
>
> *Kind A:* Nicht älter als deins.
>
> *Kind B:* Ich helf dir aufpumpen. Dann fahren wir los.
>
> Was tun die Kinder?
>
> *Dialog 2*
>
> H: Bist du fertig?
>
> D: Ich schon, aber ist der Platz schon frei?
>
> H: Sicher, ich hol nur noch die Tennisbälle.
>
> D: Und vergiß die Schläger nicht!
>
> Welchen Sport treiben die Leute?
>
> *Dialog 3*
>
> A: Schon vom Ausritt zurück?
>
> B: Ja, ich bin heute etwas früh dran.
>   Ich fahre direkt vom Stall zur Arbeit.
>
> A: Aber Ihr Pferd machen Sie schon noch fertig?
>
> B: Selbstverständlich! Jeder echte Reiter reibt sein Pferd noch ab.
>
> Welchen Sport treiben die Leute?
>
> *Dialog 4*
>
> Frau: Gefährlich muß es sein. V
>
> Mann: Das v

---

[8] SPRACHKURS DEUTSCH NEU 1, S. 56. 104. 2, S. 61. 130 (Lehrerheft 1, S. 24. 33. 2, S. 33. 49)

c

Frau:	Also Beate, war das ein blöder Film.
Frau:	Ja, Nina, und dafür zahlt man elf Mark!

Woher kommen die Frauen?

Frau:	Eine wundervolle Predigt hat er gehalten, unser Herr Pfarrer.
Mann:	Tut mir leid, ich habe die ganze Zeit geschlafen.

Woher kommen die Leute?

d

Nummer 1

Frau: Mein Gott, diese Hektik, nichts als Arbeit! Arbeit Tag und Nacht. Ich kann nicht mehr. Ich bin kaputt.

Was braucht die Frau?

Nummer 2

Mann: Spielen Sie Karten? Wir sind leider nur drei.

Was brauchen die Spieler?

Nummer 3

Mann: Entschuldigen Sie, können Sie mir die zehn Mark wechseln? Ich möchte gern telefonieren.

Was braucht der Mann?

Nummer 4

Mann: Ach, das Leben ist so traurig. Wenn man immer allein frühstücken muß, allein ins Bett gehn muß; allein ins Kino muß, allein sein Bier trinken muß.

Was braucht der Mann?

Nummer 5

Frau: Ach Gotthold, wenn ich nur endlich schlafen könnte! Se...

Anfängerstufe

Die Aufgaben a, b und c (hier nur Teilstücke) aktivieren das Heraushören, die Aufgabe d auch das Voraushören. Für die Formulierungen der Antworten gibt es häufig mehrere Möglichkeiten. Das gibt der Aufgabe das nötige Quantum Spiel, Experiment. Die Lehrerin / der Lehrer sollte ausdrücklich dazu auffordern, Alternativen zu finden. Je freier sich die Lernenden fühlen, um so produktiver hören und denken sie. Das gilt noch mehr für die folgende Aufgabenform.

2 Plauderei mit Hörerin und Hörer[9]

Die einzelne Schülerin, der einzelne Schüler wird hier persönlich angesprochen. Dementsprechend sind die Antworten völlig frei, aber natürlich wird das Streben nach sprachlicher Richtigkeit erwartet.

Guten Tag, meine Damen und Herren! Darf ich mich vorstellen? Mein Name ist Nepomuk Naumann. Und wie heißen Sie?

Eins

Ich möchte gern mit Ihnen sprechen. Übrigens: was sind Sie von Beruf?

Zwei

Ach, wie interessant! Darf ich Sie einladen? Ich gebe heute eine Party. Kommen Sie mit?

Drei

Wunderbar! Es wird sicher sehr nett. Also, hereinspaziert! Sie trinken doch sicher etwas?

Vier

Fein! Was darf es sein? Ich habe hier Weißwein, Rotwein, Cognac, Wodka, und natürlich Juice: Orangensaft, Apfelsaft, Mineralwasser. Nun?

Fünf

Bitte, zum Wohl! Kommen Sie mit zum Buffet? Na, was sagen Sie dazu? Roastbeef, Pastetchen, Lachs, Schinken, Salami. Und die Käse! Und die Salate! Lecker, was? Darf ich Ihnen etwas auf den Teller legen? Was soll's denn sein?

Sechs

Ich höre, es schmeckt Ihnen? Oder?

Sieben

Das freut mich wirklich. Sie entschuldigen mich jetzt sicher. Ich habe so viele Gäste hier. Wir sehen uns doch bald wieder, nicht wahr?

Acht

Dann auf Wiedersehen, bis zum nächsten Mal!

Anfängerstufe

Zu empfehlen ist, jeweils zwischen das (mit dem Notieren verbundene) individuelle Hören und die Besprechung im Plenum ein allgemeines Durcheinandergerede unter den Tischnachbarn oder in den Kleingruppen einzuschieben: Die Teilnehmerinnen und Teilnehmer tauschen sich neugierig über ihre Antworten aus, können aber auch über die sprachliche Form ihrer Antworten diskutieren. Diese Zwischenphase nimmt der Aufgabe vollends jeden Testcharakter, entspannt und fördert reichere Ergebnisse zutage.

---

[9] SPRACHKURS DEUTSCH NEU 1, S. 234 (Lehrerheft 1, S. 58). Aufgaben des gleichen Stils ebd. S. 267. 284 (Lehrerheft S. 62. 65/66)

Bei den Aufgaben des Typus 1 und 2 liegt der Schwierigkeitsgrad der Texte klar über dem Niveau des Gelernten. Diese Divergenz ist ein Bestandteil der „Hörerziehung". Die Texte wörtlich „durchzunehmen", würde die Aufgaben verfälschen. Der Sinn ist nicht, der Textspur Schritt für Schritt zu folgen, sondern die Gelassenheit dem Fremden gegenüber zu entwickeln, die Geduld: Ich höre zu, obwohl ich zunächst nur einen Bruchteil verstehe. Zu dieser Gelassenheit, dem Mut, „trotzdem zuzuhören", werden die Lernenden durch die Art der Aufgabenstellung und den mit der Lösung verbundenen Erfolg „gezogen".

Zur Länge oder Kürze von Hörtexten im Anfängerbereich. Ein Alltagswortwechsel (in der Muttersprache) besteht im allgemeinen aus der Abfolge relativ knapper Rede- und Gegenredestücke. Ein „Merkmal des Hörens in authentischen Situationen ist die Kürze der Äußerungen, in denen uns gesprochene Sprache zumeist begegnet. Das übliche Muster ist ein kurzer Hörabschnitt, auf den die Reaktion der Hörer folgt [...], darauf folgt wieder eine kurze Phase des Hörens und eine weitere Reaktion usw."[10] Hörtexte für Anfänger sollten, von der erwarteten Schüler-Reaktion zur nächsten Reaktion, so kurz sein, daß das Behaltenmüssen gar nicht als Problem auftaucht. Der Weg vom Verstehen zum Reagieren soll unmerklich sein. Die später mit dem Hörverstehen durchaus verbundene Übung des Behaltens (trainiert wird die Flexibilität des Ultrakurzzeitgedächtnisses) wird in der – die Grundstufe abschließenden – Aufbaustufe und in der Mittelstufe wichtig.

3 Zuordnungsspiel Hörtext + Bild[11]

Die folgende Übung ist ein Spiel. Text auf Cassette:

1 Komm rein, mein Lieber!

2 Verlassen Sie mein Haus und kommen Sie nie wieder!

3 Wann beginnt endlich der Film?

4 Sie möchten bestellen? Bitte!

5 Bitte rasch einsteigen!

---

[10] PENNY UR (1987), S. 14

[11] SPRACHKURS DEUTSCH NEU 1, S. 198 (Lehrerheft 1, S. 50). Vergleichbare Übungen ebd. 1, S. 90. 2, S. 17

Vorlage im Lehrbuch:

Welches Bild paßt?

Anfängerstufe

Das Spielerische der Übung liegt nicht nur in dem Spaß, den die Bilder, bezogen auf die Hörtexte, machen, sondern auch darin, daß es für die Lernenden oft nur um sprachliche Nuancen geht, während die Bildsituationen meilenweit auseinanderführen. Wie eng Verstehen und Vorbeiverstehen zusammengehören, das wird hier drastisch gelehrt.

Spätestens hier wird es den Kursteilnehmerinnen und Kursteilnehmern schlagend deutlich, wie folgenreich Hörmißverstehen sein kann, und daß „die Fertigkeit des hörenden Verstehens eine unerläßliche Voraussetzung für jede Kommunikation" ist.[12] Um so mehr dürfte es (auch die Kursteilnehmer, falls man

---

[12] Helmut Kuntz: Das Hörverstehenstraining und seine Progression. In: Info DaF 1984. S. 25–41. Zitat S. 25

sie darauf aufmerksam macht) erstaunen, daß es heute verbreitet ist, etwas über Lesestörungen, Legasthenien usw. zu wissen, daß aber die ebenso häufigen Probleme mit dem Vermögen, hörend zu verstehen, so selten Gegenstand der Beobachtung sind. (Nicht physische Schwerhörigkeit, sondern psychische „Akuasthenie" ist gemeint.) Was für das populäre Interesse zutrifft, gilt ebenso für das Interesse der Forschung.[13] Dazu noch einige nur scheinbar am Rande liegende Stichworte. Bedenken wir,

- daß ein gutes Ohr, das im Zuhören und Heraushören nicht geübt ist, weniger hört als ein schlechtes Ohr, das dies geübt hat,[14]

- daß die Energiezufuhr zur Hirnrinde im wesentlichen über das Ohr gesteuert wird,[15]

- daß wir bei sorgfältigem Lesen im Kopf mithören (mindestens die Vokale), daß wir schwierige Sätze oft halblaut mitlesen, daß das Lesen flach und sinnleer wird, sobald die Worte nicht im Kopf mitklingen,[16]

so werden wir dem Hören, wie zu Anfang dieses Kapitels angedeutet, eine dominierende Rolle im kommunikativen Leben zuweisen. Selbst wer nicht so weit gehen will wie Solmecke: „Um es kraß zu sagen: Man könnte im Zweifelsfall eher auf die Sprechfertigkeit als auf das Hörverstehen verzichten"[17], weiß, das Hören und seine Bedeutung für das Sprechen, das Lesen, das Schreiben, das Verstehen, das Denken kann man überhaupt nicht überschätzen. Berücksichtigt man, daß die hörende Kommunikation mit dem Lehrer an der sprachlichen Kompetenz der Lernenden wesentlich mitbaut, so wird man sich wünschen, daß der zeitliche Anteil des *gezielten* Hörens – als Korrektiv – zumindest im Anfängerunterricht nicht unter 20 % fällt.[18]

Wo liegt der optimale Zeitpunkt für das gezielte Hören im Ablauf des Unterrichts? Trotz der Menge der Komponenten, die da mitspielen, muß es möglich sein, eine Durchschnittserfahrung aufzuzeichnen. Da Hörübungen und -auf-

---

[13] Dies weitgehend nach Kuntz ebd.

[14] Sabina Manassi: Pädagogik des Horchens. In: Alfred A. Tomatis: Der Klang des Lebens. Reinbek: Rowohlt 1993. S. 9–34. Dort S. 10

[15] Manassi ebd. S. 15

[16] Edith Slembek: Zur Bedeutung der Intonation für das Leseverstehen. In: Klaus Vorderwülbecke (Hrsg.): Phonetik, Ausspracheschulung und Sprecherziehung im Bereich DaF. Regensburg 1992 (Materialien DaF 32). S. 117–129

[17] GERT SOLMECKE (1993), S. 4

[18] Hier zählen nicht nur die in diesem Kapitel dargestellten speziellen Höraufgaben und -übungen, sondern auch die Höraufgaben und -übungen zur Phonetik (Kap. 2), Grammatikübungen in Hörgestalt (Kap. 4), das Hören „didaktischer Dialoge" (Kap. 7) sowie das Hören literarischer Texte (Kap. 10). – Zur nötigen Quantität der Hörerfahrung („Das Verstehen kann auch behindert werden, wenn mangels Erfahrung keine Schemata ausgebildet werden") siehe auch Piepho: Hörverstehen im Fremdsprachenunterricht. In: Fragezeichen 1988. 2. S. 10–14. Dort: S. 13

gaben fast immer einen Wechsel des Unterrichtsrhythmus, -tempos, -stils mit sich bringen, können sie mitten in der Unterrichtsstunde einen neuen Anfang setzen, neue Aktivität mobilisieren. Die zweite Hälfte einer Unterrichtseinheit (falls sie länger ist als 60 min: das letzte Drittel) bietet sich für das Hören an. Bitte testen Sie, wie weit sich diese Beobachtung auf Ihre Lehrsituation übertragen läßt.

4 Vorübungen zum klassischen Hörverstehenstest

Gehen wir davon aus, daß Lernfortschritte für die Lehrenden wie vor allem auch für die Lernenden meßbar sein müssen (Vokabeln wie Lernerautonomie und Transparenz des Lernwegs deuten den Hintergrund an), so spielt auch auf dem Gebiet des Hörens das Testen eine nicht zu unterschätzende Rolle. Nicht nur, erstens, im Hinblick auf das sehr häufige Kursziel Prüfung sind Übungsformen, die den Stil von Hörverstehenstests teilweise vorwegnehmen, wichtig.

Sondern auch, zweitens, weil Kontrolle, auch Selbstkontrolle einen, im besten Sinn, präsenzerhöhenden „Alarm" auslöst.

Drittens, weil sie Gelegenheit gibt, die Geschwindigkeit des Dem-Hörtext-Folgens kräftig zu steigern. Eben das Hörverstehens-Tempo ist es, was nicht nur in den Prüfungen, sondern dann auch im „richtigen Leben" eigentlich entscheidet.

Daß viertens alles Testen die Wirkung einer animierenden Medizin und vertrauensbildenden Klärung ausüben kann, sofern das Mittel in der richtigen Dosierung, zum richtigen Zeitpunkt verabreicht wird, ist bekannt.

Von den unkonventionellen Höraufgaben des Typus 1 und 2 unterscheiden sich die Vorübungen zum klassischen Hörverstehenstest in einigen Punkten:

- Text und Aufgabenstellung liegen im Schwierigkeitsgrad näher beisammen. (Die Texte sind leichter.)

- In jedem Beispiel gibt es mehrere, dafür relativ simple Fragen / Aufgaben.

- Die erwarteten Ergebnisse sind, damit sie sauber meßbar sind, oberflächlich. Spielraum für Deutungen, für Alternativen gibt es nicht.

Im folgenden drei Übungsbeispiele mit ansteigendem Schwierigkeitsgrad.

a[19]

Was möchten die Leute essen? Was möchten sie trinken?

die Frau:

der Mann:

* Fräulein, bitte, wir ...
+ Moment, bitte, ich komme sofort.
# Fräulein!
+ Ja, sofort.
  So jetzt. Bitte schön?
Ich möchte ein Brathähnchen.
* Ich auch, aber bitte mit Pommes frites, keinen Reis. Geht das?
+ Nein, Brathähnchen gibt es nur mit Reis.
* Also gut, dann mit Reis.
+ Also zwei Brathähnchen mit Reis. Und was möchten Sie trinken?
# Zwei Glas Bier.
+ Danke!

b[20]

**2 Ein Interview mit Herrn Schäfer,
Lehrer an der Gesamtschule Waldau.**

Was dürfen Schüler in der Schule und im
Unterricht? Was dürfen sie nicht?

**a Hier sind die Fragen. Überlege:
Was antwortet Herr Schäfer?**

① Müssen die Schüler aufstehen,
  wenn die Stunde beginnt?
② Dürfen die Schüler in der
  Stunde essen?
③ Müssen die Schüler die Tafel
  abwischen?
④ Können die Schüler in der
  Schule Schokolade oder Cola
  kaufen?
⑤ Können die Schüler in der
  Schule Mittag essen?
⑥ Gibt es in der Schule eine
  Schülerbibliothek?
⑦ Müssen die Schüler eine
  Schuluniform tragen?

**b Höre jetzt die Kassette.
Was sagt Herr Schäfer?**

① Die Schüler müssen aufstehen.
  Die Schüler müssen nicht aufstehen.
② Sie dürfen essen.
  Sie dürfen nicht essen.
③ Sie müssen sie abwischen.
  Herr Schäfer macht das selbst.
④ Ja, es gibt einen Kiosk.
  Nein, das geht nicht.
⑤ Ja, sie können in der Mensa essen.
  Sie müssen zu Hause essen.
⑥ Ja, die Schüler können dort lesen.
  Nein, nur eine Lehrerbibliothek.
⑦ Ja, aber nur die Jungen.
  Nein, in Deutschland nicht.

Herr Schäfer sagt, die Schüler...

Anfängerstufe

---

[19] THEMEN NEU. Kursbuch 1, S. 38 (Lehrerhandbuch 1 B, S. 122)
[20] SOWIESO. Kursbuch 1, S. 96

c[21]

Sie hören eine Radiomeldung. Sie hören den Text zweimal. Nun lesen Sie bitte die Sätze a b c d usw.

Sie hören nun den Text noch einmal. Bitte wählen Sie jetzt die richtigen Sätze. Markieren Sie: Habe ich das im Text gehört? Ist a richtig? Ist b richtig? Ist c richtig? – usw.

Haben Sie das im Text gehört?

a ☐ Der Rhein hat heute besonders viel Wasser.

b ☐ Die Straßen am Rheinufer stehen unter Wasser.

c ☐ In Köln darf man heute nicht Auto fahren.

d ☐ Am Rheinufer darf man heute nicht Auto fahren.

e ☐ Schiffe müssen schneller fahren.

f ☐ Schiffe dürfen nicht schnell fahren.

g ☐ Der Regen ist vorbei.

h ☐ Das Wasser geht wieder zurück.

i ☐ Die Kölner können heute nicht ins Bett gehen.

Rhein kehrt in sein Bett zurück.

Drei bis vier Zentimeter pro Stunde ist das Rheinwasser gestern angestiegen, mit 8 Meter 28 wurde heute früh in Köln der Höchststand erreicht. Die Straßen und Wege am Kölner Rheinufer stehen unter Wasser und sind für den Autoverkehr gesperrt. Schiffe müssen in der Rheinmitte bleiben und dürfen nicht schneller als 20 Kilometer in der Stunde fahren.

Seit heute 14 Uhr steigt das Hochwasser nicht mehr. Die Regenfälle sind zu Ende. Die eiskalten Temperaturen in Süddeutschland haben die Schneeschmelze gestoppt, das Wasser geht langsam wieder zurück. Noch tagelang werden die Uferstraßen unter Wasser stehen, bis Vater Rhein wieder in sein Bett zurückgefunden hat.

Anfängerstufe

Für die Übung des Hörverstehens stehen in einigen Lehrwerken auch die sogenannten „didaktischen Dialoge" zur Verfügung. Das Angebot, sie für die Erweiterung der Hörerfahrung zu nutzen, sollte wenn irgend möglich auch genutzt werden. Didaktische Dialoge sind häufig kleine Hörspielszenen, durch verfremdende Nuancen vom platt-„authentischen" Straßenmitschnitt abgehoben. Mehr dazu unten S. 265–268. (In einzelnen Lehrwerken sind die didaktischen Dialoge auch mit den entsprechenden Hörverstehensfragen bzw. -aufgaben ausgestattet.)

---

[21] SPRACHKURS DEUTSCH NEU 1, S. 181 (Lehrerheft 1, S. 48)

5 Phantasie-Hörspiel (suggestopädischer Ansatz)[22]

Im genauen Kontrast zum vorausgegangenen Typus des betont kontrollierten, durch die rationale Steuerung straff gelenkten Hörverstehens steht die nun zu zeigende Methode. Hier verschwindet das Schul-Gitter völlig. Sprache-Hören wird quasi – vor dem Hintergrund von entspannend-ruhigen Rhythmen klassischer Musik – wie eine Art Droge eingespielt, es gibt keine konkrete Frage- oder Aufgabenstellung. Der Ablauf: 2–3 Minuten Musik und Entspannung; Hörspiel (das Gespräch eines nichtdeutschen Studenten mit Lunija, einem außerirdischen Wesen ohne Alter und Geschlecht); Musik. Viel Stille. Kontemplative Atmosphäre. Der Lehrer kann „außerhalb des Unterrichts individuelle Fragen" beantworten. „Während und nach dem ‚Experiment' fühlen sich die Schüler in der Regel sehr wohl und erholt, und sie merken bald, daß Inhalte und z. T. auch Ausdrucksformen besser in ihrem Gedächtnis verankert werden."[23] Ein Textausschnitt:

Kann man die Zeit sehen?	Nein , aber die Menschen sehen z. B. die Sonne und wissen, jetzt ist es Morgen, Mittag oder Abend. Man kann auch Jahreszeiten sehen, den Frühling, den Sommer, den Herbst und den Winter.
Kann ich die Zeit auch hören?	Ja, sei mal ganz leise! *(Lautes Tick-Tack)* Die alte Uhr da kannst du noch hören, aber die modernen nicht mehr.
Und was machen die Uhren?	Sie zeigen die Sekunden, Minuten, Stunden und manche die Wochentage und das Datum.
Aber immer dieses Tick-Tack ... Kann man die Uhren nicht stoppen?	Doch, die Uhren schon, aber nicht die Zeit. Komm mal her, und sieh dir meine Uhr an!
Uuuiiih? Deine Uhr hat ja Augen!	Nein, sie zeigt nur deutlich

Anfängerstufe

---

[22] STUFEN 1. Handbuch für den Unterricht, S. 163
[23] Ebd. S. 33. Zum suggestopädischen Ansatz allgemein: Ingrid Dietrich (eher kritisch) und Werner Bleyhl (eher praxisbezogen) in: HANDBUCH FREMDSPRACHENUNTERRICHT (3. Aufl. 1995), S. 197–200 und 218–220. Dort ausführliche Literaturhinweise

6 Nebenbeihören (Bild-Hör-Übung)[24]

Zwischen dem suggestopädischen Ansatz und der nun zu beschreibenden Übungsform gibt es Verwandtschaften und Unterschiede. Beide Übungstypen verbindet der atmosphärische Einstieg, der Appell an die „archaische" Lernschicht, wie sie in vielen Regionen der Welt noch sehr lebendig ist, womöglich in jedem auf die Aktivierung wartet. Der nun vorliegende Übungstyp 6 unterscheidet sich jedoch vom vorangehenden durch die Arbeitsschritte, die auf die Einführungsphase folgen.

Stark farbige Dias (bzw. Farbfolien) engagieren das ganze Interesse für das Bild. Der begleitende Text, nach Möglichkeit von der Lehrerin / vom Lehrer gesprochen, wird intensiv aufgenommen, während die Gedanken der Lernenden von den Bildern angezogen sind. Für das Nebenbeilernen gilt wahrscheinlich, was Ludwig Wittgenstein entsprechend über das Nebenbeidenken sagt: „... wenn man sich vergebens anstrengt, einen Namen in Erinnerung zu rufen; man sagt da: denk an etwas Anderes, dann wird es Dir einfallen – und so mußte ich immer wieder an Anderes denken, damit mir das einfallen konnte, wonach ich lange gesucht hatte."[25] So wie wir uns an scheinbar zufällige Umstände genau erinnern, unter denen sich etwas Entscheidendes abgespielt hat, so sinken, während das Bewußtsein auf Bilder eingestellt ist, die in der Randzone des Bewußtseins aufgenommenen Worte tiefer in die Erinnerung ein.

Durchgänge: 1. Bilder ohne Text. 2. Bilder. Die Schüler assoziieren. 3. und 4. Bilder und Text. 5. Lesen. 6. Bilder ohne Text. Die Schüler reproduzieren (nicht wörtlich) den Text. 7. wie 6. (Schriftliche Reproduktion wird nicht verlangt.)

Erstaunliche Erfahrung: Der Text wird nach spätestens 10 Minuten sinngemäß reproduziert.

---

[24] SPRACHKURS DEUTSCH NEU 1, S. 41. Vgl. ebd. S. 5. 81. 135. 165 und passim
[25] Ludwig Wittgenstein: Vermischte Bemerkungen. Frankfurt: Suhrkamp 1977. S. 65

1 Das ist Dr. Lenz.

2 Er ist Kinderarzt.

3 Das ist Penny.

4 Sie ist Schülerin und lernt Deutsch.

5 Das ist Herr Schiller.

6 Er ist Architekt.

7 Das ist Frau Maier. Und was ist sie von Beruf? Bitte?

8 Sie ist Akrobatin im Zirkus.

Anfängerstufe

7 Hören und Tun: Pantomime[26]

Der Lehrer / die Lehrerin gibt – nur verbal, in dem der Klassenstufe angemessenen Sprechtempo – die folgenden Anweisungen. Die Schülerinnen und Schüler befolgen sie sofort während des Hörens (zwei Durchgänge?), aber natürlich nur pantomimisch:

> Reinigen Sie Gesicht und Hals mit einer Reinigungskrem, und waschen Sie die Krem mit Wasser ab. Trocknen Sie sich ab. Kremen Sie Gesicht und Hals mit einer leichten Tageskrem ein. Nehmen Sie dann ein wenig von der Teintkrem, die zu Ihrer Hautfarbe paßt, auf Ihre Fingerspitzen und verteilen Sie sie gleichmäßig und dünn auf Gesicht und Hals.
>
> Greifen Sie zu einem Lidschatten, der zu Ihrer Augenfarbe paßt, tragen Sie ihn mit dem Pinselchen auf die Augenlider auf, vom Augeninneren nach außen, nicht zu dick.
>
> Nehmen Sie einen Lippenstift in der Farbe Ihrer Wahl und tragen Sie ihn auf Oberlippe und Unterlippe auf. Wenn Sie zu viel Farbe nicht mögen, nehmen Sie ein Papiertaschentuch und pressen Sie Ihre Lippen kurz darauf.
>
> Zur Vollendung Ihrer Schönheit geben Sie auf Ihre Wangenknochen mit dem Pinsel einen Hauch Rouge in der Farbe Ihrer Wahl.

Ab Grundstufe 2, nach oben unbegrenzt einsetzbar

Nebenbei eine lustige Gelegenheit, überholte Vorstellungen von männlichem und weiblichem Rollenverhalten durcheinanderzubringen, eine Übung, die Damen und Herren gleich viel Spaß macht.

8 Hören und Tun: Zeichnen[27]

Der Lehrer / die Lehrerin verteilt das Haus-Bild und gibt folgende Anweisungen:

---

[26] KÜCHE. Vier oder fünf unbekannte Wörter (nicht mehr) sollten vor der Übung geklärt werden
[27] KÜCHE. Vergleichbare Aufgaben finden Sie bei PENNY UR (1987), S. 77–83, bei EICHHEIM / STORCH, Übungsbuch S. 96/97, und bei DAHLHAUS (1994), S. 108/109

Unser Haus ist zu klein geworden. Wir bauen ein Atelier an. Bitte zeichnen Sie den Plan für das neue Atelier. Es soll direkt an das alte Haus angebaut werden. Es soll nach Norden gehen. Das Atelier ist nicht so hoch wie das alte Haus. Es ist etwa halb so lang wie das alte Haus. Es hat zwei schöne große Fenster und eine Gartentür nach Westen. Haben Sie eine Idee? Vielleicht eine Gartenbank vor die beiden Fenster? Oder ein Brunnen?

Grundstufe 2 und 3
Für die Mittelstufe: Text ausschmücken!

9 Gestuftes Hörverstehen[28]

Die folgende Aufgabe stellt differenziertere Anforderungen an die Lernenden und ist frühestens 100 Unterrichtseinheiten (à 45 min) nach dem Nullanfang einsetzbar. Für den Kenner erscheint hinter den Fragen mühelos der Hörtext, wir brauchen ihn also hier nicht abzudrucken.

K Kontrollfragen zum Inhalt

1. Globales Verstehen

   1.1. Interessieren sich Herr und Frau Müller für das gleiche Programm?

2. Detailverstehen

   2.1. Beginnen die Sendungen zur gleichen Zeit?

   2.2. Woran können Sie erkennen, daß Herr Müller sehr ungeduldig auf das Fußballspiel wartet?

   2.3. Wie steht das Spiel? Für wen?

   2.4. Worüber ärgert sich Herr Müller?

I Interpretationsfragen

1. Wer bestimmt in der Familie Müller?
Was glauben Sie?

2. Welche Sendungen, Serien, Sportsendungen haben in Ihrem Land viele Fans?

3. Können Sie Herrn Müller verstehen? Erinnern Sie sich an eine eigene Situation?

Von pädagogischer Bedeutung ist es, daß (wie auch in Aufgabe 4 c) zwei Hördurchgänge am Anfang stehen, die rein auf das globale Erfassen der Situation ausgerichtet sind. Beim Verstehen kommt es auf den Einstieg an, es muß vom Ganzen ausgehen, das gilt nicht nur für das Hören. Die Cassettenszene zieht hier die Hörenden zunächst mit Klängen, Geräuschen, Stimmen in die Situation herein, daher der Titel „Atmosphärische Hörszenen für Anfänger". Erst

---

[28] HANS LUDWIG BAUER et al. (1990). Arbeitsbuch S. 52

der dritte Hördurchgang bewegt sich „unten", nahe am Text. Der vierte Durchgang führt die Hörenden wieder nach „oben", auf die distanziertere Ebene des Urteilens, Interpretierens, Erzählens (*top down*).

Aus gegebenem Anlaß hier noch ein Wort über Nebengeräusche auf Toncassetten. So wie akustische Signale – Stimmengewirr, Straßenlärm – hier in den vorliegenden Hörszenen eingesetzt sind, nämlich zur Einstimmung in die Gesamtsituation, stören sie das Verstehen nicht, sie dienen ihm. Anders Geräusche, die eine ganze Hörszene begleiten. Zwar wird von prominenter Seite empfohlen,[29] „daß charakteristische Nebengeräusche einer Sprechsituation (z. B. einer Ansage auf dem Bahnhof) nicht sorgfältig ausgeblendet, sondern beibehalten werden" sollen. Langjährige Erfahrung hat leider gezeigt:

- Häufig müssen sich Lehrende mit elenden Geräten durchkämpfen

- Die Raumakustik ist oft verzweiflungsvoll

- Die Straße sorgt meist für einen ausreichend dynamischen Lärmhintergrund.

Die Geräuschkulisse der normalen Unterrichtssituation reicht fast immer aus, das Hören und Verstehen zu erschweren. Die Produktion von zwei Versionen: eine mit Kulisse, eine ohne, verbietet sich in der Regel aus Kostengründen.

Zum Hörverstehen in der Mittelstufe hier nur wenige Beispiele. Eine allgemeine Bemerkung vorweg. Beim Hören sollte das Hören selbst, die Tätigkeit des Offenseins und Lauschens, stets gegenüber der analytischen Mühe überwiegen. Die Fragestellungen, Anweisungen, Aufgabenpunkte sollten die Hörenden nicht tyrannisieren. Das Aufnehmen sollte seinen Luft-Raum behalten, atmen können. Die Beobachtung von Schönheit, von Sprachklängen sollte mitunter erlaubt sein.

Zwei Aktivitäten, die zunächst im Hintergrund blieben, müssen in der Mittelstufe gezielt entwickelt werden: Neben dem Hören läuft das reflektierende Beobachten her, ausgelöst durch die gegebenen Fragen und Aufgabenpunkte (die zu lesen nun keine ernsthaften Probleme mehr schafft). Und das Gehörte muß, für eine sehr kurze Zeitspanne, behalten werden. Das Training des Ultrakurzzeitgedächtnisses muß intensiv vertieft und verfeinert werden, auch im Hinblick darauf, daß jeder Fremdsprachenschüler in die Lage kommen kann, zu dolmetschen (und die virtuose Beherrschung des Behaltenkönnens gehört hier zu den Voraussetzungen). Diese beiden Kunstfertigkeiten sind das Ziel des klassischen Hörverstehens, wie es von Werner Beile beschrieben worden ist.[30]

---

[29] GERT SOLMECKE (1993), S. 10
[30] WERNER BEILE (1980), S. 9–12

10 Einer Textsequenz folgen: Den Inhalt zusammenfassen, Stellung nehmen[31]

C. Pro Großstadt – pro Kleinstadt

Vorlaufphase

1

Großstadt – Kleinstadt

In der Bundesrepublik Deutschland spricht man von einer Großstadt, wenn die Zahl ihrer Einwohner über 100 000 liegt.
Wieviel Einwohner hat eine Kleinstadt? Ein Dorf?
Suchen Sie diese Zahlen in einem Wörterbuch unter dem Stichwort *Kleinstadt* bzw. *Dorf.*

2

Schildern Sie das Verhältnis Großstadt / Kleinstadt / Dorf aus der Sicht Ihres Landes.

3

Bilden Sie zwei Gruppen. Die erste Gruppe befaßt sich mit der Großstadt, die zweite mit der Kleinstadt.
Sammeln Sie Gesichtspunkte, die für oder gegen das Leben in einer großen oder einer kleinen Stadt sprechen. Tragen Sie diese vor.

Hörverstehen

4

Sie werden eine kleine Verteidigungsrede für eine deutsche Großstadt hören.

Der Titel lautet: „Einbetoniert und trotzdem frei".
Erklären Sie den Ausdruck *einbetoniert.*
Interpretieren Sie den Titel.

5

In einem zweiten Text kommt ein deutscher Kleinstädter zu Wort.
Hier lautet die Überschrift sinngemäß: „(Die Kleinstadt) gibt mir das Gefühl der Geborgenheit".
Erklären Sie die Überschrift.

6

Hören Sie zweimal den ersten Text (pro Großstadt).
Welche Vorzüge des Großstadtlebens nennt der „Einbetonierte"?
Wo gibt er zu, daß ihm einige schöne Dinge fehlen?

7

Hören Sie zweimal die Verteidigungsrede für die Kleinstadt.
Welche Gründe nennt der Verteidiger der Kleinstadt?
Welche Zugeständnisse macht er dem Großstädter?

8

Halten Sie eine kleine **Rede für** die Großstadt oder die Kleinstadt.

---

[31] WEGE. NEUAUSGABE. Lehrbuch S. 53/54. Arbeitsbuch S. 249/250

Pro Großstadt

„Einbetoniert und trotzdem frei"

Ich bin ein Einbetonierter. Kein Fleckchen Grün vorm Haus, Fußmarsch in den öffentlichen Park, um Luft zu schnappen und Bäume (oder Blumen) zu sehen.

Ich bin ein Einbetonierter und fühle mich merkwürdigerweise wohl dabei. Weil ich frei bin in meiner Großstadt. Frei vor allem davon, was die Kleinstadt mit ihrer „Geborgenheit", ihrem „Persönlichen" angeblich so sympathisch und heimelig macht. Ich fühle mich geborgen, aber eben nicht im Dunst der Kleinstadt, wo jeder jeden kennt und jeder von jedem beobachtet wird. Ich fühle mich geborgen in der vielkritisierten Anonymität der Großstadt, wo ich leben kann, wie ich will – und nicht *muß* aus Rücksicht auf die Leute. Stadtluft macht frei.

Ich bin ein Einbetonierter mit der Freiheit, unter 20 Kinos auswählen zu können. Mit der Freiheit, mich zwischen Oper, Schauspielhaus oder Kellertheater zu entscheiden. Mit der Freiheit, chinesisch, türkisch, italienisch oder auch schlicht deutsch essen zu gehen, auch wenn mir die Wirte nicht die Hand drücken. Mit der Freiheit, auch nach ein Uhr nachts noch nach Hause fahren zu können. Im Bus, der dann in meiner Großstadt noch nicht im Depot steht. Ich bin ein Einbetonierter – mit einer Wohnung im sechsten Stock, fast im Hauptbahnhof, herrliche Hanglage mit Blick auf die City und nur fünf Minuten von ihr entfernt. Ich bin ein Einbetonierter mit der Möglichkeit, meine Kinder in die Schulen zu schicken, die für sie die besten sind. Zwar nicht mit dem Fahrrad, aber in meiner Großstadt gibt's Schulbusse. Und Straßenbahnen, die im Zehn-Minuten-Takt verkehren.

Ich bin ein Einbetonierter. Ohne Wiesen, Kühe, Pferde und Tante-Emma-Laden. Ohne ländliche Stille, Abgeschiedenheit und Idylle. Wenn ich die erleben will, bleibt mir immer noch die Fahrt aufs Land, der Besuch in der Kleinstadt. Ich bin ein Einbetonierter, aber ich lebe mittendrin. Und bin hinter schallschluckenden Fenstern freier als der Kleinstädter bei offener Tür.

Pro Kleinstadt

„... gibt mir das Gefühl der Geborgenheit"

Mittendrin in einer großen Stadt wohnen? Umbraust vom Autoverkehr, einbetoniert, kein Fleckchen Grün vorm Haus, Fußmarsch zu öffentlichen Anlagen, um Luft zu schnappen und Bäume oder Rasen oder Blumen zu sehen? Unvorstellbar!

Ich wohne in einer Kleinstadt, ein paar Kilometer draußen, und ich wohne gern dort. Denn hier draußen ist noch niemand auf die Idee gekommen, Schallschutzfenster in seine Wohnung einzubauen, damit der Lärm wenigstens ein bißchen draußen bleibt. In meiner Kleinstadt kann ich meine Kinder zu Fuß gehen lassen, ohne mich um ihre Sicherheit sorgen zu müssen. Wenn sie mit dem Fahrrad unterwegs sind, kann ihnen natürlich auch in der Kleinstadt etwas zustoßen. Nur: Hier können sie noch radfahren.

Draußen, in meiner Kleinstadt, ist auch noch niemandem eingefallen, eine Bürgerinitiative für einen Kinderspielplatz zu gründen. Die Plätze sind da, Felder und Wiesen nicht weit, die Natur gehört zum täglichen Leben. Es gibt noch Bauernhöfe. Meine Kinder wissen, wie ein Pferd oder eine Kuh oder ein Huhn aussieht – und zwar nicht aus Bilderbüchern, sondern vom Erleben. Draußen, in meiner Kleinstadt, gibt es moderne Supermärkte und Modehäuser und Boutiquen wie in der Großstadt. Aber es gibt auch noch den Tante-Emma-Laden, bei dem es niemanden stört, wenn ich mal „hinten rein" gehe und um ein Brot bitte, weil's meine Frau vergessen hat. Ein Lokal mit drei Sternen haben wir zwar nicht, aber wenn der Wirt mir die Hand gibt, wenn ich zum Essen komme – das ist ein schönes Gefühl.

Meine Kleinstadt da draußen ist nicht nur heile Welt. Auch sie hat ihre Konflikte und ihre Probleme. Sie hat sogar ihre Schandflecke und Häßlichkeiten. Doch diese Kleinstadt gibt mir das Gefühl der Geborgenheit. Sie ist überschaubar, persönlich. Persönlich: Das ist das richtige Wort für all das Undefinierbare, das diese Kleinstadt so sympathisch und so heimelig macht.

Das eigentliche Hörverstehen (hier erst der sechste methodische Schritt) folgt nach einer Art Vorhof. Es wird durch eine Begriffsklärung, eine interkulturelle Reflexion, ein Diskussionsspiel und durch gemeinsam entwickelte Hypothesen, die in großen Konturen den Erwartungshorizont erkennen lassen können, sorgfältig vorbereitet. Die eher summarisch gestellten Fragen, die das eigentliche Hören begleiten, setzen (mit Recht) voraus, daß die Studierenden auf dieser Stufe über eine gewisse Übung im Erkennen der Textschwerpunkte verfügen und sie sauber formulieren können. In der abschließenden komplexen Aufgabe sollen die nur nebeneinandergestellten kontroversen Argumente bewertet, geistig verarbeitet und in eine Stellungnahme umgesetzt werden.

Höraufgaben dieses klassischen Stils werden im Fortgeschrittenenunterricht wohl stets ein, wenn nicht der bestimmende Typus bleiben. Überzeugend an dem zitierten Beispiel ist nicht nur der schlüssige Aufbau und die Krönung in der Schlußaufgabe, sondern auch die ideenreiche Gestaltung des Vorspiels. Die stark verkürzenden Fragen, die das Hören direkt begleiten, sind ein im Fortgeschrittenenkurs wohltuender Schritt von den kleinkarierten Fragenlisten weg, aus denen Verstehensübungen oft bestehen.

Die Arbeit mit einer klassischen Aufgabe dieses Typus wird immer gelingen, ohne Risiko. Daneben sind andere, experimentelle Formen zu buchen, vor allem die Verstehensaufgabe ohne Vorbereitung.

11 Einstieg ohne Vorbereitung

Zwei Beispiele:[32]

a

1. Durchgang

Hören Sie das Gespräch mit Frau Romy Pabel ohne Pause. Notieren Sie fünf Themen, über die sie spricht.

2. Durchgang

Hören Sie das Gespräch noch einmal. Notieren Sie zu jedem der fünf Themen die Zusammenhänge:

   Thema 1

   – Karlsruhe

   – Räuberhauptmann Salvatore Giuliano

   – schwedische Journalistin

   – Elternhaus

   – Grenzen der Heimat

b

Sie hören vier Gespräche. Beim ersten Hören notieren Sie bitte in Stichworten:

a positive / negative Seiten des *Sie* – des *Du.*

b Grenzbereiche.

Beim zweiten Hören ergänzen Sie Ihre Stichworte und fügen Sie weitere Punkte dazu, die von den Sprechern gestreift werden. Nach dem zweiten Hören fassen Si~

Mittelstufe

Die Hörenden sind zwar durch die Gesamtlandschaft des Kapitels, in dem sich die Höraufgabe jeweils bewegt, auf den Inhalt eingestimmt, sie werden aber in die spezielle Thematik der Höraufgabe hineingeworfen wie „ins Tiefe". Gemessen an dem gepflegten Stil des Aufgabentypus 10 geht es hier rauh zu. Das bedeutet für den Unterricht mehr Abenteuer (der positive Aspekt), aber auch Härte und Möglichkeit des Mißverstehens (der negative). Trotz der verunsichernden Nebenwirkung sollten solche freieren Aufgaben im Mittelstufenunterricht nicht fehlen. (Im „richtigen Leben", nach dem Kurs, geht es auch unsicher zu.) Haben die Schülerinnen und Schüler gelernt, sich selbst, ohne Hilfe von außen, im Hörtext zurechtzufinden, haben sie das doppelte Erfolgsgefühl. Das Bewußtsein von Freiheit und Autonomie wird bestätigt und erweitert.

---

[32] SPRACHKURS DEUTSCH NEU 4, S. 65, nur Anfang (a). 5, S. 92, nur Anfang (b)

12 Hören, urteilen, weiterfragen

Aufgabenpunkte, die das Schul-Fenster weit öffnen und freien Raum zwischen dem Text und den Hörenden herstellen, sind schon in der Anfangsstufe möglich (Typus 1 und 2), in der Mittelstufe sollten solche Punkte zum täglichen Brot gehören. Die fremde Sprache soll hier immer mehr zur eigenen werden – in der wir ja normalerweise auch nicht festhalten, was wir gehört haben, sondern über unsere Gespräche und ihre Inhalte nachdenken, urteilen, weiterfragen. Vier Beispiele.

a[33]

Welche der nachfolgenden Adjektive können Ihrer Meinung nach die Sprache dieses Interviews charakterisieren?

Kreuzen Sie an – der Lehrer hilft Ihnen u. U. vorher bei der Worterklärung.

☐ aggressiv   ☐ aufgeregt   ☐ gereizt
☐ ruhig   ☐ heiter   ☐ freundlich
☐ lässig   ☐ emotional   ☐ wohlwollend
☐ ironisch   ☐ sachlich   ☐ wütend

b[34]

Könnte man den gehörten Text eine Diskussion nennen?

Wenn ja, wodurch unterscheidet sich dann diese Art der Diskussion von einer Diskussion ,Pro und contra Großstadt'? Wie könnte man die Sprache charakterisieren?

Welche einzelnen Informationen konnten Sie dem Gespräch entnehmen?

c[35]

Sie hören nun ein Gespräch mit einem türkischen Mädchen, das in Deutschland lebt. Sie heißt Derya. Im Alter von drei Jahren hatte Derya Kinderlähmung (Polio) und ist seither behindert. Sie hören das Gespräch zunächst einmal im Zusammenhang.

Lesen Sie nun die Fragen 1 und 2. Sie hören das Gespräch noch einmal. Beantworten Sie dann die Fragen 1 und 2.

1 Was sagt Derya dazu, daß sie nicht gehen kann?
2 Wird Derya in die Türkei zurückkehren?

---

[33] WEGE. NEUAUSGABE. Lehrbuch S. 66 (Ausschnitt)
[34] Ebd. S. 118 (Ausschnitt)
[35] SPRACHKURS DEUTSCH NEU 6, S. 256

Lesen Sie nun die Fragen 3–6. Überlegen Sie die Antwort, während Sie das Gespräch noch einmal hören.

3   Ist Derya krank?

4   Können Sie Derya charakterisieren?

5   Ist Derya unglücklich?

6   Was hat Sie beim Hören des Gesprächs besonders beeindruckt?

d[36]

Sie hören drei Interviews zum Thema Zukunft. Notieren Sie beim ersten Hören:

(1)   Welche Fragen stellt der Interviewer?

(2)   Welche Einstellung zur Zukunft hat jede der befragten Personen?

Sie hören jetzt die Texte noch einmal.

(3)   Überprüfen Sie Ihre Notizen zu Punkt 2. Notieren Sie Nuancen, Unterschiede, Begründungen. Was finden Sie besonders interessant?

(4)   Bilden Sie je eine Gruppe für jede der befragten Personen und versuchen Sie „Ihre" Person genauer zu beschreiben. Berichten Sie dann im Plenum.

(5)   Vielleicht finden Sie die Fragen und / oder Antworten nicht informativ oder intelligent genug? Starten Sie eine eigene Umfrage: klären Sie im Plenum die Fragen, fragen Sie Junge und Alte, im Haus und auf der Straße, auf Deutsch oder in Ihrer Sprache, und stellen Sie die Umfrageergebnisse auf einem Plakat dar.

Mittelstufe

---

[36] Ebd. S. 289

Mitschreibübungen und -aufgaben

13 Diktat

Vielleicht haben Sie ein, begreifliches, Vorurteil gegenüber dem Diktat (schmeckt nach Schulstaub, Lehrer als Diktator)? Wir brauchen nur die eine oder andere Modalität zu ändern, und schon ist es eine spannende Werkstattarbeit. Doch vorweg zum Stellenwert.[37] Diese Übungsform vereinigt auf einfachste Weise vier Sprachtätigkeiten:

- Phonetisches Hören: das Erfassen und Deuten der Laute, Töne, Akzente

- Hörverstehen: das Erkennen und Verstehen des Sinnzusammenhangs

- Grammatisches Hören: das Durchschauen (besser: Durchhören) des syntaktischen Aufbaus

- Orthographie.

Ein Diktat ist darüber hinaus eine unter den Möglichkeiten, mitverantwortlich, mitbauend in einen Text einzusteigen. Keine Frage, daß die Rechtschreibung eine der wichtigen Techniken im Dienst der Kommunikation ist und in einer Zeit der automatisierten Sprachverarbeitung bleiben wird. Noch wichtiger ist aber der Platz, den das Diktat unter den Übungen zur Sensibilisierung des Hörens einnimmt. Während die Höraufgaben und -übungen des Typus 1–12 mitunter Ähnlichkeit mit einer Schwebebahn hatten, denn es ging ja darum, zu lernen, wie ich mich mutig und frei in einem schwer überschaubaren Land bewege, bietet das Diktat den psychologisch notwendigen Ausgleich. Hier bekommen die Schreibenden festen Boden unter die Füße, erhalten die Mittel, den Erfolg ihrer Tätigkeit sofort wörtlich nachzuprüfen.

Das bedeutet nicht, daß die Studierenden jedes Wort des diktierten Textes kennen, jede syntaktische Konstruktion verstehen müßten. Das Gehörte soll aber bedeutend näher am Gelernten liegen als etwa bei den Hörübungen und -aufgaben vom Typus 1–5 oder 9–12.

Keinesfalls darf das Diktat ein Ritual werden, das immer gleich abläuft. Mit ein wenig Erfindungsgeist wird man immer neue Tricks anwenden, die es zu einem Ort der Überraschungen machen. Falls Sie selbst diktieren:

---

[37] Dieser Abschnitt wurde, mit einigen Änderungen, in Forum Deutsch (Calgary) 1/1995, S. 26/27 vorabgedruckt

- Partnerarbeit. Nur einer der beiden schreibt, der andere denkt mit und hilft. Flüstern ist erlaubt.

- Diesmal dürfen die Studierenden alles nachschlagen, bekommen alle Fragen beantwortet.

- Schnelldiktat (das wird so angekündigt). Der Text wird nur einmal gelesen.[38]

Es ist aber keineswegs nötig und sinnvoll, daß Sie immer selbst diktieren. Schülerinnen und Schüler können einander in Partnerarbeit oder in Kleingruppen diktieren. Das weitaus interessanteste Modell („Lernen durch Lehren"[39]) ist aber: Schülerinnen / Schüler diktieren im Plenum. Diese gründlich ausprobierte und bewährte Form, ein Diktat durchzuführen, hat eine Reihe von Vorteilen:

- Der / die Diktierende ist keine „Autorität", sondern ein Mitlernender. Das erhöht die Wachheit und Spannung im Raum.

- Wenn ein Schüler „selbst ein Diktat zu übernehmen hat, so entsteht ein sachlich, nicht autoritativ begründeter Druck, den Text in korrekter Aussprache darzubieten."[40] Der Austausch mit den Schreibenden ist dann eine Korrektur seiner Aussprache „von unten".

- Die Schreibenden üben sich im Verstehen und Nachvollziehen eines Textes, der nicht makellos, sondern mit kleinen Mängeln gesprochen wird (die klassische Alltagssituation also).

Mindestens jedes zweite Diktat sollte durch Schülerinnen / Schüler diktiert werden. Vor allem zwei Möglichkeiten bieten sich an:

- drei oder mehr Schüler teilen sich die Arbeit:
  ganzer Text im Zusammenhang
  Text in Abschnitten
  ganzer Text im Zusammenhang

  oder:
- ein Schüler übernimmt die Verantwortung für den Ablauf der gesamten Diktatarbeit einschließlich Korrektur.

Wer diktiert, kann sich zu Hause sorgfältig auf das Diktieren vorbereiten.

Diktat-Korrektur:

Möglichkeit 1: Die Korrektur findet in Kleingruppen statt (je drei Teilnehmer). Jeder Teilnehmer korrigiert die Niederschriften der beiden anderen, jede Niederschrift wird also zweimal korrigiert.

---

[38] Eine Vielfalt weiterer Anregungen finden Sie in dem Buch von Paul Davis und Mario Rinvolucri: Dictation. New methods, new possibilities. Cambridge: University Press 1988
[39] Zur Unterrichtsmethode „Lernen durch Lehren" im einzelnen S. 221–223
[40] JOACHIM PFEIFFER / ANNE MARGRET RUSAM (1994), S. 246

Möglichkeit 2: Während des Diktats schreibt ein Schüler den Text auf Folie, sie wird dann gemeinsam korrigiert.

Möglichkeit 3: Auf das Diktat folgt das Rückdiktat, d. h. die Schüler diktieren dem Lehrer oder dem Schüler-Lehrer den Text an die Tafel oder auf die Folie.

Sehr zu begrüßen ist es, wenn Schüler selbst Texte für den Unterricht finden, zum Beispiel für das Diktat. Die Lehrkraft sollte solche Texte allerdings im allgemeinen durchsehen, bevor sie in den Unterricht eingehen. Auch die interessante Aufgabe, einen Text zum Zweck des Diktats sprachlich zu vereinfachen, können Schüler übernehmen – wiederum müßte der Text geprüft sein, bevor er gelehrt wird.

14 Verschiedene Formen des Lückendiktats

Lückendiktate haben in erster Linie die Funktion, durch eine Seitentür in einen kurzen Lesetext einzuführen. Die Schülerinnen und Schüler gestalten an dem neuen Text selber mit, so wird es „ihr" Text. Die Vorteile gegenüber dem vollen Diktat sind, neben dem reinen Effekt der Abwechslung:

– der Schwierigkeitsgrad des Textes (nicht der in die Lücken zu setzenden Wörter) darf bedeutend höher liegen

– spielend leichte Korrektur.

Nachteil: nur punktuell produktives Tun (während beim vollen Diktat ein Ganzes geschaffen wird).

Beispiel a[41]

Wir drucken hier den kompletten Text ab, wie er nur im Lehrerheft erscheint. Die kursiv gesetzten Wörter erscheinen in der Diktatvorlage (im Lehrbuch) als Lücken.

Der schnellste und *klügste* Denker soll er sein, ein klassisch *gebildeter* Mann, er soll Humor haben, politisch denken, hart arbeiten können, er soll kerngesund sein, *sportlich*, immer jung und schließlich auch seine Frau nicht *vergessen.* Das ist der Manager von *morgen,* wie ihn „Innovatio", ein internationales Forum für *Wirtschaft* und *Gesellschaft,* fordert. In einem Freiburger Seminar von 40 *Teilnehmern* aus der *Bundesrepublik,* der Schweiz und Österreich wurde der neue Chef definiert. Er ist sozial und *selbstkritisch,* er hat die *Probleme* seiner Umwelt verstanden, seine Tür steht immer offen. Wenn Sie alle diese Bedingungen *erfüllen,* bewerben Sie sich. Sie sind der Mann der Zukunft.

---

[41] SPRACHKURS DEUTSCH NEU 2, S. 131 (Lehrerheft 2, S. 53)

Andere Möglichkeiten sind z. B.:

● In der Diktatvorlage sind keine Lücken zu sehen. Es fehlen aber Wörter. Die Lernenden müssen sie an der richtigen Stelle einfügen.

● Die Diktatvorlage enthält einige Wörter zu viel. Sie sind entsprechend dem Hörtext zu tilgen.

● Die Diktatvorlage enthält einige Nonsenswörter. An deren Stelle sind die *im Hörtext gesprochenen* Wörter einzusetzen. Der Schwierigkeitsgrad des Textes darf über dem Gelernten liegen, den Anfang und den Schluß des Diktats sollten aber einige Zeilen voller Text bilden. Um diese Variante handelt es sich im folgenden Beispiel b. Dieses Diktat ist für die untere Mittelstufe geeignet:

Beispiel b[42]

Die Wirtschaft der Welt ist nicht in Ordnung! Wer würde es wagen, dieser Behauptung

zu widersprechen – *angesichts* ~~axizt~~ von Armut und Elend, von Inflation und brrrrsssl, von Krank-

heit und Mweia in weiten Teilen der Welt. Daß die menschlichen Juxuhux nicht überall

sichergestellt sind, daß mehr als 800 Mio. Menschen in absoluter Armut leben, daß

mehr als 1 000 Mio. Menschen nicht harsachasse mit Trinkwasser und Wohnraum

versorgt sind, daß es über 500 Mio. Analphabeten gibt usw. – solche und leiiski Fest-

stellungen über die wirtschaftliche und schloziak der Welt sind kaum umstritten.

Ganz drsligg sieht es aus mit der Einheitlichkeit der Meinungen, wenn nicht über die

Tatsachen, sondern über deren Ursachen gesprochen wird – wenn nicht die Unord-

nung charrss, sondern die rrsttamun nach einer neuen Ordnung gestellt wird.

Die These, daß die hilliaich Wirtschaftsordnung geändert werden müsse, wenn man

die wirtschaftlichen Probleme der Welt lösen will, ist allerdings heftig umstritten.

Einzusetzende Wörter (nur auf Cassette):

Verschuldung Unwissenheit Grundbedürfnisse ausreichend ähnliche soziale Lage anders beklagt Frage bisherige (in dieser Reihenfolge).

---

[42] KÜCHE. Textvorlage: Udo Ernst Simonis: Abschied von der alten Wirtschaftsordnung? In: Lutz Franke (Hrsg.): Wir haben nur eine Erde. Darmstadt 1989. S. 89

15 Wortkettendiktat

Für die Mittelstufe geeignet. Die Aufgabe ist schwerer als sie scheint. Die Lernenden haben keine Vorlage. Sie hören den gesamten Text, sollen aber nur notieren:

alle Nomen

alle Zahlen

die eventuell auf die Zahlen folgenden Einheiten, wie cm, kg ...

Vordergründige Ziele der Aufgabe: 1. das Heraushören der Nomen, Zahlen, Einheiten; 2. das Rechtschreiben.

Das Ziel hinter den Zielen: 3. das Rekonstruieren des Textes auf der Basis der notierten Wortkette.

Der Text muß leicht zu durchschauen sein, was Syntax, Wortschatz und Inhalt betrifft, d. h. er darf kaum über dem Niveau des aktiv Eingeübten liegen. Die Leistung, die verlangt wird, ist eine Gedächtnis- und Denktätigkeit. Aus dem Zusammenspiel beider entsteht der gehörte Text noch einmal – nicht wörtlich, sondern sinngemäß. Eine kleinschrittige Vorübung zu der weiträumigeren Aufgabe 16 (Hören und Notizenmachen).

Beispiel:[43]

Das Blut wird vom Herzen durch den ganzen Körper gepumpt. Die Bewegungen des Blutes kann man am Puls fühlen. Das Blut besteht zu rund 80 Prozent aus Wasser. Es ist das wichtigste Transportmittel im menschlichen Körper. Es transportiert den eingeatmeten Sauerstoff und andere Nährstoffe zu den Körperzellen, und es versorgt den ganzen Körper mit Wärme.

Außerdem hat das Blut eine Reinigungsfunktion. Es holt giftige Stoffe, vor allem die Kohlensäure, aus den Körperzellen zurück. Der erwachsene Mensch besitzt, je nach Körpergröße, 4 bis 6 Liter Blut. Ein Tropfen Blut braucht maximal 23 Sekunden für die Reise vom Herzen durch den Körper wieder zum Herzen zurück.

---

[43] KÜCHE. Der Text ist eine Collage aus mehreren gängigen Jugend- und Schulbüchern

16 Vorlesung zum Hören und Notizenmachen

Ziel: Studienvorbereitung. Wer darauf hinarbeitet, Vorlesungen zu folgen, an Seminaren teilzunehmen, bringt aus seiner persönlichen Lerngeschichte die erforderlichen intellektuellen Möglichkeiten mit, hat aber meist seinen ganz individuellen Stil, Gedankeninhalte zu registrieren und zu notieren. Daher relativ wenig steuernde Vorgaben.

Der Text sollte (ausgenommen bei der ersten Begegnung mit dieser Aufgabenform) nur einmal zu Gehör gebracht werden, durch die Lehrkraft oder über die Cassette. Die Teilnehmerinnen und Teilnehmer schreiben während des Hörens in der ihnen persönlich gewohnten Form Stichworte nieder. Dann versuchen sie, die wesentlichen Punkte des gehörten Textes in der Klasse zu rekonstruieren (im Plenum oder in Kleingruppen). Im allgemeinen sind die Teilnehmerinnen und Teilnehmer mit dem selbst gedichteten Extrakt so zufrieden, daß sie den ursprünglichen Text nicht noch einmal zu hören brauchen. Das Angebot, ihn abschließend noch einmal zu hören, sollte jedoch bestehen.

Hier keine Beispiele. Beispiele in WEGE. NEUAUSGABE, Arbeitsbuch, ab S. 263 passim. SPRACHKURS DEUTSCH NEU 5. Lehrerheft ab S. 23 passim. SPRACHKURS DEUTSCH NEU 6. Lehrerheft ab S. 28 passim.

Keine Lehrerin und kein Lehrer wird es natürlich versäumen, den Mittelstufenunterricht dadurch zu pfeffern, daß die heutige Nachrichtensendung (Radio oder TV) abgehört wird. Möglichst live, das erzeugt die, für Lehrer und Schüler, spannende Sekunde, wo der Lehrer / die Lehrerin gemeinsam mit den Lernenden die entscheidenden Fragen zu den Hauptinformationen findet und formuliert.

Die wichtigste Hörquelle in jedem Sprachunterricht ist selbstverständlich die Lehrersprache. Dazu ein gesonderter Beitrag unten Seite 219/220.

Literatur zum Thema dieses Kapitels Seite 495
Gesichtete Lehrwerke Seite 492–494

Kapitel 2

Aufgaben und Übungen
zur Sensibilisierung für Laut, Ton, Akzent

Wie das Musizieren, so beginnt auch das stimmende Aussprechen mit dem genauen Hören.

Das Hören und das Sichhineinleben in die genaue Aussprache sind durch ein Netz von Beziehungen verbunden. Aber auch zwischen Lesen und Phonetik, Orthographie und Phonetik, Gesprächskompetenz und Phonetik gibt es ein Geben und Nehmen. Phonetikausbildung wird nur wirksam im Verbund mit der Ausbildung der umgebenden, eng verwandten Tätigkeitsbereiche. Mehr zu diesen Verflechtungen unten S. 77/78.

Wie jeder Praktiker weiß, sollte die Phonetikübung jeglichen Sprachunterricht wie eine Kette durchziehen. Neben den (kurzen) isolierten Phonetik-Übungseinheiten kommt es vor allem auf die ungezählten, in den Unterrichtsablauf *integrierten* Phonetikmomente an, Momente der Korrektur, Bewußtmachung und damit verbundenen Übung.

Aufgaben und Übungen. Eine Aufzählung von Wörtern mit den gleichen Merkmalen ist noch keine Übung. Übungsmaterial beginnt erst da, wo Wörter in eine Proportion zueinander gesetzt, zu einem wie auch immer aufeinander bezogenen Paar gefügt, zu einer Gestalt geformt werden, wo eine assoziative oder intellektuelle oder emotionale Spannung sie verknüpft.

Der Logik „Der Zweck heiligt die Mittel" *nicht* zu folgen, gehört zu den grundsätzlichen Entscheidungen einer wirklich kommunikativen Pädagogik.[1] Nicht nur der, im umfassendsten Sinn, politische Auftrag von Sprachunterricht (nichts zu fordern, was das Bewußtsein nicht nachvollziehen kann), sondern auch der kommunikative Gedanke sollte über jedes Einzelziel gestellt werden. Das spricht beispielsweise gegen die Verwendung von Nonsenssilben,[2] unbekannten Wörtern und unbekannten Namen – so die Regel. Ausnahmen sind nicht verboten, sobald Phantasie mit im Spiel ist (Nummern 19 und 24 a).

---

[1] Generell zum kommunikativen Konzept unten S. 238–241
[2] So auch Ursula Hirschfeld in HORST BREITUNG, Hrsg. (1994), S. 24

Die Forderung, sprachliche Tätigkeit muß immer mit Sinn verbunden sein, bedeutet auch, daß alle phonetische Detailarbeit immer wieder in einen – kleineren oder größeren – geistigen Kontext einmünden sollte.

Zur Verwendung der phonetischen Umschrift.[3] Deutschschülern [dɔøtʃylɐn], die im Lesen des lateinischen Alphabets unsicher sind, ist daneben ein zweites, noch fallenreicheres Alphabet nicht zuzumuten,[4] es wäre ein pädagogisches Eigentor. Ob den übrigen Schülern die Lautung gerade des Deutschen durch phonetische Trockenzeichen durchsichtiger wird, wird kontrovers diskutiert, seit es den Praktikern aufgefallen ist, daß Lautung und normale Schreibung im Deutschen nahe beieinander liegen.[5] Wer einen tollkühnen Blick in die Zukunft wagen mag, bemerkt, daß dort beim Phonetikunterricht Deutsch nur noch die wenigen Umschrift-Charaktere (wie ə, ɐ, ʒ) in Benutzung sind, die wirklich helfen.

Im Phonetikunterricht kommt, zumindest in der Grundstufe, alles auf die Lehrkraft an, sie ist durch nichts zu ersetzen. Vor Selbstlernbemühungen ist zunächst eher zu warnen – nur selten können die Lernenden ihre Fehler hören, die Fehler werden also verstärkt. „Selbstlernen in Mediotheken oder zu Hause ist erst dann möglich, wenn die Lernenden [...] ihre Aussprache mit der des Musters vom Tonband vergleichen und sich korrigieren können" (Hirschfeld[6]). Überhaupt wird von der Lehrkraft erwartet, daß sie den ersten kommunikativen Einstieg in die neue Sprache mit sorgfältiger phonetischer Einzelkorrektur begleitet (der klassische Ort dafür ist die Einführung der Zahlen, sie enthalten alle phonetischen Probleme und sind bekanntlich wichtige Bedeutungsträger). Sie wird die dann auf diesen Einstieg aufbauenden Phonetik-Detailübungen und -aufgaben so differenziert auswählen, portionieren und gestalten, daß sie stets interessant und effektiv bleiben.

Das Vertraute und das Fremde

Nicht alles, was ein Lernender hört, kann er sogleich nach- und frei aussprechen. Ich nehme zunächst selektiv vorwiegend das wahr, was mir vertraut ist. Aus diesen Bruchstücken setze ich mir Sinn und Klangbild des Gehörten zusammen. Schwierig ist es darum auch, diaphonische Varianten einzelner Laute von bedeutungstragenden Phonemen zu unterscheiden. Auch da neigt das Gehör dazu, zunächst auf Laute zurückzugreifen, die aus der Muttersprache oder

---

[3] Zu diskutieren ist nur die Transkription der API (Association Phonétique Internationale). Die Verwendung weiterer – hausgemachter – Transkriptionssysteme kann die Lernenden nur verwirren

[4] Zumal wenn dieselben Zeichen in der dem Schüler vertrauten Schrift und in der ihm neuen lateinischen verschiedene Bedeutung haben

[5] Argumente pro und contra Umschrift HELGA DIELING / URSULA HIRSCHFELD (1995), S. 34–39

[6] URSULA HIRSCHFELD (1995), S. 10

einer anderen Sprache vertraut sind und daraus das gehörte Klangbild zusammenzusetzen.

Selbst wenn Gehör und Gehirn durch Übungen und Ent-/Unterscheidungsaufgaben trainiert worden sind, die Laute der Zielsprache genau aufzufassen und die Lautvarianten exakt zu diskriminieren, bleibt noch eine beharrliche Barriere zu überwinden: Die Effektoren, d. h. die Impulsgeber für die Sprachwerkzeuge sind ebenfalls konservativ und neigen dazu, einzelne Laute auf die Weise wiederzugeben, die für die Muttersprache gilt.

Nun wird heute durchaus nicht mehr erwartet, daß Ausländer eine „lupenreine" schriftdeutsche Aussprache haben (um die sich auch wenige Deutsche bemühen). Im Gegenteil wirkt es sympathisch und klärt auch das Verhältnis zwischen Fremden, wenn der jeweilige Sprecher den Akzent behält, der ihn identifizierbar macht. (Grenzen findet das, wo die Verständlichkeit der Äußerungen beeinträchtigt wird.)

H.-E. P.

Lautbildung (Artikulation)

Progression. Der Maßstab für die Progression ist die kommunikative Bedeutung einzelner Laute. Es besteht ein (sehr ungefährer) Konsens darüber, daß den ersten Rang die Vokale – und zwar ihre Qualität – und die Laute ch, sch, s, z haben. Darauf folgen in der nächsten Runde die übrigen Konsonanten, verbunden mit der Wiederholung der Materie des „ersten Rangs".

Vokalquantität (lang – kurz). Sobald wir uns für einen kommunikativ-kognitiven Lernweg entschieden haben, können wir die Vokalquantität nach frühestens 200 Unterrichtseinheiten lehren, da die deutschen „Leseregeln" kompliziert sind und nur nützen, wenn sie mit dem Verstand erfaßt werden können. Alles andere bliebe reiner Drill.

Sequenzen. Übungen und Aufgaben können dann gestaltend eingreifen, wenn sie

● in üppiger Menge angeboten werden

● im Kontext einer logisch aufgebauten Lernsequenz stehen

● sprachlich gut sind.

17 Hördiskrimination: Protokollieren

Die Fähigkeit, Laute beim Hören zu unterscheiden, führt zwar noch nicht notwendig zum richtigen Aussprechen der Laute, aber sie ist die wichtigste Voraussetzung dafür. Hördiskriminationsübungen können im Plenum durchgeführt werden. Ziele:

(1) Hör-Sensibilisierung.
   Die Beispiele sollten, mit dem Ziel der Sensibilisierung, leise gesprochen, fast geflüstert werden.

(2) Motivation durch den spielerischen Übungsstil.
   Bei der Durchführung sollte keinerlei Teststimmung entstehen, der spielerische Charakter der Übungen sollte die Atmosphäre bestimmen.

Bei den folgenden drei Übungen sollen die Lernenden protokollieren, was sie hören.

a[7]

Hören Sie ng?

	ja	nein
Morgen	O	O
Schlange	O	O
Mango	O	O
Wagen	O	O
Sängerin	O	O
Hügel	O	O
Schinken	O	O
Geige	O	O

b[8]

Unterstreichen Sie das Wort, das Sie hören:

0 <u>Staat</u>   Stadt

1 beten   Betten   2 Ofen   offen   3 Maße   Masse ...

c[9]

Kreist das Bild ein, wenn ihr /k/ hört, streicht das Bild durch, wenn ihr kein /k/ hört.

[7] VIEL SPASS MIT DEUTSCH (Bangkok) 1, S. 213
[8] HELGA DIELING (1992), S. 35. (Wir empfehlen diese Übung für Grundstufe 3)
[9] EDITH SLEMBEK (2. Aufl. 1995), S. 214

18 Hördiskrimination: Signalkarten[10]

Aufwendiger, aber lustig, also kräftig wirksam ist das folgende Spiel mit Signal-karten. „Jeder Lernende hat zwei in der Farbe kontrastierende Karten in der Hand. Mit diesen Karten signalisiert er dem Lehrer seine Hörurteile. So be-deutet beispielsweise blau: der Akzent liegt auf der ersten Silbe, rot: der Akzent liegt auf der zweiten Silbe [...] Die Wörter, die zu beurteilen sind, spricht der Lehrer vor, oder sie werden vom Tonband gegeben [...] Die Rückantwort kommt sofort, und der Lehrer erkennt auf einen Blick, wie die Aufgabe vom einzelnen gelöst wird. Alle Fragen, die alternativ zu beantworten sind, eignen sich für dieses Vorgehen, so etwa: Ist es eine Frage oder eine Antwort [...]? Ist es zornig gesprochen oder freundlich? Ist der Vokal kurz oder lang? Ist der Konsonant fortis oder lenis? usw."

Ein Vorschlag für die Durchführung, Beispiel: Unterscheidung langer Vokal – kurzer Vokal. Erster Schritt. Die Schüler/innen erhalten je zwei Karten, eine sehr lange und eine ganz kurze. Die Lehrerin / der Lehrer spricht die zu beurteilenden Wörter, die Schüler/innen heben die jeweils richtige Karte hoch:

> Lippe
> füllen
> Wall
> Höhle
> bieten
> Rosse
> retten
> Staat
> Bann
> Hüte

Zweiter Schritt. Die Wortreihe wird diktiert.

Dritter Schritt. Die Teilnehmer/innen finden zu jedem Wort ein Kontrastwort, z. B. Lippe – Liebe.

Vierter Schritt. Die Teilnehmer/innen erklären alle zwanzig Wörter, die Erklärung soll möglichst kurz und exakt sein.

---

[10] HELGA DIELING (1992), S. 60. (Wir empfehlen diese Übung für Grundstufe 3)

19 Hördiskrimination: Flohzirkus[11]

Die Teilnehmer/innen bekommen ein Blatt mit dieser Zeichnung:

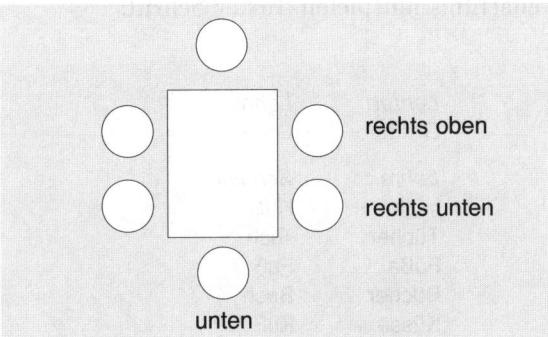

Die folgende Geschichte erzählt der Lehrer / die Lehrerin:

Sechs Kinder springen und rennen durch den Garten wie die Flöhe und sind nicht einzufangen. Wie bringe ich sie an den Gartentisch? Ich stelle eine riesige Torte auf den Tisch und rufe:

> Amalia sitzt rechts oben
> Angela sitzt rechts unten
> Emily sitzt unten
> Amely sitzt oben
> Emma sitzt links oben
> Emil sitzt links unten

Die Teilnehmer/innen fügen die Namen in die Zeichnung ein. Die Übung ist beliebig zu variieren und mit neuen Namen zu füllen.

---

[11] Freie Variante nach einem Beispiel von Ursula Hirschfeld (Sonnenberg, 1994)

20 Diskrimination, hören und sprechen: Grammatik-Spielübung[12]

Hier muß das Gedächtnis mitspielen. Erster Schritt:

Lehrer:	Lehrer:
Grüße	Gruß

Lehrer:	Schüler:
Hüte	Hut
Tücher	Tuch
Füße	Fuß
Bücher	Buch
Küsse	Kuß
Flüsse	Fluß
Nüsse	Nuß

Zweiter Schritt, Umkehrung. Lehrer/in spricht die Singularformen, die Schüler/innen sprechen die Pluralformen. Die Wortreihe kann je nach Kenntnisstand der Schüler/innen verlängert werden. Vielerlei Variationen sind möglich.

21 Analytische Übung: Worthaufen[13]

Markieren Sie die Wörter, die wir mit dem vorderen ch sprechen:

---

[12] Freie Variante nach einem Beispiel von HELGA DIELING (1992), S. 41. Sie finden eine Reihe weiterer Hörübungs-Typen bei HELGA DIELING/URSULA HIRSCHFELD (1995), S. 46–53

[13] SPRACHKURS DEUTSCH NEU 5, S. 225

22 Analytische Aufgabe: Ähnlichklingende Wörter finden[14]

Vertauschen Sie Konsonanten, finden Sie zu jedem der folgenden Wörter je zwei ähnlichklingende Wörter (mögliche Konsonanten: *ch, sch, s*). Erklären Sie möglichst kurz die Bedeutung der drei Wörter:

Buch tausend löchern Nachen Lauch machen Rausch Wasser

23 Analytische Aufgabe: Wörter finden und niederschreiben[15]

Die häufigsten Konsonantbuchstaben-Verbindungen an Wortanfängen:

-r		-l	-n/-m/-w
Brief	Pr	Bl	Kn
Dr	Schr	Fl	Schn
Fr	Spr	Gl	Schm
Gr	Str	Kl	Schw
Kr	Tr	Pl	Zw
		Schl	

[14] SPRACHKURS DEUTSCH NEU 5, S. 129 (Mittelstufe)
[15] STUFEN 3, S. 193

24 Lautentwicklung: „Überredende" Übungstexte

Die vorangehenden Übungen und Aufgaben dienten im wesentlichen der Schärfung des Laute-Wahrnehmens. Häufig wirkt sich das genaue Wahrnehmen auf das genaue Bilden des Lautes aus. Häufig, aber nicht immer. Und vor allem: nur selten nachhaltig. Der entscheidende Schritt ist das Selbstbilden. Es bleibt das Herzstück der Artikulation.

Bis heute „ist kein Wundermittel gefunden worden, das die phonetische Korrektur durch einen Experten, hier: Lehrer, erübrigen könnte" (Ilse Cauneau[16]). Optimale Ergebnisse sind dann zu erreichen, wenn in Gruppen von 5–8 Teilnehmern – möglichst verwandter Ausgangssprachen – gearbeitet wird. Die Schwerpunkte werden fast immer sein:

- Das individuelle Vorsprechen für jeden Schüler und das individuelle Nachsprechen durch jeden Schüler

- Das laute Lesen, in der Kleingruppe zusammen und individuell, verbunden mit der (vorsichtig auswählenden) Lehrerkorrektur

- Das freiere Üben und Spielen mit Lauten und Wörtern.

Ein Fluidum der persönlichen Nähe, Sorgfalt und Freude, leises, suggestives Vorsprechen – diese Kunstmittel zusammen schaffen, wie das Stimmen der Musikinstrumente, die notwendige Stimmung und können tatsächlich jede nennenswerte Schwierigkeit auflösen. Manchmal wird es nötig, hier in der Kleingruppe die oben gezeigten Hördiskriminationsübungen zu wiederholen.

Zu einer Reihe von Lauten gibt es bewährte „Schlüssel". Hier nur zwei Beispiele.

Das (nicht für Skandinavier, Türken, Frankophone, aber für Slawen, Anglophone, Asiaten und viele andere) schwierig zu treffende ü läßt sich entwickeln, indem es eng zwischen i und u gestellt wird. Und zwar ist es aus dem i heraus zu „ziehen" mit der Richtung auf das u hin, nicht umgekehrt.

a[17]

ti	ti	tü	Tübingen
mi	mi	mü	München
li	li	lü	Lübeck
si	si	sü	Süden
			Süddeutschland
			Südthailand

---

[16] ILSE CAUNEAU (1992), S. 63

[17] VIEL SPASS MIT DEUTSCH (Bangkok) 1, S. 26. Dieses Buch ist für thailändische Schüler geschrieben, daher das letzte Wort in dem zitierten Beispiel

b[18]

4 Bitte hören Sie

Tier	⇨	Tür
Kiel		kühl
vier		für
Frieden		früh

5 Bitte sprechen Sie

Schule	⇨	Schüler
vier		für
Gruß		Grüße
Buch		Bücher
Bruder	⇨	Brüder
Tier		Tür
Frieden		Frühling
Blume		blühen

6 Bitte sprechen Sie

spielen und üben
Viel Vergnügen!
Ich suche die Tür.
Die Blumen blühen.

Frühlingsluft
Kuchenstück
Ich grüße Sie.
viele gute Bücher

Zweites Beispiel. Das geschlossene e (wie in Tee) muß sehr ausführlich geübt werden, denn es ist sehr typisch für ein klares, klingendes Deutsch. Der Kontrast e : ä sollte in einem ersten kognitiven Durchgang gezeigt, womöglich auch nachvollzogen werden. Bei der intensiven Einübung aber muß das ä völlig zurücktreten: Erstens ergibt es sich für die Schülerinnen und Schüler der meisten Ausgangssprachen von selbst, zweitens „holt" jede ä-Übung das ä her, in dem die meisten Schülerinnen und Schüler so gerne verharren.

Auch zwischen denen, die Deutsch als Muttersprache sprechen, gilt die Regel: Keese statt Käse gilt nicht als Verstoß; Lääben statt Leben gilt eindeutig als falsch.

Alle Mühe muß also dem geschlossenen e gehören. Wenn man es mit möglichst viel i-Licht umgibt, in i eintaucht, läßt sich das „kühle", „exklusive" Niveau des für das Deutsche so charakteristischen e erreichen.

---

[18] SPRACHKURS DEUTSCH NEU 1, S. 163

c[19]

Schweden	→	Dänemark
Meer		Mädchen
Rätsel		reden
wählen		sehen
Schnee		gehen
erzählen		Leben
Käse		nehmen
spät		lesen
gefährlich		leben
Tee		nehmen

Ich gehe.	Ich will leben.
Ich lese.	Wie geht es Ihnen?
Ich trinke Tee.	Wir sehen uns wieder.
Bitte nehmen Sie!	Nehmen Sie Tee?

Wir leben gefährlich.
Erzählen Sie Ihr Leben!
Er fährt nach Schweden.
Ich stehe im Regen.

Wissen Sie den Weg?	der nächste Weg
Bitte lesen Sie.	Du redest in Rätseln.
Sehen Sie das Mädchen?	Ich stehe am Meer.
Ich verstehe es nicht.	Bitte wählen Sie!

An dieser Stelle sei nochmals betont, daß die Qualität eines Phonetikübungsprogramms wesentlich auch von der Quantität des Übungsangebots abhängt. Phonetikaufgaben und -übungen greifen dann pädagogisch nachhaltig ein. wenn sie den Lerngegenstand nicht nur antippen, sondern die Form einer einsichtig konzipierten, sorgfältig gefügten und sehr gründlich ausgebauten Lernsequenz haben. Häufig wird der Erfolg phonetischer Arbeit nur dadurch verhindert, daß die Übungen zu kurz sind.

Die beiden Beispiele konnten zeigen, daß die Texte, die der Lautbildung den eigentlichen Schliff geben, in der Regel didaktische Übungstexte sein müssen. Literarische Texte (die das zu übende Phänomen, etwa ü oder ch, gehäuft aufweisen) können einerseits durch die Tatsache ihrer Authentizität, andererseits durch ihre einprägsame Form eindrucksvoll und effektiv sein, nämlich für die Phase der späteren Festigung.

---

[19] SPRACHKURS DEUTSCH NEU 1, S. 200/201

25 Lautentwicklung: Freiere Übungsformen[20]

Zwar ist die grundlegende Pflege des Vorsprechens und Nachsprechens sicher durch nichts zu ersetzen, doch sind zu diesem Grundbestand – erst in den letzten Jahren – wichtige ergänzende Übungsformen hinzugetreten. Sie beweisen, daß die kreativen Möglichkeiten auch auf dem Gebiet der phonetischen Arbeit noch lange nicht erschöpft sind: wer wirklich sucht, (er)findet. Übungsgegenstand: Konsonantenhäufungen.

a

Hören und sprechen Sie bitte nach!

1	singen und springen
2	legen und pflegen
3	Licht und Pflicht
4	weg und Zweck
5	war und zwar
6	Rom und Strom

Suchen Sie die Reimwörter jetzt bitte selbst!

		Lösung
1	singen und	springen
2	legen und	pflegen
3	Licht und	Pflicht
4	weg und	Zweck
5	war und	zwar
6	Rom und	Strom

Mittelstufe

b

Bilden Sie bitte Komposita mit dem Wort Herbst:

1	Wetter	das Herbstwetter
2	Ferien	die Herbstferien
3	Spaziergang	der Herbstspaziergang
4	Blumen	die Herbstblumen
5	Sturm	der Herbststurm

Mittelstufe

---

[20] Beide Übungen stammen aus der Entwurfsfassung für ein 1996 erscheinendes Mittelstufen-Phonetikprogramm von Ursula Hirschfeld. Die Übung b wurde für unseren Zweck gekürzt, die Anweisung sinngemäß geändert

26 Lautentwicklung: Mikroarbeit an schwierigeren Formen[21]

Knifflige Wörter oder Satzstücke werden systematisch in kleinen Schritten erarbeitet, indem man das Wort oder die Wortgruppe

● von hinten her aufbaut oder

● vom (Sinn-)Kern her aufbaut.

Erfahrungsgemäß macht es den Schülerinnen und Schülern – wenn sie richtig
angeregt werden – Spaß, an einem phonetischen Problem herumzufeilen, bis
die (mögliche) Schärfe erreicht ist: es hat etwas mit Feinschmiedearbeit, mit
Edelsteinschliff zu tun.

a

> Angst!
> Ich habe Angst!
> Hilfe! Ich habe Angst!
> O Hilfe! Ich habe Angst!

Mittelstufe

b

> Psyche
> Männerpsyche
> Frauenpsyche
> Kinderpsyche
> Psychose
> Psychologie
> Psychotherapie
> Kinderpsychotherapie

Mittelstufe

27 Lautentwicklung: Einzeltherapie

Wenn die phonetische Arbeit nicht oberflächlich bleiben, sondern dem einzel-
nen Schüler, der einzelnen Schülerin sorgfältig dienen will, kann sie sich nicht
in summarischer Plenumsübung erschöpfen, sie muß, wie schon betont, in die
Kleingruppe gehen, es gegebenenfalls mit dem einzelnen Schüler aufnehmen.
Das läßt sich durchaus organisieren. Ich kann das Gros der Klasse eine halbe
Stunde lang mit einem Projekt beschäftigen oder mit dem Prinzip Lernen durch
Lehren allein lassen, während ich mich liebevoll denen zuwende, die noch an

---

[21] KÜCHE

der einen oder anderen phonetischen Kinderkrankheit leiden. Für diese problematischen Fälle gibt es, spätestens seit Ilse Cauneau[22] erprobte Therapievorschläge. Hier zwei Beispiele.

a[23]

/ʃ/ → wird /s/ ausgesprochen

1. /ʃ/ im Wortauslaut sprechen:

fri<u>sch</u>	Fi<u>sch</u>
hüb<u>sch</u>	Fro<u>sch</u>
griechi<u>sch</u>	deut<u>sch</u>
silbi<u>sch</u>	Bu<u>sch</u>
Ti<u>sch</u>	komi<u>sch</u>

2. /ʃ/ in Auslautposition in folgenden Sätzen sprechen:
   Der Men<u>sch</u> denkt logi<u>sch</u>.
   Der Clown ist komi<u>sch</u>.
   Grün ist der Fro<u>sch</u>.
   Von draußen kommt ein lautes Geräu<u>sch</u>.
   Das war fal<u>sch</u>.
   Die Situation ist problemati<u>sch</u>.

3. /ʃ/ dann in zwischenvokalische Position bringen:
   Er hat eine komi<u>sch</u>e Stimme.
   Das ist eine logi<u>sch</u>e Frage.
   Er hat magi<u>sch</u>e Kräfte.
   Die lateini<u>sch</u>e Sprache ist schwer.
   Das regneri<u>sch</u>e Wetter ist typisch.

4. /ʃ/ schließlich in den Wortanlaut bringen:
   Man zahlt mit <u>Sch</u>eck.
   Ich <u>sch</u>reibe an ihn.
   Das Essen <u>sch</u>meckt gut.
   Ich habe eine <u>Sch</u>wester.
   Er will <u>sch</u>warzen Tee.
   Das Kind <u>sp</u>ielt Klavier.

b[24]

/ç/ → wird wie /ʃ/ gesprochen

/ç/ in steigende Intonation am Ende des Satzes bringen: ↗

Mag er mi<u>ch</u>?
Weißt du das ni<u>ch</u>t?
Ist das wi<u>ch</u>tig?
Ist sie häßli<u>ch</u>?
Schminkst du di<u>ch</u>?
Ist das Wasser sei<u>ch</u>t?
Kommt er pünktli<u>ch</u>?
Ist der Koffer lei<u>ch</u>t?

---

[22] ILSE CAUNEAU (1992), S. 68–78
[23] EVELYN FREY (1995), S. 50; nach ILSE CAUNEAU (1992), S. 77 (Ilse Cauneau hat die Korrekturmethode entwickelt, Evelyn Frey die Übungen)
[24] EVELYN FREY (1995), S. 45; nach ILSE CAUNEAU (1992), S. 75

28 Phonetische Spiele: Wörter

Mit der Lust am Tüfteln, Experimentieren und Spielen arbeiten auch die folgenden Spielübungen. Bei der ersten geht es um die Laute f, w, q, b:

a[25]

> *Bitte finden Sie die Fehler, berichtigen Sie die Wörter:*
> Das hier sind die Elbwellen. Hier entspringt die Elbe.
> Oh, ich habe so schlimme Weinschmerzen.
> Die Ferde sind Bild geworden.
> Das sind herrliche Buchenfelder.
> ...
> Bitte farten Sie noch ein Veilchen.
> Das ist so ein richtiger Kehrquopf!
> Traurig, das zu bissen und nicht ändern zu können!

Mittelstufe

Der leichte elektrische Schock, den kitzlige Wörter auslösen können, macht begierig, Geist und Zunge an diesen Wörtern zu schärfen, seien es „Stachelwörter" oder schwer lesbare „Schlangenwörter". Natürlich sollten diese Wörter nicht sadistisch-penetrant, sondern sanft und spielerisch geübt werden:

b[26] *„Stachelwörter" (s/sch):*

Glasschale	Eisschrank
Fußballspiel	Zwetschgenschnaps
Hausschlüssel	Geisteswissenschaft
Fischsuppe	Aussprache

Grundstufe

c[27] *„Schlangenwörter" (Alle diese Wörter hat Johann Nestroy geprägt.)*

> Augenaufundniederschlagerinnen
> Brautwegfischer
> Gelegenheitszusammentreffung
> Nichtauffünfzählenkönner
> Vomkunstrichterstuhlherabdieleutevernichtenwoller
> Mannundweibeseinleibleidundfreudmiteinandertragungsanstalt

Mittelstufe

---

[25] SPRACHKURS DEUTSCH NEU 5, S. 161
[26] SPRACHKURS DEUTSCH NEU 2, S. 23
[27] SPRACHKURS DEUTSCH NEU 5, S. 140

29 Phonetische Spiele: Zungenbrecher

Weiter in dieselbe Richtung führt das Spielen mit Zungenbrechern.[28] Sie sprechen in den Lernenden die Freude am Skurrilen, Unwirklichen an, den tiefsitzenden (kindlichen? oder in eine ganz frühe Schicht hinabreichenden?) Spaß an der Wiederholung, und sie fordern erfinderische Leute auf, die Reime abzuwandeln oder sich selber an solchen Reim-Kunststücken zu versuchen. Zungenbrecher können immer nur als Zusatzübung, als Bereicherung, Würze, Farbfenster dienen. Zur Einführung in ein neues phonetisches Thema (etwa das z, das r ...) sind sie ungeeignet.

Zungenbrecher könnten leicht den Charakter einer abstrakten Drillübung annehmen, wenn sie nicht eine witzige Pointe oder auch einen poetischen Reiz in sich bergen. Danach sollte man sie auswählen und auch nicht versäumen, die Verse den Schülern schmackhaft zu machen, bevor man sie damit spielen läßt. Hier sechs Beispiele, die diesen Vorstellungen einigermaßen entsprechen.

a[29]

> Es hat mir träumt, es hätt mir träumt,
> es hätt mir zweimal ds selbe träumt.
> Ist denn das net überträumt,
> wenns eim träumt, es hätt eim träumt,
> es hätt eim zweimal ds selbe träumt?
>
> Fischers Fritz fischt frische Fische,
> frische Fische fischt Fischers Fritz.
>
> Zwischen zwei Zwetschgenzweigen zwitschern zwei Schwalben.
> Es zwitschern zwei Schwalben zwischen zwei Zwetschgenzweigen.

b[30]

> Frag den Ober, ob er Obst gern ißt,
> oder aber, ob er oft in der Oper sitzt.
> Ob er an Ostern nach Oslo reist,
> ob er jemand kennt, der Ohrwaschel heißt.
>
> 's leit a Klötzle Blei
> glei bei Blaubeuren.
> Bei Blaubeuren glei
> leit a Klötzle Blei.

---

[28] Eine Übungsmethode zum Sprechen der Zungenbrecher mit vollem Mund! hat EVELYN FREY (1995), S. 31/32, erfunden

[29] Erstes Beispiel aus Hans Magnus Enzensberger (Hrsg.): Allerleirauh. Frankfurt: Suhrkamp 1961. S. 203

[30] Erstes Beispiel aus Josef Guggenmoos: Es las ein Bär ein Buch im Bett. Recklinghausen: Bitter 1989. Das zweite Beispiel ist schwäbisch (leit bedeutet liegt). Letztes Beispiel aus SPRACHBRÜCKE 2, S. 63

Der Cottbuser Postkutscher putzt den Cottbuser Postkutschkasten.

Prosodie

Das Hören und Selber-Vollziehen prosodischer Formen ist ein sensibler Lernbereich, in dem es noch viel zu erforschen und auszuprobieren gibt. Nicht nur über die Progression, sondern auch über das Pensum selbst herrschen widersprüchliche Meinungen. Sie bleiben hier weitgehend unangetastet und werden nur an wenigen Punkten ausdrücklich diskutiert. Die Lernthemen:

- Pausen
- Fallender, steigender, schwebender Ton
- Wortakzent
- Satzakzent
- Lautes Lesen

Pausen richtig zu setzen, ist relativ leicht und für die Lernenden ungemein hilfreich in mehrfacher Hinsicht.

- Die Pause ist für mich, den Sprecher, ein Freiraum zum Überlegen und Gedankenordnen. Hier kann ich meinen nächsten Satz planen und im Unsichtbaren bauen. Er kommt dann beim Sprechen in überlegter Form heraus.
- Richtig gesetzte Pausen erleichtern die Kommunikation: Wenn der Hörende meine Worte gliedern, ordnen kann, hat er mich schon halb verstanden.
- Pausen sind eine Chance zur stillen Kommunikation ohne Worte. Sie geben die Möglichkeit zum Blickkontakt, verstärken die Verständigung.

„Mir scheint die Ausbildung der Fähigkeit, Sätze bzw. Satzgefüge in sinnvolle Segmente aufzuteilen und entsprechend vorzulesen zentral zu sein. Das Prinzip der Segmentierung kennen die Lerner von ihrer Muttersprache, sie müssen aber lernen, welche (möglicherweise anderen) Segmentierungsprinzipien im Deutschen gelten" (Klaus Vorderwülbecke).[31]

---

[31] KLAUS VORDERWÜLBECKE (1992), S. 137. Vorderwülbecke benutzt hier den etwas irreführenden Ausdruck „vorlesen". Ersetzt man ihn durch „lautes Lesen", stimmen alle seine Argumente. Zum Stellenwert der Fähigkeit, die Pausen richtig zu setzen, besonders HELGA DIELING / URSULA HIRSCHFELD (1995), S. 117–119 (Phonetischer Baukasten: Baustein 4)

30 Pausen: Text in Sprechsegmenten schreiben[32]

Diese Aufgabe ist bereits für Anfänger geeignet und außerordentlich zu empfehlen. Erster Schritt, individuell: Die Lernenden lesen, leise murmelnd, einen Text und markieren die Pausen zwischen den Sätzen (gemeint sind Hauptsätze und Nebensätze).

Zweiter Schritt: Die Lernenden stimmen ihre Markierungen (in Partner- oder Kleingruppenarbeit) aufeinander ab.

Dritter Schritt: Die Lernenden schreiben den Text, nach jeder Pause beginnen sie mit einer neuen Zeile. Beispiel:

> Die größte Sehenswürdigkeit,
> die es gibt,
> ist die Welt –
> sieh sie dir an.

TUCHOLSKY[33]

31 Pausen: lesen – markieren – lesen[34]

Lautes Lesen[35] mit deutlich gesetzten Pausen sollte auf allen Kursstufen eingehend geübt werden, bewährt ist diese Übungsfolge:

1. Die Pausenregeln noch einmal studieren
2. Unvorbereitetes Lesen mit Pausen
3. Still lesen, die Pausen markieren
4. Vorbereitetes Lesen mit Pausen.

Hier eine Behauptung: „Volle Pausen" (zwischen Satz und Satz[36]) und „Zwischenpausen" zu unterscheiden, ist Mittelstufen-Lernstoff. Es genügt zunächst, die Pausen zwischen Satz und Satz zu beachten und dann auch klar zu setzen. Gegen alle Phonetiker-Kassandrarufe gilt: Phonetikarbeit ist auf jeder, wirklich jeder Stufe nötig und möglich. Für phonetische Korrektur ist es nie zu spät.

---

[32] Diese Aufgabe ist angeregt durch Klaus Vorderwülbecke (siehe Anmerkung 31), S. 137/138
[33] Kurt Tucholsky: Schnipsel. Hrsg. v. Mary Gerold-Tucholsky und Fritz J. Raddatz. Reinbek: Rowohlt 1973. S. 28
[34] KÜCHE
[35] Mehr zur Übung des lauten Lesens unten S. 75–77
[36] Nämlich zwischen Hauptsatz und Hauptsatz, zwischen Hauptsatz und Nebensatz, zwischen Nebensatz und Nebensatz

32 Ton: Hören – sprechen[37]

An welchem didaktischen Ort der Kursprogression man den Ton (die melodische Kennzeichnung des Satzendes) gründlicher einüben soll, ist umstritten. Hier zuerst ein Beispiel aus der ersten Anfängerstufe, eine sehr vorsichtige Übung. Fallender Ton (nämlich in der W-Frage und in der Aussage) und steigender Ton (nämlich in der Ja-Nein-Frage) werden hier, um ein erstes Sicheinhören zu ermöglichen, zunächst getrennt gezeigt und auch geübt, und zwar in der schlichten Abfolge hören – sprechen:

a) Hören Sie und sprechen Sie nach.
1. Wo ist Paris?   Paris ist in Frankreich.
2. Wo ist Madrid?   Madrid ist in Spanien.
3. Wo ist Wien?   Wien ist in Österreich.
4. Wo ist Zürich?   Zürich ist in der Schweiz.

b) Hören Sie und sprechen Sie nach.
1. Sind Sie müde? ↗   Ja, ich bin müde. ↘
2. Schlafen Sie? ↗   Nein, ich schlafe nicht. ↘
3. Sind Sie Student? ↗   Ja, ich bin Student. ↘
4. Sind Sie musikalisch? ↗   Nein, ich bin nicht musikalisch. ↘

33 Ton: Sprechen – hören – sprechen[38]

Ungeeignet sind didaktische Ansätze, die zu viele Lernprobleme auf einmal aufgreifen. Für die nachhaltige Einübung ist es notwendig, sich zunächst zu beschränken auf die Unterscheidung in

Aussage
Bitte, Aufforderung, Ausruf }   fallender Ton
W-Frage

Ja-Nein-Frage   steigender Ton

Das Studium der schwebenden Töne (zwischen Hauptsatz und Nebensatz und umgekehrt) und anderer Feinheiten – wie Nachfrage und „Kontaktfrage" – kann behutsam in angemessenem Abstand folgen.

---

[37] DIE SUCHE 1. Arbeitsbuch S. 216
[38] SPRACHKURS DEUTSCH NEU 4, S. 79

Hier ein Übungstext aus der unteren Mittelstufe, der nur die oben zuerst genannten vier Satztypen berücksichtigt. Die Beispiele stammen zum Teil aus dem Märchentext, der auf die Übung folgt.

Wie geht es Ihnen?	Viele Grüße vom Kilimandscharo!
Das geht nicht.	Ist das der Kilimandscharo?
Geht denn das?	Wo ist der Kilimandscharo?
Bitte, helfen Sie mir?	Hattest du nicht mal braune Locken?
Bitte, helfen Sie mir!	Sie hatte braune Locken.
Natürlich helfe ich Ihnen.	Ist das die Seejungfrau mit den braunen Locken?
Haben Sie Telefon?	Er hat versichert, eine Nixe gesehen zu haben.
Wie ist Ihre Telefonnummer?	Wo ist Sie denn, Ihre Nixe?
Wir haben kein Telefon, leider.	Das ist meine Freundin, die Nixe Gisellis.
	Ah, Sie sind die berühmte Nixe Gisellis?

Sobald ich auch für den Phonetikunterricht den Weg des verstehenden Lernens wähle, haben Übungen, die die Urteilskraft ansprechen, wie die hier zitierte, ihre Wichtigkeit neben anderen, eher sinnlich suggestiven (wie etwa Nr. 24).

34 Wortakzent: Analytische Aufgaben

Eins der zum Glück einfachen Kapitel innerhalb der Prosodie des Deutschen ist der Wortakzent. Natürlich bietet es sich an, ihn im Zusammenhang mit der Einführung der trennbaren Verben zu behandeln.[39]

Alles Wesentliche über den deutschen Wortakzent läßt sich in vier Regeln packen.[40] Die Einübung geschieht also dadurch, daß dezidiert der Sprachverstand angesprochen und benutzt wird. Hier drei Beispiele.

a[41]

kommen →	bekommen →	ankommen
kommen	bekommen	ankommen
kaufen	verkaufen	einkaufen
kaufen	verkaufen	einkaufen
stehen	verstehen	aufstehen
stehen	verstehen	aufstehen

---

[39] So STUFEN 1, Einheit 4 und SPRACHKURS DEUTSCH NEU 1, Kapitel 11
[40] Vier Regeln: SPRACHKURS DEUTSCH NEU (Variante: sieben Regeln, STUFEN)
[41] SPRACHKURS DEUTSCH NEU 1, S. 219

b[42]

Schüttelkasten

gehören   aussteigen   sagen   mitfahren

anziehen   versuchen   telegrafieren   anfangen

mitbekommen   bekommen

besuchen   wollen

servieren

verlassen   kopieren   beginnen

ankommen   untersuchen   aufhören   empfangen

Ordnen Sie die Wörter und sprechen Sie sie:

1 Akzent links:	2 Akzent auf dem Grundwort:	3 Akzent auf ie:

c[43]

Bitte markieren Sie die Wortakzente bei den folgenden Wörtern.

Vergleich im Plenum.

Beispiel:

Zimmer	Telefon		Zimmertelefon
Zimmer	Bestellung		Zimmerbestellung
Student	Zimmer		Studentenzimmer
Medizin	Student		Medizinstudent
Nationalität	Kennzeichen		Nationalitätskennzeichen
Bund	Republik		Bundesrepublik
Hotel	Zimmer	Preis	Hotelzimmerpreis

Wo ist meist der Wortakzent bei zusammengesetzten Nomen?

---

[42] Ebd. S. 220
[43] STUFEN 2, S. 178

In den Bereichen Pausen, Ton und Wortakzent sind, was Progression und Pensum betrifft, sehr unterschiedliche Meinungen möglich, hier kann vieles offen bleiben (nur einige Detail-Tips wurden vorsichtig eingefügt). Anders verhält es sich mit der Einführung in den S a t z a k z e n t. Zwar könnte man ihn in der Grundstufe flüchtig zeigen und damit spielen lassen, damit die Schüler ahnen, welche Möglichkeiten es überhaupt gibt – vor allem die, zwischen dem syntaktischen und dem expressiven Akzent zu wählen. Eine regelrechte Einübung des Satzakzents in der Grundstufe kann vor allem eins: Verwirrung stiften.

Es geht ja (da wir nur 10 % der Sätze expressiv sprechen und es zur Hervorhebung eines Satzelements neben der Betonung auch andere Mittel gibt) um den syntaktischen Akzent. Er ist schwierig zu lehren. Denn die verbreitete Erklärung, „das logisch wichtigste Glied des Satzes"[44] trage den Akzent, führt in dieser Form irre.

Betont wird die speziellste Information, das ist oft auch die neueste. Aber was ist die speziellste Information in einem Satz? Von den Lernenden zu verlangen, sie müßten das wissen, hieße sie weit überfordern. Es bleibt nur der Weg über das, was sie schon kennen, das ist die grammatische Struktur des Satzes. Die wichtigste moderne Darstellung (Rausch / Rausch) braucht 22 Seiten, um die Satzakzentregeln aufzuführen, der Klassiker Wängler 18 Seiten.[45]

Fazit: Der Gebrauch des Satzakzents ist kaum vor der unteren Mittelstufe lehrbar. Bei den meisten Deutschlernenden läuft es so ab: Sie entwickeln von selbst ein Gespür für die deutsche Akzentuierung, und nun – etwa am Anfang der Mittelstufe –, da sie sich mit den Regeln vertraut machen, können sie ihr Vorwissen rational absichern.

Zum Pensum. Aus den angedeuteten Gründen ergibt sich, daß es ein beträchtliches Pensum ist, sich den Satzakzent (gemeint ist immer der Hauptakzent eines Hauptsatzes oder Nebensatzes) bewußt anzueignen. Darauf sollte das Interesse gelenkt werden. Abzuraten ist von der Bemühung, darüber hinaus auch noch den Nebenakzent oder die Nebenakzente herauszufinden und nachzugestalten (es sei denn in einer Oberstufe oder Diplomklasse). Texte gewinnen ohnehin an Klarheit, wenn die Hauptakzente sehr deutlich dominieren.

---

[44] HELGA DIELING (1992), S. 28
[45] RUDOLF RAUSCH / ILKA RAUSCH (1993), S. 186–208. HANS-HEINRICH WÄNGLER (1967), S. 203–221

35 Satzakzent: Bewußtwerden durch sprechen[46]

Sprechen Sie die folgenden Sätze mit dem Satzakzent, so wie er angegeben ist:

Frauen sind dafür geeignet.
           ●

Frauen sind für Führungspositionen geeignet.
       ●

Rollenerwartungen beeinflussen das Urteil.
             ●

Rollenerwartungen können es beeinflussen.
           ●

Die neuen Manager brauchen Sensibilität.
           ●

Die neuen Manager brauchen Sensibilität im Umgang mit Menschen.
           ●

[...]

Bitte begründen Sie, warum Sie die Akzente so gesetzt haben.

36 Satzakzent: Sprechen als wählen[47]

Wählen Sie den syntaktischen Akzent:

Ich möchte von Jena nach Augsburg fahren.
Nehmen Sie den Frühzug!
Der Zug hält in Nürnberg.

Die Hütte liegt 3000 m über dem Meer.
Sie ist auch im Winter geöffnet.
Die Übernachtung kostet 190 bis 220 Schilling.

Evi hat eine Uhr gestohlen,
Das kostet 200 Mark Strafe.
Passen Sie künftig besser auf Ihre Tochter auf!

Ich hielt in der Volkshochschule einen Vortrag.
Ich hielt einen Vortrag in der Volkshochschule.
Der Saal war fast leer.

Wir müssen lernen, Maß zu halten.
Erwachsene interessieren sich nicht dafür, daß die Rose fünf Blütenblätter hat.
Der Anschauungsunterricht kann wertvolle Hilfe leisten, da hier erstaunliche Proportionen herrschen.

---

[46] SPRACHKURS DEUTSCH NEU 4, S. 149
[47] SPRACHKURS DEUTSCH NEU 4, S. 130

Die Aufgabe: die Schüler sollen durch Unterstreichen oder mit dem Marker die Akzente selbst markieren – diese Aufgabe sollte man nicht geben. Denn die ernüchternde Erfahrung zeigt: Die gemeinsame Besprechung der erarbeiteten Ergebnisse stellt eher Verwirrung als Klärung her. Denn die Lehrenden entscheiden häufig anders als die Cassette. Dies gilt für Ton und Satzakzent, nicht für Pausen und Wortakzent.

37 Expressiver Satzakzent[48]

Nachdem die Lernenden ausdrücklich darauf hingewiesen wurden, daß der expressive Satzakzent eher die Ausnahme ist, kann man sie auch mit diesem sehr typisch deutschen Stilmittel vertraut machen. Damit zu spielen macht manchen Lernenden Spaß, trotzdem sollte der sparsame Umgang damit gezeigt und überhaupt der Umgang damit sparsam gezeigt werden. Als Spielwiese sollte man Beispiele geben, die sich besonders zur Bedeutungsmodifikation eignen:

Sprechen Sie die Sätze auf zwei oder drei verschiedene Weisen und erklären Sie dann Ihre Interpretationen:

(1) Ich habe noch nie eine Peking-Ente gesehen.

(2) Ohne Pudding wäre das Leben für mich sinnlos.

(3) Er war noch nie blau und wird, sagt er, niemals blau sein.

(4) Für dich hat er 25 rote Rosen geschnitten.

(5) Wir haben uns um fünf nach sieben im Schwarzen Adler getroffen.

(6) Die ganze Rechnung ist nach meiner Meinung ein Selbstbetrug.

Die Aufgaben vom Typus 35–37 leiten, das ist selbstverständlich, jeweils über zu einer Leseübung an einem zusammenhängenden Text.

---

[48] SPRACHKURS DEUTSCH NEU 4, S. 152

Lautes Lesen

Lautes Lesen ist unbestritten eine in mehrfacher Hinsicht überaus hilfreiche Übung:

- Es ist ein Einsteigen und Machen, ein Mitwirken in der neuen Sprache
- Es ist eine Selbstkontrolle im Verstehen von Satz- und Textstrukturen
- Es festigt die Sicherheit in der anderen Sprachwelt
- Es stellt Freude her. Freude am Klingen und Freude an der Kommunikation, die beiden gehören eng zusammen.

Wir benutzen hier nicht den Ausdruck „Vorlesen", denn es kommt nicht entscheidend auf das Publikum an. Für ein größeres Zuhörer-Plenum kann es eher frustrierend sein, Lernenden bei ihren Vorlesungsversuchen zuzuhören. Lautes Lesen macht aber mehr Spaß, wenn mitunter ein oder einige, vielleicht auch deutsche Zuhörer anwesend sind.

38 Lautes Lesen: Vorbereitende Übungen

Auf das Ziel des flüssigen Lesens bereiten viele Übungen vor, die, in welche Übungssequenz auch immer integriert, schon in der Grundstufe zum Lesen kurzer Textabschnitte auffordern.

Gut geeignet zur Einübung des kultivierten lauten Lesens sind natürlich kurze literarische Texte, aber auch Texte zu Bildgeschichten (Diareihen)[49] und „didaktische Dialoge"[50] – diese aber nur, wenn sie einen gewissen sprachlichen und inhaltlichen Charme besitzen. Der Vorteil der beiden letzteren Textformen ist, daß ein Schüler jeweils nur 1–2 Sätze liest und einige Sekunden Zeit hat, sich darauf vorzubereiten. Unbedingt zu empfehlen ist, schon in der Grundstufe als Hausaufgabe die Vorbereitung auf lautes Lesen eines kurzen Textes zu geben (nur jeweils zwei oder drei Schüler/innen bekommen diese Aufgabe).

Die folgende Übung „dient der stufenweisen Erweiterung des Spannungsbogens bzw. der Atemplanung"[51]:

---

[49] Dazu S. 32/33
[50] Dazu S. 265–268
[51] KLAUS VORDERWÜLBECKE (1992), S. 139

Meine Cousine ist in den USA gewesen.
Meine Cousine Monika ist in den USA gewesen.
Meine Cousine Monika aus Salzburg ist in den USA gewesen.
Meine Cousine Monika aus Salzburg ist vor sechs Monaten in den USA gewesen.

Die Gefahr bei der Einübung des lauten Lesens ist nicht, daß die Schülerinnen und Schüler zu langsam lesen, sondern daß sie zu schnell lesen, „blind" draufloslesen und ins Stolpern kommen.

Als gute Hinführung zu einer gelassenen, konzentrierten Lesehaltung nützt das bewußt langsame Lesen ausgewählt komplizierter Sachtexte mit schwierigen Wörtern, Zahlen und Namen. Hier zwei Beispiele.[52]

Die folgenden drei Texte sind so ausgewählt, daß man sie nur langsam und korrekt oder zu schnell und fehlerhaft lesen kann. Bitte üben Sie langsames Lesen.

I Die Schweiz ist ein Pionierland der Photographie; in den 20er und 30er Jahren haben hier schon Ausstellungen stattgefunden, und bereits in der Frühzeit des neuen Mediums haben einzelne Schweizer Photographen ein vielfältiges Portrait der Schweiz und ihrer Bewohner geschaffen. Zu nennen sind Fred Boissonnas (1858–1946), Edouard de Jongh (1859–1926) und Auguste de Jongh (1866–1948). Ihnen folgen Photographen der Sozialreportage, die zum Teil Bilder geschaffen haben, die um die Welt gegangen sind: Gotthard Schuh, Werner Bischof, René Burri. Wieder andere, wie zum Beispiel Hans Finsler, haben sich der Sachphotographie gewidmet, und es fällt heute schwer, das vielfältige Schaffen der Gegenwart mit Namen zu belegen. Besonders hervorzuheben sind Robert Frank (geb. 1924), Balthasar Burkhard (geb. 1944), Hannah Villiger (geb. 1951), Christian Vogt (geb. 1948), Iren Stehli (geb. 1953). PRO HELVETIA

II Was er meint, sind diese Schlafsiedlungen, diese Punkthäuser, diese kreuzungsfreien Straßenführungen, diese Verkehrsflußdichten, diese Sanierungen, diese Umgehungsstraßen, diese städtebaulichen Akzente, diese Südbalkone, Balkone überhaupt meint er. Diese Fußgängerpassagen sind, was er meint, diese Zweifamilienhäuser, diese Rasenmäher, diese Astern-, Dahlien-, Fuchsienstraßen, diese Rudyard-Kipling-Wege, diese Schmucktannen sind es, diese Taxushecken, diese ausklappbaren Gartenmöbel, diese aufblasbaren Schwimmbecken, diese Gießkannen aus Messing, diese Kühltruhen, diese Kompaktgeräte meint er doch, dieses Mairol, dieses Coa, diese flüssigen Haarnetze, diese Grußpostkarten, diese Postleitzahlen ... CHRISTIAN ENZENSBERGER

---

[52] SPRACHKURS DEUTSCH NEU 6, S. 210

39 Lautes Lesen: Planung, Durchführung[53]

Nachdem die Hinweise des Kursbuchs und des Kursleiters / der Kursleiterin gründlich besprochen worden sind (dabei müssen die handfesten handwerklichen Tips gegenüber den theoretischen Erkenntnissen unbedingt im Vordergrund stehen), geht es ans Lesen selbst. Wie so häufig, empfiehlt sich auch hier die Aufteilung eines größeren Arbeitsvolumens auf mehrere Teilnehmerinnen und Teilnehmer. Bei Dialogen bietet sich die Rollenverteilung an, bei längeren Texten die Aufteilung in inhaltlich oder formal differenzierte Textteile (wie etwa Text und Kommentar, Zitat, Vorher und Nachher, referierte Meinungen verschiedener Quellen), Sinnabschnitte, Stufen einer Erzählung, Reihung von Gedanken. Bei den folgenden Beispielen wird der Übungsaufbau deutlich, ohne daß die Texte hier abgedruckt sind:

(1) Zu lesen sind die Texte Seite x und xxx. Bilden Sie Kleingruppen zu je 2–3 Studenten. Teilen Sie die Texte in je 2–3 Lesestücke ein, jeder übernimmt ein Lesestück. Bereiten Sie sich auf das Lesen maximal 25 Minuten vor, und lesen Sie dann die Texte.

(2) Die beiden Texte Seite xx und xx sind in 2, 3 oder 4 verteilten Rollen zu lesen. Bilden Sie Kleingruppen von je 2, 3 oder 4 Studenten. Teilen Sie die Texte ein, verteilen Sie die Rollen. Tragen Sie nach einer Vorbereitung von maximal 25 Minuten die Texte in verteilten Rollen vor.

Vernetzung

Was für die Grammatikübung, die Wortschatzarbeit, das Schreiben usw. gilt, gilt doppelt für das Stimmen der phonetischen Instrumente: Es sollte sich nie selbständig machen, nie isolieren aus dem Ganzen des Lerngeschehens. Phonetikausbildung muß stets in enger Vernetzung stehen mit allen Lerntätigkeiten. In vielen Fällen ist die gute Aussprache der Glanz eines sprachlichen Beitrags, einer Formulierung, eines Gedankens: dann, wenn die Worte und ihre Aussprache eine Einheit bilden, stellen sie die gewünschte Ausstrahlung her.

Gezielte Übung der Orthoepie[54] fördert die Orthographie, Bemühung um exakte Orthographie fördert die bewußtere Aussprache.

Schärfung des Hörens schärft die Aussprache. Gewissenhafte Phonetikarbeit sensibilisiert für das Hören.

---

[53] SPRACHKURS DEUTSCH NEU 6, S. 267
[54] Nur ein anderes Wort für: richtige Aussprache

Übung des lauten Lesens kann Leseverstehen vorwegnehmen, ergänzen, zu Ende führen. Erprobte Kunst des Textverstehens macht sicherer im lauten Lesen.

Gekonnte Gesprächsstrategie führt dann zum Erfolg, wenn die Orthoepie stimmt. Geübte phonetische Präzision bleibt Zimmerkunst, solang sie nicht im wirklichen Gespräch zum Tragen kommt.

Nuancen des grammatischen und lexikalischen Ausdrucks erreichen dann den Partner, wenn sie phonetisch richtig liegen. Kultivierte Aussprache kann ein-studiert wirken, solange nicht tiefere geistige und sprachliche Nuancenkompe-tenz dahintersteht.

Auf dieses beziehungsreiche Miteinander der sprachlichen Tätigkeiten sollten die Lernenden ständig aufmerksam gemacht werden. Das didaktische Mitden-ken der Schülerinnen und Schüler, das einen anspruchsvollen Kursstil kenn-zeichnet, ist ein Lernfaktor, den man nicht hoch genug einschätzen kann.

Literatur zum Thema dieses Kapitels Seite 495/496
Gesichtete Lehrwerke Seite 492–494

Kapitel 3

Aufgaben und Übungen zur Differenzierung des Wortschatzes

Wir benutzen rund ein Zehntel der Wörter, die wir verstehen können,[1] das gilt in der Muttersprache und, sofern in einem modernen Sprachunterricht Techniken der Wortschatzerschließung gelehrt werden, auch in der Fremdsprache auf den mittleren und höheren Lernstufen.

Der *aktive Wortschatz* des Muttersprachlers wandert, der des Sprachlernenden wächst. Beide könnte man auch Interimswortschatz nennen.

Der *latente Wortschatz* besteht aus zwei Bereichen, die ineinander übergehen:

- die Wörter, die wir wiedererkennen. Wir sind ihnen schon begegnet, haben sie aber nicht in unseren Besitz genommen;

- die Wörter, deren Bedeutung wir erschließen können. Das Vermögen, Wortbedeutungen zu erschließen, entscheidet darüber, wie tief einer in den Reichtum einer Sprache einsteigt. (Dieser Teil wird oft auch als „potentieller Wortschatz" bezeichnet.)

Zum kommunikativen Erfolg führt nicht der unreflektierte, „wilde" Lernstil, der möglichst schnell einen möglichst großen aktiven Wortschatz in Besitz nehmen möchte. Nötig ist: frühzeitig die Distanz und Selektionsfähigkeit zu entwickeln, die der Lernende braucht, um

● *seinen* aktiven Wortschatz zu ordnen, zu sichern

● den intelligenten Umgang mit dem latenten Wortschatz zu lernen.

Die in diesem Kapitel gezeigten Aufgaben und Übungen dienen einerseits dem Verstehen unbekannter (oder unbekannt scheinender) Wörter, andererseits der Verankerung der Wörter im Gedächtnis. Die meisten dieser Aufgaben und Übungen haben beide Funktionen zugleich. Zugrunde liegt die Feststellung, daß unser „mentales Lexikon" in Strukturen aufgebaut ist. Wie weit diese Strukturen sinnverbunden oder -bezogen sind,[2] ist noch keineswegs sicher, neben quasi logischen gibt es akustische, visuelle, kommunikative, historische, kulturelle, auch persönlich assoziative und zufällige Bezüge, fest steht nur:

---

[1] UTE RAMPILLON (1985), S. 127
[2] KRISTA SEGERMANN (1992) gibt S. 89–96 einen knappen Überblick über die von der Forschung entworfenen Beschreibungsmodelle dieses hypothetischen „Lexikons"

Wörter als Teilchen haben die Tendenz wegzufliegen.
Wörter, in irgendeiner Weise zu einer Gestalt, zu einer Geschichte verbunden, können im Gedächtnis „anwachsen".

Je sinnlicher der Eindruck, desto kräftiger prägt er sich ein. Er prägt sich um so genauer ein, je persönlicher ich ihn erfahre. Und: je vielfältiger die verbale und die visuelle Komponente miteinander verwoben sind, desto tiefer „wächst" Wortschatz fest.[3]

Zwei Folgerungen ergeben sich. Erstens: Wörter sollten „in sinnvollen Texten eingeführt werden"[4]. So die Regel. Sie läßt sich nicht starr durchhalten, denn Unterricht ist ein Teil des Lebens, und Leben verläuft nicht nach Plan.

Zweitens. Systematische Wortschatzarbeit ist hauptsächlich ein Entdecken, Schaffen und Mitschaffen von Gestalten (im Jargon der Informationstheorie: Superzeichen).

Die gründlich geübte Reflexion über das Wörter-Verstehen erleichtert es den Lernenden, die ordnende Souveränität über die Menge der Wörter zu gewinnen, die auf ihn zudrängen, und das Suchen im Wörterbuch zu reduzieren. Die Übungen zur Wörterbucharbeit können helfen, dieses Suchen noch einmal zu minimieren. Fast alle übrigen Aufgaben und Übungen sind ein Nachdenken und Nachbauen von Wortschatz-Figuren, -Strukturen. Hier die möglichen Formen von Aufgaben und Übungen:

- Aufgaben und Übungen zur Reflexion über das Wörter-Verstehen
- Wörterbucharbeit
- Wörter kennen (oberflächlichere Aufgaben)
- Buchstabenspiele
- Wörter und Pantomime
- Wortfelder
- Wortbildung
- Zusammenspielende Wörter

Vorweg einige Anmerkungen zur Verflechtung und Integration jeder Wortschatzarbeit in die umgebenden Lerngebiete.

---

[3] Zu diesen Zusammenhängen eingehend in Kapitel 6, S. 207–209 die Bemerkungen zum Thema Gedächtnis
[4] CAROLINE SCHOUTEN-VAN PARREREN (1990), S. 13

Vernetzung

Wortschatz erscheint in Texten und Kontexten und erhält seine Semantik nur in diesem Zusammenhang. Das Lesen als solches ist schon die klassische Wortschatzübung – nicht nur als Wiederholung, also Erprobung von Wortschatzwissen, sondern auch als die natürlich gegebene Übung im Erschließen von unbekannten und unbekannt scheinenden Wörtern, nämlich aus dem Kontext und Verständnis des Textganzen. Die meisten Wortschatzaufgaben und -übungen werden immer eingebettet sein ins Lesen: das intelligente Enträtseln von Wortbedeutungen hilft dem intelligenten Lesen, das richtige Lesen liefert einen Schlüssel zum Wörterverstehen.

„In ihrem Stellenwert für die Beherrschung einer Fremdsprache sind die beiden Systeme der Lexik und der Morpho-Syntax bei all ihrer Verschiedenheit als gleichwertig zu betrachten. Versuche, den Primat des einen über das andere zu postulieren – in der westlichen Fremdsprachendidaktik zugunsten der Morpho-Syntax, in der östlichen zugunsten der Lexik – haben in der Praxis nur ungünstige Auswirkungen" (Krista Segermann[5]). Für einen Unterricht, der nicht nur sein Ziel, sondern auch die Methode selbst als kommunikatives Tun definiert, gilt das sehr konkret. Wo von Anfang an dichte Kommunikation stattfinden soll, werden von Anfang an viele Wörter benötigt (ein lexikalisch steiler Einstieg, zu dem Nullanfänger Dynamik und Motivation mitbringen). Wo von Anfang an das Klima eines intelligenten, freien Lernens entstehen soll, müssen von Anfang an die grammatischen Karten auf den Tisch gelegt werden; grammatische Übungen können aber sofort mit Leben erfüllt werden, wenn ein kräftig bunter Wortschatz sie flott macht. Da Grammatik nichts anderes ist als die Beobachtung des Verhaltens der Wörter, sind die beiden Ebenen ohnehin nur verschiedene Dimensionen eines Systems (diesen engen Zusammenhang wird man den Lernenden immer wieder vor Augen führen, als Beitrag zur Entfaltung ihres sich an der Fremdsprache übenden „Sprachverstands").

Die Erarbeitung eines differenzierten Wortschatzes ermöglicht freieres Schreiben und stellt den Hintergrund her für die Verwirklichung im Sprechen. Aufgaben – explizite, implizite, selbstgestellte –, die zu freiem Sprechen und freiem Schreiben auffordern, schaffen die Notwendigkeit, den Wortschatz systematisch zu erweitern und zu differenzieren.

Da Wortassoziationen, Bildkonnotationen, Begriffsstrukturen neben zeitlosen, oft auch persönlichen, meist auch kulturspezifische Komponenten haben, führt Wortschatzarbeit unmittelbar zur Diskussion interkultureller Fragen[6] – so

---

[5] KRISTA SEGERMANN (1992), S. 87
[6] Konsequent dazu BERND-DIETRICH MÜLLER (1994)

kommt es, daß eine Reihe von Wortschatz-Reflexionen und -Aufgaben nicht hier, sondern in Kapitel 12 behandelt werden.[7]

Spiele, die im Sprachunterricht verwendet werden, sind überwiegend Sprachspiele – Spiele in Wörtern, mit Wörtern, über Wörter. Wenn Sie solche Spiele hier in Kapitel 3 vermissen, finden Sie sie in Kapitel 14.

Nur zum Teil greift das Kapitel 5 (zur Nuancenkompetenz) in unser Thema Wortschatz ein, nämlich wo es um Stil geht. Natürlich können stilistische Nuancen auch Wortschatznuancen sein: Die entsprechenden Aufgaben und Übungen finden Sie nicht hier, sondern in Kapitel 5.

---

[7] S. 422. 424–427

Aufgaben und Übungen
zur Reflexion über das Wörter-Verstehen

Die Lernenden brauchen Hilfen, die ihnen die Freiheit geben, gegenüber der sie bedrängenden Fülle der Wörter eine gelassene Distanz zu behalten.

40 Sortieren der „unbekannten" Wörter[8]

Hauptziel der Aufgabe. Die Schülerinnen und Schüler sollen dafür sensibilisiert werden, daß man zum Verstehen eines Ganzen nicht jedes Detail zu verstehen braucht. Entscheidender Schritt: die Spreu vom Weizen trennen. Ich siebe aus: welche Wörter brauche ich zum Verstehen des Textes, welche nicht.

Nebenziel ist das Sortieren der Wörter, die ich brauche: nach welchen Methoden kriege ich jedes einzelne dieser Wörter in den Griff, wie begreife ich jedes einzelne Wort.

Text

Nehmen Sie ein Bündel trockener Zweige, dem äußeren Anschein nach sind sie ebenso träge wie die Erde. Läßt man sie liegen, wo sie sind, werden sie auch langsam zu Erde. Aber sie enthalten verborgene, ihnen von der Sonne geschenkte Glut. Bringt man auch nur die kleinste Flamme an sie heran, hat man bald ein prasselndes Feuer.

Ähnlich muß auch Freude erst geweckt werden. Wenn ein kleines Kind zum erstenmal lacht, drückt sein Lachen keineswegs etwas aus, es lacht nicht, weil es glücklich ist. Ich würde eher umgekehrt sagen, daß es glücklich ist, weil es lacht.

Solange man allein ist, kann man nicht man selber sein. Die Moralisten behaupten, daß Lieben sich selber vergessen heiße, eine viel zu simple Auffassung. Je mehr man aus sich herausgeht, desto mehr ist man selbst, desto mehr fühlt man sich auch leben. Laß das Holz in deinem Keller nicht verkommen.

ALAIN

---

[8] SPRACHKURS DEUTSCH NEU 5, S. 86/87. Text von Alain: Das Glück ist hochherzig. Frankfurt: Suhrkamp 1987. S. 8/9

Aufgabe

1) Benutzen Sie Ihr Wörterbuch nur, wenn Sie es wirklich brauchen. Fragen Sie zuerst:
   – Brauche ich das Wort, um den ganzen Text zu verstehen?
   Wenn Sie es nicht brauchen, vergessen Sie es.
2) Wenn Sie das Wort brauchen, prüfen Sie:
   – Verstehe ich das Wort aus dem Kontext? (Beispiel: *verkommen*)
   – Verstehe ich das Wort aus der Wortbildung? *(Bündel)*
   – Verstehe ich es aus der internationalen Bedeutung? *(simpel)*
   Erst wenn kein anderer Ausweg bleibt, fragen Sie Ihr Wörterbuch.

Die Lösung der Aufgabe erzählt, was gemeint ist. Als Wörter, die wir zum Verstehen des Ganzen nicht benötigen, können wir aufzählen: *träge, prasseln, verborgen, Flamme, umgekehrt, behaupten* (die vier letzten liegen, mehr oder weniger deutlich, im latenten Wortschatz vor). Aus Vorsicht wird man im Wörterbuch nachschlagen: *Zweig, Anschein, Glut, Auffassung.*

Die Logik sagt, daß ich mit Aufgabe 1 (Brauche ich das Wort, um den ganzen Text zu verstehen?) beginne. Sobald ich sehe, welche Wörter sich als notwendig herausstellen, welche ich also zum Verständnis des Textes unbedingt benötige, mache ich mich ans Detail. Vor der Wörterbucharbeit rangieren die drei angebotenen Möglichkeiten: Verstehen aus dem Kontext, aus der Wortbildung, aus der internationalen Bedeutung. Die Aufzählung gibt nicht die Reihenfolge meines Vorgehens an. Ich werde bei jedem „unbekannten" Wort, das ich begreifen möchte, für einen Moment alle drei Möglichkeiten ins Auge fassen. Erkenne ich ein Wort aus der Wortbildung oder aus der internationalen Bedeutung, werde ich prüfen, ob die Bedeutung, die ich gefunden habe, im gegebenen Kontext wirklich stimmt. Das ist die Absicherung. Letzter Ausweg: das Wörterbuch.

41 Wörter aus dem (engeren und weiteren) Kontext verstehen[9]

Text

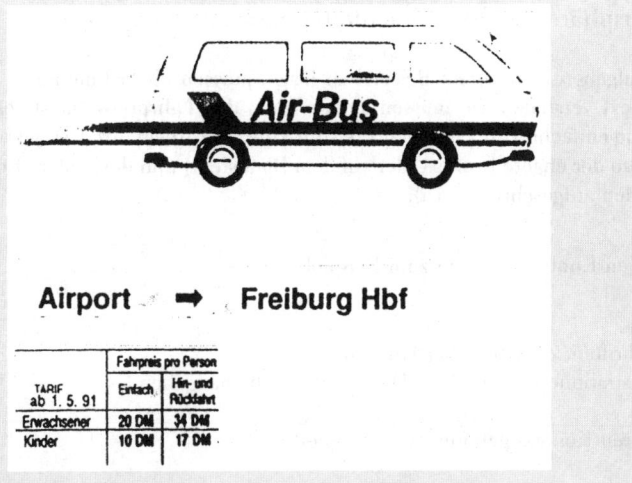

Air-Bus

Airport ➡ Freiburg Hbf

TARIF ab 1. 5. 91	Fahrpreis pro Person	
	Einfach	Hin- und Rückfahrt
Erwachsener	20 DM	34 DM
Kinder	10 DM	17 DM

Aufgabe

Einfach = _____ Hin- und Rückfahrt = _____

Da der zweite Preis sehr viel höher liegt als der erste, können Sie die Bedeutung der Wörter leicht verstehen.

Anfängerstufe

Erprobt wird hier, ebenso wie in der realen Alltagskommunikation, der „Mut zur Vermutung" (Saxer[10]). Die Vermutung geht von den Anhaltspunkten aus, die der Text, ausdrücklich oder unausgesprochen, gibt, zieht zwischen diesen Punkten Linien, baut Figuren, bildet Hypothesen. Die Fähigkeit, Hypothesen zu bilden, die sich bewahrheiten, wird oft Durchblick, Weitblick, Scharfsinn genannt (für die Neigung, Hypothesen zu bilden, die sich nicht bewahrheiten, gibt es eine Skala von Phantasie bis Wahnsinn).

Scharfsinn, Weitblick, Vision sind mehr als Begabungen, sie werden durch Übung und Erfahrung erweitert, geschärft, nämlich Übung und Erfahrung im Weit-Blicken, Scharf-Sehen, also im Hypothesenbilden und in der anschließenden Nachprüfung der Hypothesen. Fremdsprachenlernende können, nach einer Zeit der vor allem psychischen Gewöhnung an das Neue der neuen Sprache, rasch auf die Souveränität zurückgreifen, die sie im Umgang mit ihrer

---

[9] MADDALENA MARTINI (1993), S. 61. Die Aufgabe wurde aus dem italienischen Lehrbuch hier ins Deutsche übersetzt

[10] ROBERT SAXER (1991), S. 51

Muttersprache haben. Scharfsinn, Weitblick, Durchblick: es geht um die Disziplin der Großzügigkeit. Natürlich müssen die Hypothesen mitunter auf ihren Wahrheitsgehalt hin überprüft werden, zum Beispiel anhand des Wörterbuchs – denn es ist natürlich nicht die Aufgabe, den Wahnsinn zu üben. Die Nachprüfung sollte nicht zu häufig und zu ängstlich erfolgen, damit der weite Blick, die Atmosphäre des Experimentellen nicht verlorengeht.

Um die Aufgaben in unserem Beispiel zu lösen, müssen die Schülerinnen und Schüler nicht nur den Text verstehen, sie müssen auch wissen, daß Fahrpreise meist gestaffelt sind in den Preis für die einfache Fahrt und den Preis für Hin- und Rückfahrt. Gefragt wird zum Lösen der Aufgabe also der engere Kontext (der auf dem Blatt steht) und der weitere Kontext (der im Kopf des Lesenden aufgeschrieben ist).

Zum engeren Kontext gehören zum Beispiel

Text
Überschriften, Zwischenüberschriften
Textillustrationen, Graphiken, Diagramme, Zahlenangaben

Zum weiteren Kontext gehören zum Beispiel

Kenntnisse über den Gegenstand des Textes
Kenntnisse über den Textautor
Kenntnisse über das Medium, in dem der Text erscheint
Kenntnisse über den Umkreis des Textthemas
Kenntnisse über allgemeine Regularitäten der Dinge und des Denkens.

42 Wörter aus der Wortbildung verstehen[11]

Text

Während _____ Nacht träumen wir 3- bis 4mal. Die Dauer _____ Traums ist verschieden: 1 bis 10 Minuten. Wenn man _____ Menschen mehrere Tage am Träumen hindert, hat er zuerst während _____ Tages Störungen _____ Bewußtseins. Nach 6 bis 7 Tagen und Nächten ohne Traum tritt _____ psychische Zusammenbruch ein. Das Träumen hat also eine große Bedeutung für _____ innere Balance. Es ist _____ Voraussetzung für _____ Klarheit _____ Bewußtseins.

---

[11] SPRACHKURS DEUTSCH NEU 3, S. 237/238. Der Text ist eine Paraphrase nach dem ebenfalls dort abgedruckten Text von Friedrich W. Doucet aus dessen Buch: Traum und Traumdeutung. München: Heyne 1973. S. 7 und 22/23

Aufgabe

In diesem Text gibt es mehrere Nomen, die vom Verb kommen. Bitte ordnen Sie diese Nomen, finden Sie die dazugehörigen Verben, und erklären Sie, warum die Nomen maskulin, feminin oder neutrum sind. (Ein Wort können Sie nicht erklären: die Dauer. Dieses Wort paßt nicht in das Schema.)

Die Aufgabe lenkt, auf dem Umweg über die Frage nach dem Genus, das Augenmerk auf die Herkunft der Nomen. Da der Text abgeleitete Nomen mit anderen mischt und auch ein Beispiel enthält, das sich nicht in die Regel einfügt, hat die Aufgabe Ähnlichkeit mit dem, was auf die Schülerinnen und Schüler dann „im richtigen Leben" zukommt. (Zum Themenkreis Wortbildung im einzelnen unten S. 113–122.) Ziel solcher Aufgaben ist es, den „Sprachverstand" der Lernenden immer sensibler zu machen für die vielen „durchsichtigen Wörter" (Erben[12]), die in jedem Text vorkommen.

43 Wörter aus der internationalen Bedeutung verstehen

Nicht alle, aber rund 80 % der Deutschlernenden können international geprägte Wörter aus einem deutschen Text leicht herausfinden, nämlich wiederum rund 80 % dieser Wörter, weil sie

– diese Wörter aus ihrer Muttersprache kennen oder
– Deutsch als zweite Fremdsprache nach Englisch[13], Französisch oder Spanisch lernen.

Zwar weiß jeder, daß es auch die berüchtigten „falschen Freunde" gibt (Beispiel: der Gebrauch von *faculté / Fakultät*). Es wäre aber gewiß verfehlt, wollte man, nur aus lehrerhafter Pedanterie, den relativ seltenen falschen Freunden mehr Aufmerksamkeit schenken als den richtigen. Als Korrektiv muß stets die Frage gestellt werden, wie fügt sich die von mir vermutete Bedeutung in den (engeren und weiteren) Kontext; die Antwort stellt die Verifizierung oder Falsifizierung meiner Vermutung her.

---

[12] JOHANNES ERBEN (1983), S. 20

[13] Drei von vier Deutschlernenden haben Englisch als erste Fremdsprache gelernt. Dazu Britta Hufeisen: Englisch im Unterricht Deutsch als Fremdsprache. München: Klett Edition Deutsch 1994

Text[14]

Parzival

Szenarium von Tankred Dorst
Mitarbeit Ursula Ehler

Inszenierung	Dieter Reible
Bühnenbild und Kostüme	Uta Fink
Regieassistenz	Jutta Sperry

Pause nach der 21. Szene

Parzival	Maika Troscheit
Herzeloide, kleines Mädchen, Jeschute, Blanchefleur	Simone Rehberg
Königin, die alte Artistin u. a.	Therese Berger
Merlin	Stefan Rehberg
Ritter, Sir Gawain u. a.	Wolfram Bölzle
Ritter, der alte Artist u. a.	Stefan Gohlke
Ritter, ein Herr, der alte König u. a.	Klaus Lange
der tote Vater, Galahad, Ritter, Sir Orilus, Pfauenritter u. a.	Gian Rupf
Ritter, Knappe, Akrobat u. a.	Matthias Schamberger
Ritter, der Hühnermann, die alte Königin u. a.	Helmuth Westhausser
Ritter, Ansager u. a.	Roberto Widmer
Technische Direktion	Detlef Plümecke
Technische Einrichtung	Ralf Börnicke
Beleuchtung	Detlef Plümecke, Bernd Risch
Inspektion	Jana Stankova
Ton	Thomas Noack, Jaroslaw Ziolkowski
Choreographische Beratung	Jutta Sperry
Souffleuse	Rita Horváth
Leiter der Werkstätten	Bernd Scholand
Masken und Frisuren	Walter Foerder
Schneiderei	Stefanie Grell, Elfriede Ferch
Requisite	Sven Kühn, Jon Matthes
Vorstand des Malersaals	Friedhelm Spork
Bühnenbildassistenz	Katharina Rode
Kostümassistenz	Petra Pohlmeyer

Aufgabe[15]

- Unterstreichen Sie die Wörter, die Sie aus der internationalen Bedeutung verstehen.
- Erklären Sie diese Wörter auf Deutsch. Die Erklärung darf lang und kompliziert oder kurz und einfach sein.

---

[14] Besetzungszettel. Bühnen der Stadt Bielefeld, Spielzeit 1994/1995. Heft 1
[15] KÜCHE

Jedem Lehrbuch ist, besonders an dieser Stelle, aktuelles Material „von der Straße" vorzuziehen, und wem es darum geht, daß sein Unterricht viele Strecken autonomen Lernens einschließt, der wird seinen Schülern immer wieder solche Steinbrocken auf und in den Weg legen. „Zur Autonomie gehört Authentizität" (Wolfgang Steinig[16]). Die entsprechende Aha-Erfahrung ist mit Reiseprospekten, Inhaltsverzeichnissen, Verlagsprospekten, Werbung aller Art zu erzielen.

[16] WOLFGANG STEINIG (1989), S. 35

Wörterbucharbeit

Die wichtigste Aufgabe ist das Auswählen der Wörter v o r dem Aufschlagen des Wörterbuchs: das beste Suchen ist das Nichtsuchen. Das Sichten und Verstehen der Wörter, bevor ich nach dem Wörterbuch greife, sollte so selbstverständlich sein, daß das Wörterbuch wirklich eine Nebenrolle spielt. Andererseits darf die vom Lehrer empfohlene Wörterbuch-Askese nicht dazu führen, daß sich die Lernenden bevormundet fühlen, ein Wörterbuchverbot sollte es nicht geben.

Um der Wörterbucharbeit psychologisch nicht zu viel Gewicht zuzuführen, sollten die Hilfen, die ich als Lehrerin, als Lehrer meinen Schülerinnen und Schülern gebe, sparsam bleiben.

44 Wörter alphabetisch ordnen[17]

Bitte ordnen Sie die Wörter nach dem Alphabet:

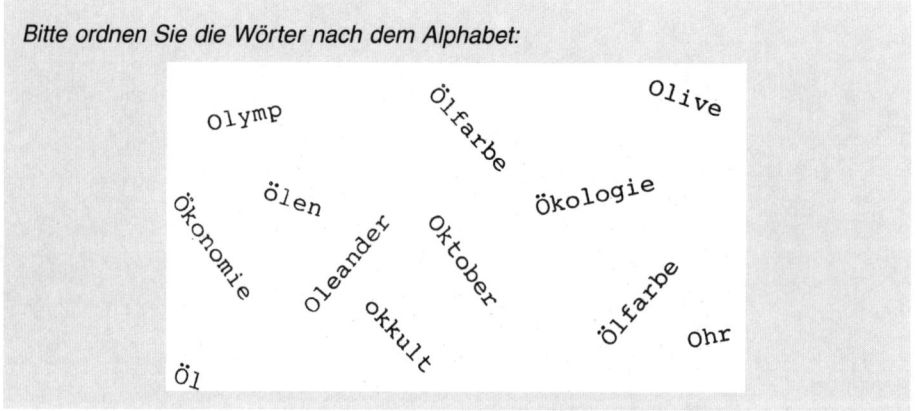

Einsetzbar ab obere Grundstufe, auch wenn nicht alle Wörter verstanden werden

Anmerkung. Ö wird wie O eingeordnet, Ohr steht also vor Öl.

---

[17] KÜCHE. Vgl. auch UTE RAMPILLON (1985), S. 43

45 Wörterbuch-Lese-Werkstatt[18]

Linie *f allg.* line (*a. fig.*), (*Strecke*) *a.* route, *pol. etc* course, policy, (*Partei*) party line: *auf die (schlanke) ~ achten* watch one's figure; *mit der ~ 2 fahren* take the number two; *fig. auf der ganzen ~* all along the line, completely; *auf gleicher ~ mit* on a level with; *in erster ~* in the first place.

zeichnen I *v/t* **1.** draw (*a. fig.*), (*skizzieren*) sketch, *a. fig.* delineate, (*entwerfen*) design. **2.** (*kenn~*) mark: *fig. sein Gesicht war von Kummer gezeichnet* his sorrows had left their mark on his face. **3.** (*unter~*) sign. **4.** (*e-n Betrag*) subscribe

(1) Welche Signale (siehe unten) verstehen Sie sofort?

(2) Welche Signale können Sie leicht herausfinden?

(3) Die Erklärung für alle anderen Signale finden Sie vorn im Wörterbuch im Abschnitt „Abkürzungen".

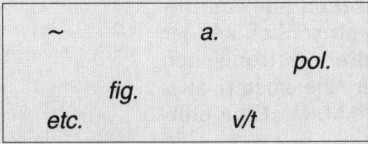

~	a.
	pol.
fig.	
etc.	v/t

(1) Ich verstehe sofort:

(2) Ich kann leicht herausfinden:

(3) Ich möchte die Erklärung vorn im Wörterbuch fragen:

Ab obere Grundstufe (kaum früher), auch wenn nicht alle Wörter verstanden werden

---

[18] KÜCHE. Text: Taschenwörterbuch Deutsch-Englisch. Berlin ...: Langenscheidt 1990, s. v. Vergleichbare Aufgaben vor allem in STUFEN 3, S. 15. 45. 84. 117. 119. 158

46 Grundformen herausfinden[19]

Mit Hilfe der Blindenschrift, der Braillezeile, können Blinde an Computern arbeiten. Die Schrift wurde von dem Franzosen
Louis Braille (1809 bis 1852) erfunden, der
als dreijähriges Kind durch einen Unfall
erblindete. 1825 entwickelte der 16jährige
Braille ein System von sechs würfelför-
mig angeordneten Punkten, die in Papier
gedrückt und mit den Fingern abgetastet
werden. Die Schrift wurde inzwischen auf
acht Punkte erweitert. Für die Computer-
arbeit ist die Braillezeile eine Lochmaske,
durch die Stifte elektronisch hochge-
drückt werden und sich zu Zahlen und
Buchstaben formen. Dieses Hilfsmittel
erschließt blinden Menschen alle elektro-
ischen Informationen einschließlich der
dows. Noch sind die elektronischen
'ezeilen sehr teuer, sie kosten zwi-
⸍ ⸍⸍ ⸍⸍⸍ Mark. Eine billi-

- Bitte notieren Sie alle Grundformen: Infinitiv / Nominativ Singular / Positiv.[20]

---

[19] KÜCHE. Text: Süddeutsche Zeitung, 14.10.1995
[20] Falls im Text „teurer" erschiene, wäre hier „teuer" zu notieren

Wörter kennen (Oberflächlichere Aufgaben)

Die folgenden kleinen Aufgaben erheben keinen anderen Anspruch als den: Sie holen Wörter aus dem Gedächtnis. Mit einem relativ flachen „Löffel" werden die an der Oberfläche liegenden Wörter abgeschöpft. Jede Aufgabe wählt einen anderen Einstieg, alle vier Aufgaben haben etwas von einem Mosaikspiel. Je phantasievoller der Einstieg, desto kräftiger natürlich das Engagement der Schülerinnen und Schüler beim Knobeln und Herausfinden.

47 Das richtige Wort in einen Sachzusammenhang einbauen[21]

5. Die Party findet am _____ abend statt, damit man am nächsten Tag ausschlafen kann.

6. Jede der drei Schwestern hatte eine andere Haarfarbe. Elisabeth war rot, Agnes blond und Ilse ganz _____.

7. Ich kann mit diesem Messer kein Fleisch schneiden. Es ist vollkommen _____.

8. Steffi Graf spielte die Bälle so _____, daß die Gegnerinnen große Mühe hatten, sie zurückzuschlagen.

9. Während Günther immer pünktlich zur Arbeit kam, kam Jürgen oft _____.

10. Ein Flugzeug des Typs Dornier _____ in der Nähe von Kiel ins Meer. Von den vier Passagieren _____ keiner.

11. Sein ganzes Geld war weg. Er mußte sich bei einem Freund zehn Mark _____, um nach Wasserburg zurückfahren zu können.

---

[21] EICHHEIM / STORCH (1993), Übungsbuch S. 64

48 Kombination Wort + Bild[22]

Was ist das?

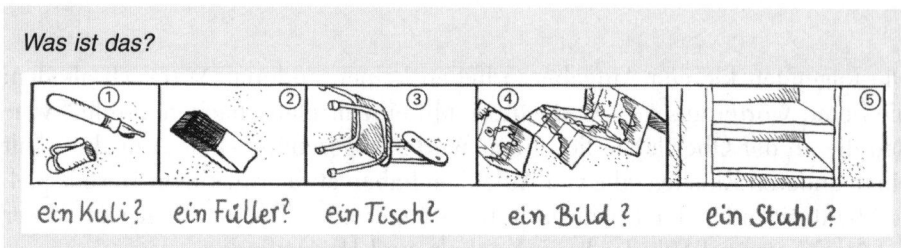

ein Kuli? ein Füller? ein Tisch? ein Bild? ein Stuhl?

49 Bedeutungen oberflächlich abtasten[23]

die Kleider, der Ort, das Geld, der Partner, der Zug, die Nationalität, die Wohnung, die Mutter, die Schuhe, das Auto	Was kann man *nicht wechseln?*
Wohnung, Jugendherberge, Bett, Hotel, Auto, Schlafzimmer, Telefon, Schweiz, Fahrrad, Schlafwagen	Wo kann man *nicht übernachten?*
das Hemd, die Strümpfe, der Teller, der Pullover, das Baby, die Haare, die Tomaten, der Wein, die Haut, die Abendzeitung	Was kann man *nicht waschen?*

50 Das richtige Wort am richtigen Platz[24]

Achtung! Fehlt hier nicht etwas?

a Ich sehe, du kommst vom Urlaub, du siehst prima.

b Darf ich Ihnen ein Glas anbieten?

c Ein guter Film, den müssen Sie.

d Sie müssen mal umsteigen.

e Ich wohne in einem Telefon und Bad.

f Bei Regen findet die Veranstaltung im Saal.

g Schlechte Luft hier, machen wir schnell alle auf!

h Möchten Sie nicht noch eine halbe dableiben?

---

[22] DEUTSCH AKTIV NEU 1 A. Lehrbuch S. 29
[23] SPRACHKURS DEUTSCH NEU 1, S. 160/161
[24] SPRACHKURS DEUTSCH NEU 3, S. 66

Buchstabenspiele[25]

Schon das Wort Spielregel deutet an, daß Spielfreude und Regelhaftigkeit keine unvereinbaren Gegensätze sind, sondern sich anziehen. Spiele mit Wörtern, Formeln, Figuren, Buchstaben sind keine Erfindung des Computerzeitalters, sondern uralter Kulturbesitz.

Der wichtige Nebenbei-Effekt all dieser Spiele, versteht sich, ist das Spielen. Der „Nutzen" ist natürlich das immer neue Umwälzen und Differenzieren von Wortschatz. Aus dem Angebot der modernen Lehrwerke hier nur wenige Beispiele, die ahnen lassen, welche Vielfalt hier noch entwickelt werden kann. Wie die meisten Spielübungen und -aufgaben dieses Kapitels eignen sich auch diese Beispiele ideal für einen von den Schülerinnen und Schülern selbst organisierten und gestalteten Unterricht, in dem der Lehrerin oder dem Lehrer die Funktion des Moderators zukommt (Lernen durch Lehren).[26]

51 Kreuzworträtsel[27]

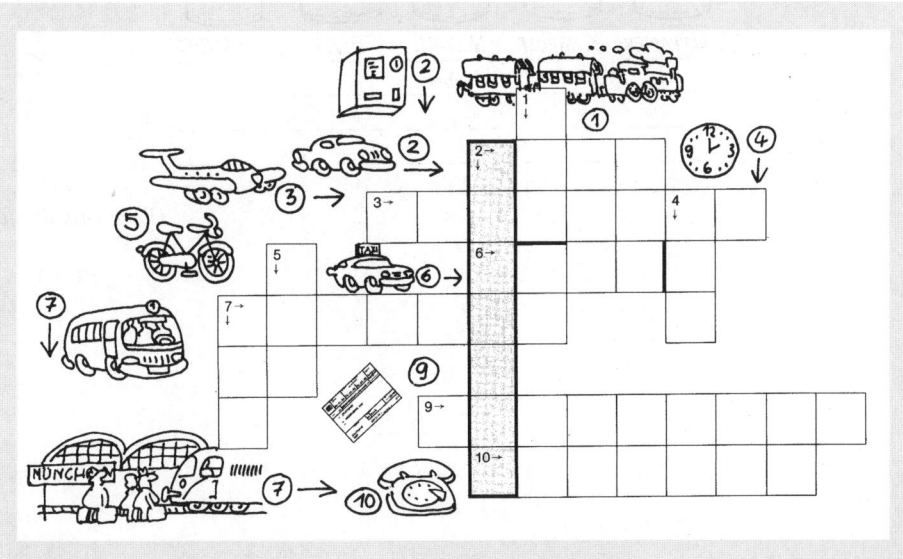

Anfängerstufe

[25] Vgl. auch Kapitel 14 (Spiele), besonders S. 469. 480. 488
[26] Dazu im einzelnen S. 221–223
[27] STUFEN 1, S. 73

52 Wörter herausbuchstabieren

a[28]

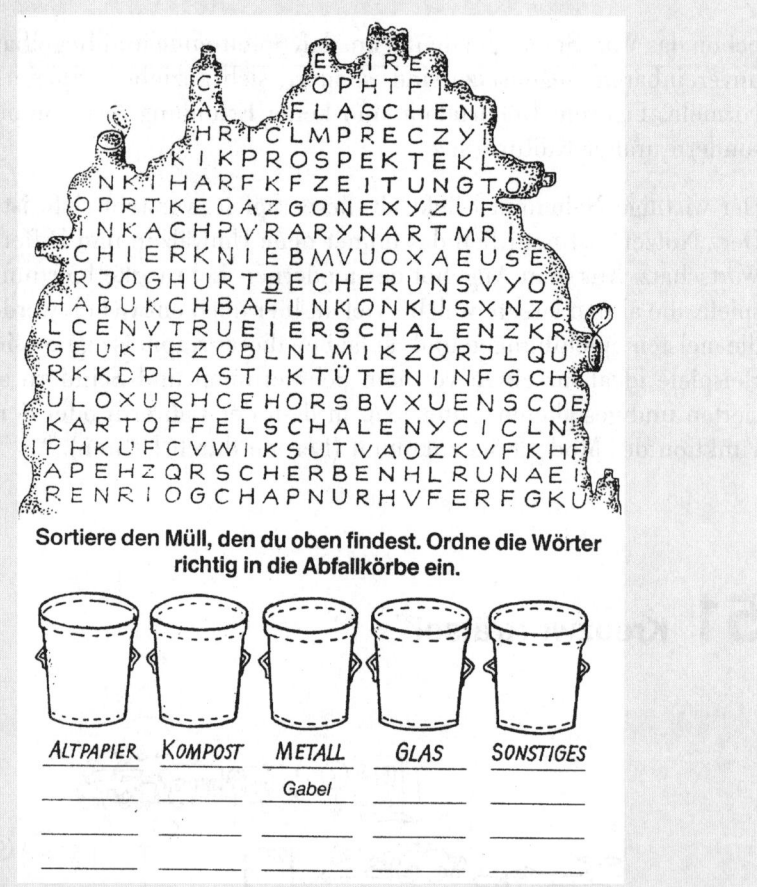

```
                    E   I R E
              C     O P H T F I
              A     F L A S C H E N
          H R I C L M P R E C Z Y
          K I K P R O S P E K T E K L
        N K I H A R F K F Z E I T U N G T O
      O P R T K E O A Z G O N E X Y Z U F
      I N K A C H P V R A R Y N A R T M R I
      C H I E R K N I E B M V U O X A E U S E
      R J O G H U R T B E C H E R U N S V Y O
      H A B U K C H B A F L N K O N K U S X N Z C
      L C E N V T R U E I E R S C H A L E N Z K R
      G E U K T E Z O B L N L M I K Z O R J L Q U
      R K K D P L A S T I K T Ü T E N I N F G C H
      U L O X U R H C E H O R S B V X U E N S C O E
      K A R T O F F E L S C H A L E N Y C I C L N
      I P H K U F C V W I K S U T V A O Z K V F K H F
      A P E H Z Q R S C H E R B E N H L R U N A E I
      R E N R I O G C H A P N U R H V F E R F G K U
```

**Sortiere den Müll, den du oben findest. Ordne die Wörter
richtig in die Abfallkörbe ein.**

ALTPAPIER	KOMPOST	METALL	GLAS	SONSTIGES
		Gabel		

Obere Grundstufe

---

[28] Monica Cuciureanu / Valentina Seiculescu in: PRIMAR. Zeitschrift für Deutsch als Fremdsprache im Primarschulbereich (Köln: Dürr und Kessler) 3/1993. S. 7

b[29]

Der typische Deutsche?

angepaßtbiederchar
heffektivehrliche
überlischheimatve
tigherzensgutherz
igkleinkariertkon
larmoyantmelanch
dordentlichperfe
ipientreupenibel
dlichromantisch
eßigstolztierli
vaterlandsliebe
hverträumtwider
ässigausländerf
tigstumpfsinnigfr

akterfestdogmatisc
ngstirnigfleißiggr
rbundenherrschsüch
losignorantjähzorn
formistischkorrekt
olischnaturlieben
ktionistischprinz
rechthaberischre
sensibelsauberspi
ebtreuunterwürfig
ndvereinsmeierisc
sprüchlichzuverl
eindlichmißmu
eudlosstur

Mittelstufe

53 Rösselsprung[30]

Finden Sie die Berufe heraus:

Rock	see	strie	ke	tor
Zir	heits	kri	le	rin
In	ter	si	che	gin
Po	kus	ti	ti	mann
Schau	mu	tau	kauf	ker
Tief	spiel	kö	rek	rin
Thea	li	di	le	rin
Schön	du	schü	ni	rin

Mittelstufe

---

[29] GRAMMATIK À LA CARTE 2, S. 115
[30] SPRACHKURS DEUTSCH NEU 5, S. 213

54 Wörter fertigbauen[31]

Kopfwörter

Kurze Wörter treffen schärfer als lange. Im modernen und modernsten Deutsch gibt es viele „Kopfwörter": Wir nehmen nur den Anfang, den Rest schneiden wir weg. Finden Sie die vollständige Form:

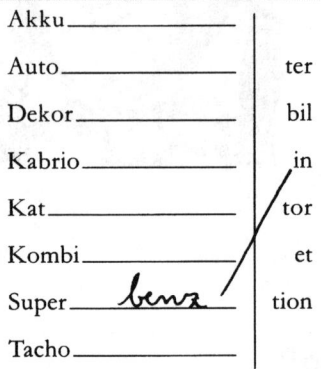

Akku_____	
Auto_____	ter
Dekor_____	bil
Kabrio_____	in
Kat_____	tor
Kombi_____	et
Super__*benz*__	tion
Tacho_____	

Mittelstufe

Die Aufgabe hat zwei Ziele:

– Die heute üblichen, fragmentarischen „Kopfwörter" selbst (Kolumne links) prägen sich ein durch die Bemühung um ihre genaue inhaltliche Erklärung.

– Die Niederschrift der Erklärung sichert das Behalten auch der ursprünglichen kompletten Wörter.

---

[31] SPRACHKURS DEUTSCH NEU 5, S. 107

55 Anagramme entschlüsseln[32]

Der Wettstreit zwischen Wasser und Wein ist längst zugunsten des Wassers entschieden. Mineral-, Heil-, Tafel- oder Quellwasser, neuerdings nicht die prickelnden, sondern vor allem die stillen, sind das Modegetränk schlechthin. Aus der gesundheitsbewußten Wasser-Welle ist eine wahre Strumfult geworden. 1992 erreichte der Pro-Kopf-Verbrauch einen neuen Höchststand: jeder Deutsche trank 84 Liter Mineralwasser, mehr als doppelt so viel wie noch vor zehn Jahren. Und während für das Jahr 2000 bei Wein sowie sämtlichen härteren Gekränten Rückgänge vorausgesagt werden, rechnet man bei den mineralwasserhaltigen Getränken mit weiteren Wachstumsraten: hundert Liter und mehr pro Jahr – nürnechte Zeiten stehen uns bevor.

Das Gesundheitsbewußtsein steigt, die Qualität des Leitungswassers fällt. Da müssen die Mineralwasserbetriebe nicht viel werben. Galt es früher als besonders schick, über Champagner, Cognac und Calvados Bescheid zu wissen, sind heute Herkunft und genaue Zusammensetzung der nistell und lauten Wässerchen das Tischgesprächsthema.

Mit oder ohne Kohlensäure – das ist Mineralwasserkunde für Fangnäe~

Mittelstufe

Anmerkung. Schülerinnen und Schüler wollen nicht wie Kinder behandelt werden. Sie wollen den Spaß haben, auch härtere Nüsse knacken zu können, die Aufgaben dürfen nicht zu leicht sein.

56 C-Test

Kein Spiel mehr ist der bekannte, seit 15 Jahren bewährte C-Test.[33] Er ist so angelegt, daß er einen Gesamteindruck vom Sprachstand eines Schülers herstellt, er prüft daher neben dem Wortschatz auch grammatische Kenntnisse und Lesefertigkeiten. Dieses ziemlich sichere Wundermittel wird nach folgendem Rezept angerührt: „Wählen Sie einen vollständigen authentischen Text von ca. 60 bis 70 Wörtern aus (es kann auch der Anfang eines längeren Textes oder Textabschnitts sein). Lassen Sie den ersten (und eventuell zweiten) Satz vollständig, damit das Thema klar wird. Entfernen Sie bei den folgenden 40 Wörtern von jedem zweiten Wort die zweite Hälfte (oder die 2. Hälfte plus einen Buchstaben), so daß im Text 20 Lücken entstehen.“[34]

---

[32] SPRACHKURS DEUTSCH NEU 5, S. 6/7. Textvorlage: Cornelia Köppen in: Intercity 8/1991. S. 48/49

[33] Christine Klein-Braley / Ulrich Raatz (Hrsg.): C-Tests in der Praxis. Fremdsprache und Hochschule (AKS-Rundbrief 13–14/1985). Bochum: Arbeitskreis der Sprachzentren, Sprachlehrinstitute und Fremdspracheninstitute 1985

[34] HANS-GEORG ALBERS / SIBYLLE BOLTON (1995), S. 67. Vgl. auch dort S. 56–59, 65–69. Textbeispiel ebd. S. 68

Uns interessiert hier nicht die Prüfungsfunktion. Der Test läßt sich auch schlicht als Übung verwenden. Das folgende Beispiel stammt aus einem Einstufungstest des Eurozentrums Köln:

Die Radwandertour „Auf den Spuren des Bayernkönigs Ludwig II." kombiniert Bewegung mit Geschichte.

Auf dem eigenen Rad fah_____ Sie i_____ sieben Ta_____ von Prien a_____ Chiemsee na_____ Immenstadt im Allgäu, w_____ Sie si_____ zwei Ta_____ in ei_____ rustikalen Ho_____ inmitten d_____ Berge erh_____ können. Abe_____ gibt e_____ Vorträge üb_____ Ludwig II., d_____ vor hun_____ Jahren i_____ Starnberger See a_____ mysteriöse We_____ ums Leben kam.

Wörter und Pantomime

Lehrerinnen und Lehrer wissen tausend Möglichkeiten, Wortbedeutungen zu vermitteln, zum Beispiel

Stichwort

Nase	zeigen (lassen)
Blumentopf	an die Tafel zeichnen (lassen)
Schaf	Stimme nachahmen (lassen)

	Definition durch
schweigen	Gegenteil *(sprechen)*
finster	Synonym *(dunkel)*
Glatze	Erklärung *(ohne Haare)*
aber	Satzbeispiel – Erklärung durch den Kontext
	Übersetzung
	usw.

Wie Sie bemerkt haben, wird im vorliegenden Buch mit fast missionarischem Eifer dafür geworben, daß ein umfangreicher Teil des Unterrichts durch Schülerinnen und Schüler selbst gestaltet wird (Lernen durch Lehren).[35] Gerade für die Phase der Wortschatzvermittlung ist diese Unterrichtsform ideal geeignet. Erklärt werden nur die Wörter, die nach der allgemeinen Sichtung (wie sie anhand der Aufgaben 40–43 gezeigt wurde) noch übriggeblieben sind. Das ist eine kleine Zahl von Wörtern.

57 Neue Wörter werden pantomimisch eingeführt[36]

Die Lehrerin / der Lehrer hat wiederholt vorgeführt, wie man Wortbedeutungen pantomimisch darstellen kann. Die Schüler – schauspielerisch oft flexibler und freier als der Pädagoge selbst – erwerben sich, wenn sie Teile des Unterrichts bestreiten und Wörter erklären sollen, rasch die nötige mimische und gestische Kunstfertigkeit. Die pantomimische Umschreibung von Wörtern ist bekanntlich ein Spiel von allergrößtem Reiz und Gewinn auf vielen Ebenen. Kein Lehrer sollte sich und seinen Schülern die Freude, das Erstaunen, den Charme solcher Spiele vorenthalten.

---

[35] Dazu im einzelnen S. 221–223
[36] KÜCHE

Die Schülerin, der Schüler oder das Schülerteam, das die Wortschatzvermittlung übernommen hat, macht sich (meist schon während der Unterrichtsvorbereitung) Gedanken über die Möglichkeiten der Wortumschreibung. Sofern sich andere Methoden der Vermittlung nicht gerade aufdrängen (z. B. das Zeigen), sollte die Pantomime den Vorrang haben, warum? Sie stellt den tiefsten Eindruck her, denn sie ist ein Tun. Um das Wort *Winterstiefel* darzustellen, muß ich eine ganze Szene spielen: Gehen im Schnee, Stiefel ausziehen und wegstellen. Obwohl viele Wörter pantomimisch schwer zu umschreiben sind, ist der Versuch immer spannend, auch wenn er einmal nicht von Erfolg gekrönt wird.

58 Pantomimisches Wörter-Ratespiel

Die folgenden kleinen Übungsstücke sind von der Unterrichtsform unabhängig, können sich im Unterricht durch den Lehrer oder durch einen Schüler-Lehrer abspielen. Es handelt sich um Wortschatzwiederholung. Sorgen Sie bitte dafür, daß Ihre Schülerinnen und Schüler solche Aufgaben nicht als Kindereien abtun, Pantomime ist eine Kunst, sie zu pflegen verstärkt das kommunikative Fließen, das gruppendynamische Feuer einer Klasse. Jede pantomimische Umschreibung sollte mit Sorgfalt gespielt werden; führt sie nicht zum Erkennen des dargestellten Wortes, müssen andere Varianten der Umschreibung gesucht werden.

Durchführung. Der Lehrer oder Schüler-Lehrer schreibt die darzustellenden Tätigkeiten / Gegenstände auf Zettel. Die Zettel werden verteilt. Jede Schülerin, jeder Schüler führt seine Tätigkeit pantomimisch aus, stellt seinen Gegenstand dar. Die anderen Schüler raten, was gespielt wurde. Das Lehrbuch bleibt geschlossen. Beispiele:

a[37]

Spielen Sie ohne Worte:

Sie trinken Bier – Cola – Kaffee – Tee mit Zitrone – Champagner – Cognac
Sie essen Spaghetti – Fisch – Hähnchen – Joghurt – ein Ei – eine Banane
Sie rauchen Pfeife – eine Zigarette …
Die anderen Schüler raten, was Sie trinken / essen / rauchen.

Anfängerstufe

---

[37] SPRACHKURS DEUTSCH NEU 1, S. 17

b[38]

Spielen Sie ohne Worte:

Ich schlafe auf dem Schiff.
Ich schlafe während des Unterrichts.
Ich schlafe in den Tropen.
Ich schlafe im Schnellzug.
Ich schlafe in einem riesigen Bett.
Ich schlafe in einem harten Lastwagen.
Ein Baby schläft auf dem Arm des Vaters.
Ich schlafe in einer kalten Hütte, durch die der Wind bläst.
Ich schlafe im Konzert.
Ich schlafe unter einem Baum.

Ich schreibe im Zug einen Brief.
Ein Kind lernt schreiben.
Eine Sekretärin schreibt, was ihr Chef ihr diktiert.
Eine Polizistin schreibt einen Parksünder auf.
Ich bediene einen Computer.
Ein Name wird in Stein geschnitten.
Ich schreibe am Telefon mit, was mir der andere sagt.
Ein chinesischer Maler schreibt eine Kalligraphie.
Ich schreibe auf einer alten Schreibmaschine, die nicht recht funktioniert.
Ein Generaldirektor unterschreibt Briefe.

Die anderen Schüler raten, was Sie tun und wo Sie sind.

Obere Grundstufe

Es gehört zum beabsichtigten Reiz eines Spiels, daß es auch Aufgaben gibt, die nicht auf Anhieb zu leisten sind. Ein Spiel muß einen Einsatz kosten, wenn es Spaß machen soll.

---

[38] SPRACHKURS DEUTSCH NEU 3, S. 238

Wortfelder

Wie zu Anfang dieses Kapitels skizziert,[39] wachsen Wörter in unserem Gedächtnis am sichersten fest, wenn sie nicht isoliert auftreten, sondern zu einer Traube (cluster), in einer Sinnfigur oder Geschichte miteinander verflochten, verstrebt sind. Da unter den Wortarten „die Substantive [...] den größten Anteil an konkreten Bedeutungen haben", haften sie im Gedächtnis am besten (Rohrer[40]). Auch Wörter mit abstrakten Bedeutungen lassen sich einfangen, wenn sie mit einer bildhaften Vorstellung verbunden, in ein konkretes Netz eingebunden werden.[41]

Was nun das geistige Band betrifft, das eine Anzahl von Wörtern zur Gestalt verknüpft, so ist unser Gedächtnis, das diese Gestalt aufbewahren soll, allem Anschein nach nicht wählerisch. Tiefsinn ist nicht nötig. Schon die Frage „Was kann man wechseln / nicht wechseln" (Aufgabe 49) kann zwischen Wörtern einen oberflächlichen Zusammenhang herstellen, schon der gemeinsame Ort, an dem sich eine Reihe von Gegenständen befinden, der gemeinsame Zeitpunkt, in dem mehrere Ereignisse eintreten, bindet die Namen der Gegenstände, Ereignisse zusammen, in unserem Kopf entsteht eine Figur. Viel mehr Logik steckt natürlich hinter der Struktur etwa des Wortfeldes sehen (Aufgabe 63) oder der Wortfamilie fliegen (Aufgabe 68 e). Aber es gibt (noch?) keinen Beweis dafür, daß solche Gedächtnisbilder lebendiger bleiben als die scheinbar oberflächlichen. Die Grenze zwischen einer sprachlich begründeten Struktur und einer Eselsbrücke ist, was das Behalten betrifft, womöglich ganz offen.

59 Das Wortfeld umschreiben

Vorweg: Das Hauptziel aller Wortschatzaufgaben und -übungen bleibt das immer wiederholte Einprägen der Wörter selbst. Die folgende Übung a erwartet von den Lernenden, daß sie Wortfelder 1. begrenzen („Was paßt nicht?") und 2. benennen, die richtigen Oberbegriffe zuordnen. Übung b geht einen Schritt weiter: implizit wird verlangt, daß die Schüler die Oberbegriffe selbst finden. Beide Übungen erziehen zur sauberen Trennung der Bereiche.

---

[39] S. 79/80
[40] JOSEF ROHRER (1990), S. 78/79
[41] Ebd. S. 79

a[42]

1. Was paßt nicht? Ergänzen Sie die Wörter.

Tiere   Bücher   Schmuck   Sport/Freizeit   Gesundheit   Haushaltsgeräte
Haushalt ~~Musik~~   Reise   Sprachen Möbel

a) Plattenspieler – Radiorekorder – ~~Mikrowelle~~ – CD-Player: *Musik*
b) Elektroherd – Mikrowelle – Waschmaschine – Waschbecken: _____
c) Schlafsack – Halskette – Reiseführer – Hotel – Zelt: _____
d) Geschirr spülen – radfahren – Tennis – Fußball: _____
e) Sprechstunde – Pause – Medikament – Arzt: _____
f) Ring – Halskette – Messer – Ohrring: _____
g) Bücherregal – Elektroherd – Sessel – Schrank: _____
h) Typisch – Türkisch – Spanisch – Deutsch: _____
i) Kochbuch – Reiseführer – Reiseleiter – Wörterbuch: _____
j) Hund – Schwein – Pferd – Rind – Katze – Hähnchen: _____
k) aufräumen – Wäsche waschen – Betten machen – aufpassen: _____

b[43]

Welche Wörter passen nicht in die Zeile?

(1) Violine Hupe Horn Trompete Trommel Taktstock Flöte Piano

(2) Schweineschnitzel Hähnchen Lamm Forelle Steak Sandale Champignon Ente

(3) Hemd Bluse Hose Hut Vorhang Strümpfe Schminke Mantel

Wenn es der Sinn eines Sprachkurses ist, auch zu lernen, wie man n a c h dem Kurs autonom seine fremdsprachlichen Fähigkeiten und Kenntnisse erweitern kann,[44] so erscheint, kaum hat sich die Tür des Sprachkurses geschlossen, als Herausforderung die weitere Differenzierung des Wortschatzes. Verstehe ich als Lehrerin, als Lehrer meine Verantwortung, die Schülerinnen und Schüler immer wieder auf das Weiterlernen nach dem Kurs hinzuweisen, so ist dies dann sinnvoll, wenn ich ihnen gleichzeitig die nötigen Wort-Erwerbs-Strategien mitgebe. Die spielerische Erforschung von Wortfeldern bietet sich als Weg an. Schülerinnen und Schüler erfinden ohne viel Mühe Aufgaben und Übungen wie diese beiden, vor allem wenn ich ein paar Modelle vorgebe, die Phantasie und Experimentierlust anregen.

---

[42] THEMEN NEU. Arbeitsbuch S. 103
[43] KÜCHE
[44] ANNELIE KNAPP-POTTHOFF / KARLFRIED KNAPP (1982), S. 170

60 Wortfeld-Rätsel

a[45]

Silbenrätsel

Finden Sie den Oberbegriff (im Singular)

a-art-chen-chen-e-del-di-di-do-en-fach-ge-gel-gi-in-kat-ku-lekt-li-ment-net-on-pla-raub-re-säu-schaft-schmuck-sekt-sport-stein-stern-stu-tag-tier-ver-vo-wandt-werk-wo-ze-zei-zeug

Saturn und Venus _____

Saphir und Rubin _____

Skorpion und Waage _____

Führerschein und Geburtsurkunde _____

Hinduismus und Islam _____

Ohrring und Halskette _____

Germanistik und Theologie _____

Handball und Tennis _____

Sächsisch und Schwäbisch _____

Leopard und Panther _____

Wal und Delphin _____

Spatz und Adler _____

Wespe und Mücke _____

Schwägerin und Schwiegersohn _____

Schraubenschlüssel und Säge _____

Donnerstag und Freitag _____

Mittelstufe

Wenn Sie diese hübsche Nummer als Hausübung geben, sollten Sie nicht versäumen, die Aufgabe zu erweitern:

– das Wortfeld mit weiteren Wörtern auffüllen

– zu jedem Wort Artikel und Plural finden.

b[46] Schüler bauen ein Wortfeld-Rätsel. Dieses Spiel eignet sich gut als Vorbereitung während des Kurses für das Weiterlernen nach dem Kurs. In Kleingruppen irgendwelche Wörter, gleichgültig aus welchem Zusammenhang, rufen und notieren, zusammen höchstens 25 Wörter. Zu jedem Wort aus demselben Wortfeld ein zweites Wort finden. Nur die neugefundenen Wörter in Silben auflösen und ein Silbenrätsel daraus bauen. Das fertige Rätsel beginnt mit der Aufforderung: Finden Sie die Wortpaare zusammen, die in dasselbe Wortfeld passen!

---

[45] SCHUMANN MITTELSTUFE, S. 126/127
[46] KÜCHE (frei nach Schumann)

61 Gegenstücke finden[47]

Finden Sie je zwei oder drei Gegenstücke zu den Wörtern

alt (neu / jung), hell, weit, teuer, roh, traurig, verschlossen, immer, gesund, gerade, pünktlich, dumm, unterdrückt, ganz, ruhig, geheim, süß, dick, genau, nah.

Bilden Sie mit diesen Wörtern kleine Nomengruppen oder Sätze.

Mittelstufe

Nicht alle Gegenstücke sind in der Bedeutung so scharf zu trennen wie *neu* und *jung* oder *sauer, bitter, herb.* Die Aufgabe, Nomengruppen oder Sätze zu bilden, sollte die Unterschiede erkennbar machen.[48]

62 Entsprechungen finden

a[49]

Pech!
Als ich den Brief lesen wollte, fand ich die Brille nicht.
Als ich mich frisieren wollte
Als ich mir die Nase putzen wollte
Als ich mich schminken wollte
Als ich dich anrufen wollte
Als ich das Haus zuschließen wollte
Als ich dir einen Brief schreiben wollte
Als ich rauchen wollte
Als ich zahlen wollte
Als ich mich erschießen wollte

Die Übung bietet sich, wie fast alle der hier aufgezählten, für den Unterricht Lernen durch Lehren an. Dem Schüler-Lehrer wird es nicht entgehen, daß die Überschrift „Pech" natürlich anfechtbar ist. Frage: Pech – oder eher Glück?

---

[47] SPRACHKURS DEUTSCH NEU 6, S. 192
[48] Komplexer als die hier zitierten Beispiele von Gegenstücken ist die Problematik der gegensinnigen Verben:
Man zieht Kleidung an, man zieht Kleidung aus.
Ungleichnamige Pole ziehen sich an, gleichnamige Pole ziehen sich aber nicht aus.
Dieses Beispiel stammt aus der Arbeit von Bruno Liebaug: Schwierigkeiten mit Verben im Physikunterricht. In: Didaktik der Wissenschaftspropädeutik und der Sprachvermittlung. Hrsg. v. Armin Wolff, Klaus-Dieter Justen und Harald Klingel. Regensburg 1991. Materialien Deutsch als Fremdsprache 31. S. 234/235
[49] SPRACHKURS DEUTSCH NEU 3, S. 287

b[50]

Welche Emotion paßt? Ergänzen Sie.

Er/Sie ...		
1. war sprachlos	vor Freude	
2. tanzte	vor _____	Glück
3. sprang in die Luft	_____	Freude
4. war weiß	_____	Begeisterung
5. war rot	_____	(= Enthusiasmus)
6. konnte kaum sprechen	_____	Angst
7. er vergaß alles	_____	Sorge
8. hatte keinen Appetit mehr	_____	Ärger
9. weinte	_____	Aufregung
10. klatschte in die Hände	_____	Wut
11. konnte nicht schlafen	_____	

Die hier gestreiften, sich sehr fein unterscheidenden Wortfeldsysteme tragen zum Teil kulturspezifische Züge. Sollten Ihre Schülerinnen und Schüler die Lösungen nicht mühelos finden, bietet sich eine kleine interkulturelle Unterhaltung an über Emotionen und wie wir sie zeigen.

---

[50] DIE SUCHE 1. Arbeitsbuch S. 203

63 Das Wortfeld in sich differenzieren

a[51]

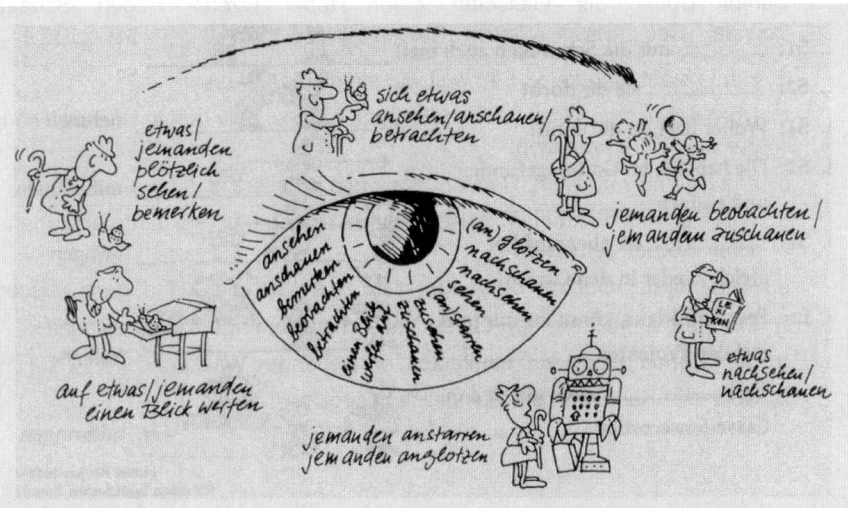

b) **Bitte ergänzen Sie mit den passenden Verben aus der Grafik oben:**

1. Wir hatten Pause, und ich spielte in unserem Schulgarten, da _____ ich plötzlich vor mir auf dem Weg zwei Schnecken. 2. Ich _____ sie eine Weile, wie sie sich langsam fortbewegten. 3. Schließlich nahm ich sie in die Hand, weil ich sie mir genauer _____ wollte. 4. Sie waren feucht und rot und hatten schwarze Augen, die ins Leere _____. 5. Da klingelte es. Die Pause war zu Ende. Deshalb nahm ich die beiden Schnecken mit in das Klassenzimmer und versteckte sie in meinem Pult. 6. Während des Unterrichts _____ ich hin und wieder _____ auf meine Schnecken, weil ich _____ wollte, ob sie noch lebten. 7. Als wir dann einen kurzen Test schrieben, _____ ich zwischendurch auch ein paarmal in mein Pult. 8. Die Lehrerin _____ das natürlich und dachte, daß ich in einem Buch etwas _____ wollte.

[51] STUFEN 4, S. 16

b[52]

Bitte setzen Sie nun statt Wasser *immer das passende Wort ein, nämlich*

Dampf Dunst Eis Gletscher Meer Nebel Ozean Regen Schauer
Schnee See Strom Teich Tropfen Welle Wolke

a Heute sieht man keine 5 m weit. So ein dichtes Wasser!

b Über das riesige Wasser führt hier keine Brücke, aber dort in Uffendorf können Sie die Fähre benutzen.

c Alle Bäume sind weiß. Herrlich, das erste Wasser!

d Auf 3200 m Höhe, tief im Wasser, wurde ein viertausend Jahre alter menschlicher Körper gefunden.

e Heute ist das Gebirge überhaupt nicht zu sehen, die Luft ist ganz wässerig.

f Du mußt versuchen, daß du die Nase immer über dem Wasser hast!

g Die Blumen atmen auf, ein kurzes, erfrischendes Wasser.

h Über den Kanal können Sie vielleicht segeln

64 Wortwaage

a[53]

Kein Tag ohne	Motor
Kein Zimmer ohne	Beine
Kein General ohne	Abend
Kein Tisch ohne	Fenster
Kein Auto ohne	Soldaten

b[54] Die Schülerinnen und Schüler erfinden selbst Aufgaben wie a, nämlich nach dem Muster

kein ... ohne

Wer dem Produkt Rätselcharakter geben will, schreibt bei der Wortreihe links nur die Anfangsbuchstaben.

---

[52] SPRACHKURS DEUTSCH NEU 5, S. 12
[53] SPRACHKURS DEUTSCH NEU 1, S. 104
[54] KÜCHE

65 Nehmen und geben[55]

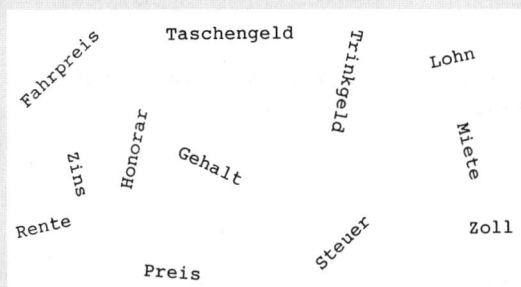

Was sind die Leute, die diese Gelder kassieren, von Beruf, wo arbeiten sie, was tun sie genau?

Mittelstufe

Wiederum eine Aufgabe, die stark von kulturspezifischen Perspektiven lebt und zwangsläufig zum interkulturellen Diskurs führt.

66 Wortstufen[56]

Ich bin kein Picasso, ich bin nur ein Sonntagsmaler.
Ich bin keine Heilige, ich bin nur

Variante:

Ich bin nicht Ihre Mutter, ich bin Ihre Sekretärin.
Ich bin nicht deine Bank, ich bin

Diese Denk- und Sprachfigur läßt sich auf vielfältige Weise modifizieren, zum Teil auch umkehren. Das Spiel funktioniert flüssig, wenn die Schülerinnen und Schüler genügend Zeit zum Nachdenken bekommen. Die Beispiele werden individuell entwickelt, in der Kleingruppe diskutiert und dann im Plenum zusammengetragen.

---

[55] KÜCHE
[56] DRUGSTORE

67 Wörter werden zum Text[57]

Bitte, ordnen Sie die Wörter so, daß ein Textereignis daraus entsteht:

Taxi – Tasche – Theater – Eile – Weg – vergessen – zurück – 1. Akt – Karten – Straßenbahn – Besuch

---

[57] DRUGSTORE

Wortbildung

Die Neigung der Deutschen, mit Wörtern wie mit Klötzchen zu spielen und sie so lange übereinanderzuschieben, bis wieder eine Neubildung entstanden ist, wird von Nichtdeutschen oft als ein Tick betrachtet. Das Deutsche mit seinen vielfältigen Baumustern der Nominalkomposition ist ja in den großen europäischen Nachbarsprachen ohne strukturelle Parallele (Erben[58]). Für den Deutschunterricht eine Hintertür: Kleine Hinweise auf manches Verspielte, Schrullige können die Beschäftigung mit der deutschen Wortbildung unterhaltend machen.

Die Ziele dieser Beschäftigung sind klar, sie gehören eng zusammen:

- in erster Linie das immer neue Umkreisen und Wiederholen der einfachen Wörter, aus denen die abgeleiteten und die zusammengesetzten bestehen,

- der Aufbau der Kompetenz, abgeleitete und zusammengesetzte Wörter aus ihrer Herkunft zu verstehen,

- eine pädagogische Dimension: von Anfang an die Wachheit einzuüben für die vielsagenden, vielerzählenden Wörter und die Neugier zu wecken, hinter ihre Oberfläche zu blicken. Die frühe Erziehung zum „zweiten Blick" (Portmann[59]) mag – kann – soll für den ganzen Lernweg während und nach dem Kurs die Flexibilität der Lernenden herstellen, die praktisch nicht mehr unterscheidet zwischen der Verwirklichung in der neuen Sprache und der Aufmerksamkeit für Sprache.[60]

Da in der Umbildung und Neubildung von Wörtern außerordentlich viel Kulturspezifik, vor allem mit geschichtlicher Komponente, steckt, ergeben sich aus der Beschäftigung mit Wortbildung häufig interkulturell vergleichende Betrachtungen.

Selbstverständlich steht die analytische Frage (Wie sind diese Wörter entstanden?) im Vordergrund. Der synthetische Gedanke (Wie bilde ich neue Wörter?) soll zwar nicht völlig verschwinden, denn Wortbildung ist a u c h „eine Spielwiese für den kreativen Umgang mit Sprache. Das sollte man nutzen" – aber immer spielerisch, immer unter dem „Vermutungsaspekt" (Saxer[61]). Ein solides Kursprogramm wird, es sei denn auf einer sehr hohen Fortgeschrittenenebene, nie erwarten, „daß Teilnehmer Wortzusammensetzungen selbst bilden"[62]. Schwerpunkt ist entschieden die Übung des sprachanalytischen Denkens, des „Sprachverstands".

---

[58] JOHANNES ERBEN (1983), S. 124/125
[59] PAUL R. PORTMANN (1991), S. 144
[60] Der Gedankengang folgt im wesentlichen PAUL R. PORTMANN ebd.
[61] ROBERT SAXER (1991), S. 57
[62] Das Zertifikat Deutsch als Fremdsprache. Bonn / Frankfurt: Deutscher Volkshochschulverband, München: Goethe-Institut, 4. Aufl. 1991. S. 313

68 Wortbildung: Kleiner Einführungskurs

Die folgende Aufgabensequenz (5 Aufgaben) zieht sich durch die ganze Grundstufe bis zum Einstieg in die Mittelstufe. Hier sind nur einige gravierende Schritte herausgegriffen. Die Schritte:

a „Vorgeschmack": Spiel mit Wortklötzchen, ungefährlich, weil die Beispiele so ausgewählt sind, daß beim Zusammensetzen kein Fugenelement auftritt.[63] Unmittelbar auf diese Spielübung folgt eine analytische Aufgabe, erste tastende Einübung in das Wörter-Durchschauen. Die Aufgabe ist für die Lernenden schwierig, weil die Genera der Konstituenten in Beziehung zum Genus des Kompositums zu setzen sind.

b Die Frage lenkt das Interesse der Lernenden zunächst nur vorsichtig auf die Tatsache, daß es sehr verschiedene Wortzusammensetzungsmodelle gibt.

c Die Übung (immer noch Anfängerstufe) kann frühzeitig dem wörter-durchschauenden Blick die Tiefenschärfe dafür geben, daß die logischen Relationen zwischen den Konstituenten sehr unterschiedlich sind. Im Gegensatz zu der häufigen theoretischen Meinung, dieses Gelände wäre äußerst kompliziert und voll von Fallen (dies gilt für die linguistische Analyse), funktioniert das Begreifen der meisten Komposita in der Praxis, solange es sich um kräftig plastische Beispiele handelt, spielerisch intuitiv.

d Eine Einführung in die Regularitäten der Ableitung Verb → Nomen in der Nußschale. Die Tatsache, daß es Ausnahmen, vor allem scheinbare Ausnahmen gibt, fällt hier unter den Tisch, denn wir befinden uns immer noch in der Grundstufe. Diese Nummer bedeutet einen merklichen Sprung nach vorn auf dem Gebiet des Wörter-Erkennens.

e Ein erstes Plateau: der zusammenfassende Überblick über die Entfaltungsmöglichkeiten, die „Biologie" eines Verbs. Schon hier gilt der – weiter unten[64] vertiefte – Maßhalteappell: Wortfamilien bitte stets nur in Auswahl darbieten.

---

[63] Fugenelemente, hier in Wortbeispielen: Liebesspiel, Augenblick, Herzenslust, Geisterstunde, Hundeleben, Astronomie. Zusammenfassende Übersicht bei WOLFGANG FLEISCHER (1975), S. 121–131

[64] S. 117

a [65]

Bauen Sie aus zwei Wörtern ein Wort

Beispiel: das Eis + der Kaffee → der Eiskaffee

der Fuß	die Marke	der Tabak	die Straße
der Brief	die Flasche	Goethe	das Buch
der Paß	der Ball	das Telefon	der Mantel
die Milch	der Laden	der Winter	die Karte
der Abend	die Zeitung	das Kino	der Laden
der Wein	das Foto	der Käse	der Kuchen

Beispiel: die Teetasse ← der Tee + die Tasse

a der Theaterbesuch   ← _____

b die Mozartplatte   ← _____

c das Sportzentrum   ← _____

d die Filmkamera   ← ____

b [66]

Schüttelkasten   Welche Wörter haben mehr als ein *Nomen*?

Rotwein   Landkarte   Theaterstück
Hintertreppe   Biergarten   Bergwind
Schokoladenpudding   Sauerkraut   Birnenschnaps
Vorspeise   Würstchen
Zigarettenautomat   Getränk   Bergkapelle
Oberlehrer   Volksmusik   Gasthaus
Unterricht   Speisekarte
Lesetext   Schwimmbad   Käsekuchen   Frühstück
Hochzeit   Deutschkurs

c [67]

Was ist eine Parkbank?
→ *Eine Bank im Park.*

Was ist eine Holzbank?
→ *Eine Bank aus Holz.*

Was ist ein Kinderbett?	Was ist ein Holzlöffel?
Was ist eine Milchflasche?	Was ist ein Suppenlöffel?
Was ist eine Klosterbibliothek?	Was ist ein Damenfriseur?
Was ist ein Bücherschrank?	Was ist ein Gartentisch?

---

[65] SPRACHKURS DEUTSCH NEU 1, S. 78
[66] Ebd. S. 217
[67] SPRACHKURS DEUTSCH NEU 2, S. 42

d[68]

NOMEN, DIE VOM VERB KOMMEN

das Abendessen, die Abfahrt, die Ankunft, die Anweisung, die Aufgabe, der Erfinder, die Erfindung, der Fernseher, die Flucht, das Können, der Kuß, die Liebe, die Ordnung, der Neuanfang, der Nichtschwimmer, der Redner, das Rennen, der Säufer, der Schauspieler der Sonnenaufgang, die Spannung, der Sprung, der Teilnehmer, der Verstand, der Wiederaufbau, die Wohnung, der Zug, die Zukunft, der Zusammenhang.

a *Von welchen Verben kommen diese Wörter?*

b *Bitte ordnen Sie die Nomen in maskulin, feminin und neutrum.*

c *Finden Sie selbst die Regeln, nach denen die Nomen maskulin, feminin oder neutrum sind. Aber beachten Sie bitte: diese Regeln gelten nur für die Nomen, die vom Verb kommen!*

e[69]

Das richtige Wort   Hier in der Wolke finden Sie eine Wortfamilie: die Wortfamilie *fliegen*.

der Flughafen
fliegen
fortfliegen
überfliegen
der Abflug
der Ausflug
die Flugzeugbesatzung
heimfliegen
die Flugkosten
der Flug
der Flugschein
die Fliege
das Passagierflugzeug
der Flieger
der Flugkapitän
der Rückflug
die Flugpost
der Flügel
das Geflügel
abfliegen

● Versuchen Sie alle diese Wörter zu verstehen.
● Ordnen Sie die Wörter:

Abgeleitete Wörter: Zusammengesetzte Wörter:

Nomen: *Verben:*

die Fliege   abfliegen   der Flughafen

_____   fortfliegen   die Flugkosten

_____   _____   _____

_____   _____   _____

_____   _____   _____

_____   _____   _____

                                      _____

„Mutterwort": *fliegen*

---

[68] SPRACHKURS DEUTSCH NEU 3, S. 212
[69] SPRACHKURS DEUTSCH NEU 4, S. 15

Die Sprechübung (c), eine unter drei aufeinanderfolgenden, kreist um Relationen, Proportionen und ist natürlich zugleich eine Übung der Präpositionen. Die Übung kann je nach ihrem zeitlichen Ort innerhalb des Unterrichtsablaufs zuerst in Kleingruppen, dann im Plenum (und womöglich zur Wiederholung oder als Hausübung schriftlich oder mit Cassette) durchgeführt werden, lustig ist aber auch die gemeinsame Lösung durch Zuruf im offenen „Klassenchaos".

69 Wortbildung: Definitionen zuordnen[70]

Bitte ordnen Sie zu:

1. Arbeitgeber ( )
2. Arbeitnehmer ( )
3. bearbeiten ( )
4. Frauenarbeit ( )
5. Gartenarbeit ( )
6. Gastarbeiter ( )
7. Mitarbeiter ( )
8. Nachtarbeit ( )
9. verarbeiten ( )
10. Zusammenarbeit ( )

a an etwas arbeiten
b Angehöriger eines Betriebs/Unternehmens
c jemand, der Arbeitnehmer gegen Lohn oder Gehalt beschäftigt
d Arbeit während der Nacht
e Aufgaben für Frauen / Tätigkeit von Frauen
f jemand, der für einen Arbeitgeber gegen Lohn oder Gehalt arbeitet
g gemeinsame Arbeit
h Ausländer, der in der Bundesrepublik lebt und arbeitet
i etwas als Material für die Herstellung von etwas anderem verwenden
j Arbeit im Garten

Die Aufgabe mischt sehr offenliegende mit sehr differenzierten Definitionen (heikel: die Unterscheidung b/f) und gibt damit Gelegenheit zur Diskussion über kulturspezifische Aspekte. Der unübertreffliche Cartoon (Hat der Arbeitnehmer Pfoten oder Hände?) lädt zum Beschreiben und Erzählen ein.

Alle im vorliegenden Kapitel gezeigten Aufgaben haben eins gemeinsam: die Begrenzung auf eine leicht überschaubare Zahl von Wörtern. Im Sinn dieser Aufgaben ist es, wenn sich die Lehrerin / der Lehrer ebenso zurückhält. „Es passiert häufig im Unterricht, daß die Lernenden – gewissermaßen als Opfer des lehrerhaften Vollständigkeitstriebs – mit einer Vielzahl von Wörtern mit den unterschiedlichsten Bedeutungen konfrontiert werden; ihre Auffassungs- und Merkfähigkeit wird überfordert, und sie verlieren die Lust. Man sollte beim Aufbau einer Wortfamilie im Rahmen des Ausgangsthemas streng selektieren" (Saxer[71])

[70] DEUTSCH AKTIV NEU 1 C. Lehrbuch S. 80
[71] ROBERT SAXER (1991), S. 60

70 Wortbildung: Sprachvergleich[72]

Im Deutschen gibt es viele zusammengesetzte Substantive mit „Liebe".

Freiheits-
Gerechtigkeits-
Menschen-
Mutter-
Nächsten-   liebe   (Liebes-
Natur-
Tier-
Vaterlands-
Wahrheits-

-abenteuer
-briefe
-erklärung
-gedicht
-geschichte
-glück
-heirat
-lied
-paar
-szene

Suchen Sie bitte die entsprechenden Wörter in Ihrer Sprache!
Gibt es verschiedene Wörter für die verschiedenen Arten von „Liebe"?

Die Aufgabe greift aus dem Feld der Wortbildung ein besonders anziehendes Beispiel heraus und regt zu einem zweifellos lohnenden Vergleich mit der Lerner-Muttersprache an, der in interkulturelle Fragen und Erwägungen einmünden wird.

Das Nachdenken und Vergleichen der Sprachen wird voraussichtlich die – einem seltsamen Spiraldenken verwandte? – Tendenz zum einen Wort (Univerbierung[73]) beleuchten, die das Deutsche von den Nachbarsprachen so auffallend unterscheidet und in noch langatmigeren Wörtern ihre Blüten treibt (Liebeskummerpsychose, Liebhaberpreis …).

71 Wortbildung: Bedeutungsebenen unterscheiden[74]

Mit welcher Bahn kann man nicht fahren?

Eisbahn – Eisenbahn – Autobahn – Seilbahn – Laufbahn – Zahnradbahn – Wildbahn – U-Bahn – Landebahn – Rutschbahn – Kegelbahn – Straßenbahn – Fahrbahn – Flugbahn

Welcher Schein besteht nicht aus Papier oder Pappe?

Führerschein – Gepäckschein – Mondschein – Fahrschein – Lichtschein – Anschein – Zahnschein – Lottoschein – Waffenschein – Vorschein – Kerzenschein – Heiligenschein – Sternenschein – Totenschein – Gutschein – Fackelschein

Mittelstufe

---

[72] SPRACHBRÜCKE 2, S. 106
[73] Dazu JOHANNES ERBEN (1983), S. 122–125
[74] SCHUMANN MITTELSTUFE, S. 128

Die beiden pfiffigen Fragen stellen die Trennschärfe der analytischen Wortbe-
trachtung auf die Probe; diesmal geht es nicht (wie beim Aufgabentyp 68 a)
um die Wortoberfläche, sondern um den Hintergrund, denn *Bahn* und *Schein*
haben ja Bedeutungen auf mehreren Ebenen. Man wird nicht an einzelnen
Wörtern herumbohren, sondern die beiden Fragen, mit Hilfe des Lehrers, rasch
und spielerisch beantworten und dann jeweils zu der Hauptfrage übergehen,
die hinter der Übung steckt: Welche Bedeutungen hat „Bahn", welche Bedeutungen hat „Schein"?

72 Wortbildung: Wörter aus dem Bauprinzip verstehen[75]

*Sie kennen längst die Grundregel zum Verstehen der zusammengesetzten Wörter.
Sie heißt:*

LINKS definiert RECHTS

Dazu noch eine kleine Übung. Bitte erklären Sie die folgenden Wörter:

Berufsschauspieler	Schauspielerberuf
Abendmusik	Musikabend
Theaterliebhaber	Liebhabertheater
Zimmermädchen	Mädchenzimmer
Bierfaß	Faßbier
Feierabend	Abendfeier
Spielball	Ballspiel
Buchkunst	Kunstbuch
Blumengarten	Gartenblumen
Puppenkleid	Kleiderpuppe

Mittelstufe

Der Spiegelaufbau dieser Nummer fordert zum Knobeln heraus. Gerade für
Schüler, deren Muttersprache umgekehrt denkt, eine notwendige Übung. Wenn
Sie diese Aufgabe in den schülergesteuerten Unterricht geben – Lernen durch
Lehren –, können Sie Ihre Schüler-Lehrer anregen, sie mit Kärtchen in zwei
Farben durchzuführen. Die Kärtchen, jeweils mit einem Kompositum, werden
verteilt, einer beginnt zu definieren, ihm antwortet der mit dem Spiegelwort.

Vorsicht, die Konstruktionsregel läßt sich nicht verallgemeinern. Das Speziellste hat im Wort
die Tendenz nach links, im Satz (bei normaler syntaktischer Betonung) die Tendenz nach rechts.

---

[75] SPRACHKURS DEUTSCH NEU 5, S. 140

73 Wörter bilden[76]

Auch wenn es erklärtermaßen nicht das Ziel des Sprachunterrichts ist, die Kompetenz zum Neubilden von Wörtern systematisch aufzubauen oder gar zu testen, wäre es humorlos, die Schülerinnen und Schüler am Wörter-Bilden zu hindern. Wir selbst, die Deutsch als Muttersprache sprechen, tun es ständig, unsere Produkte sind mehr oder weniger korrekt; für einen Deutschlernenden ist es, wenn er grünes Licht zum spielerischen Wörterbauen bekommt, ein Signal, daß er in der neuen Sprache angekommen und aufgenommen ist. Wörter bilden, in der neuen Sprache schöpferisch mitgestalten setzt Freude und Energie frei. Hier drei Aufgaben.

a

Bilden Sie zusammengesetzte Nomen, die mit -brot enden und folgende Dinge bezeichnen:

1. Ein Stück Brot, mit Schinken belegt
2. Ein Brötchen, das mit Milch gebacken ist
3. Leichtes Abendessen
4. Brot, nach altem Bauernrezept gebacken
5. Aus Weißmehl hergestelltes Brot
6. Alle Bestandteile des Korns sind erhalten in dem Mehl, aus dem dieses Brot gebacken wurde
7. Alter Name für eine besonders süße Kuchensorte
8. In der Weihnachtszeit wird nach alter Tradition mit Nüssen, Birnen- und Pflaumenstückchen dieses Brot gebacken

Versuchen Sie weitere Zusammensetzungen mit dem Bestandteil Brot herauszufinden oder zu erfinden.

b

Bilden Sie Nomen aus diesen Baustücken:

Geistes-
Geister-

Bahn   Zustand   Stunde   Gegenwart   Blitz   Seher   Krankheit   Gaben   Schiff   Geschichte

Versuchen Sie weitere Zusammensetzungen mit dem Bestandteil Geist selbst herauszufinden oder zu erfinden.

---

[76] Alle drei Aufgaben: KÜCHE

c

- palast
- schloß
- villa
- haus
- hütte
- zelt

Bilden Sie Nomen, die mit einem dieser Wörter enden. Auf der linken Seite des Wortes sagen Sie, um was für ein Haus oder Zelt oder Schloß es sich handelt, nämlich:

   Woraus besteht das Haus?
   Wo steht es?
   Wer wohnt drin?
   Welchem Zweck dient es?

Beispiele: Skihütte, Kaiserpalast.

74 Wörter dichten

„In jedem Menschen ist ein Kind verborgen, das heißt Bildnertrieb und will als liebstes Spiel- und Ernst-Zeug nicht das bis auf den letzten Rest nach-gearbeitete Miniatur-Schiff, sondern die Walnußschale mit der Vogelfeder als Segelmast und dem Kieselstein als Kapitän. Das will auch in der Kunst m i t -spielen, mit- s c h a f f e n dürfen und nicht so sehr bloß bewundernder Zuschauer sein" (Christian Morgenstern[77]). Die Freude am Wörterbauspiel[78] ist besonders ausgeprägt bei – so grundverschiedenen und doch verwandten – Dichtern wie Mörike, Nestroy und Morgenstern. Das Wort

Nichtauffünfzählenkönner   (Nestroy)

ist ein eher politisch-satirischer Spaß; der Traum des Droschkengauls von sei-nem nächsten Leben als engelsgleicher

Milchstraßnebelschimmel   (Morgenstern)

---

[77] Christian Morgenstern: Zur 15. Auflage [der *Galgenlieder*]. In: Das große Christian-Morgen-stern-Buch. München, Zürich: Piper 1976. S. 7

[78] Was die jeden Deutschlerner überraschenden Möglichkeiten der Wortbildung betrifft, wird das Deutsche (das sich in dieser Hinsicht von allen anderen westlichen Sprachen unterschei-det) im Indoeuropäischen nur noch vom Sanskrit übertroffen. Ein Beispiel:
pratyagra: sāyaṃtana: snāna-saviśeṣa: śītala
Bedeutung: ganz kühl von dem frischen Abendbad
Wörtlich: frischabendbadganzkühl
Michael Coulson: Sanskrit. London: Hodder and Stoughton 1992. S. 108

ist so philosophisch wie dessen Raisonnement über den

Weisheitsfuttersack,   (Morgenstern)

den keiner bis auf den Grund ausfrißt. Ein Gebilde von sehr feiner, zerbrechlicher Poesie ist die

Spätherbstblumeneinsamkeit.   (Mörike)[79]

Nicht viel fremder als diese drei genialen Außenseiter steht auch der Sprachlernende in der deutschen Sprache. Wie eine Art utopischer Landschaft liegt vor ihm die Möglichkeit, fast unbegrenzt hohe Wortkartenhäuser zu produzieren. Vorschlag: Legen Sie Ihren Schülerinnen und Schülern die Morgenstern-Nestroy-Mörike-Wörter oder andere als Beispiele vor, und lassen Sie sie ähnliche Wortschlösser realistischen, lustigen, lyrischen, nachdenklichen oder kritischen Inhalts bilden, ganz ohne Nutzen und Zweck.

---

[79] Morgenstern: Droschkengauls Jännermeditation. In: Das große Christian-Morgenstern-Buch (wie Anm. 77), S. 121. Morgenstern: Der Droschkengaul. Wie Anm. 77, S. 111. Mörike: Ach nur einmal noch im Leben! In: Eduard Mörike: Sämtliche Werke. München: Hanser 1964. S. 163

Zusammenspielende Wörter

aus der Haut fahren
Kritik üben
nicht daß ich wüßte
armer Schlucker
den Kopf zerbrechen

Alle diese Wendungen sind mehr oder weniger feste, mehr oder weniger for-
melhafte Wortgefüge oder Wortverbindungen oder Phraseologismen. Unsere
Überschrift will andeuten, daß uns hier die noch uneinheitliche phraseologi-
sche Terminologie nicht interessiert, auch nicht, wo Phraseologie anfängt und
wo sie aufhört. Ob man beispielsweise die Funktionsverbgefüge *(Kritik üben,
eine Frage stellen)* „in die Gruppe der Phraseoschablonen" einordnet (Fleischer[80]), als „feste (idiomatische) Wendungen" bezeichnet (Duden-Grammatik[81]) oder als „zweiteilige Verben" zu den Erscheinungen der Wortbildung zählt
(Weinrich[82]), spielt für unser Anliegen keine Rolle, schon oberflächliche, halbfeste Korrespondenzen zwischen Wörtern wie in den Wendungen *einen Namen
buchstabieren* oder *um Ruhe bitten* beziehen wir, am Rande, ein.

Wie in den Abschnitten Wortfelder und Wortbildung geht es auch hier in allererster Linie um die sanfte aber anhaltende Wiederholung und Festigung von
Wörtern. Die Tätigkeit der Wörter, wie sie sich zu „sprachlichen Fertigteilen"
(Noke[83]) zusammenschließen und dabei womöglich einen neuen Farbton, einen neuen Bedeutungs-Touch annehmen, beleuchtet sie zusätzlich, hilft oft
beim Einprägen. Der Umgang mit zusammenspielenden Wörtern kann „Gedächtnisbilder" (Rohrer[84]) schaffen, Erinnerungsbrücken bauen. Zu diesem
lernunterstützenden Nutzen tritt der direkte: das passive und aktive Hinein-
wachsen in diese Denkwindungen, Sprachwendungen.

---

[80] WOLFGANG FLEISCHER (1982), S. 140
[81] GÜNTHER DROSDOWSKI (1984), S. 539
[82] HARALD WEINRICH (1993), S. 1052
[83] ANGELA NOKE (1990 a), S. 7
[84] JOSEF ROHRER (1990), S. 79

75 Semantische Wortbezüge sehen

a[85]

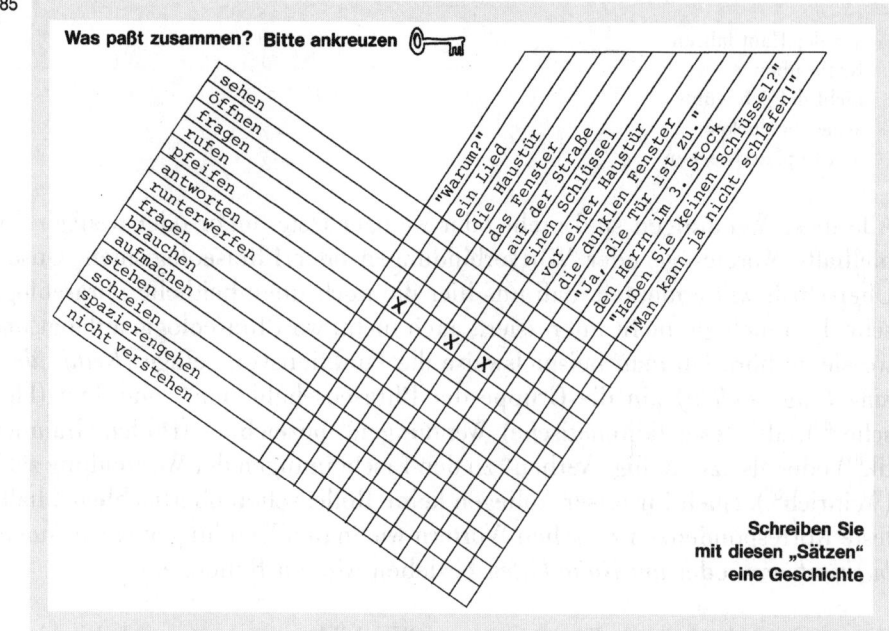

Was paßt zusammen? Bitte ankreuzen

Schreiben Sie
mit diesen „Sätzen"
eine Geschichte

b[86]

Was paßt zusammen? Notieren Sie (oft sind mehrere Antworten möglich):

1. einen Namen	▨ ▨ ▨	a) sprechen
2. über ein Thema	▨ ▨ ▨	b) reden
3. um Ruhe	▨ ▨ ▨	c) buchstabieren
4. für ein Geschenk	▨ ▨ ▨	d) <u>aus</u>sprechen
5. auf eine Frage	▨ ▨ ▨	e) danken
6. einen Satz	▨ ▨ ▨	f) bitten
7. ein Wort	▨ ▨ ▨	g) fragen
8. mit einem Kollegen	▨ ▨ ▨	h) antworten
9. ein Lied	▨ ▨ ▨	i) zitieren
10. um Hilfe	▨ ▨ ▨	j) singen
11. sich etwas	▨ ▨ ▨	k) rufen
12. nach einem Buch	▨ ▨ ▨	l) wiederholen

Beide Nummern verraten schon in der Aufgabenstellung (Nummer a durch
Kreuze bei mehreren Lösungen), daß es sich um lockere Bezüge handelt. Solche Aufgaben sind geeignet, Wörter zu verankern, schaffen „Gedächtnisbilder"
– besonders wenn, im zweiten Schritt, die schriftliche Vertiefung gefordert wird.

---

[85] DEUTSCH AKTIV NEU 1 B. Arbeitsbuch S. 64
[86] DIE SUCHE 1. Arbeitsbuch S. 150

76 Funktionsverbgefüge

Funktionsverbgefüge, ein undurchsichtiger, schülerfeindlicher Terminus. Im Unterricht sollte man ihn durch einen bildhaften ersetzen.[87] Wir unterscheiden die akkusativischen *(eine Frage stellen)* und die präpositionalen Funktionsverbgefüge *(in Anspruch nehmen)*. Die Bedeutung liegt jeweils im Nomen. Das Verb hat hauptsächlich die Funktion, die syntaktische Einordnung zu übernehmen, es trägt die Signale für Person, Tempus, Genus; die Eigenbedeutung des Verbs tritt in den Hintergrund (verschwindet aber nicht).

Die Lernenden ahnen, daß der Gebrauch von Funktionsverbgefügen kompliziert, also eine latente Fehlerquelle ist, und wenden sie daher, ihrem Instinkt folgend, selten an. Zudem „gilt es als Stil-Krankheit, wenn man zu viele Substantive verwendet, besonders wenn man Verben zu Substantiven macht" (Heringer[88]). Es gibt Sätze mit Funktionsverbgefügen, die etwas kraftmeierisch Angestrengtes an sich haben. Wir verwenden die meisten dieser Gefüge „in der Sprache der Verwaltung, der Presse und in wissenschaftlichen Texten" (Latour[89]). Frage: wie viele Deutschlerner kommen in die Lage, deutsche Presse- und Verwaltungstexte zu verfassen? Wissenschaftliche Texte klingen besser und moderner, wenn es gelingt, den Nominalstil so weit wie möglich zu vermeiden.

Fazit: Es geht im Unterricht darum, daß die Lernenden mit dem Bauprinzip bekannt werden, um den Inhalt zu verstehen. Für diesen Zweck sind allerdings sowohl rezeptive wie auch (einige) produktive Aufgaben nützlich. Wenn, über dieses Ziel hinaus, eine Reihe dieser Gefüge im Gedächtnis der Lernenden hängenbleibt und für den operativen Gebrauch zur Verfügung steht, ist viel erreicht.

Folgende Übungs- und Aufgabenmodelle bieten sich an:

Einsetzübung	(a)
Transformation Nomen → Verb	(b)
Invention	(c)
Wörterbucharbeit	(d)

---

[87] Möglichkeiten: „Nomen-Verb-Verbindungen" (EINDRÜCKE – EINBLICKE. Arbeitsbuch S. 88). „Feste Paare Nomen + Verb" (SPRACHKURS DEUTSCH NEU 5, S. 204)
[88] HANS JÜRGEN HERINGER (1989), S. 240
[89] BERND LATOUR (1988), S. 84

a[90]

Setzen Sie die Verben richtig ein.

ausüben – beimessen – entwickeln – führen – geben – haben – legen – machen – schaffen – stellen – tragen

(1) Für manche Experimente hat erst die Raumfahrt die idealen Rahmenbedingungen _____.

(2) Der Assistenzprofessor hat mir viele gute Tips für das Studium _____.

(3) Das Wort Geophysik hat einen geheimnisvollen Reiz auf den jordanischen Studenten _____.

Mittelstufe

b[91]

Bitte wählen Sie da, wo es möglich ist, statt des einfachen Verbs ein PAAR NOMEN + VERB, zum Beispiel so:

Darf ich Sie mal was fragen?
→ Darf ich Ihnen mal eine Frage stellen?

a Der Azubi fragte mich etwas sehr Wichtiges. Leider habe ich versäumt, ihm ausführlich zu antworten.

b Sie können das ruhig entscheiden. Die jungen Leute werden Ihnen vertrauen.

c Der Kollege referierte über die Lutherforschung. Er kritisierte scharf seinen Rivalen Kraftmeier.

d Du kannst mir nicht vorwerfen, daß ich dir nicht mit meiner letzten Kraft geholfen hätte.

e Ich rate Ihnen: Sie dürfen mit diesem Schurken überhaupt nicht verhandeln.

f Vertrauen Sie mir. Es lohnt sich, wenn wir es noch mal versuchen.

g Die Schulbehörde fragte uns unmögliche Dinge. Wir haben einfach nicht geantwortet.

h Obwohl wir zwei Stunden mit dem Direktor verhandelten, wollte er uns nicht glauben.

i Du hast mir viel geholfen. Willst du dich denn wirklich schon verabschieden?

k Ich kann nicht 26 Wochenstunden unterrichten und zusätzlich noch abends stundenlang mit den Eltern sprechen.

Mittelstufe

---

[90] WEGE. NEUAUSGABE. Arbeitsbuch S. 203
[91] SPRACHKURS DEUTSCH NEU 5, S. 206

c[92]

Ein Rezensent ist einer, der es nicht lassen kann, Kritik zu üben.
Ein Parteichef ist einer, der es nicht lassen kann,
Eine

Bilden Sie ähnliche Sätze:

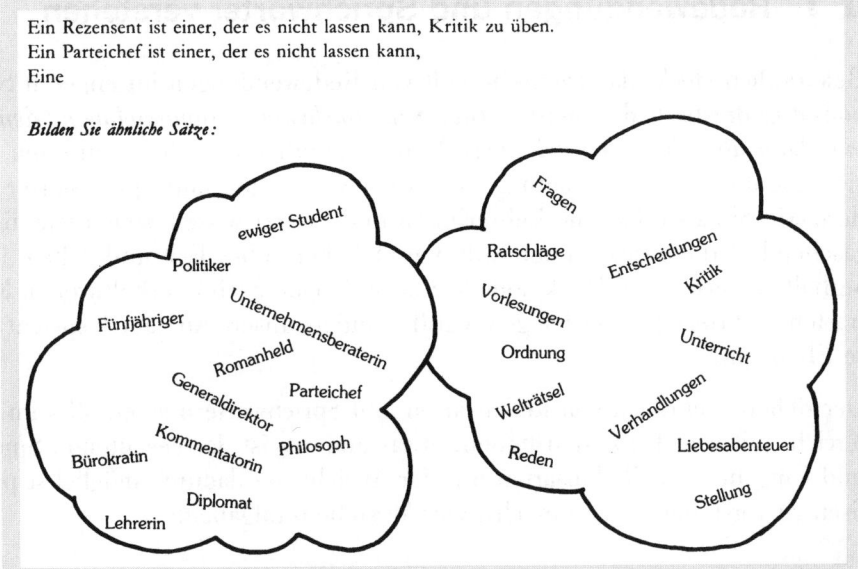

Mittelstufe

d[93]

Schlagen Sie im Wörterbuch nach (möglichst in einem deutsch-deutschen), wel-
che festen Paare Nomen + Verb es zu den folgenden Nomen gibt:

Rücksicht
im Stich
Abschied
Auftrag
Unterricht
in Schutz
Vertrag
Rat

Bilden Sie Sätze mit diesen festen Paaren. Überlegen Sie nun, welche dieser
festen Paare man durch ein einfaches Verb ersetzen kann. Sagen Sie dann die
Sätze, wenn möglich, einfacher.

Mittelstufe

---

[92] SPRACHKURS DEUTSCH NEU 5, S. 205
[93] KÜCHE, frei nach Marie-Luise Frein-Plischke: Funktionsverbgefüge in Theorie und Praxis des Deutschunterrichts mit Ausländern. Zielsprache Deutsch 1/1992, S. 211. Dort ein Überblick über den Forschungsstand und weitere Übungsanregungen

77 Redewendungen und Sprichwörter verstehen

Bekanntlich steckt das Deutsche voll von Redewendungen im engeren Sinn, vollsaftig drastisch die meisten *(die Sau rauslassen / krummnehmen / dem ist eine Laus über die Leber gelaufen)*. Und bekanntlich ist es lustig zu raten, was sie bedeuten. Die Unterhaltung über Redewendungen und Sprichwörter fördert, wie Sie als erfahrene Lehrerinnen und Lehrer wissen, stets neue, überraschende Erkenntnisse über Kultur und Leben, über Fest und Alltag, über Verhaltensweisen und Denkmodelle zutage, Fragen nach interkulturellen Kontrasten und Bezügen werden geweckt (besonders unsere Aufgabe b spricht diese Ebene an).

Der sichere Gebrauch von Redensarten und Sprichwörtern ist ein Ziel im Unterricht mit weit Fortgeschrittenen; etwas anderes ist das gestaltende Spielen und Umgehen mit Redensarten mit der Absicht, sie dadurch möglichst praktisch zu verstehen. Hier zunächst vier Verstehensaufgaben.

a[94]

> *Die folgenden Sprichwörter sind durcheinander geraten. Wie müssen sie richtig heißen?*
>
> 1. a) *Schlafende Hunde* (beißen nicht).
>   b) Kinder und Narren *(soll man nicht wecken)*.
>   c) Hunde, die bellen, (sagen die Wahrheit).
> 2. a) Mit großen Herren (ist kein Ding unmöglich).
>   b) Bei Gott (ist gut ruhn).
>   c) Nach getaner Arbeit (ist nicht gut Kirschen essen).
> 3. a) Was ein Häkchen werden will, (dem ist auch nicht zu helfen).
>   b) Wem nicht zu raten ist, (der mahlt zuerst).
>   c) Wer zuerst kommt, (krümmt sich beizeiten).
> 4. a) Wohltun (höhlt den Stein).
>   b) Steter Tropfen (ist niemands Freund).
>   c) Jedermanns Freund (trägt Zinsen).

Mittelstufe

---

[94] WÖRTER ZUR WAHL, S. 142

b[95]

Reden Sie bitte und widersprechen Sie!

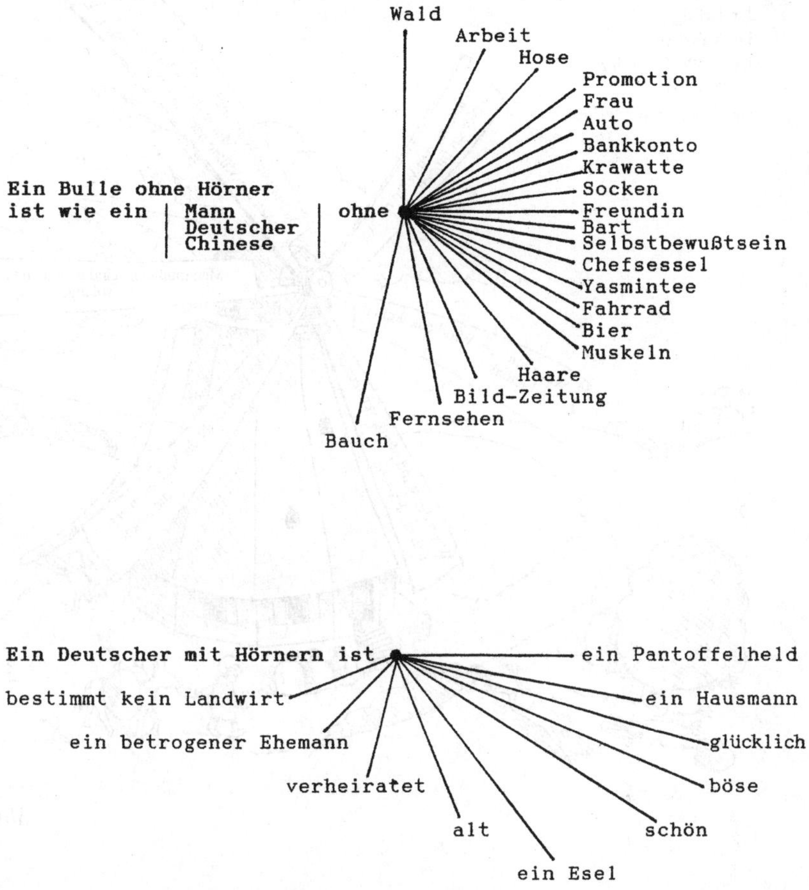
Ein Bulle ohne Hörner
ist wie ein
Mann
Deutscher
Chinese
ohne
Wald
Arbeit
Hose
Promotion
Frau
Auto
Bankkonto
Krawatte
Socken
Freundin
Bart
Selbstbewußtsein
Chefsessel
Yasmintee
Fahrrad
Bier
Muskeln
Haare
Bild-Zeitung
Fernsehen
Bauch
Ein Deutscher mit Hörnern ist
ein Pantoffelheld
bestimmt kein Landwirt
ein Hausmann
ein betrogener Ehemann
glücklich
verheiratet
böse
alt
schön
ein Esel

Mittelstufe

95 CHIN AGRAR 2, S. 6

c⁹⁶

Versuchen Sie, diese Sprichwörter zu interpretieren. Vielleicht können Ihnen die folgenden Begriffe helfen:

„Der Wind", das kann hier bedeuten:

der Erfolg
die Wahrheit
der große Künstler
die Weisheit
das Geschehen

Mittelstufe

---

⁹⁶ SPRACHKURS DEUTSCH NEU 4, S. 25

78 Redewendungen anwenden

Mit lebendigen Redewendungen lebendig umgehen – „eine Möglichkeit, sich im Unterricht der authentischen Sprachverwendung zu nähern, Sprachvariation anzustreben und zu vermitteln" (Noke[97]). Hier drei Vorschläge.

a[98]

Finden Sie die richtige Wendung heraus:

(1) „Du willst mir keinen Pfennig geben für mein Kunststudium?"
  – Darüber reden wir morgen mal
  a unter vier Augen
  b Fraktur
  c um den heißen Brei

(2) Ob Sie über Bamberg oder über Bayreuth fahren wollen, das ist
  a alles unter einem Hut
  b gehupft wie gesprungen
  c in den Wind geschlagen

(3) „Halb zwölf! Um acht wollte er dasein. Hoffentlich kein Unfall!"
  – Bitte, Marta,
  a tritt nicht ins Fettnäpfchen
  b pfeif nicht auf dem letzten Loch
  c mal den Teufel nicht an die Wand

(4) „Ich kann's ihm kaum glauben, daß er über die Elbe geschwommen ist."
  – Ich auch nicht; er übertreibt; man darf seine Worte nicht alle
  a aus dem Ärmel schütteln
  b an den Hut stecken
  c auf die Goldwaage legen

Mittelstufe

b[99]

Finde zu den folgenden Phraseologismen das gemeinsame Wort, das jeweils fehlt! Erkläre die Bedeutung der Wendung.

Umgekehrt wird ein ... draus! / wissen, wo jemanden der ... drückt / jemandem etwas in die ... schieben

einen ... unter etwas ziehen / das geht mir gegen den ... / jemandem einen ... durch die Rechnung machen

Mittelstufe

---

[97] ANGELA NOKE (1990 b), S. 41
[98] SPRACHKURS DEUTSCH NEU 6, S. 122
[99] ANGELA NOKE (1990 b), S. 4

131

c[100]

Unterstreiche das passende Verb!

- jemandem eine Abfuhr austeilen – erteilen – machen
- von etwas Abstand finden – nehmen – tun
- etwas im Schilde haben – führen – zeigen
- jemanden zur Rede holen – stellen – ziehen

Mittelstufe

Literatur zum Thema dieses Kapitels Seite 496/497
Gesichtete Lehrwerke Seite 492–494

Vergleichen Sie auch Kapitel 5 (Sprachliche Nuancen)
Kapitel 11 (Interkulturelles Lernen)
Kapitel 14 (Spiele)

---

[100] ANGELA NOKE ebd. S. 43

Kapitel 4

Aufgaben und Übungen zum Erkennen und Erproben der grammatischen Instrumente

... Doch dich, süße Sprache Deutschlands,
Dich habe ich gewählt und gesucht, einsam.
In Nachtwachen mit Grammatiken,
Im Dschungel der Deklinationen,
Des Wörterbuchs, das nie die genaue
Schattierung trifft, kam ich dir näher. ...
Einmal habe ich dich besessen. Heute, am Rande
Ermüdeter Jahre, sehe ich dich von
Fern wie die Algebra und den Mond.
JORGE LUIS BORGES[1]

Diese Nachtwachen, an die sich der große Borges zärtlich und mit einer Spur Spott erinnert, ehren die deutsche Grammatik. Vielleicht sind sie auch eine leise Mahnung: Könntet ihr euren Dschungel nicht ein wenig lichten, euren Mond erreichbarer machen? Grammatik ist brauchbar, wenn sie Türen hat, Eingänge. Sie wird lieber, also besser benutzt, wenn sie freundliche, hellbeleuchtete Eingänge hat. Wie verschlungen die Grammatik des Deutschen auch immer sein mag: Man kann sie licht zeigen, durchsichtig.

Durchsichtig, vertrauenswürdig erscheint sie, wenn mindestens vier Komponenten zusammenkommen: die an der kommunikativen Wirklichkeit orientierte Auswahl des Lernpensums, seine vernünftige Gewichtung, die klare Betonung der Regeln gegenüber den Ausnahmen, und: Es muß die wirkliche Grammatik des heutigen Deutsch sein.[2]

Durchsichtig sollten dann auch das Programm und seine Stufung sein, die Formulierung der Aufgaben und Übungen.[3] Dann – bei so viel Transparenz – ist es wahrscheinlich, daß der für das Sprachelernen unerläßliche „Sprachverstand" aufwacht und mit Vergnügen mitarbeitet.[4]

Man könnte die möglichen Übungs- und Aufgabentypen in fünf Gruppen einteilen:

---

[1] Jorge Luis Borges: Die zwei Labyrinthe. München: dtv 1988. S. 201/202
[2] Zur Durchsichtigkeit der Grammatikdarstellung einige Anmerkungen S. 141–143
[3] Präzise Forderungen an Lehrprogramme, die auch für autonomes Lernen geeignet sein sollen oder wollen, wie „Transparenz der Materialien", übersichtliches Inhaltsverzeichnis, gutes Layout (genügend Raum zum Schreiben), stellt CORNELIA GICK (1989)
[4] „Sprachverstand": dazu mehr S. 230–233

- Analytische Aufgaben (zum Sehen, Herausfinden, Verstehen grammatischer Regelmäßigkeiten)
- „Einspielungen" (Geläufigkeitsübungen)
- Inventionen (halboffene Übungen und Aufgaben)
- Knobelstücke (rätselähnliche grammatische Feinaufgaben)
- Freie Gestaltungsaufgaben

Für die schrittweise Einführung der Methode Lernen durch Lehren[5] eignen sich nahezu alle im folgenden aufgezählten Aufgaben und Übungen, am sichersten die „Einspielungen" und die Knobelstücke.

Vorweg ein paar Worte zur Verflechtung jeder Grammatikarbeit mit den Tätigkeiten des Schreibens und des Sprechens.

Vernetzung

Daß „isolierter Grammatikunterricht keinen einschlägigen Effekt" hat (Merrill Swain[6]), darf als Allgemeingut gelten. Wir könnten hier viele vernetzende Fäden verfolgen, so zwischen Satzakzent und Syntax (Wortposition im Satz) oder zwischen textgrammatischen Regelmäßigkeiten und dem Lesen. Wir grenzen den Abschnitt aber ein auf die Bezüge zwischen Grammatik, Schreiben und Sprechen.

Zu viel Zeit wurde zu lange (und noch zu oft) totgeschlagen mit dem mündlichen „Einschleifen" grammatischer Formen, auch – verräterisch – „Drill" genannt. Dressur dieser Art scheitert, nach kurzem Anfangserfolg, an der Intelligenz des Gegenstands: der Sprache. Grammatik ist die Lehre vom kontrollierten Schreiben (nicht nur weil das Wort Grammatik wörtlich Schreibkunst heißt). Die Freiheit in der Zeit, das menschliche Tempo des Schreibens hat, erstens, zur Folge: Grammatiklernen geschieht hier „leicht", weil ohne Druck. Zweitens liegt es in der Eigenart des Schreibens, daß es über die Langsamkeit zur Selbstkontrolle lenkt und dadurch „eine bewusste Auseinandersetzung nicht nur mit den mitzuteilenden Inhalten, sondern auch mit der Sprache" erfordert (Portmann[7]). Der dritte Faktor, oft übersehen: Schreiben ist ein Tun mit der Hand, und was ich mit der Hand tue, vergesse ich um ein Vielfaches weniger als was ich höre oder sehe. Schreiben schafft „Gedächtnisbilder" oder sollen wir sagen Gedächtnisentwürfe, Gedächtnisscribbles. Überflüssig zu betonen, daß der Dienst an der grammatischen Präzision nur e i n Ziel des Schreibens ist (über die freieren Formen des Schreibens ausführlich Kapitel 9

---

[5] Dazu im einzelnen S. 221–223
[6] Zitiert nach PAUL R. PORTMANN (1991), S. 172
[7] Ebd. S. 423

und 10). Hier, in unserem Kapitel, geht es um das Schreiben als Erzieher zum nachdenklichen Bauen mit Sprache, Sichversuchen mit kleinen Bausteinen, Halbsätzen, kurzen Texten.

„Richtig" sprechen lernt man (sobald es um differenziertere Sachverhalte geht) über das Richtigschreiben, denn: das sorgfältig kontrollierte Schreiben bildet das aus, was heute als „language awareness" gehandelt wird und was wir mit dem Begriff „Sprachverstand" bezeichnen.[8] Über diesen Umweg beeinflußt das grammatisch genaue Schreiben das Sprechen.

Aus dieser Sicht ergibt sich, daß im folgenden die Grammatikübungen und -aufgaben, bei denen geschrieben wird, stark überwiegen gegenüber oberflächlicheren Übungen, bei denen angekreuzt oder gesprochen, Bezüge durch Linien angedeutet oder Endungen eingesetzt werden. Unter den oberflächlichen gibt es Übungen, die kaum den Wert von Spielgeld haben, andere, die durch pfiffige oder aggressive inhaltliche Dynamik doch Gedanken und damit Sprache bewegen können.

Eine Grammatiksequenz wird, wenn man von diesem Konzept ausgeht, zwei oder drei Schwerpunkte haben, das ist jeweils eine Gruppe von schriftlichen Aufgaben. Die verbindende Brücke werden die mündlichen Aufgaben und Übungen bilden.

Zwischenruf aus der Praxis. Mindestens ebenso wichtig wie die Qualität der Aufgaben und Übungen ist ihre Quantität! Die hübschesten, aus theoretischer Sicht womöglich bewunderten Aufgaben nützen nichts, wenn es zu wenige sind. Das Ziel einer Grammatiksequenz ist zwar nicht, daß die Schüler den jeweiligen Stoff makellos beherrschen. Aber sie müssen unbedingt genügend Material und Zeit haben, eine Regel zu begreifen und handfeste Erfahrung mit ihrer Anwendung zu sammeln. Der Unterricht wird dann immer wieder einmal auf dieses Grammatikthema zurückkommen.

---

[8] Dazu S. 230–233. Auf detaillierte Untersuchungen zum Einfluß des Schreibens auf das Sprechen beim Fremdsprachenlernen macht Rainer Bohn aufmerksam. In: MANFRED HEID, Hrsg. (1989), S. 54

Analytische Aufgaben

Eine Regel sollte, wo irgend möglich, den Lernenden nicht als fertiger Braten aufgetischt werden. Die Lernenden sollten am Verfertigen der Regel selbst Anteil haben (es gibt sehr komplexe Regeln, für die diese Forderung nicht gilt). Keine Frage, daß das spielerische Entdecken und Entwickeln einer Regel durch die Lernenden selbst „den Lernprozeß nachhaltig positiv beeinflußt" (Theo Harden[9]): weil Finden eine Lust ist, weil Finden sich einprägt, weil die Entdeckung eines stimmenden Zusammenhangs befriedigt und weil die selbstentdeckte Regel dann meine Regel ist.

79 Strukturelle Elemente erkennen und markieren

Das Selber-Entdecken sollte mindestens durch die geringfügige Tätigkeit des Markierens befestigt werden. Zwei Beispiele:

Einstieg in den Übungsteil *werden* (a)
Einstieg in eine Sequenz Nomengruppe (b)

a[10]

Unterstreiche in dem folgenden Text alle Formen des Verbs werden.

Der britische Geschichtsphilosoph Arnold Toynbee wird am Sonntag in London 85 Jahre alt. Professor Toynbee ist durch sein 16bändiges Geschichtswerk „Study of History" bekanntgeworden, das in England und den USA in Taschenbuchform zu einem Bestseller wurde. Toynbee ist oft als Kulturpessimist bezeichnet worden, weil er der

Mittelstufe

b[11]

für die Gotik besonders typische architektonische Ornamente
an wissenschaftlichem Informationsmaterial reiche Literatur
ägyptischen Hieroglyphen ähnliche Schriftzeichen

Isolieren Sie den Nukleus. Bestimmen Sie Numerus und Genus, eventuell mit Hilfe des Wörterbuchs.

Mittelstufe

---

[9] Theo Harden: Interkulturelle Aspekte des Grammatikunterrichts. In: HARRO GROSS, KLAUS FISCHER, Hrsg. (1990), S. 227/228. Hinweise auf „das eigenständige Entdecken grammatischer Regelmäßigkeiten" auch bereits bei PIEPHO (1979), S. 45 sowie R. M. Gagné: Die Bedingungen des menschlichen Lernens. Hannover: Schroedel 1975
[10] DUDEN-ÜBUNGSBÜCHER 5, S. 113
[11] IL TEDESCO SCIENTIFICO, S. 46. Die Aufgabenstellung wurde aus dem italienischen Lehrbuch hier ins Deutsche übertragen

80 Regeln entdecken und notieren[12]

Analyse *DIE NOMENGRUPPE*

	Singular			Plural
	maskulin	*feminin*	*neutrum*	
Nominativ	der Stoff blauer Stoff	die Seide reine Seide	das Leder echtes Leder	die Kleider schöne Kleider
Akkusativ	den Stoff blauen Stoff			
Dativ	dem Stoff blauem Stoff	der Seide reiner Seide	dem Leder echtem Leder	den Kleidern schönen Kleidern

→ a Vergleichen Sie die Endungen der bestimmten Artikel und die Endungen der Adjektive!

→ b Welche Konsonanten sind charakteristisch? (Notieren Sie *nur* die Konsonanten!)

Diese Konsonanten sind charakteristisch (= Signale):

	Singular			Plural
	maskulin	*feminin*	*neutrum*	
Nominativ			s	
Akkusativ				
Dativ				

---

[12] SPRACHKURS DEUTSCH NEU 1, S. 258/259

81 Formen analytisch verstehen und benutzen[13]

Hier ist eine Liste mit Partizip II-Formen. Schreibe dazu das Verb im Infinitiv und ergänze den Beispielsatz.

angeschaut	*anschauen*	Heute habe ich einen Film *angeschaut*.
gearbeitet		Gestern _____ ich 3 Stunden im Garten _____.
aufgepaßt		Du _____ im Unterricht nicht _____, oder?
besucht		Am Sonntag _____ wir den Zoo _____.
diskutiert		_____ ihr schon einmal in der Schule über Politik _____?
gehabt		Wie lange _____ ihr Sommerferien _____?
gehört		_____ du schon die neue CD von „Chico" _____?

Notiz. Keine von diesen und vergleichbaren Analyseaufgaben eignet sich für die Hausübung, ein falsches Resultat könnte sich zu fest einprägen. Geeignet sind diese Aufgaben vor allem für die Kleingruppenarbeit im Unterricht. Die Resultate werden diskutiert, in der Kleingruppe und dann im Plenum: Beobachten von Sprache als Gesprächsinhalt. Gut geeignet auch für den Unterricht Lernen durch Lehren.

---

[13] SOWIESO 1. Arbeitsbuch S. 57

„Einspielungen"

Zum Sicheinspielen in die fremden grammatischen Instrumente brauchen die Lernenden, wie in jedem Handwerk und in jeder Kunst, Fingerübungen, Geläufigkeitsübungen, und zwar die ausreichende Menge. Wenn ein Lehrwerk, aus welchen Gründen auch immer, keine oder zu wenig davon zur Verfügung stellt, müssen die Lehrerinnen und Lehrer zum Nachbar-Lehrwerk laufen, das genügend Aufgaben und Übungen anbietet.

Wie überall, kommt es auch hier darauf an, daß die Form mit Verstand und Können gefüllt wird. Dann leisten auch didaktisch schlichtere Aufgaben und Übungen einen hochkommunikativen Beitrag, wie das die meisten der folgenden Beispiele zeigen können.

82 Satzstücke sinnvoll verbinden[14]

20. Bilden Sie Sprüche mit den folgenden oder anderen Verben

kommen   trinken   verlieren

sprühen   öffnen   lesen

rebellieren   bestellen   siegen

schießen   heiraten   finden

treffen   erröten   demonstrieren

zahlen   warten   schwimmen   zielen

suchen   springen   ertrinken

sehen   protestieren

---

[14] GRAMMATIK À LA CARTE 1, S. 38

83 „Einsichtig sprechen"

Sprechübungen können dann eine lernproduktive Energie haben, wenn sie, von Item zu Item, sehr abwechslungsreich sind, wenn die Übenden die Situation voll akzeptieren und sich mit den Texten identifizieren können. Die Emotion, mit der die Schülerinnen und Schüler einsteigen, zieht die rationale Wachheit und Beweglichkeit mit. Lieber eine solche herausfordernde Übung zweimal gründlich durchführen als zwei oberflächliche.

a[15]

> Du, in dem Café sitzt mein Chef.
> → Dann setzen wir uns nicht in das Café.
> Du, der Bus ist aber voll!
> → Dann fahren wir nicht mit dem Bus.
> Ein eiskaltes Zimmer!
> Auf der Bank sitzt ein Liebespaar.
> Das ist ein richtiges Revolverkino.
> An dem Tisch sitzt mein Professor!
> Die Straßenbahn ist aber voll!

Das Mechanische des historischen pattern drill (*drill* bedeutet bohren) ist hier natürlich ausgetauscht gegen den Kunstgriff der Überraschung. Der Anstoß-Effekt greift doppelt, wenn der Übungsablauf durch ein oder mehrere Umkehrungen unterbrochen wird wie im folgenden Beispiel (Sie bemerken den Trick, sobald Sie die Übung durchführen):

b[16]

> Joghurt, sagt der Arzt.
> → Ja ja, ich soll Joghurt essen, aber ich tu's nicht.
> Orangensaft, sagt der Arzt.
> Sport treiben, sagt der Arzt.
> Viel schlafen, sagt der Arzt.
> Nicht rauchen, sagt der Arzt.
> Radfahren, sagt der Arzt.
> Zitronensaft, sagt der Arzt.
> Keinen Alkohol, sagt der Arzt.
> Eine Brille tragen, sagt der Arzt.
> Salat essen, sagt der Arzt.

Gerade diese Übungen bieten sich besonders für den Unterricht Lernen durch Lehren an. Der Schüler-Lehrer hat beim Lehrer die verschiedenen Möglichkeiten der Durchführung gesehen und gelernt, wie etwa:

---

[15] SPRACHKURS DEUTSCH NEU 2, S. 79
[16] SPRACHKURS DEUTSCH NEU 2, S. 93

- Kettenübung: Jeder wählt den, der ihm antwortet, frei; der Antwortende gibt auch den nächsten Impuls.
- Lehrer gibt die Impulse, Durcheinanderreden, Lehrer holt richtige Lösung(en) heraus.
- Schriftliche Arbeit in Kleingruppen, dann Diskussion im Plenum.

DURCHSICHTIGKEIT

Wie jeder weiß, der in der Unterrichtspraxis steht, ist Durchsichtigkeit der Darstellung eine entscheidende Grundlage auch für das Begreifen der grammatischen Möglichkeiten einer Sprache. Gerade für Deutschlernende gibt es noch genug Anlaß, deutschen Sprachbüchern zu mißtrauen. Ursache ist der schwierig zu erreichende Konsens unter den Lehrbuchmachern in einer Reihe von Detailfragen. Soweit die Pluralität der Konzepte erfrischend, nicht lern-kontraproduktiv wirkt, ist sie zu begrüßen. Lernerfeindlich sind aber einige Differenzen der Darstellung in Lehrwerken und Lerngrammatiken, die man leicht beheben könnte. Die Lernenden würden aufatmen.

Zur grammatischen Terminologie. Sie sollte sich aufs Notwendigste beschränken und in allen wesentlichen Punkten traditionell bleiben, damit die Lernenden an ihre Lerngeschichte, an die vorhandenen Wissenslinien und -kästchen anknüpfen können (Deutsch wird weltweit überwiegend als zweite Fremdsprache gelernt). Zur Darstellung im einzelnen hier fünf Punkte.

(1) Deklination. Seit 1955 wird sie in Lehrwerken und Lerngrammatiken des Deutschen als Fremdsprache so präsentiert:

Nominativ
Akkusativ
Dativ
Genitiv

Diese Darstellung steht zwar im Kontrast zu der aus dem mittelalterlichen Lateindenken stammenden Anordnung Nominativ – Genitiv usw., sie ist aber keine Marotte, sondern steht im Einklang mit Darstellungen der vergleichenden Sprachwissenschaft und kann wichtige Nuancen gerade des Deutschen zeigen. Eine Übereinstimmung zwischen den Lehrbüchern und Grammatiken, sofern sie für Lernende bestimmt sind, ist wünschenswert.

(2) Adjektiv. Konsens besteht darin, daß man die Lernenden schon in der Grundstufe mit dem grammatischen Verhalten des Adjektivs vertraut machen sollte. Konsens besteht auch darin, daß es sich um ein vertracktes Thema handelt. Bekanntlich gibt es keinen Zaubertrick, auch keinen Zaubertrank, der die Schwierigkeiten der deutschen Adjektivdeklination zudeckt, nur eins steht außer Zweifel: Die Idee, Schülerinnen und Schüler mit zwei oder gar drei Lerntafeln nebeneinander zu konfrontieren (bestimmter / unbestimmter / kein Artikel) ist pädagogisch ungeschickt, lern-kontraproduktiv, verwirrt. Längst ist bekannt: „Wenn man in der Terminologie der [Nomen-]Gruppe spricht, wird die Beschreibung einfacher. Es ist dann nicht mehr nötig, drei Deklinationen des Adjektivs zu lehren, sondern eine einzige" (Fourquet 1970[1]). Denkt man die Einsicht zu Ende, entsteht ein

---

[1] Jean Fourquet: Die Strukturanalyse des deutschen Satzes. In: Hugo Steger (Hrsg.): Vorschläge für eine strukturale Grammatik des deutschen Satzes. Darmstadt: Wissenschaftliche Buchgesellschaft 1970. S. 150–165. Dort S. 155

einziges, großflächiges Bild mit (statt 72 Einzelformen) zwölf Gruppen, ein Bild, das die kaum versteckte Gesetzmäßigkeit offenlegt. Es ist bereits eine Interpretation:

blauer Stoff	reine Seide	echtes Leder	
der blaue Stoff	die reine Seide	das echte Leder	schöne Kleider
ein blauer Stoff	eine reine Seide	ein echtes Leder	die schönen Kleider

Wichtige Aufgabe des Lehrenden bleibt, auf die Hierarchie der Beispiele hinzuweisen (mit den Genitivformen müssen die Lernenden nicht oder erst in der Oberstufe umgehen). Künftige Darstellungen sollten möglichst nicht hinter den damit erreichten und wissenschaftlich gründlich reflektierten Standard[2] zurückfallen. Ein Thema, das Unterrichtspraktiker aufregt, rein theoretisch arbeitende Autoren nicht.

(3) Konjugation. In Gesprächen mit Deutschlehrerinnen und Deutschlehrern, vor allem aus entfernteren Regionen, fällt häufig auf, daß sie für die zweite Person Plural nur das Wörtchen *ihr* benutzen. Ursache: die mißverständliche Darstellung in deutschen Grammatiken und Lehrwerken. Wo das Ziel des Deutschlernens von Anfang an der kommunikative Gebrauch sein soll, da müssen von Anfang an nicht nur die Formen *Sie* und *du*, sondern auch *Sie* und *ihr* nebeneinander gezeigt und geübt werden. Beispiel für eine dem heutigen Deutsch angemessene Darstellung:[3]

ich	sagte
du	sagtest
Sie	sagten
er/sie/es	sagte
wir	sagten
ihr	sagtet
Sie	sagten
sie	sagten

Gegenüber diesem durchsichtigen Bild wäre es als Rückfall zu sehen, wollte ein Lehrwerk auf ein älteres, unklares Darstellungsmodell zurückgreifen. Daß die deutschen Grenzlinien zwischen *du* und *Sie* im Unterricht, aber auch in Lehrwerken und Grammatiken immer wieder deutlich werden sollten, versteht sich von selbst.[4]

---

[2]   Gerhard Austin: Die Endungen der deutschen Nominalphrase im Unterricht. Zielsprache Deutsch 4/1977. S. 12–18. Roland Meinert: Die deutsche Deklination und ihre didaktischen Probleme. München: iudicium 1989. Studien Deutsch 7. Horst G. Sperber: Mnemotechniken im Fremdsprachenerwerb mit Schwerpunkt „Deutsch als Fremdsprache". München: iudicium 1989.

[3]   THEMEN NEU 2. Kursbuch S. 138. Ebenso DEUTSCH AKTIV NEU 1. Lehrbuch S. 22. Modifikation: GRUNDGRAMMATIK DEUTSCH (1992), S. 18. Ebenso SPRACHKURS DEUTSCH NEU 1, S. 13. Die letztere Anordnung stellt die zusammenstimmenden Formen der unregelmäßigen Verben zusammen: sprichst – spricht

[4]   Eingehende Darstellung bei GÖTZE / HESS-LÜTTICH (1989), S. 223/224. Ein Fortschritt gegenüber der Duden-Grammatik (GÜNTHER DROSDOWSKI 1984), die dem Thema zweieinhalb Zeilen widmet (dort S. 319)

Noch zwei Grammatikthemen der Mittelstufe. Der Konjunktiv I, auch als Form des Referierens oder der Textwiedergabe (Engel / Tertel) bezeichnet, sollte so dargestellt werden, wie diese Form benutzt wird. Also nicht: *ich habe – du habest* usw. Sondern:[5]

<del>ich habe</del>   →   ich hätte
<del>Sie haben</del>   →   Sie hätten
<del>du habest</del>   →   du hättest

er ⎫
sie ⎬ habe
es ⎭

usw.

Für die meisten Deutsch-Fremdlinge (hier gibt es, je nach Muttersprache, Ausnahmen) ist es erfahrungsgemäß ein hohes und vor allem unnützes Lernhindernis, wenn deutsche Sprachbücher zwei Passive lehren: Vorgangspassiv und Zustandspassiv. Pädagogisch viel geschickter: Es gibt die Verwendung des Partizips als Adjektiv *(das duftende Brot; das frisch gebackene Brot; das Brot ist frisch gebacken)*. Und es gibt nur ein Passiv: *das Brot wird gebacken.*[6]

Durchsichtigkeit:

Weitere Anmerkungen zum Grammatik-Unterricht. Jedes Lehrprogramm hat seine Schwächen; meist kann ich durch meinen Unterricht die grammatische Durchsichtigkeit herstellen, die das Lehrbuch im einen oder anderen Punkt nur unvollständig leistet. Dazu noch einige Stichworte.

Dativ. Nicht mit Beispielen ohne Akkusativ *(danken, gratulieren, helfen)* einsteigen – eine Logik ist nicht erkennbar. Sondern den Dativ im Kontrast zum Akkusativ zeigen *(Ich biete den Gästen einen Sherry an)*. Die logisch unterschiedliche Bedeutung der beiden Fälle (Partner / Sache) wird sofort sichtbar.

Adjektiv. In kleinen Schritten einführen: Nominativ. Pause. Akkusativ. Pause. Usw. Dann kommt die Enthüllung der kompletten Deklinationstafel nicht wie ein bösartiger Keulenschlag, sondern ist erwartet.

Unregelmäßige Verben, trennbare Verben. Im Präsens sorgfältig zeigen und üben, damit später die Bildung der Partizipien einsichtig wird.

Verben mit festen Präpositionen *(warten auf, denken an)*. Nie eine alphabetische Liste dieser Verben ausgeben. Sie bietet keine Interpretation, ist nicht lernbar. Sondern nach Präpositionen ordnen. Eine – mehr oder weniger logische – Ordnung läßt sich vermuten oder wird erkennbar.

---

[5] GRUNDGRAMMATIK DEUTSCH (1992), S. 57

[6] Weitere Notizen zur Darstellung der Grammatik des heutigen Deutsch HÄUSSERMANN (1990), S. 176–181

84 Einsetzübung

Auch die bekannte, aber eben auch sehr bewährte Lücken- oder Einsetzübung erhält durch ein oder zwei kleine Handgriffe ein neues Gesicht. Im folgenden Beispiel sind dies: die inhaltlich kunterbunte Mischung der Items und der Einfall, Nomengruppen als Filmtitel zu verkaufen. Zwei ganz offene Zeilen sorgen zusätzlich für einen erfrischenden Luftzug.

a[17]

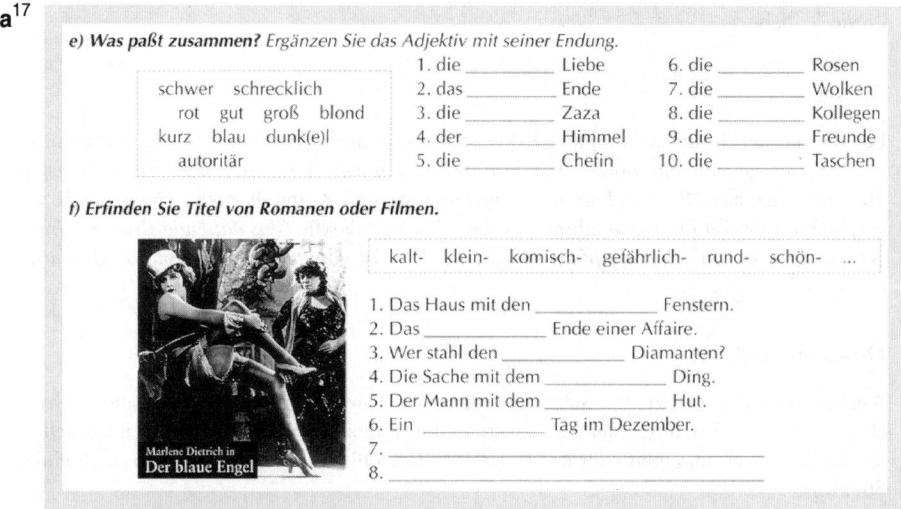

e) Was paßt zusammen? Ergänzen Sie das Adjektiv mit seiner Endung.

schwer   schrecklich
rot   gut   groß   blond
kurz   blau   dunk(e)l
autoritär

1. die _____ Liebe
2. das _____ Ende
3. die _____ Zaza
4. der _____ Himmel
5. die _____ Chefin

6. die _____ Rosen
7. die _____ Wolken
8. die _____ Kollegen
9. die _____ Freunde
10. die _____ Taschen

f) Erfinden Sie Titel von Romanen oder Filmen.

Marlene Dietrich in
Der blaue Engel

kalt-   klein-   komisch-   gefährlich-   rund-   schön-   ...

1. Das Haus mit den _____ Fenstern.
2. Das _____ Ende einer Affaire.
3. Wer stahl den _____ Diamanten?
4. Die Sache mit dem _____ Ding.
5. Der Mann mit dem _____ Hut.
6. Ein _____ Tag im Dezember.
7. _____
8. _____

Gerade bei so eng geführten, gradlinigen Übungen, die – so wichtig sie für die Geläufigkeit sind – viele Lernenden allzuleicht unterfordern, ist es nötig, daß der Inhalt sie um so farbiger und intensiver anspricht und erreicht. Etwas Aufregendes oder Kulinarisches oder „Erotisches" muß von ihnen auf die Lernenden übergehen, damit sie auch solche Übungen mit Lust anpacken.

---

[17] DIE SUCHE 1. Arbeitsbuch S. 165

b[18] Eine freiere Variante der Einsetzübung: das Falsch-echt-Spiel. Bei dieser Aufgabe sollten die richtigen Titel auf jeden Fall niedergeschrieben werden.

Mittelstufe

---

[18] GRAMMATIK À LA CARTE 2, S. 156 (Lösungsheft vorhanden)

85 Bild-Hör-Probe[19]

Diese Übungsart lenkt, weil sie in Lehrwerken selten vorkommt und die Übenden von einer ganz anderen Ecke her anredet, sehr überraschte und wache
Sinne auf den ansonsten trockenen Grammatikstoff, der hier *wiederholt* wird
(Ort: Grundstufe 3, vor der Grundstufenabschlußprüfung). Im Buch finden sich
diese Bilder:

A. Welches Bild ist richtig?

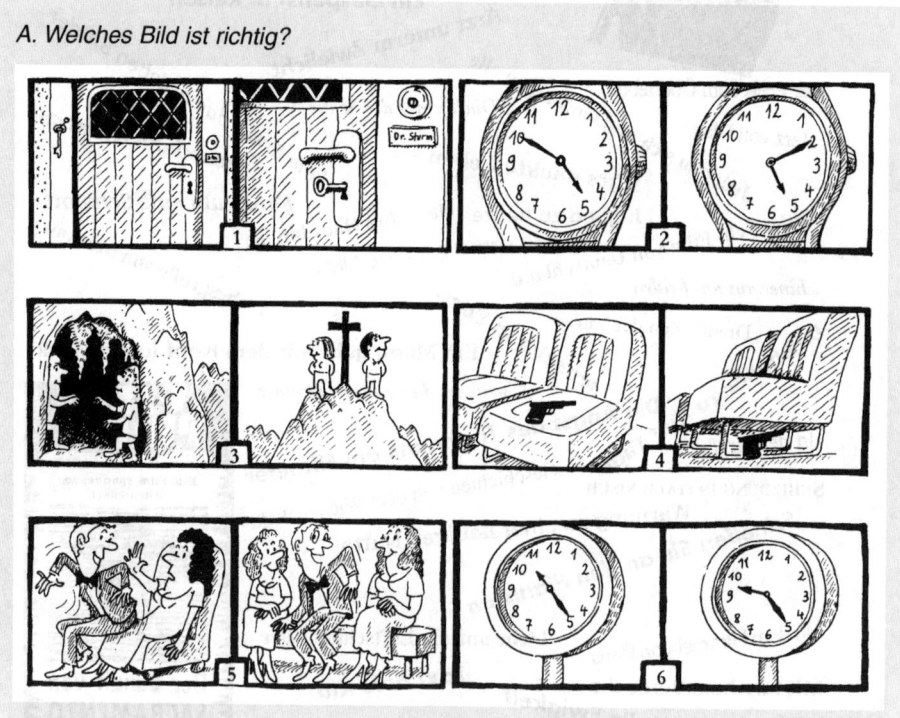

Die Übenden hören den folgenden Text:

Teil A. Sie hören sechs Sätze. Welches Bild ist richtig?

Nummer 1	Der Schlüssel hängt neben der Haustür.
Nummer 2	Wir treffen uns um zehn nach fünf.
Nummer 3	Es war unheimlich romantisch in dem Berg.
Nummer 4	Die Pistole ist unter dem Sitz.
Nummer 5	Darf ich mich zwischen Sie setzen?
Nummer 6	Der Bus fährt fünf vor halb zehn.

---

[19] SPRACHKURS DEUTSCH NEU 3, S. 25

86 Sätze umschmieden

a[20]

Gehen Sie in die Kirche?
→ Ob ich in die Kirche gehe oder nicht, das ist meine Privatsache.
Haben Sie Kinder?
Sind sie reich?
Sind Sie verheiratet?
Nehmen Sie Haschisch?
Waschen Sie sich täglich die Haare?
Sind Sie Kommunist?

Eigentlich handelt es sich um eine der ältesten Schulnummern (im Lateinunterricht Transformation genannt). Die Bemühung muß sein, den Oberlehrergeruch vollständig vergessen zu lassen durch flotte Inhalte und Unterrichtsformen. Den auftrumpfenden Satz *das ist meine Privatsache* macht sich jeder mit Vergnügen zu eigen, die Übung funktioniert daher spielend, nur weil sich die Schüler mit dem Inhalt identifizieren.

Der *weil*-Satz will etwas begründen, erklären; typisch für den Gebrauch sind Situationen, die mich z w i n g e n, etwas zu erklären, was der andere nicht versteht: *Ich heirate, weil. Ich bin bankrott, weil.*

b[21]

18 ⚭
Szene

Ingenieur: Ich gehe.
Direktor: Auf Wiedersehen.
Ingenieur: Sie haben mich nicht richtig verstanden, Herr Direktor. Ich gehe und komme nicht wieder.
Direktor: Sie kündigen?
Ingenieur: Genau.
Direktor: Und darf ich vielleicht wissen, warum?
Ingenieur: Weil ich zu wenig Gehalt bekomme und zu wenig Urlaub, weil ich so viel unnötiges bürokratisches Zeug machen muß, weil mir die ganze Arbeit nicht gefällt und überhaupt, weil Sie hier im Haus ein miserables Klima haben, Herr Direktor. Auf Wiedersehen.

19
Studie

mündlich oder
schriftlich

a Die Arbeit ist langweilig.
Ich kündige, weil die Arbeit langweilig ist.
b Der Chef ist unsympathisch.
c Der Weg zur Arbeit ist zu weit.
d Die Arbeit interessiert mich nicht.
e Die Kollegen sind nicht nett.
f Die Arbeitszeit ist zu lang.
g Ich bekomme zu wenig Geld.
h Der Job gefällt mir nicht.
i Ich bekomme zu wenig Urlaub.
k Die ganze Firma paßt mir nicht.

---

[20] SPRACHKURS DEUTSCH NEU 2, S. 181
[21] SPRACHKURS DEUTSCH NEU 2, S. 60

Diese Sorte von Studien (das gilt für die Aufgabentypen 86–92) eignet sich ausgezeichnet für die Kleingruppenarbeit wie auch für den Unterricht Lernen durch Lehren. Dieses Einfügen, Biegen, Umschmelzen, Umschmieden ist ein Handwerk, und das – gemeinsame – Machen, Kämpfen, Gewinnen ist eine Bestätigung des einzelnen und der Gruppe, stellt Glück her.

Für den Unterricht Lernen durch Lehren gilt im besonderen: Hier „wird eine starke Konzentration auf die Sprache und ihr System im Klassenzimmer gefordert, sowohl von den mit der Darstellung des Stoffes betrauten Schülern als auch von den Mitschülern, die auf die Korrektheit der Sprachproduktion achten müssen. Prinzipiell zielen sämtliche Unterrichtsaktivitäten auf eine kognitive Kontrolle der Zielsprache ab, und der Aufbau eines sprachsystembezogenen Erklärwissens nimmt eine zentrale Stellung ein" (Jean-Pol Martin[22]).

c[23]

> **Aufgabe**
>
> *Einige Verben leiten eine negative Aussage ein (→ Gr. i. K. 5.):*
> Ich will das nicht tun.
> → Ich *weigere mich*, das zu tun.
>
> *Bilden Sie entsprechende Sätze.*
> Reizen Sie meinen Teddybär nicht! (warnen)
> Sie dürfen keine Kaugummis unter den Sitz kleben. (verbieten)
> Ich diskutiere mit Ihnen nicht über Orthographie. (ablehnen)
> Er hat nichts gesehen, gehört und gesagt. (bestreiten)

Mittelstufe

Wie oben S. 134/135 begründet, ist Grammatikunterricht dann nachhaltig sinnvoll, wenn viel geschrieben wird. Das bedeutet, daß ein Teil auch der „Einspielungen" schriftlich gelöst werden sollte: vor, vielleicht einigemal auch nach dem mündlichen Durchgang. Das Niederschreiben ist, nebenbei, stillschweigend auch eine Orthographieübung.

---

[22] JEAN-POL MARTIN (1994 a), S. 77. Der dortige Ausdruck „deklaratives Wissen" wurde in unserem Zitat durch „Erklärwissen" ersetzt
[23] RUG / TOMASZEWSKI (1993), S. 95

Inventionen

Der Begriff bezeichnet (seit Bach) in der Klaviermusik Lehrstücke, die zwar auf dem Prinzip der Imitation, auch der Umkehrung aufbauen, andererseits aber der Phantasie einen weiten Raum öffnen.[24] Als Inventionsübungen werden vereinzelt auch in der Fremdsprachendidaktik halboffene Übungen und Aufgaben bezeichnet, daher unser Mut, das Wort aus der Musik herüberzunehmen. Als Inventionen gelten hier Übungen und Aufgaben zum selbständigeren Entwickeln von Sätzen und kurzen Texten. Das Ziel ist, das Denken in deutschen Satzstrukturen zu schulen, einmal von tragenden Satzelementen aus, dann durch halbfreie Variationen zugrundeliegender Muster, zuletzt durch den Bau neuer Sätze und Textteile, bezogen auf ein Muster. Häufig fehlt es in Unterrichtsprogrammen gerade an solchen halboffenen Aufgaben und Übungen. Sie sind der unverzichtbare Zwischenschritt vom formalen Üben zum freien Gestalten.

87 Satzorganisation – vom Verb aus[25]

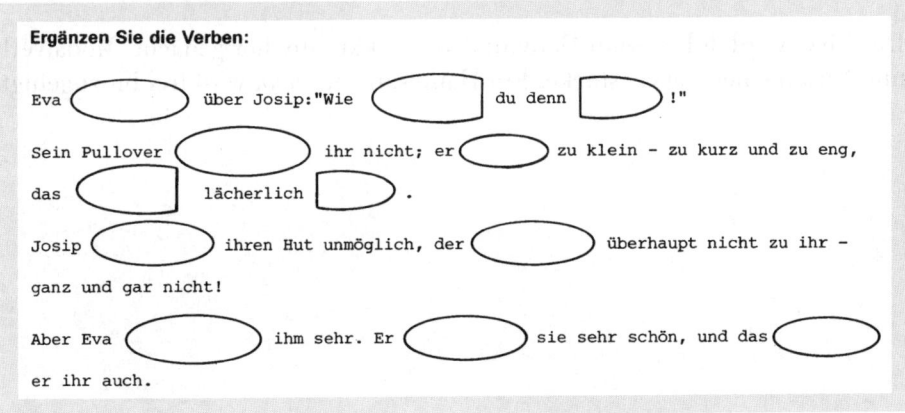

Diese ausgezeichnete Übung[26] hat natürlich eine stark kognitive Bedeutung. Sie lenkt den Blick auf das organisierende Zentrum des Satzes, das Verb, und die davon abhängige Position der Wörter im Satz.

---

[24] Johann Sebastian Bach führte den Begriff 1723 neu ein. Er bezeichnet 15 zweistimmige polyphone Klavierstücke mit Kanon- bzw. Fugencharakter damit. Konzertbuch: Klavierstücke A–Z. Hrsg. v. Christof Rüger. Leipzig 1979. S. 36–38. Wahrscheinlich ist der Begriff Invention (ursprünglich „Erfindung") um einige Ebenen zu „edel" für unseren Zweck?

[25] DEUTSCH HIER. Arbeitsbuch S. 62

[26] Quelle für die hier verwendete optische Darstellung der Verben: Marlene Rall, Ulrich Engel, Dietrich Rall: DVG für DaF. Heidelberg: Groos 1977. S. 91

88 Satzorganisation: Dativ und Akkusativ[27]

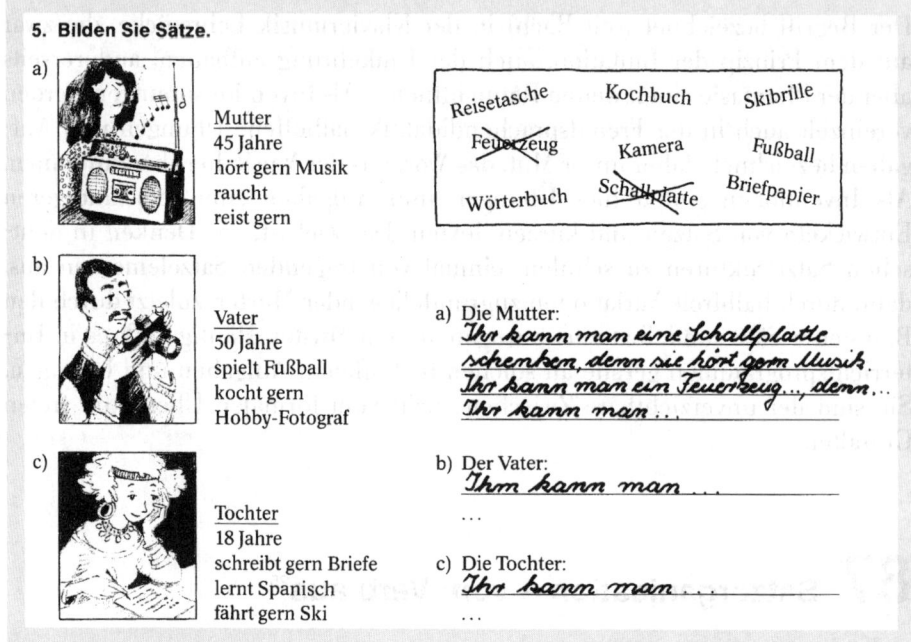

5. Bilden Sie Sätze.

a)

Mutter
45 Jahre
hört gern Musik
raucht
reist gern

Reisetasche   Kochbuch   Skibrille
~~Feuerzeug~~   Kamera   Fußball
Wörterbuch   ~~Schallplatte~~   Briefpapier

b)

Vater
50 Jahre
spielt Fußball
kocht gern
Hobby-Fotograf

a) Die Mutter:
*Ihr kann man eine Schallplatte
schenken, denn sie hört gern Musik.
Ihr kann man ein Feuerzeug..., denn...
Ihr kann man ...*

c)

Tochter
18 Jahre
schreibt gern Briefe
lernt Spanisch
fährt gern Ski

b) Der Vater:
Ihm kann man ...
...

c) Die Tochter:
Ihr kann man ...
...

Die Sätze werden hier vom Dativ und vom Akkusativ her gedacht. Modalverb und Verb bleiben Versatzstücke. Ein Hauptsatz mit *denn* wird frei hinzugefügt.

---

[27] THEMEN NEU 1. Arbeitsbuch S. 104

89 Satzorganisation – von der Präposition aus

Daß Sätze häufig von der Präposition aus gedacht und gebaut werden, kommt in Beispiel a noch nicht voll zum Ausdruck, denn hier werden nur die Präpositionalgruppen erwartet. Beispiel b fordert ganze Sätze.

a[28]

11. Schreiben Sie.

Bernd sucht seine Brille. Wo ist sie?

a) ——————— b) ——————— c) ———————

d) ——————— e) ——————— f) ———————

g) ——————— h) ——————— i) ———————

[28] THEMEN NEU 1. Arbeitsbuch S. 95

b[29]

90 Satzvariation: Freies Spiel mit einem oder mehreren Satzelementen

Die (intellektuell anspruchsvolle) Übung a ist sehr komplex: Zu finden sind die Oberbegriffe; dann ist zu entscheiden über Singular oder Plural; und eventuell ist der Plural zu finden.

Freier die Nummer b: für die einzufügenden Satzelemente gibt es jeweils viele Möglichkeiten.

a[30]

> Ich hätte gern ein Wörterbuch.
> → Tut mir leid, wir haben keine Bücher.
> Ich hätte gern rote Rosen.
> Ich hätte gern einen Whisky.
> Ich hätte gern eine 50-Pfennig-Briefmarke.
> Ich hätte gern ein Wurstbrötchen.
> Ich hätte gern eine Flasche Rotwein.
> Ich hätte gern einen Kriminalroman
> Ich hätte gern ein Pils.
> Ich hätte gern einen Kodak-Film.
> Ich hätte gern eine 80-Pfennig-Briefmarke.

---

[29] DEUTSCH HIER. Lehrbuch S. 113
[30] SPRACHKURS DEUTSCH NEU 1, S. 96

b[31]

Im Jahr 2000

Der Optimist

Unsre Länder werden blühend sein
und ihre Menschen satt.
Unsre Bäume werden wieder grün
sein
und unsre Flüsse wieder klar.
Mein Haus wird hell sein
und glücklich mein Kind.
Und ich werde ich sein –
ganz ich!

Der Pessimist

Unsre Länder werden *reich sein*
aber seine Menschen ....
.... Bäume ....
.... Flüsse ....
.... Haus....................
.... Kind....................
...

Der Hoffende

Unser Land wird ....
.... Wolken....................
.... Flüsse....................
.... Volk....................
.... Menschen ....
.... Träume....................
...

Mittelstufe

91 Sätze nachbauen

Die folgenden Übungen gleichen sich darin, daß wiederum – meist mehrere –
Mustersätze vorgegeben sind, daher der Titel „nachbauen". Die Schülerinnen
und Schüler sollten aber in der Antwort unbedingt frei sein: Richtig ist jede
grammatisch richtige Antwort, selbst wenn der Inhalt tollkühne Phantasie ist.

---

[31] DEUTSCH KOMPLEX 2, S. 24

a[32]

5.6 Tausche gegen

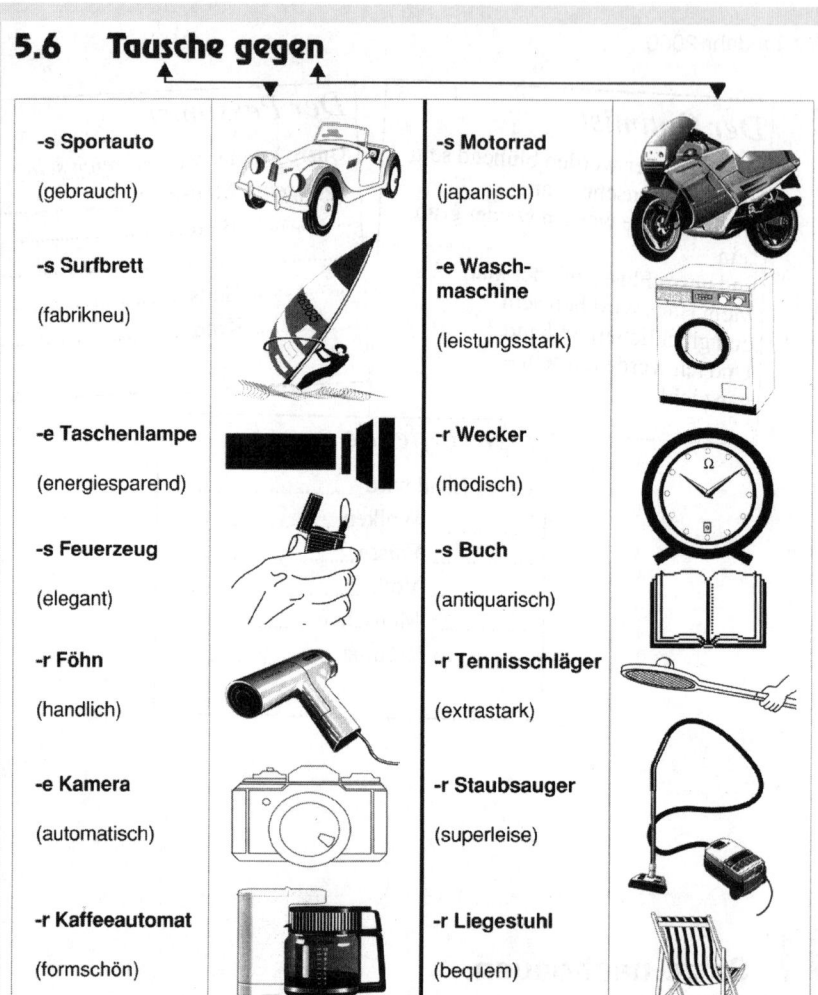

-s Sportauto (gebraucht)	**-s Motorrad** (japanisch)
-s Surfbrett (fabrikneu)	**-e Waschmaschine** (leistungsstark)
-e Taschenlampe (energiesparend)	**-r Wecker** (modisch)
-s Feuerzeug (elegant)	**-s Buch** (antiquarisch)
-r Föhn (handlich)	**-r Tennisschläger** (extrastark)
-e Kamera (automatisch)	**-r Staubsauger** (superleise)
-r Kaffeeautomat (formschön)	**-r Liegestuhl** (bequem)

Tauschen Sie die Gegenstände auf der linken Seite gegen Gegenstände auf der rechten Seite. Passen Sie aber auf, daß die Tauschobjekte einigermaßen gleichwertig sind!

a) *Angebot:* (Ich) Tausche automatische Kamera *gegen* superleisen Staubsauger.

b) *Gesuch:* Superleiser Staubsauger *gegen* automatische Kamera zu tauschen gesucht.

---

[32] LERNIDEEN MIT BILDERN, S. 69

b[33]

weiß

beige

schwarz

grau

rot

braun

gelb

orange

grün

hellblau

blau

dunkelblau

Ü4 Welchen Mantel soll ich nehmen, den blauen oder den grauen?

○ **Welchen Mantel** soll ich nehmen, **den blauen** oder **den grauen?**
● a) Ich finde, **der blaue (Mantel)** steht dir besser.
  b) Du solltest **den blauen (Mantel)** nehmen.
  c) **In dem blauen (Mantel)** gefällst du mir besser.

c[34]

Ein vergeßlicher Typ

Vorwürfe nach der Abreise

Beispiel: Blumen – Die Blumen *hätten* noch *gegossen werden müssen*!

Wasserhahn, Steuererklärung, Einladung, Katze, Elektroherd, Nachbarn, Fensterläden, Zeitung, Geschenk, Badehose, Telefonrechnung, Visum, Wohnungsschlüssel

Mittelstufe

---

[33] DEUTSCH AKTIV NEU 1 B. Lehrbuch S. 59
[34] SCHUMANN MITTELSTUFE, S. 246

d[35]

1

Schüttelkasten   Warum sind Sie in der Hölle?   Warum sind Sie im Himmel?

– Weil ich Gold geschmuggelt habe.   – Weil ich …

gute Noten geben   Mädchenhändler   Kirche gehen

rauchen   Seitensprünge machen   Schüler bestrafen   fasten   Bäume abschneiden

Pferde schlagen   Bäume pflanzen

Millionär   Zahnarzt   Cognac   lügen

meditieren   Finanzminister   Banktresor aufbrechen   mit Kokain handeln   Kinder lieben

Papst

Finden Sie viele andere Gründe!

92 Kleintextwerkstatt[36]

Machen Sie sich (am besten in kleinen Gruppen) die folgenden Arbeitsvorgänge klar (jede Gruppe kann 1–2 Themen bearbeiten). Die nötigen Wörter finden Sie in Klammern. Stellen Sie dann im Plenum dar:

a Wie macht man ein Regal? (messen, schneiden, schleifen, verschrauben, lackieren …)

b Wie stellt man Marmelade / Saft / Wein her? (ernten, waschen, filtern, füllen, verschließen …)

c Wie wird ein Film gemacht? (schreiben, wählen, proben, diskutieren, drehen, schneiden …)

Beispiel: *Die Bretter werden gemessen.*

---

[35] SPRACHKURS DEUTSCH NEU 3, S. 80
[36] Ebd. 2, S. 49

Knobelstücke

Die hier zusammengestellten Beispiele sprechen eine etwas andere Art zu denken an als die „Inventionen" – nicht der schnelle Denkweg führt hier weiter, sondern das hartnäckige, genaue Tüfteln ist gefragt. Sollten Sie eins der folgenden Knobelstücke für die Hausarbeit aufgeben, so betonen Sie bitte, daß es auf die Arbeit damit, nicht auf die in allen Punkten vollständige Lösung ankommt. Die Aufgaben eignen sich auch sehr für die etwas gemächlichere, aber nachhaltige Unterrichtsform Lernen durch Lehren: Bearbeitung in Kleingruppen, Diskussion der Gruppenergebnisse im Plenum, Steuerung und „Aufsicht" durch zwei Schüler-Lehrer.

93 Wechselbilder[37]

5.Vergleichen Sie die beiden Zeichnungen. Es gibt zwanzig Unterschiede. Bitte schreiben Sie diese auf

Auf Bild 1 liegt die Katze auf dem Sofa

Auf Bild 2 sitzt sie vor dem Sofa

---

[37] GRAMMATIK À LA CARTE 1, S. 147

94 Satzmosaik

Diese beiden kleinen Knobelstücke sind, für die jeweils vorgesehene Lernstufe, so vertrackt, daß sie sich nicht für die rasche Übung eignen, das wäre eine reine Fehlerplatte. Sie sind dann lernproduktiv, wenn sie wie ein feinmechanisches Geduldsspiel Schritt für Schritt zusammengesetzt werden, einem Mosaik vergleichbar. Aufgabe a: Anfängerstufe. Aufgabe b: Mittelstufe mittlerer Abschnitt.

a[38]

Die folgende Übung ist eine Art Denkspiel:

Suchen und finden

a Ich lade dich ein, du bist mein Gast.

b Wir laden euch ein, ihr seid unsere Gäste.

c Gisela lädt mich ein.

d Wir laden den Bankräuber ein.

e Ich lade Sie ein.

f Jürgen lädt mich ein.

g Wir laden die Filmleute ein.

h Marina lädt ihre Freundin ein.

i Der Parteichef lädt die Reporter ein.

k Ich lade die Katze zum Abendessen ein.

l Die Hexe lädt die Kinder ein.

m Don Juan lädt den toten Gast ein.

b[39]

Zum Knobeln eignet sich folgende Aufgabe zur doppelten Negation:

	Positive Formulierung:
Es ist nicht unmöglich.	Es ist möglich.
Nichts ist unmöglich.	
Er ist nie ohne Geld.	
Hier gibt es nichts, was nicht wahnsinnig teuer ist.	
Er kann nicht Nein sagen.	
Ich fragte sie, nicht ganz ohne Herzklopfen.	
Du hast null Fehler!	
Habt ihr auch einen Wasserkrug ohne Loch?	
Er ist mir nicht ganz unsympathisch.	
Ich fahre nie ohne Platzkarte.	

Stilfrage: In welchen Fällen drückt die doppelte Negation eine andere Nuance aus als die positive Formulierung?

Mittelstufe

---

[38] SPRACHKURS DEUTSCH NEU 1. Lehrerheft S. 31
[39] SPRACHKURS DEUTSCH NEU 5. Lehrerheft S. 46

95 Grammatisches Rätsel[40]

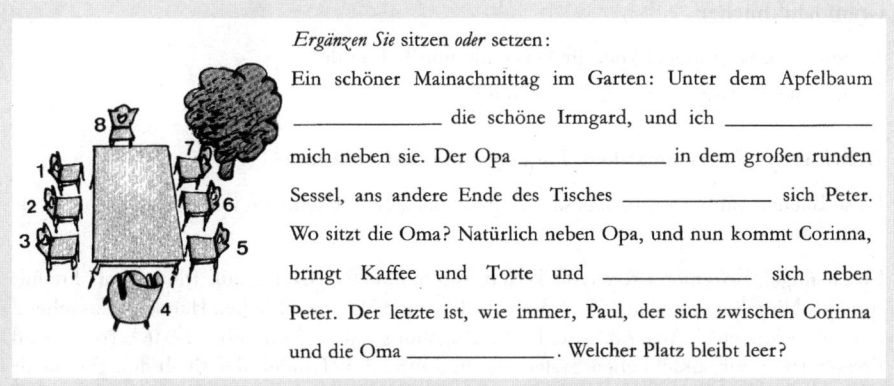

Ergänzen Sie sitzen *oder* setzen:

Ein schöner Mainachmittag im Garten: Unter dem Apfelbaum _____ die schöne Irmgard, und ich _____ mich neben sie. Der Opa _____ in dem großen runden Sessel, ans andere Ende des Tisches _____ sich Peter. Wo sitzt die Oma? Natürlich neben Opa, und nun kommt Corinna, bringt Kaffee und Torte und _____ sich neben Peter. Der letzte ist, wie immer, Paul, der sich zwischen Corinna und die Oma _____. Welcher Platz bleibt leer?

1. Teil. Als Hausübung oder in der Klasse lösen (der Kleingruppenarbeit sollten einige Minuten individuelle Bemühung vorangehen).

2. Teil (freiwillig? – in Kleingruppen? – als Hausarbeit?). Schülerinnen und Schüler produzieren ein oder zwei ähnliche Rätsel.

Der 2. Teil ist auch für die Mittelstufe sehr geeignet.

---

[40] SPRACHKURS DEUTSCH NEU 2, S. 109

EMPFEHLUNGEN:

Grammatikbücher

1. Schwerpunktgrammatiken, für Lernende und Lehrende
2. umfassende Grammatiken, für Lehrende

1. Schwerpunktgrammatiken, für Lernende und Lehrende

Diese Bücher wählen aus dem gesamten grammatischen System die wichtigsten Lernschwerpunkte aus.

Ulrich Engel, Rozemaria Krystyna Tertel: Kommunikative Grammatik Deutsch als Fremdsprache. München: iudicium 1993. Von 30 Bereichen des sprachlichen Handelns ausgehend („Aufforderungen", „Abgeschlossenheit", „Zugehörigkeit" ...) und über Texte – vorwiegend Pressetexte – zur sprachlichen Systematik hinführend, behandelt das Buch den grammatischen Grundbestand der deutschen Sprache. Mit Aufgaben, die dem tieferen grammatischen Verstehen dienen.
– *Mittelstufe, Oberstufe* –

Franz Eppert: Grammatik lernen und verstehen. Stuttgart: Klett 1988. Das Buch führt sehr detailliert in grammatische Terminologie und grammatisches Denken ein, enthält umfassende Beispieltabellen (in Übereinstimmung mit: Zertifikat DaF, Kontaktschwelle DaF, Grundbaustein zum ZDaF) und schlägt stets konsequent die Brücke zum semantischen Hintergrund der grammatischen Phänomene.
– *Mittelstufe* –

Hans Jürgen Heringer: Grammatik und Stil. Frankfurt: Cornelsen 1989. Entwickelt für Schüler, die Deutsch als Muttersprache sprechen (aber auch für Deutschlernende zu empfehlen). Einführung in differenzierteres grammatisch-stilistisches Denken und Empfinden, mit vielen wertvollen Tips zu grammatischen Fehlerquellen, sicherem Stil und verständlichem Schreiben.
– *Mittelstufe, Oberstufe* –

Jürgen Kars, Ulrich Häussermann: Grundgrammatik Deutsch. Frankfurt: Diesterweg / Aarau: Sauerländer [4]1992. Versuch einer programmatisch „sanften Grammatik", die dem Lernenden gerade so viel Grammatik und diese so konsequent durchsichtig bietet, daß er Vertrauen zur neuen Sprachwelt faßt. Auch häufig unterschätzte kommunikative Kernbereiche wie *du / Sie*, Adverbien, Zeitangaben, gesprochene Sprache usw. werden sorgfältig beachtet. Spezifische Fortgeschrittenenthemen (Modalverben 2. Bedeutung ...) fehlen.
– *Grundstufe, bedingt auch Mittelstufe* –

Englische Version: German Elementary Grammar. 1993
Übungsbücher zur Grundgrammatik: Apelt / Apelt / Wagner: Grammatik à la carte. Band 1 (1992), Band 2 (1994).

Bernd Latour: Mittelstufen-Grammatik für Deutsch als Fremdsprache. Ismaning: Hueber 1988. Ohne theoretischen Ballast, aus der Mittelstufenpraxis für sie entwickelt: 1. erweiternd, 2. korrektiv („Wie wird man die in der Grundstufe eingeschlichenen Fehler wieder los?"). Präzisierung und Erweiterung der Grundstufenregeln sowie detaillierte Behandlung der typischen Mittelstufenthemen wie Konjunktiv, Funktionsverbgefüge, Satzfeld, Wortbildung.
– *Mittelstufe* –

Wolfgang Rug, Andreas Tomaszewski: Grammatik mit Sinn und Verstand. München: Klett Edition Deutsch 1993. Alle Mittelstufen-Grammatikinhalte werden in 20 Schritten kurz und klug dargestellt („Grammatik im Kasten") – und anhand geistreicher, lebendiger Aufgaben geübt. Ebenso wichtig: anspruchsvolle Texte und Aufgaben, die das Stilempfinden schulen können. Sehr übersichtlich angelegtes Buch.
– *Mittelstufe, Oberstufe* –

2. Umfassende Grammatiken, für Lehrende

(a) *Grammatik-Handbücher für den Unterricht*
Verständlich geschriebene Darstellungen des Regelsystems (Wort- und Satzgrammatiken)

Günther Drosdowski et al.: Duden. Grammatik der deutschen Gegenwartssprache. Mannheim, Wien, Zürich: Bibliographisches Institut [4]1984
Mit Abschnitten zu Phonetik, Prosodie, Orthographie

Lutz Götze, Ernest W. B. Hess-Lüttich: Knaurs Grammatik der deutschen Sprache. München: Droemer-Knaur 1989
Mit umfassendem textlinguistischem Teil

Gerhard Helbig, Joachim Buscha: Deutsche Grammatik. Leipzig, Berlin, München: Verlag Enzyklopädie / Langenscheidt 1991
Mit (relativem) Vollständigkeitsanspruch, umfangreichen Wortlisten, einem Abschnitt zur Interpunktion

Ergänzend: Gerhard Helbig, Joachim Buscha: Übungsgrammatik Deutsch. Berlin, Leipzig, München: Langenscheidt 1991

(b) *Linguistische Grammatiken („Problemgrammatiken")*
Diese Arbeiten beschreiben nicht nur Forschungsergebnisse, sondern skizzieren auch die theoretischen Fragestellungen und Modelle, die zu den Ergebnissen führen. Im folgenden werden nur drei Werke genannt, die auf Übersichtlichkeit und Verständlichkeit der Darstellung, auch für Nichtdeutsche, besonderen Wert legen.

Peter Eisenberg: Grundriß der deutschen Grammatik. Stuttgart: Metzler 1986

Ulrich Engel: Deutsche Grammatik. Heidelberg: Julius Groos 1988

Harald Weinrich (unter Mitarbeit von Maria Thurmair, Eva Breindl, Eva-Maria Willkop): Textgrammatik der deutschen Sprache. Mannheim, Leipzig, Wien, Zürich: Bibliographisches Institut 1993

Und es gibt auch einen Grammatik-Roman! Eine süffig zu lesende, märchenhafte Allegorie, die listige Facettenblicke quer durch die deutsche Syntax öffnet: Cristiano Musso Olivieri: Die Hallenstadt. Winterthur: Olivenbaum Verlag 1993

Freie Gestaltungsaufgaben

Der Übergang von der Invention zur freien Gestaltungsaufgabe ist fließend und muß nicht festgelegt werden.

Die grammatischen Bausteine sind meist nur fragmentarisch angegeben. Die Lernenden wissen: Es wäre gut, wenn das, was ich schreibe oder sage, solche Bausteine enthielte. Aber auch jede andere Lösung ist in Ordnung, sie muß nur auf irgendeine Weise grammatisch stimmen.

Von diesen Aufgaben zu den Ganzaufgaben (Kapitel 13) ist nur ein Schritt. Was Sie im vorliegenden Abschnitt suchen und nicht finden, könnte vielleicht auch dort oder in Kapitel 7 (Sprechen) oder 9 (Schreiben) stehen. Glücklicherweise ist aber das Feld so weit, daß es ungezählte Aufgabenformen gibt, die noch zu erfinden sind. Im folgenden also nur einige aus der Fülle der möglichen Beispiele.

96 Grammatik-Umsetzung: Freie Sätze

a[41]

> 5.   Augenblicke, die man nicht vergißt
> 5.1. Was waren für Sie besondere Erlebnisse in Ihrem Leben?
>   → Für mich war es ein besonderes Erlebnis, als meine jüngste Schwester geboren wurde.
> 5.2. Wann waren Sie mal so richtig glücklich?

Mittelstufe

Die beiden Aufgaben funktionieren dann am besten, wenn Sie vor das Sprechen drei oder vier „Besinnungs"-Minuten schalten; Auftrag: Notieren Sie mehrere Antworten. Je weniger betriebsam Ihre Unterrichtsatmosphäre ist, desto vielfältiger werden die Antworten sein. (Falls in Ihrer Lerngruppe der Unterricht Lernen durch Lehren klappt, dürfte dies der beste Zugang sein.)

Das folgende ist eine Hörverstehensübung. Trainiert wird die Geschicklichkeit, sicher und klar zu reden.

---

[41] DEUTSCH KOMPLEX 1, S. 136

b[42]

Die Leute, die Sie hören, sind alle extrem höflich. Sie wollen etwas, aber das sagen sie nicht klar, sondern sehr, sehr vorsichtig. Nehmen Sie ein Blatt Papier, und sagen Sie dieselben Wünsche klar und einfach.

Cassette:
Verzeihung, könnten Sie mir bitte sagen, wo der Bahnhof ist?
Lösung: Wo ist der Bahnhof?

Ach, hätten Sie vielleicht einen Augenblick Zeit, das Fenster zu schließen? Es schneit mir nämlich direkt ins Gesicht.

Ach, entschuldigen Sie bitte, ich warte schon eine ganze Stunde, dürfte ich vielleicht endlich mal bezahlen?

Ach, hättest du bitte die Güte, mir bald die dreitausend Mark zurückzugeben, die ich dir im letzten Herbst geliehen habe?

Oh, entschuldigen Sie die Störung! Wissen Sie, ich bin fremd hier. Ob Sie mir vielleicht sagen könnten, ob dieser Zug nach Bonn fährt?

Ach, meine Geliebte, wo bist du? In Amerika, in Asien? Hast du mich ganz vergessen? Ich wäre ja so unendlich glücklich, wenn du mal ein bißchen Zeit finden könntest, mir wenigstens mal 'ne Postkarte zu schreiben.

Wären Sie so lieb und würden mir bitte die Uhr zurückgeben? Das ist nämlich meine Uhr.

Ach Verzeihung, könnten Sie mir eventuell sagen, ob es hier in dieser Stadt eine Apotheke gibt?

Nur eine ganz kleine Frage. Würden Sie mir sagen, wie spät es ist?

Entschuldigung, ich bin fremd hier. Vielleicht wissen Sie, ob wir hier in Köln sind oder in Düsseldorf?

Die folgende Aufgabe läuft in drei Schritten ab. Sie ist für die obere Grundstufe entworfen, stellt aber auch an Lernende der Mittelstufe und sogar der Oberstufe kräftige Anforderungen, wenn man die Schritte 1 und 2 wegläßt.

---

[42] SPRACHKURS DEUTSCH NEU 3, S. 149

c[43]

(1) *Nennen Sie die Gegenstände, die das Bild zeigt:*
   ein Faden, eine Mausefalle, ...
(2) *Erzählen Sie, was passiert:*
   Ich ziehe an dem Faden, und die Maus ...
(3) *Bilden Sie Neben- und Hauptsätze:*
   Wenn ich an dem Faden ziehe ...

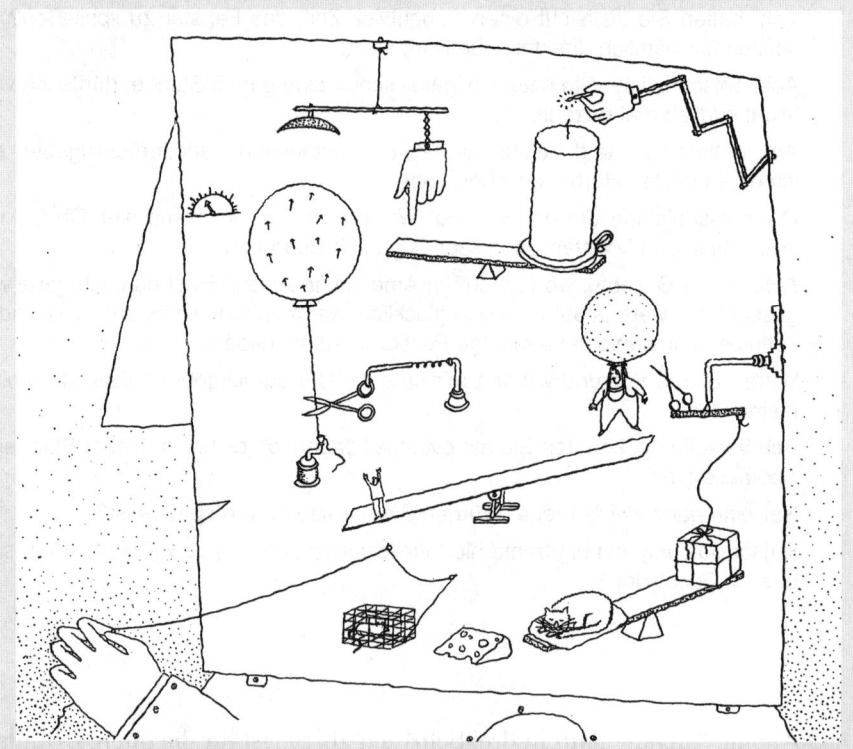

Die beiden Aufgaben d und e können oberflächlich bearbeitet werden. Stellt man für sie aber einen etwas größeren Zeitraum zur Verfügung, so können sich differenzierte Aussagen entwickeln, die auch Stoff für den interkulturellen Meinungsaustausch liefern.

d[44]

Angeben, was man nach der genannten Tätigkeit tun kann.

1) Topfblumen gießen
2) Fenster schließen
3) Briefe schreiben

---

[43] SPRACHKURS DEUTSCH NEU 3, S. 207
[44] Karl-Ernst Sommerfeldt: Operationale Grammatik des Deutschen. München: iudicium 1993. S. 72

e[45]

Versprechen Sie das Gegenteil:

Und nun verlieren wir uns wohl aus den Augen.
→ Aber nein, wir werden uns noch sehr oft sehen!
Das Reiten lerne ich nie.
Jetzt sitze ich schon 14 Jahre. Da komme ich nicht mehr raus.
Du bist eine untreue Tomate.
Die 1000 Mark kann ich wohl vergessen.
Ein Häuschen mit Garten, das wäre mein Traum, aber …
Jetzt bin ich noch schön. Aber mit vierzig, o Gott!
Mit diesem Roman wird er niemals fertig.
Doofe Inszenierung! Das wird ein Fiasko.
Wir kommen aus diesem Milieu nicht mehr heraus.

Mittelstufe

97 Grammatik-Umsetzung: Texte entwickeln

a[46]

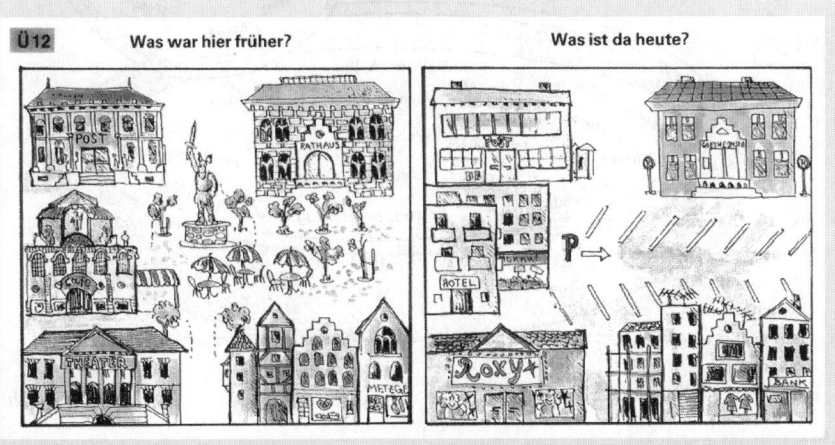

Ü12   Was war hier früher?   Was ist da heute?

Kommentar zu dieser Aufgabe im Lehrerheft:[47] „Zunächst die beiden Zeichnungen einzeln besprechen und den Wortschatz erweitern, dann den Vergleich zwischen beiden Bildern ziehen". Kommentar zum Kommentar: Damit die sprachliche Arbeit – 1. Präteritum, 2. Präpositionen – nachhaltiger „eingreift", empfiehlt es sich, (nach der Erarbeitung des Wortschatzes) die Lösungen schriftlich zu skizzieren, bevor sie im Plenum diskutiert werden. – Eine auch unter interkulturellem Aspekt interessante Aufgabe. Europäische Schüler werden die Modernisierung bedauern, Chinesen oder Ägypter den Fortschritt bewundern, in einer heterogenen Klasse stoßen die Meinungen aufeinander.

45 SPRACHKURS DEUTSCH NEU 6, S. 291
46 DEUTSCH AKTIV NEU 1 A. Lehrbuch S. 54
47 DEUTSCH AKTIV NEU 1 A. Lehrerhandreichungen S. 94

In den Aufgaben b und c geht es um Verben mit festen Präpositionen (denken an, retten vor ...). Aufgabe b könnte in zwei Schritten, Aufgabe c in einem Schritt bearbeitet werden. Der Lehrer / die Lehrerin wird die Textaufgabe je nach den Neigungen der Kursteilnehmer(innen) modifizieren oder überhaupt die Textgattung freistellen: statt eines Märchenspiels kann eine Zeitungsnachricht, ein Krimi, ein Märchen, ein Drehbuch entstehen, in der Aufgabe c statt eines Essays ein Vortrag, eine Streitschrift, eine Predigt.

b[48]

Schütteltopf

Bilden Sie (möglichst längere) Sätze und verwenden Sie immer einen Satzteil vom Topf und einen Satzteil vom Löffel. Wenn Sie die Sätze gefunden haben, ordnen Sie sie so, daß es – mit Ihrer Hilfe und einigen Ergänzungen – ein kleines Märchenspiel ergibt.

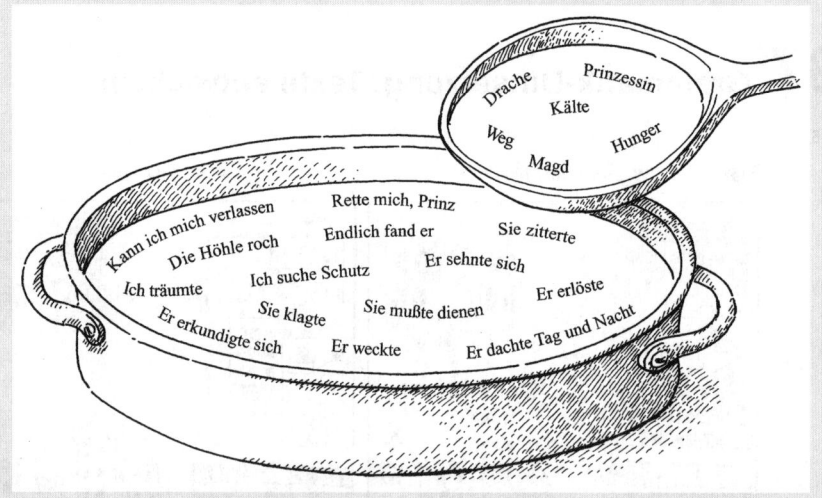

Mittelstufe

c[49]

Schreibschule

Bitte schreiben Sie etwa eine Seite zum Thema

Der Erfolg.
Brauchen Menschen Erfolg? Warum? Warum nicht?

Benutzen Sie dabei möglichst viele der folgenden Verben:

arbeiten als, für	teilnehmen an
gelten als	antworten auf
gebraucht werden als	warten auf
sich erinnern an	protestieren gegen
denken an	sich interessieren für

Mittelstufe

---

[48] SPRACHKURS DEUTSCH NEU 5, S. 149
[49] Ebd.

98 Grammatik-Umsetzung: Offene Textschablone[50]

Wir bewegen uns weg von den determinierenden Vorlagen und erreichen die nächste Ebene der Freiheit mit der folgenden Aufgabe:

Gegeben sind die Textelemente

    als – dann – deswegen – leider – folglich – schließlich

Entwickeln Sie, dieses Handlungsgeländer benutzend, einen Bericht, eine Geschichte, ein Gerücht – oder besser: zwei ganz verschiedene!

99 Grammatik-Umsetzung: Bauelemente und Text selbst entwickeln[51]

Aufgabe. Ich bin zu Gast bei Familie X und schlafe im selben Zimmer mit Christine. Sie ist Schlafwandlerin. Ich soll auf sie aufpassen, aber sie nicht wecken! Christine steht in der Tat nachts auf und unternimmt Erstaunliches. Am nächsten Tag erzähle ich ihr, was sie alles angestellt hat.

In dem Text werden zwangsläufig Zeitangaben und umständliche Ortsangaben vorkommen. Bei dieser durchaus genialen, auch kommunikativ cleveren Aufgabe sollte die Auswertung nicht zu kleinlich ausfallen, denn hier muß die Phantasie der Erzählung mindestens soviel zählen wie die sprachliche Präzision.

---

[50] DRUGSTORE
[51] Athanasios Kriaras: Arbeit mit Texten. Hauptseminararbeit München 1995

100 Grammatik-Umsetzung im Rollenspiel[52]

Ihre Rolle, bitte

a 40jähriges Arbeitsjubiläum, Sekt, die Kollegen loben den Jubilar.

b Drei junge Abenteurer kommen von der Sahara zurück und erzählen phantastische Geschichten. Keiner glaubt ihnen.

c Zwei Politiker treffen sich im Gefängnis. Was war davor?

d Der Hausbesitzer kündigt seinen Mietern. Was war davor?

e Der Kassenwart hat die Kasse beraubt und wird entlassen.

f Diamantene Hochzeit (60 Jahre). Kinder und Enkel loben die Großeltern.

Grammatisches Thema: Perfekt. Die Aufgaben sind so angelegt, daß sie Unterhaltungen über Vergangenes provozieren. Die Benutzung der Präteritumsform wäre in den angegebenen Situationen nicht üblich.

101 Grammatik-Umsetzung im direkten Dialog

Nicht alle Grammatikthemen eignen sich für völlig freie mündliche Aufgabenstellungen. Voraussetzung: Die grammatische Form ist so eingängig und spontan umsetzbar, daß die freie Anwendung flüssig funktioniert, keine Verrenkungen nötig sind. (Und vorausgesetzt werden natürlich vorangegangene Phasen des Begreifens und gründlichen Erprobens.) Die beiden folgenden Aufgaben stellen unmittelbares kommunikatives Leben her, so daß der Gedanke an Grammatik während der Durchführung verschwindet.

a[53]

Loben Sie Ihre Mitstudentinnen und Mitstudenten! Formulieren Sie (in kleinen Gruppen? vielleicht zuerst schriftlich?) Lobesworte über einen Mitstudenten / eine Mitstudentin:

eine Frau, die jeden Mann sofort durchschaut
ein Mann, der immer lächelt

Sprechen Sie dann Ihre Lobesworte aus. Die andern müssen herausbringen, wen Sie meinen.

---

[52] SPRACHKURS DEUTSCH NEU 3, S. 82
[53] SPRACHKURS DEUTSCH NEU 4, S. 136

b[54]

Michelangelo Caravaggio: Handleserin. 1593

Die Hände täuschen nicht – wohl aber jene Handlesekünstler, die mit der Unkenntnis und Gutgläubigkeit ihrer Mitmenschen Geschäfte machen. RUDOLF DRÖSSLER (1990)

Handlesen – eine Kunst? ein Studium? ein Spiel? Als wichtigste Quelle der Erkenntnis gelten die drei Hauptlinien der Innenhand, von oben nach unten: die Herzlinie, die Kopflinie, die Lebenslinie. Die Lebenslinie gibt, sagt der alte Volksglaube, Auskunft über Gesundheit und Lebensdauer. Die Kopflinie – so die Tradition – verrät etwas über Phantasie, Intelligenz, Ideenreichtum. Die Herzlinie redet von den Empfindungen, der Liebesfähigkeit, dem Temperament eines Menschen.

Spiel

Bitte lesen Sie Ihrem Nachbarn aus der Hand. „Du wirst hundert Jahre alt werden, du wirst…"

Literatur zum Thema dieses Kapitels Seite 497/498
Gesichtete Lehrwerke Seite 492–494

Vergleichen Sie auch Kapitel 5 (Sprachliche Nuancen)
Kapitel 9 (Schreiben)
Kapitel 14 (Spiele)

---

[54] SPRACHKURS DEUTSCH NEU 4, S. 187

Kapitel 5

Aufgaben und Übungen zur Sensibilisierung für sprachliche Nuancen

Wenn es stimmt, daß Kommunikation nicht nur über den Verstand funktioniert, sondern auch über die Empfindung oder besser: im richtigen Zusammenspiel der beiden, so gilt das auch für den wichtigsten Träger kommunikativen Lebens, die Sprache. Sprachliche Verständigung ist nie nur das Ergebnis rationaler Systemkenntnis und Systemanwendung. Flüssig wird sie erst, wenn ich mich der system-konstituierenden Spielelemente so souverän bediene, daß – versteckter oder offener – auch Zwischentöne meiner persönlichen Wahl bemerkbar werden, daß der Hörende oder Lesende also nicht nur Wörter und Sätze, sondern auch etwas von der Person, die dahintersteht, wahrnimmt. Wir brauchen also ein Kapitel über die freie Anwendung der Subsysteme[1] Wortschatz und Grammatik. Anwendung, das bedeutet immer auch Verfremdung von Sprache, Färbung, auch Umbildung.

Obwohl dieses übergreifende Kapitel erneut vor allem Wortschatz- und Grammatikaspekte aufgreift, geht es nun nicht mehr um die Kanons und Strukturen, in denen Wörter, Wortgruppen, Sätze funktionieren, nicht mehr in erster Linie um das Kennen und Können im engeren Sinn, sondern um das freiere Spiel damit, das nicht mehr vom Verstand allein, sondern zunehmend auch von der Empfindung gesteuert wird. Auf dem Wege, sich mit der neuen Sprache immer stärker zu identifizieren, sollen unsere Sprach-Gäste den Eindruck bekommen – und der muß ihnen vermittelt werden –, daß sie sich in ihr immer mehr zu Hause, also frei fühlen können.

Es gibt in den Bereichen Wortschatz und Grammatik weite Strecken, wo sie diese Freiheit erproben können, die Freiheit wählen zu können zwischen Wörtern unterschiedlicher Nuancen, Formen unterschiedlicher Nuancen, Konstruktionen unterschiedlicher Nuancen. Nur selten werden die Betrachtung, die Übung und das Spiel mit Nuancen den Schwerpunkt eines Sprachkurses bilden, auch soll das Hinterfragen von Nuancen nicht Komplikation und Ver-

---

[1] Die Kategorisierung des sprachlichen Potentials in die Subsysteme Aussprache, Wortschatz und Grammatik („Subsysteme" in diesem Sinn: KRISTA SEGERMANN, 1992, S. 54) ist traditionell; die von uns hinzugefügte umgreifende Kategorie sprachliche Nuancen liegt nicht auf derselben Ebene

unsicherung herstellen.[2] Der bei den Schülerinnen und Schülern aufgebaute Boden des Vertrauens zur neuen Sprache muß mit Sorgfalt immer neu lebendig erhalten werden – die Regelmäßigkeiten haben den Primat. Auf der anderen Seite kann die Pflege der Nuancenkompetenz – wenn sie in der richtigen Dosierung geschieht – die kommunikative Beweglichkeit und damit verbunden den kommunikativen Erfolg wirkungsvoll ausbauen.

Wir werden das brisante Thema sprachliche Nuancen nur in wenigen, für unseren Zusammenhang wichtigen Beispielen kennenlernen.

Der erste Abschnitt zählt einige Übungen auf, die hilfreich sein können zur Ausbildung des Stilempfindens: Es geht um „gutes Deutsch" ganz allgemein.

Spezieller wird es im zweiten Abschnitt, hier werden Nuancen der Intention und des Ausdrucks vorgestellt und ausprobiert.

Diese Komponenten fließen, in sehr unterschiedlichen Graden, auch ein ins dritte Thema: Jargon. Wir greifen aus diesem vielschichtigen Bereich nur drei Erscheinungen heraus, die Sprache der Gewalt, die (ihr benachbarte) Werbesprache und die Fachsprache.

Den Abschluß bildet der umfangreichere Teil Umgangssprache und Dialekt.

Nicht alle, aber die meisten der im folgenden zu diskutierenden Übungen und Aufgaben sind Mittelstufenstoff. Um Nuancen geht es – aber unter anderen Gesichtspunkten – auch in Kapitel 11 (Interkulturelles Lernen) und Kapitel 10 (Experimentelles Verstehen und Schreiben), es gibt dort Aufgaben und Übungen, die fast ebensogut hier stehen könnten.

---

[2] Dies ist auch der Grund, warum in diesem Kapitel Nuancen der Aussprache nicht im einzelnen behandelt werden. Es gibt dazu – so weit wir sehen – kaum Übungsmaterial, das nicht eher verwirren als Klarheit stiften könnte. Vgl. jedoch zum expressiven Satzakzent Übung 37, S. 74. Zum Dialekt Übung 117, S. 192.

„Gutes Deutsch"

102 Stilübung: Flüssiges Deutsch

Diese beiden Übungen sind im Vordergrund eine schmeichelhaft feine Diskussion über stilistische Nuancen. Nebenbei, im Hintergrund, wird natürlich schlicht auch der Gebrauch morphologischer und syntaktischer Regeln wiederholt. Aus gegebenem Anlaß! Nur wenige Mittelstufenschüler sind doch völlig firm im Umgang mit den grammatischen Elementarformen. Die Übung a ist also eine Übung im Tempusgebrauch und zugleich eine Wiederholung der Formen Perfekt und Präteritum. Die Übung b zeigt die richtige Placierung des Relativsatzes und wiederholt damit natürlich den Relativsatz selbst.

a[3]

Bilden Sie Fragen. Sie stehen – auch wenn die Erzählung im Präteritum läuft – im Perfekt. Aber: die Hilfsverben und die Modalverben bleiben im Präteritum:

Ich wollte ihn nicht wecken.
  → Warum wolltest du ihn nicht wecken?
Wir stiegen nicht in den Zug ein.
  → Warum seid ihr nicht eingestiegen?
Ich blieb nur 20 Minuten dort.
Er schrieb keine Briefe.
Die Schuhe paßten mir plötzlich nicht mehr.
Ich wollte euch nicht stören.
Ich hatte kein Geld mehr.
Sie reisten nur mit dem Fahrrad.
Wir konnten uns nicht einigen.
Ich war bankrott.
Wir ließen uns das Auto stehlen.
Und dann fraß sie das Männchen auf.

---

[3] SPRACHKURS DEUTSCH NEU 5, S. 172/173. Die Übung steht in einem Mittelstufenbuch, dürfte aber auch in einer oberen Grundstufe funktionieren

b[4]

> Der Relativsatz muß nicht immer direkt rechts von dem Wort stehen, auf das er deutet. Wenn ein Verb dazwischentritt, stört es das Verständnis nicht.
>
> Nicht gut:
>> Ich habe endlich den Jungen, den ich auf der Insel kennengelernt habe, wieder gesehen.
>
> Besser:
>> Ich habe endlich den Jungen wieder gesehen, den ich auf der Insel kennengelernt habe.
>
> *Machen Sie den folgenden Text einfacher. Fügen Sie die Relativsätze so ein, daß man den Text sofort versteht:*
>
> Ich mußte alles Holz, das ich im Haus und in der Hütte fand, verbrennen. Endlich wurde es in der kleinen Küche, in der wir uns bald wohl fühlten, warm. Ich holte die Kartoffeln, die ich im Herbst geerntet hatte, herauf. Leider hatten die netten Handwerker das ganze Bier, das ich extra für diesen Gast herangeschleppt und kaltgestellt hatte, ausgetrunken. Meinem feinen städtischen Gast hat das Bauernessen, das ich ihm nach einer Stunde endlich servierte, trotzdem gut geschmeckt.

Zu b. Die Wertung „nicht gut" / „besser" will ausdrücklich nicht apodiktisch sein. Die meisten Sätze des Textes klingen durchaus in beiden Versionen akzeptabel.

103 Stilübung: Freundliches Deutsch[5]

Der folgende Text steht in einer Hausordnung:

> [...]
> 4. Kehricht, Glas, Scherben und dgl. dürfen nicht in die Klosetts, sondern nur in den Mülleimer geworfen werden.
> 5. Schäden am Gebäude sind sofort anzuzeigen.
> 6. Haustiere aller Art dürfen nur mit ausdrücklicher Genehmigung gehalten werden.
> 7. In den Treppenaufgängen und Eingangshallen darf nicht gespielt werden.
> 8. Fahrräder und dgl. dürfen nicht in Wohnräumen, Kellern oder in der Eingangshalle abgestellt werden.
>
> *Mittelstufe*

Die hier verwendeten Formen sind typisch für Verwaltungsdeutsch. Sie machen den Text kalt und „unmenschlich". Bitte formulieren Sie den Text um, finden Sie, vielleicht in Kleingruppen, mehrere freundliche Versionen.

---

[4] SPRACHKURS DEUTSCH NEU 5, S. 84/85
[5] KÜCHE. Textbeispiel aus HANS JÜRGEN HERINGER (1989), S. 219

104 Stilnuancen retuschieren[6]

Haben Sie einen guten Stil?

Die folgenden Sätze sind grammatisch richtig, aber einige Wörter passen nicht genau in den Zusammenhang. Bitte korrigieren Sie:

a Die alte Schauspielerin soff noch ein Glas Champagner und starb. Am Grab hielt der Pfarrer eine sehr hübsche Rede.

b Sie stinken so wunderbar nach Lavendel, Julia. Sie sind ein bezauberndes Fräulein.

c Jetzt, am Ende eines zwanzigjährigen Lebenslaufs, bin ich Dirigent der Wiener Staatsoper. Das ist mein Traum-Job!

d Meine aufrichtige Teilnahme, aber ich kann heute wirklich nicht zur Probe kommen, ich muß zum Arzt, ich bin nicht gut.

e Sie sollten unbedingt die Vorträge des schlauen Buddha lesen!

f Das Klavier singt, als ob es seit 5 Jahren nicht geölt wäre.

Mittelstufe

Diese beliebte Wortschatz-Übungsform streift stilistische Fragen eher oberflächlich. Daß es sich hier um Stilblüten handelt („Blüte" im Sinn von „Falschgeld"), merken die Schülerinnen und Schüler sofort, denn sie verfügen längst über ein (noch unsicheres) Stilempfinden. Durch die Übung werden die hier schief verwendeten und die stimmenden alternativen Wörter in den Kontext gestellt und eingeprägt.

---

[6] SPRACHKURS DEUTSCH NEU 5, S. 155

Nuancen der Intention und des Ausdrucks

Diese Überschrift spiegelt nur unvollständig, was zur Diskussion steht: Abtönungen im Gebrauch von Wörtern und Strukturen durch den Einfluß von (wertenden oder nicht wertenden) Stimmungen, Gefühlen, Meinungen, aber auch durch die Gesprächskonstellation und die Intentionen des sprachlichen Handelns.

105 Reflexion über Wortschatz: Wertungen[7]

Wenn Menschen beurteilt werden, spielen subjektive Sympathie und Antipathie eine große Rolle. Das spontane, eher zufällige Gefühl färbt das Urteil. Genau dasselbe Verhalten, das der eine als dynamisch beurteilt, bezeichnet der andere als aggressiv. Finden Sie die Entsprechungen:

großzügig
aufgeschlossen
diskret
konsequent
vorsichtig
gewissenhaft
temperamentvoll
selbstbewußt

pedantisch
nachgiebig
ängstlich
unbeherrscht
beeinflußbar
stur
arrogant
Geheimniskrämerin

Mittelstufe

[7] SPRACHKURS DEUTSCH NEU 4, S. 143

106 Reflexion über Textsignale: Tatsachen / Meinungen / Gefühle[8]

a) *Lesen Sie den Text.*

Was Gröger denkt

Ich kenne Schlock! Sicher ist er wieder mit dem Taxi zur Welserstraße gefahren. Das ist typisch für ihn. Er geht nicht gern spazieren. Er fährt nicht gern mit der U-Bahn. Er ist faul.

5 Ich sitze hier und arbeite. Ich muß doch meinen Bericht an die Chefin schreiben. Das ist nicht leicht. Bis jetzt wissen wir ja nicht einmal, wer wer ist. 10 „Dann müssen wir eben etwas erfinden", sagt Schlock. „Die Firma", sagt er, „kann das doch gar nicht kontrollieren." Ich will aber nicht lügen. 15 „Du willst nicht, aber du mußt", hat Schlock gesagt. Es kann sein, daß er recht hat. Eigentlich interessiert er sich nicht für die Arbeit, sondern 20 nur für Zaza. Er ist leider schrecklich unvorsichtig. Hoffentlich hat er sein Fernglas mitgenommen! Ohne Fernglas kann man einer Person nicht nachspionieren. Wenn sie ihn sieht, sind wir verloren. Aber er ist ja so naiv! Vielleicht hat er heimlich mit ihr gesprochen. Wahrscheinlich sitzt er schon 25 bei ihr und trinkt Tee. Und was er dann mit ihr macht, daran will ich gar nicht denken. Eine Liebesgeschichte – das hat uns noch gefehlt!

b) *Grögers Monolog: Wo gibt es Tatsachen, Vermutungen, Urteile, Gefühle? Nennen Sie Beispiele aus dem Text.*

c) *Welche Wörter/Ausdrücke zeigen das?*

Tatsachen	Vermutungen	Urteile	Gefühle
......	......	......	......
sicher	......	......	......

---

[8] DIE SUCHE 1. Textbuch S. 96

107 Reflexion über grammatische Alternativen: Intentionen[9]

NUANCEN DER AUFFORDERUNG

Für verschiedene Situationen gibt es verschiedene Nuancen der
Aufforderung – von der vorsichtigen Bitte bis zum harten Infinitiv:

vorsichtig *KONJUNKTIV I*	*direkt* *BITTE („IMPERATIV")*	*hart* *INFINITIV**
–	Setzen Sie 20 Maler vor dasselbe Modell.	–
Vielleicht möchten Sie eine Ausstellung ma-	Machen Sie doch eine Ausstellung!	–
	wach auf!	Aufwachen!
	Ihre Rolle ...ndig!	–
	...en Sie ein!	Einsteigen!

*Die folgenden Sätze sind teils gutes, teils schlechtes
Deutsch. Urteilen Sie: Welche Sätze sind gut? Welche
schlecht? Wählen Sie für die schlechten Sätze die bessere Nuance:*

a Mal ein Porträt von mir!

b Wären Sie so lieb und würden Sie bitte Platz nehmen.

c Versuchen Sie, aus dem Kopf einen fliegenden Vogel zu zeichnen.

d Könnten Sie mir Ihren Blaustift leihen?

e Einschlafen! Sofort!

f 180 km? Sie sollten vielleicht ein bißchen langsa-
mer fahren.

g Unser Haus brennt! Könnten Sie uns vielleicht beim
Löschen helfen?

h Studieren Sie die Bewegungen der Tiere im Zoo.

i Würden Sie bitte die Tür noch mal öffnen, Sie haben
meine Hand eingeklemmt.

k Lassen Sie sich ruhig Zeit.

l Schaut euch den Film an, der ist toll!

m Nehmen Sie Kobaltblau und Weiß.

n Ach, könnten Sie so nett sein und 200 g Mehl, 1 Ei
und einen Eßlöffel Zucker nehmen.

---

[9] SPRACHKURS DEUTSCH NEU 4, S. 166/167. Die Aufgabe steht in einem Mittelstufenbuch,
dürfte aber auch in einer oberen Grundstufe funktionieren

108 Reflexion über Nuancen-Spiele der Phantasie[10]

Mit gezielten Verstößen gegen Kontextregeln kann man mit wenigen Worten viel Wirkung erzielen: ein literarischer Kniff!

Analysieren Sie die Wirkung und Bedeutung der Kontextverstöße, und suchen Sie weitere Beispiele.

Kontextkonform	Kontextverstoß
der Hahn kräht	Das Kind kräht vor Freude.
die Ziege meckert	Die Frau meckert ihren Mann an.
die Frau flüstert	Der Wind flüstert mir viele Geheimnisse zu.
Wasser plätschert	Das Gespräch plätschert vor sich hin.

Mittelstufe

---

[10] SICHTWECHSEL NEU 1, S. 148

Jargon

Jargon gilt als übergeordneter linguistischer Begriff für Sprachvarietäten, die für jeweils eine bestimmte soziale Gruppe (z. B. Berufsgruppe, Altersgruppe) typisch sind. Viele in einem Jargon gesprochene oder geschriebene Texte sind stilistisch nicht allein aus dem Gruppenkontext zu erklären, sondern gleichzeitig zweck-, impuls-, affektgefärbt: Nuancen der Intention und des Ausdrucks einerseits und Soziolekt andererseits überschneiden sich. Das gilt speziell für unsere ersten beiden Beispiele (Nummer 109 und 110).

109 Analyse: Sprache der Gewalt[11]

Hier bilden sich die Lernenden als Forschende aus der Sprache ihr Urteil. Durch einfache Wortanalyse können sie im Text die authentischen Belegstücke finden, die den Textautor kennzeichnen.

Adolf Hitler über Jugenderziehung
Aus Hermann Rauschning: „Gespräche mit Hitler"

… Meine Pädagogik ist hart. Das Schwache muß weggehämmert werden. In meinen Ordensburgen wird eine Jugend heranwachsen, vor der sich die Welt erschrecken wird. Eine gewalttätige, herrische, unerschrockene, grausame Jugend will ich. Jugend muß das alles sein. Schmerzen muß sie ertragen. Es darf nichts Schwaches und Zärtliches an ihr sein. Das freie, herrliche Raubtier muß erst wieder aus ihren Augen blitzen. Stark und schön will ich meine Jugend. Ich werde sie in allen Leibesübungen ausbilden lassen. Ich will eine athletische Jugend. Das ist das Erste und Wichtigste. So merze ich die Tausende von Jahren der menschlichen Domestikation aus. So habe ich das reine, edle Material der Natur vor mir. So kann ich das Neue schaffen.

Ich will keine intellektuelle Erziehung. Mit Wissen verderbe ich mir die Jugend. Am liebsten ließe ich sie nur das lernen, was sie ihrem Spieltriebe folgend sich freiwillig aneignen. Aber Beherrschung müssen sie lernen. Sie sollen mir in den schwierigsten Proben die Todesfurcht besiegen lernen. Das ist die Stufe der heroischen Jugend. Aus ihr wächst die Stufe des Freien, des Menschen, der Maß und Mitte der Welt ist, des schaffenden Menschen, des Gottmenschen. In meinen Ordensburgen wird der schöne, sich selbst gebietende Gottmensch als kultisches Bild stehen und die Jugend auf die kommende Stufe der männlichen Reife vorbereiten …

---

[11] L'ALLEMAND CLÉS EN MAIN, S. 107. Text der Aufgabe hier ins Deutsche übersetzt

Studieren Sie die kurzen, hämmernden Sätze, durch die Hitler bei seinen Zuhörern die beabsichtigte Schockwirkung erreicht. Der Inhalt offenbart sich schon in der Struktur des Textes. Hitler wollte eine Art Gottmensch formen. – Markieren Sie im Text alle die Attribute (Adjektive und Substantive), die diesen „Gottmenschen" charakterisieren. Stellen Sie diesen Attributen die gegensätzlichen Begriffe gegenüber, die Qualitäten, die Hitler verachtete.

stark   schwach
gewalttätig

Das Opfer von Millionen Menschen hat verhindert, daß Hitlers „Gottmensch" ans Licht der Welt kam.

Mittelstufe

110 Analyse: Werbejargon[12]

Zwar ist, mindestens in den tonangebenden Reden und Schriften der Deutschen, der Faktor Gewalt stark zurückgetreten. Analysiert man jedoch die Sprache, so findet man viele Bestandteile davon wieder, nämlich im Werbejargon. Dazu gehört nicht nur der heroische Wortschatz (den viele Werbetexte aufnehmen), sondern z. B. auch die suggestive Steigerung des Adjektivs. Definiert man Hypnose als „künstlich herbeigeführte Modifikation des Wachzustandes, die an den Zustand des Schlafs erinnert […] charakterisiert durch erhöhte Suggestibilität" (Fischer Lexikon), so kann man beide, die Sprache der Gewalt und die Werbesprache, als hypnotisierendes Einreden bezeichnen, nicht in der Absicht, aber im Effekt vergleichbar. Ein interessantes Forschungsfeld für Sprachlernende, zumal in der interkulturellen Betrachtung.

(1)

Bei Hebel ergänzen sich Fachleute aus verschiedenen Disziplinen – Wissenschaftler und Handwerker, Theoretiker und Praktiker. Ihr Ziel: besser, humaner, umweltschonender und wirtschaftlicher zu bauen. Den Menschen und der Umwelt zuliebe. Vielleicht hat uns das zur Nr. 1 auf unserem Gebiet gemacht.

Bauen mit Verstand

---

[12] WIRTSCHAFTSDEUTSCH FÜR ANFÄNGER (1995), S. 184–186

(2)

Unterstreichen Sie in den folgenden beiden Werbetexten sowie im Text von Aufgabe 1 alle Komparativ- und Superlativformen

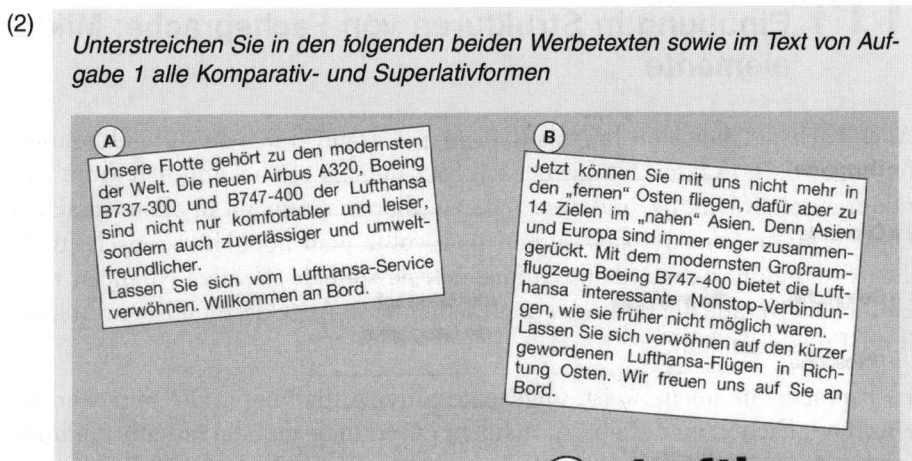

A Unsere Flotte gehört zu den modernsten der Welt. Die neuen Airbus A320, Boeing B737-300 und B747-400 der Lufthansa sind nicht nur komfortabler und leiser, sondern auch zuverlässiger und umweltfreundlicher.
Lassen Sie sich vom Lufthansa-Service verwöhnen. Willkommen an Bord.

B Jetzt können Sie mit uns nicht mehr in den „fernen" Osten fliegen, dafür aber zu 14 Zielen im „nahen" Asien. Denn Asien und Europa sind immer enger zusammengerückt. Mit dem modernsten Großraumflugzeug Boeing B747-400 bietet die Lufthansa interessante Nonstop-Verbindungen, wie sie früher nicht möglich waren. Lassen Sie sich verwöhnen auf den kürzer gewordenen Lufthansa-Flügen in Richtung Osten. Wir freuen uns auf Sie an Bord.

Vorschlag zur Weiterführung. Falls Sie diese Übung in einer oberen Grundstufe oder unteren Mittelstufe benutzen, könnten Sie beispielsweise mit folgenden Anregungen in eine Unterhaltung über Werbesprache überleiten.

(1) Wählen Sie aus Illustrierten und Magazinen Werbetexte aus und untersuchen Sie ihre sprachliche Form. Welche grammatischen Erscheinungen sind besonders typisch für Werbetexte?

(2) Untersuchen Sie den Satzbau. Was fällt Ihnen auf?

(3) Untersuchen Sie den Wortschatz. Gibt es bestimmte Tendenzen in der Wortwahl, die für Werbetexte typisch sind?

(4) Fassen Sie die Ergebnisse von (1) bis (3) zusammen und interpretieren Sie sie. Mit welchen sprachlichen Mitteln arbeitet die Werbung?

111 Einübung in Strukturen von Fachsprache: Mikroelemente

Auch Fachsprachen sind Jargons (falls man „Jargon" nicht abwertend, sondern im linguistisch exakten Sinn versteht). Fachsprache hat bekanntlich ihren charakteristischen Duktus, und zwar nahezu übereinstimmend in allen Sprachen. Dieser Duktus zeichnet sich, außer man wollte platt populärwissenschaftliche Textsorten einbeziehen, dadurch aus, daß persönlich-affektive Nuancen nicht einfließen. Gerade die (mitunter auch scheinbare) Abgeklärtheit ist ein Ausweis ihrer Professionalität.

Fachsprache als solche weist, ungeachtet ihrer Auffaltung in die Sprachen der einzelnen Fächer, eine Reihe sprachlicher Merkmale auf, die mutatis mutandis in allen Einzelfachsprachen wiederkehren: bestimmte Redemittel, Fragemittel, Normsätze, Satzkonstruktionen, textorganisierende Signale und Begriffe, Formen von Subtexten ... Zwar bildet aus pragmatischer Sicht „den Kern einer Fachsprache in der Regel ihre [fachspezifische] Terminologie"[13]. Aus sprachdidaktischer Sicht ist aber gerade die Reflexion und Einübung des sprachlichen Duktus der gegebene Weg in das Denken fachsprachlicher Kommunikation.

Es hat sich als nützlich herausgestellt, wenn Lernende mit den für Fachtexte – unabhängig von der Fachrichtung – typischen Strukturen wenigstens einige Male produktiv umgegangen sind, sie selbst „in die Hand genommen" haben. Es handelt sich nur um wenige besonders häufige sprachliche Fügungen, dazu gehören Partizipialkonstruktionen, umfangreichere Nomengruppen, Passiv und Alternativen zum Passiv sowie komplexere Wortbildungsmuster. Zum Ausprobieren all dieser Bauelemente gibt es Übungen[14], wir zitieren hier nur zwei Beispiele:

---

[13] Ulrich Ammon in: METZLER LEXIKON SPRACHE (1993), S. 181 und 93
[14] GISELA GUTTERER / BERND LATOUR (1986)

a[15]

▶ *Ersetzen Sie das Passiv* + können *durch* sich lassen + *Infinitiv.*

Beispiel: *Die Erkenntnisse können mit einem genormten Vokabular formuliert werden.*

Lösung: *Die Erkenntnisse lassen sich mit einem genormten Vokabular formulieren.*

1 – Die Mathematik kann zur Bearbeitung gewonnener Erkenntnisse verwendet werden.

2 – Eine schematische Einteilung unseres Gesamtwissens kann skizziert werden.

3 – Das Schema kann darauf befragt werden, wo hauptsächlich exakte Wissenschaften zu finden sind.

4 – Das Schema kann wegen seiner Unzulänglichkeit nicht verteidigt werden.

5 – Das Wort „exakt" kann als lobender Titel in Anspruch genommen werden.

Mittelstufe / Oberstufe

b[16]

Komposita können mit anderen Wörtern neue Komposita bilden. Hierbei kann das Kompositum Grund- oder Bestimmungswort sein. Solche dreigliedrigen Komposita sind schwierig zu analysieren, d. h. zu interpretieren.

Übung zur Anwendung

Wie sind die folgenden dreigliedrigen Komposita zu analysieren?

1 Zellbaustoff

   a ( ) Zell|baustoff, d. h. ein Baustoff für Zellen.

   b ( ) Zellbau|stoff, d. h. ein Stoff für den Zellenbau.

2 Stoffwechselvorgang

   a ( ) Stoffwechsel|vorgang, d. h. der Vorgang des Stoffwechsels.

   b ( ) Stoff|wechselvorgang, d. h. der Wechselvorgang des Stoffes.

3 Zellenlebensfähigkeit

   a· ( ) Zellenlebens|fähigkeit, d. h. die Fähigkeit des Zellenlebens.

   b ( ) Zellen|lebensfähigkeit, d. h. die Lebensfähigkeit der Zellen.

4 Folgezellenreproduktion

   a ( ) Folge|zellenreproduktion, d. h. eine Zellenreproduktion, die folgt.

   b ( ) Folgezellen|reproduktion, d. h. eine Reproduktion von Folgezellen.

Mittelstufe / Oberstufe

---

[15] Ebd. S. 36
[16] Ebd. S. 76

183

112 Einübung in Strukturen von Fachsprache: Makroelemente

So wichtig wie das Kennenlernen solcher kleinerer Bauelemente ist das genaue Erproben größerer normierter Einheiten, die gerade in Fachtexten oft wie Versatzstücke benutzt werden. Dazu drei Beispiele.

a[17]

BESTEHEN AUS / SICH ZUSAMMENSETZEN AUS

Ein Geräusch besteht aus zahlreichen Tönen.
Ein Geräusch setzt sich aus zahlreichen Tönen zusammen.
} bestehen aus / sich zusammensetzen aus

Sich zusammensetzen sage ich nur, wenn die Bestandteile ursprünglich getrennte Teile waren. Wenn ich nicht alle Bestandteile sagen kann oder will, modifiziere ich mit *im wesentlichen* oder *überwiegend* oder *zu 90 %* oder ...:

Ein Blume besteht im wesentlichen aus Wurzeln, Stengel, Blättern und Blüten.
Das Ensemble setzt sich überwiegend aus jüngeren Schauspielern zusammen.

Bitte bilden Sie Sätze mit bestehen aus / sich zusammensetzen aus. *Ergänzen Sie – wenn nötig – den Artikel. Sie können auch modifizieren mit* können *oder* müssen:

Kommission	Natrium, Chlor
Blut	6 Musiker
Zelle	Hefe, Malz, Hopfen, Wasser
Bier	Lokomotive, 11 Wagen
Werk	rote und weiße Blutkörperchen
Zug	Vorspeise, Hauptmahlzeit, Dessert
Kollegium	4 Bände
Band	17 Delegierte
Satz	erfahrene Lehrerinnen und Lehrer
Baum	Verb, Nomen, Adjektiv
Menü	Wurzel, Stamm, Äste, Zweige, Blätter
Kochsalz	Zellkern, Zellwand, Plasma

Bitte bilden Sie fünf Sätze mit bestehen / zusammengesetzt sein aus.

Mittelstufe

---

[17] SPRACHKURS DEUTSCH NEU 5, S. 126

b[18]

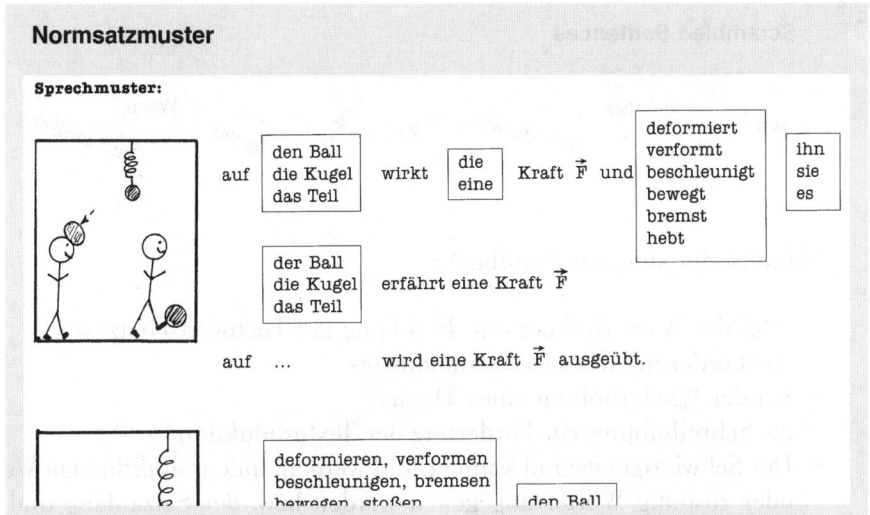

Hinweise im zitierten Handbuch:

„Die Fachsprache zeigt fachsprachliche Besonderheiten, die häufig in standardisierten Wendungen (sog. Normsätzen) formuliert sind, deren Beherrschung unumgänglich ist.

Es ist ratsam, nur solche Normsätze aufzunehmen, die auch mit hoher Frequenz vorkommen.

Ein einheitlicher Aufbau und eine einheitliche Form erleichtern dem Schüler die Benutzung.

Bildmaterial sollte, wo immer möglich, die fachliche Situation darstellen."

---

[18] HANDBUCH DES DEUTSCHSPRACHIGEN FACHUNTERRICHTS, S. 80/81. In diesem (1994 erschienenen) Werk S. 61–156 eine Übungstypologie, genannt „Werkzeugkasten", für einen stark handlungsorientierten Unterricht in deutscher Fachsprache

c[19]

Scrambled Sentences

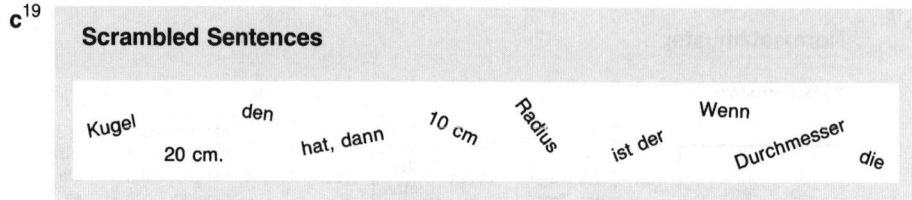

Hinweise im zitierten Handbuch:

- „Bei der Wiederholung und Einübung des Fachwortschatzes
- zur Förderung des Leseverständnisses
- bei der Wiederholung eines Themas
- als Schreibübung zur Förderung der Textproduktion
- Der Schwierigkeitsgrad kann erhöht werden, indem überflüssige Wörter oder zuwenig Wörter angegeben werden bzw. der Satzanfang und das Satzende nicht gekennzeichnet sind.
- Die ungeordnete Plazierung der Wörter erschwert dem Schüler das Auffinden, zwingt ihn aber zum mehrfachen Durchsuchen des Wortfeldes. Das erhöht die Behaltensrate und festigt.
- Auf Folie eignet sich die Methode als schnelle Übung für zwischendurch."

113 Erkennen und Benutzen fachsprachlicher Textformen[20]

Das ferne Ziel aller Beschäftigung mit Fachsprache ist, Lesewege durch wissenschaftliche Ganztexte zu finden. Die Methode ist natürlich das Einteilen des Ganztextes in Subtexte. Auszubilden ist die Fähigkeit, Subtexte nach den geistigen Operationen, die sie leisten oder darstellen, zu klassifizieren, die jeweilige Intention herauszufinden. Folgende Themen bieten sich an: Forschungsüberblick, Begriffsklärung, Katalog, Das Bild, Hypothese, Folgern und schließen, Wertung. Wir wählen für unseren Zusammenhang die Sequenz Das Bild aus, von der wir nur den zweiten Teil zitieren.

---

[19] Ebd. S. 94/95
[20] SPRACHKURS DEUTSCH NEU 6, S. 176

Lesetext

Wenn wir ein Flugzeug am Himmel sehen, so können wir mit einem gewissen Grad von Sicherheit vorausrechnen, wo es nach einer Sekunde sein wird. Wir werden zunächst die Bahn einfach in einer geraden Linie fortsetzen; oder, wenn wir schon erkennen, daß das Flugzeug eine Kurve beschreibt, so werden wir auch die Krümmung mit einrechnen. Damit werden wir in den meisten Fällen guten Erfolg haben. Aber wir haben doch die Bahn noch nicht verstanden. Erst wenn wir vorher mit dem Piloten gesprochen und von ihm eine Erklärung über den beabsichtigten Flug erhalten haben, dann haben wird die Bahn wirklich verstanden.

WERNER HEISENBERG: Der Teil und das Ganze (1971)

Analyse

– Bitte fassen Sie das Bild, das der Autor – der bekannte Atomphysiker Werner Heisenberg – hier benutzt, in wenigen Worten zusammen.

– Unser Text ist aus einem Gesprächszusammenhang herausgerissen. Versuchen Sie herauszufinden, für welchen Begriff / für welche Begriffe das Bild hier steht. Sie sehen, das ist äußerst schwierig. Sie können den Sinn des Bildes nur ungefähr erfassen.

– Es ist hier – in unserem Kurs – nicht wichtig, was Heisenberg mit seinem Bild genau sagen will. Hier ist für uns nur die Folgerung wichtig:

Elemente

Das Bild (II)

Bilder verstehen. Wenn Sie ein Bild genau verstehen wollen: Überlegen Sie, in welchem Zusammenhang es steht. Nur dann ist es möglich, den Sinn des Bildes exakt zu erkennen.

In Bildern sprechen. Seien Sie vorsichtig. Prüfen Sie sorgfältig, welches Bild genau paßt. Das Bild muß spontan einleuchten. Malen Sie Ihr Bild nicht romantisch aus. Benutzen Sie nur die Grundlinien des Bildes.

Schreibschule

Wählen Sie einen eher abstrakten Gedanken. Es kann – für diese Sprachübung – ein persönlicher oder ein philosophischer oder ein psychologischer Gedanke sein. Formulieren Sie diesen Gedanken in einem Bild. Schreiben Sie maximal 10 Zeilen.

Mittelstufe

Umgangssprache und Dialekt

Zur Begriffsklärung. Als Umgangssprache gilt die „normale" gesprochene Sprache, die mittlere Stilschicht zwischen der Hochsprache (Schriftsprache) einerseits und den Dialekten (wie Platt, Alemannisch, Bairisch ...) andererseits. Auf vielen Ebenen der Kommunikation im deutschen Sprachraum, die früher vom Dialekt beherrscht waren, dominiert heute die Umgangssprache. Ihre von den jeweiligen Dialekten beeinflußten Färbungen liegen mehr in der Aussprache. Für die Definition von Umgangssprache ist entscheidend, daß die Sprecher sie als Hochsprache – mit kleinen Fehlern – betrachten und sich um die Nähe zur Hochsprache bemühen, wie sie im Fernsehen, im Radio, in Schulen und Hochschulen, im Theater, in der Kirche, in den Bereichen Politik, Recht, Verwaltung, Wirtschaft, Wissenschaft gesprochen bzw. abgelesen wird.

„Von 100 Millionen Deutschsprachigen spricht kaum ein Drittel Mundart, nur wenige Hochsprache und alle übrigen diese Zwischenstufe Umgangssprache" (Henzen[21]). Zunächst also zur Umgangssprache.

Die – relativ! – geringfügigen Unregelmäßigkeiten der Umgangssprache gegenüber der Hochsprache sind für Deutschlernende brauchbar beschrieben, dabei werden die Akzente etwas unterschiedlich gesetzt.[22] Spätestens in der Mittelstufe sollten sie einmal (aber am Rande) zur Diskussion gestellt werden. Es ist aber die Frage, wie weit man aktiv damit umgehen will. Zum einen kann eine sprachliche Lässigkeit, die sich ein Muttersprachler gedankenlos leistet, einem Sprach-Gast als echte Sprachunsicherheit angekreidet werden, zum andern ist es schwierig zu wissen, wie lässig die Umgangssprache nun in welcher Situation sein darf, das wechselt ja von der Tankstelle zur Arztsprechstunde, vom Studentenheim zur Professorenaudienz. Hochsprache ist immer richtig, Umgangssprache kann leicht schiefgehen.

Das wichtigste Ziel jeder Beschäftigung mit dieser Nuance ist: Die Lernenden sollen sich nicht wundern über Formulierungen und Konstruktionen, die ihnen im Sprachkurs oder -buch ganz anders gezeigt wurden (berlinische Dativ-Gewohnheiten, fränkische am Dativ vorbei sollten nicht alles Gelernte zum Einsturz bringen). Es mag aber durchaus nützlich sein, mit einigen typischen umgangssprachlichen Eigensinnigkeiten selber umzugehen, hier zwei Beispiele.

---

[21] WALTER HENZEN (1954), S. 19
[22] GRUNDGRAMMATIK DEUTSCH, S. 121–216. RUG / TOMASZEWSKI (1993), S. 301/302

114 Spielen mit umgangssprachlichen Variationen

a[23]

Aufgabe

An der ersten Stelle des Satzes können Artikelwörter und Pronomen (das, es, der, die, ich, er, sie etc.) wegfallen; der gesprochene Satz beginnt also mit dem Verb. Es entsteht eine knappe, schnelle Erzähl- oder Dialogfolge:

Das mache ich nicht. → Nein, mache ich nicht.
Ich komme gleich. → Komme gleich!
Es/das wird erledigt. → Wird erledigt!

Verkürzen Sie die Antworten oder Sätze nach diesem Muster.

Wann gibt's denn den Nachtisch? – Der kommt noch.
Darf ich mitfahren? – Das kommt überhaupt nicht in Frage.
Wie heißt du denn? – Das sage ich nicht!
Fritz, komm doch mal. – Ich bin schon da.
Du, die kommen bestimmt noch heute abend. – Das glaube ich nicht!

Mittelstufe

b[24]

Aufgabe

Der Satzanfang dient oft dazu, bestimmte Aussagen zu betonen oder besonders zu thematisieren. Auch ausgefallene Satzteile können am Satzanfang stehen („Frontierung"):

Geküßt hat sie mich aber doch.
Weggelaufen bin ich überhaupt nicht.
Gewollt hab' ich gar nicht, aber schön war's.

Dramatisieren Sie die Sätze durch Frontierung mit lauter Stimme.

Ich habe von dem Unfall überhaupt nichts gemerkt.
Das habe ich ganz blöd gefunden.
Ich habe nichts mehr von dem ganzen Geld gesehen.

Mittelstufe

Eine andere, sehr naheliegende Übungsform ist die Rückführung eines mündlichen Erzähltextes in die hochsprachliche Form:

---

[23] RUG / TOMASZEWSKI (1993), S. 308
[24] Ebd. S. 306

115 Reduktion Umgangssprache → Hochsprache[25]

Der folgende mündliche Text enthält einige Eigenheiten der gesprochenen Sprache – nicht im Satzbau, sondern in den grammatischen Details. „Übertragen" Sie diesen Text in geschriebene Sprache.

> Und wie ich da vor dem Mikrofon gestanden bin, und da hab ich doch alle meine Angst vergessen und hab einfach geredet und geredet und hab nicht mehr auf die Uhr geschaut, und auf einmal waren das vierzig Minuten!

Gerade diese Arbeitsform ist noch lange nicht ausgeschöpft. Sie wird spannend, wenn die umgangssprachliche Vorlage, so wie im richtigen Leben, immer wieder über den Rand zum Dialekt kippt, dankbare Beispiele finden sich zum Beispiel in Missingsch („Missingsch ist das, was herauskommt, wenn ein Plattdeutscher Hochdeutsch sprechen will. Er krabbelt auf der glatt gebohnerten Treppe der deutschen Grammatik empor und rutscht alle Nase lang wieder in sein geliebtes Platt zurück", wie Tucholsky feststellte[26]).

Natürlich sind die Grenzen zwischen den Sprachschichten, von der Hochsprache bis zur Mundart, „durchlässig" (Jacob Grimm[27]). Zur Ausbildung des Sprachverstands eines fortgeschrittenen Deutschlernenden gehören einige Spaziergänge in die Welt der Dialekte, und sei es nur aus landeskundlichem Interesse.

Da, wie angemerkt, die Mundartsprecher in der Minderzahl sind, zumindest in der Bundesrepublik, und sich Deutsche im Gespräch mit einem Nichtdeutschen in der Regel bemühen, zu verstehen und sich verständlich zu äußern, besteht für das Leben und die Zusammenarbeit mit Bundesdeutschen sicher kein Anlaß zu intensiveren mundartlichen Anstrengungen, die bekanntlich auch zwischen Deutschen verschiedener regionaler Herkunft eher kindisch wirken. Vielleicht lohnt es sich immerhin, einige elementarste Kenntnisse herzustellen, was die Grußformeln betrifft.

---

[25] GRUNDGRAMMATIK DEUTSCH, S. 214. Spezifisch umgangssprachlich in diesem Text: die und-und-und-Kette, die vielen Modalpartikeln, „wie" statt als, „gestanden" mit „ich bin"

[26] Kurt Tucholsky: Schloß Gripsholm, Abschnitt 2. Zitiert nach Tucholsky: Von Rheinsberg bis Gripsholm. Berlin: Volk und Welt 1965. S. 216/217

[27] Zitiert nach: Studien zum Deutschen Wörterbuch von Jacob Grimm und Wilhelm Grimm. Tübingen: Niemeyer 1991. S. 442

116a Quiz: Regionale Grußformeln erraten[28]

Welcher Abschiedsgruß rechts paßt zu welcher Begrüßung links (mehrere Kombinationen sind möglich)? Und: wo grüßt man so? In:

Zürich? Linz? Oldenburg? Tübingen?

	Salü
	Tschüs
Moin	Tschau
Grüß Gott	Servus*
Grüezi	Wiederschaun
	Ade

* nur familiär

Was für die Bundesrepublik gilt, gilt allerdings nicht für Österreich und die Schweiz. Nicht nur, daß hier die Mundartsprecher einen größeren Teil der Bevölkerung ausmachen,[29] die Mundart hat auch im Denken und Empfinden der Österreicher und Deutschschweizer eine wichtigere Position und ist fast so etwas wie ein Politikum.[30]

Verantwortlich dafür sind vor allem zwei Faktoren. Spätestens seit 1990 beobachten, erstens, nicht nur die großen westeuropäischen, sondern gerade auch die kleinen deutschsprachigen Länder mit mißtrauischem Blick die breiter gewordene wirtschaftliche und politische Statur der Bundesrepublik (die sich „eines Tages erneut als herrschende Nation in Europa" erheben könnte[31]) und ihr, wenigstens in Gestalt der maßgebenden Politiker, selbstsicheres Auftreten. Genau dies benennt auch schon den zweiten Faktor: die viel höhere Redegeschwindigkeit und Sicherheit im Hochdeutschen, mit der bundesdeutsche Partner in der Begegnung mit Deutschschweizern oder Österreichern ohne allzu viel Fairness dominieren, auch wenn sie die schwächeren Argumente haben – solche Gewohnheiten sind ärgerlich und stellen alles andere als Liebe her. Ein fortgeschrittener Deutschlernender ist höflich, wenn er im Gespräch mit einem Österreicher, einem Deutschschweizer nicht das glatteste Akademikerdeutsch redet, sondern die eine oder andere österreichische, schweizerdeutsche Nuance kennt.

Die folgenden Aufgaben- und Übungsformen können einstimmen auf schweizerdeutsches bzw. österreichisches Sprachempfinden. Nicht das Beherrschen dieser Dialekte ist das Ziel, sondern die Sensibilisierung für die ganz anderen Varianten, die hier möglich sind. Übrigens, es empfiehlt sich die Sprachregelung: „das Deutsche in Österreich"; „Schwyzertüütsch" (Schweizerdeutsch).[32]

---

[28] KÜCHE („Moin" sagt man in Oldenburg auch noch am späten Nachmittag)

[29] Während im Elsaß und in Luxemburg das Französische überwiegt. Wir dürfen daher die beiden weiteren sehr selbstbewußten Varietäten: das Elsässische und das Letzeburgische hier übergehen

[30] Im Zweiten Weltkrieg wollte man in der deutschsprachigen Schweiz die Amtssprache Deutsch durch Schwyzertüütsch ersetzen. Rein praktische Erwägungen verhinderten diesen Bruch der Deutschschweizer mit ihrer Tradition. Vgl. CLAUS JÜRGEN HUTTERER (1987), S. 389

[31] Bernadette Calonego in der Süddeutschen Zeitung vom 2./3.9.1995

[32] CLAUS JÜRGEN HUTTERER (1987), S. 380

116b Quiz: Schwyzertüütsche und hochdeutsche Verben zuordnen[33]

Die Verben im linken Kreis sind schwyzertüütsch, die im rechten hochdeutsch. Finden Sie die Synonyme zusammen:

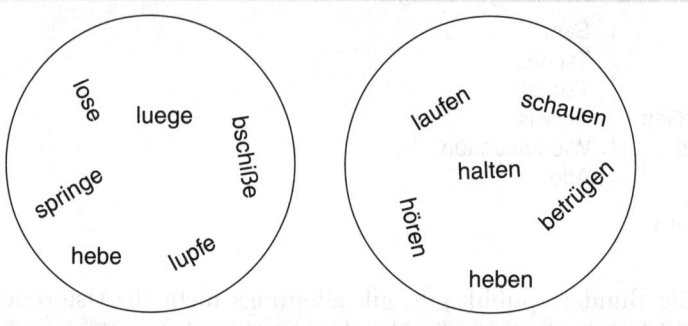

Das schweizerdeutsche End-e wird als ə gesprochen.

117 Hörprobe[34]

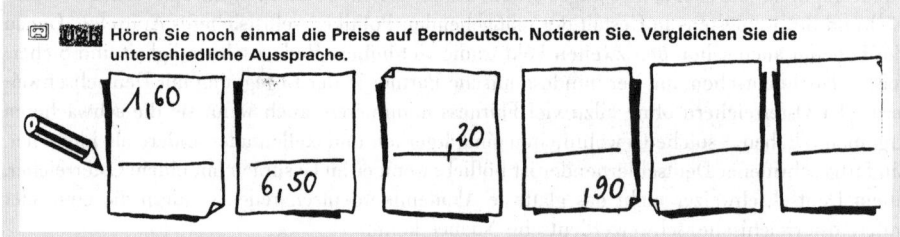

Hören Sie noch einmal die Preise auf Berndeutsch. Notieren Sie. Vergleichen Sie die unterschiedliche Aussprache.

118 Leseprobe[35]

Beim folgenden Text handelt es sich um eine Übertragung aus dem Französischen des François Villon in die Wiener Mundart von H. C. Artmann, er wurde ausgewählt, weil Artmann ein sehr bekannter österreichischer Autor ist, weil es davon zwei Realisationen gibt (von André Heller und von Helmut Qualtin-

---

[33] KÜCHE
[34] LOS EMOL, S. 26
[35] KÜCHE. Text: Villon-Baladn. In Wiener Mundart von H. C. Artmann. Frankfurt: Insel 1968. S. 43

ger) und weil er, da er sich an die Vorlage halten muß, durch gewisse grammatische Strukturen etwas durchschaubarer ist. Text:

dod, i glog dei bosheid au:
du hosd mia mei glane gnuma,
one auf z hean is dei hunga,
göö, i kum boed söwa drau?
groftlos bin i scho fua kuma;
sog, wos hod s da den nua dau,
dod?

a heazz in an san frau und mau:
is den an es lem zaschbrunga,
muas da aundre aa fakuma –
göö, i kum boed söwa drau,
dod?!

Lesehilfen. Bitte finden Sie die Bedeutung der Dialektausdrücke heraus. Welche Lösung stimmt?

	aufhängen
aufhean	aufhorchen
	aufhören
	kaputtgehen
fakuma	verlieren
	krankwerden
	Hitze
heazz	Herz
	Heizung
	ich klebe an
i glog au	ich läute an
	ich klage an
	selbst
söwa	so etwas
	sofort

Mittelstufe / Oberstufe

Literatur zum Thema dieses Kapitels Seite 498
Gesichtete Lehrwerke Seite 492–494

Vergleichen Sie auch Kapitel 10 (Experimentelles Verstehen und Schreiben)
Kapitel 11 (Interkulturelles Lernen)

– Plateau –

Kapitel 6

Didaktische Durchblicke

Hier wird eine Reihe von Begriffen und Fragestellungen diskutiert, die für das vorliegende Handbuch und seine Anwendung wichtig sind. Die meisten dieser Themen kommen im Fortgang der anderen Kapitel nur knapp zur Sprache, hier werden sie, nach einem Blick auf den theoretischen Zusammenhang, für die Unterrichtspraxis ausgewertet und konkretisiert.

Sofern es Gegenstände sind (wie Hausaufgaben, Interimsprache, Lehrersprache, Lernen durch Lehren, „Sprachverstand"), die nach unserer Meinung in der gegenwärtigen Praxis noch nicht eindringlich genug bedacht werden, möchten wir ihre differenzierte Bedeutung für einen modernen Unterricht reklamieren. Sofern es häufig behandelte Themen sind, wurden sie hier aufgenommen, wenn wir sie oder ihren Bezug zur Praxis in Nuancen verändert interpretieren. Hier die Abschnitte:

Palaver 1: Aufgaben und Übungen

Didaktisches Alphabet
- Autonomes Lernen
- Binnendifferenzierung
- Mündliche Fehlerkorrektur
- Fremdsprachenwachstum
- Gedächtnispsychologie und Mnemotechnik
- Hausaufgaben
- Hermeneutik
- Interimsprache
- Lehrersprache
- Lernen durch Lehren
- Sozialformen im Sprachunterricht
- „Sprachverstand"
- Typologie der Aufgaben und Übungen
- Unterrichtsinhalte

Palaver 2: Kommunikatives Handeln als Ziel und Unterrichtsprinzip

Literaturhinweise zu den einzelnen Stichworten siehe Seite 499–505

Palaver 1

Aufgaben und Übungen

PIEPHO: Bei so einem Vorhaben ist natürlich die erste Frage: Gibt es einen Arbeitstitel, gibt es bereits einen fertigen Titel?

HÄUSSERMANN: Einen Arbeitstitel: Aufgabentypologie. Das Wort „Aufgabe" ist hier der Oberbegriff für beides: Aufgaben und Übungen.

P Prinzipiell ist klar: Eine Aufgaben-Sammlung ist wichtig. Sie ist wichtig, weil wir vor dem Dilemma stehen, daß dieses Gebiet schon vielfältig beschrieben wurde, aber daß die schlüssigen Definitionen fehlen. Günther Desselmann meint, die Aufgabe sei ein Sonderfall der Übung, sie sei eine sehr offene Übungsform. Ich würde das so nicht sehen. Ich würde gerne die Aufgabe in ihrer ganz besonderen Leistung im Fremdsprachenunterricht beschreiben, um dann zu zeigen, welche Übungen notwendig sind, damit die Kursteilnehmer die gestellten Aufgaben mit der größtmöglichen sprachlichen Souveränität lösen können, um das, was in der jeweiligen Aufgabe impliziert ist, rezeptiv und produktiv bewältigen zu können.

H Man sollte also Aufgaben- und Übungstypologie sagen, und vielleicht sollte man es, um eine gewisse Bescheidenheit auszudrücken, einen Abriß nennen. Und man könnte dem Ganzen dann den Obertitel Aufgaben-Handbuch geben.

P Das ist sehr in meinem Sinne, weil ich denke, bei solchen Neuansätzen ist Bescheidenheit am Platz, damit der Benutzer weiß, ich kann hier nicht die Lösung meiner sämtlichen methodischen Probleme erwarten, sondern ich finde hier eine aus der Praxis erwachsene, theoretisch fundierte Zusammenstellung von Aufgabentypen.
Eines allerdings wird man nicht verschweigen können. Mit der Priorität von Aufgaben neben den Übungen ändern sich die Akzente. Denn Aufgaben bedeuten Risiken, sowohl für den Lernenden wie für den Lehrenden, und der Lehrende hat vor allem das Risiko, daß er verstehen muß, auf welche Weise der Lernende die Aufgabe löst. Das heißt also, der Lernende bekommt eine ganz andere Art von Souveränität gegenüber dem Lehrenden, denn er legt möglicherweise Lösungen vor, die vielleicht nicht immer sprachlich korrekt sind, aber dafür so intelligent, daß der Lehrer sie selbst nie hätte ersinnen können. Ich, der Lehrende, bin nicht mehr der allmächtige Vermittler der fremden Sprache, sondern ich löse den Lernstoff auf, ich gebe das, zum Teil, in die Hand der Schüler.

H Hier ist der Begriff Interimsprache fällig. Wie sehen Sie die Rolle von Interimsprache in diesem Zusammenhang?[1]

P Genau da liegt ein entscheidender Punkt dieses ganzen Ansatzes. Wir sind uns darin einig, daß man das Üben auf der einen und das Lösen von Aufgaben auf der anderen Seite unterscheiden muß. Beim Üben gibt es nur eine geringe Fehlertoleranz, das Tun ist kontrolliert. Anders beim Lösen einer komplexen Aufgabe – der Kursteilnehmer benützt hier zunächst die Interimsprache, er äußert sich so, wie sein Sprachzustand ist. Er selber weiß, daß seine Äußerung unvollkommen ist, daß er eine Zwischensprache, eine Interimsprache spricht. Und er weiß, daß er jetzt Übungen braucht, die ihm helfen, von dieser Interimsprache ausgehend ein Stück weiter zu kommen.

H Wir sollten hier wohl genauer auf den Ort und die Bedeutung von Partner- und Kleingruppenarbeit eingehen.[2]

P Die Sozialform ist stark von der Persönlichkeit des Lerners abhängig. Es gibt Lerner, die gerne mit dem Nachbarn kooperieren. Es gibt Lerner, die gerne in einer gutgefügten Arbeitsgruppe kooperieren, wo jeder jedem seine Arbeit zuweist und man gemeinsam ein Produkt herstellt. Der eine kann das besser niederschreiben, der andere kann es besser erzählen. Solche Dinge haben im sozialen Lernen Sinn. Nach einer gewissen Zeit wissen die Schüler, daß vier Augen mehr sehen als zwei und vielleicht sechs mehr als vier und daß drei Köpfe, die zusammen denken und arbeiten, mehr bewegen. Dabei kann es durchaus sein, daß eine Gruppe weniger Produkte liefert, dafür aber sehr wichtige Prozesse auslöst.

Ein Lehrer, der Gruppenarbeit sensibel anleitet, gibt Aufgaben als Gruppenleistung nach behutsamen Gesichtspunkten: Wieviel Zeit haben die Leute? Wieviel Zeit haben wir anschließend für das Berichterstatten? Wie wird berichtet? Mit Wandzeitung? mit Zeichnungen? mit Dingen, die wir auf den Fußboden legen?

H Wie definieren Sie die Grenze zwischen Aufgabe und Übung?

P Eine nützliche Sache ist die Unterscheidung zwischen freisetzend und bindend. Die Übung ist stark bindend. Die Inhaltsebene, die Ausdrucksebene und die Regelebene (was will ich sagen? wie sage ich es? welche Regel muß ich dabei beachten?) sind eng zusammengefügt. Das ist psycholinguistisch völlig ungewöhnlich: So sprechen wir nicht, so denken wir auch nicht. Sondern: Wir denken, und es stellen sich, falls wir sprechen sollen, unsere Sprachmittel automatisch ein. Im Fremdsprachenlernprozeß muß mal dieser Vorgang da sein, daß ich diese drei Ebenen bewußt eng zusammenführe. Das ist geistig etwas jämmerlich, was da passiert. Sinnvoll ist das nur, wenn

---

[1] Dazu eingehend unten S. 217/218
[2] Dazu ausführlich unten S. 224–229

ich vorher gemerkt habe, ich möchte etwas ausdrücken, was ich noch nicht ausdrücken kann, und deswegen möchte ich es mal üben.

H Ich halte viel von Übungen, weil eine phonetische oder prosodische Form, eine Wortschatzstruktur, eine Grammatikstruktur oft nur durch das Üben deutlich wird. Übung als Verstehensvorgang. Man sollte, meine ich, eine Regel nie zeigen, ohne schon vorweg oder spätestens unmittelbar danach spielerisch damit umzugehen. Zweitens: Schüler wünschen sich die Sicherheit, die ihnen phonetische und grammatische und Wortschatzübungen vermitteln können. Diese Sicherheit gibt ihnen etwas von der Autonomie, die sie so dringend suchen.

P Es gibt ja schon eine „Übungstypologie". Sie hatte aber den Nachteil, daß man glaubte, man könnte, indem man den Weg von den engeren zu den offeneren Übungsformen zeigt, die Übungen so formulieren, daß es klare Vorgaben für den Lehrbuchautor gäbe. Was dabei herauskam, war eine Manipulationsskala. Es war nicht eine Typologie, die die Fertigkeiten beschreibt, die durch die Übungen zu erreichen sind.

Die Übung ist dann am wichtigsten, wenn sie spontan einer Ausdrucksabsicht folgt. Dies ist der Fall, wenn ein Lehrprogramm die Übung in das Aufgabengeschehen einbezieht. Eine Aufgabe ist immer freisetzend. Sie setzt den Lerner frei – mit der Maßgabe, daß da höchst ungewöhnliche Sachen passieren können. Es kann vorkommen, daß eine Aufgabe, die ich gestellt und mit der ich eine bestimmte Intention verbunden hatte, überhaupt nicht konvergierend gelöst wird, sondern divergierend. Ich meine, dafür ist man ja schließlich Lehrer, daß man in der Lage ist, auf etwas Überraschendes zu reagieren in der ganzen Würdigung dessen, was die Schüler beigetragen haben.

Zum Thema Aufgaben siehe auch Seite 449–466 (Ganzaufgaben) und Seite 210–213 (Hausaufgaben)

Literaturhinweise Seite 499

Didaktisches Alphabet

Autonomes Lernen

Autonomie ist im Bildungswesen der Bundesrepublik Deutschland ein vielfältig strapazierter Begriff. Zunächst versteht man darunter, daß in bestimmten Ländern unter bestimmten Bedingungen Schulen sich fast uneingeschränkt selbst verwalten, wobei Lehrer, Eltern und Schüler kooperativ mitbestimmen. Diese Unabhängigkeit kann auch Stundentafeln, Lehrpläne und Lerninhalte und -formen betreffen.

Im engeren Sinn ist autonomes Lernen jede Art von lehrerunabhängigem Arbeiten von Schüler(innen) und Kursteilnehmer(innen). Das kann die Lösung von Aufgaben, die Durchführung von Projekten und Erkundungen, die selbständige Bearbeitung von Arbeitsbögen, Computerprogrammen und Multimediakomponenten bedeuten, aber auch die individuelle Nutzung von self-access centres, die Entscheidung für unterschiedliche Materialien mit unterschiedlichen Ansprüchen, Fertigkeiten und Sprachniveaus oder gar im Sinne des Fremdsprachenwachstums die eigenständige Wahl verschiedenartiger Einstiege oder Informationskontexte. In allen diesen Fällen steht die rezeptive und produktiv-interaktive Sprachverwendung im Vordergrund, und die wird vorwiegend durch Materialien ausgelöst und gesteuert.

Diese Leistung des Materials wird gelegentlich unter dem Anspruch erörtert, es müsse sich um ein Lern s y s t e m handeln. Dessen extreme Realisierung sind Fernstudien-, Telekolleg- oder Selbstlernprogramme als Mediensysteme im Regelkreis: Printware, Mediaware, Workbook, Tests.

Prinzipiell sollte jeder gute Lehrgang die Schüler/innen und Kursteilnehmer/innen zu selbständigen Lernern machen und ausdrücklich darauf hinauslaufen, daß die Lernenden autonom entscheiden, was, wie und mit was sie sich sprachlich vervollkommnen wollen. Das sollte Prinzip jeder Unterrichtseinheit, jeder Kursstufe und des gesamten Lehrgangs sein.

Voraussetzung jeder Form autonomen Lernens ist das, was man in der angloamerikanischen Diskussion language learning awareness nennt: das Wissen um allgemeine und die eigenen Möglichkeiten des fremdsprachlichen Lernens (dazu im einzelnen ausführlich Kapitel 12).

Man muß zunächst Materialien, auch das Lehrwerk u. a. durch Aufgaben so aufbereiten, daß sie selbständig er- und bearbeitet werden können. Das impliziert einerseits die Formulierung der Aufgaben auf eine Weise, die absolut klar macht, was sie vom Lerner erwarten. Andererseits müssen sich die Kursteilnehmer/innen auch darin üben und vervollkommnen, Aufgaben zu durchschauen und eigene Wege der Lösung und Ergebnissicherung zu finden.

Autonomes Lernen verlangt vom Lehrer / von der Lehrerin eine wichtige Erweiterung des professionellen Denkens, Planens und Handelns.

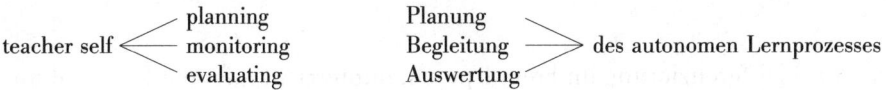

Wenn in einem Kurs Aufgaben verteilt sind, muß der Lehrer / die Lehrerin in die Rolle des / der Beobachtenden umsteigen und erkennen und analysieren, ob und wie der Auftrag rezipiert wird und Lernen auslöst oder fehlleitet. Die Lernenden müssen die Aufgaben deuten, sich Lösungsstrategien überlegen, Hilfsmittel nutzen, prozeßbegleitende Techniken (Notizen, Schemaklammern, Text-Bild-Collagen) einsetzen und prüfen, wie sie in der gegebenen Zeit und mit dem erkannten Ziel allein oder in der Gruppe verfahren.

Sie müssen auch sehen, wie sie ihr Vorwissen aktivieren und einsetzen und wie u. U. Mitschüler/innen und der / die Lehrer/in befragt werden können. Es kann von Bedeutung sein, daß die Lernenden feste Teams bilden, in denen unterschiedliche Kompetenzen vertreten sind, die für die Lösung und die Prüfung und Darstellung der Ergebnisse fruchtbar gemacht werden können.

Wenn im Bildungswesen des betreffenden Landes autonomes Lernen fest verankert ist, bedarf es keines speziellen Lerntrainings. Fehlt diese Voraussetzung, muß individuelles, selbstgesteuertes, materialgelenktes Arbeiten trainiert werden. In einem Lernprogramm ohne personale Mittler kompliziert sich die Notwendigkeit erheblich, das Selbstlernen lernbar zu machen.

H.-E. P.

Literaturhinweise Seite 500

Binnendifferenzierung

Meist wird Differenzierung im Fremdsprachenunterricht mit dem Blick auf unterschiedliche Leistungen von Lernenden erörtert, und mit Binnendifferenzierung meint man dann eine Gegenposition zur äußeren Leistungsdifferenzierung, die in angloamerikanischen Ländern als setting und streaming (Einteilung in Leistungsgruppen) bezeichnet wird. Diese eher technokratische Sichtweise muß als überholt gelten.

Binnendifferenzierung ist im modernen Fremdsprachenunterricht ein konstitutives pädagogisch-andragogisches Prinzip. Indem die Kursteilnehmerinnen und Kursteilnehmer im selben Themenrahmen unterschiedliche Aufgaben bearbeiten, liefern sie genau dadurch den Zündstoff für Vergleiche, Erörterungen und Vorschläge für Schlußfolgerungen, über die dann zu reden ist. In vielen Fällen lösen binnendifferenzierende Aufträge auch schriftliche Äußerungen aus, deren Formulierung, Vortrag und Redaktion viele äußerst lernwirksame Fragen zu Aufbau (Schema), Grammatik, Stil und Wortwahl aufwerfen.

Binnendifferenzierung setzt auf Individual-, Partner- und Gruppenarbeit und damit auf die wachsende Fähigkeit der Lernenden, autonom und auf unterschiedliche Weise das zu tun, was Lehrwerk und Themendossiers anbieten: Erschließen, Zusammenfassen, Konspektieren, Kommentieren, Notieren, Formulieren, Vortragen etc.

Die Phasen differenzierenden Arbeitens müssen so gut vorbereitet sein, daß die Kursteilnehmer/innen gezielt (intentional) und mit eindeutigen Ergebnissen (final) arbeiten können, sie sollten nicht zu lang sein, damit die Erträge vorgestellt, vertieft und diskutiert werden können, und sie müssen auf Material basieren, das interessant, überschaubar und durch Aufgaben für die Bearbeitung zugänglich gemacht und für die anschließende Berichterstattung auch sprachlich zu nutzen ist. In der Regel werden zu einem Inhalt (Text, Textensemble, Thema, Lektion) verschiedenartige Aufgaben gestellt, die von den Kursteilnehmer(innen) gewählt werden können.

H.-E. P.

Zum Vorgang der Gruppenbildung siehe Seite 227

Mündliche Fehlerkorrektur

Seit die diagnostische Bedeutung des Fehlers, seine „unentbehrliche" Rolle[1] auf meiner Suche nach der Möglichkeit, verstanden zu werden, begriffen wird, herrscht auf dem Gebiet der Fehlerbewertung und -korrektur eine nützliche Unsicherheit. Fehler beschreiben die Wegränder des Richtigen, sie haben ihren eigenen „therapeutischen Wert"[2], ihren Wert als „Orientierungshilfe"[3].

Daß genau diese Grundeinsicht den Lernenden immer wieder so konkret und so umfassend wie möglich nahegebracht werden sollte – und sei es in ihrer Muttersprache –, ist in einem modernen Unterricht ebenso selbstverständlich wie die Einbeziehung der Schülerinnen und Schüler in die Überlegungen des Lehrenden, wie, wann, warum er welche Fehler korrigiert, welche nicht. Fazit jeder Erörterung des Umgangs mit den Fehlern: Fehler sind nichts Krankes, dessen man sich zu schämen hätte, sie können und sollten ein lustiger und aufregender Erkenntnisstoff sein.

Die seit 25 Jahren laufende eindrucksvolle Diskussion zum Thema Fehlerkunde (die sich vorwiegend mit Fehlerbeschreibung, -analyse, -diagnose, -bewertung, nur sehr tastend mit der Korrektur beschäftigt)[4] ist hier nicht zu referieren. Wir schneiden nur den Problembereich der mündlichen Korrektur heraus, der allerdings als der „eigentlich schwierige und komplexe" Bereich gelten muß.[5]

Wie schwierig und komplex, davon kann der folgende doppelte Widerspruch etwas erzählen. Die Lernenden wollen unbedingt, daß man sie korrigiert (und zwar immer korrigiert).[6] Denn sie wissen nicht, daß Fehlerkorrektur nur in sehr genauen Augenblicken, Zusammenhängen, Konstellationen bei ihnen überhaupt „ankommt". Widerspruch zwei: „Lehrer sind nur bedingt vom Wert mündlicher Korrekturen überzeugt"[7]. Beobachtungen kommen aber zu dem Ergebnis, daß die meisten Lehrer überaus fleißig und zu viel korrigieren. Zunächst also, am Rand, drei Vermutungen darüber, warum fraglos immer noch zu viel korrigiert wird.

Erste Vermutung. Könnten zahlreiche Lehrerinnen und Lehrer vielleicht eine Art Putzfimmel haben? „Es darf nichts Falsches im Raum stehenbleiben … Die Schüler erwarten von mir, daß ich alles korrigiere", argumentieren sie. Und das stimmt auch. Nur, auf der anderen Waagschale

---

[1] „They are indispensable to the learner himself": S. Pit Corder: The Significance of Learner's Errors, IRAL 5. 1967. S. 161–170

[2] Angelika Rieussec: Der Fehler im Fremdsprachenunterricht. Der zielsprachliche Unterricht 23. 1989. 16, S. 27–31

[3] Frederic Vester: Denken, Lernen, Vergessen. 1975. Hier zitiert nach der Ausgabe München: dtv 1993. S. 137

[4] Dazu die Literaturhinweise bei KARIN KLEPPIN (1994), S. 143–146 und die Einschätzungen und Werturteile zum Fehler ebd. S. 58–63

[5] Ebd. S. 90

[6] Karin Kleppin, Frank G. Königs in: Fremdsprachen Lehren und Lernen 22. 1993. S. 83

[7] Frank G. Königs in: HANDBUCH FREMDSPRACHENUNTERRICHT (3. Aufl. 1995), S. 270

liegen oft die schwereren Gewichte. Im Dilemma zwischen der morphologischen, syntaktischen, phonetischen Detail-Unreinheit und dem großen Ziel des kommunikativen Geschehens wird fast immer die Entscheidung für den kreativen, den kommunikativen Aspekt die richtige sein.

Wahrscheinlich können sich, zweite Vermutung, viele Kolleginnen und Kollegen nur schwer daran gewöhnen, daß das Teilziel des Unterrichts die jeweilige Interimsprache ist.[8] Das Halbfertige der Produkte läßt sie, im Hinblick auf die zu lehrende Norm, unbefriedigt. Ein Unterricht als offene Baustelle „ganz unten", scheinbar ungemütlich, setzt aber hohe Grade an Lust und Aufforderung frei.

Noch heikler die dritte Vermutung. Haben Lehrerinnen und Lehrer womöglich „im herkömmlichen Unterricht eine Machtposition, die sie kaum freiwillig aufgeben würden", wie Wolfgang Steinig unterstellt?[9] Eine, oft sehr subtile, Macht haben und dann nicht verwenden, vor allem wenn dieses Verwenden dem Helfen täuschend ähnlich sieht, wer kann das? Ein – weit hergeholtes – Zitat ließe sich hier einfügen: „Nicht alle Macht ausüben, die einem zu Gebot steht, heißt die Leere ertragen" (Simone Weil[10]). Zusehen, wie sich in meinem Verantwortungsbereich eine Versuchsanordnung selbständig macht und falsch entwickelt – das ist zweifellos eine Kunst.

Hier nun einige Stichworte zu einer möglichen professionellen Fehlerkorrektur. Die Erkenntnis vom diagnostischen Wert des Fehlers hat natürlich zur Folge, daß korrigiert werden muß. Sonst hätten ja interessante Fehler nie die Chance, zu interessanten Durchblicken verwandelt zu werden. Nur: wieviel Korrektur, wann, wie? Sicher ist: Die Qualität der Korrektur darf nicht unter ihrer Quantität leiden.

Die entscheidende Frage lautet nicht: ist diese Korrektur richtig? Auch nicht: ist diese Korrektur nötig? Sondern: besteht in diesem Augenblick, in dieser Lernphase überhaupt eine Aussicht, daß sie „ankommt"?

Oft sind in einem wirklich schöpferischen, kommunikativen Unterricht andere Impulse wichtiger als gerade die fleißige Fehlerkorrektur. Die Meinung, Fehler müßten vor allem deswegen möglichst sorgfältig korrigiert werden, damit sie nicht stehenbleiben, sich vertiefen, sich „einschleifen" („fossilieren"), ist eine Teilwahrheit. Zwar stimmt es, daß manche Fehler in späteren Lernstadien manchmal schwerer zu korrigieren sind als in früheren. Aber, mit großem Nachdruck ist es zu sagen: es ist nie zu spät, Irrtümer, Fehler, falsche Angewohnheiten zu korrigieren! Das gilt für alle Gattungen von Fehlern.[11]

Eine Zwischenbemerkung zur Rolle der Ironie. Natürlich lachen Schüler oft über ihre eigenen Fehler. Das soll aber den Lehrer nicht einfach dazu verleiten, lauthals mitzulachen oder gar der erste zu sein, der darüber lacht. Ein Beispiel:[12]

---

[8] Zum Thema Interimsprache ausführlich S. 217/218
[9] WOLFGANG STEINIG (1989), S. 39
[10] Simone Weil: Schwerkraft und Gnade. München, Zürich: Piper 1989. S. 21
[11] So bleibt beispielsweise die sorgfältige Beobachtung und Korrektur der Artikulation auch in der Mittelstufe und Oberstufe eine differenzierte Aufgabe
[12] Beispiel nach KARIN KLEPPIN (1994), S. 131

S: Wir kochen Weihnachten immer eine große Küche.

L: Ihr kocht eine große Küche? [...] Wie schmecken denn die Schränke?

Diese Sorte von Humor (der keiner ist) wird von den Schülern mitunter als „deutscher Humor" bezeichnet. Sie blockiert bei ihnen das Lernen für einen kürzeren oder auch längeren Zeitraum.

Professionelle Fehlerkorrektur gibt dem, der das Beispiel geliefert hat, wenn irgend möglich die Gelegenheit, sich als erster selbst zu korrigieren. Nur wenn er das nicht leistet, zeigen Mitlernende[13] oder der Lehrer selbst die Lösung. Dieses (nicht immer mögliche) Vorgehen bedeutet – nur für den Lehrer! – viel Geduld; die beim Warten auf die Selbstkorrektur entstehenden Pausen erscheinen *den Schülern* nicht zu lang.[14]

Eine Fehlerkorrektur gewinnt einen meßbaren Lernwert, wenn die durch den Fehler entwickelte Erkenntnis durch eine Übungsphase sorgfältig befestigt wird. Geschieht dies nicht, könnten viele Korrekturen ebenso unterbleiben. Die Überlegung, ob ich, sofort oder zu einem späteren Zeitpunkt, eine entsprechende Übungsphase einschalten will, sollte beim Auswählen der Fehler, die ich korrigieren will, eine Rolle spielen.

Unübertrefflich günstig ist natürlich die Situation, wenn ich, Lehrerin oder Lehrer, während der Kleingruppenarbeit an einem der Tische dabeisitze und einen Fehler ad hoc im Rahmen der Kleingruppe erörtern kann. Diese Korrektur kommt am allerbesten an. Im übrigen ist es, was die Frage nach dem richtigen Augenblick betrifft, nützlich, nach den Fehler-Gattungen zu unterscheiden.

Der klassische Ort für die Grammatikanalyse und -einübung ist bekanntlich das Schreiben.[15] Hier, während der Konzeption, Produktion, Redaktion eines Textes, beispielsweise in der Kleingruppe, haben „Interventionen von Lehrern/innen [...] die Chance, wirklich wirksam zu sein" – nämlich „in dem Augenblick, wo der Lerner den Bedarf sieht und dazu motiviert und bereit ist, diese Hilfe anzunehmen"[16]. Solange sich mündliche Übung bewußt und gesteuert um Richtigkeit im engeren Sinn bemüht, erwarten die Schüler ebenfalls sehr bewußt meine Korrektur. Hier lenke ich die Aufmerksamkeit – im allgemeinen – nur auf das Sachgebiet, dem das entschiedene Interesse gilt (Präposition oder Verbform oder Nominalform oder ...).

Sobald sich aber in freieren Unterrichtsphasen die Gedanken voll den Inhalten zuwenden, bleibt die Grammatikkorrektur normalerweise ganz ohne Folgen. Ja es gibt Phasen, in denen sie als Dolchstoß empfunden wird und die kom-

---

[13] Erwachsene sind gerne bereit, sich durch Mitlernende korrigieren zu lassen
[14] Dies auch im Sinn von KARIN KLEPPIN (1994), S. 116/117
[15] Dazu S. 134/135
[16] PIEPHO / SERENA (1992), S. 37

munikative Atmosphäre nachhaltig kaputtmachen kann. Jeder Kollege, jede Kollegin weiß, wann und überhaupt ob er oder sie, in einem angemessenen zeitlichen Abstand, formale Korrekturen und die dazugehörigen Übungen nachliefern soll.

Wenig beachtet: Wortschatzkorrektur schafft – sofern sie nicht sehr ungeschickt angepackt wird – selten Probleme. Für den praktischen Verstand besteht die Sprache ja aus Wörtern (und wer wollte das widerlegen). Also ist, wer eine Sprache lernt, begierig, seine Ausdruckskraft zu schärfen, die Worte zu präzisieren. Dies gilt gerade auch für die freieren Phasen des Sprechens. Wer frei redet, will Inhalte in Worte fassen, konzentriert sich auf die Wortwahl und ist daher fast immer für Wortschatzkorrektur bereit. Das bedeutet nicht, daß ich nicht auch hier vorsichtig auswähle und mir den Zeitpunkt überlege, wann ich nun meine Korrektur anbringen will.

Fehler auf der Ebene der interkulturell-kommunikativen Begegnung („pragmatische Fehler") tauchen selten so plastisch auf, daß man sie exakt fassen und korrigieren kann (Beispiele: Fehler im Gebrauch von *Sie* und *Du*, beim Sich-Vorstellen, Nuancenfehler bei der Anrede, beim Aussprechen einer Einladung).[17] Es ist klar, daß solche Fehler mit den Lernenden gemeinsam analysiert und korrigiert werden müssen. Ganz offen ist aber der Zeitpunkt der Bearbeitung eines solchen Fehlers, und ob dabei überhaupt der Anlaß und der „Autor" des Fehlers erwähnt werden müssen.

Persönliche Phonetikkorrektur im Plenum erfordert Fingerspitzengefühl. Sie wird vom Plenum erwartet; falls die Selbstkorrektur nicht gelingt, wird nur die Lehrerkorrektur angenommen. Viele Schülerinnen und Schüler akzeptieren sie jederzeit, es gibt aber einzelne, die an diesem sensiblen Punkt sehr verletzbar sind. Phonetische Korrektur ohne – früher oder später nachfolgende, meist sehr persönliche – Übungsphase bleibt im allgemeinen wirkungslos.

Jeder Pädagoge weiß, daß Korrektur auf die Dauer nur erträglich ist, wenn sie in „Lob" eingebettet, von ihm getragen ist. Damit ist nicht in erster Linie das Quantum gemeint, sondern die Qualität, das Strahlen, das von dem Lob ausgeht. Nicht eine Lob-Überschwemmung ist nötig. Auch die dauernde pünktliche Bestätigung jeder richtigen Aussage verliert rasch an Wert. Eine andere, kreative Form des Lobens sollte entstehen, das intelligente, das erfinderische, das phantasievolle Lob. Es sollte genau begründet sein. Es sollte die Schülerin, den Schüler überraschen, berühren, froh machen, erfrischen.

Nachsatz. Wenn Sie die Methode Lernen durch Lehren anwenden und bemerken, daß Ihre Schüler sich gegenseitig zu häufig korrigieren, sollten Sie ihnen

---

[17] Vgl. Najm Haddad: Kultur und Sprache. Frankfurt: Lang 1987. Heinz-Helmut Lüger: Routinen und Rituale in der Alltagskommunikation. Berlin: Langenscheidt 1993 (Fernstudienprojekt des DIFF, der GhK und des GI). Karin Kleppin (wie Anm. 4), S. 131–134

Geduld, Vorsicht und Liebenswürdigkeit anraten und ihnen empfehlen, beim Korrigieren sorgfältig auszuwählen. „Taktvolles Korrigieren und Ermuntern will gelernt sein. Wird es geduldig geübt, fördert es die gegenseitige Rücksichtnahme"[18].

Literaturhinweise Seite 500

---

[18] RENATE GEGNER (1994), S. 56

Fremdsprachenwachstum

In der Wiener Volksbildung, die schon in den 20er Jahren und gleich nach 1945 der Fremdsprachendidaktik in der Erwachsenenbildung viele wichtige Impulse gegeben hatte, erarbeitete eine Gruppe um Alfred Knapp ein Kursmodell, das aus einer Reihe mentalistischer Konzeptionen eine einleuchtende Schlußfolgerung zog. Erwachsene haben ihre individuelle Lerngeschichte, eine mehr oder weniger klar bewußte Motivation für ihre Zielsprachenwahl und unterschiedliche Disponiertheiten für die Fertigkeitsbereiche des Spracherwerbs.

„Die Zusammenarbeit des Sprachorgans mit anderen geistigen Fähigkeiten (Denken, nichtsprachliche Wahrnehmung …) ist die Basis für den unendlichen und schöpferischen Gebrauch der Sprache. Diese unbeschränkte Kreativität […] ist allen Menschen eigen. Nun hat sich das Sprachorgan im Laufe unseres Muttersprachenerwerbs in eine bestimmte Richtung hin stabilisiert. Es hat einen Teil seiner universellen Kraft mit einer Sprache besetzt […] Doch steht das System, das bereits den Erwerb unserer Muttersprache organisiert hat, in seinen Hauptachsen immer noch bereit"[1].

Als „Herz des Fremdsprachenerwerbs" gilt hier das Verstehen. Denn „Verstehen ist eigentlich inneres Sprechen"[2]. In diesem Kursmodell wird der Kurs zur Lernwerkstatt mit Hör-, Lese-, grammatischen Entdeckungschancen, Spielen mit sprachhandlungsleitenden Materialien, in denen die Teilnehmerinnen und Teilnehmer selbst die idealen Quellen ihres Lernens und ihres Sprachwachstums erkennen, wählen und nutzen, aber gleichzeitig die Gruppe als potentielle Gesprächspartner und Adressaten der eigenen Sprachtätigkeit zur Verfügung haben. Die Kursleiter/innen sind Moderatoren, Berater, Partner in den Prozessen, die sehr nahe dem natürlichen Spracherwerb im sozialen und kulturellen Kontakt verlaufen.

Dieser Ansatz ist erfolgreich, wird ständig durch Weiterbildung und Erfolgsaustausch verfeinert und bildet eine populäre Alternative zu anderen Kursangeboten. Die Verfahren sind übrigens sehr gut video-dokumentiert.[3]

H.-E. P.

---

[1] Alfred Knapp: Fremdsprachenwachstum. Wien: Verband Wiener Volksbildung 1988. S. 2/3
[2] Ebd. S. 3
[3] Verband Österreichischer Volkshochschulen. Pädagogische Arbeits- und Forschungsstelle (PAF). Vgl. auch Irene Schmölz (Hrsg.): Lust auf Sprache. Reflexionen zu Theorie und Praxis des Fremdsprachenunterrichts. Wien: Promedia 1992

Gedächtnispsychologie und Mnemotechnik

Wahrscheinlich ist es das Scheitern am eigenen Gedächtnis, warum Menschen seit frühester Zeit versuchen, dem Rätsel Gedächtnis mit irgendeiner Vorstellung beizukommen. Die wohl älteste ist: das Wasser im Berg, das Quellwasser, aus dem die Weisen und Dichter ihre Erinnerungen und Ahnungen schöpfen.[1] Schon nüchterner Platons Gleichnis von der Wachstafel. Wir setzen es wörtlich hierher – nicht zur Ausschmückung, sondern weil es ungemein gescheit und handfest formuliert ist:[2]

„So setze mir nun [...] in unsern Seelen einen wächsernen Guß, welcher Abdrücke aufnehmen kann, bei dem einen größer, bei dem andern kleiner, bei dem einen von reinerem Wachs, bei dem andern von schmutzigerem, auch härter bei einigen und bei andern feuchter [...] Dieser [Guß] sei ein Geschenk von der Mutter der Musen, Mnemosyne, und wessen wir uns erinnern wollen von dem Gesehenen oder Gehörten oder auch selbst Gedachten, das drücken wir in diesen Guß ab, indem wir ihn den Wahrnehmungen und Gedanken unter-halten, wie beim Siegeln mit dem Gepräge eines Ringes. Was sich nun abdrückt, dessen erinnern wir uns und wissen es, solange nämlich sein Abbild vorhanden ist. Hat man aber dieses ausgelöscht oder hat es gar nicht abgedrückt werden können: so vergessen wir die Sache und wissen sie nicht." (Übersetzung: Schleiermacher)

Alle Gedächtnisprobleme sind hier in wenigen Linien zusammengefaßt. Ist die Wachstafel zu weich – wie zum Beispiel beim kleinen Kind –, bleibt der Ein-Druck nicht lange bestehen. Ist sie zu hart – wie beim älteren Menschen –, bedarf es der intensiveren Einprägearbeit. Ist die Tafel schmutzig (überfüllt, überreizt), so ist der Abdruck unsauber usw.

Bar aller Poesie schließlich ist unser heutiges Speichermodell.[3] Es unterscheidet, stark simplifizierend, die drei Gedächtnis-Kammern Ultrakurzzeit-, Kurzzeit- und Langzeitgedächtnis.

So groß heute wie vor Jahrtausenden das Erstaunen über das schier unbegrenzte geistige Vermögen unseres Langzeitgedächtnisses ist, so bescheiden ist unser Wissen darüber, wie wir Informationen zuverlässig und „griffbereit" im Gedächtnis verankern können. Aber schon die wenigen gesicherten Erkenntnisse geben uns entscheidende Hinweise für den Umgang mit unserem Gedächtnis.[4]

---

[1] Zusammenfassende Interpretation der Belege bei Jean Gebser: Ursprung und Gegenwart. Stuttgart: Deutsche Verlags-Anstalt 1966. Textband S. 342

[2] Platon Theaitetos 191 c–e (Steph.)

[3] HORST G. SPERBER (1989), S. 59/60. – FREDERIC VESTER (1993) hat das Funktionieren dieses Systems allgemeinverständlich dargestellt

[4] Das Folgende nach SPERBER (1989), S. 72–86 und JOSEF ROHRER (1990), S. 10–24

Erstes Prinzip. Wir erleben und merken uns nicht isolierte Teilchen, sondern immer ganze Gestalten (Gestaltpsychologie). Bekanntes Beispiel: den Sternhimmel begreift das menschliche Auge, indem es Linien, Bezüge herstellt und sie zu Formen zusammenschließt, ebenso hören wir nicht einzelne, sondern zusammenhängende Töne und erfahren sie als Melodien. Je sinnlicher, konkreter eine Sensation, eine Form, desto kräftiger prägt sie sich ein (eine Tomate ist mehr als „Gemüse").

Südliche Hemisphäre. Oben von rechts nach links: Waage – Skorpion – Schütze – Steinbock – Wassermann – Fische. Aus W. Peck: The Constellations. 1884

Zweites Prinzip. Der Eindruck prägt sich desto genauer ein, je dichter, persönlicher ich ihn erlebe, je näher er mir geht. Drittes Prinzip, speziell zu beziehen auf Gedächtnis und Sprache.[5] Sprache wird desto tiefer verarbeitet und aufbe-

---

[5] Dazu SPERBER (1989), S. 69–73. 77–79. Sally P. Springer, Georg Deutsch: Linkes – rechtes Gehirn. Heidelberg: Spektrum der Wissenschaft 1987. S. 170–199

wahrt, je fester die verbale und die visuelle Komponente des Eindrucks miteinander verflochten sind. Je selbstverständlicher die Integration zwischen der (analytischen) linken und der (imaginativen) rechten Gehirnhemisphäre, um so sicherer ist das Denken kreativ mit der Tiefe des Gedächtnisses verbunden.

Reich an solchen Verflechtungen ist vor allem jede Geschichte. Eine Formulierung, eine Struktur, die mit einer Geschichte verwoben wird, prägt sich ein. Hier noch eine Beobachtung am Rande. Die Beziehungen zwischen Gedächtnis und Farbe sind sehr komplex. Die Tatsache, daß schon ein geringfügiges Zuviel an Farbreizen den Eindruck abschwächt und die sichtende Tätigkeit des Gedächtnisses eher behindert, ist wenig bekannt.[6]

Aus den angedeuteten Erkenntnissen über das Gedächtnis zieht die Technik der Gedächtnisbeherrschung (Mnemotechnik) ihre Schlüsse auch für das Sprachenlehren. Von den aufgezählten Prinzipien werden in modernen Lehrwerken und im heutigen Unterricht oft das erste (Konkretheit) und das dritte (Verflechtung) berücksichtigt, seltener auch das, gerade im Sinn eines kommunikativen Unterrichts wichtige, zweite (persönliche Nähe und Lebendigkeit).

Die Anwendung mnemotechnischen Denkens in Arbeitstexten und Aufgaben reicht von der handfesten Bildgeschichte (S. 32/33) bis zum Entdecken und Schaffen geistiger Zusammenhänge und Figuren (S. 101–103. 166–169), deren Kraft dadurch, daß sie unsichtbar sind, nicht minder wirksam ist. Nicht nur das Lehrbuch, sondern mehr noch der / die Lehrende sollte über die Kunst verfügen, das jeweils Neue in vorhandene Strukturen einzufügen. Gedächtnisinhalte, die der / die Lernende selbst visualisiert, prägen sich meßbar tiefer ein.[7] Besonders gedächtnisdienlich ist also die Aufgabe, Strukturen, Wortbezüge, Dialoge durch graphische Gestaltung, szenisches Spiel, Pantomime selbst in optische Eindrücke umzusetzen.

Literaturhinweise Seite 501

Gruppenarbeit siehe Sozialformen, Seite 224–229

---

[6] SPERBER (1989), S. 84

[7] Diese Tatsache ist seit 2000 Jahren bekannt, die Überlieferung geht bis auf den Anonymus „ad Herenium" (um 80 vor Chr.) zurück. SPERBER (1989), S. 16. 84/85

Hausaufgaben

Hausaufgaben haben eine lange schulische Geschichte, ihr Sinn und Nutzen ist immer wieder kontrovers diskutiert worden. Ohne Zweifel macht der Fremdsprachenerwerb das häusliche Nacharbeiten dessen notwendig, was im Kurs durchgearbeitet worden ist. Aber das kann und darf sich nicht in eintönigen konventionellen Übungen erschöpfen. Vielmehr sollten Hausaufgaben Anwendungen des Gelernten als bewußte und eigenständig entschiedene Leistung des einzelnen Lernenden sein.

Vorbereitung im Unterricht

Wir empfehlen Ihnen, in einer der ersten Unterrichtsstunden eines neuen Kurses ein kleines Gespräch mit Ihren Kursteilnehmerinnen und Kursteilnehmern zu führen, Themen:

- Was ist eine Hausaufgabe? Ziel, Nutzen.
- Besondere Chancen: persönliches Arbeitstempo, persönliche Arbeitszeiten, persönlicher Arbeitsstil, persönlicher Arbeitsraum ...
- Den Lernenden wird anhand einiger Beispiele gezeigt, wie man verschiedene Arten von Aufgaben bewältigt.
- Was sollte man mit einer korrigierten Hausaufgabe machen?
- Anleitung zum Umgang mit Wörterbüchern, Grammatiken.
- Hinweise auf mögliche Kooperation mit anderen Kursteilnehmer(inne)n, auch aus anderen Lernstufen.

Oft werden Hausaufgaben nur deshalb nicht gemacht, weil sie von der Lehrerin oder vom Lehrer nicht planvoll, listig und genau genug vorbereitet wurden. Sie erhalten Gewicht, wenn der Unterricht zwingend auf die Hausaufgaben zuführt:

(1) Die Aufgabe sollte an der Tafel stehen, die Lernenden sollten sie schriftlich notieren. Das zeitliche Ziel sollte festgelegt und dann von der Lehrkraft auch unbedingt eingehalten werden.
(2) Bei Aufgaben, die sich dafür eignen, sollten die ersten 2 bis 3 Schritte / Sätze / Items schon im Unterricht getan werden, damit die „Tür" schon geöffnet, der Anfang leichter ist.
(3) Häufig sollten mehrere Hausaufgaben zur Wahl stehen. Oder: Eine Aufgabe sollte obligatorisch, eine fakultativ gegeben werden.[1]

---

[1] HILBERT MEYER (1994) schlägt vor, daß Berufsanfänger ab und zu die Hausaufgaben selbst erledigen sollten, weil man sich als Anfänger leicht im Zeitaufwand der Hausaufgaben verschätzt (dort S. 175)

Nachbereitung

Das Interesse der Lehrkraft für die Arbeit der Schüler wirkt sich direkt auf die Arbeit der Schüler aus. Die jeweils verabredeten Hausaufgaben sollten zum vereinbarten Zeitpunkt abgerufen werden – das kann auch ein damit beauftragter Kursteilnehmer tun –, damit sie noch einmal die Erinnerung aller anregen.

Über Korrekturen müßte man verhandeln. Manche Kursteilnehmer/innen legen großen Wert darauf, daß ihre häuslichen Ausarbeitungen durchgesehen und berichtigt werden, andere erkennen meist bei der Besprechung im Unterricht die Fehler selbst. Es bewährt sich sehr, die Kursteilnehmer/innen Texte zunächst als Entwürfe schreiben zu lassen und nach 3–4 Wochen zu fragen: Würden Sie den Text heute noch einmal so abfassen? Meist werden dann die Schwächen und Mängel selbst erkannt.

Inhaltliche Anregungen

Als Motiv für lernintensive Hausaufgaben ist z. B. das Führen eines Logbuchs (Kladde) zu empfehlen. Alle Kursteilnehmer/innen überlegen, was sich jeweils als Merktext, als Arrangement von Wortbündeln und Satzmustern, als Ergebnis einer Lernsequenz für eine häusliche Eintragung eignet.

Ähnlich sollten Hausaufgaben öfter von den Kursteilnehmer(inne)n selbst vorgeschlagen werden; das verschafft und verrät Übersicht und verstärkt das didaktische Mitdenken. Außerdem macht es Hausaufgaben subjektiv nützlich und wirksam.

Ergänzende, umfassendere Hausaufgaben können sich auch nach einem Schreibcurriculum richten, das nicht unbedingt im Lehrwerk enthalten sein muß. Es kann umfassen

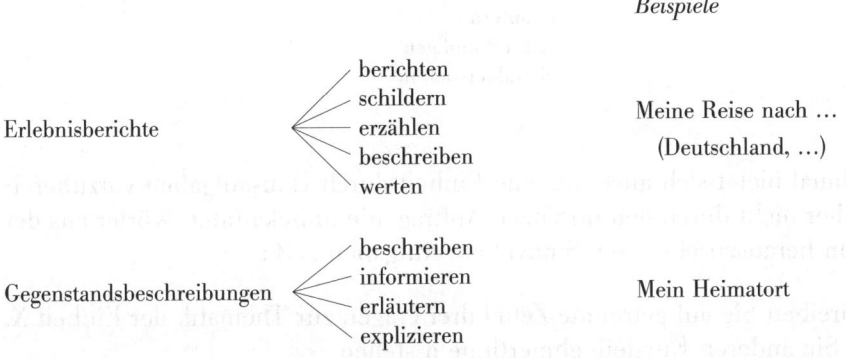

	Beispiele
Erlebnisberichte — berichten, schildern, erzählen, beschreiben, werten	Meine Reise nach … (Deutschland, …)
Gegenstandsbeschreibungen — beschreiben, informieren, erläutern, explizieren	Mein Heimatort

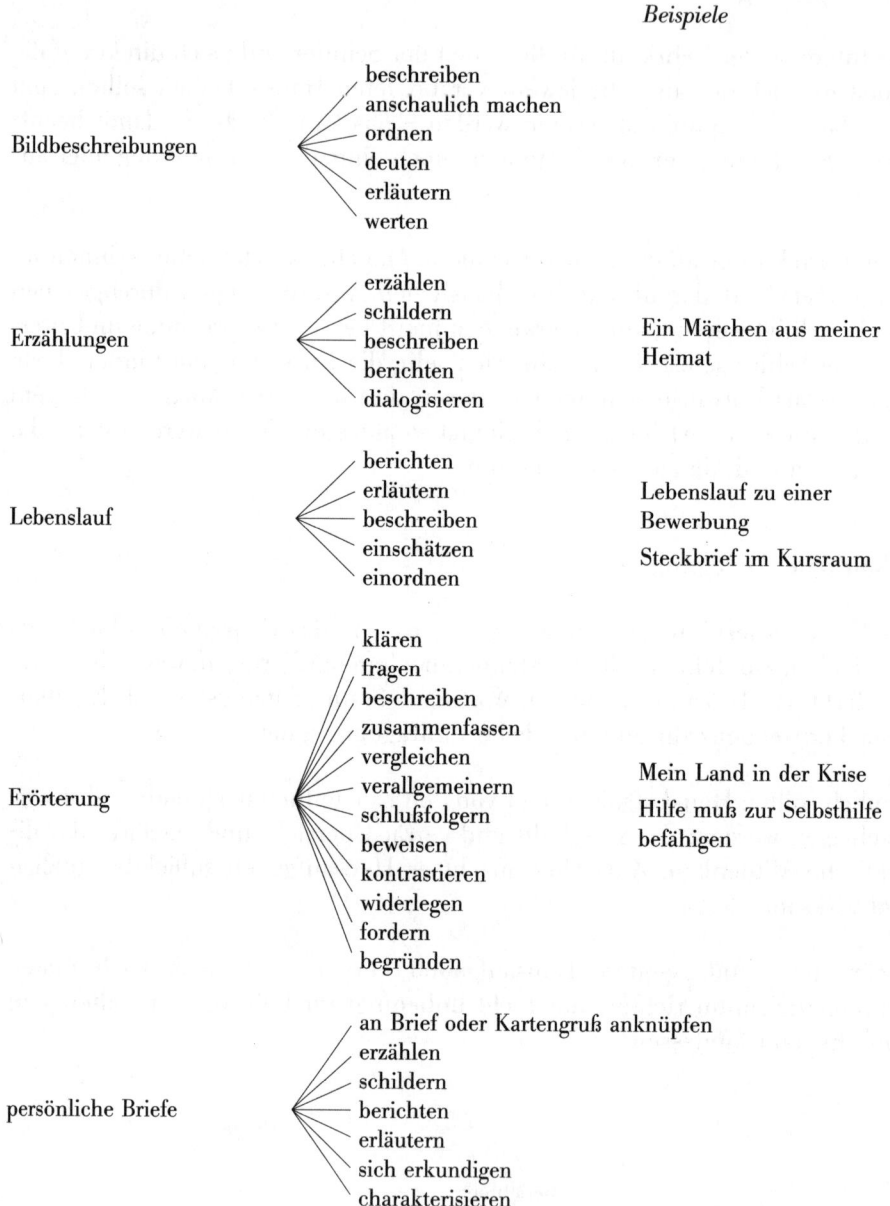

Beispiele

Bildbeschreibungen — beschreiben / anschaulich machen / ordnen / deuten / erläutern / werten

Erzählungen — erzählen / schildern / beschreiben / berichten / dialogisieren — Ein Märchen aus meiner Heimat

Lebenslauf — berichten / erläutern / beschreiben / einschätzen / einordnen — Lebenslauf zu einer Bewerbung — Steckbrief im Kursraum

Erörterung — klären / fragen / beschreiben / zusammenfassen / vergleichen / verallgemeinern / schlußfolgern / beweisen / kontrastieren / widerlegen / fordern / begründen — Mein Land in der Krise — Hilfe muß zur Selbsthilfe befähigen

persönliche Briefe — an Brief oder Kartengruß anknüpfen / erzählen / schildern / berichten / erläutern / sich erkundigen / charakterisieren

Manchmal bietet sich auch an, eine Einheit durch Hausaufgaben vorzubereiten. Aber nicht durch den unnützen Auftrag, die unbekannten Wörter aus der Lektion herauszuschreiben. Sinnvollere Aufgaben z. B.:

– Schreiben Sie auf getrennte Zettel drei Fragen zur Thematik der Einheit X, die Sie anderen Kursteilnehmer(inne)n stellen.

- Schreiben Sie ein Erlebnis auf, das mit der Thematik der Lektion X zu tun hat!
- Notieren Sie fünf Punkte, die Ihnen in Einheit X interessant erscheinen, und kommentieren Sie diese.

Ein Symbol kann als Hausaufgabe dienen:

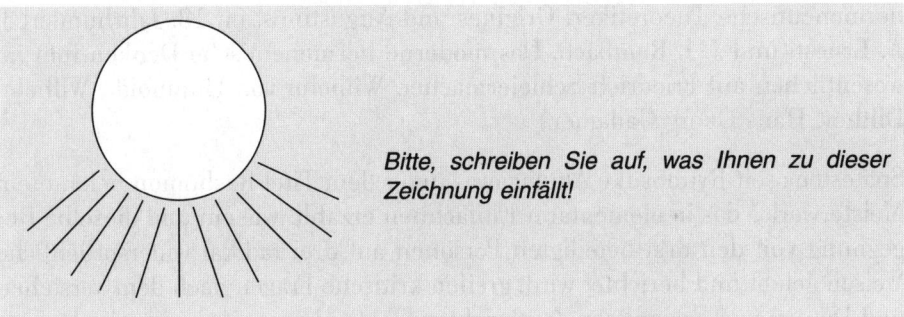

Bitte, schreiben Sie auf, was Ihnen zu dieser Zeichnung einfällt!

Je mehr Hausaufgaben subjektive Variationen zu einem Thema bewirken, desto motivierender ist es, die Ergebnisse vorzutragen, zu vergleichen und zu erörtern.

H.-E. P.

Literaturhinweise Seite 501

Hermeneutik

Hermeneutik – vom griechischen hermeneuein, interpretieren – untersucht den Prozeß, die mögliche Vielfalt und die Grenzen des Verstehens. (Wichtige hermeneutische Theoretiker: Origines und Augustinus, im 18. Jahrhundert J. A. Ernesti und J. J. Rambach. Das moderne hermeneutische Denken fußt im wesentlichen auf Friedrich Schleiermacher, Wilhelm von Humboldt, Wilhelm Dilthey, Hans Georg Gadamer.)

Spätestens seit Ryunosuke Akutagawas unter dem Titel Rashomon bekanntem Meisterwerk,[1] das in elementarer Einfachheit erzählt, wie ein und dieselbe Begegnung von den drei beteiligten Personen auf drei radikal widersprüchliche Weisen gelebt und berichtet wird, greifen kritische Fragen nach dem Verstehen und Deuten von Ereignissen, Nachrichten, Texten immer intensiver in das moderne Bewußtsein ein. Wenn heute ein Psychologe (aus der Schule der Humanistischen Psychologie) Möglichkeiten des Mißverständnisses, der Kommunikationsstörung analysiert und Wege der Klärung vorschlägt, nämlich durch Kommunikation über Kommunikation, so kann er bereits anknüpfen an vorhandenes Wissen über die Verschiedenartigkeit der Sichtweisen, auf verbreitetes (prä-)hermeneutisches Denken.[2]

Hauptbereiche hermeneutischen Forschens sind die juristische, die theologische, die philosophische, die philologische Hermeneutik. Um die letzte geht es hier, es geht um das hermeneutische Fingerspitzengefühl, auch die hermeneutische Phantasie im Umgang mit Texten.

Der erklärte Grundsatz, man dürfe einen Text nicht auf eine vom Autor intendierte Meinung reduzieren (Roman Jacobson[3]), macht Verstehen zu einem „Vermittlungsgeschehen zwischen Text und Leser, das beide verändert"[4]. Wörter, Begriffe, Bilder, Texte gewinnen auf diese Weise an Format, Tiefe, Farbe, Frische, so daß „ästhetische Erfahrung als Verjüngung des Vergangenen" geschehen kann (Hans Robert Jauß[5]).

---

[1] Der bekannte Film (1950) fügt zwei Geschichten des Autors zusammen: Rashomon (1915) und Im Dickicht (1922). Text: Ryunosuke Akutagawa: Rashomon. Berlin: Volk und Welt. 4. Aufl. 1991. S. 5–12. 332–343

[2] Friedemann Schulz von Thun: Miteinander reden. Reinbek: Rowohlt 1981

[3] Hier referiert nach PETER RUSTERHOLZ (1973), S. 100

[4] PETER RUSTERHOLZ (1973), S. 97. Der kreisend eindringende Weg vom intuitiven Wissen zum rationalen Verstehen zum Wissen zum Verstehen zum Wissen ..., die Tatsache, daß ich in einem Text nur Dinge verstehe, die mir vorher schon intuitiv deutlich waren: dies wird als hermeneutischer Zirkel bezeichnet

[5] Jauß in: Sprache und Welterfahrung. Hrsg. v. Jörg Zimmermann. München: Fink 1978. S. 311

Läßt sich die Übung eines kreativen Verstehens in den Sprachunterricht einbauen und wie? Ungeeignet sind hier alle im engeren Sinn „nützlichen" Texte, die eindeutigen, einschichtigen, vom Fachtext bis zur Zeitung, vom Sachtext bis zur Beschreibung und zum Bericht. Sobald aber in einem Text mehrere Ebenen vermutet werden können, bei einer Erzählung, bei einer (selbst-)biographischen Reflexion, bei der Entwicklung eines Gedankens oder gar bei einem Gedicht – da greifen die bekannten (einst im Fachsprachenunterricht entwickelten) Lesetechniken nicht mehr. Ein bedächtigeres Verstehen wird nötig. Wollen wir dem Erstaunlichen, das sich, beim Lesen oder Hören, in oder zwischen den Worten verbirgt, näherkommen, ist es gut, vorsichtiger und zugleich „farbiger" zu verstehen, bei den Namen, Spuren, Bildern stehenzubleiben, unter den Text zu blicken. Phantasiereiches Verstehen heißt nicht, mit einem Text nach Gutdünken schalten und walten. Eine „skeptische Verstehenslehre" (Hunfeld[6]) ist hilfreich, eine strengere, die Schleiermacher so umschreibt: „Die laxere Praxis geht davon aus, daß sich das Verstehen von selbst ergibt … Die strengere Praxis geht davon aus, daß sich das Mißverständnis von selbst ergibt und das Verstehen auf jedem Punkt muß gewollt und gesucht werden"[7].

Welche Konsequenzen kann die hermeneutische Sicht auf den Unterricht haben? Hier zunächst nur vier Punkte.

– Der Gebrauch der bei „nützlichen" Texten erfolgreichen, flotten Lesetechniken sollte nicht zur selbstverständlichen Routine werden. Zum Beispiel sollten im Unterrichtsmaterial nicht alle Texte automatisch mit Überschriften versehen sein (die den bekannten „Erwartungshorizont aufbauen" sollen). Sie engen in Wirklichkeit den Blick ein. Und nur ein Teil der Überschriften sagt heute etwas über die eigentliche Nachricht.

– In einer Lernsequenz sollten, vor allem in der Mittelstufe, „leichte" und „schwere" Texte gemischt sein (gemeint ist konkret das geistige Gewicht) – also glatt verständliche, einschichtige und gewichtigere, mehrschichtige Texte, damit die hermeneutischen Sinne stets wach bleiben.

– Häufig entsteht Bedeutungserweiterung dadurch, daß die Lernenden v o r dem Lesen aus einigen Wörtern des Textes und leicht benennbaren Bildern Textentwürfe herstellen. Diese Vorabtextentwürfe werden zum „inneren Text", mit dem die Lernenden nun dem neuen, äußeren Text begegnen können. Die Bedeutung des Textes öffnet sich, vertieft sich.

---

[6] Hans Hunfeld: Zur Normalität des Fremden. In: Der fremdsprachliche Unterricht. Juli 1991. S. 50

[7] Friedrich Daniel Ernst Schleiermacher: Hermeneutik und Kritik. Frankfurt: Suhrkamp 1977 (stw 211). S. 92

– Zur Sensibilisierung der hermeneutischen Erfahrung sollte das experimentelle Schreiben gepflegt werden: Variation, Umkehrung, Antwort auf einen
Text.[8]

Das durch einen Text angeregte und über ihn hinausgehende Schreiben kann auch, im Sinn
der hermeneutischen Logik, als „Textapplikation" (Textverwendung, Textanwendung) bezeichnet werden.[9] Der Begriff geht bis auf die Hermeneutik des 18. Jahrhunderts zurück.
Die vorklassische „hermeneutische Wende" (Ernesti, Rambach) unterscheidet, durchaus modern, die drei Stufen des Verstehens: subtilitas intelligendi (Nuancenfeinheit des eher äußeren
Verstehens), subtilitas explicandi (der differenzierten Auslegung und Deutung) und subtilitas
applicandi (der Textanwendung).[10] Innerhalb des juristisch-hermeneutischen Denkens ist Applikation die Anwendung des Gesetzes auf den speziellen Fall. Seit Gadamer steht der Begriff
Applikation für die (identifizierende) Anwendung eines Textes auf die konkrete Gegenwart
dessen, der ihn aufnimmt.[11]

– Zu den konstitutiven Elementen des Unterrichts müssen stille Phasen gehören, Phasen, in denen sich der Verstehensprozeß individuell entfalten
kann. Und Phasen der Reflexion, Reflexion über die Vielfalt und die Grenzen des Verstehens.

Denn „wer Verständigung will, muß sie verstehen lernen" (Hunfeld[12]).

Vgl. auch die verwandten Themen: Experimentelles Verstehen und Schreiben (Kapitel 10)
Interkulturelles Lernen (Kapitel 11)

Literaturhinweise Seite 501/502

---

[8] Siehe Kapitel 10. Speziell zum kreativen Schreiben im Zusammenhang mit dem hermeneutischen Denken JUTTA WEISZ (1992)
[9] So KARIN HERRMANN (1984), S. 3
[10] Nach PETER RUSTERHOLZ (1973), S. 95
[11] Vgl. Manfred Fuhrmann et al. (Hrsg.): Text und Applikation. Theologie, Jurisprudenz und
Literaturwissenschaft im hermeneutischen Gespräch. München: Fink 1981
[12] Hunfeld: Zur Normalität des Fremden (wie Anm. 6), S. 51

Interimsprache

Wie ein Kind anfangs Laute zu Lautsequenzen und Wortelemente eigenwillig zu Signalen fügt und eine besondere Zwischengrammatik entwickelt, so nimmt der erwachsene Fremdsprachenlerner Begriffe und Wortverbindungen auf und fügt sie mit einer Annäherungsgrammatik zu Äußerungen. Dieser Vorgang ist offenkundig psycholinguistisch ein wichtiger Schritt beim Spracherwerb und ist inzwischen weltweit so gründlich untersucht worden, daß man von einem universellen Phänomen der Interimsprache reden darf.

Diese Interimsprache ist zunächst weitgehend von der Ausgangssprache unabhängig und zeigt gewisse Gesetzmäßigkeiten, etwa der Übergeneralisierung von erkannten Regelmäßigkeiten, der Substitutionsversuche mit eigensprachlichen oder anderen Begriffen, der Vereinfachung durch Reduktion um nicht-bedeutungstragende Elemente und Strukturen, die mehr oder weniger rasch überwunden und damit „korrigiert" werden.

Unterbleibt diese Fortentwicklung, reden wir von Fossilierung oder Plateaubildung und meinen damit eine Art Pidgin, eine Sprachvariante, die man in Teilen der Welt als Auswirkung einer Kolonialsprache spricht, aber auch die Sprache ausländischer Migranten ohne intensive Beschulung im Land ihrer gegenwärtigen Anwesenheit.

Unterricht kann grundsätzlich nicht und sollte auch nicht verhindern, daß die Lernenden ihre Interimsprache verwenden. Er kann deren Weiterentwicklung jedoch in gewissem Maß beschleunigen.

Das geschieht in Lernphasen des gezielten, überwiegend schriftlichen Grammatikerwerbs, denn Richtigkeit übt sich vornehmlich durch Richtig-Schreiben. Es geschieht n i c h t durch beckmesserische mündliche Lehrerkorrektur. Erfahrene Lehrer/innen unterscheiden zwischen „Fehlern", die gegen eine Einsicht verstoßen, mit der alle Schüler/innen vertraut sind, und solchen „errors", die sich aus dem natürlichen Sprachzustand der Gruppe ergeben. Die ersten lassen sich im Anschluß an den Kommunikationsvorgang erörtern, die anderen kann man dem natürlichen Sprachwachstum der Gruppe überlassen.[1] Im besten Falle notiert man diese Abweichungen von der Sprachnorm und beobachtet, ob und wann sie sich verlieren.

Für unseren Argumentationszusammenhang hat die Interimsprache erhebliche Bedeutung. Denn sie setzt die Lernenden sozusagen frei für spontane Äußerungen, in denen es auf Anhieb um nichts anderes geht als um Verständigung. Das ist wichtig, weil so die Aufgaben an Inhalt und Verständigung, nicht an

---

[1] Zur mündlichen Fehlerkorrektur oben S. 201–205

sprachliche Korrektheit gebunden sind. Für die Darbietung der Lösungen bietet sich die sorgfältige schriftliche Bearbeitung und die durch Selbstkorrektur und Redaktion kontrollierte Publikation der Texte an.

II.-E. P.

Literaturhinweise Seite 502

Kommunikativer Unterricht siehe Palaver 2, Seite 238–241

Kleingruppenarbeit siehe Sozialformen, Seite 224–229

Kognitives Lernen, kognitive Prozesse siehe „Sprachverstand", Seite 230–233

Language awareness siehe „Sprachverstand", Seite 230–233

Lehrersprache

Die Lehrersprache ist ein Träger, über den außerordentlich viel an Hörbarem und Unhörbarem von der Lehrerpersönlichkeit zu den Lernenden fließt, die Lehrerpersönlichkeit offenbart sich durch ihre Sprache, uneingeschränkt, ungeschützt. Die Lehrersprache kann die Lernenden sehr direkt erreichen, sie hat wahrscheinlich mehr Dimensionen als jedes andere Medium, kann Zwischentöne schaffen, Atmosphäre herstellen, Empfindungen übertragen, Impulse übermitteln. Das ist die eine, die kommunikationspsychologische Seite. Dazu kommt die andere, „stoffliche", sehr konkrete Seite: Die Lehrersprache ist d i e Hörquelle, die akustische Autorität, an der die Lernenden sich und ihre Sprache orientieren, der sie im engsten, ursprünglichen Sinn des Wortes gehorchen – mehr als allen Hörtexten. Trotzdem gibt es speziell im Unterricht Deutsch als Fremdsprache wenig Professionalität in diesem Punkt.

Gehen wir davon aus, daß im Unterricht über weite Strecken die Zielsprache dominiert, so liegt es auf der Hand, daß die Verständigung zwischen den Lehrenden und den Lernenden unter ständigen schmerzhaften Störungen, unter einem, wie die Informationstheorie sagt, durchgehenden „Rauschen" leiden muß. Einerseits ist das Trotzdem-Zuhören eine notwendige Übung, vor allem Geduldsübung für die Lernenden. Andererseits muß es zur pädagogischen Qualitätsarbeit gehören, das Rauschen auf ein Minimum zu reduzieren, so wie es die Medientechnik auch versucht.

Die erste Voraussetzung ist zweifellos, daß mit einer gut sitzenden Stimme ein klares Hochdeutsch gesprochen wird. Naturtalente sind die Ausnahme. Für die meisten Lehrenden gilt: Vor allen theoretischen Anstrengungen sollten stimmbildnerische und sprecherzieherische Maßnahmen stehen. Stimmbildnerische Arbeit, das heißt, dem Sprecher werden die Resonanzräume bewußt gemacht, die seine Stimme vergrößern, der Sprecher findet seine natürliche Stimmlage, aus der er ohne Mühe Kraft und Modulationsfähigkeit entwickeln kann. Oft können schon wenige Stunden der professionellen Korrektur und der Übung entscheidend helfen und stützen.

Die (phonetische) Aussprache, die vom Lehrenden erwartet werden darf, braucht sich nicht in steriler Reinheit zu bewegen. Sie soll leben, darf einen persönlichen Stil, Färbungen, Akzente haben. Aber sie darf nicht falsch sein.

Das klassische Mittel gegen „verrauschte", durch Unterbrechungen und Mißverständnisse gestörte Kommunikation ist bekanntlich redundantes Sprechen; zum Handwerk des Sprachpädagogen und der Sprachpädagogin gehört es, dieses Instrument maßvoll und intelligent einzusetzen. Es kann auch zur verzweifelten Manier, die Lehrkraft dadurch zur Karikatur werden.

Ein weiterer Aspekt, unter dem Lehrersprache betrachtet werden sollte, ist ihre Quantität. Von dem, was in einem normalen, auch in einem betont „kommunikativen" Unterricht gesprochen wird, entfallen rund 70 % auf die Lehrerin oder den Lehrer, der Rest auf sämtliche Schüler zusammen. Maieutische Geduld, Mut zur Pause, pädagogischer Erfindungsgeist und vielleicht ein Stück Askese gehören dazu, um als Lehrender tatsächlich so wenig wie möglich und nur so viel wie nötig zu sprechen. (Die sicherste Strategie gegen Überdominanz der Lehrersprache ist die Methode Lernen durch Lehren.[1]) Das Nichtsprechen kann der Kommunikation dienen, dem Sprechen und damit dem Hören Bedeutung zuführen.

Soviel zur Frage der Quantität. Nun zum Schwierigkeitsgrad und zum Tempo. Als ein guter Berater kann die Regel gelten: Kein betuliches Tantendeutsch! Die Lernenden müssen so früh wie möglich der kühlen Luft der Wirklichkeit ausgesetzt werden. Sie sollen möglichst wenig Unterschied zwischen der Unterrichtssprache und der Sprache „im richtigen Leben" empfinden. Schwierigkeitsgrad und Tempo der Lehrersprache dürfen fast ständig eine Nuance über dem Niveau liegen, auf dem die Hörenden 100 % verstehen würden. (Die bekannten Ausnahmen: unterrichtsorganisatorische Hinweise, Worterklärungen, Grammatikerklärungen.) Ich, Lehrerin oder Lehrer, werde die Interimsprache meiner Schüler weitgehend akzeptieren, mich aber von ihr nicht in meiner Sprache beeinflussen lassen.[2] Ich werde die Schüler rasch daran gewöhnen, mein „richtiges", wenn auch redundantes Deutsch im „richtigen" Sprechtempo auszuhalten und immer detaillierter zu verstehen.

Zuletzt zur Frage laut und leise. Je lauter etwas verkündet wird, desto offizieller wird es. Die schlimmste Vision von einem Pädagogen ist das stets in großer Lautstärke dominierende Sprachrohr. So wohl ein gelegentliches Erheben der Stimme tun mag – im allgemeinen wird sich der Sprachunterricht in vielen farbigen Abstufungen zwischen mittel und leise bewegen. Eine kreative, eine persönliche, eine kommunikative Atmosphäre kann nur entstehen, wo es sehr nuanciert zugeht.

---

[1] Dazu ausführlich S. 221–223

[2] Über speziellere Untersuchungen der Anpassung von Lehrersprache an Lernersprache und Lernerbedürfnisse referiert Juliane House: Interaktion. In: HANDBUCH FREMDSPRACHENUNTERRICHT (3. Aufl. 1995), S. 480–484

Lernen durch Lehren

Lernen durch Lehren ist auf jeden Fall besser als der normale Unterricht, weil das spannender und nicht so eintönig ist, als wenn nur der gleiche Lehrer nach dem gleichen Schema arbeitet. Man ist gespannt darauf, wie die anderen Schüler ihr Thema interpretieren. Es macht auch Spaß, selber zu unterrichten, nicht nach der Pfeife des Lehrers tanzen zu müssen. Ich kann bei dem Unterricht der anderen Schüler auch besser mitarbeiten, weil sie keine Respektspersonen sind.

Stephan

– Man kennt die einzelnen Schüler genau, dadurch wird der Unterricht persönlicher.

– Die Schüler können den Stoff besser erklären, weil sie die gleiche Sprache sprechen wie die anderen.

– Außerdem bekommt man eine festere Bindung zum Unterricht, weil der einzelne mehr gefordert wird.

Ingo[1]

Das sind Schüler-Äußerungen zum Thema Lernen durch Lehren. Unter den möglichen Formen von Unterricht überhaupt ist Lernen durch Lehren zweifellos die faszinierendste Variante (– und die konsequenteste Antwort auf die Forderung nach autonomem Lernen[2]). „Der größte Vorteil von Lernen durch Lehren liegt darin, daß hier der Lernende im Zentrum des Interesses steht: indem die Schüler den Stoff selbst (unter Anleitung der Lehrkraft) erarbeiten und sich gegenseitig vorstellen, entsteht über die reine Stoffvermittlung hinaus Gelegenheit, das Lernen zu lernen, rücksichtsvolles und höfliches Verhalten zu üben, Verantwortung gegenüber den Inhalten und der Gruppe zu übernehmen und dabei Fähigkeiten zu erlernen, die in unserer komplexer werdenden Welt immer notwendiger werden"[3].

Überraschend leicht übernehmen die Schülerinnen und Schüler vom Lehrenden, dessen Unterrichtspraktiken sie neugierig studieren, Stile und Konventionen des Lehrerverhaltens, Gesten, Kniffe (man setzt sich zu den Schwächsten, man greift jeden Beitrag auf, korrigiert mit größer Vorsicht ...); die „Übertragung didaktischer Verantwortung auf die Lerner wird erstaunlich schnell, nach kurzem Zögern, angenommen, und zwar – dies ist besonders bemerkenswert – von Lernern unterschiedlichster Herkunftsländer. Wir hatten sogar den Eindruck, daß gerade Studenten mit großer kulturräumlicher Distanz (etwa aus dem asiatischen Raum) besonders dankbar auf die Methode eingingen – vielleicht, weil sie ihnen institutionell erlaubte, die ihnen eigene Zurückhaltung im Rahmen der Lehrerrolle aufzugeben"[4].

---

[1] Zitiert nach ROLAND GRAEF / ROLF-DIETER PRELLER (1994), S. 225. 223

[2] Siehe hier im Buch S. 198/199

[3] ROLAND GRAEF / ROLF-DIETER PRELLER (1994), S. 9

[4] JOACHIM PFEIFFER / ANNE MARGRET RUSAM (1992), S. 246

Das Konzept hat zwar jeder erfahrene Pädagoge in Ansätzen ausprobiert. Neu ist jedoch die systematische, differenzierte Anwendung der Methode auf weite Strecken des Unterrichts, ihre theoretische Fundierung und umfassende didaktische Darstellung seit 1985 durch Jean-Pol Martin, der auch die gezielte Vorbereitung der Praxis Lernen durch Lehren durch den Aufbau didaktischer Kompetenzen der Schüler gezeigt hat.[5]

Der – keineswegs leichte – Umstieg auf die Methode Lernen durch Lehren hat speziell im Sprachunterricht drei wichtige Folgen. Zu den Voraussetzungen allen Sprachelernens gehört ja, daß Lernende wie Lehrende „weniger Angst vor Fehlern als vor Sprachlosigkeit" haben sollten (Martin[6]). Mit der Methode Lernen durch Lehren steigt der Redeanteil der Schüler von den im „normalen" Unterricht gemessenen 25 % auf 70 bis 75 %.[7] Dabei fällt besonders auf, daß sich der Sprechanteil zwischen den Schülern erstaunlich gleichmäßig verteilt[8] (eine Sonderrolle spielen natürlich die Schüler, die gerade eine Lehrerfunktion ausüben).

Schüler in der Lehrerrolle lernen, vor allem durch Rückfragen und Forderungen „von unten", rasch eine korrekte Aussprache. Und, drittens, im Unterrichtsgespräch üben sich (mit sanftem Nachdruck seitens der Lehrkraft) die wichtigsten elementar gebräuchlichen Redemittel wie mühelos ein.

Selbstverständlich beobachten die Schülerinnen und Schüler ihren Lehrer genau, sie wissen: „Er setzt sich nicht nur einfach rein und meint, wir schaukeln das schon" (Claudia P.[9]). Die Lehrkraft motiviert und berät die Schüler-Lehrkräfte, empfiehlt ihnen Materialien, macht ihnen organisatorische Vorschläge. „Während der Unterrichtsstunde besteht die Aufgabe der Lehrperson vorrangig darin, schriftlich festzuhalten, was pädagogisch, didaktisch und inhaltlich Lob verdient, dann einige wenige markante Fehler zu korrigieren und schließlich das Unterrichtserlebnis als Ganzes zu reflektieren;" die Lehrkraft „sollte sich dabei als Gastgeber verstehen, dessen Gäste höflich behandelt werden und sich wohlfühlen sollen – auf keinen Fall darf man hier den deus ex machina spielen" (Preller[10]).

Eine große Zahl der in diesem Handbuch beschriebenen Aufgaben und Übungen eignet sich – auch – für die Umsetzung nach der Methode Lernen durch Lehren, zum Beispiel

Formen des Diktats
analytische Aufgaben (Wortschatz, Grammatik, Lesen)

---

[5] JEAN-POL MARTIN (1985) und (1994 a)
[6] JEAN-POL MARTIN (1994 b), S. 31
[7] Ebd. S. 26
[8] JEAN-POL MARTIN (1985), S. 221
[9] Kommentar der Schülerin C. P. nach ihrem Unterricht (Sept. 1994)
[10] ROLAND GRAEF / ROLF-DIETER PRELLER (1994), S. 89

kürzere Übungs- und Aufgabensequenzen in allen Lernbereichen
Gesprächsleitung
Problemlösung
Texteinführung
Vergabe und Auswertung der Hausaufgaben

Die Durchführung nach dem Modell Lernen durch Lehren verändert die jeweilige Aufgabenstellung in wichtigen Nuancen.

Literaturhinweise Seite 502

Linguistic awareness siehe „Sprachverstand", Seite 230–233
Mnemotechnik siehe Gedächtnispsychologie und Mnemotechnik, Seite 207–209

Sozialformen im Sprachunterricht

Betriebsblind, wie wir Schulprodukte einmal sind, fallen uns skurrile Züge am immer noch verbreiteten Unterrichtsstil (der Lehrende ist das Zentrum des Geschehens) kaum auf. Wo zwanzig Menschen sitzen, hören (und sich vereinzelt äußern) sollen, sind mindestens drei Faktoren krank:

- Stundenlang auf demselben Platz sitzen, nur durch kurze Pausen unterbrochen, das unterdrückt elementare Empfindungen, Regungen, Gesetze.
- Zuhören ist verordnet. Soll einer reden, so möglichst nur richtige Sätze. Und das soll freie Meinungsäußerung sein?
- Der Lehrende, einsam überlegen, ist bei diesem Unterrichtsstil sozial ausgegrenzt. Er hat allerdings geübt, darunter gar nicht zu leiden.

Allein diese drei Tatsachen, deren jede schon kontrakommunikativ und kontraproduktiv ausstrahlt, genügen, um auch das letzte Bedenken gegen den – phantasievollen – Wechsel der Sozialformen zu zerstreuen. Das räumliche: Jeder Raum läßt sich für soziale Unterrichtsformen umfunktionieren. Das zeitliche: Die Zeit, die durch einen Wechsel der Sozialform scheinbar verschwendet wird, ist nie verloren.

Eine moderne Unterrichtsdramaturgie kennt folgende Unterrichtsformen:

(1) Austausch im Plenum

(2) Teamteaching

(3) Lernen durch Lehren

(4) Partner- und Kleingruppenarbeit

(5) Stillarbeit

(6) Formen des autonomen Lernens

(7) Tandem-Lernen

Nicht alle diese Möglichkeiten stehen an jedem Kursort, für jede Gruppe zur Verfügung.

(1) Austausch im Plenum

Diese Unterrichtsform hat eine gruppendynamische Bedeutung: Sie schließt immer wieder die Klasse oder Großgruppe zusammen, kräftigt die Einheit und lädt ein, die Vielfalt der Gesamtgruppe zu empfinden, zu verstehen. Sie hat eine Reihe von Funktionen im Lerngeschehen, hier seien nur einige aufgezählt:

Stundeneinstieg. Assoziative Gesprächsphasen. Vorbereitung, Durchführung und Diskussion der Aufgaben und Übungen zum Hören, zu Phonetik und Prosodie, zum lauten Lesen; je nach Stundenablauf und Tageskurve auch zu allen anderen Lerngebieten. Fast immer abschließende Diskussion der Ergebnisse aus Partner-, Kleingruppen- und Stillarbeit. Vermittlung komplexerer lexikalischer, grammatischer, diskurs- und textkonstituierender Zusammenhänge. Spiele, Tests, Prüfungsvorbereitung und -besprechung sowie alle offenen Beiträge des Lehrenden wie Information, Erzählung, Erörterung des Unterrichtsablaufs.

Bei Lehrenden, die sich, aus welchen Beweggründen auch immer, ein bewußt kommunikatives Lehrerverhalten erarbeitet haben, wird der Austausch im Plenum so aussehen, daß sich alle, die Lernenden untereinander und mit dem Lehrenden und der Lehrende mit den Lernenden austauschen. Im Gegensatz zum musealen Frontalunterricht (Lehrer = Zentrum und Bezugsperson für alle) tritt hier der Lehrende zwischen und neben die Lernenden in einem wirklichen, nicht simulierten Geben und Nehmen. Das Plenum ist eine Art Marktplatz, auf dem sich die Gesamtgruppe immer wieder zusammenfindet: Erfahrungen werden ausgetauscht, verglichen, öffentlich gemacht, Ergebnisse gelobt und korrigiert, Kritik geübt, Fragen – z. B. an den Lehrenden – gestellt, Vorschläge für den Fortgang des Unterrichts gemacht und Verabredungen getroffen.

Ein Plenum, ein Marktplatz ist allerdings nie ein vertrauter Garten, in dem sich der einzelne ähnlich geborgen fühlen würde wie in einer Familie. Hier liegt die Grenze dieser Unterrichtsform. Damit Menschen immer wieder auch vollständig so sein können, wie sie wirklich sind und sein mögen, ist der Wechsel der Sozialformen nötig. Die alarmierende Tatsache, daß ein Lernender im Plenum allerhöchstens 1,5 % der Redezeit spricht (der Lehrende 70–80 %), hängt genuin damit zusammen. In keinem Fach ist also der Wechsel zwischen den Sozialformen so wichtig wie im Sprachunterricht. Dazu kommt, daß fast alle der im folgenden zu skizzierenden Sozialformen wie im Prisma die Erfahrungen und Erkenntnisse vervielfältigen, das Lernen reicher, das Geschehen spannender machen.

(2) Teamteaching

Leider ist diese Form des Unterrichts aus naheliegenden Gründen nur selten möglich. Sie ist unter die Sozialformen zu zählen, denn ob ein oder zwei Lehrkräfte unterrichten, das stellt durchaus unterschiedliche Perspektiven her, von der Schüler- wie von der Lehrerseite.

Unterrichten heißt wörtlich informieren; zwei Informanten wissen mehr als einer. Von der Schülerseite kommt hinzu, daß Teamteaching die nie ganz zu vermeidende Prädominanz der einen Lehrkraft neutralisiert. Dritter Gesichtspunkt: Die Kursteilnehmerinnen und Kursteilnehmer beobachten bekanntlich genau und kritisch den Unterrichtsstil der einzelnen Lehrkräfte, die Möglichkeit unmittelbar zu vergleichen erhöht den Reiz und die Schärfe der Beobachtung, die dann im Unterricht Lernen durch Lehren sofort praktisch angewandt wird. Das ohnehin komplexe Unterrichtsgeschehen wird um mindestens einen Horizont erweitert, die Eindrücke spiegeln (und vertiefen) sich einmal mehr.

Von der Lehrerperspektive her gesehen, ist Teamteaching die weitaus interessanteste Chance, von der Kunst eines Kollegen, einer Kollegin im ganzen und im einzelnen, beginnend mit der

Unterrichtsvorbereitung, zu lernen, also die sinnvollste Form der Hospitation (wobei Hospitieren allemal konkreter fortbildet als jedes Buch, auch dieses hier).

(3) Lernen durch Lehren

„Lernen durch Lehren" ist selbstverständlich eine Sozialform. Die Spiegelung der Unterrichts-erlebnisse differenziert sich hier zu solcher Vielfalt, daß keinen Augenblick lang eine Spur von Langeweile aufkommen kann. Da Lernen durch Lehren aber mehr ist als eine Sozialform – eine Unterrichtsmethode –, wird das aufregende Thema an anderer Stelle behandelt (S. 221–223).

(4) Partner- und Kleingruppenarbeit

Für Partner- und Kleingruppenarbeit spricht zunächst eine Reihe gruppendy-namischer Argumente:

● Zwei bis fünf Personen: hier kann sich ein familiäres Gruppenklima bilden. In dieser geschützten Situation ist es keine Mutfrage mehr, sich zu äußern, bloßzustellen. Dies ist das Klima, in dem auch zartere Gemüter gedeihen, sich sammeln und stärken können, Kraft holen für das Sich-Mitteilen im Plenum.
● Die von außen aufgedrückte Klassen-„Disziplin" ist aufgehoben. Die äußere schafft eine innere Auflockerung. Empfindungsräume, neue Motivationen werden frei.
● Die Werkstattatmosphäre, in der nicht jedes Wort nachgemessen wird, stellt Offenheit und Lust her. Kreativität ist möglich.
● Die direkte Kommunikation zwischen Ich und Du stellt eine neue Qualität von Interesse und geistiger Gegenwart der Lernenden her. Manche Schüle-rin, mancher Schüler tut einen Sprung nach vorn.
● Erfolgserlebnisse in der Kleingruppe verstärken und vertiefen den Einsatz und die Freude.

Mindestens ebensoviel wiegen aber die Argumente aus rein fremdsprachendi-daktischer Sicht:

● „Sobald man – etwa im Urlaub – mit Partnern versucht, aus einer Ge-brauchsanweisung oder einem Sinnspruch schlau zu werden, entdeckt man rasch, daß die kollektive Bemühung und die Beschäftigung mit Hypothesen anderer schneller und nachhaltiger Bedeutung herstellt, als die eigene An-strengung allein es vermöchte"[1]. Die Kooperation erweitert und vertieft die Einsichtsmöglichkeiten in Sprache und Texte.
● Die Kooperation vervielfältigt die Ausdrucksmöglichkeiten.
● Reflektive Prozesse des Aufbauens und Redigierens von Texten benötigen die Zusammenarbeit, sind in der Partner- bzw. Kleingruppe zu Hause.
● Inhaltliche Binnendifferenzierung erhöht die kreative Spannung und Dichte des geistigen Austauschs im Gruppenganzen (dazu im einzelnen S. 200).

---

[1] PIEPHO (1995), S. 203

226

Vor allem dann, wenn eine Aufgabe oder Übung einen dialogischen oder part-
nerschaftlichen Ablauf nahelegt, ist Partnerarbeit (zwei Teilnehmer/innen) geboten. Im allgemeinen sind drei bis fünf Teilnehmer/innen pro Gruppe zu empfehlen. Die Lehrerin / der Lehrer ist in erster Linie Berater, allerdings ein sehr
wacher Berater, dem „kein Zeichen der Gruppen um Hilfe entgeht"[2]. Oft erweist es sich als sinnvoll, zu Anfang einer Kleingruppenarbeitsphase die ganze
Klasse für einige Minuten allein zu lassen, damit das Begreifen und Ergreifen
der gestellten Aufgabe ihr eigener Schritt ist.

Sehr unvernünftig wäre es, die Sofort-Resultate von Partner- oder Gruppenarbeit kleinlich nachzumessen. Man würde mindestens zwei Parameter mißach-
ten: die Tatsache, daß – bei sorgfältig begleiteter Partner- oder Kleingruppenarbeit – meist alle Schüler aktiv sind, und die Tatsache, daß der Lernfortschritt
eben dadurch tiefere, nachhaltigere Folgen hat. Der Prozeß des Tuns zählt,
nicht das Produkt. Ganz abgesehen von dem oben angedeuteten, überaus hohen gruppendynamischen Gewinn.

Die überwiegende Zahl der im vorliegenden Handbuch beschriebenen Aufga-
ben und Übungen eignet sich – auch – für die Partner- und Kleingruppenarbeit.
Immer da, „wo es um problemlösende Handlungen geht"[3], ist Partner- bzw.
Kleingruppenarbeit besonders effizient.

Ob man sie aber einsetzt, hängt nicht nur vom Aufgaben- oder Übungstyp ab, sondern ebenso
vom zeitlichen Ort innerhalb des Tages und der Unterrichtsstunde. Jeder Tag, jede Stunde hat
ihre Dynamik. Genau am Ende eines strengeren Durchgangs (sei es individuelle Arbeit, sei es
eine konzentrierte Lernphase im Plenum) fügt sich Partner- oder Kleingruppenarbeit am besten
ein. Alles spricht dafür, daß in einem Unterrichtszeitraum von 90 Minuten mindestens einmal
Partner- oder Kleingruppenarbeit eingesetzt wird.

Die Gruppen bilden sich

- nach Sympathie
oder - nach Einschätzung des Schwierigkeitsgrads der Aufgabe
oder - nach spontaner Neigung
oder - nach Gesichtspunkten der effizienten Arbeitsteilung: Phantasie und
     Vertextungsideen, Grammatizität, äußere Formgebung, Gestaltung des
     Ergebnisses, dessen wirksamer Vortrag etc.
oder - nach Attraktivität der jeweiligen Tätigkeit: Lesen und Notieren, Hören
     und Notieren, Schreiben, Erzählen, Vorspielen …
oder - nach kultureller oder individueller Gemeinsamkeit von Haltung und
     Überzeugung
oder - in Ausnahmefällen: aufgrund einer Empfehlung der Kursleitung.

[2] INGE CHRISTINE SCHWERDTFEGER (1995), S. 208
[3] Schwerdtfeger ebd. S. 207

(5) Stillarbeit

Hier ist nicht die Rede von Tests. Dieses Thema liegt klar außerhalb der Thematik des vorliegenden Buchs. Es ist auch nicht die Rede von Formen des autonomen Lernens (dazu S. 198/199). Der Ansatz, um den es geht, ist ein anderer.

Jeder weiß von Phasen der Hörübung: Die Stille als solche tut, auch wenn daneben ein Hörgeschehen läuft, ihre eigene Wirkung. Stille fängt auf und neutralisiert. Stille als sprach-schaffende Möglichkeit wird im Sprachunterricht oft nicht gebührend beachtet, bedacht. In der Überschrift „Stillarbeit" möchte das Wort still dasselbe Gewicht haben wie das Wort Arbeit. Wie im Bild oder auf der Bühne die leeren Flächen so wichtig sind wie die gestalteten, wie ein Arzt weiß, daß das Lassen therapeutisch ähnlich notwendig sein kann wie in einem anderen Fall das Eingreifen, so ist die Stille manchmal so sprachproduktiv wie das Sprechen selbst. Gemeint sind

- Phasen des individuellen Nachdenkens, Sichvortastens, Erkennens beim Einstieg in eine Aufgabe, einen Lesetext, ein Gesprächsthema, ein Erzählgeschehen. Natürlich ist das Arbeit, also Stillarbeit. Es handelt sich um 2–3 Minuten. Eine solche Phase sollte, als Alternative zur Kleingruppenarbeit, beispielsweise in einem Unterrichtszeitraum von 90 Minuten mindestens einmal vorkommen.
- Phasen der individuellen Sprachproduktion, sei es das Festhalten eines Einfalls, das Aufzeichnen eines Assoziogramms, das flüchtige Niederschreiben von Impressionen, Gedankenverbindungen oder das Entwickeln eines Textentwurfs. Hier kann die Phase bis zu 12 Minuten laufen. Solche Phasen werden höchstens bei jedem dritten Unterrichtstreffen möglich sein, im Intensivkurs aber doch meist einmal am Tag.

Stillarbeit aktiviert manche Schüler(innen), die sich im Rahmen der anderen Sozialformen nicht ihren Fähigkeiten entsprechend entfalten können. Stillarbeit setzt die für jede gezielt aufbauende Tätigkeit nötigen Denkpausen, Ruhepausen, und Stillarbeit erzeugt Konzentration. Und das ist bekanntlich der Ort, wo das Selbst-Denken entsteht.

(6) Formen des autonomen Lernens

Autonomie des Lernens ist ein methodisches Konzept und kann sehr konkrete, differenzierende Folgen im Bereich der sozialen Formen des Unterrichts haben. Wir behandeln das Thema autonomes Lernen geschlossen auf den Seiten 198/199. Eng damit im Zusammenhang stehen die Aufgaben und Übungen zur Bewußtwerdung und Erleichterung des eigenen Lernens, die das Kapitel 12 (S. 437–448) beschreibt.

(7) Tandem-Lernen

„Tandem-Lernen ist [...] so alt wie menschliche Begegnungen überhaupt" (Rolf Ehnert[4]). Das Wort, das ursprünglich einen Wagen mit zwei hintereinandergespannten Pferden, dann ein Zweierfahrrad bezeichnet, trifft knapp an der Sache vorbei. Gemeint ist nicht die gemeinsame Reise in dieselbe Richtung, sondern die lernende Begegnung, bei der der eine Partner den Hintergrund, aus dem der andere kommt, zum Ziel hat – etwa: eine Polin und ein Deutscher lernen voneinander, nämlich jeder die Sprache des andern.

Der entscheidende Vorgang ist die „Öffnung der Lehrer- und Lernerrolle: sie sind im Tandem-System ... austauschbar und sollten auch sonst weitgehend einander angenähert werden"[5]. Zu den Formen des Tandem-Lernens gehören:

Brieffreundschaften
Schüleraustausch
Wohnungstausch
Au-pair-Aufenthalte (Voraussetzung: die Arbeitsbedingungen sind kontrolliert)
internationale soziale Projekte und Arbeitslager
Auslandsstudium
Tandem-Einzelpartnerschaften
Tandem-Kurse[6]

Interessant ist die Beobachtung, daß bei der Tandem-Einzelpartnerschaft (der klassischen Tandem-„Zweierseilschaft") keineswegs die Quasi-Ähnlichkeit der Partner den Erfolg garantiert, sondern daß oft gerade ungleiche Paare sich gut ergänzen und harmonieren.

Zwischen Tandem-Lernen und autonomem Lernen gibt es vielfache Zusammenhänge, vor allem was die Selbstbestimmung von Lernweg, -ziel, -inhalten betrifft. Eine der Voraussetzungen dafür, daß eine Tandem-Partnerschaft funktioniert, ist, daß gute Hilfsmittel zur Verfügung stehen.

U. H. / H.-E. P.

Literaturhinweise Seite 503

---

[4] Zitiert bei HANS-ERICH HERFURTH (1993), S. 13
[5] JÜRGEN WOLFF (1989), S. 96
[6] Auszug aus der Auflistung bei Wolff ebd. S. 95/96

„Sprachverstand"

Im Gegensatz zum „Sprachgefühl", aus dem der Muttersprachler wie nebenbei schöpft und das ihn die angemessene, nach der Regel und in der Nuance richtige Formulierung intuitiv finden läßt,[1] ist der „Sprachverstand" eine Kontrollinstanz, die nicht mühelos zur Verfügung steht, sondern die ich fortgesetzt neu wiederherstellen muß. Während wir uns in der Muttersprache auf unser „Sprachgefühl" mit mehr oder weniger Glück in etwa verlassen können, steht es uns in der Fremdsprache, zumindest für eine lange Wegstrecke, nicht zu Gebote, ja es könnte mitunter ein falscher Berater sein. An die Stelle des Gefühls muß der „Sprachverstand" treten.

Mit „Sprachverstand" übersetzen wir hier den Begriff language awareness (auch linguistic awareness, metalinguistic awareness), im Deutschen wurden dafür Bezeichnungen wie Sprachbewußtheit, Sprachbewußtsein, Sprachsensibilisierung, Sprachbeschreibung vorgeschlagen, ohne daß eine dieser Vokabeln Schule gemacht hätte.[2] „Sprachverstand" könnte die Sache für deutsche Ohren vielleicht besser treffen. Nahe verwandt sind Begriffe wie kognitives Lernen, kognitiver Zugang, kognitiver Weg; für unseren Zusammenhang kommt es nicht auf die Kritik der Termini, sondern auf den Impuls an, den diese appellierenden Begriffe auslösen können.

„Für den Erwerb der fremden Sprache (und damit der fremden Kultur) gibt es nicht die richtige Methode. Der Erfolg liegt in der Vielfalt der Methoden und Arbeitstechniken und ihrer wechselnden Anwendung, um so zu vermeiden, daß nur ein Lerntypus gefördert wird und sich Monotonie und Langeweile im Unterricht breit macht" (Schlemminger[3]). Wie die Methoden, sind auch die Zugänge vielfältig und müssen es sein, im Hinblick auf die Vielfalt der Köpfe, die da lernen, die Vielfalt der Gegenstände, die zu lernen sind, die Vielfalt der Ziele, für die zu lernen ist. Ein Zugang, der jederzeit, in jeder Phase des Lernens zur Benützung angeboten werden sollte, ist der über den Verstand. Auch Jugendliche,[4] die diese schwierige Sprache Deutsch lernen, haben das Recht zu verlangen, daß man ihnen als Erwachsenen begegnet, sie wollen die neue Sprache erwachsen, verstehend kennenlernen.

---

[1] Linguistic intuition. Zur Diskussion dieses Begriffs METZLER LEXIKON SPRACHE (1993), S. 569. 575, mit Literaturhinweisen

[2] Literaturhinweise S. 503/504 und METZLER LEXIKON SPRACHE (1993), S. 569, mit Literaturhinweisen

[3] Gerald Schlemminger: Überlegungen zu einem anderen Deutsch-Anfängerunterricht. In: Bernd-Dietrich Müller / Gerhard Neuner (Hrsg.): Praxisprobleme im Sprachunterricht. München: iudicium 1984. S. 123–140. Zitat S. 127

[4] Das dürfte schon für Jugendliche ab 12 oder 13 gelten. Vgl. dazu Karl-Richard Bausch in: HANDBUCH FREMDSPRACHENUNTERRICHT (3. Aufl. 1995), S. 446–451, mit Literaturhinweisen

Wenn zu Recht gefordert wird, daß ein moderner Sprachkurs frühzeitig die Autonomie der Lernenden fördern sollte,[5] so bedeutet das a u c h, daß der Sprachverstand frühzeitig herausgefordert und gründlich ausgebildet werden muß. Denn es gehört zweifellos in den Verantwortungsbereich der Lehrerin / des Lehrers, dafür zu sorgen, daß die Schülerinnen und Schüler sinnvoll, mit Erfolg lernen, wenn sie selbständig weiterlernen – sei es während des Kurses oder nach dem Kurs. Fehlt das Korrektiv der Lehrkraft und der Lerngruppe und (falls das Selbst- oder Fernstudium nicht im Zielland abläuft) auch die Möglichkeit, durch die Menge des Hörens und Sicheinspielens erste Spuren von Sprachgefühl im fremden Sprachkosmos zu entwickeln, so ist der autonom Lernende rein auf seinen Sprachverstand angewiesen. Die Entwicklung „blinder Fertigkeiten"[6] ist vollends ganz nutzlos, denn ob eine Fertigkeit, die nicht kognitiv verankert ist, am Leben bleibt oder nicht, ist beim autonomen Lernen dem Zufall überlassen.

Die langfristig stabile Befestigung einer sprachlichen Fertigkeit funktioniert nur über die Einsicht, über den Verstand. Das Verstehen ist eine Tätigkeit. Mindestens drei Komponenten sind mit dieser Tätigkeit verbunden, die, wenn eine Lehrerin, ein Lehrer richtig damit operiert, das Verstehen zur Erholung und zum Genuß machen können.

Verstehen ist be-greifen. Der Sprachfremdling, der einen Sprach-Zusammenhang erfaßt, für den wird dieses Stück aus der schleierhaften fremden Landschaft konkret, bekommt Profil, Gestalt. Er kann es greifen, glaubt daran und glaubt allmählich, daß die ganze Landschaft aus „echten", verläßlichen Stücken besteht. Eine Erholung vom Mißtrauen diesem unberechenbaren Anderen gegenüber.

Verstehen ist Licht herstellen. Wer – womöglich durch eigene Entdeckertätigkeit – eine sprachliche Erscheinung, sei es die Herkunft eines Wortes oder eine formale Regel, durchschaut, weil er hinter sie schaut und ihren Sinn im Kontextganzen erkennt – der erlebt das als Licht-Gewinn. Es wird klar, es wird hell, es wird freundlich in dem dunklen fremden Gelände.

Verstehen ist Strukturieren. Der Sprachfremdling, der mit Regeln, die er verstanden hat, spielt und feststellt, daß sie funktionieren, daß er damit bauen kann, für den verliert das Fremde seine Fremdheit. Er wird einer Ordnung sicher, mit der er rechnen kann.

Wie kann nun language awareness so gelenkt und entfaltet werden, daß es das Lernen nachhaltig prägt und ihm dient?

---

[5] Mehr dazu S. 198/199 sowie in Kapitel 12. Vgl. auch Wolfgang Tönshoff in HANDBUCH FREMDSPRACHENUNTERRICHT (3. Aufl. 1995), S. 240–243
[6] PAUL R. PORTMANN (1991), S. 37

Die Kunst ist, wie in der ganzen Didaktik, die Rezeptierung, d. h.: Das Verhältnis zwischen Maß, Programm und Ziel muß stimmen. Zwar hat es der Verstand und so auch der Sprachverstand an sich, daß man ihn nicht nebenbei benützen kann; er will, sofern er benützt wird, Hauptgeschäft sein. Dominiert er aber zu stark, leidet die Spontaneität, die Sprache fließt nicht. Ideal wäre der Unterricht, in dem die beiden bewegenden Momente:

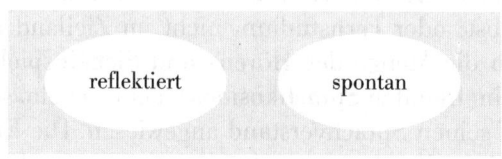

immer abwechselnd betont werden, in dem aber keins von beiden völlig verschwindet. (Der Ort der Fehlerkorrektur ist die reflektierende Phase. Während der spontanen Phase tritt sie weitgehend zurück.)

Zu bedenken ist die Beobachtung, die wir hier als Frage formulieren: Neigen Erwachsene dazu, sich beim Sprechen und Schreiben in der fremden Sprache zu eng zu kontrollieren, sich zu ängstlich an den Regeln zu orientieren (Krashen)?[7] Lernen Kinder leichter, weil sie weniger kognitive Rücksicht nehmen (Sascha Felix)?[8] Auf der anderen Seite steht die Beobachtung, daß Erwachsene immerhin beim Einstieg in eine fremde Sprache „besser" sind, gerade weil sie bewußter lernen.[9]

Die schlichte Unterrichtspraxis gibt dazu ein paar einfache Hinweise. Kognitivierung muß das ausreichende Quantum haben, die Kernprobleme müssen mehrfach und von verschiedenen Standpunkten aus beleuchtet werden. Auswahl und Gewichtung sind – auch noch in der Mittelstufe – nötig, ebenso das fortgesetzte Spiel mit den sprachlichen „Knackpunkten" (Beispiele: Artikulation, Wortbildung, Perfekt, Adjektiv, Satzmuster, sprachliche Nuancen …). Die Menge der Probleme darf nicht ausufern (Beispiele: Redemittel, Partizipialkonstruktionen, Nebenakzente …).

Die Kognitivierung sollte so oft wie möglich die Gestalt des Entdeckens haben, die Regel durch die Lernenden selbst entwickelt werden.[10] Wenn es dem Sprachfremdling gelingt, durch seine eigene Analyse ein Baugesetz, ein Steuerungsprogramm der fremden Sprache selbst zu entschlüsseln, einen Code selbst zu knacken, dann ist es sein Code, sein Gesetz. Die fremde Sprache wird seine Sprache.

Und, nur ein scheinbarer Widerspruch zu dem soeben gehaltenen Plädoyer für den Verstand: Die Kognitivierung braucht nicht immer nur aus Denkarbeit zu

---

[7] Zitiert nach Jürgen Quetz in: HANDBUCH FREMDSPRACHENUNTERRICHT (3. Aufl. 1995), S. 455
[8] Zitiert ebd. S. 454
[9] Quetz ebd. S. 455
[10] Beispiele S. 83–89. 114–119 (Wortschatz) und S. 136–138 (Grammatik)

bestehen. Sie kann auch umgeben sein von Nebenpfaden des Entdeckens – hier gibt es viele Formen von Spiel, Hypothesenbildung, Empfindung, Tasten, Rätselraten. Auf keinen Fall sollte der Unterricht stets dem herkömmlichen Schema

Präsentation → Kognitivierung → Übungen

folgen.[11] Zu den vielfältigen Möglichkeiten zählen etwa diese:

Kennenlernen verstreuter Beispiele in mehreren Aufgaben → Kognitivierung (selbst entwickeln) → Präsentation (Text) → Übungen

oder

Übungen (Schüler bilden schon hier Hypothesen) → 1. Kognitivierung (oberflächlich) → Übungen → 2. Kognitivierung (gründlicher) → Aufgaben

oder

Kennenlernen verstreuter Beispiele in einem Text → Hypothesenbildung → Übungen → Kognitivierung → Übungen → Aufgaben

oder

Präsentation ohne Erklärung → Es folgen andere Materialien → Wesentlich später: Aufgaben und Hypothesenbildung → Übungen → Kognitivierung → Präsentation (Text)

Aus diesen Beispielen geht noch nicht hervor, wieviel Zeit die einzelnen Tätigkeiten kosten und wie sie durchgeführt werden können (in Kleingruppen – als Hausaufgabe – als Trial-and-error-Spiel oder Quiz – als Lehrervortrag ...): Beide Parameter, die Zeit und die Arbeitsform, sind variabel nach Gegenstand, Lerngruppe, Tageskurve usw. Trial-and-error-Übungen (bevor eine sprachliche Erscheinung voll aufgeklärt ist) wird man nie nach Hause aufgeben, die Ergebnisse müssen ja sofort diskutiert werden. Vor allem aber darf der Verstand nicht zum Tyrann werden. Die intelligente Verschränkung von Sprachverwirklichung und Sprachreflexion wird so angelegt sein, daß der Sprachverstand meist in vornehmer Distanz, aber jederzeit zur Verfügung steht, daß aber die freiere und freie Verwirklichung die Szene beherrscht und weit überwiegend das Unterrichtsgeschehen zum spielerisch-schöpferischen Erlebnis macht.

Nur dann ist es möglich, daß sich das Pflänzchen Sprachgefühl auch in der fremden Sprachlandschaft entwickelt und herauswagt und ganz allmählich die sprach-steuernde Instanz in großen Teilen vom Sprachverstand auf das Sprachgefühl übergeht.

Literaturhinweise Seite 503/504

Tandemlernen siehe Sozialformen, Seite 229
Teamteaching siehe Sozialformen, Seite 225/226

---

[11] Besprechung solcher „Phasenmodelle" bei WOLFGANG TÖNSHOFF (1990), S. 76/77

Typologie der Aufgaben und Übungen

Wenn wir – für unseren Zusammenhang – „Typ" als „Bauart, Form, Modell" definieren,[1] so will eine Typologie die Menge der (Aufgaben- und Übungs-)Typen ordnen, auffalten, differenzieren, systematisch darstellen.

Sie verfolgt drei Ziele.

- *Überschau.* Sie will durch ihre Systematik die verzweigten, vielschichtigen Wege des Lehrens und Lernens auf einfache Grundlinien zurückführen und nachvollziehbar machen.

- *Öffnung.* Sie will durch die Differenzierung die Fülle der Möglichkeiten aufschließen, auf die Freiheit der Wahl hinweisen.

- *Zugriff.* Sie will die Fülle der Instrumente und „Rezepte" durch Dokumentation und Beschreibung möglichst nuanciert sichtbar, greifbar, benutzbar machen.

Eine Typologie erfüllt dann ihren Zweck, wenn sie, einem Musterbuch[2] ähnlich, ein breites, vielfältiges Angebot liefert, aus dem der Benutzer frei schöpfen kann, das ihn aber nicht in der Entfaltung seines Konzepts, in der Verwirklichung seines persönlichen Stils einengt, von ihm im Gegenteil die erfinderische Variation der bereitgestellten Modelle erwartet.

Zum vorliegenden Handbuch. In einigen Fällen (zum Beispiel in Kapitel 4, 8 oder 11) könnte die Anordnung der Beispiele zu dem Mißverständnis verführen, hier sei eine Progression oder gar Programmierung angedeutet. Eine solche zeitliche Stufung – die etwa eine rezeptive von einer produktiven, die formale von der freieren Arbeit abtrennen würde – ist im ganzen Handbuch nirgends beabsichtigt.[3]

---

[1] Das (griechische) Wort bezeichnet das Ergebnis der (Münz-)Prägung. Deutsche Parallele: der „Schlag" (von „Münzschlag"). Günther Drosdowski: Duden 7: Etymologie. Mannheim ...: Dudenverlag. 2. Aufl. 1989; s. v.

[2] Musterbücher gibt es im Kunsthandwerk bis heute. Eine entscheidende Rolle spielten Muster- oder Bauhüttenbücher in der europäischen Romanik und Gotik, sie enthielten eine Sammlung gültiger und erprobter figürlicher, ornamentaler, technischer Formvorlagen oder Schnitte, die der Maler, Bildhauer, Baumeister „zitierte", aber in seinem persönlichen Stil modifizierte

[3] Zu dieser möglichen Fehlinterpretation jeglicher Typologie von Lernschritten: MICHAEL LEGUTKE (1988), S. 107. KRISTA SEGERMANN (1992), S. 9/10. Einen Überblick über die allgemeine Diskussion zum Thema Übungstypologie gibt KRISTA SEGERMANN (1992), S. 2–12

Wir gehen in diesem Buch davon aus, daß Aufgabe und Übung zwei verschiedene Dinge sind.[4] Das wurde bereits im Vorwort und in „Palaver 1" betont. Allerdings läßt sich eine solche Unterscheidung nicht bürokratisch starr durchhalten, denn es gibt einen breiten Übergang zwischen den beiden. So haben zum Beispiel Sprach-Spiele (die nicht nur in Kapitel 14, sondern in allen Kapiteln eine Rolle spielen) häufig Übungs- und Aufgabencharakter. Beide, Aufgabe und Übung, stehen zueinander in fruchtbarer Wechselbeziehung.

Üben ist das bewußte Einprägen und Geläufigmachen einer als richtig, wichtig und notwendig erkannten Fertigkeit bis zu einem Punkt der Beherrschung, den der Übende oder sein Berater sich vorgenommen hat. Stets konzentriert sich der Übende oder die übende Gruppe auf die Sprache und deren angemessenen Einsatz bzw. die adäquate Wahl der Sprachmittel.

Aufgaben[5] lösen mentale Operationen aus und führen erst dadurch zu sprachlichen Handlungen. Zwangsläufig setzen die Kursteilnehmerinnen und Kursteilnehmer ihre persönlichen Erfahrungen, Assoziationen, Wahrnehmungen, Denk- und Urteilsgewohnheiten ein und unterscheiden sich untereinander dadurch und in der Art der Versprachlichung, die (im Gegensatz zum Üben) willkürlich und folglich fehlerhaft ist (Interimsprache).

Man wird als Kursleiterin oder Kursleiter die Erträge von Aufgaben stets a u c h – aber nicht vorwiegend – unter dem Gesichtspunkt auswerten, welche sprachlichen Mittel, Strategien und Gesetzmäßigkeiten weiteres Üben der Gruppe oder einzelner Teilnehmerinnen oder Teilnehmer bedürfen. Umgekehrt ist der beste Nachweis der Übungsergebnisse die Lösung von Aufgaben, die eine spontane und geläufige Anwendung des Geübten möglich machen.

U. H. / H.-E. P.

Vgl. auch Seite 195–197 (Palaver 1)
     Seite 449–466 (Ganzaufgaben)

Literaturhinweise Seite 504 sowie 499/500

---

[4] Während HANS-GEORG ALBERS / SIBYLLE BOLTON (1995, S. 27–34), weil sie ans Testen und Prüfen denken, „Aufgabe" (geschlossene / halboffene / offene Aufgabe) als übergeordneten Begriff setzen, möchten GÜNTHER DESSELMANN (1987, S. 8–10) und KRISTA SEGERMANN (1992, S. 13–21) die Aufgabe als eine „offene", „produktive" Form der Übung, als „Übung zur Sprachausübung" sehen. Vgl. auch DAGMAR BLEI, die (1984!) die „Schlüsselposition" der Aufgabe auf dem Weg „zur Realisierung komplexer Handlungen" zeigt (besonders S. 298–300). Daß „von einem gewissen Punkt an nicht mehr die Übung von Sprachmitteln, sondern der produktive Sprachgebrauch als solcher im Zentrum des didaktischen Interesses zu stehen hat", fordert von einer künftigen Typologie der Aufgaben und Übungen PAUL R. PORTMANN (1993, S. 142)

[5] Die sprachliche Herkunft des Wortes „Aufgabe" verweist auf die Bedeutung: Auftrag, zu übernehmende Last. Günther Drosdowski (wie Anm. 1), s. v.

Unterrichtsinhalte

Als Inhalt gilt im Fremdsprachenunterricht alles, was im Kurs zur Sprache kommt. Die Menge, Art und Bedeutsamkeit der Inhalte in den Erlebniswelten der Kursteilnehmerinnen und Kursteilnehmer und der deutschsprachigen Kulturen ist jedoch nicht beliebig. Zertifikats- und andere Prüfungsbestimmungen geben gewisse thematische, situative und sprachliche Inhalte vor, weil nur so die linguistischen Exponenten ausgewählt werden können. Solche Vorgaben genügen aber nicht, um die Inhalte eines Lehrwerks oder Kurses so lebendig, dynamisch ansprechend und anspruchsvoll zu machen, wie es die Funktion als Denk- und Redeanlaß fordert.

Viele Lehrwerke haben Inhalte fast ausschließlich auf der Folie landeskundlicher Belehrung oder Situierung von Handlungen anzubieten. Die Kursteilnehmerinnen und Kursteilnehmer sollen sich in deutsche, in österreichische, in schweizerische Lebensumstände hineindenken und sich zu Sachverhalten äußern, die Ausschnitte aus der Zielkultur darstellen.

Die Lernenden haben ihren eigenen Sozialisationshintergrund mit eigenen Werten, Normen und Inhalten und haben ihr Alltags-, Allerwelts- und Spezialwissen. Es ist nicht zweckmäßig, daß sie permanent über Landschaften, Geschichte, Lebensumstände, Persönlichkeiten des deutschsprachigen Raumes reden und schreiben, so als ob sie das einem Deutschen, Schweizer oder Österreicher erklären müßten. Wenn sich Ausländer in der soziokulturellen Realität auf deutsch äußern, dann ist es in jedem Fall wahrscheinlich, daß sie s i c h (selbst) erklären, über ihre eigene Herkunft, Befindlichkeit und Kultur eher Auskunft geben müssen, als über die Gast- oder Kontaktkultur. Letztere nimmt man mehr rezeptiv, deutend wahr bzw. man erkundigt und vergewissert sich.

Ein Text über den Hamburger Hafen ist nicht Anlaß, über diese deutsche Stadt nachzudenken und zu reden, sondern über einen Hafen oder einen anderen Ort in der eigenen Heimat. Eine Information über das Johannisfeuer in Deutschland liefert Sprache und Schemata für eine Schilderung der Rolle von Licht und Feuer im eigenen Land.

Die Auswahl der Unterrichtsinhalte geschieht also unter dem Gesichtspunkt des tertium comparationis: Welche Inhalte sind geeignet, sowohl die Sprache in authentischen Formen und Kontexten darzubieten wie auch als Denk-, Schreib- und Redeanlaß zu dienen mit dem Ziel der Verdeutlichung des Ichs der Lernenden.

Inhalte müssen im Fremdsprachenunterricht zwangsläufig offen sein, d. h. sie sollen diskutierbar und interpretationsbedürftig sein. Das gilt auch für den Anfangsunterricht, der sich nicht in Trivialität erschöpfen darf.

Die Inhalte sind unter anderem deshalb ein wichtiger Teil des Sprachkurses, weil nur durch sie ein zyklischer Aufbau der Sprachkompetenz möglich ist. Man weiß wenig über den Aufbau unseres abrufbaren Wissens und über das Verhältnis von Vorstellungen und deren Versprachlichung, aber man darf annehmen, daß unser Weltwissen aus alltäglicher Erfahrung, aus vermittelten Kenntnissen und aus Wahrnehmungs- und Handlungsschemata gespeist worden ist und daß Sprache dabei eine ordnende und wertende Funktion hat. Die nachstehenden Inhaltsdomänen sind ein erster Versuch, die Wahrnehmungsfelder als Ordnungssystem des Sprachlernprozesses darzustellen.

1 Abenteuer	2 Aberglaube	3 Aussehen	4 Beruf	5 Bücher	6 Eigen- schaften	7 Erholung
8 Familie	9 Freizeit, Zeit	10 Freunde, Nachbarn	11 Friede	12 Glaube und Überzeugung	13 Gemeinde	14 Geschmack
15 Handwerk	16 Heim, Wohnung	17 Heimat, Wohnort	18 Kleidung	19 Kommuni- kationsmittel	20 Krankheit	21 Krieg
22 Künste	23 Land- schaften	24 Länder & Völker	25 Liebe	26 Menschen- rechte	27 Minder- heiten	28. Nahrungs- mittel, Ernährung
29 Naturwis- senschaft & Technologie	30 Öffentliche Dienste	31 Polizei, öffentliche Ordnung	32 Spiele, Hobbies	33 Sport	34 Sprachen & Kultur	35 Staat
36 Strafe	37 Streit	38 Schule, Ausbildung	39 Transport	40 Tod	41 Umwelt, Ökologie	42 Unfälle, Sicherheit
43 Urlaub, Ferien	44 Verbrechen, Vergehen	45 Verkehr und Wirtschaft	46 Versor- gung, Einkaufen	47 Versöhnung	48 Wald, Natur, Parks	49 Werte und Normen

Die Inhaltsdomänen fangen den episodisch-kontextuell vermittelten Sprachschatz auf und ordnen ihn in abrufbaren Bezugsbündeln. Sie sind gleichsam abstrakte Universaleinheiten als Modell des Gedächtnisses.

Anders die Inhalte, die zu Denk- und Redeanlässen werden sollen. Sie sollten Sachverhalte ansprechen, die authentisch aus einem deutschsprachigen Kontext heraus formuliert sind, aber einem Inhaltsschema folgen, das es gestattet, eigene Welt, eigenes Denken, eigene Werte zu versprachlichen und mitzuteilen.

H.-E. P.

Palaver 2

Kommunikatives Handeln als Ziel und Unterrichtsprinzip

HÄUSSERMANN: Lieber Herr Piepho, die „Kommunikative Kompetenz als übergeordnetes Lernziel" wurde rund zwei Jahrzehnte lang von allen einschlägigen Kanzeln herab als eine Art Heilslehre verkündet. Sind Sie ein Missionar?

PIEPHO: Von mir ist das mit Sicherheit nicht als Heilslehre verkündet worden. Es war – Anfang der 70er Jahre – eigentlich ein Zufall, daß ich mich damit beschäftigte. Ich sollte in Utrecht auf Einladung von Jan van Ek einen Vortrag halten zum Thema „Der handelnde Mensch im Fremdsprachenunterricht"; ich hatte mich damals stark mit der Frage beschäftigt: Was ist Handeln? Das haben damals Philosophen wie Hans Lenk und andere erörtert. Zufälligerweise war zur selben Tagung Christopher Candlin eingeladen, und wir wurden anschließend bejubelt – nicht weil wir individuell so gut waren, sondern weil man meinte, wir hätten uns vorher abgesprochen über das, was wir sagen wollten. Er sprach über communication und ich eben über Handeln, und es war klar, daß wir uns anschließend zusammensetzten, weil wir uns beide auf der gleichen Wellenlänge trafen.

Ich habe dann erst versucht, mich mit der modernen Kommunikationstheorie auseinanderzusetzen, sie von der pädagogischen und anderen Seiten her zu verstehen, und bald erschien das Buch „Kommunikative Kompetenz", das ich gar nicht als Buch gemeint hatte. Es war eigentlich nur ein Haufen von Zetteln, die für meinen Lehrauftrag an der Universität Hamburg dalagen, und das haben die dann gedruckt, und das kriegte dann plötzlich diese Heilslehrenqualität und wurde nicht nur überall zitiert, sondern, was viel schlimmer war, in fremde Sprachen übersetzt, ein Erfolg, der mich eigentlich beschämte, denn es war nichts Ausgereiftes.

Ich habe dann eine „Kommunikative Didaktik" geschrieben und versucht, alles wieder gutzumachen und das, was ich da sehr vorläufig und mit der heißen Nadel genäht hatte, sehr ordentlich darzustellen. Zitiert wird aber immer die „Kommunikative Kompetenz". Die „Kommunikative Didaktik" war wahrscheinlich nicht angreifbar genug, als daß man darüber so heftig diskutieren konnte. Daß dann hinterher, über den Europarat und andere Schienen, dieser Begriff der kommunikativen Kompetenz auch zum Streitwort wurde, den man zur Disqualifikation von anderen benutzte, das hat mit mir nichts zu tun.

H Vertreter des kommunikativen Gedankens haben dann den kognitiven Ansatz scharf bekämpft. Wie stehen Sie dazu?

P Ich habe diese Auseinandersetzung nie begriffen. Selbstverständlich muß ich darüber nachdenken, wie ich mich dem anderen Menschen gegenüber äußere. Und ich muß doppelt darüber nachdenken, wenn ich eine fremde Sprache beherrschen will. Da muß ich selbstverständlich kognitiv arbeiten. Seit Fremdsprachen gelehrt werden, und das hat ja eine Geschichte von ein paar tausend Jahren, wenn wir sehr frühe Beispiele wie Sanskrit und Hebräisch nehmen, die beide auch als Fremdsprachen vermittelt wurden, ist darüber nachgedacht worden, wie Sprache funktioniert.
Die Auseinandersetzung zwischen kommunikativ und kognitiv war ein mehr von verlegerischer Seite hochgespielter Streit.

H Für mich ist ein Unterricht kommunikativ, wenn sich die Schüler füreinander interessieren.

P Was es bedeutet, wenn man versucht, das kommunikative Denken in der Klasse zu verwirklichen, das hat sich erst im Lauf der Jahre herausgestellt. Ich habe zu Anfang oft gemeint, es gibt genügend Simulationen, in denen man das miteinander durchspielen kann, was man dann „draußen" im Falle einer wahren Kommunikation verwenden könnte. Etwas später habe ich begriffen, daß das eine gefährliche Sache ist. Da wird behauptet, ich kann über etwas reden, ohne daß mir der Inhalt eigentlich wichtig ist und (schlimmer noch) ohne daß mir der Partner wichtig ist. Es kommt ja darauf an, kommunikatives Üben in echtes kommunikatives Tun einzubetten.
Die Forderung, Kommunikation nicht nur als Lernziel, sondern auch als Lernprinzip ernstzunehmen, steckte zwar schon im emanzipatorischen Anspruch, in der Philosophie des kommunikativen Unterrichts. Aber in der Praxis war die Antwort auf diese Forderung oft, daß man nicht den Inhalt und den Menschen in den Mittelpunkt stellte, sondern das Kommunikationsmodell. Das führte dazu, daß in den Lehrwerken, die sich als kommunikativ bezeichneten, der Inhalt so gut wie gar keine Rolle spielte. Es war sozusagen ein kommunikatives Klippklapp. Redemittel wurden aufgeführt und geübt: Da, wo man früher grammatische Paradigmata lernte, mußte man jetzt Redemittel lernen. Eine Methode, die weit danebengriff, wenn man Kommunikation auch als Lernprinzip ernstnimmt.

H Kommunikatives Tun darf nicht rein vom Kopf her dirigiert werden – die Sinne, die Empfindungen, die Erfahrungen, der ganze Mensch muß engagiert sein. Für mich ist es kommunikativer Unterricht, wenn der Unterricht selbst Kommunikation realisiert.

P Ich kann nur ganzheitlich denken („holistisch" – man muß heute ein Fremdwort haben), ich kann gar nicht anders denken. Da ist zum Beispiel die Frage nach der runden Persönlichkeit. In einem Lehrbuch sollten runde Personen erscheinen, identifizierbare Personen, die aus bestimmten Gründen so reden, wie sie reden, und so schreiben, wie sie schreiben; man muß bei diesen Inhalten anecken können; das Lernen muß mit Kopf und mit Herz und mit Magen und natürlich auch mit Nase passieren. Aber auch hier muß man aufpassen. Farbige Bilder zum Beispiel sind ein Appell an die Gefühle, Schwarzweißbilder stellen einen hohen Anspruch an die Phantasie. Sage ich nun, ich will an das Gefühl appellieren, mache ich alles vielfarbig und schlage damit die andere Seite kaputt. Mache ich alles schwarzweiß, appelliere ich wieder nur an eine Seite. Schon das Lehrbuch muß also das ganzheitliche Denken der Autoren vermitteln, den ganzheitlichen Lehrer verlangen und für den ganzheitlich erlebenden Schüler geeignet sein.

H Ein Indiz für kommunikativen Unterricht scheint mir zu sein, daß die Lehrerin oder der Lehrer versteht, was die Schüler wollen, was sie sagen, was sie fragen. Daß ein Lehrer, eine Lehrerin also zuhören kann. Es geht um die Atmosphäre. Lehrende müssen auch schweigen können und sich nicht verpflichtet fühlen, pausenlos zu sprechen. Sie müssen die Fähigkeit haben, sich vollständig herauszunehmen. Alle diese Dinge sind Bauelemente für die Atmosphäre –

P ... eine Atmosphäre, die die Kursteilnehmer einlädt, sich wohlzufühlen, entspannt zu fühlen, entkrampft zu fühlen, trotzdem aber auch sich in Bewegung zu setzen (motivieren heißt in Bewegung setzen), sich geistig herausgefordert zu fühlen. Nicht zu Unrecht stehen in modernen englischen Lehrwerken solche Dinge wie classroom dynamics oder learning environment.

Wenn die Lerner z. B. abends ermüdet sind und sich nur in kurzen Phasen konzentrieren können, müssen Entspannungsübungen, Entspannungsphasen angeboten werden, Phasen, in denen man etwas ganz anderes tut, still liest usw. Aktivierende Methoden, die nicht manipulieren, schaffen Selbstbewußtsein. Es schafft auch Selbstbewußtsein, wenn ich nach dem Unterricht mit den Kursteilnehmern in die Kneipe gehe und ein Bier trinke oder sie, wenn ich es kann, zu mir nach Hause einlade, so daß sie sich als Teil einer wachsenden Gemeinschaft erfahren.

H Man könnte von einer Art Kommune sprechen, die sich da bildet. Wir sind also wieder am Anfang. Da gibt es einen Satz von Karl Jaspers: „Alle Gedanken sollten unter die prüfende Frage gestellt werden, ob sie die Kommunikation fördern oder hemmen." Kann dieser Satz so ungefähr Ihren gedanklichen Ansatzpunkt umschreiben?

P Ich kam ja vom situativen Fremdsprachenunterricht her, und der war gar nicht so weit vom Begriff Kommunikation entfernt. Von Aleksej Leontjew erschien 1974 die große Darstellung „Psycholinguistik und Sprachunterricht" – er erwähnte mich dort, meine Erkenntnisse über Situativität und Sprache, Intentionalität und Finalität des Handelns usw., und er forderte quasi von mir, diesen Dingen genauer nachzugehen. Das hat mich damals erfreut, aber auch beunruhigt. Ich kam zunächst auf Dieter Wunderlich; weil ich aber von der Historie und den Sozialwissenschaften herkam und nach didaktischen Denkmodellen suchte, lag es nahe, daß ich mich bei Niklas Luhmann und Jürgen Habermas sehr zu Hause fühlte. Am meisten interessierte mich die Unterscheidung zwischen kommunikativem Handeln und Diskurs, wie Habermas sie trifft. Er sagt: Wenn ich auf Probe handle in einem Raum, in dem ich bemüht bin, die Gewalt der Sprache, die Prädeterminierung meines Verhaltens sozusagen zu „hinterfragen" (so der bekannte damalige Begriff), beginne ich darüber nachzudenken, daß ich mich mit dem anderen über ein neues Verhältnis zwischen uns beiden verständigen muß. Ich muß also aus den Etiketten meiner Sprache heraus.

Hans Hunfeld sagt heute: Genau das ist die Chance der Fremdsprache, daß du deine eigenen Begriffe relativierst, weil du merkst, die andere Sprache denkt anders.

Das neugierige Hineindenken in die Sprache bedeutet zugleich Distanz von meiner Sprache, von der fremden Sprache und führt zum Diskurs im Sinn von Habermas. Ich muß lernen, mich in der Fremdsprache zu erklären, mich dem Gegenüber, der meine Muttersprache nicht beherrscht, verständlich zu machen. Umgekehrt erlebe ich, daß ich manches, was ich in der eigenen Sprache nicht ausdrücken konnte, in der fremden Sprache sagen kann. Sie setzt mich frei für neue Gedanken.

Zum Schluß ein Beispiel aus der Grundschule. Wir hatten alle möglichen Höflichkeiten auf englisch durchgespielt. Da sagt einer der zehnjährigen Schüler: Ich kann mich bei jemand reinscheißern. Ich: Was meinst du damit? Er: So einschmeicheln. Ich: Versuchs doch mal bei einem von denen da hinten (dort saßen die Lehrerinnen und Lehrer). Er geht auf eine Lehrerin zu und sagt: Mmmm, you have a very nice blouse. Sie: Thank you! Er kommt zurück und sagt leise zu mir: Die ist rot geworden! Er hat gemerkt, sein Schmeichelwort ist angekommen. Eine Erkenntnis von diskursiver Qualität! – Wenige Tage später kommt der Junge: Das hab ich auch mit meiner Oma mal versucht, aber auf deutsch. Die hat sich vielleicht gefreut! Der Gedanke: Ich erprobe mal, was die Sprache tut – obwohl ich mich vorher nie getraut hätte, höflich zu sein. – Ein sprachpädagogisch weites Feld.

Literaturhinweise Seite 504/505

Kapitel 7

Aufgaben und Übungen
zur freieren Verwirklichung im Sprechen

Atmosphäre

Wenn Dante und mit ihm Umberto Eco überlegen, wie wohl das erste Gespräch begonnen habe, und beide darauf kommen, das müsse – im Paradies – die Frage des Versuchers an Eva gewesen sein,[1] deuten sie damit eine Bedingung für das Entstehen des Gesprächs an. Wo alles in Frage gestellt wird oder sich selbst in Frage stellt – da können wirkliche Gespräche entstehen.

Gleichgültig wofür man nun die Paradiesesgeschichte halten mag, eins gilt sicher: Gespräche gedeihen da am besten, wo Dinge durcheinandergeraten, auf den Kopf gestellt werden, wo es gefährlich werden könnte, wo also die Schlange spricht. Je „normaler", sicherer und geplanter die Plattform ist, auf der Gespräche ablaufen, desto gespielter werden sie, desto mühsamer wird alles Sprechen. Denn Sprechen ist immer Teil einer Begegnung, einer Kommunikation. Folge für das vorliegende Buch: Man kann Aufgaben und Übungen zur Entwicklung des Sprechens erfinden, komponieren, variieren, formulieren in welcher Vielfalt, Attraktivität, Schülernähe auch immer – es ist immer nur die eine Hälfte. Die andere Hälfte ist der Boden, den der Lehrende bereitet. Nennen wir ihn: Atmosphäre und versuchen wir zu beobachten, wie die Atmosphäre beschaffen sein muß, in der Gespräche entstehen können.

Ein sogenannter Klassenverband bezieht seine Stabilität vor allem von der Lehr-Person. Sie ist, im Sprachunterricht doppelt, übermächtig, meist ohne daß sie es im ganzen Umfang weiß. Solche Stabilität ist eine Schwierigkeit für das Pflänzchen Gespräch. Der Lehrende, dem es ernsthaft nicht um sich selbst, sondern um die Schüler geht, versteht erstens die mit-teilende Kunst, von sich wegzugeben, wegzuschenken, von seinem Leben, seiner Person, seiner Existenz. Er stellt, indem er zweitens seine Person auf subtile Weise relativiert, eine offene, eher labile Atmosphäre her. Zugleich verführt er mit diesem Geben die Lernenden zu ähnlichem Geben. Der damit angeschlagene Grundton ist drittens verbunden mit einer ganz bestimmten Temperatur der Wärme und Liebenswürdigkeit, die im richtigen Maß zu treffen ein immer neues Experiment ist.

---

[1] Umberto Eco: Die Suche nach der vollkommenen Sprache. München: Beck 1994. S. 53. Angespielt wird natürlich auf Gen. 3, 1–6. Zur mythen-vergleichenden Vertiefung Robert v. Ranke-Graves / Raphael Patai: Hebräische Mythologie. Reinbek: Rowohlt 1986. S. 93–105

Um diese Temperatur zu schützen – das braucht sie – wählt er überwiegend Themen, die auf der „wärmeren" Seite des Lebens liegen. Der letzte Satz ist eine in diesem Zusammenhang ziemlich ungeschützte, wissenschaftlich wenig diskutierte Behauptung.[2] Bitte wägen Sie kritisch ab, wieviel Gewicht Sie diesem Gedanken geben wollen.

Zu der „persönlichen", experimentellen Atmosphäre gehört, daß Plan-Faktoren zurücktreten,[3] daß die Tür zum Neuen, Ungeplanten, das alles umwerfen könnte, die Tür zum Chaos immer offenbleibt (womit wir wieder bei der Schlange sind), und das wiederum bedeutet viertens: Die so schön planbaren simulierten Gespräche, die „So-tun-als-ob-Situationen" treten in den Hintergrund zugunsten des echten Gesprächs.[4] Die wirklichen Augenblicke entstehen dann von selbst, die Augenblicke der Begegnung. Der Unterricht *ist* Kommunikation, mindestens ebenso häufig wie er der Kommunikation dient, für sie bereit macht.

Diese vier eng miteinander verflochtenen Linien wollten die Atmosphäre umschreiben, die gute Gespräche anlockt und ernährt.

Sie begegnen in diesem Buch immer wieder dem Hinweis, daß der klassische Ort zur Schulung der sprachlichen Richtigkeit das Schreiben ist (S. 134/135). Überlegungen, wie weit ein Lehrender auch in Gespräche noch sprach-regulierend eingreifen darf und kann, finden Sie auf den Seiten 203/204.

Das vorliegende Kapitel handelt, wie die Überschrift sagt, vom freieren Sprechen.[5] Es geht vor allem um die klug inszenierte Praxis im freieren und freien Sprechen, die spielerische Einübung der spontanen kommunikativen Beweglichkeit. An zweiter Stelle folgt die Arbeit mit Diskursroutinen (Redemitteln). Das Kapitel besteht aus folgenden Abschnitten:

(Assoziative) Einstimmung in eine Themenlandschaft
Beschreiben
Erzählen
Der „didaktische Dialog" und seine Umsetzung
Szenisches Spiel
Gespräch und Diskussion
Diskursroutinen (Redemittel)
Rede und Referat

---

[2] Der rein aus der Lehrerfahrung gewachsene Hinweis auf „Temperatur" läßt sich aber durchaus in Zusammenhang bringen mit der wissenschaftlichen Diskussion zum Thema Affektivität im Fremdsprachenunterricht (affective awareness); dazu besonders WALTER APELT / HEIKE KOERNIG (1994)

[3] Aus der Tatsache, „daß Kommunikation sich gerade durch ihre nicht vorhersehbaren Elemente auszeichnet", sollten viel konsequentere Schlüsse für die Curricula des Fremdsprachenunterrichts gezogen werden – so der Hinweis von Werner Hüllen in: HANDBUCH FREMDSPRACHENUNTERRICHT (3. Aufl. 1995), S. 509/510

[4] Dazu besonders engagiert ROLAND FISCHER (1992)

[5] Aufgaben und Übungen, bei denen vor allem gesprochen wird, finden Sie selbstverständlich in sämtlichen Kapiteln dieses Buches, jeweils sachbezogen auf Wortschatz, Grammatik, interkulturelles Lernen usw. usw. Wahrscheinlich werden Sie, was Ihnen im hier vorliegenden Kapitel fehlt, in einem der anderen Kapitel finden

(Assoziative)
Einstimmung in eine Themenlandschaft

Soll der Austausch über ein Thema lebendig und gut werden, muß gleich der Einstieg ins Thema ein kommunikativer sein. Es handelt sich um eine Unterhaltung, die möglichst viele Teilnehmerinnen und Teilnehmer einbezieht. Es sollte eigentlich kein Ein*stieg* sein, sondern ein leichtes, unbemühtes Hineingleiten. Kein argumentierendes Gespräch, sondern ein spielerisches oder auch bedächtiges Geplauder, ein Spazieren entlang an Gedanken-, Empfindungs-, Bildassoziationen, Anschauungen, Ideen, Erfahrungen.

Es geht um das Sichherantasten an den Kreis oder Umkreis des Themas, den Themenrahmen, die Themenlandschaft. Die Überschrift könnte heißen: „Gedankenspiele", „Gedankenkitzel". Die Tätigkeit ist ein Erkunden des Terrains, ein Sichorientieren, Sondieren.

119 „Gedankenkitzel": Gegenstand

Eine der Möglichkeiten ist, die beim Einstieg vorhandene scheinbare Leere zu benutzen. Eine scheinbare Leere, denn wo eine Gruppe von fünfzehn bis zwanzig intelligenten Leuten zusammen ist, bewegt sich in Wirklichkeit, im Unsichtbaren sehr viel. Sichtbar, hörbar aber steht zunächst ein Vakuum im Raum. Ich – der Lehrer oder die Lehrerin kann nun in den Magnetismus dieses Vakuums einen einzigen Gegenstand stellen.

Zum Beispiel[6] eine Kerze. Die Kerze zieht die gesammelte Aufmerksamkeit auf sich. Ich kann nun darum bitten, daß die Teilnehmer und Teilnehmerinnen sagen, was ihnen einfällt. Dem einen könnte (obwohl es heller Tag ist) „Nacht" einfallen, der andern „Licht", der andern „Feuer". Ein Naturwissenschaftler sagt „chemische Umsetzung". Ein anderer sagt „Gedächtnis". Das spontane Aussprechen von Assoziationen erreicht aber selten die Qualität eines Austauschs aller. Häufig sprechen immer die gleichen, und der größere Teil der Gruppe hält sich zurück. Der meist sinnvollere Weg also: Gleich zu Beginn eine Pause. Das magnetische Vakuum wird vertieft, ausgeschöpft. Aufforderung an die Teilnehmer und Teilnehmerinnen: Was fällt Ihnen ein? Machen Sie sich Notizen. Der Auftrag löst – je nachdem, wie es die Lehrkraft steuert – individuelle Tätigkeit oder den Austausch in Kleingruppen aus. Die anschließende

---

[6] DRUGSTORE

Unterhaltung im Plenum wird weite Teile oder die ganze Gruppe einschließen; natürlich kommt es auch auf die Gruppe und auf die behutsame, schon während der assoziativen Bemühung einsetzende Begleitung durch den Lehrenden an.

Das Hauptziel der Aufgabenstellung ist, daß gleich beim Einstieg ins Thema jeder einzelne etwas zum Thema beiträgt, und sei es nur eine flüchtige Assoziation. Dann ist es auch „sein" Thema. Nun spinnt sich eine Beziehung zwischen den Lernenden und dem Gesprächsinhalt an.

Damit die Bearbeitung der Aufgabe ein „Gesicht" gewinnt, wird ein sichtbares Ergebnis angestrebt. (Dieses Ergebnis ist nicht der Schwerpunkt, kann auch vernachlässigt werden oder entfallen.) Es wird häufig die Gestalt eines Assoziogramms haben: Wortrose, Wortigel, Zeichnung mit eingetragenen Begriffen, Kreis mit Begriffen oder Sätzen, Plakat …

Für den Zusammenhang unseres Aufgaben-Handbuchs ist wichtig, daß dieser Einstieg output vor input rückt. „Der Mensch hat immer schon ein gewisses vages, ungefähres Wissen von dem, was er jetzt ‚richtig' lernen soll. Und gerade dieses ungefähre Vorwissen leitet dann sein Fragen" (Seiffert[7]). „Ein entsprechend interessanter, anreizender, auslösender Impuls soll die Schüler/innen dazu bringen, sich einen Daseins- und Begriffsausschnitt ins Gedächtnis zu rufen und diese Assoziationen und Denkmuster mit ihnen bekannten deutschen Begriffen zu benennen" (Piepho / Serena[8]).

Wenn Susan Sontag das „klassische Dilemma" unserer Kultur in der „Hypertrophie des Intellekts auf Kosten der Energie und der sensuellen Begabung" sieht, und wer wollte ihr darin nicht folgen, so meint sie den abstrahierenden, begrifflichen Intellekt.[9] Ein genaues Gegensteuern gegen diese – immer richtige und rechthabende – Form des Denkens ist das Denken, wie es hier ausgelöst werden soll. Nämlich ein sinnliches, ein farbiges, ein offenes Denken, hautnah dem Fühlen verbunden.

Zur Illustration hier ein weiteres Beispiel. Der Gegenstand ist diesmal eine Zeitung, zu einem großen Ball zusammengeknüllt. Die Aufgabenstellung könnte lauten: Zeichnen Sie drei Dinge, die Ihnen zu diesem Gegenstand einfallen! oder: Schreiben Sie fünf deutsche Wörter auf, die zu diesem Gegenstand passen! Usw. Das Ergebnis der Unterrichtsphase mag beispielsweise so aussehen:

---

[7] HELMUT SEIFFERT (1992), S. 207
[8] PIEPHO / SERENA (1992), S. 28
[9] SUSAN SONTAG (1982), S. 15

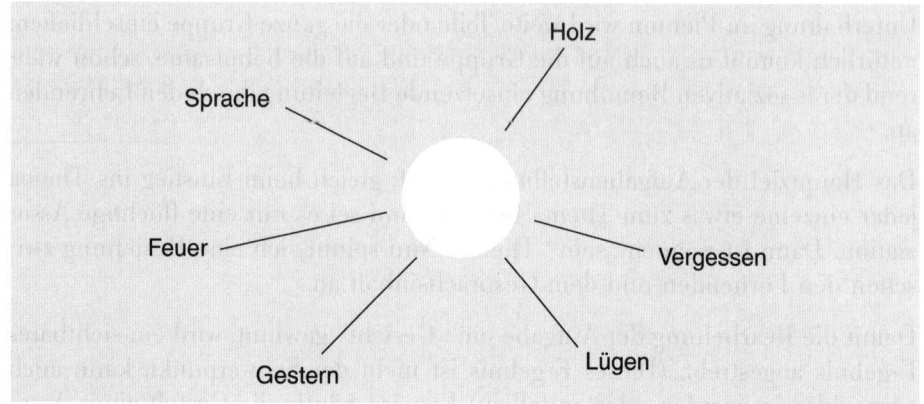

Der Stil des gemeinsamen Betrachtens, Sehens, Findens, geistigen Wanderns wird von Gegenstand zu Gegenstand, von Gruppe zu Gruppe wechseln. Eine Kerze mag zu einer eher kontemplativen, ein Papierball zu einer eher entdeckend-tastenden, ein Paar Schuhe zu einer eher erzählenden Form des Austauschs führen.

Bei der Beschäftigung mit einem Gegenstand drängt sich die hermeneutische Perspektive des Sprachelernens geradezu auf. Für Menschen, die ständig mühevoll um das Verstehen ringen, kann das (richtige) Nachdenken über das Verstehen einen hilfreichen, distanzierenden Effekt haben. Versuche ich, das Verstehen und mein Verstehen kritisch zu beobachten und zu relativieren, lerne ich also hermeneutisch denken, werden die Dinge, auch die Texte, auch die Menschen, die sie sagen und schreiben, für mich größer, farbiger, interessanter, reicher – die beiden referierten Assoziationsaufgaben konnten das deutlich machen.[10]

Wer in seinem Unterricht das Fenster zur hermeneutischen Einsicht öffnen will, muß den Mut zum Vakuum haben, den Mut, eine Kerze, einen Zeitungsfetzen, ein Paar Schuhe ganz ohne Kommentar eine geraume Zeit für sich wirken zu lassen, damit die überraschend vielfältigen, widersprüchlichen Assoziationen überhaupt entstehen können. Er sollte dem Gegenstand „im unterrichtlichen Prozeß das nötige Maß an Autonomie zugestehen und die nötige Zeit einräumen, die das hermeneutische Verfahren erfordert. Der Lernende muß bereit sein, eben diese Zeit zu investieren und sich selbst in den Sinnfindungsprozeß einzubringen, ohne sich durch Klischeevorstellungen an einem hermeneutischen Verhalten hindern zu lassen" (Dietrich Sturm[11]).

120 „Gedankenkitzel": Zahlen-Ratespiel[12]

Diese viel, viel bescheidenere Aufgabe spielt sich auf der ersten Anfangsstufe, bei der Einführung der Zahlen ab, etwa als Vorspann zum Zahlen-Kapitel. Vorausgesetzt wird, daß der größere Teil der Klasse die einfachen Zahlwörter ungefähr beherrscht. Ich – Lehrerin, Lehrer – schätze, wie groß Daniela ist, die

---

[10] Zum hermeneutischen Sehen vgl. oben S. 214–216
[11] DIETRICH STURM (1990), S. 168
[12] KÜCHE

Schülerin links im Hintergrund. Stimmt das? Daniela wehrt sich: Nein, ich bin nicht 1 m 71, ich bin 1 m 68 groß. Der Text liegt nicht fest. Mit der entsprechenden Geste bitte ich sie, (nicht der Sitzordnung folgend) Carlos zu schätzen, Carlos interessiert sich für Fumiko, und so fort.

Beim Schätzen des Alters werde ich natürlich dafür sorgen, daß die Älteren nicht geschätzt werden! Und bin ich mit meiner Gruppe so vertraut, daß ich (natürlich nur die Männer) auch nach ihrem Gewicht einschätzen darf? – Hier, wie bei den vorangehenden Beispielen, gibt es keine simulierte Situation, sondern echte Gespräche, so kurz sie auch sind. Die vorliegende Aufgabe kann zudem den authentischen Gebrauch der Pronomina Du und Sie zeigen. Die Zahlen verlieren durch die Aufgabe des Schätzens etwas von ihrer toten Präzision. Vergleichbare Aufgaben sind leicht zu erfinden.

121 „Gedankenkitzel": Text
oder: Wie ein Kapitelanfang entstand

Die Thematik des Kapitels (obere Grundstufe): Kinder. Unser Problem war: Wie führe ich so ins Kapitel ein, daß sofort Begegnung, Austausch, Gespräch entsteht? Der erste Vorschlag: die sado-pädagogische Kinderfalle, wie eine attische Vasenmalerei sie zeigt. Der Vorschlag wurde verworfen. Grund: Das Bild legt die Gedanken fest, es bleibt ja nur, die Empörung über eine solche Methode zu äußern und zu begründen.

Zweiter Vorschlag: Kriegspielende Kinder. Das Foto erweist sich nicht als dienlich für die Einführung in das Thema. Wir placieren es später im Kapitel. Für den Zweck der Einstimmung in das Kapitel sind die beiden Bilder nicht offen genug. Die Wahl fällt auf einen kurzen Text.

Vorschlag 1

Vorschlag 2

Text[13]

> „Komm her, Alupwa."
>
> „Ich will nicht."
>
> „Doch, komm, ich muß nach Hause gehen. Komm!"
>
> „Ich will aber nicht!"
>
> „Doch, komm, der Vater ist schon vom Markt zurück und ist hungrig, wenn er die ganze Nacht gefischt hat."
>
> „Nein, ich will nicht!" Die dreijährige Alupwa verzieht trotzig den Mund. „Aber komm doch, mein Töchterchen, wir müssen jetzt gehen!"
>
> „Ich will nicht!"
>
> „Wenn du jetzt nicht kommst, muß ich dich nachher holen. Und was ist, wenn die Tante das Kanu nimmt? Du würdest weinen. Und wer soll dich heimbringen?"
>
> „Der Vater!"
>
> „Der Vater wird mich schimpfen, wenn du nicht zu Hause bist. Er mag es nicht, daß du so lang hier bleibst!"
>
> „Macht nichts!" Das Kind entschlüpft den Händen der Mutter, die es festhalten will, dreht sich um und schlägt ihr mitten ins Gesicht. Alle lachen. Nun meint die Schwester der Mutter: „Alupwa, du mußt jetzt mit deiner Mutter heimgehen", worauf das Kind auch nach ihr schlägt. Die Mutter gibt den Kampf auf, Alupwa stolziert zur Haustür hinaus.
>
> MARGARET MEAD

Dieser kurze Text hat sich im Unterricht als ein außerordentlich produktiver Einstieg erwiesen. (Eine Einführung geht nicht voraus. In den anschließenden Aufgaben, die wir in unserem Zusammenhang nicht benötigen, wird auch erwähnt, daß sich die Szene auf den Admiralitätsinseln nördlich von Guinea abspielt.) Es liegt auf der Hand, daß der Text engagierte Fragen und kontroverse Stellungnahmen auslöst. Das Ziel ist eigentlich nicht eine tiefschürfende Diskussion über Kinder und Erziehung (sollte die Thematik tatsächlich hier schon gewaltige Wellen schlagen, wird man das Gespräch nicht abwürgen). Der Sinn ist zunächst nur das Wachklopfen der Sinne und Gedanken für die Fragen, die das Kapitel dann differenzierter stellen wird. Der eher verunsichernde, verwirrende Text macht sensibel für das vielschichtige Thema.

---

[13] SPRACHKURS DEUTSCH NEU 3, S. 42

122 „Gedankenkitzel": Cartoons[14]

Mittelstufe

Wählt man zum Themaeinstieg Cartoons, so ist zu empfehlen, daß sie von der Hand mehrerer Autoren stammen. Biete ich mehrere Facetten von Humor an, werden verschiedene Sorten von Köpfen darauf antworten. Die abgebildete Doppelseite ist der Einstieg in das Kapitel Kommunikation, in dem vor allem die Formen des Verstehens und des Mißverständnisses analysiert werden. Die Cartoons stimmen mehr oder weniger drastisch auf die Leitmotive des Kapitels ein, bereiten den Boden für den folgenden „Denkkurs".

123 „Gedankenkitzel": Gemischte Stimuli[15]

Häufig wird der Unterrichtende – ob mit oder ohne Lehrbuchvorlage – in ein neues Thema mit einer Mischung von Bildanregungen, Textausschnitten, Zitaten usw. einsteigen, einer Mischung von kleinen Provokationen, die Stellungnahmen, Hypothesen, neue Fragen herauskitzeln. In das Kapitel Tierhaltung führt das für chinesische Agrarwissenschaftler bestimmte Lehrwerk Chin Agrar mit einer Reihe von Text- und Bildelementen ein, hier einige Ausschnitte.

---

[14] SPRACHKURS DEUTSCH NEU 5, S. 228/229
[15] CHIN AGRAR 2, S. 1–3

Der Traum der Genforscher: die eier-
legende Wollmilchsau. Die Biologen
kontern mit dem Urschwein

Schwein
Die Züchter sind sich einig: Nur ein mageres Schwein ist ein gutes Schwein. Biologen und Naturschützer hingegen plädieren für die Wiederkehr der Speckbäuche. Sie halten das Borstenvieh aus den Mastanstalten für völlig degeneriert: Ihm wurden bereits 90 Prozent der ursprünglichen Gene verändert. Das bedeutet: Aus eigener Kraft sind die Retortentiere langfristig nicht überlebensfähig. Zum Wohl der echten Sau hat sich unlängst in Ostfriesland die „Interessengemeinschaft für alte und gefährdete Haustierrassen" formiert. Zur Rettung der Ur-Rassen, so die Freunde des Schweins, bleibt vorerst nur der Zoo. Das rotbunte Weideschwein und die ungarische Pußta-Wollsau verblüffen als kugelrunde Exoten das Publikum. Denn kaum jemand weiß, wie eine echte Sau auszusehen hat – wo wir doch alle mit dem fettlosen Kotelett groß geworden sind.

Pro und contra
Was wird ein Schwein nie haben?
Wie sieht Ihr Idealschwein aus?

Glücksbringer in Deutschland

Schornsteinfeger   Schwein   Kleeblatt mit vier Blättern

Wie symbolisiert man in China Glück?
Welche Bedeutungen hat das chinesische Wort für Schwein?

Mittelstufe

Ein solcher Einstieg über mehrere Kanäle regt differenziert an und aktiviert die meisten oder alle Teilnehmer(innen). Voraussetzung: Das Ganze läuft nicht zu schnell, sondern in ruhigem Tempo ab.

124 „Gedankenkitzel": Graffiti[16]

Oft kann ich als Lehrender die für mich, für meine Gruppe beste Einführung in einen Themenkreis irgendwo mitten im Lehrbuchkapitel finden. So suche ich im Lehrwerk Deutsch komplex nach einem besonders pfiffigen Einstieg in das Thema Studieren und finde ihn dort im Unterabschnitt Sprechen:

> **Auf Holzbänken in Hörsälen gelesen**
>
> Das einzige, was mich hier noch hält, ist die Erdanziehung.
> Warum ist am Ende des Geldes noch so viel vom Monat da?
> Denkt daran, die Zukunft beginnt erst morgen, freut euch!
> Lieber eine Vorlesung als gar keinen Schlaf.

Mittelstufe

Tatsächlich streifen diese vier Sprüche entscheidende Schmerzpunkte des Studierens, stechen also sehr genau in das Thema. Die spezifische trocken-skurrile Graffitilogik ist gerade bei diesen Beispielen leicht zu knacken.

125 Einstieg: Gedicht[17]

Natürlich muß nicht regelmäßig vor jeder neuen Thematik „eingestimmt" werden, auch das wäre ja ein Zeichen von Erstarrung. Legitim ist ebenso der Sprung ins Thema, dazu das folgende ausführliche Beispiel. Die transparente Kunst des zitierten Gedichts öffnet gleichzeitig viele Fenster – klassische Möglichkeit für ein nicht zu schwerbeladenes, nicht zu streng strukturiertes Gespräch (in dem der interkulturelle Aspekt ein Leitmotiv sein kann, aber nicht muß).

---

[16] DEUTSCH KOMPLEX 1, S. 81
[17] DRUGSTORE. Textquelle: Joachim Ringelnatz: Das Gesamtwerk. Hrsg. v. Walter Pape. Berlin: Henssel. Band 2. 1985. S. 231

Vortrag ans Hochzeitspaar

Eure Hochzeitssonne scheint.
Wir hoffen, daß Ihr es ehrlich meint.

Wenn wir nach zwei, vier, acht, zehn –
Jahren Euch wiedersehn,
Hoffen wir, daß wir Euch dann noch verstehn.
Und wenn Ihr dann – hinterher,
Zu zweit –
Noch glücklicher als mit uns seid,
Noch gleich verliebt nach Probezeit
Voll doppelter Freude mit halbem Leid,
Dann freut uns Freunde das sehr.
Dann sollen sich Hände wie heute fassen.
Wir treten respektvoll zurück:
Eine Zweitwelt wird vom Stapel gelassen.
Mit Gott!! Viel Glück!

JOACHIM RINGELNATZ

– Bitte, schreibt fünf Gründe auf, die dagegen sprechen können, daß es ein Hochzeitspaar „ehrlich meint".

– Wie kann es nach Eurer Meinung dazu kommen, daß Freunde ein Paar einige Jahre nach der Heirat nicht mehr verstehen?

– Bitte, nennt sieben Vorteile, vielleicht auch Nachteile, einer „Probezeit".

– Was tut man (oft, manchmal, selten), um als Freundeskreis zu zeigen, daß man zusammengehört? (Z. B. tanzen gehen, ein Lagerfeuer machen, zusammen Sport treiben, sich an den Händen fassen.)

– Wann endet die „Erstwelt" eines Menschen, womit beginnt die „Zweitwelt"? Bitte, stellt die bedeutsamsten Unterschiede zusammen.

– Welche Kennzeichen der „Zweitwelt" erscheinen Euch positiv / negativ und / oder interessant / aufregend?

– Wie stellt sich jede(r) in Eurer Gruppe seine / ihre „Zweitwelt" vor?

– „Vom Stapel lassen" bedeutet, ein in der Werft gerade gebautes Schiff zu Wasser lassen, in Dienst stellen. Bitte, erörtert das Bild und seine Gültigkeit als Vergleich. Seid Ihr damit einverstanden?

– Wie ist bei Euch / bei uns die Zeit vor der Ehe bestimmt und benannt? Wo / Wie wird das Hochzeitsfest gefeiert? Wie feiert bei Euch / bei uns ein Paar die Woche(n) nach der Hochzeit? Bitte, schildert das für einen, der Euer / unser Land nicht kennt.

Mittelstufe

Beschreiben

Die folgenden sechs Aufgabenformen schulen das präzise Sehen und das präzise Sagen. Präzis sehen bedeutet, alle Details gewissenhaft studieren und den Zusammenhang in seiner Logik verstehen. Präzis sagen bedeutet reflektiertes Sagen. Aus der Aufgabenstellung ergibt sich, daß die mündliche Formulierung langsam entstehen muß. Vorbereitende Kleingruppenarbeit empfiehlt sich bei der Durchführung nahezu aller Aufgaben. Sämtliche Aufgaben eignen sich ausgezeichnet für den – gut vorbereiteten – Unterricht Lernen durch Lehren.

126 Bildinhalte benennen[18]

Anfängerstufe

Auf dieser Stufe wird in erster Linie verständliches Deutsch (das richtige Wort) erwartet. In einem zweiten Durchgang könnte man an die grammatische Korrektheit denken.

---

[18] THEMEN NEU 2. Kursbuch S. 23

127 Gegenstände und ihre Funktion beschreiben[19]

Töne – Wer? Wie? Was ?

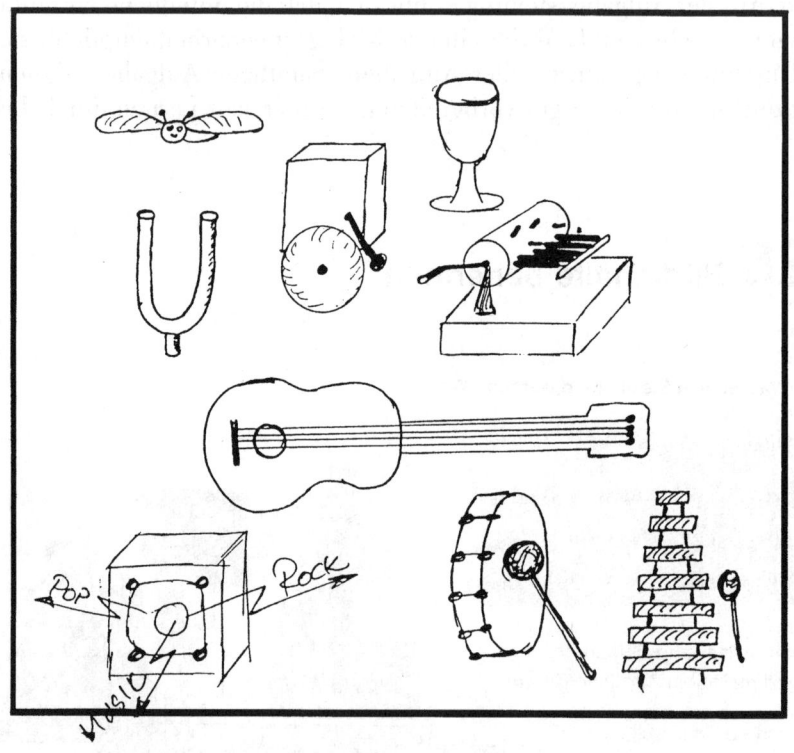

Wer/was schwingt?	bei wem?	wie?	Ton?
-e Spitze, -n	-s Insekt, -en	stark	laut
-e Saite, -n	-e Klingel, -n	schwach	leise
-e Membran, -en	-e Spieldose, -n		
-e Metallplatte, -n	-s Glas, ¨ er	schnell	hoch
-e Blattfeder, -n	-e Gitarre, -n	langsam	tief
-e Glocke, -n	-s Metallophon, -e		
-r Flügel, -	-e Trommel, -n	periodisch	
	-r Lautsprecher, -		
	-e Stimmgabel, -n		

---

[19] HANDBUCH DES DEUTSCHSPRACHIGEN FACHUNTERRICHTS, S. 100

Obwohl die Formulierungen durch die lexikalischen Angaben gelenkt scheinen, ergeben sich doch, auch syntaktisch, viele Modulationsmöglichkeiten. „Das Bildmaterial steigert die Konzentration und lenkt die Schüler auf den gemeinsamen Denk-, Sprach- und Bildgegenstand [...] Das Bildmaterial ist vorstellungsbildend und ist gemeinsamer Referenzpunkt"[20]. Die sammelnde Wirkung ist durch den Einsatz einer Folie noch zu erhöhen.

128 Tätigkeiten / Vorgänge beschreiben

a[21]

Spielen Sie ohne Worte, jedes Detail genau:

Ich repariere ein Fahrrad.
Ich putze, wasche, schneide Salat und mache ihn an.
Ich streiche ein Fenster.
Ich untersuche einen Patienten.

Die anderen Schüler beschreiben genau, was Sie tun (schriftlich oder mündlich frei).

Diese Aufgaben laufen am besten, wenn die Schüler-Lehrer auch auf die Pantomime vorbereitet sind (2 bis 3 Mimen für jede Aufgabe). Die Lehrkraft wird fehlende Wörter während der Durchführung stillschweigend an der Tafel ergänzen.

b[22]

a Es gibt mindestens drei Arten, die Himmelsrichtung festzustellen.

b Können Sie Ebbe und Flut erklären?

c Wie arbeitet eine Sanduhr? Wie arbeitet eine Waage?

d Auf welchem Prinzip fußen die Te⁻

Mittelstufe

Zwar wird diese Aufgabe im Lehrbuch für die schriftliche Arbeit empfohlen. Selbstverständlich ist es aber auch möglich, sie nur mündlich durchzuführen oder der schriftlichen Ausarbeitung einen mündlichen Vorlauf voranzustellen.

---

[20] Ebd. S. 101
[21] SPRACHKURS DEUTSCH NEU 3, S. 41
[22] SPRACHKURS DEUTSCH NEU 4, S. 113

c²³

Bitte beschreiben Sie die Arbeit der folgenden Leute:

der Mondfahrer	der Busfahrer
der Mathematikprofessor	der Chemielehrer
die Apothekerin	der Kapitän
der Geometer	der Kameramann
die Zugschaffnerin	der Wirt
die Schauspielerin	die Stewardeß
der Augenarzt	die Blumengärtnerin
die Bankangestellte	der Geograph
die Physikstudentin	der Lokomotivführer
der Koch	der Zauberer

Mittelstufe

129 Bildvergleich²⁴

A *Sie haben das Original. Ihr Partner / Ihre Partnerin hat die Fälschung. Beschreiben Sie nun Ihrem Partner / Ihrer Partnerin genau Ihre Zeichnung, und stellen Sie dabei insgesamt 10 Unterschiede fest!*
Notieren Sie die Unterschiede!

B *Sie haben die Fälschung. Ihr Partner / Ihre Partnerin hat das Original. Beschreiben Sie nun Ihrem Partner / Ihrer Partnerin genau Ihre Zeichnung, und stellen Sie dabei insgesamt 10 Unterschiede fest!*
Notieren Sie die Unterschiede!

Das Besondere an dieser Aufgabe ist: Sie wurde als Sprechanlaß für Partnerarbeit formuliert. Möglich ist aber auch, daß Bild A (das Original) jeweils in den Händen von zwei, Bild B (die Fälschung) ebenfalls in den Händen von zwei Schülern ist: Die Vierergruppe unterhält sich über Original und Fälschung. Möglich ist auch, daß die ganze Klasse in zwei Gruppen geteilt wird, die A-Gruppe hat das Original, die B-Gruppe die Fälschung: Der Bildvergleich geschieht im Plenum.

---

²³ SPRACHKURS DEUTSCH NEU 4, S. 123
²⁴ WECHSELSPIEL, S. 98/99. Vgl. auch den Bildvergleich Aufgabe 93 im grammatischen Teil

130 Bildbeschreibung

Die angemessene Beschreibung eines Bildes – sei es ein Foto, eine Sachzeichnung, eine Collage, eine Graphik, ein Gemälde – ist eine Technik, die zu den Lernzielen jedes Mittelstufenunterrichts gehört. Diese Technik wird durch gezielte Aufgabenstellungen aufgebaut. Hier ein Projektvorschlag, der detaillierte Arbeitsschritte vorsieht:

a[25]

Heinrich Campendonk: Harlekin (1925). Campendonk – Freund von Macke, Marc, Kandinsky – ist in vielen Elementen dem Stil des „Blauen Reiter" verpflichtet. Unter den wichtigen deutschen Malern des Jahrhunderts hat er am meisten für das Theater gearbeitet. Campendonk (geboren 1889) mußte Deutschland 1933 verlassen und lebte bis zu seinem Tod (1957) in Amsterdam.

Bitte bereiten Sie sich auf dieses Werkstattgespräch allein oder in kleinen Gruppen vor. Machen Sie sich, wenn Sie mögen, Stichworte und tragen Sie im Plenum vor.

(1) Beschreiben Sie das Bild ausführlich:
  – die Kostüme
  – die Haltung der Bühnenfiguren
  – den Ausdruck der Bühnenfiguren
  – ihre Anordnung im Raum
  – die Gegenstände im Raum und ihre Funktion.

(2) Unterhalten Sie sich mit dem Maler. Welche Fragen stellen Sie an ihn? Welche Bilddetails finden Sie erstaunlich? fremd? überraschend?

(3) Versuchen Sie den Gesamteindruck zu beschreiben, den das Bild auf Sie macht. Welche Gefühle löst das Bild aus? Widersprüchliche Gefühle?

(4) Gehen Sie in das Bild hinein. Könnten Sie sich mit einer dieser Figuren identifizieren? Mit welcher? Nein? Warum nicht?

(5) Schreiben Sie einen Text, der „aus diesem Bild" kommt (nur eine halbe Seite):
  – eine Geschichte oder
  – ein Märchen oder
  – ein Gedicht oder
  – einen Dialog.

Mittelstufe

---

[25] SPRACHKURS DEUTSCH NEU 5, S. 152/153. Vgl.: Das Bild als Sprechanlaß. Paris: Goethe-Institut 1988 (4 Bände). Siehe auch die schriftliche Aufgabe unten S. 350/351

Einen anderen Stellenwert im Unterricht hat die folgende, sehr knapp formulierte Sprechaufgabe. Sie bereitet eine eher persönliche Atmosphäre vor. Ein mehr subjektiver Stil der Beschreibung wird entstehen.

b[26]

Was würden Sie sich in Ihr Zimmer hängen?
Was hängt jetzt dort?

Mittelstufe

131 Bildsuchspiel[27]

Die Klasse wird in zwei Gruppen geteilt. Jeder Teilnehmer, jede Teilnehmerin der Gruppe A bekommt ein Bild (aus einer aktuellen Zeitung oder Illustrierten, aus einem Lokalblatt, aus einer über Europa oder ein deutschsprachiges Land informierenden Broschüre). Jede(r) von der Gruppe B erhält einen – zu einem dieser Bilder gehörenden – Kurztext (aus dieser Zeitung, dieser Broschüre).

Die A-Leute beschreiben ihr Bild, die B-Leute geben, zusammengefaßt, ihren Text wieder. So findet jede(r) seinen (ihren) Partner.

---

[26] DEUTSCH KOMPLEX 1, S. 110

[27] DRUGSTORE. Anmerkung: Die Bundeszentrale für politische Bildung verschickt kostenlos Exemplare ihrer „Politischen Zeitung" (PZ); Sie brauchen nur anzufordern: Ich möchte PZ / Wir in Europa bestellen, und zwar _____ Exemplare. Adresse: Universum Verlagsanstalt, Postfach, 65175 Wiesbaden

Erzählen

Erzählung und Gespräch sind die Herzstücke jedes Unterrichts, und um so mehr des Sprachunterrichts. Das Erzählen – gemeint ist hier immer das mündliche – unterscheidet sich vom Beschreiben[28] in der Grundhaltung. Während das Beschreiben eine gewisse Distanz zum Gegenstand voraussetzt, wird das Erzählen desto lebendiger, spannungsvoller und spontaner, je näher der (mündlich) Erzählende mit seiner Erzählung verwoben ist, je mehr er ein Teil von ihr oder gar mit der Hauptperson identisch ist. (Auf einem anderen Blatt steht, daß es zahllose, vor allem literarische, Übergangsgrade zwischen Erzählung und Beschreibung gibt.) Während die Tätigkeit des Beschreibens Bemühung um sprachliche Präzision verlangt – und die Schüler Fehlerkorrektur erwarten –, tritt beim mündlichen Erzählen die Rücksicht auf sprachliche Richtigkeit in den Hintergrund. Ja das allzu ängstliche Reflektieren auf Korrektheit kann stören, denn Erzählen wird desto wahrer, je direkter und „totaler" es ist. Erzählen ist Geben, Sichpreisgeben, und was ich preisgebe, sind nicht in erster Linie meine Gedanken, sondern meine Gefühle. Ein Unterricht, in dem es nicht um gespielte, sondern um echte Kommunikation zwischen den Teilnehmenden geht, muß das Erzählen praktizieren, aus mindestens drei Gründen –

– nur erzählend steigen die Teilnehmer ganz in die Gruppe ein und lernen sich kennen
– durch das Erzählen gewinnen die gemeinsamen Themen ihre menschliche Notwendigkeit, ihr Leben
– durch das Erzählen entsteht die „Temperatur", die sprachliches Tun eigentlich erst begründet („motiviert"), zum wirklichen Fließen bringt.

Die Diskussion um die entscheidende Rolle der Gefühle im Sprachunterricht[29] muß um die Frage nach den Gesprächsformen ergänzt werden. Das beginnt an der Basis. Wenn ich einen Bekannten zufällig auf der Straße treffe, frage ich ihn nicht „Was hältst du von Friedrich Engels?", sondern „Wie geht es deinen Kindern?". Die Antwort ist: er erzählt.

Ein Sprachunterricht, der das Erzählen als mindestens ebenbürtiges Ziel neben das Diskutieren und das Gespräch rückt, wird sich rasch befreien von der noch allzu häufigen, zu Recht beklagten Begriffsgefangenschaft und Kopfmühseligkeit.

Das Erzählen wecke ich durch Erzählen. „Man pflegt von den Schülern zu verlangen, daß sie sich im Erzählen und Beschreiben üben sollen; aber man darf nicht vergessen, daß hier vor allem das Beispiel des Lehrers vorangehen muß" (Herbart 1834[30]). „Es gibt heute – von wenigen

---

[28] Zum Beschreiben siehe S. 253–258
[29] WALTER APELT / HEIKE KOERNIG (1994)
[30] Johann Friedrich Herbart: Pädagogische Schriften. Hrsg. v. Walter Asmus. Düsseldorf: Küpper 1964/1965. Band 3. S. 203

Ausnahmen abgesehen – keine Alltagspraxis des Erzählens mehr. Es ist bequemer, eine Geschichte vorzulegen; noch bequemer ist es, eine Kassette einzulegen [...] Das Erzählen fordert vom Lehrer den Einsatz der ganzen Person. Er liefert sich ein Stück weit seinen Schülern aus [...] die Angst manches Lehrers vorm Geschichtenerzählen ist deshalb berechtigt."[31]

Das Urbedürfnis des Menschen, zu erzählen und ein wenig aus der verschwiegenen Welt seines persönlichen Daseins mitzuteilen, ist eine äußerst kostbare Eigenschaft. Es ist geboten, daß ein Lehrender dafür den angemessenen geschützten Raum, das Klima der Sensibilität herstellt. (Dies schließt die Lehrererzählung ein, geht aber darüber hinaus.)

132 Mündliches Erzählen: Aufgaben im Vorfeld[32]

In heutigen Unterrichtsmaterialien werden (nicht allzu häufig) Aufgaben angeboten, die das Erzählen fördern, also eine Art Vorschule zum freien Erzählen bilden können. Fast alle diese Unterrichtsvorschläge sind gut erprobt, ihre Umsetzung kann die Unsicherheit überwinden helfen, die manche Teilnehmerinnen und Teilnehmer aufgrund des heute verbreiteten Mangels an Erzählkultur empfinden. Hier ist anzumerken, daß dieser Mangel vor allem Teile der überzivilisierten westlichen Welt betrifft, es gibt weite Räume, wo das Erzählenkönnen noch lebendig oder dicht unter der Oberfläche der Gemüter versteckt ist, man braucht nur zu kratzen. Die hier zusammengestellten „Vorfeld"-Aufgaben dürfen aber keinesfalls das „wahre", spontane Erzählen, durch das der Erzählende sich selbst darstellt und darstellen will, verdrängen: Es sollte die „Vorfeld"-Aufgaben begleiten als die wichtigere Tätigkeit.

a[33] Nacherzählen. Der Lehrende teilt seinen Kurs „in zwei Untergruppen auf, von denen eine vorübergehend in einen anderen Raum gebeten wird [...] Jeder der Untergruppen erzählt der Lehrer eine andere Geschichte. Nach einer angemessenen Vorbereitungszeit, in welcher die Schüler sich auch Stichwörter und Notizen anfertigen, werden beide Gruppen wieder zusammengerufen. In der sich anschließenden Arbeitsphase suchen sich alle Schüler einen Partner, dem sie die Geschichte in eigenen Worten wiedererzählen [...] Der Lehrer hat während dieser Unterrichtsphase beratende und unterstützende Funktion, indem er die Arbeit in den einzelnen Partnergruppen begleitet und bei auftretenden Schwierigkeiten sofort als Helfer tätig werden kann."

Für alle Lernstufen geeignet, nach oben unbegrenzt einsetzbar

---

[31] HILBERT MEYER (1994), S. 302

[32] Einen Erfahrungsbericht und detaillierte Tips zum Aufbau einer Erzähl-Kompetenz gibt B.-D. Müller in BERND-DIETRICH MÜLLER, Hrsg. (1992), S. 108–131

[33] RAINER E. WICKE (1993), S. 42. Weitere Vorschläge ebd. S. 43–51

b[34] Eine Geschichte zu Ende führen. Die folgende Geschichte, hier als Lük-kentext im Arbeitsbuch abgedruckt, soll fertigerzählt werden. Wir geben hier vom dort abgedruckten Text nur die letzten acht Sätze wieder:

Auch der Vater _____ die Ringe nicht unterscheiden. Nun _____ er seine Söhne, erst den einen, dann den zweiten, dann den dritten. Jedem _____ er einen Ring. Bald darauf _____ er. Kaum _____ der Vater tot, _____ jeder der drei Söhne Herr im Hause sein. Sie _____ laut und lange. Aber es _____ um-sonst, der echte Ring _____ nicht zu erkennen. Da _____ die Söhne vor Gericht und _____ ...

Ebenso möglich: Die Lernenden erfinden den Anfang oder das Kernstück der Geschichte. Jede Vorgabe von möglichen Lösungen (etwa in Form von Auswahlsätzen) würde die Phantasie der Teilnehmerinnen und Teilnehmer beschneiden. Die mündliche Durchführung ist der schriftlichen vorzuzie-hen, da sie viele Anlässe zum Gespräch, zum Streit, zum Erstaunen schafft. Vorbereitung in Kleingruppen (mit Notizenmachen?). Zu empfehlen: Meh-rere Geschichten werden gegeben, zum Beispiel zwei Geschichten für vier (konkurrierende) Gruppen.

Aufgabenform für alle Lernstufen geeignet, nach oben unbegrenzt einsetzbar

c[35] Bildgeschichte

Für diese Aufgabenform eignen sich am besten Bildsequenzen, die mehrere Deutungen, mindestens den Schluß offenlassen, wie zum Beispiel die hier vorliegende Sequenz.

Aufgabenform für alle Lernstufen geeignet, nach oben unbegrenzt einsetzbar

---

[34] DEUTSCH HIER. Arbeitsbuch S. 96
[35] VIEL SPASS MIT DEUTSCH 1. Lehrbuch S. 210

d[36]

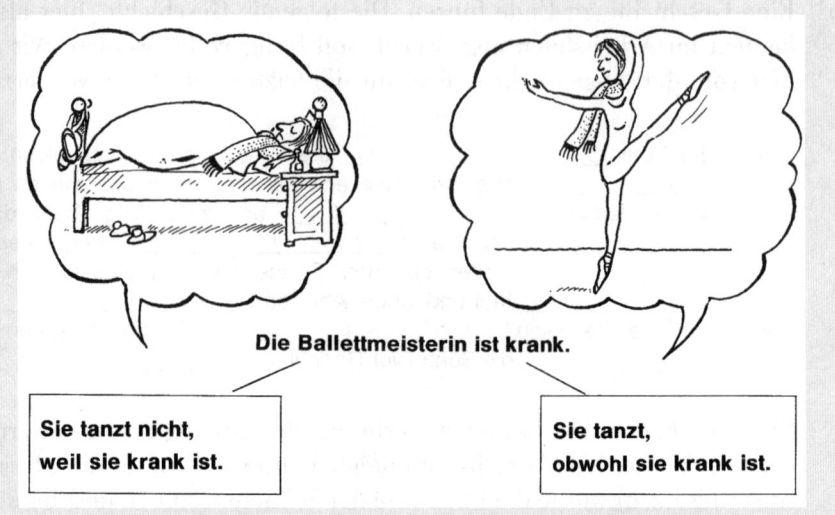

Die Ballettmeisterin ist krank.

Sie tanzt nicht,
weil sie krank ist.

Sie tanzt,
obwohl sie krank ist.

„Szenario". Die Phantasie wird besonders angespornt, wenn eine Geschichte zum großen Teil unsichtbar bleibt, also nur durch ein oder zwei „Szenarios" angedeutet wird. Die Lernenden haben freien Raum, das Davor und Danach nach Belieben auszuschmücken und die Ergebnisse zu vergleichen. Unser Beispiel soll zwar schlicht die beiden Wörtchen *weil* und *obwohl* visualisieren, bietet sich aber zum ausführlichen Geschichtenerfinden an. Eine Bemerkung am Rand. Geschichten vertiefen, weil sie mehrere Erlebnisebenen verknüpfen, den Behaltenswert einer Formulierung. Eine Regel, die mit einer Geschichte erläutert und „vernetzt" wird, prägt sich ein.[37]

e[38] Erzählspiele. Hier nur zwei aus einer Fülle von Möglichkeiten.

Jeder schneidet aus alten Zeitungen oder Illustrierten drei Bilder aus, die ihn interessieren. Er legt seine Bilder mit dem „Gesicht" nach unten auf den Boden. Nun zieht jeder drei beliebige Bilder und denkt sich in fünf Minuten eine Geschichte aus, in der er selbst und die drei Bilder vorkommen. (Variation: Gruppenarbeit.)

Die Teilnehmer rufen, ohne viel zu überlegen, Wörter, die an der Tafel notiert werden. Dann wird dreimal abgestimmt; die Wörter bekommen so viele Striche wie Stimmen von der Gruppe. Nun beginnen die Teilnehmer eine Geschichte zu erzählen und beginnen mit dem Wort, das die meisten Striche hat. Um jedes Wort herum soll ein Satz gebaut werden. Die Gruppe entscheidet, nach welcher Richtung die Geschichte weitergeht: nach links, nach unten, nach rechts …

Für alle Lernstufen geeignet, nach oben unbegrenzt einsetzbar

[36] GRUNDGRAMMATIK DEUTSCH, S. 144
[37] Zum Thema Gedächtnispsychologie und Mnemotechnik siehe auch S. 207–209
[38] SPRACHKURS DEUTSCH NEU 3, S. 166 und 314

133 „Echtes" Erzählen: am Rand des Autobiographischen

„Echtes" Erzählen, von mir und meinem Leben, ist ein aufregendes Geschehen, aufregend für den Erzählenden und, wenn die Zuhörer ungeteilt zuhören,
ebenso für sie. Nicht viele Menschen sind in der Lage, in einem größeren Kreis
echt zu erzählen; zu viele Nuancen der Scheu – von der Angst mißverstanden
zu werden bis zu Tabuempfindungen – stehen dazwischen. Was echtes Erzählen
an Atmosphäre und Dynamik in einer Gruppe herstellen kann, ist außerordentlich. Aber nur das mündliche Erzählen. Es bewegt in der Gruppe unver-
gleichlich viel mehr als die schriftliche Erzählung (die dann, im besten Fall,
später im Plenum abgelesen wird, wenn sie nicht überhaupt nur bei einer
Person landet und untergeht: der Übermutter Lehrerin oder dem Übervater
Lehrer).

Damit in einem Sprachkurs echtes Erzählen passiert, ist es erstens nötig, daß
die (bereits S. 242/243 umschriebene) differenzierte „Temperatur" in dieser
Gruppe herrscht. Zweitens. Dem freien Erzählen dient oft – nicht immer – ein
kurzer Vorlauf, entweder in der Kleingruppe oder individuell. (Wenn überhaupt
Notizen gemacht werden, nur wenige Stichworte.) Drittens. Die Brisanz des
erzählenden Sichauslieferns verschwindet, wenn eine Aufgabe die Wahl offen-
läßt, wie persönlich ich sie verstehen will. Die beiden folgenden Aufgaben bieten die Möglichkeit zu einem sehr persönlichen Beitrag an, sind aber so formuliert, daß auch unverbindlichere Formen des Erzählens Platz haben.

a[39]

(1) Bilden Sie kleine Gruppen, erzählen Sie einander:
  - Träumen Sie jede Nacht?
  - farbig oder schwarzweiß?
  - gut oder schlecht?
  - immer wiederkehrende Träume?

  Erzählen Sie einander Träume.

(2) Die Gruppe schlägt vor, welche Träume auch im Plenum erzählt werden sollten.

(3) Träume werden im Plenum erzählt. Die Gruppensprecher berichten im Plenum von den weiteren Ergebnissen des Gesprächs.

b[40] Thema: Was ist ein Freund? Bitte antworten Sie in Form einer Erzählung
aus Ihrem Leben. (Nicht allzu lange individuelle Vorbereitung. Stichworte
möglich.)

---

[39] SPRACHKURS DEUTSCH NEU 3, S. 236
[40] KÜCHE

134 „Echtes" Erzählen: aus dem Hintergrund des Autobiographischen

Noch etwas tiefer ins Autobiographische steigen die beiden folgenden Anregungen.

a[41] Sie identifizieren sich mit einer Pflanze oder einem Tier. Sie erzählen nun die Geschichte der Leiden und Freuden dieses Lebewesens in Ich-Form, so als ob Sie selbst diese Pflanze, dieses Tier wären.

Die Aufgabe lockt sehr viel Eigenes aus den Erzählenden, und zwar dadurch, daß sie ihnen eine Maske leiht, hinter der sie sich, das Allzupersönliche verstecken können. Wiederum sind die Erzählenden frei, wie sehr sie die Aufgabe auf sich selbst beziehen wollen. (Kurze individuelle Vorbereitung, möglichst ohne Notizen zu machen.)

b[42] Diese Erzählaufgaben gehen davon aus, daß jeder in seinem Leben mindestens eine Situation höchster Spannung oder stärkster Bewegung erlebt hat und davon erzählen kann. Der häufigere Fall ist, daß davon eher andeutend, umschreibend gesprochen wird. Die Aufgabenstellungen bieten eine Auswahl an, daraus wird auf jede Teilnehmerin, jeden Teilnehmer wenigstens eine Aufgabe passen.

(1) Beschreiben Sie den Weg, den Sie in der höchsten Spannung / Freude / Trauer / Erregung Ihres Lebens gegangen oder gefahren sind.

(2) Skizzieren Sie die Stationen eines Ereignisses, das Sie stark betroffen hat.

(3) Beschreiben Sie zweimal einen Ort, an dem Sie viele positive und viele negative Dinge erlebt haben. Beschreiben Sie den Ort aus positiver und aus negativer Sicht.

Aufgabenformen 133 und 134: ab obere Grundstufe (und nach oben unbegrenzt) einsetzbar

---

[41] KÜCHE

[42] KÜCHE. Die Formulierung sagt hier zwar „Beschreiben". Es handelt sich aber um ein so subjektives Beschreiben, daß die (auf S. 253 gegebenen) Merkmale des Beschreibens hier nicht zutreffen

Der „didaktische Dialog" und seine Umsetzung

Dieser Abschnitt handelt kritisch von den in Lehrwerken vorgegebenen „didaktischen Dialogen"[43] und den Möglichkeiten, damit umzugehen. Dieser und die drei folgenden Abschnitte gehören aufs engste zusammen, nämlich:

Dialog, Szenisches Spiel, Gespräch, Diskursroutinen.

Diese vier Unterthemen werden hier um der Übersichtlichkeit willen getrennt verhandelt. Gemeinsames Ziel: Die Lernenden sollen gesprächstüchtig (gemacht) werden.

Ein verbreiteter, in einem alten pädagogischen Aberglauben verankerter Irrtum ist, zu meinen, man könne und müsse die vier genannten Wegstücke wie auch immer linear hintereinander fügen, irgendeine Art Phasenmodell, Stufenmodell oder Regie der Schritte austüfteln. In Wahrheit dienen wir den Lernenden dann, wenn wir, Lehrerinnen und Lehrer, mit größter Flexibilität nebeneinander alle diese Möglichkeiten abwechselnd einschalten, nicht theoretisch, sondern von der Empfindung geleitet, was die Schülerinnen und Schüler jetzt in diesem Augenblick, zu dieser Tageszeit, an dieser Stelle des Lernwegs brauchen. Abschied also von mancherlei Phasenmodellen, dies gilt auch für die Arbeit mit vorgegebenen Dialogtexten im einzelnen.

Zum Lernwert des „didaktischen Dialogs", der in einem Lehrwerk abgedruckt ist. Er steigt oder fällt, je nachdem ob

(1) der Dialogtext wichtige Diskursroutinen (Redemittel) enthält
(2) er so angelegt ist, daß sich Variationen, Aktualisierungen, Umkehrungen daraus entwickeln lassen
(3) er sprachlich und dramatisch „gut" ist (dann läßt er sich leicht nachspielen, mit großem Nutzen für die prosodische Kompetenz der Schüler)
(4) es in einem Lehrwerk eine sehr bunte Mischung in der Form und im Stil der Dialoge gibt.

Zu (1). Schülerinnen und Schüler interessieren sich bekanntlich für alles Idiomatische, so auch für Diskursroutinen, die Lernmotivation ist stark. Der *weitaus* kürzeste Weg, sie so zu verinnerlichen, daß sie für den spontanen Gebrauch zur Verfügung stehen, ist erfahrungsgemäß das Nachspielen von vorgegebenen Dialogen.

Zu (2). Obwohl schon das Nachspielen von Dialogtexten „durchaus geeignet ist, die Sprechflüssigkeit der Lerner zu verbessern und wichtiges Sprachmaterial einzuprägen"[44], sollten die Texte so gefaßt sein, daß sie dazu verführen, sie zu verändern, auf den Kopf zu stellen, weiterzuführen

[43] Michael Bludau: Didaktische Dialoge: Ein Beitrag zur Operationalisierung kommunikativer Lernziele im Englischunterricht. In: Praxis des neusprachlichen Unterrichts 22. S. 251–264. – Stephen Speight: Konversationsübungen. In: HANDBUCH FREMDSPRACHENUNTERRICHT (3. Aufl. 1995), S. 252–255. Speziell S. 254
[44] Speight ebd. S. 254

usw. Die halbgelenkten und schließlich ganz offenen Formen des Spiels wecken – nur dann, wenn die Dialogvorgabe psychologisch überzeugt –, sehr zügig die Fähigkeit, sich darzustellen, sich sprachlich frei zu bewegen, machen von Mal zu Mal meßbar gesprächstüchtiger.

Zu (3). Nur wenn ein Dialog eine authentisch stimmige Sprachqualität und eine gewisse dramatische „Spitze", Schärfe, Bedeutung hat, ist er eingängig. Die Schülerinnen und Schüler sprechen ihn dann ohne mühsames Auswendiglernen fast wörtlich nach und prägen sich die prosodischen Formen des Dialogs ein, nachdem sie ihn zweimal von der Cassette gehört haben. Diese Übung sollte natürlich nicht bei jedem zu spielenden Dialog wiederholt werden.

Zu (4). Die naheliegende Forderung, daß die „Bühnen", Anlässe, Intentionen und vor allem Charaktere innerhalb eines Lehrwerks extrem unterschiedlich sein sollten, geht natürlich davon aus, daß es überhaupt Charaktere gibt – keine Schatten, sondern leibhaftige Gestalten.[45] Gemeint ist mit diesem Punkt aber auch, daß Dialoge bekanntlich auf vielfältigste Art vorgelegt werden dürfen und sollten:[46]

– als geschlossener Text

– als Text mit kleineren oder größeren Lücken (das Mitbauen vermittelt eine Mitverantwortung an dem Text)

– mit offenem Ende, mit Abzweigungen und und und.

Einige Forderungen an den „didaktischen Dialog" sind damit angedeutet. Zur sprachlichen Form noch zwei Notizen. Der Schwierigkeitsgrad bewegt sich im Rahmen des Bekannten (wenige, grammatisch oder lexikalisch fremde Bausteine sind erlaubt), der Text soll ja eingängig sein, zum Nachspielen auffordern. Der didaktische Dialog unterscheidet sich von dem, was Hörverstehensaufnahmen im O-Ton auf der Straße auffangen. Didaktische Dialoge sind kleine Hörspielszenen. Ein kaum merkliches Timbre der Verfremdung darf den Text von der Langweiligkeit des sogenannten Alltags abheben. (Billige Klischierung banaler Otto-Normalverbraucher-Aussagen, wie er sich räuspert, wie er spuckt, frustrieren gewaltig und sind kein Anreiz zum Nachspielen.)[47]

Die Gefahren bei zu ausgiebiger Arbeit mit didaktischen Dialogen liegen auf der Hand: Die im Text gegebenen Sprachschablonen übernehmen eine Ersatzfunktion auf Kosten des farbigeren, freieren, persönlichen Sprechens und Handelns. Neben dem Hörverstehen, dem freien Rollenspiel (siehe folgender Abschnitt) und dem Gespräch hat der didaktische Dialog, mindestens im Anfängerkurs, einen eher bescheidenen Ort, im weiteren Verlauf des Kurses verschwindet er.

Das Hören und / oder Nachspielen – mit dem Nutzen der Einspielung von prosodischen Figuren und Dialogroutinen – steht keinesfalls notwendig am Anfang des Umgangs mit dem didaktischen Dialog. Freie oder durch Bilder[48], einen Videoimpuls, durch ungeordnete oder in einem Diskursdiagramm[49] angeordnete Stichworte gesteuerte Rollenspiele oder Gespräche können vorangehen, womöglich Teile des Dialogs vorwegnehmen. Ob die Teilnehmerinnen und Teilnehmer

---

[45] „Round characters (im Gegensatz zu den künstlichen flat characters in den meisten Schulbüchern und Tonbandprogrammen" sind gefragt. PIEPHO (1979), S. 41

[46] Die „schier unbegrenzte Anzahl von Variationen eines Dialogs zur Einübung einer bestimmten Sprechabsicht" zeigen in vielen Beispielen GERHARD NEUNER et al. (1981), S. 92–99 sowie 118/119. Zitat S. 94

[47] Die ersten vorbildlichen DaF-Lehrbuchdialoge entstanden für das Lehrwerk von Josef Gerighausen, Hanno Martin: L'allemand tel qu'on le parle. Heidelberg: Groos 1974

[48] GERHARD NEUNER et al. (1981), S. 93. 113–115

[49] Ebd. S. 119. Gerard J. Westhoff: „Kommunikative" Strukturübungen. In: Zielsprache Deutsch 22. 1991. S. 206–215. Dort S. 210

dann den Dialog ganz oder nur den zweiten oder nur den ersten Dialogteil hören, ob und wie frei sie ihn (nur nach einmaligem Hören? nach Notizen? nach mehrmaligem Hören) nachspielen: alle diese Möglichkeiten sollten ständig wechseln, erweitert, umgewendet werden.[50] Der mögliche Einsatz des didaktischen Dialogs für das szenische Spiel wird im folgenden Abschnitt angeregt. Von den weiteren Formen der Umsetzung sind Perspektiven-, Nuancen-, Personenwechsel, Zuordnung einzelner Dialogteile, Umbau, Ausbau, „Verbesserung", Travestie, Umkehrung zu nennen. Hier nur wenige Beispiele.

135 Dialogtext als Vorlage zur Variation[51]

○ Wie gefällt dir dieses Kleid?
● Welches?
○ Das da! Das grüne.
● Das grüne? Nicht so gut, etwas langweilig.
○ Hm, das finde ich nicht.
● Das da hinten gefällt mir besser.
○ So?

Der Text enthält mindestens drei Diskursroutinen. Mehrere sehr frequente prosodische Figuren tauchen auf und prägen sich ein. Für den Umbau bieten sich viele Beispiele an, Ort und Personen sind austauschbar.

---

[50] GERHARD NEUNER (1994), S. 10. PAT PATTISON (1994), S. 52/53. SPRACHKURS DEUTSCH NEU 1. Lehrerheft S. 14/15
[51] DEUTSCH AKTIV NEU 1 B. Lehrbuch S. 42

136 Verzweigungsdialog

a[52]

○ Sag mal, hast du heute abend schon was vor?

☐ Ja, ich möchte das Konzert hören.
○ Darf ich mitkommen?
☐ Ja, gern.
○ Wann fängt das denn an?
☐ Um Viertel nach neun.
○ Schön. Dann treffen wir uns um neun.
 In Ordnung?
☐ Gut. Bis dann!

☐ Nein, ich weiß noch nicht ...
○ Ich möchte gern tanzen gehen.
 Kommst du mit?
☐ Tut mir leid, aber ich habe keine Lust.
○ Schade.
☐ Vielleicht das nächste Mal.
○ Na gut – also dann tschüß.
☐ Tschüß.

b[53]

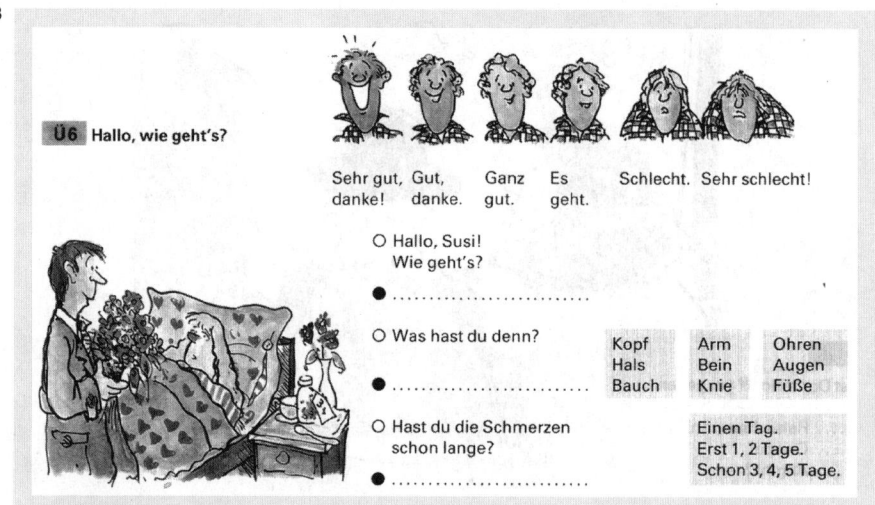

Ü6 Hallo, wie geht's?

Sehr gut, Gut, Ganz Es Schlecht. Sehr schlecht!
danke! danke. gut. geht.

○ Hallo, Susi!
 Wie geht's?
● ....

○ Was hast du denn?

● ....

Kopf	Arm	Ohren
Hals	Bein	Augen
Bauch	Knie	Füße

○ Hast du die Schmerzen
 schon lange?
● ....

Einen Tag.
Erst 1, 2 Tage.
Schon 3, 4, 5 Tage.

Ergänzend zu den im Buch angegebenen Dialogverzweigungen lassen sich weitere finden, etwa durch Fragen nach den Medikamenten, der Versorgung, der Krankheitsursache ... Der Dialog läßt sich modifizieren durch Personenwechsel: krank ist die Mutter, der Kollege, der Arzt ...

---

[52] THEMEN NEU 1. Kursbuch S. 53
[53] DEUTSCH AKTIV NEU 1. Lehrbuch S. 51. Vgl. GERHARD NEUNER et al. (1981), S. 98

Szenisches Spiel

Wer jahrzehntelang Sprachfremdlinge, Sprachanfänger, „um Sprache Ringende" begleitet hat, kennt die Beobachtung, daß intellektuell wendige, sichere, schlagfertige Leute sich oft durch die Verpflanzung in die fremde Sprache tolpatschig und hilflos vorkommen. Ungezählte Möglichkeiten der Erklärung, Nuancierung, Distanzierung, Korrektur fehlen ihnen. Die Vermutung, daß „die Erlernung einer Fremdsprache die spezielle Variante einer Sprachbehinderung darstellt"[54], liegt nahe. Der klassische Ausweg, nämlich der Griff nach den neben der Wortsprache seit Urzeiten lebendigen Sprachen wie Gestik, Mimik, Körperhaltung, Pantomime usw. ist ein Vermögen, das sicher zu wenig aufgegriffen wird, und sei es nur als provisorische Überbrückung. Dabei gibt es längst vielfältige theoretische und praktische Ansätze. Wir geben ihnen den gemeinsamen Nenner szenisches Spiel.

Tun wir an dieser Stelle einen Seitenblick zum Psychodrama. Geht es hier im Sprachunterricht um vorübergehende, oberflächliche Kommunikationsschwierigkeiten, so geht es dort um die Therapie ernsthafter seelischer Leiden. Die Parallele liegt in der spielerischen Überwindung einer Kommunikations-Armut.

Der Begründer des Psychodramas, Jakob Levy Moreno (1892 Bukarest – 1974 Beacon, N. Y.) arbeitete jahrelang mit Alfred Adler zusammen, bevor er 1925 in die Vereinigten Staaten ging. Beide beschäftigten sich nicht nur mit psychotherapeutischen, sondern auch mit pädagogischen und sozialen Problemen. Beide verbindet das ganzheitliche Denken, beide lehren, daß Kooperation, Zuwendung zum Mitmenschen, Gemeinschaftserfahrung die entscheidenden Seelen-Heilmittel sind. Das von Moreno entwickelte Psychodrama ist eine Methode, die durch acting out in Geste, Handlung, Bewegung, durch Entfaltung einer umfassenden Spontaneität Energien freisetzt, Konflikte auflöst, die Isolation des Patienten überwindet und das ideale Lebensziel: „die kleine Harmonie" verwirklicht.[55] Der als Theoretiker und Praktiker gleich bedeutende Moreno hat, allerdings nur auf der theoretischen Ebene, einen Vorläufer, dessen Name in diesem Zusammenhang fast unbekannt ist: Goethe. Seine 1777–1788 entstandene Szenenfolge Lila stellt die Heilung einer kranken Seele durch Sich-Freispielen dar, ein echtes Psychodrama, „der Entwicklung der Psychologie und Psychiatrie um Generationen voraus"[56].

Das kurze Streiflicht auf das Psychodrama sollte die befreiende, kommunikation-schaffende Bedeutung des szenischen Spiels allgemein hervorheben; die Parallele gilt nicht für die Details.

---

[54] Dietrich Schwanitz: Putting On A Speech Act – Theaterprobe, alltägliche Theatralik und das Szenario des Fremdsprachenunterrichts. In: Neusprachliche Mitteilungen 3/1989. S. 151–156. Zitat S. 151

[55] Ferdinand Buer / Ulrich Schmitz: Psychodrama und Psychoanalyse. In: Buer (Hrsg.): Morenos therapeutische Philosophie. Opladen: Leske und Budrich 1989. S. 111–157. Zitat S. 112

[56] Gottfried Diener: Goethes „Lila". Frankfurt: Athenäum 1971. S. 186. Der Text des Stücks ist dort S. 228–256 abgedruckt

Hier einige der Vorgänge, die das szenische Spiel in Gang setzt:

- Es lockert, löst auf, macht frei.

- Es öffnet für die Gemeinschaft, stellt Einfühlungsvermögen für eine gemeinsame Situation her, erweitert. Gemeinsames Agieren verbindet, schließt zusammen.

- Das Überschreiten meiner eigenen Grenze, das „Über-meinen-Schatten-Springen" schafft Mut, setzt Kräfte frei, eröffnet einen neuen Horizont.

- Ich kann mich, meine Möglichkeiten (meine Stimme, mich im Raum) neu kennen lernen: Entfaltung

- Ich beginne während des gemeinsamen Spiels etwas von der Gefühlswelt und Gedankenwelt des anderen zu ahnen, zu begreifen, lerne ihn kennen.

- Der kommunikative „Erfolg" wirkt auf die Lernintensität zurück, lockert und sensibilisiert für die sprachliche Kommunikation.

Kurz: Szenisches Spiel kann die Lernbemühung auf vielen Ebenen leichter machen. Der Lehrer als „Erleichterer des Lernprozesses"[57] hat hier, indem er einige Stichworte gibt und sich im übrigen weitgehend zurückhält, eine überaus glückliche Rolle.

137 Spielen nach Dialogtexten

Eine Regel, welche Art von Dialogen sich zum freieren Nachspielen besser eignet, gibt es nicht – die eine Gruppe zieht den sachlichen Alltagsablauf, die andere den abrupten Konflikt vor, die dritte liebt skurrile Pointen, die vierte den Krimi, meist werden sich die Wünsche mischen. Wörtliches Nachspielen nutzt die kommunikative Chance, die im szenischen Spiel steckt, am wenigsten, je freier das Spiel den Text abwandelt, desto größer sind die Möglichkeiten zur Selbstverwirklichung der Spielenden. Fast immer läßt sich ein Dialog anreichern durch hinzuerfundene Personen, Wechsel des Orts / der Zeit, neue Konflikte, überraschende Wendungen und womöglich einen deus ex machina oder enormen Theaterdonner.

---

[57] WALTER APELT / HEIKE KOERNIG (1994), S. 163

138 Freies Rollenspiel[58]

Vorweg einige Beispiele:

		Personen:
(1)	Vater kommt ohne Auto nach Hause. Was ist passiert?	3–4
(2)	Mitternacht: Gäste wollen nicht gehen; Gastgeber versuchen allerlei Tricks, sie höflich loszuwerden.	4–6
(3)	Freunde raten ihrem Freund vom Alkohol ab.	3–4
(4)	Hundebiß. Hundebesitzer verteidigt seinen Hund.	4–6
(5)	Schiffbrüchige an unbekanntem Strand.	4–6
(6)	Kind will nicht zum Zahnarzt.	3–5
(7)	Angestellter bittet um Vorschuß.	2–4
(8)	Student will Dichter werden, ist aber unbegabt. Freunde raten ihm ab.	3–5

Ab obere Grundstufe; nach oben unbegrenzt einsetzbar

Der direkteste Weg, alle intellektuellen Grenzen zu überspringen, ist das spontane Spiel, oft setzt es unglaubliche Kräfte und Ideen frei. Die ideale Regie wird aber so vorgehen, daß jede Teilnehmerin ihren, jeder Teilnehmer seinen Weg findet zur Selbstdarstellung, Verwirklichung in Bewegung und Wort. Eine kurze Phase der Besinnung, womöglich auch der Absprache unter den Spielern, mag bei den ersten Versuchen dem Spiel vorangehen, bis sich eine gewisse Sicherheit in der Improvisation hergestellt hat.

Dieses Buch will zum Weiterentdecken einladen, ein paar weitere Anregungen daher nur im Stenogramm. Um ein interessantes Rollenspiel vom Stapel zu lassen, muß der thematische Rahmen nicht unbedingt gegeben sein. Es kann genügen, wenn ich eine Konstellation der erfundenen Personen schaffe, die als solche schon konflikt-, katastrophen- oder glücksträchtig ist, und vielleicht noch das Stichwort zum Einstieg gebe. Zum Einstieg eignen sich auch Schlagzeilen, Filmtitel, Romantitel, Cartoons, Fotos, kurze Videosequenzen.

Reizvoll ist auch die Aufgabe, aus einem klassischen Stück eine (sprachlich vereinfachte) Szene nachzuspielen – bis zu der Stelle, wo einer der Darsteller plötzlich einen (einprogrammierten!) schweren Hänger hat oder das entscheidende Bühnenrequisit fehlt. Was folgt, ist das Werk der Geistesgegenwart und Phantasie.

---

[58] KÜCHE. Hinweise zum „fiktional orientierten Rollenspiel" (Spiele, die von einem literarischen Text ausgehen, ihn szenisch umsetzen) geben GABRIELE NEUF-MÜNKEL / REGINE ROLAND (1994), S. 100–105

139 Pantomime

Bereits im Wortschatzkapitel wurden (S. 101–103) einige pantomimische Spielaufgaben gezeigt. Hier zwei etwas größer angelegte Varianten.

a[59] Reflexive und reziproke Verben mit Dativ bzw. Akkusativ, gemischt. Die Lehrerin / der Lehrer spielt einige Beispiele vor, wie etwa:

> ich putze mir die Zähne
> wir treffen uns
> ich toupiere mich

Die Lehrkraft läßt die Gruppe raten, was sie da gespielt hat. Nun findet jede Teilnehmerin / jeder Teilnehmer selbst eine entsprechende Tätigkeit (zum gleichen grammatischen Problem, hier zum Beispiel ich dusche mich, ich ziehe mich an, wir unterhalten uns …) und führt die Tätigkeit, gegebenenfalls zusammen mit einem Partner, pantomimisch aus. Die Gruppe rät, was dargestellt wurde. – Es lassen sich zahlreiche Beispielketten aus den Bereichen Grammatik und Wortschatz finden.

Ab obere Grundstufe, nach oben unbegrenzt einsetzbar

b[60]

	Unsichtbare Requisiten:
• Gemischten Salat schneiden und anmachen	Kopfsalat, Gurke, Tomaten… Salz, Essig, Öl … Messer, Salatlöffel …
• Kuchen backen (Teig mischen, kneten, Boden formen, belegen)	Mehl, Eier, Milch, Zucker, Obst …
• Schuhe putzen (Zuschauer müssen aus der Pantomime erkennen, um welche Art von Schuhen es sich handelt)	Bürsten, Krem, Tuch, Schuhe

Ab obere Grundstufe, nach oben unbegrenzt einsetzbar

---

[59] KÜCHE
[60] KÜCHE

Gespräch und Diskussion

Dieser Abschnitt handelt nicht von der – meist eher assoziativ sich entwik-kelnden – Einstimmung in ein Themengebiet (dazu S. 244–251), sondern von den Aufgaben, die Lehrwerke und andere Materialien vorsehen für einen gründlicheren Austausch in Gespräch und Diskussion.

Im *Gespräch* neigen die Partner dazu, Gedanken, Episoden, Geschichten, die sich e r g ä n z e n, zueinanderzufügen, einander etwas von sich zu g e b e n, die Grundgeste ist die Zuwendung zum anderen.

In der *Diskussion* (von lat. discutere – zerlegen) steht die Sache im Mittelpunkt, Partner A sucht Partner B von seiner Analyse der S a c h e zu überzeugen, Denkrichtungen bilden Fronten, Argumente Waffen, Persönliches tritt im Dienst der Klärung zurück.

Häufig lassen sich aber die Begriffe Gespräch und Diskussion nicht so reinlich gegeneinander abgrenzen, sie gehen oft ineinander über. Habe ich, die Leh-rerin, der Lehrer, mich einmal entschieden, daß in meinem Sprachunterricht das eigentliche Anliegen die Verständigung zwischen den Kulturen, der Frieden ist, so werde ich – soweit ich das, was in der Gruppe abläuft, beeinflussen kann – der Nuance Gespräch mehr Interesse schenken als der Nuance Dis-kussion. Dieser letzte Satz ist aber eine durchaus einseitige Behauptung; bitte prüfen Sie ihn, vor allem in Ihrer Praxis.

140 Gespräch, angeregt durch Fragen

Falls die oben versuchte Definition stimmt, bewegt sich das Gespräch eher in der persönlichen Sphäre, ist also ein sensibles Geschehen, das durch Rück-sichtnahme auf sprachliche Korrektheit wenig oder gar nicht gestört werden sollte. Es sollte viel Raum für erzählerische Elemente haben. Das Natürlichste von der Welt ist, daß Menschen von sich selber reden, nachdem sie gefragt worden sind, die Form der Frage ist hier also genau am richtigen Platz. Zuerst zwei Beispiele von der Anfängerstufe. Diese Gespräche sind für die Kleingrup-pe bestimmt:

a[61]

22
Unterhaltung
Schüler – Schüler

Schlafgespräche

Ist Schlafen etwas Wichtiges?
Wann sind Sie gestern abend ins Bett gegangen?
Wann sind Sie heute früh aufgewacht?
Wie lange haben Sie geschlafen?
Haben Sie gut geträumt?
Machen Sie manchmal einen Mittagsschlaf? Wie lange? Wann?
Wann schlafen Sie besser – am Tag oder in der Nacht? Warum?

23
Unterhaltung
Schüler – Schüler

Den Kopf im Buch

Wie lange lesen Sie täglich Zeitung?
Lesen Sie gern Zeitung?
Wie viele Bücher haben Sie schon gelesen?
Wann haben Sie mit Lesen begonnen? Wie alt waren Sie?
Was haben Sie zuerst gelesen? Wann?
Wie lange brauchen Sie für einen Roman?
Welche Bücher haben Sie zweimal oder dreimal gelesen?
Wann haben Sie zum erstenmal ein Theaterstück gesehen?

Nachdem die (nicht zu ausgedehnten) Gespräche in Kleingruppen abgelaufen sind, wird die Lehrerin / der Lehrer darum bitten, daß die überraschendsten Antworten, die gegeben wurden, im Plenum referiert werden. Das Plenum fragt zurück, findet neue Fragen. – Es folgen zwei Beispiele aus dem Mittelstufenbereich.

b[62]

Wie muß ein Geschenk sein? Womit kann ich einem Menschen Freude machen, nicht nur für den Augenblick? Sammeln Sie Ihre Ideen in kleinen Gruppen und sprechen Sie dann im Plenum.

Mittelstufe

c[63]

● Kennen Sie abergläubische Menschen? Erzählen Sie.
● Hatten Sie selbst Momente in Ihrem Leben, wo Sie einer Phantasie, einer Warnung, einem Traum glaubten? Erzählen Sie.

Mittelstufe

---

[61] SPRACHKURS DEUTSCH NEU 1, S. 179
[62] LITERATURKURS DEUTSCH, S. 77
[63] SPRACHKURS DEUTSCH NEU 4, S. 178

Für die Entstehung des feinen Zellgewebes Gespräch ist es gut, wenn die Formulierung der Aufgabe keine oder nur subtil gezogene Antwortlinien enthält (und schon gar keine grammatischen Hinweise).

141 Gespräch, angeregt durch Text[64]

Die Funktion des folgenden Textes ist in erster Linie: Er führt fast zwingend zum Gespräch. Je nachdem, ob ich die Aufgabe in einem europäischen Land (die europäischen Länder sind hier mit Deutschland vergleichbar) oder in einem Land der „Dritten Welt" durchführe, wird ein detailliert berichtendes Gespräch oder eine Diskussion entstehen.

ALS SCHWARZER IN DEUTSCHLAND

Warum schreibe ich ein Buch über mein Leben unter Weißen, hauptsächlich über mein Leben in Deutschland? Die Menschen, die in Ländern leben, in denen vieles sehr anders ist als hier, können sich das Leben eines Afrikaners oder eines anderen Dritte-Welt-Ausländers in Deutschland in all seiner bittersüßen Zwiespältigkeit nicht vorstellen.

Ich möchte Ausländern, besonders Afrikanern, erzählen, wie es einem Schwarzen dort tatsächlich ergeht. Das Bild, das die Menschen in den meisten Ländern der Welt von Europa und auch von Deutschland haben, weicht ganz erheblich ab von der Wirklichkeit, die ein Ausländer hier vorfindet. Mit eben jenem falschen Bild und allen von ihm geweckten Hoffnungen und Erwartungen hatte auch ich seinerzeit meine Reise nach Europa angetreten. Ich glaubte, Deutschlands Straßen seien mit Gold gepflastert.

Uns hatte man damals das Leben in Europa als süß und verlockend geschildert. Probleme bei der Arbeitssuche gäbe es nicht, beim Studium bekämen wir von allen Seiten Hilfe, Armut und gar Existenznot wären inzwischen unbekannt, und nicht zuletzt: die Frauen lägen uns zu Füßen. Die verschiedenen europäischen Botschaften in unserer Heimat präsentierten uns nur die Sonnenseite ihrer Länder.

Mein zweites Anliegen beim Schreiben ist es, zur Aufklärung der Menschen in Deutschland über den alltäglichen Rassismus hierzulande beizutragen. Sie sollen einmal aus der Sicht eines direkt Betroffenen erfahren, was es bedeutet, ein Schwarzer in Deutschland zu sein. Es wird behauptet, in Deutschland sei man heutzutage weltoffen und tolerant gegenüber Menschen aus Afrika, Asien etc. Vieles, was wir Schwarze und viele andere Ausländer hier erleben, wird nur mit ungläubigem Kopfschütteln aufgenommen.

Schließlich muß ich mich nach mehr als zwanzig Jahren in Deutschland einmal in aller Offenheit aussprechen, einmal all das herauslassen, was ich während meines Lebens in Deutschland schlucken mußte, weil ich keine andere Wahl hatte.

Chime berichtet über verschiedene Ereignisse und Episoden aus seinem Leben in Deutschland. Zum Beispiel über seine Wohnungssuche.

Diskutieren Sie in Gruppen,

- *welche Erfahrungen Chime gemacht haben könnte*
- *wie seine Gesprächspartner wohl reagiert haben.*

Schreiben Sie kurze Dialoge. Spielen Sie die Szenen. Vielleicht können Sie Chime auch Ratschläge geben, wie er sich verhalten soll!

---

[64] GEGENSÄTZE. Textbuch Nr. 3-1 und 3-2. Textquelle: Chima Oji: Unter die Deutschen gefallen. Wuppertal: Peter Hammer 1992. Vorwort

142 Eine Episode führt zur Diskussion[65]

Während das Gespräch sich möglichst frei, ohne viel Steuerung entfalten sollte, sind knappe oder umfangreichere Strategien der Diskussion oft sehr dienlich. Eine der erfolgreichen Techniken: eine pfiffig erdachte (möglichst: irritierende) Episode zwingt die Diskussion quasi herbei.

①

○ Zum Bahnhof, bitte!
● Gerne, steigen Sie ein!

②

○ Nanu, das Taxi ist ja besetzt!?
● Wieso, sitzen Sie nicht gut?
○ Das schon – aber – hören Sie: Ich zahle nur die Hälfte!
● Ich bringe Sie zum Bahnhof, und das müssen Sie bezahlen.
○ Aber die Kinder fahren ja auch zum Bahnhof – dann müssen sie auch bezahlen!
● Die Kinder wollen gar nicht zum Bahnhof.
○ Wohin wollt ihr denn?
■ Wir fahren mit dir!
○ .....

Ü2 – Wie finden Sie diese Situation?

– Wer hat Ihrer Meinung nach recht?

– Was würden Sie als Fahrgast tun?

– Unterhalten Sie sich gerne mit Taxifahrern? (Worüber?)

---

[65] DEUTSCH AKTIV NEU 1 C. Lehrbuch S. 55

143 Ein Text wird widerlegt[66]

> Dein Mann ist dein Gebieter, dein Erhalter,
> dein Haupt und Leben, müht sich ab für dich
> und deinen Unterhalt, gibt seinen Leib
> Gefahren preis zu Lande und zur See,
> wacht nächtelang im Sturm und trotzt der Kälte,
> indeß du warm im Haus geborgen ruhst.
> Für all das will er nichts als deine Liebe,
> freundliche Blicke, Frieden und Gehorsam,
> sehr kleinen Gegenwert für solche Schuld!
> Was jeder Fürst vom Untertan erwartet,
> das kann der Mann erwarten von seiner Frau,
> und wenn sie trotzt und launisch bitter ist,
> und nicht erfüllt was er zu Recht verlangt,
> so ist sie ein verächtlicher Rebell,
> übt Hochverrat an seiner großen Liebe.

Auch dieser Aufhänger (aus Shakespeares *Der Widerspenstigen Zähmung*) wird zwingend zur kontroversen Diskussion führen. Zwar werden sich die Meinungen gegen den Text stellen, aber auf unterschiedliche Weise vom liberalen Bekenntnis bis zur radikalen Umkehrung des Textes.

Mittelstufe

144 Eine Begriffsdefinition wird diskutiert[67]

Die Bemühung um eine Definition schließt ihre Auswirkung auf den Umgang mit der definierten Sache ein. Die Definition ist also oft kontrovers zu diskutieren. Beispiele:

- Was ist ein Tabu? Wie sollte man sich ihm gegenüber verhalten?
- Definieren Sie die Begriffe Tradition und Familie.
- Versuchen Sie, mehrere Definitionen des Wortes Kultur zu formulieren.

---

[66] L'ALLEMAND CLÉS EN MAIN, S. 104
[67] KÜCHE

145 Pro- und Contra-Argumente[68]

Die Teilnehmerinnen und Teilnehmer bekommen mit dem Tip, zu einem Thema selbst Pro- und Contra-Argumente zu sammeln, ein nützliches Diskussions-Steuerinstrument in die Hand. Es sollte allerdings nicht dazu führen, daß zu fernsehgerecht, zu schwarz-weiß diskutiert wird. Aufgabe der Lehrerin, des Lehrers ist, für die nötige Vielfalt der Meinungen zu sorgen.

---

3. Diskussionsthema

Halten Sie es für unproblematisch, wenn Angehörige verschiedener Kulturen heiraten und Kinder bekommen?

Argumente pro:	Argumente contra:
Wenn Partner diesen Schritt genau überlegen	Nicht pauschal beantwortbar, je nach Rasse und Kultur unterschiedlich
Kinder sehr anpassungsfähig, lernen mit Situation zu leben	Kinder aus Mischehen ohne 'Heimat'
Wenn Gesellschaft tolerant, kaum Probleme	Bei starken Vorurteilen: Scheitern auch bei guten Voraussetzungen
Auch Probleme, wenn Ehepartner aus verschiedenen sozialen Schichten	Fast immer Schwierigkeiten bei Kindern aus Mischehen
Auch Vorteile für Kinder aus Mischehen: viel Aufmerksamkeit, besonderer Status	'Etwas Besonderes sein' für Kinder oft negativ
Veränderung der Welt nicht durch Vermeidung von Schwierigkeiten	Unfair gegen Kinder, sie leiden lebenslang unter Entscheidung der Eltern

---

4. Weitere Diskussionsthemen

Bitte sammeln Sie zu den folgenden Diskussionsthemen zunächst Pro- und Contra-Argumente in Partnerarbeit, und verwenden Sie dabei die bisher unter Diskussion angegebenen Diskussionsformeln. Führen Sie die Diskussion anschließend mit einem Diskussionsleiter noch einmal im Plenum durch.

● Haben Sie Verständnis dafür, wenn Eltern sich dagegen wehren, daß ihr Kind jemanden aus einer anderen (tieferen) sozialen Schicht heiratet?

● Kann man Vorurteile besser überwinden, wenn Angehörige verschiedener Nationalitäten und Kulturen möglichst eng zusammenleben?

● Haben Vorurteile etwas mit Intelligenz zu tun?

5. Wie denkt man in Ihrem Heimatland über die obigen Diskussionsthemen? Bitte berichten Sie.

---

[68] STUFEN 4, S. 78

146 Eine Simplifikation wird aufgelöst[69]

Eine simplifizierende These ist ein guter Anlaß zu kontroverser Diskussion. Die These sollte natürlich nicht dumm sein, sie sollte ein Stück Wahrheit enthalten, daneben aber auch allerlei Irrtum. So viel, daß eine Diskussion unbedingt nötig erscheint. Die Simplifikation führt zunächst, meist zwingend, zur Bildung von Fragen. Beispiele:

- Wir sind unterbezahlt.
- Die Leute waren vor hundert Jahren glücklicher.
- Der einzige Grund für Kriege ist die Furcht.
- Alle Lehrer sollten mit 40 pensioniert werden.

147 Verzweigungs-Diskussion[70]

Der folgende Vorschlag leitet eine Diskussion ein, die dicht an der Grenze zum Gespräch angesiedelt ist. Persönliches, Assoziatives, Phantastisches haben hier ebenso Platz wie Analytisches, Politisches. Die Lehrkraft sollte die Gruppe darum bitten, das Thema möglichst weit zu interpretieren. Es werden sich also Unterthemen herauskristallisieren wie Mode, Gesicht, Gesellschaft, Kunst usw.

Vorschlag für die Entwicklung eines Gesprächs zum Thema „Mensch und Maske".
(Die Schritte 2, 3 und 4 können auch wegfallen.)

1. Schritt: Sammeln Sie in der Klasse alles, was den Teilnehmern zu diesem Thema einfällt. Benützen Sie für jede Idee einen Zettel. Ordnen Sie die Zettel gemeinsam.

2. Schritt: Individuell oder in kleinen Gruppen (wahlweise beides): Überlegen Sie, was noch an Ideen fehlt. Ergänzen Sie.

3. Schritt: Wählen Sie gemeinsam in der Klasse die Ideen aus, die Ihnen wichtig erscheinen (Zuruf; auch Minoritäten sollten berücksichtigt werden). Stellen Sie Themenkreise auf.

4. Schritt: In kleinen Gruppen (jede Gruppe wählt sich einen Themenkreis): Verbessern Sie die Formulierung der Ideen.

5. Schritt: Nehmen Sie Stellung zu den Ideen. Begründen Sie Ihre Stellungnahme. Alles Wichtige wird mit einem Stichwort notiert; jede Gruppe hat einen großen Bogen Packpapier zur Verfügung.

6. Schritt: Austausch der Ergebnisse im Plenum.

ab obere Grundstufe, nach oben unbegrenzt einsetzbar

---

[69] DRUGSTORE
[70] SPRACHKURS DEUTSCH NEU 3. Lehrerheft S. 77

Diskursroutinen (Redemittel)

Das	finde	ich	nicht.
	glaube		auch.
	meine		

In meinem Land	sagt man: ...[71]
Bei uns	

Diese Art von Redeformeln sind hier gemeint. Es handelt sich um feste oder halbfeste Wendungen (die halbfesten modifizieren wir, dem Gesprächspartner und der Situation entsprechend).[72]

Schwierig für die Lernenden ist nicht, sie zu verstehen. Schwieriger ist schon, sie sich einzuprägen. Und das Schwierigste: sie am richtigen Ort, im richtigen Augenblick genau stimmend einzusetzen. Daß sie sowohl für die sogenannte alltägliche wie auch für die vom Alltag abgehobene Begegnung, das Gespräch, die Diskussion wichtig sind, ist (seit 8–10 Jahren) unbestritten,[73] ihren hohen Stellenwert und ihre Bedeutung für das interkulturelle Verstehen zu betonen, hieße zumindest bei Unterrichtspraktikern und Autoren moderner Unterrichtsprogramme offene Türen einrennen.

Eine Bestandsaufnahme zeigt aber, daß das theoretische Wissen (Redemittel sind wichtig) und die didaktische Erfahrung (Wie lehre ich Redemittel, wie übe ich sie ein?) noch auseinanderklaffen.

Die Kluft läßt sich überbrücken durch vier Überlegungen, die rein aus der Unterrichtspraxis stammen.

- Die Menge der nötigen Redemittel. Es ist völlig sinnlos, zu viele anzubieten. Pro Anlaß 2 bis höchstens 3 Redemittel genügen, und dies auf Tabellen dargestellt, die jeweils höchstens drei Anlässe aufführen. Gefahr beim Überangebot: Die Lernenden würden in ihrem Kopf Redemittel aufschichten und ihre Spontaneität, wichtigste Sprachquelle, verlieren. Diese Gefahr ist allerdings gering, denn die Lernenden lehnen normalerweise jede allzulange Lernliste schlicht ab. Zum Glück.

---

[71] THEMEN NEU 2. Kursbuch S. 12

[72] Wir betrachten sie hier getrennt von den Phraseologismen („zusammenspielenden Wörtern", dazu vgl. S. 123–132)

[73] Übersichtliche Einführung Heinz-Helmut Lüger: Sprachliche Routinen und Rituale. Frankfurt ...: Peter Lang 1992 (Werkstattreihe Deutsch als Fremdsprache 36). Sehr knappe, praxisbezogene Einführung Florian Coulmas: Diskursive Routinen im Fremdsprachenerwerb. München: Goethe-Institut 1985. Wiederabgedruckt in: Sprache und Literatur in Wissenschaft und Unterricht 56, 1985, S. 47–66 (hier nach der Münchener Ausgabe zitiert). Eine erste knappe Hinführung zur Arbeit mit Redemitteln geben GABRIELE NEUF-MÜNKEL / REGINE ROLAND (1994), S. 51/52

- Unter den möglichen Redemitteln müssen die einfachsten Formen angeboten werden. Begründung siehe oben.

- Die Beschäftigung mit Redemitteln darf, was den Zeit- und Energieaufwand anlangt, nicht ausufern. Der – von manchen Theoretikern übersehene – Kurs-Zeitdruck weist ihr neben der Arbeit mit Phonetik, Prosodie, Hörverstehen, Lesetechnik, Grammatik, Wortschatz usw. eine bescheidene Kammer zu.

- Der wirkliche Gebrauch von Redemitteln in der Praxis läuft nicht über das Nachschlagen in einer – sichtbaren oder unsichtbaren – Kartei,[74] sondern über den spielerischen Zusammenklang prosodischer, melodischer, bildhafter Einheiten. Sie müssen unter der rationalen Oberfläche vorhanden sein, andernfalls werden sie nicht Teil der lebendigen Begegnung. Der Erwerb von Redemitteln geschieht also nicht nur über den Verstand, sondern wenn alle Sinne beteiligt sind.

Zunächst zwei Aufgaben zur kognitiven Arbeit mit Redemitteln.

148 Diskursroutinen: Analytische Aufgaben

a[75]

Was paßt wo?

Herzliche Grüße   Auf Wiedersehen   Liebe Grüße   Guten Morgen

Lieber Herr Heick   Guten Abend   Guten Tag   Tschüß

Hallo Bernd   Lieber Christian   Sehr geehrte Frau Wenzel

a) Was schreibt man?

b) Was sagt man?

---

[74] Die Arbeit mit Redemitteltabellen (Language Charts), wie sie gegen Ende der siebziger Jahre angeboten wurden, hat sich in den wesentlichen Punkten nicht bewährt

[75] THEMEN NEU 1. Arbeitsbuch S. 86

b[76]

Höflich oder unhöflich?

Hören und lesen Sie bitte!

Frau Lenzi spricht mit dem deutschen Kollegen über die Video-Bänder.
1. Welche Aussage klingt höflich (+), welche unhöflich (−)?

Achten Sie bitte auf:

- Entschuldigungen
- die Modalverben: ich möchte/will
- lange/kurze Sätze
- Satzeinleitungen/ Satzanfänge (z. B. „Ich glaube ..."/ „Wissen Sie ...")
- direkte Aussagen/ Fragen
- indirekte Umschreibungen
- die Intonation

a) Warum haben Sie die Bänder einfach mitgenommen? Bei uns ist es üblich, in solchen Situationen nachzufragen, ob man etwas behalten kann oder zurückgeben muß.

b) Entschuldigen Sie bitte! Ich glaube, wir haben uns neulich mißverstanden. Verstehen Sie, ich habe Ihnen meine eigenen Bänder nur geliehen, und ich möchte sie gern zurückhaben, weil es spezielle Bänder aus dem Ausland sind. Es ist mir ja peinlich, aber ...

c) Ich will meine Bänder zurückhaben. Ich erwarte von Ihnen, daß Sie sie mir sofort zurückgeben. Sie können doch nicht einfach mit meinen Bändern abreisen. Ich finde das unmöglich!

(Der Ton macht die Musik!)

d) Es ist mir unangenehm, darüber zu sprechen. Sie haben mich doch neulich gebeten, Ihnen Video-Bänder zu besorgen. Entschuldigen Sie bitte vielmals, aber ich habe Ihnen nicht gesagt, daß ich Ihnen meine eigenen Bänder gegeben habe. Sie verstehen sicher, daß ich sie gern zurückhaben möchte. Wissen Sie, mein Vater hat sie mir aus dem Ausland mitgebracht.

2. Wann klingt bei Ihnen etwas höflich, wann unhöflich?
3. Sie haben einer/einem Deutschen ein Buch geliehen. Sie möchten es gern zurückhaben. Was sagen Sie zu ihr/ihm?

Beide Aufgaben sind nützlich. Sie sind analytisch insofern, als Ausdrücke wie „Entschuldigen Sie bitte" oder „Guten Morgen" als ganze richtig eingeordnet werden sollen. Die Ausdrücke selbst werden nicht (etwa semantisch oder gar grammatisch) analysiert. Das würde das Lernen zwar nicht behindern, ihm aber auch kaum dienen, denn Formeln wie diese „brauchen nicht analysiert zu werden, um memoriert und aus dem Gedächtnis wieder abgerufen zu werden" (Coulmas[77]), sie lassen sich als komplexe Ausdrücke im Gedächtnis aufbewahren.

---

[76] SPRACHBRÜCKE 1, S. 191. Vgl. auch Heinz-Helmut Lüger: Routinen und Rituale in der Alltagskommunikation. Berlin ...: Langenscheidt 1993. (Fernstudienprojekt des DIFF, der GhK und des GI)

[77] Florian Coulmas (wie Anmerkung 73), S. 9

149 Diskursroutinen: Einübung

Vorweg eine Anmerkung aus gegebenem Anlaß. Weisen Sie Ihre Schülerinnen und Schüler bitte immer wieder darauf hin, daß Redemittel etwas Hilfreiches sind, daß ich aber, wenn mir gerade die passende Schablone nicht zur Verfügung steht, nicht zu verstummen brauche. Ich kann mich in einer Situation auch frei, ohne Formel zurechtfinden – ich sollte nur den Ton der Höflichkeit ungefähr treffen (und hier spielt ja auch die prosodische Form eine wesentliche Rolle). Die Verwendung von Diskursroutinen ist schick, daneben muß der eigene kreative Ausdruck unbedingt seinen Raum behalten.

Zu häufige, zu penible Beschäftigung mit Diskursroutinen kann den Schülern die gestalterische Souveränität und Flexibilität nehmen. Also nicht zu eng üben. Der Umgang mit diesen Formeln sollte immer etwas Spielerisches haben.

Die folgenden drei Verfahren zur Einübung von Redemitteln sind gründlich ausprobiert und führen dazu, daß die eingeübten Redemittel im je richtigen Zusammenhang wirklich verwendet werden.

a   Dialoge hören und nachspielen. Maßstäbe, die an Qualität und Stil der Texte zu legen sind, wurden bereits aufgezählt (S. 265–267), ebenso die Möglichkeiten des – modifizierenden – Nachspielens (S. 266–271). Vielfältig vertiefte Erfahrung: Die durch diese Methode eher nebenbei verinnerlichten Diskursroutinen kehren, und zwar fast immer im richtigen Augenblick, am richtigen Ort wörtlich oder sinngemäß variiert wieder. Der Dialog steckt nicht nur den stimmenden Interaktionskontext ab, er liefert (vor allem wenn ein oder zwei Hörphasen dazwischengeschaltet wurden) auch die genau bei diesem Anlaß richtige, sich einprägende und spielerisch nachzugestaltende prosodische Figur. Beide Komponenten sind auch von theoretischer Seite für ein Redemittel-Training gefordert worden.[78] Das Einprägen und die Anwendung geschehen hier ohne Lernkrampf, eher nebenbei, im Spiel.

b[79]   Dialoge schreiben und spielen, eine Variante zu Nummer 138 (Freies Rollenspiel). Zunächst wählen die Teilnehmer/innen aus mehreren angebotenen Szenarios (z. B. wie auf S. 271 aufgezählt) „ihr" Thema. Dazu finden sie mit Hilfe der Lehrkraft zwei oder drei passende Diskursformeln. Es folgen ca. 30 min Arbeit in Kleingruppen: Jede Gruppe dichtet gemeinsam ihren Dialog und verwendet dabei die entsprechenden Diskursformeln. Selbstverständlich kann der Dialog das szenische Thema variieren, umdrehen, verlassen. Wichtig ist hier: Der Dialog muß sofort nach der Niederschrift zunächst einmal im Plenum vorgespielt werden (keine Korrekturen). Sie – Lehrerin, Lehrer – nehmen nun die Textentwürfe nach Hause und schreiben die Dialoge ins reine, dabei korrigieren Sie stillschweigend die

---

[78] Mary Wildner-Bassett: Gesprächsroutinen und -strategien für Deutsch als Alltags- und Wirtschaftssprache. München: Goethe-Institut 1985. S. 42
[79] KÜCHE

Fehler. Die Teilnehmer/innen spielen „ihren" Dialog beim nächsten Unterricht zwei- oder dreimal vom Blatt, nach drei Durchgängen haben sie
den Text auswendig gelernt, die – selbst eingesetzten – Redemittel sind
fester Besitz. Ein sicherer Weg zur Aneignung und Einübung von Diskursroutinen.

c Lernen durch Lehren. Diese im vorliegenden Buch nachdrücklich empfohlene Unterrichtsmethode[80] führt, wiederum *nebenbei,* zu einer hohen
Kompetenz der Schüler in der Anwendung der Redemittel, nicht nur weil
der Redeanteil der Schüler sich hier mindestens verdreifacht, sondern auch
weil die leicht „gehobene" Unterrichtssprache zwischen Schüler-Lehrer
und Plenum von Diskursroutinen durchsetzt ist. Die systematische Vermittlung und Einübung der Redemittel ist ein Teil der Methode.[81]

---

[80] Siehe S. 221–223
[81] ROLAND GRAEF / ROLF-DIETER PRELLER (1994), S. 55. 85. 98. JOACHIM PFEIFFER /
ANNE MARGRET RUSAM (1994), S. 247

Rede und Referat

Rede und Referat sind Formen des Sprechens, die im modernen Fremdsprachenunterricht nicht im Mittelpunkt stehen (es sei denn in sehr gezielt studienvorbereitenden Kursen). Das Referat ist zudem eine eigentlich schriftliche Arbeit, die dann mündlich vorgetragen wird. Aus Platzgründen müssen wir uns hier auf wenige Leseempfehlungen beschränken.

Rede   WEGE. NEUAUSGABE. Lehrbuch S. 54
(Hinweis auf Hierarchie der Argumente)

SPRACHKURS DEUTSCH NEU 6, S. 61
(Hinweis auf deutliche Markierung der Gliederung)

Referat Karl Esselborn, Bernd Wintermann: Auswerten und Schreiben. 2. Aufl. Ismaning: Hueber 1986. S. 58–73
(Hinweise u. a. auf optische Hilfsmittel und Handouts)

Literatur zum Thema des Kapitels Sprechen Seite 505/506
Gesichtete Lehrwerke Seite 492–494

Aufgaben und Übungen, bei denen vor allem gesprochen wird, finden Sie in sämtlichen Kapiteln. Vergleichen Sie besonders Kapitel 2 (Aussprache), Kapitel 3 (Wortschatz), Kapitel 5 (Sprachliche Nuancen), Kapitel 11 (Interkulturelles Lernen), Kapitel 13 (Ganzaufgaben), Kapitel 14 (Spiele)

Kapitel 8

Aufgaben und Übungen
zur freieren Entfaltung der Lese-Intelligenz

Auf diesem Gebiet sind den Didaktikern seit 1975 einige Sprünge nach vorn geglückt, und es fehlt nicht an Publikationen. Bei der Darstellung der Aufgaben- und Übungstypen können wir uns, da das Feld dicht beackert ist, auf die großen Linien beschränken und drucken nicht zu jeder Aufgaben- oder Übungsform einen Beleg ab. Wir verweisen mehrfach auf vorhandene Standard-Publikationen.[1]

Es geht in diesem Kapitel um das Lesen von Sachtexten und, eher am Rande, auch Fachtexten. Die Übung des lauten Lesens gehört in das Kapitel Aussprache (dort S. 75–77). Für die Arbeit mit literarischen Texten gibt es ein eigenes Kapitel (S. 358–398).

Themen und Texte

Oft kann sich ein Lehrer, eine Lehrerin das Unterrichtsthema nicht auswählen – es wird durch die Wünsche der Schüler oder durch das Lehrprogramm vorgegeben. Selbstverständlich läßt sich fast jedem Thema eine faszinierende Seite, ein Bezug zu den Lernenden abgewinnen. Kann ich aber wählen, so sind drei Auswahlprinzipien hilfreich, hier als Fragen formuliert:

- Gibt es viele Einstiege in das Thema, viele Bezüge zu den Lernenden?
- Ist das Thema in der Tendenz eher kopflastig, oder ist es kräftig genug, Gefühle zu bewegen? Werden sich die Lernenden persönlich identifizieren mit Fragen oder Anliegen, die mit dem Thema zusammenhängen?[2]
- Stecken in dem Thema Anlässe zum Rätselraten, zum Erstaunen, ist es sperrig genug, daß es Kontroversen auslösen kann?

Was lege ich auf den Lesetisch (das Textangebot innerhalb eines Sprachkurses)? Ich wähle die Texte zu dem nun gefundenen Thema und nach den genannten Prinzipien; andere Gesichtspunkte („Lernziele" des Kurses, Lesezeit, Ansatzflächen für Spracharbeit ...) treten in den Hintergrund. Einziger Parameter,

---

[1] Literatur zum Thema dieses Kapitels S. 506/507
[2] Gerhard Neuner (in: Fremdsprache Deutsch 2. Arbeit mit Texten. 1990. S. 17) formuliert das so: „Das Thema muß Anknüpfungsmöglichkeiten zu eigener Lebenserfahrung bieten. Es muß gerade so viel Neues aus der fremden Welt anbieten, daß das Interesse der Schüler zum Weiterlesen angeregt wird."

der eine weitere wichtige Rolle spielt: der Schwierigkeitsgrad. Enthält der Text emotionale Dynamik und / oder geistigen Sprengstoff, stimmen der Bezug zum Thema und der Schwierigkeitsgrad, ist es der richtige Text.

Er darf sehr kurz oder sehr lang sein, intellektuell hoch oder bescheiden, eher modern oder eher „klassisch", mit Überschrift, Bild, Schaubild versehen oder nicht: In all diesen Punkten sowie in der Textsorte, Intention, im Text-„Flair" sollte das Angebot möglichst stark variieren. Zusätzlich zu diesen Aspekten noch drei provokative Anregungen, die Sie bitte kritisch testen mögen:

- Auf einem Lesetisch sollte die Anzahl der verunsichernden Texte überwiegen, Texte, die Fragen wecken, Fenster öffnen, zu Aktivitäten auffordern.
- Ein Lesetisch sollte auch ein Ausruhen für die Augen, eine geistige Nahrung sein. Kulinarische Freuden, musische Elemente sollten nicht fehlen.[3]
- Möglichst viele Texte sollten Anhaltspunkte enthalten, aus denen die Lesenden jeweils eine Story herauslesen und zusammenknüpfen können.[4]

Wie ich einen Text „didaktisiere", für das Lesen durch Sprachlernende aufschließe, das sollte in allererster Linie vom Text selbst, seiner Gestalt, seiner Eigenart, seiner Botschaft, seiner originalen Intention abhängen, die Textarbeit sollte aus dem Text wachsen. Gut ausgewählte Texte werden, reflektiert oder nicht, Vorbilder für die kreative Arbeit der Lernenden, liefern Schemata, Bausteine, Verknüpfungsmittel, Strategien für das Gestalten ihrer eigenen Texte. Gute Lesetexte können auch Anlaß für die hilfreiche Übung des lauten Lesens sein, das in produktive Wechselwirkung zum Verstehen treten kann. Das Studium von Lesetexten ist der legitime Anlaß zum Nachdenken und Nachentwickeln von Wortschatzstrukturen. Nur selten wird sich aber ohne Zwang ein Zusammenhang von einem wichtigen Lesetext zu grammatischem Regellernen herstellen lassen; diese schwindelnden Stege wirken oft komisch, es gibt viele andere Wege der Grammatikarbeit. Dies war ein knapper Hinweis auf mögliche Vernetzungen zwischen dem Lesen und den anderen Tätigkeiten, die zum Sprachlernen gehören.[5]

---

[3] „Das Schaffen von Lesevergnügen" als „das wichtigste Ziel jeglichen Leseunterrichts" fordert KARIN HERRMANN (1990), S. 25 sogar für die Arbeit mit Wirtschaftstexten

[4] Einige weitere interessante Anregungen zur Textauswahl geben die 34 „Maximen": Texte in Lehrwerken des Deutschen als Fremdsprache, die im Jahrbuch Deutsch als Fremdsprache 13, 1987, S. 231–238 abgedruckt sind. Diese Maximen sind als Denkanstöße, keinesfalls als offizielle oder offiziöse Verlautbarungen zu verstehen, einige dieser Maximen können als ganz oder teilweise überholt gelten.

[5] Zu der Frage, wie authentisch authentische Texte im Fremdsprachenunterricht sein sollen, kann unverändert die Interpretation von Christoph Edelhoff in EDELHOFF, Hrsg. (1985), S. 11/12, gelten: „Die Auswahl der Texte und Situationen muß demnach so erfolgen, daß jeder Text Merkmale authentischer Sprache aufweist, die zunehmend komplexer werden, so daß schließlich Lern- und Lebenssituation keinen Unterschied aufweisen." Sicher ist, daß authentisch „nicht unbedingt dokumentarisch" bedeutet – so Michael Krüger bei GERHARD NEUNER et al. (1981), S. 25

Die zweite Alphabetisierung

Bekanntlich macht es wenig Spaß, einem schier unüberwindlich scheinenden fremden Textacker gegenüberzustehen mit der Aussicht, ich muß jetzt wie ein Kind barfuß durch diesen Lehm der Wörter durchwaten.[6] Die Ängste vor der unbekannten Fülle sind dieselben wie die vor der Leere – Ängste, die „ein reading for fun fast unmöglich" machen.[7]

So wie das Kind, das eben erst lesen gelernt hat, steht der Sprachanfänger dem fremden Text gegenüber: nach der ersten Alphabetisierung, aber noch vor der zweiten. Zum Glück gibt es seit rund zwanzig Jahren eine psycholinguistisch fundierte Lesedidaktik, die zweite Alphabetisierung, die das nur scheinbar sichere Lehmwaten ersetzt – durch eine Art Flugabenteuer.

So wie ich ein bedeutungsvolles Bild erst dann wirklich sehe und begreife, wenn ich einige Schritte zurücktrete und das Ganze ins Auge fasse – so muß ich, bevor ich ins Textdetail einsteige, einen Punkt hoch über dem Text suchen, von dem aus ich einen Überblick gewinne. Erst dann kann ich langsam absteigend, den Text von oben umkreisend, den Aufbau, die Zielrichtung, die Schwerpunkte des Textes erkennen, um schließlich (falls er mich immer noch interessiert) die Textspuren im einzelnen nachzutasten. Wie bei der Bildbetrachtung werde ich aber, während ich den Text aus der Distanz für mich ordne, auch immer wieder ganz dicht an die Worte herantreten und einzelne Gelenkstellen, Schlüsselbegriffe, Hauptthesen prüfen, um dann rasch wieder auf Distanz zu gehen, damit ich den Überblick nicht verliere. Die notwendige Mischung zwischen beiden Abenteuern, Adlerblick und Bodenschürfarbeit: sie ist zu lernen. Der Anfänger wird immer dazu neigen, am Boden zu bleiben. Darum ist es die Aufgabe der Lehrer und Didaktiker als „Erleichterer des Lernprozesses"[8], zum Flug zu ermuntern und Flugkenntnisse zu vermitteln.

Der Adlerblick-Punkt ist natürlich nicht irgendeiner. Er liegt zwischen den Koordinaten überfliegendes Lesen, Leseerfahrung und geistiger Kontext (Vorwissen). Aus diesen Koordinaten entstehen die entscheidenden ersten Lesetätigkeiten: Erkennen der Textform, Textsorte, Bildung von Hypothesen über Inhalt, Intention, Ziel des Textes, Vorhersagen über den Textverlauf, Textstrukturierung.

---

[6] „Lehm der Wörter": sinngemäß nach Hugo von St. Victor; vgl. Ivan Illich: Im Weinberg des Textes. Frankfurt: Luchterhand 1991. S. 53/54

[7] Manfred Arendt: Prozedurales Wissen in der Praxis des schulischen Fremdsprachenunterrichts. In: Die neueren Sprachen 6/1992. S. 615–626. Zitat S. 622

[8] WALTER APELT / HEIKE KOERNIG (1994), S. 163

Sehe ich, mit Barthes und Eco, den Faktor Vorwissen als „das große BUCH (der Kultur, des Lebens, des Lebens als Kultur)" und dieses BUCH als die stillschweigende „enzyklopädische Kompetenz" des Lesenden, das unsichtbare geistige „Labyrinth"[9], so bedeutet Lesenkönnen, zwischen den beiden Labyrinthen – dem großen geistigen und dem kleinen des konkreten Textes – den Leseweg finden, die richtige Mischung und Integration der beiden Tätigkeiten: vom Adlerblick herunterkreisen *(top down)* und sich aus dem Lehm der Wörter heraufarbeiten *(bottom up)*.[10]

Die angestrebte „Lese-Intelligenz" – die das Lesen so außerordentlich erleichtert und beschleunigt – entsteht durch die Sensibilisierung für den jeweils richtigen Leseweg zwischen oben und unten, Adlerblick und Text. Auf der Treppe von oben nach unten haben sich, seit rund zwanzig Jahren, die folgenden möglichen „Lesestile" bewährt (deren Aufzählung Ihnen, den Leserinnen und Lesern dieser Zeilen, längst bekannt ist[11]):

● Das Überfliegen (auch globales / orientierendes Lesen[12]). Beim Überfliegen entscheide ich mich, ob mich der Text überhaupt interessiert. Wenn ja, wähle ich einen der folgenden Lesestile.

● Das Mustern (kursorisches Lesen). Beim Mustern erfasse ich den Aufbau, den Zusammenhang, die Hauptaussagen eines Textes (amerikanisch *gist reading*).

● Das Herauspicken (selegierendes / selektives Lesen). Hier hole ich aus dem Text gezielt nur die Informationen heraus, die ich für einen bestimmten Zweck suche, auf dem Theaterplakat interessieren mich z. B. nur die Freitagsaufführungen.

Nach dem Mustern oder Herauspicken entscheide ich mich, ob ich noch tiefer in den Text eindringen will oder nicht.

● Das Verweilen (totales Lesen). Hier nehme ich den Text und seine Botschaft(en) so sorgfältig wie möglich auf, sei es analytisch-kritisch wie z. B. ein Rechtsurteil, sei es umsetzend wie z. B. eine Gebrauchsanweisung, sei es genießend wie z. B. einen Liebesbrief oder ein Gedicht. In der scholastischen Lesephilosophie eines Hugo von St. Victor wird dieser Lesestil als ein

---

[9] Roland Barthes: S / Z. Frankfurt: Suhrkamp 1987. S. 27. – Umberto Eco: Semiotik und Philosophie der Sprache. München: Fink 1985. S. 275

[10] Dazu ausführlicher PIEPHO / SERENA (1992), S. 23 und 35. Nicht unmittelbar zum Thema des vorliegenden Buchs gehören Details der Lesebiologie und -psychologie wie Lesesprung, Lesefeld, Augenbewegungen und ihre Fixpunkte. Dazu einige Leseempfehlungen: L. M. Schlesinger: Sentence Structure and the Reading Process. Den Haag 1968. E. J. Gibson / H. Levin: Die Psychologie des Lesens. Stuttgart 1980. GERARD J. WESTHOFF (1987), S. 26–38

[11] Das folgende im wesentlichen nach Rosemarie Buhlmann: Das Lesen von Fachtexten. In: Lesen in der Fremdsprache. München: Goethe-Institut 1981. S. 55–124 sowie KARIN HERRMANN (1990), S. 22–24

[12] Der entsprechende amerikanische Ausdruck *skimming* läßt sich mit Rahmabschöpfen übersetzen *(skim* – Schaum). Rahm im Sinne von: Quintessenz

„Abschmecken" bezeichnet.[13] Beim Literatur-Verstehen (Kapitel 9) werden wir diesen Lesestil ausführlich studieren.

„Vom ‚totalen Lesen' zu unterscheiden ist das im Anfängerunterricht weit verbreitete ‚atomistische Lesen'. Darunter ist ein ‚Wort-für-Wort-Lesen' zu verstehen, bei dem der Anfänger über jedes unbekannte Wort stolpert, was den Leseprozeß immer wieder unterbricht [...] Die Erfahrung hat gezeigt, daß fremdsprachige Lerner ökonomischere und motivierendere Lesestile wie das orientierende, kursorische oder selegierende Lesen nur dann anwenden, wenn man sie anhand stimulierender und abwechslungsreicher *Aufgaben* und Übungen zwingt, diese Lesestile anzuwenden" (Herrmann[14]).

Leseaufgaben und -übungen müssen also so überzeugend funktionieren, daß die Lernenden, trotz ihrer sehr verständlichen Vorsicht, eine Risikobereitschaft, eine Abenteuerlust, kurz: eine Leseintelligenz entfalten, die sie auch über den Sprachkurs hinaus begleitet und ihnen beim Lesen hilfreich bleibt. Denn zahlreiche Schüler, die Deutsch lernen, „verwenden ihre Fremdsprachenkenntnisse im späteren Leben fast ausschließlich zum Lesen"[15].

Zu einer Leseintelligenz, die weit reichen soll, gehört auch eine gewisse selbstkritische Vorsicht. Die dargestellten, etwas simplen Lesestufen oder Lesestile sind kein Patentrezept. Das Leseabenteuer, das sich zu sicher auf sie verläßt, kann auch danebengehen. Lesen ist „nicht eine Fertigkeit, ein Skill, sondern umfaßt eine Anzahl von Strategien" (Schwerdtfeger[16]). Kein allzu „fertiges" Leseverhalten sollte eingeübt werden. Daher sollten die vorgelegten Texte und Aufgaben ein möglichst buntes, divergentes Angebot sein – mit und ohne visuelle Hilfen und Überschriften, mit ausführlichen, mit wenigen und ohne Aufgaben zur Textarbeit usw. Damit sich kein zu geradliniger Leseablauf einspielt – denn es gibt so viele Texte, die ganz überraschende Kurven machen.

Im folgenden wird der wichtige erste Abschnitt etwas ausführlicher behandelt, die übrigen Teile werden stark verkürzt dargestellt.

---

[13] Nach Illich (wie Anmerkung 6), S. 107

[14] KARIN HERRMANN (1990), S. 24

[15] GERARD J. WESTHOFF (1984), S. 1. Vgl. auch die Anmerkungen zum Weiterlernen im Kapitel Wortschatz oben S. 105

[16] Inge Christine Schwerdtfeger: Prolegomena für einen Paradigmawechsel in der Theorie und Praxis des Leseunterrichts L 2. In: Lesen in der Fremdsprache. Hrsg. v. Helm v. Faber / Manfred Heid. München: Goethe-Institut 1981. S. 255–284. Zitat dort S. 261

Sich anfreunden mit Lesestrategien

150 Lesestile: Erste Denk- und Übungsschritte[17]

Die folgende Einführung in drei mögliche Lesestile wird gegen Ende des Buches für jugendliche Deutschanfänger angeboten.

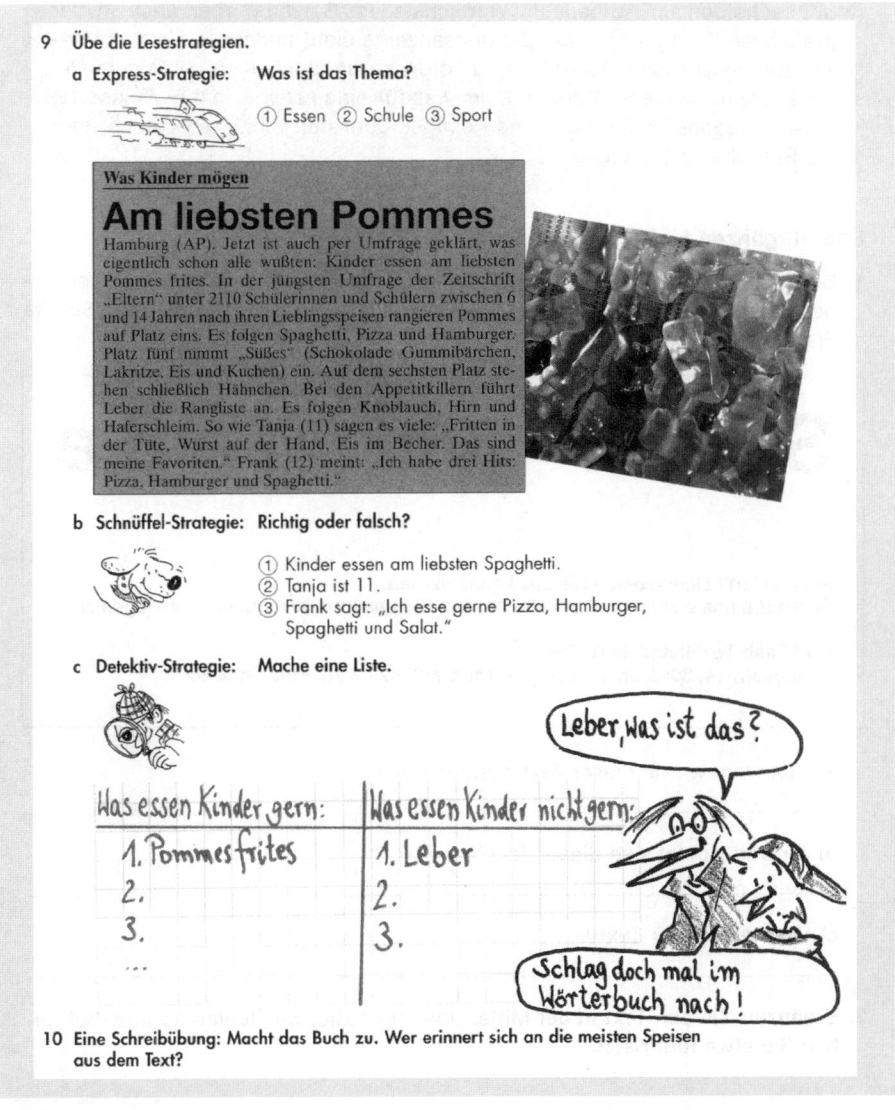

9 Übe die Lesestrategien.

a Express-Strategie: Was ist das Thema?

①Essen ②Schule ③Sport

Was Kinder mögen

Am liebsten Pommes

Hamburg (AP). Jetzt ist auch per Umfrage geklärt, was eigentlich schon alle wußten: Kinder essen am liebsten Pommes frites. In der jüngsten Umfrage der Zeitschrift „Eltern" unter 2110 Schülerinnen und Schülern zwischen 6 und 14 Jahren nach ihren Lieblingsspeisen rangieren Pommes auf Platz eins. Es folgen Spaghetti, Pizza und Hamburger. Platz fünf nimmt „Süßes" (Schokolade Gummibärchen, Lakritze, Eis und Kuchen) ein. Auf dem sechsten Platz stehen schließlich Hähnchen. Bei den Appetitkillern führt Leber die Rangliste an. Es folgen Knoblauch, Hirn und Haferschleim. So wie Tanja (11) sagen es viele: „Fritten in der Tüte, Wurst auf der Hand, Eis im Becher. Das sind meine Favoriten." Frank (12) meint: „Ich habe drei Hits: Pizza, Hamburger und Spaghetti."

b Schnüffel-Strategie: Richtig oder falsch?

① Kinder essen am liebsten Spaghetti.
② Tanja ist 11.
③ Frank sagt: „Ich esse gerne Pizza, Hamburger, Spaghetti und Salat."

c Detektiv-Strategie: Mache eine Liste.

Was essen Kinder gern:	Was essen Kinder nicht gern:
1. Pommes frites	1. Leber
2.	2.
3.	3.
...	

Leber, was ist das?

Schlag doch mal im Wörterbuch nach!

10 Eine Schreibübung: Macht das Buch zu. Wer erinnert sich an die meisten Speisen aus dem Text?

---

[17] SOWIESO 1. Kursbuch S. 103

151 Die Textsorte erkennen[18]

Die zu wählende Lesestrategie hängt von der Textsorte ab. Die folgenden Fragen 1 a, b und c sichern die Erkenntnis der Textsorte ab. Die Aufgabe 2 zieht aus dieser Erkenntnis die Konsequenz.

15. Textsorte erkennen

Wer viel liest, weiß, daß es verschiedene Arten von Texten gibt, die sich unterscheiden im Aufbau, im Wortschatz, im Satzbau, aber auch in der grafischen Gestaltung. Eine Zeitungsanzeige sieht anders aus als ein Plakat. Ein wissenschaftlicher Text ist sofort zu unterscheiden von einem Gedicht. Wenn man sofort erkennt, um was für eine Art von Text (= Textsorte) es sich handelt, kann man schon einiges über den Inhalt, aber auch über die Sprache voraussagen.

Ü 16   Ergänzen Sie.

1. Der folgende Anzeigentext ist nicht vollständig. Trotzdem kann man viel erkennen. Lesen Sie den Anfang und das Ende des Textes und beantworten Sie die Fragen auf der nächsten Seite:

Spaß an Mode

Interessiert? Dann sollten Sie uns kennenlernen.
Rufen Sie uns einfach mal an oder senden Sie uns Ihre Bewerbungsunterlagen zu.

Mac Fash Textilhandels GmbH
Feringastr. 14, 8043 Unterföhring · Tel. 089/9 57 07 78, Frau Schwarz

a) Von wem wurde dieser Text geschrieben?

b) An wen richtet sich dieser Text?

c) Wo steht dieser Text?

2. Ergänzen Sie den Text in der Mitte. Überlegen Sie, was fehlen könnte. Schreiben Sie etwa fünf Sätze.

---

[18] EICHHEIM / STORCH. Übungsbuch S. 83/84

152 Leseanleitung:
Unterschiedliche Denk- und Übungsschritte

Wir können hier auf die Lesetexte selbst verzichten. Wir drucken nur die Anleitungen und die dazugehörigen Aufgaben ab.

a[19]

So kannst du diesen Physiktext lesen!

Du hast es sicher schon selbst herausgefunden: Einen Physiktext liest man anders als eine Erzählung oder ein Gedicht.

An diesem Beispiel lernst du Methoden, wie man Physiktexte lesen kann, damit man sie besser und schneller versteht. Folge der Anleitung.

Arbeitsanweisungen

1. Orientiere dich im Text!
- (a) Suche das Thema (Überschrift).
- (b) Suche das Bild mit Untertitel.
- (c) Markiere die Abschnitte mit einer Klammer { }. Wieviele Abschnitte hat der Text?
- (d) Trenne alle Sätze mit einem Strich /. Numeriere die Sätze.
- (e) Suche im Text besonders gedruckte Wörter, etc.

2. Markiere, was Du verstehst!
- (a) Unterstreiche die Fachbegriffe im Text.
- (b) Klammere alle (Adverbien und Adjektive) ein.
- (c) Unterstreiche alle Fachverben mit einem Pfeil.

(folgt Text)

b[20] (Text geht voraus)

Um was geht es in dem Bericht? Notieren Sie die Punkte.

Der Bericht:	Punkte:
Einführung:	keine Probleme, Adresse von Zaza, …
Hauptthema: a)	…
b)	…
Schluß:	…

---

[19] HANDBUCH DES DEUTSCHSPRACHIGEN FACHUNTERRICHTS, S. 196
[20] DIE SUCHE 1. Textbuch S. 70

c[21]

Keine Angst vor schwierigen Texten! Der folgende Text ist eine Beschreibung. Diese Methode hilft Ihnen beim Verstehen:

1) Lesen Sie den ganzen Text ohne Pause und ohne Wörterbuch durch. Markieren Sie sofort alle wichtigen Informationen, die Sie verstehen.

2) Vielleicht können Sie jetzt schon das Thema nennen?

3) Fassen Sie die Hauptidee kurz zusammen – in einem Satz.

4) Nun erst gehen Sie ins Detail. Welche Wörter kennen Sie nicht? Nehmen Sie nicht sofort das Wörterbuch! Vielleicht können Sie das Wort aus dem Kontext verstehen, vielleicht finden Sie das Wort auf einem anderen Weg heraus?

(folgt Text)

a) Thema: _____

b) Hauptinhalt:

   _____

c) Details:

   (1) _____
   (2) _____
   (3) _____

---

[21] SPRACHKURS DEUTSCH NEU 3, S. 20

Den Überblick gewinnen

Natürlich gibt es vielfältige Möglichkeiten, in die Beschäftigung mit einem Text einzusteigen – sie alle sind richtig, wenn sie die Lernenden neugierig machen (so etwa das Vorweg-Hören einiger Textausschnitte, das Anordnen von gegebenen Zwischentiteln, Bildern, Flußdiagrammstücken, noch ohne Text usw. usw.). Im wesentlichen wird man zwischen zwei Einstiegen wählen:

- Text ohne jede Vorbereitung,
- Einstimmung in die Themenlandschaft, dann Text.

Für beide Einstiege sprechen große Vorteile; oft mag es nur von der Tageszeit, Ihrer Verfassung und der Verfassung Ihrer Kursteilnehmerinnen und Kursteilnehmer, allerlei Interessen und Neigungen abhängen, welchen Schritt Sie zuerst tun.

Entscheidend bleibt, daß die Grundregel *output vor input* so konsequent wie möglich angewendet wird. Trifft meine Anregung genau, so stelle ich damit die spontane Präsenz der Kursteilnehmerinnen und Kursteilnehmer her. Sofort entsteht Kommunikation, der Einstieg stimmt.

153 Das Vorwissen aktivieren

Alle im Kapitel Sprechen (Kap. 7) vorgeschlagenen Möglichkeiten der (meist assoziativen) Einstimmung in eine Themenlandschaft[22] sind so angelegt, daß sie Vorwissen aktivieren, die Teilnehmerinnen und Teilnehmer intellektuell herausfordern, vielleicht auch ihre Gefühle ansprechen. Sie alle können (müssen aber nicht) auf Lesetexte zusteuern. Hier zwei weitere Beispiele der thematischen Einstimmung, diesmal deutlich auf Texte hinführend.

---

[22] S. 244–251

a[23]

– *Was assoziieren Sie mit dem Thema „Messe"?*

MESSE

– Titel und Untertitel des folgenden Artikels lauten:

„Die Kontaktsuche ist erstes Ziel.
Messen als Vertriebsinstrument"

Welche anderen Ziele gibt es Ihrer Meinung nach noch?

Messeziele

– Kontaktsuche
– _____
– _____
– _____
– _____
– _____

b[24]

Welche Begriffe passen nach Ihrer Meinung zum heutigen Landleben?

Wandern Wanderwege Berge Hügel Friedhof Gräber Hotel
Bach Teich Brunnen, Gärten Tempel Gasthaus Mäuse
Ratten Bach Bank Sparkasse Kühe Pagode Ziegen Wein
Gemeinschaftshaus Schnaps reich Landschaft Fernsehn
Schwein Volkstanz Rinder Bäume Kino
Arbeit Tanz Disco arm Traktor
Milch Schlepper Käse Kamele Milch
Fleisch Pferde Obst Esel Gerste
Hafer Weizen gesund Erholung
Schlangen Ruhr Schafe Wiesen
Nudeln Hunde Wege Restaurants Katzen Romantik Schwäne
träumen Enten Spielplatz Vögel Hühner Natur Enten
Schule Musik saubere Luft Fische Kinder Roggen Reis
Ferien Hirse Mais Urlaub Frisör Silo Apotheke Arzt
Zahnarzt Bauernhöfe Gemeinschaft Nachbarschaft

---

[23] KARIN HERRMANN (1990), S. 129
[24] CHIN AGRAR 9, S. 3

154 Erster Blick

Gleichgültig ob ich die Schülerinnen und Schüler dazu verlocke, ohne jede Vorbereitung in den Text hineinzuspringen, oder ob ihnen die Themenlandschaft durch irgendeine Form der Annäherung schon in Umrissen bekannt ist: der erste – möglichst zügige – Durchgang durch den Text sollte immer von einer Aufgabe begleitet sein, die den Blick von den einzelnen Textmosaiksteinchen wegholt und auf das ganze Bild einstellt. Häufig (nicht immer) sollte diese Aufgabe das Interesse der Leser auf einen einzigen Aspekt lenken. Das ist pädagogisch wichtig, das schult das Leseverhalten – auch im Hinblick auf spätere Leseversuche ohne „Geländer", ohne Textdidaktisierung (die Gefahr ist ja, daß die Kursteilnehmer nach dem Kurs in die alte Gewohnheit des fleißigen Buchstabe-für-Buchstabe-Abtippelns zurückfallen).

Schon die Hinführungen Nummer 153 a und b haben eins gemeinsam: Sie stellen an die Spitze die Frage:

Was ist das Thema?

Meist ist dies der beste Trick, die Leserinnen und Leser vom Lehmboden der Wörter abzuheben und auf den gedachten Punkt hoch über dem Text hinaufzutragen, von dem aus das Ganze, die Botschaft, die Richtung, das Ziel des Textes sichtbar wird. Andere Möglichkeiten, den ersten Blick der Schülerinnen und Schüler auf das Ganze zu lenken:

a[25]

MODERNER KINDERGARTEN – DER DIREKTE WEG IN DEN TERRORISMUS?

Im Gegenteil, liebe Eltern!

Diese Prognose kann man nur dem Kindergarten alten Typs stellen – mit seiner strikten Reglementierung, seinem Lernterror, dem frühzeitigen Leistungsdruck, der einseitigen Orientierung an der intellektuellen Erwachsenenwelt!

Wie soll ein Kind da zu sich selbst finden und seine Talente entwickeln können?

Wir bieten dem Kind, was es wirklich braucht:

- Training für das soziale Leben bei maximal individueller Charakterentwicklung
- das Erleben von variablen Kleingruppen und von situationsorientierten Lernangeboten
- eine Zeitplanung, die den Lebensrhythmus des Kindes respektiert
- Hilfen bei sozialer

Frage im Lehrbuch: Wer hat den Text geschrieben?

---

[25] DEUTSCH KONTRASTIV, S. 64 (authentische Textvorlage)

b[26] Hier wird die entscheidende Frage überhaupt nicht gestellt:

> In einer Höhle in der Lüneburger Heide fanden die beiden Brüder Klaus und Jörg B., 6 und 7 Jahre, einen unerwarteten Bewohner. Wie uns aus zuverlässiger Quelle mitgeteilt wird, entdeckten die beiden Jungen unter der bisher bekannten Höhle zwei weitere riesige Höhlen, von deren Existenz bis heute niemand gewußt hatte.
>
> In einer dieser Höhlen lag schlafend ein mittelgroßer Dinosaurier, dessen Alter auf etwa 590 Jahre geschätzt wird. Das Tier hatte die letzten zwei Jahrhunderte in der Höhle verbracht. Es hatte sich von Gelberüben ernährt, die es selbst vor mehreren Jahrhunderten gesammelt hatte. Die Schreckensschreie der Kinder müssen das Tier geweckt haben. Nachdem es erwacht war und sich zu seiner ganzen Größe aufgerichtet hatte, hustete es so gewaltig, daß den Kindern die Mützen vom Kopf flogen. Als der riesige Gast sich schüttelte und die ganze Höhle zu zittern begann, flohen die Kinder, die glaubten, sie hätten ein Gespenst gesehen.
>
> Zur Beruhigung der Bevölkerung ist zu betonen, daß die Dinosaurier absolut harmlose Vegetarier sind.

Aufgabe im Lehrbuch: Kennen Sie ähnliche Tiere? Können Sie von ihnen erzählen? Erwartet wird, daß die Leserinnen und Leser zunächst den Wahrheitsgehalt der Geschichte feststellen[27] und dann vom Ungeheuer von Loch Ness, von Märchendrachen und der neunköpfigen Hydra erzählen, bevor sie den Text (der hier leicht unter dem Schwierigkeitsgrad des Gelernten liegt) im einzelnen durchsehen.

c   Es gibt natürlich zahlreiche weitere Möglichkeiten, hier nur wenige Beispiele:

(Text)	Aufgabe:
(Text)	Formulieren Sie kurz die zwei Hauptthesen des Textes.
(Text berichtet von einer Kontroverse)	Fassen Sie kurz zusammen: Wer behauptet was?
(Fünf Zitate zum gleichen Thema)	In welchen Punkten sind sich die Autoren einig?
(Zehn Inserate mit Reiseangeboten / Stellenangeboten)	Nehmen Sie drei oder vier Angebote in die engere Wahl.

Die Lesestufe Erster Blick eignet sich, wie auch die nachfolgenden Nummern 155. 156. 158–160, ausgezeichnet für die Unterrichtsform Lernen durch Lehren. Die Schüler-Lehrer, die sich auf ihren Auftritt vorbereiten, können die im Lehrbuch angebotenen Aufgaben benützen oder auch,

---

[26] SPRACHKURS DEUTSCH NEU 3, S. 172

[27] Nicht selten gibt es Kontroversen über den Wahrheitsgehalt des Textes

sie sind ja mündig wie die Lehrer, „andere Möglichkeiten erfinden [...] Je interessanter der Weg dahin, desto besser!" (Jean-Pol Martin[28]).

Längst fragen sich die Leserinnen und Leser dieser Zeilen, wird denn die Arbeit mit Texttiteln (Überschriften) nicht erwähnt? Antwort: Wir raten nicht rundweg davon ab, raten aber auch nur vorsichtig zu. Stimmen Titel und Text wirklich zusammen (das ist bei Fachtexten nahezu zuverlässig der Fall), kann der Einstieg über den Titel sehr interessant sein (siehe Nummer 155). Wer aber zu oft diesen Weg geht, schult, außer wenn es sich um ein Fachtext-Lesetraining handelt, eine wacklige Strategie. Außer, er begleitet seinen Leseunterricht mit mehreren Übungen zur kritischen Prüfung von Textüberschriften, etwa nach dem folgenden Muster:[29]

A1 Hypothesen 1 (Vom Titel zum Text)

(a) *Lehrteil:*   An 4 Beispielen wird gezeigt, daß Titel
                – oft eindeutig sagen, was im Text steht,
                – möglicherweise irreführend sind,
                – eventuell mehrere Hypothesen zulassen,
                – manchmal nichts über den Inhalt aussagen.

(b) *Übungen:*   Hypothesen über Textinhalte bilden:
                – ohne Kommentar,
                – mit Kommentar und Textauszug.

Lohnt sich aber diese Doppelstrategie: einerseits den Titel als Anhaltspunkt zum Erraten des Textinhalts ernstnehmen – andererseits vor Titeln warnen? Ein weiterer Aspekt ist der hermeneutische. Der Titel eines literarischen Textes kann mein Verstehen zwar ergänzen und bereichern, aber erst dann, wenn ich schon eine Beziehung zum eigentlichen Text aufgebaut habe.

155 Vorhersagen machen

Diese reizvolle Aufgabe muß von der Lehrerin, vom Lehrer von vornherein klar als Spiel deklariert werden, damit die Lernenden ihre möglichen Fehlprognosen nicht als Rückschläge registrieren, das wäre nur ein kontraproduktiver Erfolg. Selten ist ein Text wie eine gerade Straße gebaut, die Vorhersagen müssen später, vom Ende des Textes her stets kommentiert, variiert, revidiert werden, das muß locker, wie beim Spiel mit Bällen ablaufen. Es geht ja überhaupt nicht darum, ob die Prognosen der Schüler falsch oder richtig sind, es geht

---

[28] In: ROLAND GRAEF / ROLF-DIETER PRELLER (1994), S. 54
[29] Timm Hassert et al.: TextArbeiter. München: Goethe-Institut und Hueber 1990. Teil 1, Lehrerhandbuch, S. 12

darum, daß ich mich, um prognostizieren zu können, hoch über den Text erheben muß. Der Weitblick-Punkt, den ich dafür suchen muß, ist nahe verwandt dem, von dem aus der „Erste Blick" möglich war (Nummer 154).

Damit das Voraussagen auch Spaß macht, sollte der Arbeitsablauf eine gewisse zeitliche Spannung haben und darf nicht unterbrochen werden. Die beiden folgenden Aufgaben bewegen sich auf ziemlich sicherem Boden, weil die Vorgaben relativ klar sind, dennoch werden die Vorhersagen etwas nebelhaft bleiben – das gibt dem Spiel seinen Reiz.

a[30] Textbeginn:

> Genauso wie den Frauen und den Mitgliedern bestimmter Rassen und Religionen, wurde auch den Kindern nachgesagt, daß es ihnen an Urteilsfähigkeit, Klarheit, Besonnenheit und der Fähigkeit ermangelt, für sich selbst zu denken. Und wenn man sie dennoch ermutigt dies zu tun, würde dies nur zu einem Chaos führen.
>
> *Aufgabe: Erraten Sie das Thema des ganzen Textes.*

b[31] Texttitel:

Die Schule ist kaputt

Ein Kultusministerium läßt sich seine eigene Mißwirtschaft bescheinigen / Von Sabine Etzold

Aufgaben: Bitte lesen Sie nur die Überschrift. Äußern Sie Vermutungen. Was wird der Inhalt des Textes sein?

c[32] Die Teilnehmerinnen und Teilnehmer erhalten zunächst nur den ersten Abschnitt einer Geschichte / eines Berichts. Frage: Wie geht die Geschichte weiter? Können Sie Ihre Vermutung begründen? Die Vorhersagen und Begründungen werden an die Tafel geschrieben. Über den Fortgang (in kurzen Abschnitten? ganzer Text?) sollen die Schülerinnen und Schüler entscheiden.

---

[30] KÜCHE. Der Text stammt von der österreichischen Philosophin Daniela G. Camhy. Aus: Halina Bendkowski / Brigitte Weisshaupt: Was Philosophinnen denken. Zürich: Ammann 1983. S. 204

[31] SPRACHKURS DEUTSCH NEU 5, S. 195

[32] Frei nach GERARD J. WESTHOFF (1984), S. 31 (Schluß der Aufgabe verändert)

d[33] In Fortsetzungen abgedruckte Krimis eignen sich natürlich besonders für das Vorhersage-Spiel. Hier einige Fragen:

Was passiert nun? Was vermuten Sie?
Erzählen Sie die Geschichte weiter, lassen Sie Ihre Phantasie spielen!
Setzen Sie die Geschichte fort!

Bei den Aufgaben c und d ist die eigentliche Frage nicht: Welche Voraussage ist richtig, welche falsch? Sondern: Welche Geschichte ist die bessere – die im Lesetext oder die von einer Kursteilnehmerin, einem Kursteilnehmer erzählte? Oft wird der Preis einem oder mehreren Teilnehmern zufallen.

156 Den Textaufbau erkennen

Bekanntlich ist ein Braten besser zu verzehren, wenn er in Stücke aufgeteilt ist. Auf dem Weg vom Überfliegen zum kursorischen Lesen (Mustern) ist ein kurzer Akt des Textstrukturierens sehr zu empfehlen. Diese Tätigkeit stellt Klarheit und Ordnung her, stärkt das Gefühl der Überlegenheit über den Text. Es gibt viele Möglichkeiten:

(1) Die Lernenden erhalten einen einzigen Textblock, ungegliedert, und teilen ihn in Sinnabschnitte ein.

(2) Die Lernenden erhalten Textabschnitte, durcheinandergewürfelt. Sie stellen die sinngemäß stimmende Reihenfolge her (unser nachfolgendes Beispiel a).

(3) – eventuell verbunden mit (1) oder (2): Die Lernenden erhalten Zwischentitel, die sie den Abschnitten zuordnen. Womöglich fehlt ein Titel? Oder es ist einer dabei, der gar nicht paßt? (Unser nachfolgendes Beispiel b.)

(4) Die Lernenden erhalten kurze Zusammenfassungen einzelner Abschnitte und ordnen sie zu. (Womöglich sind ein oder zwei Zusammenfassungen falsch?)

(5) – eventuell verbunden mit (1) oder (2): Die Lernenden entwerfen Zwischentitel oder knappe Zusammenfassungen.

usw.

---

[33] DIE SUCHE 1. Textbuch. SPRACHKURS DEUTSCH NEU 3, S. 122. 141 und passim

a[34]

Artikel in Zeitungen und Zeitschriften sind häufig gebaut nach dem Schema

1. Thema
2. Quelle
3. Hauptinformationen
4. Detailinformationen

Bitte bringen Sie den folgenden Lesetext (18) in die richtige Ordnung und finden Sie eine Überschrift für den Artikel.

Das behaupten H. Froeb und J. White von der Universität San Diego. Zwanzig Jahre lang haben die beiden Forscher die Werte bei 520 Erwachsenen gemessen.

Nichtraucher, die mit Rauchern zusammenleben oder zusammenarbeiten müssen, seien ebenso nikotingeschädigt wie Raucher mit einem Verbrauch von 11 Zigaretten täglich.

Wie die Studie im einzelnen berichtet, seien die besten Werte bei Nichtrauchern gemessen worden, die nicht mit Rauchern zusammenleben. Schlechter seien die Ergebnisse bei Passivrauchern und leichten Aktivrauchern. Deutlich schlechte Werte beim Lungentest hätten die starken Raucher.

Raucher seien schuld an schweren Erkrankungen ihrer nichtrauchenden Mitmenschen.

b[35]

Setzen Sie die folgenden Zwischentitel an ihren Platz:

Wohnheim
Zimmer am Stadtrand
Zeitungsanzeige
Tee
Preise
Wohnungsmarkt

(Es folgt ein Text, der aus fünf Abschnitten besteht.)

Die Hauptsachen erfassen
(Kursorisches Lesen / „Mustern")

Häufig – nicht immer – werde ich mit meinen Schülerinnen und Schülern nach der Phase der ersten Textbegegnung (zwei, höchstens drei der vorstehenden Aufgaben sind genug) in eine nähere Bekanntschaft mit dem Text eintreten. Sehe ich, mit Freud, „Schrift als die Sprache des Abwesenden", so versuche ich die Unterhaltung mit dem Text, zunächst eine Art small talk, zu starten mit einigen eher oberflächlichen Fragen, die mir der Text leicht beantworten kann.

157 Fragen an den Text

Die besten Fragen finde ich, Lehrerin oder Lehrer, direkt am Text, sie springen mich quasi aus dem Text an. Meist komme ich aber gut voran mit den folgenden Fragen:[36]

- Welche Textinformation finden Sie
  positiv   negativ   überraschend?

- Welche Textinformationen gelten
  für Deutschland /   für Ihr Heimatland   weltweit?
  Österreich /
  die Schweiz

- Welche Textinformationen halten Sie für
  wesentlich   unwesentlich?   oder
  wahr   falsch   unklar?

Weitere trickreiche Fragen[37] die ich je nach Art, Gestalt, Botschaft des Textes wählen und variieren kann:

- Wie geht der Text weiter?
- Wie lautet der Grundgedanke?
- Was ist mir bekannt? was neu? was möchte ich wissen?

Ein gutes Filter für wesentlich / unwesentlich sind häufig die einfachen W-Fragen wer? was? wo … Beispiel:

---

[36] DRUGSTORE
[37] Ausführliche Darstellung bei SWANTJE EHLERS (1992 a), S. 49–86

a[38]

3. «Tricks in der Schule»

Tricks in der Schule „Hokus Pokus! Simsa-labim!" Solche Zau-
bersprüche lernen sechs Schüler in München. In ihrer Schule gibt es keine Mathematik, nur Tricks und Illusionen. Die sechs besuchen die einzige Zauberschule
Europas. Wie läßt man Spielkarten unauffällig verschwinden, und wie kann man **5**
Kaninchen aus dem Zylinder zaubern? Das lernen die Zauberlehrlinge im Unterricht. Nach zwei Jahren und einer Prüfung sind sie dann „Profi-Zauberer".

a. Worterklärungen. Chiarimenti lessicali.

Zeile:

2/3   *der Zauberspruch* = parola magica;
7   *der Zauberer* = il mago.

b. Auf welche Fragen gibt der Text eine Antwort? A quali di queste domande il testo dà una risposta?

wer? ....

was? ....

wo? ....

wann? ....

wie? ....

warum? ....

---

b[39] Eine richtig gestellte detektivische Frage kann das Verständnis eines ganzen Textes aufschließen:

● Von welcher Zeit ist hier die Rede? Welche Textstellen geben Ihnen Anhaltspunkte für eine ungefähre Datierung?

Ich kann die Aufgabe der Fragebildung auch an die Schüler zurückreichen. Beispiel:

c[40]

Thema des Textes: _____

Dieser Text kann mindestens vier Fragen beantworten. *Formulieren Sie diese Fragen.*

Mittelstufe

---

[38] MADDALENA MARTINI (1993), S. 68
[39] HORIZONTE. Lehrbuch S. 120
[40] SPRACHKURS DEUTSCH NEU 5, S. 123

d[41] Im folgenden Beispiel holt die Frage sehr gezielt alle entscheidenden Punkte aus dem Text.

Eine italienische Studentin berichtet

„Jeden Morgen saß ich am Tisch mit Leuten, deren Gesichter hinter Zeitungen versteckt waren. Ich selbst hatte keine Lust zum Lesen am Morgen, hatte auch keine Ahnung von Lokalpolitik, und ich dachte, wenn die kein Interesse an mir haben, gehe ich in die Mensa. Dort saßen auch viele Studenten mit Zeitungen, aber bald fand sich eine Gruppe, die sich fast jeden Tag dort traf und ein bißchen ‚schwätzte‘.“

Eine griechische Studentin berichtet

„Obwohl ich wußte, daß man in Deutschland abends auch kalt ißt (Brot, Wurst, Käse, Tee), hatte ich doch ein distanziertes Gefühl, als ich bei einer Familie eingeladen war, die ich gut kannte. Es gab kein warmes Essen, und ich mußte mit dem Gedanken kämpfen, daß sie für mich nicht viel Geld ausgeben wollten (obwohl die Wurst- und Käseplatte teurer ist als manche warme Mahlzeit).“

Ein amerikanischer Student berichtet

„Ich habe mich immer gefragt, was die deutschen Studenten in ihren Zimmern machen. Ich wohne in einem Wohnheim und war sehr erstaunt, daß die Leute Türen immer hinter sich zumachen. Ich habe mich nie getraut, jemanden etwas zu fragen und an die Tür zu klopfen, bis eines Tages die Deutschen mich fragten, warum ich immer meine Tür offen lasse. Ich sagte, daß ich das so von zu Hause gewohnt sei und daß ich sie nur zumache, wenn ich wirklich allein sein wolle. Die anderen haben geglaubt, ich lasse die Tür offen, weil ich mich allein fühlte und hoffte, daß dann jemand reinkommt.“

1 *Worin bestehen die Mißverständnisse?*

Mittelstufe

Spätestens hier ist eine Bemerkung zum Umgang mit fremden Wörtern fällig. Wie werde ich mit der Fülle unbekannter Wörter fertig, die aus jedem neuen Text auf mich einstürmen? Erstens dadurch, daß ich die hier beschriebenen modernen „Lesekünste“, Lesestrategien anwende. Zweitens mit der – kategorisierenden – Technik des Erschließens neuer Wörter, wie sie oben in Kapitel 3 gezeigt worden sind (S. 83–89).

---

[41] WEGE. NEUAUSGABE. Lehrbuch S. 95

158 Zuordnen

Hier nur zwei Beispiele aus der Riesenkiste von Möglichkeiten der Zuordnung von Textteilen zu (textvereinfachenden, texterklärenden)

Richtig-Falsch-Statements[42]	Paralleltexten
Multiple-Choice-Statements[43]	Zusammenfassungen
Rubriken	Repliken[45]
Stichworten[44]	Bildern[46]
Ergänzungen	Schaubildern usw.

a[47]

2. Welche Nachrichten gehören zu welcher Rubrik?

Sie lesen heute:

Ausland	Seite 3
Wirtschaft	Seiten 9/10
Lokalteil	Seite 7
Innenpolitik	Seite 5
Sport	Seite 14

---

[42] GERHARD NEUNER et al. (1981), S. 66
[43] Ebd. S. 67
[44] Ebd. S. 93
[45] PETER DOYÉ (1988), S. 48
[46] GERHARD NEUNER et al. (1981), S. 64/65
[47] THEMEN NEU 2. Kursbuch S. 98

b[48]

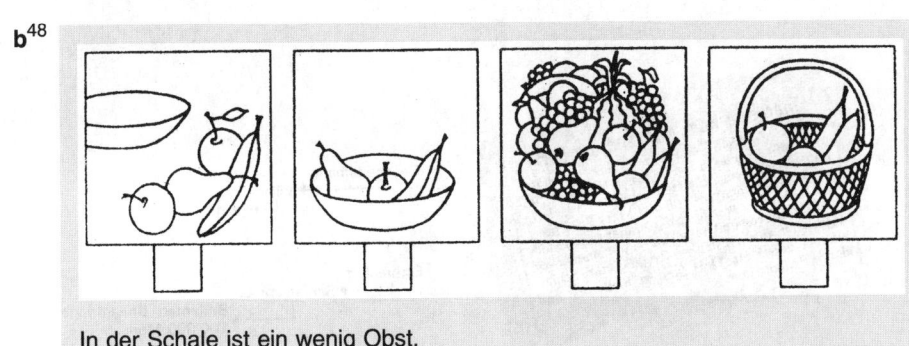

In der Schale ist ein wenig Obst.

159 Den Textzusammenhang in einem graphischen Schema darstellen

Nicht jeder, aber zahlreiche Lesende neigen beim Lesen in der Muttersprache dazu, sich mechanische, logische, auch zeitliche Zusammenhänge optisch vorzustellen, häufig begleiten sie ihre Lektüre mit gedachten oder auch aufgezeichneten Strichen, Linien, Figuren. Wie sehr konkretes, „be-greifendes" Lesen das Verstehen und Behalten fördert, ist aus der Gedächtnispsychologie bekannt, auch, daß eine vom Lesenden selbst produzierte graphische Darstellung mit „größerer Verarbeitungstiefe"[49] verbunden ist, das Verstehen also fester verankert. Von der Ebene des Lesens in der Muttersprache läßt sich die angedeutete Erfahrung auf die sehr viel bescheidenere Ebene des Anfänger-Fremdsprachenunterrichts herunterholen.

Während das in manchen Programmen vorgeschlagene Verfahren, Flußdiagramme ausfüllen zu lassen, die Lernenden oft geometrisch überfordert und sich vor allem für das Lesen von Fachtexten eignet, zeigt das folgende Beispiel einen überzeugend einfachen Weg:[50]

---

[48] PETER DOYÉ (1988), S. 49
[49] HORST G. SPERBER (1989), S. 85
[50] DEUTSCH AKTIV 2. Lehrerhandbuch S. 129. Vgl. auch GERHARD NEUNER et al. (1981), S. 52

Ablauf im Unterricht:

- Kleingruppen: Die Lernenden markieren die Schlüsselwörter. (Im Anfängerunterricht könnte auch der Lehrer / die Lehrerin, am besten vor den Augen der Lernenden, das Markieren übernehmen.)
- Im Plenum werden die Schlüsselwörter diskutiert: Sind es wirklich die Schlüsselwörter? Werden alle verstanden?
- Kleingruppenarbeit: Die Lernenden stellen den (hier: zeitlichen) Textzusammenhang graphisch dar.

160 Textkonzentration

Die Aufgabe, die konzentrierte Form eines Textes (Textreduktion) zu schaffen oder an ihr mitzuarbeiten, erzieht den aufs Wesentliche konzentrierten Blick und ist daher äußerst hilfreich für die Schärfung einer sicheren Lese-Intelligenz.

Hier einige der bestbewährten Übungs- und Aufgabenformen:

- Kurzfassung am Textrand zu Ende schreiben (unser Beispiel a) oder neu erstellen

- Tabellarische Darstellung des Textinhalts am Textrand korrigieren oder neu erstellen[51]

- Gegenüberstellung:
  Textentwurf   – Ausgearbeiteter Text
  Nachricht im Boulevardblatt   – Nachricht in der Tageszeitung[52]

- Zusammenfassung erstellen (dazu unser Beispiel b)

---

[51] GERHARD NEUNER et al. (1981), S. 57
[52] SPRACHKURS DEUTSCH NEU 6, S. 18/19

a[53]

Der Massenbetrieb an den Hochschulen führte zum Spezialisierungs-Trend. Kein guter Trend. Heute sieht man, daß eine frühe
5 Spezialisierung nicht mehr das richtige Rezept ist. Man hört wieder den Ruf nach dem Generalisten. Sein Horizont ist nicht auf sein Fachgebiet begrenzt. Er
10 lebt auf mehreren Ebenen, kennt mehrere Gebiete.

Das Lernen zu lernen wird zum festen Kern der Ausbildung in einer schnell sich wandelnden
15 Wirtschaft und Arbeitswelt.

Der Generalist beherrscht die Methoden des Forschens und Lernens. So wird es ihm leichter, sich die Fachkenntnisse anzueig-
20 nen, die in einer hochspezialisierten Wirtschaft notwendig sind. Wir brauchen mehr Generalisten.

Frankfurter Allgemeine Zeitung,
5.12.1987

```
Der Spezialist kennt nur sein Fach.

Der Generalist _____ .

_____ .

Heute haben wir zu viele _____

und zu wenige _____ .

Die moderne Wirtschaft verändert sich
schnell.

Wichtigstes Element der Ausbildung:

_____ .

Warum?

_____

_____ .
```

b[54] (Zeitungstext geht voraus)

Hier finden Sie eine Zusammenfassung des Zeitungstextes „Der EG-Binnenmarkt braucht keine völlig gleichen Steuersätze". Dem Autor sind dabei sechs inhaltliche Fehler unterlaufen. Bitte finden Sie sie und unterstreichen Sie die Textstelle.

(Text der Zusammenfassung folgt)

Diese trickreiche Aufgabe erreicht einen doppelten Zweck: Erstens zeigt sie, wie (mit Ausnahme der sechs Fehler) eine Zusammenfassung aussehen soll. Zweitens verführt sie zum wiederholten Lesen des Zeitungstextes.

Eine gute Übung ist, die Zusammenfassung mit der Klasse zu entwickeln, bevor wir ins totale Lesen eingetreten sind, also noch auf der Ebene des kursorischen Lesens, und zwar in rasch wechselnden Phasen Stillarbeit + Plenum oder Kleingruppenarbeit + Plenum.

Wie soll nun eine Zusammenfassung aussehen?

---

[53] SPRACHKURS DEUTSCH NEU 2, S. 149. Vgl. auch GERHARD NEUNER et al. (1981), S. 53
[54] KARIN HERRMANN (1990), S. 78

Die Zusammenfassung hat 20–30 % der Länge des Originaltextes. Sie nennt erstens Autor und Thema. Sie stellt zweitens so neutral wie möglich die Texthauptsachen dar. Sie darf (muß aber nicht) im dritten Teil eine Wertung vornehmen: Ich halte den Text für ... Die Zusammenfassung kann in ganzen Sätzen oder im Telegrammstil formuliert sein.

Plane ich mit der Klasse eine handfeste *Edition* von Text und Zusammenfassung, so kann die Zusammenfassung folgende Funktionen haben:

- Sehr kurz und ohne Wertung, dafür möglichst mit einigen Angaben über den Textautor: Hinführender, zum Lesen einladender Vorspann *(lead)*.
- *Extract* am Ende
- *Extract* in Übersetzung (Herkunftssprache der Lernenden).

Zwei weitere Anwendungsmöglichkeiten für Zusammenfassungen. Die Teilnehmerinnen und Teilnehmer erhalten die heutige Tageszeitung. Jede(r) sucht sich einen Artikel aus, faßt ihn kurz zusammen und reicht die Zusammenfassung weiter. Aufgabe: den Originalartikel zu finden. Am Ende wird darüber abgestimmt, welches die vier interessantesten Artikel des heutigen Blattes sind, über sie wird diskutiert.
Die Kursteilnehmerinnen und Kursteilnehmer machen gemeinsam ein Leseposter, auf dem jede(r) eine Geschichte oder einen Text, der ihm wichtig ist, zusammenfaßt.[55]

---

[55] Frei nach Wolfgang Simon: Mitschnitte. München: Klett 1993. S. 15 und 29

Nach speziellen Angaben fischen

161 Nach speziellen Angaben fischen[56]

Ü 4 Sammeln Sie Informationen über vier bekannte Städte im deutschsprachigen Raum:
Dresden – Frankfurt/Main – Salzburg – Zürich.
Sie können dabei die folgenden Lexikon-Artikel benutzen

Dresden

Hptst. des Bz. D. und Krst., ehem. Hptst. des Landes Sachsen, beiderseits der Elbe, inmitten der langgestreckten, von →Pirna bis →Coswig reichenden Elbtalweitung, 106 m ü. M., klimat. Vorzugslage, 520 000 E. (1980); Schulzentrum (Technische Universität mit Medizin. Akademie, Hochsch. für Verkehrswesen, Musik, Pädagogik); Kunstakademie, zahlr. Museen und Kunstsammlungen (Gemäldegalerie, Deutsches Hygiene-Museum), bed. Theater, Sächs. Landesbibliothek, Palais und 'Pionier-Eisenbahn' sowie zwei Freilichttheater und Bot. und Zool. Garten im 2 km² großen Erholungspark 'Großer Garten'. Bahnknotenpunkt; eine der wichtigsten Industriestädte in Mitteldtld. (Transformatoren- und Röntgenwerk, Maschinen- und Apparatebau, opt., chem. Ind., Bekleidung, Nahrungs- und Genußmittel, Zigaretten); Heimathafen der Personenschiffe der Elbeschiffahrt.

Frankfurt/Main

Kreisfreie Stadt im Reg.-Bz. Darmstadt und größte Stadt Hessens, an einer Enge der Mainaue in der Rhein-Main-Tiefebene, 629 000 E. (1980; 1939: 553 000 E.). F. ist ein überragender Verkehrsknotenpunkt für Dtld. und Europa (Luftverkehrskreuz des Kontinents, Kreuzungspunkt der großen N-S- und W-O-Linien im europäischen Eisenbahn- und Straßenverkehr, gewinnt als Binnenhafen mit fortschreitendem Ausbau der Rhein-Main-Donau-Großschiffahrtsstraße an Bed.), ist Mittelpunkt des wichtigsten Industrieraumes im Oberrhein. Tiefland (Chemie, Elektrotechnik, Maschinenbau, Druck, Nahrungsmittel, Bekleidung, Fahrzeugbau, Eisen- und Metallwaren, Feinmechanik, Optik, Schuhe), spielt als Messestadt eine bed. Rolle, ist Banken- und Börsenzentrum sowie Sitz von Bundes- und hess. Landesbehörden und Körperschaften. An Bildungseinrichtungen hat F. die Johann-Wolfgang-Goethe-Universität, Philos.-Theol. Hochschule der Jesuiten, Frobenius-Institut für Völkerkunde, Paul-Ehrlich-Institut (experimentelle Therapie), Hochsch. für Musik, bildende Künste, Erziehung, Ingenieur- und Fachschulen, Städelsches Kunstinstitut, verschiedene Museen (Völkerkunde, Naturgeschichte, Liebighaus), Goethemuseum am Goethehaus, zahlr. Sammlungen und Bibliotheken, städt. und private Bühnen, Zoo mit Exotarium, Palmengarten.

Salzburg

Hauptstadt des österreichischen Bundeslandes S., am Austritt der →Salzach aus den Alpen, 422 m ü. M., 129 480 E. (1980). Sitz der Landesregierung, eines Erzbischofs; Univ. (1623–1810 und seit 1963, zwischenzeitl. nur

Polit. Bezirke (1980)	Fläche km²	Einw. (in 1000)
Salzburg Stadt	66	129,4
Hallein	668	45,0
Salzburg Umgebung	1004	89,5
Sankt Johann im Pongau	1755	66,8
Tamsweg	1020	22,5
Zell am See	2642	72,6
Salzburg	7155	25,8

theol. Fak.), Musik-Akad. (*Mozarteum*); Landestheater, Museen. Seit 1920 Salzburger Festspiele (Max →Reinhardt, Herbert v. →Karajan); äußerst lebhafter Fremdenverkehr (1971 rd. 2,5 Mio. Übernachtungen). Metall-, Textil-, Lebensmittel- und holzverarbeitende Industrie. *Mönchs- und Kapuzinerberg* und die Feste *Hohensalzburg* (1077 angelegt, um 1500 ausgebaut) umgeben die Altstadt am Salzachufer. Mittelpunkt ist der Residenzplatz mit erzbischöfl. Residenz (1596 bis 1619) und Dom (1614–28); Benediktiner-Erzabtei St. Peter (gegr. um 700) mit roman., barockisierter Stiftskirche, got. Franziskanerkirche, Kollegienkirche (1694–1707), Festspielhaus; im SO Benediktinerinnenkloster Nonnberg (gegr. um 700); bis östökrige Bürgerhäuser vom Inn-Salzach-Typ. In der Neustadt Barockschloß *Mirabell* (1721–27); in der Umgebung die Schlösser

Zürich

Hptst. des Kt. Z., am Ausfluß der →Limmat aus dem Zürichsee, 411 m ü. M., mit 380 000 E. (1978; als Agglomeration 720 000 E.) größte Stadt der Schweiz. Wirtschaftl. Mittelpunkt und wichtigstes Verkehrszentrum (Flughafen Z.-*Kloten* mit den Anlagen der →Swissair) des Landes, neben Basel und Bern bedeut. Pflegestätte der dt.-schweiz. Geisteslebens; Wirkungsstätte Zwinglis, Sitz der größten schweiz. Univ. (8800 Studierende) und der Eidgenöss. TH (6900 Studierende), von Konservatorium, Musikhochsch., zahlr. höheren Bildungsanstalten und Fachschulen sowie der Zentralbibl.; Kunsthaus, Landes-, Rietberg-Museum, Oper, Schauspielhaus, sechs Kleinbühnen, Sternwarte, Zool. und Bot. Garten. Die Altstadt beiderseits der Limmat ist weitgehend erhalten, ihr Zentrum ist der *Lindenhof*, die Stätte des röm. Kastells und der kgl. Pfalz, links des Flusses das roman.-got. Fraumünster (12./13. Jh.) und die Peterskirche, rechts der Limmat das Großmünster (11.–13. Jh., Helme 18. Jh.), got. Wasserkirche (15. Jh.) und das alte Rathaus (17. Jh.), zahlr. alte Zunfthäuser; die moderne City orientiert auf die 'Bahnhofstraße' als weltbekannte Geschäftsstraße; die Wohnviertel dehnen sich über Limmat- und unteres Sihltal bis an den →Üetliberg und nach N bis ins →Glatt-Tal. Bed. Ind.: Maschinenbau, Textil-, Graph., Papier-, Seiden- und Baumwoll-Industrie. *Geschichte:* In Z., das neoli.-Bauten aufweist

---

Sie wollen wissen:

1. Wie viele Einwohner hat die Stadt?

2. Wo (und wie hoch) liegt sie?

3. Welche Sehenswürdigkeiten gibt es?

4. Welche Museen gibt es?

5. Gibt es Theater/Oper?

6. Gibt es Industrie? Welche?

7. Gibt es Universitäten/Hochschulen?

a) Notieren Sie Stichwörter.

Dresden:
Frankfurt/Main:
Salzburg:
Zürich:

b) Schreiben Sie einen kurzen Text über eine der vier Städte.

c) Vergleichen Sie zwei dieser Städte miteinander.

---

[56] DEUTSCH AKTIV NEU 1 B. Arbeitsbuch S. 87

Es geht um das selegierende / selektive Lesen, auch „Herauspicken" genannt. Dies ist ein anderer Lesestil als das kursorische Lesen (Mustern), denn der eigentliche Gehalt, die Botschaft, der Aufbau, die Logik des Textes interessieren mich nur ganz am Rande. Ich trete ans Textufer und werfe die Angel aus nach einer ganz bestimmten Sache; ob sie hier Hauptsache oder Nebensache ist, frage ich gar nicht.

Oft lassen sich die Lesestile nicht so säuberlich trennen, oft ist es, wenn ich zu einem Text fünf Aufgaben stelle, geboten, eklektisch zu arbeiten, (gestuft) mehrere oder alle Lesestile einzusetzen.

Beobachte ich (bei mir und anderen), wie „im richtigen Leben" täglich gelesen wird, so stelle ich fest, daß Texte nach kursorischem oder selegierendem Lesen normalerweise weggelegt werden. Will ich meine Kursteilnehmerinnen und Kursteilnehmer auf das Lesen nach dem Kurs vorbereiten, so werde ich sie häufig (nicht immer) in die Entscheidungssituation führen: Legen wir den Text jetzt weg und gehen wir weiter? Oder steigen wir noch tiefer in ihn ein? Es gehört zu den notwendigen Leseerfahrungen, daß man immer wieder die Freiheit dem Text gegenüber empfinden muß, zu lesen oder nicht zu lesen, den Mut genießen, den Text zu verlassen, wenn ich ihn nicht wirklich brauche.

Gründlich lesen

Fachleute können es genießen, das Lesen zu pflegen, einen Text sorgsam und genau aufzublättern wie eine Zwiebel, einen Blätterteig, ein Facettenwerk (die Bildvergleiche stammen von Roland Barthes[57]). Leute, deren Job das nicht ist, muß man mit kleinen Tricks dafür gewinnen. Der erste (und beste) ist, den Text sehr oder vielleicht auch nur ein klein wenig fragwürdig zu machen. Hat ein Text – sei es durch die Auswahl, sei es durch Darbietung und Schnitt, sei es durch die mitgegebenen Aufgaben – offene Räume, geistig oder rein formal, so ist er „fremden-freundlich". Den Lernenden macht es mehr Spaß, an etwas Halbfertigem oder Verwundbarem oder noch Ungesichertem oder Verunsicherndem mitzuschaffen, mit ihm umzugehen, sich mit ihm zu treffen.

162 Am Text mitbauen

Die meisten der folgenden Übungsformen sind sehr geläufig und müssen nicht durch ein Beispiel belegt werden.

a   Lückendiktat als Einstieg in einen Text. Der Text kann leicht über dem Niveau des Gelernten liegen, die zu ergänzenden Textteile müssen deutlich darunter bleiben. Natürlich kommen hier auch alle Vorteile der Diktatübung zum Tragen.[58] Die eigentliche Bedeutung des Lückendiktats liegt aber darin, daß die Lernenden, und sei es nur über das richtige Verstehen und Niederschreiben der fehlenden Passagen, am Text mitbauen. Damit ist es „ihr" Text.[59]

b   Lückentext. Die fehlenden Passagen werden aus dem inhaltlichen Textverstehen und / oder aus dem entsprechenden Wortschatzhintergrund gefunden und richtig eingefügt. An die Stelle der Lücken können auch Nonsenswörter, Anagramme, inhaltlich falsche Wörter treten. Es lassen sich auch (Vorsicht: nicht zu viele!) Wörter innerhalb eines oder zweier Texte austauschen, oder: zusätzlich eingeschmuggelte Wörter müssen entdeckt und gestrichen werden.[60]

---

[57]   Roland Barthes: Über mich selbst. München: Matthes und Seitz 1978. S. 81 („Facettenkubus", „Blätterteig", „Zwiebel")
[58]   Siehe oben S. 43–46
[59]   Nebenbei: Es gibt kaum eine so zuverlässige Methode, den Lernfortschritt einer Gruppe umfassend zu messen, wie das Lückendiktat
[60]   Timm Hassert et al. (wie Anmerkung 29), S. 17

c   Der Text bietet für eine Reihe von Wörtern eine Auswahl an. Beispiel:[61]

> *Wählen Sie die passenden Wörter. Überlegen Sie auch, was die anderen Wörter (die hier nicht passen) bedeuten, und bilden Sie Sätze, in die diese Wörter hineinpassen.*
>
> Am 27.12.1991 hielt ich vor 27 Zuschauern
> Zuhörern   der Volkshochschule Männedorf
> Kunden
>
> eine Lektion   berühmten
> eine Klasse   zum 420. Geburtstag des   verehrten Astronomen und Physikers
> einen Vortrag   famosen
>
> Johannes Kepler, der die erste Science-fiction-Geschichte über den Mond
>
> Thema,
> schrieb. Ein schwieriges Objekt, für die meisten viel zu trocken. Aber es war
> Subjekt,

untere Mittelstufe

d   Der Anfang, ein Mittelstück oder der Schluß eines Textes sollen stimmig eingebaut werden.[62]

163 Den Text testen I: Der Text und die Tatsachen

Vergnügen macht ein Text, der eine oder mehrere Lügen enthält. Die Tatsachen sind den ergänzenden Bildern oder auch dem Vorwissen der Schüler zu entnehmen. Die Schüler sollen eine Paraphrase, nämlich die Wahrheit herstellen. Hier zwei hübsch vertrackte Beispiele:

---

[61] SPRACHKURS DEUTSCH NEU 4, S. 121

[62] Texterschließungsübungen auf dem Umweg über das Aufsuchen von „Textkonnektoren" (Bimmel) oder anaphorischen und kataphorischen Signalen (Stiefenhöfer) sind für die experimentelle Erprobung interessant, scheinen aber doch noch nicht breit genug bewährt, um allgemein empfohlen zu werden. In diesen und ähnlichen Ansätzen steckt vor allem die Gefahr, den Blick der Lernenden zu stark aufs Detail zu verengen; der Weg über das Erfassen der Logik des Textganzen ist der pädagogisch näherliegende. Vgl. Peter Bimmel in: Fremdsprache Deutsch 2. Arbeit mit Texten (1990). S. 10–15. Helmut Stiefenhöfer in: HANDBUCH FREMDSPRACHENUNTERRICHT. 3. Aufl. 1995. S. 246–248. Hinweis auf Analyse textgrammatischer Zusammenhänge dort S. 248. – Normalerweise verwenden die Schüler zum Textverstehen die ihnen geläufigen grammatischen Kenntnisse und kommen damit, unterstützt durch die hier gezeigten Lesestrategien, zurecht. Nur selten werden reine Anfänger-Lesekurse angeboten. Speziell für sie sind Lesegrammatiken zu empfehlen. Hier zwei vorzügliche Titel: Hans Jürgen Heringer: Wege zum verstehenden Lesen. Lesegrammatik. Ismaning: Hueber 1987. Hanna Rogalla et al.: German for Academic Purposes. Reference Section. München: Goethe-Institut 1977.

a⁶³

1 Herr Rasch beim Chef

O Da sind Sie ja endlich, Herr Rasch!
Was haben Sie denn den ganzen Vormittag ge-
macht?
Ich habe Sie heute morgen um neun Uhr zu
Meinke und Co. geschickt, und jetzt ist es Viertel
nach zwei!!

Freundin (Sekretärin) besucht:
Kaffee gekocht, erzählt, geflirtet

● Ja, also ....., um neun Uhr, da war viel Verkehr.
Ich war erst um zehn Uhr da. Dann habe ich eine
Stunde gewartet; Herr Meinke hat gerade Briefe
diktiert.

O Und dann?

● Ich habe bis halb zwei mit Herrn Meinke geredet.
Dann habe ich schnell einen Hamburger geholt
– und jetzt bin ich wieder hier.

O .....

Spaziergang gemacht, fotografiert

Was haben Sie den ganzen Vormittag gemacht?	– Ich war erst um zehn da.
	– Ich habe eine Stunde gewartet.
Und dann? / Und was haben Sie dann gemacht?	– Ich habe bis halb zwei mit Herrn Meinke geredet.
	Dann habe ich schnell einen Hamburger geholt.

Meinke besucht, gewartet

Was hat Herr Rasch wirklich gemacht?

geredet, Pause gemacht

b[64]

Der folgende Text enthält vier Fehler. Bitte korrigieren Sie die Fehler, und begründen Sie Ihre Korrektur.

Banken sind für die Volkswirtschaft wichtig, denn sie helfen mit, den Kreislauf des Geldes zu verstärken und zu beschleunigen. Jeder kann hier Geld wechseln, waschen, einzahlen und überweisen, das ist der kostenlose Dienst der Bank.

Banken finanzieren den Kauf von Autos, Häusern, Möbeln, Musikinstrumenten und Professoren. Sie geben nur anständigen Leuten Kredit. Besonders eilig werden Gelder an Bankräuber ausgezahlt.

164 Den Text testen II: Text-Umsetzung

Enthält der Text irgendwelche Anweisungen, so wird seine Richtigkeit oder auch Fragwürdigkeit, aber auch mein Verstehen auf die Probe gestellt, sobald ich die Anweisungen ausführe. Dieses unterhaltsame Verfahren des Leseverstehens soll hier etwas ausführlicher studiert werden.

a[65] (Voraus geht ein Text, der den Sitzplan im Flugzeug beschreibt.)

a) Sitzplan:	b) Beschreibung:	a) Wer sitzt wo? Zeichnen Sie die Personen in den Plan ein.

(1) Gröger: *hat Angst*

(2) die eine Frau: *jung – mit einem Kind*

(3) das Kind: _____

(4) der Tourist: _____

(5) die andere Frau: _____

(6) der Mann: _____

(7) Schlock: _____

(8) die Dame: _____

Der ältere Herr mit ...... in der ...... Reihe, das ist vielleicht ....!

b) Was charakterisiert die Personen? Notieren Sie.

c) Wer können die anderen Fluggäste sein?

---

[64] SPRACHKURS DEUTSCH NEU 3, S. 101. Siehe auch ebd. S. 172
[65] DIE SUCHE 1. Textbuch S. 154/155

b [66]

Sie haben mit Ihrem Partner / Ihrer Partnerin ein Problem zu lösen:

Ein Bauer hat einen Wolf, eine Ziege und einen großen Kohl. Er muß nun einen Fluß überqueren, weil er den Wolf, die Ziege und den Kohl auf der anderen Seite des Flusses auf dem Markt verkaufen will. Es führt keine Brücke über den Fluß. Es gibt nur ein sehr kleines Boot. Das Boot ist so klein, daß der Bauer immer nur entweder mit dem Wolf allein oder mit der Ziege allein oder mit dem Kohl allein im Boot fahren kann. Er muß also den Fluß mehrmals überqueren, aber: der Wolf darf nicht mit der Ziege allein bleiben, weil er sie töten würde, und die Ziege darf nicht mit dem Kohl allein bleiben, weil sie ihn fressen würde. Der arme Bauer muß siebenmal über den Fluß fahren.

Notieren Sie hier die Buchstaben in der richtigen Reihenfolge:

1	2	3	4	5	6

Zeichnen Sie hier die letzte Überfahrt:

c[67] Aus der Vielfalt der Möglichkeiten, in einem Text Anweisungen zum Handeln zu geben (vom Kochrezept über das Zaubern! bis zum Zeichnen) wählen wir hier eine Aufgabe mit besonderer kommunikativer Komponente aus.

... und sprechen Sie darüber.

- Nun probieren Sie es selbst. Studieren Sie die Gesichter Ihrer Mitstudenten mit den Augen, mit der Kamera. Setzen Sie sich das faszinierende Ziel, die im Gesicht Ihres Gegenübers aufgeschriebenen Charakterzüge, Empfindungen, Wünsche, Gedanken einzufangen. Ihr Porträtfoto soll wirklich etwas erzählen von dem Leben des anderen Menschen.

- Dazu gehört wahrscheinlich ein Gespräch mit Ihrem „Modell". Körperhaltung, Raum, Hintergrund des Bildes müssen mit der Wesensart des Menschen zusammenstimmen. Vielleicht gibt Ihnen Ihr „Modell" einen Hinweis, in welcher Umgebung, vor welchem Hintergrund es sich wohl fühlt?

- Stellen Sie Ihre Porträts in Ihrem Klassenraum aus. Tauschen Sie Ihre Beobachtungen aus. Versuchen Sie, die Qualität der Bilder (nicht: der Gesichter!) zu beurteilen.

- Berichten Sie – schriftlich oder mündlich – über Ihre Erlebnisse: Glück und Pech, Freude und Ungeduld, über Ihre Gespräche mit den Porträtierten, Ihre Erfahrungen mit sich selbst.

---

[67] SPRACHKURS DEUTSCH NEU 6, S. 200/201. Zeichnen: ebd. S. 154–162. Zum Zaubern siehe hier im Handbuch S. 491

165 Auf den Text reagieren

Eine andere Art der Umsetzung – aus dem Text in „meine" Wirklichkeit – ist das sprachliche Reagieren, wie es aus vielen Übungs- und Aufgabenformen bekannt ist. Wir zählen hier nur auf und unterscheiden schriftliches und mündliches Reagieren.

a Schriftliches Reagieren auf den Text, wie zum Beispiel

Brief, Einladung
Angebot, Bestellung
Rezension, Urteil
Protest
Gegendarstellung
usw.

Besonders reizvoll die Aufgabe: einen Gegentext schreiben. Voraussetzung: ein sehr provokativer Lesetext wie etwa gegen Kinderlärm, gegen Sport, gegen Demokratie, für den Krieg, für die Monarchie.

b Mündliches Reagieren auf den Text, wie zum Beispiel

Gespräch, Diskussion
Statement
Den Gedanken weiterspinnen
Nach Konsequenzen fragen
Stellungnahme und Begründung
Korrektur, Kritik, Urteil
Kommentar, Interpretation
usw.

Literatur zum Thema dieses Kapitels Seite 506/507
Gesichtete Lehrwerke Seite 492–494

Vergleichen Sie auch Lautes Lesen, Seite 75–77
Kapitel 10 (Experimentelles Verstehen und Schreiben)
Kapitel 13 (Ganzaufgaben)

Kapitel 9

Aufgaben und Übungen zur schriftlichen Arbeit

Wie viele Deutschlernende kommen nach dem Deutschkurs in die Lage, deutsche Texte niederschreiben zu müssen? Wenige? Also hat der Schreibunterricht in einem Deutschkurs kaum eine Rechtfertigung? Irrtum.

(1) Der in den 70er Jahren prophezeite Niedergang des Schriftlichen durch die Überlegenheit von Radio, TV, Telefon, Video ist nicht eingetreten. Das „Schreiben wird durch Computer und Telefax wieder zu einem modernen Kommunikationsmedium" (Krumm[1]). Deutsch-Fremdlinge, die in nähere Kommunikation mit Deutschsprachigen eintreten oder in einem deutschsprachigen Land leben, werden sehr rasch im Netz der heutigen Kommunikationsgewohnheiten mitagieren. Das heißt zum Beispiel auch, die handfeste Oberfläche des Schreibens, die Orthographie, ist Bedingung für den Eintritt in diese Kommunikation.

(2) Da ein Sprachkurs Folgen über den Kurs hinaus haben, der Unterricht auf das autonome Weiterlernen nach dem Kurs abzielen sollte, sind während des Kurses Kenntnisse aufzubauen, die z. T. erst nach dem Kurs entfaltet, differenziert und voll eingesetzt werden können. Diese spätere Verwirklichung kann − das sollte die Kursperspektive sein − durchaus darin bestehen, daß Deutsch-Neulinge auf deutsch einen Auftrag, eine Weisung, Anweisung, Anleitung, Regel, Analyse, Beschreibung, Spielregel, Reportage, Mitteilung, ein Memo, einen Bericht zu schreiben haben.

(3) Schreiben ist ein „Prozeß mit heuristischer Funktion. Es vergegenständlicht Gedanken, präzisiert sie und verlangsamt den Prozeß des Denkens […] So kann Schreiben der Selbstvergewisserung des Schreibers dienen. Aus diesem Grund kommt dem Schreiben im Lernprozeß eine wichtige Funktion als Mittlerfertigkeit zu. Es macht die Lerninhalte ‚augenfällig'". Das Schreiben besitzt „einen hohen Wert für die Memorisierung von Kenntnissen […] Schreiben stützt in dieser Hinsicht den Spracherwerb" (Dräxler[2]).

Die drei Gesichtspunkte genügen, den Schreibunterricht im Deutschkurs nicht nur zu rechtfertigen, sondern ihm einen hohen Stellenwert zuzuweisen.[3]

---

[1] Hans-Jürgen Krumm in: Fremdsprache Deutsch 1. Schreiben (1989), S. 5

[2] Hans-Dieter Dräxler: Rahmenrichtlinien für den Mittelstufenunterricht am Goethe-Institut. München: Goethe-Institut 1995. S. 112

[3] Zu den Punkten (2) und (3) auch PAUL R. PORTMANN (1991), S. 220/221

Zunächst zur Abgrenzung des vorliegenden Kapitels. Spezielle schriftliche Aufgaben und Übungen zum Aufbau der lexikalischen und grammatischen Kompetenz finden Sie in den Kapiteln 3 und 4. Aufgaben zum „poetischen", kreativen, experimentellen Verstehen und Schreiben, vorwiegend im Zusammenhang mit literarischen Anregungen, finden Sie in Kapitel 10.

Wo liegt nun der eigentliche Beitrag des Schreibens zum Sprachelernen? Als eine Binsenweisheit gilt, daß das Schreiben in der Muttersprache das Denk- und Sprachvermögen erzieht, schärft, reinigt, differenziert.[4] Das Schreiben in der Fremdsprache leistet dies alles mit einem – in Relation zur Sprachkompetenz – weit höheren Effekt; dazu kommen hier die mnemonisch einprägende und die formal korrektive Leistung des Schreibens, das zudem die Beziehung des Lernenden zur fremden und zur eigenen Sprache erhellt und stützt.[5] Die vier außerordentlichen Möglichkeiten, die nur das Schreiben bietet, werden selten komplett gesehen, nämlich:

● Schreiben ist ein Tun, das ich (im Gegensatz zum Sprechen) selbst vollständig kontrollieren kann. Während des Schreibens bin ich ja stets auch mein eigener Leser. Das schafft Raum zur größtmöglichen Klärung nicht nur der (grammatischen, textbezogenen usw.) Richtigkeit, sondern auch der inhaltlichen, z. B. gedanklichen Aussage.

● Schreiben geschieht mit Pausen, jede Pause (jeder Moment des Nichtschreibens) ist eine Möglichkeit, aus der Automatik des Gelernten auszusteigen, neu, „anders, variantenreicher oder komplexer sich zu äußern"[6]. Schreiben schafft also eine Erweiterung, einen Zugewinn an sprachlicher Bewegungsfreiheit.

● Ist Schrift, nach Sigmund Freud, „Sprache des Abwesenden", so hat Schreiben immer auch etwas mit Einsamkeit zu tun, macht mir mehr bewußt, daß ich es bin, der sich äußert, stellt schärfer die Frage nach dem Engagement, der Identifikation und womöglich der Wahrheit. (Dementsprechend wiegt die schriftliche Lüge schwerer als die mündliche.)

● Schreiben, als ein tastendes Tun, ein Tun mit der Hand, gräbt tiefere Spuren, prägt und verankert (Wörter, Formen, Wendungen, Sätze) tiefer im Gedächtnis.[7]

---

[4] Zum Schreiben in der Muttersprache zusammenfassend PORTMANN ebd. S. 319–325
[5] Zu diesem und den beiden ersten der folgenden Aspekte PORTMANN ebd. S. 240. 297. 300. 423–425
[6] PORTMANN ebd. S. 425
[7] Das Gedächtnis für Eindrücke, die uns über den Tastsinn erreichen, ist stärker als für Eindrücke, die uns über andere Wege erreichen. Dazu auch Kersten Reich: Präsentations- und Visualisierungstechniken. Köln 1983 (Manuskriptdruck), S. 5

Falls Texte oder Textteile in Partner- oder Kleingruppenarbeit entstehen, kommt ein fünfter Faktor dazu:

● Das gemeinsame Gestalten an dem entstehenden Text macht nicht nur die sprachlichen und inhaltlichen Bauelemente von neuer Seite bewußt, sondern es stellt auch Kommunikation her, vor allem Kommunikation über Sprache.

Fazit: Schreiben nimmt in einem modernen Sprachunterricht einen entscheidenden Rang ein[8] und strahlt auf die angrenzenden Ebenen des Sprachelernens aus, wie es der folgende Abschnitt skizziert.

Vernetzung

Bemühung um Orthographie fördert bewußtere Aussprache. Gezielte Ausspracheübung fördert das Rechtschreiben.

In Kapitel 4 wurde ausgeführt, daß der geeignete Ort für die Herstellung der sprachlichen Richtigkeit das Schreiben ist:[9] Richtig sprechen lernt man über das Richtig-Schreiben. Dort ging es im wesentlichen um gezielte Grammatikübungen und -aufgaben; es versteht sich von selbst, daß freieres Schreiben, zeitlich jeweils leicht versetzt, dieselbe Wirkung tut. Es stellt unter anderem die analytische Wachheit und Selbstkritik her, die zum Bauen nicht-wackelnder Textkonstruktionen nötig sind. Richtigkeit bedeutet hier, über die grammatische hinaus, die Genauigkeit der Wortnuancen, Diskursformen, Stilebenen usw. Umgekehrt kann und darf die Pflege des Schreibens nie isoliert erfolgen; die emotionale Spannung und Entspannung, der Reichtum des mündlichen Austauschs sind unverzichtbar als Motivation und Motor für die Arbeit des Schreibens.

Auf die enge Verwebung zwischen Schreiben und Lesen machen zahlreiche Aufgaben und Übungen dieses Kapitels aufmerksam.[10] Daß möglichst viele Schülertexte in der Klasse zum Klingen und Hören, also erst eigentlich „zur Sprache" kommen sollten, ist ein Ziel, das man selten ganz erreichen wird, das man aber nie aus den Augen verlieren sollte.

---

[8] Ausnahme: der Unterricht mit Lernenden, die eben erst das Schreiben lernen

[9] Siehe S. 134/135

[10] Hinweise auf detaillierte Untersuchungen zur Wechselwirkung zwischen Schreiben und Sprechen sowie zwischen Schreiben und Lesen gibt Rainer Bohn in: MANFRED HEID, Hrsg. (1989), S. 54

Schreiben, ein Prozeß

Der vielseitige Beitrag des Schreibens zum Sprachelernen, so wie er hier dargestellt wurde, liegt stets im Schreiben als Tun. Das Endprodukt des Schreibens rückt also an den Rand des Interesses. Alle entscheidenden Vorgänge, durch die das Schreiben die gesamte Sprachkompetenz bilden, schärfen, „läutern" kann, laufen während der Schreibtätigkeit ab, das Produkt spielt die Rolle der herausfordernden Zielsetzung. Wichtig für die Lernenden und ebenso für die Lehrenden ist also das Schreiben als Prozeß.[11] Die Arbeit des Schreibens ist eine wesentliche, für viele Schülerinnen und Schüler die bedeutendste Chance, eine professionelle oder dem Professionellen sich nähernde Sprache und damit die größtmögliche Autonomie in der neuen Sprachwelt zu erwerben.

Daraus ergibt sich, daß das Schreiben, auch das freiere Schreiben, nicht fest installiert am Ende oder gegen Ende einer Folge von Arbeitsintervallen stehen muß,[12] es sollte sich als eine Art roter Faden durch den ganzen Unterricht ziehen. Hat der Unterricht so, wie wir ihn hier vor uns sehen, den Charakter eines äußerst lebendigen, kommunikativen Geschehens, sehr offen und flexibel konzipiert, so bilden die Schreibphasen das systematische Gegengewicht: Hier wird, handwerklich genau, in langsamen, sorgfältig reflektierten Schritten Sprach-Richtigkeit aufgebaut.

„Spontanes Schreiben, relativ schnelles Hinschreiben wird durchaus nicht abgelehnt, es wird sogar in verschiedenen Zusammenhängen dazu ermuntert. Das Hauptgewicht dieser Schreibdidaktik liegt jedoch auf den reflektiven Prozessen, die in der zielgerichteten Arbeit des Vorbereitens, des Schreibens und des Revidierens von Texten zum Tragen kommen"[13]. Jede Schreibphase wird allerwenigstens bis zu einer Plattform gedeihen, auf der die Schreibenden selbst ihren Text kritisch durchsehen und formal durchkorrigieren. Wie weit die Studierenden darüber hinaus die Arbeit an ihrem Text treiben werden, das hängt von den bekannten, allzu unterschiedlichen Faktoren wie Zeit, Thema, Schwierigkeitsgrad, Stimmung, Dynamik des Kurses und der Gruppe, Ort im Unterricht usw. ab. Die weiterführenden Möglichkeiten und Schreibprozesse seien kurz skizziert (und jede der folgenden Stufen kann auch die Endstation sein):

– Die Überarbeitung des Textes bleibt an der Oberfläche, betrifft die formalen (orthographischen, grammatischen, lexikalischen, textorganisierenden) Elemente. Hier liegt es nahe, Mitstudierende und / oder die Lehrkraft zu Rate zu ziehen. Diese Möglichkeit kann und muß nicht immer voll ausgeschöpft

---

[11] PORTMANN ebd. S. 213–215 und 384–386 faßt die theoretischen und unterrichtspraktischen Arbeitsergebnisse des prozeßorientierten Ansatzes zusammen

[12] Im wesentlichen nach PORTMANN ebd. S. 385

[13] PORTMANN ebd. S. 386. Zum folgenden PORTMANN ebd. S. 313–318. 443/444. PIEPHO / SERENA (1992), S. 28–34

werden, weil der Aspekt der formalen Richtigkeit im Zusammenhang mit dem Schreiben eine hohe, aber nicht immer die entscheidende Bedeutung haben soll, vor allem in den Anfangsklassen.

- Die Überarbeitung des Textes greift tiefer, wird zur Redaktion. Hier geht es um glättende und gliedernde Eingriffe, Umbau, Streichungen, Ergänzungen, Zwischentitel, Zeichnungen etc.
- Von hier kann der Weg bis zur (gekürzten? weiterentwickelten?) Publikation führen. Die eine Möglichkeit ist das durchaus lernproduktive vorbereitete, strukturierende und gestaltende Vorlesen durch Lernende (Autor/in oder Mitschüler/in); die andere Möglichkeit die optisch und inhaltlich fortentwickkelte Präsentation in Form von Poster, Folie, Wandzeitung, Handout, Druck …

Sämtliche angedeuteten Prozesse sind auch Denkprozesse, in denen die vielfältigen Mittel der Sprache zu reflektieren, zu vergleichen, zu diskutieren, auszuprobieren und umzusetzen sind.

Übungen zu Orthographie und Interpunktion

Die Kenntnisse auf diesem Gebiet sind in den letzten zehn Jahren wichtiger geworden. Die Erfordernisse der modernen Kommunikationsmittel wie Computer und Fax einerseits, politische Aspekte andererseits (Sicherheit in diesem Bereich öffnet Türen, Unsicherheit kann sich auf den verschiedensten Ebenen negativ auswirken) geben der Übung von Orthographie und Interpunktion Gewicht. Dem tragen mehrere Lehrprogramme des letzten Jahrzehnts Rechnung. Wir zählen eine Reihe von Übungsformen auf, zeigen einige Beispiele.[14]

166 Pauschalübungen

Selbst bei einer so pingeligen Sache, wie es Rechtschreibung und Zeichensetzung sind, sollten die Übungen, die den Blick zunächst aufs Ganze eines Textes lenken, überwiegen oder wenigstens einen beträchtlichen Raum einnehmen: Der Tendenz zur Pedanterie – die den Lesevorgang verfälschen könnte – muß bei jeder nur möglichen Gelegenheit gegengesteuert werden. Wenn hier von Pauschalübungen die Rede ist, so ist das wörtlich gemeint. Hier soll mehr summarisch die selbstkritische Wachheit für Schreib-Richtigkeit hergestellt werden. Am Ende einer solchen Übung steht die Selbstkorrektur und / oder die Korrektur in der Kleingruppe. Die Ausnahme ist die Lehrerkorrektur. Die folgenden, keineswegs neuen, Übungsformen haben alle mehr oder weniger mit dem Lesen zu tun.

a   Ob Sie, liebe Kolleginnen und Kollegen, lachen oder nicht: Die älteste Form des Sprachelernens, das Abschreiben, ist kein Unfug. Klar, keiner wird heute noch erwarten, daß Schülerinnen und Schüler schlicht einen Text abschreiben. Aber da gibt es ja Tricks. Eine Menge der in den Kapiteln 3 und 4 gezeigten Übungsformen, wie Lückentexte, Kombinationsübungen, Umformungen usw., werden verschenkt, wenn man sie nur flüchtig-mündlich löst. Sie entfalten ihre Wirkung erst, wenn man sie in Ruhe komplett niederschreibt (bei Lückentexten heißt das: nicht nur die Lücken werden ausgefüllt, sondern der ganze Text wird geschrieben). Haupteffekt: Es entsteht ein innerer und äußerer Zusammenhang, mindestens des gefundenen Satzes. Nebeneffekt: Die Rechtschreibung „gräbt" sich beim Abschreiben, langsam, aber sicher, ins Gedächtnis ein.

b   Beim Diktat, so wie es hier verstanden wird, liegt der Akzent auf der Übung des konkreten und des abstrahierend-zusammenfassenden Hörens.[15] Die Bewußtmachung von Orthographie und Interpunktion ist aber ein sehr

---

[14] Die folgenden Beispiele sind so ausgewählt, daß sie durch die im August 1998 in Kraft tretende Rechtschreibreform des Deutschen nicht tangiert werden

[15] Vgl. S. 43–47

erwünschter Nebeneffekt – der einmal mehr belegt, wie nützlich Diktate (und Lückendiktate) sind.

c[16] Zu den Pauschalübungen gehört auch der Lesetext mit Fehlern. Einstieg: zuerst den Blick aufs Ganze, den Textinhalt lenken, dann erst die Frage nach den Fehlern stellen. Die vielleicht etwas ängstliche Frage, ob man Schülern fehlerhafte Texte überhaupt vorlegen dürfe, ist durch den phantasievolleren, spielerischen Stil des heutigen Unterrichtens sicher zu Recht vergessen.

Bitte korrigieren Sie die Fehler:

d[17] Die deutsche Zeichensetzung folgt der Logik und prägt sich, im Unterricht mit Schülerinnen und Schülern über 15 Jahren, im Zug der pauschalen Gewöhnung leicht ein. Ausnahme: die Kommasetzung. Die klassische Übung ist das Einfügen der Kommas in einen Text.

Bitte setzen Sie die Kommas ein:

Das Wort Kredit das mit dem religiösen Wort credo zusammenhängt bedeutet Vertrauen aber was ist das Wesen des kaufmännischen Vertrauens? Wer ein guter Kaufmann sein will vertraut nur dem Besitzenden. Wollte er einer unbekannten ungeprüften Person vertrauen so könnte er ja dabei Geld verlieren. Er muß bevor er einem fremden Menschen Kredit gewährt sein Leben seine gesellschaftliche Position seinen Besitz und seine Familie

Mittelstufe

Varianten: Ein Text, der zu viele Kommas enthält, in dem nur einige Kommas fehlen, in dem einige Kommas zu verschieben sind usw. Nicht zu empfehlen: die Zahl der Kommas anzugeben („Hier fehlen 13 Kommas") – Lehrer urteilen oft anders als das Lehrbuch.

e In der Mittelstufe wird man von einem bestimmten Zeitpunkt an ohne Satzzeichen diktieren (Ausnahme: die Anführungszeichen). Bei der Auswertung ist zu bedenken, daß die Interpunktion im heutigen Deutsch relativ liberal gehandhabt wird. Die Lernenden dürfen nicht strenger beurteilt werden als die Muttersprachler.

[16] DEUTSCH HIER. Arbeitsbuch S. 57
[17] SPRACHKURS DEUTSCH NEU 4, S. 99

167 Detailübungen

Aus der Fülle der Möglichkeiten hier nur wenige Beispiele.

a[18] Buchstabenlücken schließen:

> 2. **tz** oder **z**?
> *Ergänzen Sie bitte!*
>
> tan ___en
> benu ___en
> ergän ___en
> du sit ___t
> der Ar ___t
> überse ___en
> der Do ___ent
> die Hoch ___eit
> si ___en

b[19] Nonsensbuchstaben ersetzen:

> Lieber Jacques,
>
> wir waren am WoXXenende mit der KlaXXe in EisenaXX. Wir haben dort die Wartburg besuXXt. Das war sehr intereXXant. Aber es war auch sehr heiXX. Ich hatte eine FlasXXe MineralwaXXer mit, die habe ich gleich getrunken. Dann hatte ich groXXen Hunger. Ich

c[20] Wörter erkennen:

> 1. Finden Sie bitte fünf Wörter mit **mm**:
>
> die N . . . er
> das Z . . . er
> die G . . . . . tik
> du n . . . st

d[21] Wörter korrigieren:

> *Welches Wort ist falsch?*
>
> 1. die Tashe   2. die Übung   3. die Sprach   4. das Telefon   5. die Lektion
> 6. die Lererin   7. der Verkaüfer

---

[18] SPRACHBRÜCKE 1. Arbeitsheft 1–7. S. 59
[19] SOWIESO 1. Arbeitsbuch S. 73
[20] SPRACHBRÜCKE 1. Arbeitsheft 1–7. S. 29
[21] Ebd. S. 23

e[22] Wortanfänge erkennen:

Groß oder klein?

a Ich wünsche   hnen alles   ute!

b Ich rufe   orgen nachmittag   ieder an.

c Ein   raumhaftes Wetter! Ideal zum   kilaufen.

Mittelstufe

f[23] Große Wortanfänge herausfinden:

AUSBAU DER SÄCHSISCHEN AUTOBAHN
GUTES DEUTSCH WIRD PRÄMIERT
IRISCHE BANK GEHT PLEITE
IM NORDEN NICHTS NEUES
MINISTER ANTWORTET MIT EINEM KLAREN VIELLEICHT

Mittelstufe

---

[22] SPRACHKURS DEUTSCH NEU 5, S. 178
[23] Ebd.

Aufgaben und Übungen, die das freiere Schreiben vorbereiten

Schriftliche Aufgaben und Übungen, die sich sehr eng an einem Lesetext ent-langbewegen und vor allem auf die Ausbildung der Lesetechnik abzielen, wur-den bereits im vorangehenden Kapitel skizziert.[24] Selbstverständlich können auch sämtliche Aufgaben und Übungen, die der Entwicklung der lexikalischen und grammatischen Kompetenz dienen, als Vorbereitung zum schriftlichen Ausdruck gelten. Dies alles steht hier nicht mehr zur Debatte.

Hier sind einige Aufgaben und Übungen zu nennen, die gezielt das freiere und freie Schreiben vorbereiten, wir wählen nur wenige Spielarten aus.

168 Sätze frei vollenden[25]

Ein sinnvoller erster Schritt zur Erprobung einer etwas anspruchsvolleren schriftlichen Ausdrucksfähigkeit ist das Schließen längerer Lücken in etwas differenzierteren Sätzen.

Ergänzen Sie Nebensätze mit als *oder* wenn:

a Um zwei Uhr war die Party zu Ende. _____,
   schliefst du schon.

b Heute früh, _____, schien die Sonne.

c Ich nahm ein Bad. _____, war es schon zehn.

d Ein Brief ist gekommen! _____, lag ein Scheck über
   1000,— DM drin!

---

[24] S. 308–310. 313. Vgl. auch GERHARD NEUNER et al. (1981), S. 59. 63. 65. 82–103
[25] SPRACHKURS DEUTSCH NEU 2, S. 191

169 Sätze „läutern"[26]

Der Wert der folgenden Übung liegt nicht nur in der Bewußtmachung einer stilistischen Grundregel, sondern auch darin, daß das Schreiben kürzerer Sätze sicherer, weil weniger fehlerträchtig ist. Nicht alle Zwischenstufen bis zur knappsten Form, aber zwei oder drei Lösungen sollten niedergeschrieben werden.

Verkürzen Sie die folgenden Sätze, indem Sie immer eine Information weglassen.
Welche Sätze sind nicht zu akzeptieren?
Wer ist bei dieser Übung am sichersten?

Beispiel:

Das schon in früheren Zeiten bei Studentenfeiern gern getrunkene Bier gehört auch heute noch zu den beliebtesten Getränken in Deutschland.

Das bei Studentenfeiern gern getrunkene Bier gehört auch heute noch zu den beliebtesten Getränken in Deutschland.

Das gern getrunkene Bier gehört auch heute noch zu den beliebtesten Getränken in Deutschland.

Das getrunkene Bier gehört auch heute noch zu den beliebtesten Getränken in Deutschland.

Das Bier gehört auch heute noch zu den beliebtesten Getränken in Deutschland.

● Zum Abschluß des Sprachkurses wollen die Teilnehmer in die wegen ihres im 13. Jahrhundert erbauten Domes und wegen ihrer historischen Altstadt von Touristen vielbesuchte Stadt Bamberg fahren.

● Die deutsche Sprache ist nur eine der auf der Welt gesprochenen von der Académie Française auf eine Zahl von mindestens 2 796 geschätzten Sprachen unseres Planeten.

● Das in der deutschen Sprache in Fachtexten und Zeitungsartikeln häufig vorkommende und den Deutschlernenden manchmal Schwierigkeiten bereitende erweiterte Attribut ist doch eigentlich gar nicht schwer zu verstehen.

Mittelstufe

---

[26] DEUTSCH KOMPLEX 2, S. 157

170 Wechsel der Textsorte / Textform[27]

Diese überaus lernproduktive Aufgabenstellung gibt es in ungezählten Variationen, wie etwa

Interview	→ Bericht
Comic-Geschichte	→ Erzählung[28]
Fachtext	→ (vereinfachter) Sachtext
Referat	→ Essay
Lebenslauf in Stichworten	→ Lebenslauf in ganzen Sätzen
Brief	→ Fax oder Telegramm
Verhandlungsprotokoll	→ Ergebnisprotokoll[29]
Bericht	→ Werbetext[30]
Bericht	→ (kurze) Nachricht
usw. usw.	

Dieses Telegramm bringt der Postbote.

PROBLEME IN ISTANBUL – STOP – PASS UND FAHRKARTE WEG – STOP – AUTO KAPUTT – STOP – KONSULAT ZU – STOP – ZOLLKONTROLLE? – STOP – WENIG GELD STOP – SCHWARZFAHREN? SEHR GEFÄHRLICH – STOP – AUTOSTOPP WIEN – STOP – WIEN ZUG FRANKFURT – STOP – FRANKFURT TELEFONIEREN – STOP – ABHOLEN? – ENDE – PETER UND MONIKA

Verstehen Sie alles?

a) *Beschreiben Sie, was passiert:*
   Peter und Monika sind ...
   Sie ...

b) *Schreiben Sie das Telegramm als Brief:*
   Lieber / Liebe ...
   Wir sind ... Wir haben ...

---

[27] DIE SUCHE 1. Arbeitsbuch S. 66. Vgl. auch unten S. 383/384
[28] Beispiel bei GERHARD NEUNER et al. (1981), S. 115
[29] Beispiel bei KARIN HERRMANN (1990), S. 120
[30] Beispiel ebd.

171 Wechsel der Perspektive[31]

Einige der Möglichkeiten:

Unfallbeteiligte und Zeugen berichten vom Unfall
Kontrahenten berichten von einem Streit
Parteien berichten vom Wahlkampf
Arbeitgeber und Angestellte berichten von einer Meinungsverschiedenheit

Die folgende – interkulturell und politisch aufregende – Geschichte zwingt geradezu zu dieser Aufgabenstellung:

Der Bauer Dong suchte einen halben Tag lang nach seiner Axt. Er konnte sie nicht finden.
Da begann er seinen Nachbarn Luo zu beobachten. Ging Luo, der Nachbar, nicht ganz genau wie ein Axtdieb? Klangen die Worte des Nachbarn nicht wie die Worte eines Axtdiebs? Lachte er nicht wie ein Axtdieb? Waren seine Blicke und Bewegungen nicht ganz ähnlich wie die Blicke und Bewegungen eines Axtdiebs?
Zufällig fand Dong die Axt unter seiner Treppe wieder.
Als er sich am nächsten Tag wieder mit seinem Nachbarn unterhielt, hatte sich der Nachbar ganz verändert. Luo ging nicht mehr wie ein Axtdieb, redete nicht mehr wie ein Axtdieb, lachte nicht mehr wie ein Axtdieb, in seinen Blicken und Bewegungen war nichts mehr von einem Axtdieb.

nach LIÄ DSI

Schreibschule

Erzählen Sie diese Geschichte aus einer anderen Perspektive:

a   Luo erzählt

b   Hung – die Frau des Bauern Dong – erzählt

---

[31] SPRACHKURS DEUTSCH NEU 3, S. 179/180

Das Schreiben von appellativen Texten und Briefen

172 Schilder machen[32]

Die Aufgabe sollte so gestellt sein, daß das Klischee der üblichen Hinweis-
oder Verbotstafel durchbrochen wird. Eine sehr vergnügliche Aufgabe ist zum
Beispiel die folgende:

Werkstatt

Sie sehen hier 5 typisch deutsche Verbotsschilder.

a) *Entwerfen Sie Gegen-Schilder.*

Beispiel: Erwachsene Ruhe!
                Das Stören beim Spielen ist verboten.

Wortmaterial: verboten ist / untersagt ist / nicht erlaubt ist / bestraft wird

- schreien, schimpfen
- verbieten, herumkommandieren, drohen
- sich ärgern, unfreundlich sein, schlecht behandeln
- Nervosität, Ungeduld
- Hausaufgaben, Prüfungen, Zeugnisse

b) *Entwerfen Sie auch freundliche Schilder.*

Beispiel: Geduld wird belohnt.
                Wir bitten um ein fröhliches Gesicht.

Übrigens: Verbotsschilder sind leider charakteristisch für alle deutschsprachigen Länder, auch für Österreich und die Schweiz.
Welche Eigenschaften stecken dahinter? Sind es mehrere?

---

[32] SPRACHKURS DEUTSCH NEU 3, S. 44

173 Einen Ratgeber schreiben[33]

Wie schon bei der vorangehenden Nummer, gibt es hier spannende Themen zur interkulturellen Diskussion. Mehrere – nicht alle – der folgenden Aufgaben haben diese Dimension:

---

5 Ratschläge für Personen, die nachts den U-Bahn-Schacht in ... betreten
7 praktische Tips für Studentinnen und Studenten der deutschen Sprache
Ratgeber für Neuankömmlinge in meiner Heimatstadt
Kleines Vademekum für Schmuggler an der .... Grenze
Wie verhalte ich mich in einer Sauna
                       am Strand von Rio
                       beim Betreten eines Beduinenzelts
                       in einem Tempel in ...
                       beim Besteigen des Fujiyama
                       (entsprechend zu variieren)
Gebrauchsanweisung für England / Funchal / Piemont / Indonesien ...

---

174 Eine Anweisung schreiben[34]

Zur Lösung der meisten folgenden Aufgaben werden jeweils einige Fachausdrücke benötigt. Bitte Benutzung des Wörterbuchs empfehlen.

Wie behandle ich ein wertvolles entliehenes Buch?
Wie lege ich einen Film ein?
Wie verhalte ich mich, wenn ich einem Bären begegne?
Wie zünde ich einen Holzofen an?
Was packe ich in den Koffer, wenn ich in den deutschen Winter reise?
Wie stelle ich die Himmelsrichtung fest?
Wie reagiere ich auf eine Liebeserklärung, wenn mich der Partner nicht interessiert?
Wie verhalte ich mich bei einem Erdbeben?

---

175 Ein Zeichen geben

Das Wort Brief bedeutet eigentlich „kurz", Briefe sind ursprünglich kurze Zeichen, Nachrichten. Das Schreiben von Postkarten und – auch für Telefax ge-

---

[33] KÜCHE
[34] KÜCHE

eigneten – kurzen Briefen ist nicht nur eine Aufgabe für Anfänger (a). Es sollte immer und immer wieder praktiziert werden, in der Mittelstufe (b) eventuell auch unter Zeitdruck. Nebeneffekt: Die schriftliche Prüfung verliert, wenn das Kurzbriefschreiben Gewohnheit geworden ist, an Bedrohlichkeit.

a[35]

Schreibe eine Einladungskarte zu deinem Geburtstag.

Du feierst Geburtstag.
Du feierst zu Hause.
Du feierst am Montag.
Du feierst von 16–19 Uhr.

b[36]

Werkstatt

- Mit wem möchten Sie verreisen? Schreiben Sie Antwortpostkarten.
- Entwerfen Sie (in kleinen Gruppen?) eigene Reise-Anzeigen.
- Warum reisen? Mit wem reisen? Versuchen Sie, in wenigen Sätzen Ihre Reise-Philosophie anzudeuten.

Reise- und Urlaubsbekanntschaften

Attraktiver Er, 33, 185, Arzt, sucht für Karibikurlaub im Spätfrühjahr spontane, freche, lebenslustige, aufregende Sie mit Top-Figur. Kosten werden übernommen. Bildzuschr. u. ✉ ZS3644273

Symp. jg. Mann, 32, 180 gr., sucht nette Begleitung für gemütliches rennradelfahren durch die Natur. ☎ 08133/2584

Wir alte Afrika-Narren fahren vom 20.9.-20.10.91 nach Tansania, Malawi, Sambia und suchen noch unternehmens- lustige Mitfahrer/-innen ☎ 6122410

Welche Surferin/Seglerin mag m. Laser- Segler 2 angen. Wochen (September?) i. Port Camargue verbringen? Wellensurfen – Martini Dry auf dem Quai i. Grau du Roi – abends entspannendes Essen i. Hinterland. **Zuschr. unt. ✉ ZS3644948 an SZ**

Wir (m/39 und m/9) möchten ein bis zwei Wochen Ferien am Meer verbringen. Dazu suche ich einen humorvollen, offenen und gefühlvollen Menschen (w oder m) mit Kind(ern). Zuschr. unt. ✉ ZS3659388 an SZ

Normandie, Paris - August/September: Kunstinteressierter jg. Mann (27) sucht Reisepartnerin f. gemeinsam geplanten Urlaub. Zuschr. unt. ✉ ZS3634510

Fahrradtour auf Korsika, Bergsteigen oder Wandern in den Alpen. M 30/180 sucht sportl. Begleiterin für 2 - 3 Wochen im September. Zuschr. unter ✉ ZS3631582

Suche Reisepartner für ca. 3 wöchige Tour nach Ekuador/Kolumbien im Nov./Dez. Bin M/29. ☎ 089/687767

Heitere, lebendige Sie, Anf. 40, sucht ca. gleichaltrigen Reisepartner f. USA od. Segeltörn oder ??? ✉ AS9695624

Mittelstufe

---

[35] SOWIESO 1. Arbeitsbuch S. 54
[36] SPRACHKURS DEUTSCH NEU 4, S. 71

176 Einen Erzählbrief schreiben

Die folgenden beiden, für die Prüfung ZDaF (Zertifikat Deutsch als Fremd-sprache) typischen Aufgaben geben ein inhaltliches Gerüst vor. Auf jeden der angegebenen Punkte sollen die Prüfungskandidaten mit mindestens einem Satz eingehen, denn dafür gibt es Punkte. Da für das Briefschreiben nur 30 Minuten zur Verfügung stehen, müssen sich die Schülerinnen und Schüler relativ kurz fassen; dieses Schreiben unter Zeitdruck ist besonders zu üben. Vorübung: Ei-nige Briefe dieses Typs mit Konzept und Reinschrift, einige ohne Konzept di-rekt ins reine schreiben. Die Schülerinnen und Schüler stellen dann fest, wel-ches Verfahren sie leichter bewältigen.

a[37]

BRIEF 5

Sie wollen heiraten und schreiben Ihrem/r deutschen Freund(in) einen Brief, in dem sie ihn/sie von Ihrer Absicht informieren. Schreiben Sie zu folgenden Punk-ten:
- Ihre Heiratspläne
- wie Sie Ihre(n) zukünftige(n) Frau/Mann kennengelernt haben
- wie sie/er ist: Charakter, Beruf, Hobbys
- Ihre neue Wohnung
- das neue Leben nach der Hochzeit

1. Beginn
   - schon lange nicht mehr geschrieben – in den letzten Monaten sehr viel zu tun ... Grund:
   ....

2. Heiratspläne
   - Überraschung: ich werde in vier Wochen heiraten
   - geht alles etwas schnell – aber plötzlich Wohnung gefunden
   ....

3. Kennenlernen
   - letztes Jahr in den Ferien – auf Campingplatz in A (= Land)
   - damals beide an demselben Surfkurs teilgenommen
   ....

4. Wie er/sie ist
   - Beruf
   - ... Jahre alt – ... Jahre älter/jünger als ich, dunkle Haare, schlank ...
   - fröhlicher Mensch / hört immer Musik / tanzt sehr gerne
   ....

---

[37] EICHHEIM / STORCH. Übungsbuch S. 118

b³⁸

Brief 2

Sie haben Ihre Ausbildung beendet und sind in eine andere Stadt umgezogen.
Nun schreiben Sie Ihrem deutschen Freund einen Brief.

Berichten Sie darin über folgende Punkte:

1. Gründe für den Umzug
2. Arbeit
3. neue Wohnung
4. Freizeit und Unterhaltung
5. Pläne für die Zukunft

Vergessen Sie auch nicht Datum, Anrede, Gruß und Unterschrift.
Schreiben Sie zu <u>allen</u> Punkten wenigstens 1–2 Sätze.

177 Einen sehr persönlichen Brief schreiben³⁹

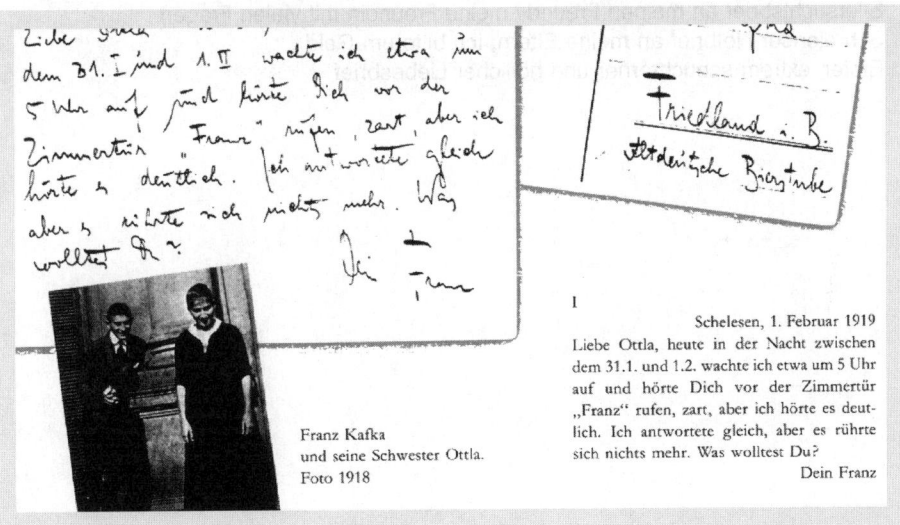

Franz Kafka
und seine Schwester Ottla.
Foto 1918

I

Schelesen, 1. Februar 1919
Liebe Ottla, heute in der Nacht zwischen
dem 31.1. und 1.2. wachte ich etwa um 5 Uhr
auf und hörte Dich vor der Zimmertür
„Franz" rufen, zart, aber ich hörte es deutlich. Ich antwortete gleich, aber es rührte
sich nichts mehr. Was wolltest Du?
Dein Franz

Kafka hat seiner Schwester Ottla diese Postkarte geschrieben, in der er sehr
subtil erzählt, er habe in der Nacht von ihr geträumt. Die Kursteilnehmerinnen
und Kursteilnehmer erhielten von ihrem Lehrer die Aufgabe, Ottlas Antwort
zu schreiben. Hier sind zwei kostbare Beispiele, unkorrigiert:

---

³⁸ EICHHEIM / STORCH. Testheft S. 66. Anmerkung: An dem starren Stil dieser beiden Auf-
gaben ist nicht das zitierte Lehrbuch schuld, sondern die Prüfung, auf die es vorbereitet
³⁹ SPRACHKURS DEUTSCH NEU 5, S. 164. Die Briefe schrieben Christian Fuchs (Santander,
Spanien) und Marc-Henri Métrailler (Wallis, Schweiz); Lehrer: Enzio Wetzel

Lieber Franz,
gratulation!, du hast der erste
Grad Wahrsinn erreicht.
Ich glaube, daß du zum Familienpsychiater gehen mußt.
er wird den selben Erfolgt mir dir haben, den er mit mir gehabt hat. Deine Ottla.

Mein armer Franz, Du hast noch einmal zuviel gesauft.
Ich hatte Dir schon gesagt, dass es sehr gefährlich
für Deine Gesundheit ist. Ich will nächste Woche nach
Schelesen fahren, um Dich zu helfen. Du musst mütig
sein.
Deine Schwester Ottla   Viele Küsse

Die folgenden Schreibaufgaben[40] kann man – da es immer Kursteilnehmer und Kursteilnehmerinnen gibt, die sich nicht so gerne auf diese Ebene einlassen – neben Aufgaben ganz anderen Stils (wie sie ebenso in diesem Kapitel gezeigt werden) zur Auswahl anbieten.

Mein letzter Liebesbrief, bevor ...
Eifersuchtsbrief an meinen Freund / meine Freundin mit vielen Fragen
Schreiender Notbrief an meine Eltern, ich bitte um Geld
Erster, extrem schüchterner und höflicher Liebesbrief

[40] DRUGSTORE / KÜCHE

178 Einen Geschäftsbrief schreiben

Falls Sie, liebe Kolleginnen und Kollegen, sich mit diesem Bereich näher vertraut machen wollen oder müssen, empfehlen wir Ihnen dringend die Anschaffung guter Materialien (siehe Kasten S. 342). Hier ist nicht der Raum, die Lernschritte, die zum Einüben dieser stark formalisierten Texte nötig sind, im Detail zu referieren. Die Schreibergebnisse sind desto besser, je korrekter sie der Norm folgen. Diese Texte setzen sich weitgehend aus Schablonen zusammen. Ihren Kursteilnehmerinnen und Kursteilnehmern fällt das Lernen um so schwerer, je variantenreicher die Musterbriefe / Mustertexte sind, die Sie ihnen vorlegen. Es genügt, wenn die Lernenden zwei bis maximal drei Anredeformeln, Grußformeln usw. kennen.

Zunächst eine Übersicht über die wichtigsten Textarten, Deutsch-Fremdlinge kommen zunächst nur in die Lage, die mit einem * gekennzeichneten Texte selbst zu schreiben.

Absage an Bewerber
* Anfrage (um Angebote zu erhalten)
* Angebot
* Auftrag / Bestellung
* Bestätigung des Zahlungseingangs
* Bewerbung
Einladung an Bewerber
* Kaufvertrag
* Kündigung (Wohnung / Arbeitsverhältnis)
* Lebenslauf
* Mahnung
Presseinformation
* Protokoll
* Reklamation
Versandanzeige (Benachrichtigung, daß die bestellte Ware abgeschickt wurde)
Werbebrief
Zeugnis
* Zwischenbescheid

Die Arbeit des Geschäftsbriefschreibens bewegt sich in enger Nähe zum vorgegebenen Modellbrief. Sind die ersten Schritte des Übens und Schreibens getan, kann ich, als Lehrender, die Aufgabe abwandeln. Ich lege zum Beispiel ein oder zwei Modelltexte vor, die knapp an dem angestrebten sachlichen Stil vorbeigeschrieben sind. Die Lernenden sollen, möglichst in der Kleingruppe, einen Text bauen, in dem die Stilnuance stimmt. Wie immer, sind auch hier die Vergleichs-, Urteils-, Denk- und Sprachprozesse das, was zählt. Das Endprodukt ist eine (hoffentlich geglückte) Nebensache.

a[41]

26
Lesetext

Carola Schnorr von Carolsfeld
Katharinengasse 12
9020 Klagenfurt

20. Mai 1994

Firma
Foto-Prank
Lederergasse 28
1080 Wien

Bewerbung

Sehr geehrte Damen und Herren!

Ich bewerbe mich um die Stelle als Verkäuferin in Ihrem Fotogeschäft, denn ich bin dafür ideal geeignet. Ich stamme aus einer ganz besonderen Adelsfamilie, habe Taktgefühl und zarte, feine Umgangsformen. Ich habe schon als Schulkind unheimlich gute Fotos von den allerhöchsten Gipfeln der Alpen gemacht. Ich bin auffallend hübsch, schlank, groß und stets erstklassig angezogen. Ich habe einen einmalig guten Schulabschluß und eine fünfjährige Ausbildung bei dem profiliertesten Fotografen des Landes, Gernhardt Groß. Von all meinen anderen guten Eigenschaften können Sie sich selbst überzeugen, wenn ich nächste Woche persönlich zu Ihnen komme und mich Ihnen vorstelle.

Mit freundlichen Grüßen

Carola Schnorr von Carolsfeld

27
Textarbeit

a Würden Sie Carola in Ihr Geschäft nehmen? Ja/Nein?

b Lesen Sie den Brief sorgfältig und kritisch. Welche Punkte gefallen Ihnen? Welche Punkte gefallen Ihnen nicht? Warum?

c Welche Punkte in dem Brief sind sachlich nötig (stehen im Zusammenhang mit der Bewerbung)? Welche Punkte sind sachlich unnötig?

d Schreiben Sie einen Antwortbrief an Carola.

28
Lesetext

21. Mai 1994

Eva Eich
Korngasse 7
8040 Graz

Firma
Foto-Prank
Lederergasse 28
1080 Wien

Bewerbung

Sehr geehrte Damen und Herren,

hiermit bewerbe ich mich um die Stelle in Ihrem Geschäft. Ich bin nicht
sicher, ob ich für diese Stelle geeignet bin. Aber ich war in der Schule
nicht schlecht und habe zum Schulabschluß einen recht anständigen
Notendurchschnitt erreicht. Das Zeugnis liegt bei, und auch das Zeugnis
von meiner dreijährigen Ausbildung, die ich hier in Graz bei Foto-Kugler
absolviert habe. Ich würde mich sehr bemühen, immer fleißig und
pünktlich zu sein und Ihre Anweisungen sorgfältig zu befolgen.

Mit freundlichen Grüßen

Eva Eich

29
Textarbeit

Überlegen Sie kritisch, ob diese Bewerberin als Verkäuferin geeignet ist. Eine
Verkäuferin (oder ein Verkäufer) muß

mutig   kontaktfreudig   selbstsicher   schnell   selbständig

sein. Erfüllt die Bewerberin diese Forderungen? Antworten Sie ihr.

30
Schreibschule

Entwickeln Sie nun (in kleinen Gruppen?) einen Bewerbungsbrief, in dem Sie
sich selbst nicht zu sehr loben, aber auch nicht zu bescheiden sind. Die Bewerbung sollte enthalten: eine Begründung, warum ich mich für die Stelle für
geeignet halte, und einen knappen Hinweis auf Schulabschluß und Ausbildung.
Die äußere Form (Briefkopf und Briefschluß) ist in unseren Beispielen Nummer 26 und 28 korrekt.

Mittelstufe

b[42] Geschäftsbriefe und ähnliche Texte, die in wesentlichen Teilen aus stereotypen Formulierungen bestehen, lassen sich sehr gut in der Kleingruppe
entwickeln. Um die Gruppenunterhaltung zu würzen, wird empfohlen, daß
die Aufgaben ein wenig Pfiff haben. Beispiele:

- Sie haben eine Essig- / Schnaps- / Marmeladen- / Fischkonserven- / Papier-
  blumenfabrik geerbt und verkaufen sie. Schreiben Sie ein Angebot für den
  Annoncenteil der Zeitung.
- Sie bestellen eine neue Badewanne mit Einbau.
- Sie können die letzte Rate für Ihr Rennrad nicht bezahlen und bitten um Auf-
  schub.
- Sie kaufen den sehr wertvollen Originalfederschmuck des Häuptlings ... in ...
  und schließen den Kaufvertrag.
- Sie bestellen zwanzig Weihnachtsengel vom Hersteller.
- Sie wollen im eigenen Boot um die Welt segeln und fragen bei mehreren Ver-
  sicherungen um Angebote an.

Empfehlungen:
BÜCHER, DIE DAS SCHREIBEN VON GESCHÄFTSBRIEFEN ZEIGEN

1. Darstellung, für Lernende und Lehrende
2. Darstellung und Übung, für Lernende und Lehrende

1. Darstellung, für Lernende und Lehrende

Dudenredaktion: Duden. Briefe gut und richtig schreiben! Mannheim ...: Dudenverlag 1987.
818 Seiten, Preis derzeit 22,– DM. Umfassendes Basiswerk, jedem, der Deutsch lehrt,
unbedingt zu empfehlen. Das Buch besteht aus drei Teilen: 1. Schreibanleitungen und
Musterbriefe (zu zahlreichen geschäftlichen und öffentlichen Anlässen und Situationen),
2. Sprachtips, 3. Wörterbuchteil mit Formulierungshilfen.

2. Darstellung und Übung, für Lernende und Lehrende

Paul Hartley: German Business Correspondence Course. London: Macmillan 1989.

Gernot Häublein et al.: Telefonieren – Schriftliche Mitteilungen. München ...: Langenscheidt
1982.

Gudrun Häusler et al.: Stellensuche – Bewerbung – Kündigung. München ...: Langenscheidt
1984.

Werner Schmitz / Dieter Scheiner: Ihr Schreiben vom ... Geschäftliche und private Briefe
im Baukastensystem. Ismaning: Verlag für Deutsch 1983.

---

[42] KÜCHE

Erzählendes Schreiben

Sollte ein Kurs auf eine Prüfung vorbereiten, zu der als Bestandteil die Nacherzählung (nach einem gelesenen oder gehörten Text) gehört, so muß die Arbeit an dieser Textform mindestens einmal geübt und diskutiert werden. Vorbereitend auf diese Art von Schreibaufgabe dienen aber auch die erwähnten Aufgaben wie Wechsel der Textsorte / Textform und Wechsel der Perspektive (Nummer 170 und 171).

Erzählen ist nicht jedermanns Sache, und die in einigen Regionen und Ländern – eher verborgen – noch lebendige Erzählkultur ist in den sogenannten hochentwickelten Teilen der Welt fast verschüttet. Für die Dynamik einer Gruppe von Menschen ist es ungeheuer erfrischend, wenn (Lehrer und) Teilnehmer sooft und soviel wie möglich mündlich erzählen, von ihrem Leben mit-teilen.[43]

Diese Chance wird verstärkt, gefördert, in manchen Fällen erst aufgeschlossen durch erzählendes Schreiben. Die folgenden drei schlauen Aufgaben sind so gestellt, daß sie die Teilnehmerinnen und Teilnehmer zum Erzählen überlisten, ohne daß es ihnen zunächst bewußt wird, daß sie sich, während sie diese Texte schreiben, bereits weit öffnen und viel von sich hergeben.

179 Episodische Reihe[44]

a

> Machen Sie sich Luft:
>
> Hilfe! Mein Baby hat mich total naß gemacht!
> *Finden Sie weitere Gründe für einen Hilferuf.*
>
> Wundervoll!
> O Gott!
> Mmmmm!
> Nie!
> Oh, Verzeihung!
> Pfui Teufel!
>
> *Finden Sie mehr Beispiele.*

---

[43] Mehr dazu oben S. 259–264
[44] KÜCHE

b

Jammern Sie, soviel Sie können!

Dieser Nachbar, der immer

Diese Lehrerin, die

Dieses Wetter

Diese Deutschen

Dieses Lehrbuch

Dieser

Finden Sie mehr Beispiele.

c

Meine Lebensphilosophie

Vergnügen ist, sich an einen herrlichen Frühstückstisch zu setzen

Vergnügen ist

Vergnügen ist

Einsamkeit ist

Humor ist

Kindheit ist

Abschied ist

Sympathie ist

Finden Sie mehr Beispiele.

180 Freies Erzählen[45]

Freies Erzählen kann – der häufigere Fall – Dinge, Fakten, Begebenheiten referieren, eher sachbezogen bleiben. Oder es kann – das ist die Ausnahme – dichterisch die Realität verschieben, verändern. Die eine Form gehört hierher in dieses Kapitel. Die andere gehört in Kapitel 10 (Experimentelles Verstehen und Schreiben). Was Ihnen hier fehlt, finden Sie vielleicht im folgenden Kapitel.

Die nachstehenden Themen (die um ein Vielfaches zu ergänzen wären) gehen, je nachdem, wie weit die Teilnehmerinnen und Teilnehmer einsteigen, weniger oder mehr „unter die Haut". Sie sollten so offen bleiben, wie sie hier formuliert sind, ohne inhaltliche und formale Grenzziehungen. Die Korrektur sollte behutsam sein, zu einer Beurteilung ist ein solcher Text ohnehin nicht geeignet.

---

[45] DRUGSTORE / KÜCHE

- Ich bin immer der gleiche
- Ich habe mich geändert
- Wir sind unzertrennlich
- Ich hatte keine Ahnung
- Beschreiben Sie das Paradies
- Beschreiben Sie Ihr Paradies
- Erzählen Sie von Ihrer Kindheit
- Erzählen Sie von Ihrer Heimat

Es folgen zwei Schülertexte zum Thema „Erzählen Sie von Ihrer Heimat".[46]

> Ich bin in der Kiew geboren und aufgewachsen. Das ist die schöne Stadt, die ich liebe von Kindheit. Mich und diese Stadt verbinden beste Erinnerungen und natürlich nicht so unangenehme Momente in meinem Leben. Aber diese Stadt war und wird für mich immer einen Teil meines Herzes. Dort leben meine Freunde. Das sind Leute, ohne die mir ist hier schwierig existieren. ... Mir fehlt sie. ...
>
> Hier finde ich ganz andere Beziehungen zwischen unseren Leute. Das erklären man sehr kompliziert. Die Leute haben andere Probleme und anderes Leben.
>
> Ich habe ein Heimweh, besonders nachts.
>
> Tschekanova Irina
> 07.12.95.

> Die heimat.   Reiser, Maria
> Für mich bedeutet das Wort Heimat meine Geburtsort. Dort bin ich geboren. Dort sind meine Elteren geboren und aufgewachsen. Dort habe ich meine erste Wort mama gesagt. Zuerst habe ich mit Blumen in der Schuhle gegangen. Dort habe ich ...

---

[46] Die Texte entstanden in zwei Aussiedlerklassen in Berlin. Frau Dr. Eva-Maria Moerke hat sie uns liebenswürdigerweise zur Verfügung gestellt

Schreibaufgaben, die von Bildimpulsen ausgehen

Unter dieser Überschrift finden Sie hier einige Aufgaben, die auf ganz verschiedene Schreibprodukte abzielen: Beschreibung, Erzählung, Argumentation. Die Tätigkeit des Beschreibens gehört aber immer dazu, wenn es darum geht, sich zu einem Bild zu äußern, sie spielt entweder eine Nebenrolle im Vorfeld oder steht im Mittelpunkt. Interessant ist, zu studieren, in welch unterschiedliche Richtungen die Impulse führen können, die Bilder geben. Was alle diese Aufgaben verbindet, ist: Der Ausgangspunkt ist ein Bild (oder sind einige Bilder). Das bedeutet für die Durchführung im Unterricht, das Bild wird zum Konzentrationspunkt,[47] stellt Kommunikation her, die um diese Mitte kreist. Dieser kommunikationsverstärkende oder gar -bewirkende Effekt des Bildes ist womöglich überhaupt seine didaktisch wichtigste Qualität.[48]

181 Eine Bildgeschichte erzählen[49]

(Siehe die Abbildung auf der Seite gegenüber.)

Möglicher Ablauf. 1. Die Lernenden (identifizieren sich mit Sherlock Holmes und) schreiben – individuell – zügig die Geschichte nieder, so wie sie sie sehen. 2. Die Erzählungen werden in der Kleingruppe ausgetauscht und diskutiert. 3. Die Erzählungen werden in der Kleingruppe ausformuliert. 4. Sie werden im Plenum vorgelesen, wahrscheinlich noch einmal diskutiert.
Fakultativ: 5. Die Lehrkraft tippt die von den Kleingruppen abgelieferten vier oder fünf Geschichten zu Hause ab und korrigiert dabei stillschweigend die Fehler. 6. Alle Schülerinnen und Schüler erhalten die getippten Texte, lesen und diskutieren sie ein weiteres Mal.

---

[47] Selbst wenn das Bild nicht der äußere Blick-Treffpunkt im Raum ist, sondern nur im Lehrbuch oder auf Blättern vorliegt: Es ist für alle, die sich darüber unterhalten, derselbe Bezugspunkt

[48] Wir zählen in diesem Abschnitt nur einige typische Beispiele auf. Die in diesem Zusammenhang vorläufig nützlichste Publikation: Fremdsprache Deutsch 5. Das Bild im Unterricht (1991) enthält zahlreiche weitere Unterrichtsanregungen. Vgl. auch DIETRICH STURM (1990)

[49] DEUTSCH AKTIV NEU 1 A. Lehrbuch S. 83. Vgl. dazu GERHARD NEUNER et al. (1981), S. 113

182 Über „mein" Bild schreiben[50]

Bilder lassen sich bekanntlich überall finden, in Zeitschriften, Werbeprospekten, auf Postkarten ... Die Schülerinnen und Schüler erhalten zur Auswahl die vier folgenden Themen und finden selbst die Bilder, die sie als Grundlage für ihren Text benutzen.[51] Sie sind frei in der Wahl der Textsorte: Erzählung, Gedankenassoziationen, Stellungnahme, reine Beschreibung ...

Bei dieser Aufgabe kann das Bild, ausnahmsweise, nicht die Rolle des einen Konzentrationspunkts spielen, außer bei der Vorstellung und Diskussion der Ergebnisse (falls die Schüler damit einverstanden sind, daß man sie veröffentlicht).

Themen:

Dies ist mein liebstes Bild
Dieses Bild ist eine Art Porträt von mir[52]
Dort möchte ich sein
Ich lese in einem Gesicht

---

[50] KÜCHE
[51] Das Bilder-Finden geschieht zu Hause oder (falls die Lehrkraft eine entsprechende Bilder-Auswahl zur Verfügung stellen kann) in der Klasse
[52] Viele, auch Landschaftsbilder, können als Porträt interpretiert werden

183 Zu einem Bild Stellung nehmen[53]

Geeignet sind Bilder mit stark aggressiver Note wie das hier wiedergegebene, es kann ebenso ein Foto, eine Collage (vielleicht auch ein Kunstbild) sein. Nicht allen Schülerinnen und Schülern ist es gegeben, die Frage, die aus dem Bild spricht, in ihrer vollen Komplexität zu begreifen und zu formulieren. Daher wird empfohlen, die Aufgabe nicht global, sondern etwas differenzierter zu stellen. Da die erwarteten Texte nicht langatmig, sondern konzentriert und (das wäre zu wünschen, darf aber nicht gefordert werden) engagiert ausfallen sollen, ist es nützlich, ein zeitliches Ziel zu setzen (zum Beispiel 20 Minuten, auf Wunsch eventuell verlängern?).

Aufgabe. Schreiben Sie zu diesem Bild ca. 1 Seite.

(1) Beschreiben Sie den Cartoon genau.
(2) Charakterisieren Sie die Empfindungen der beiden abgebildeten Personen.
(3) Stellen Sie politische, historische, soziale Bezüge her.
(4) Schildern Sie zwei konkrete Beispiele, auf die das Bild paßt.

Vom oberen Grundstufenbereich ab, nach oben unbegrenzt einsetzbar

---

[53] DRUGSTORE / KÜCHE

184 Was fällt Ihnen zu dem Bild ein?[54]

Aufgabe: Bitte schreiben Sie 1–2 Seiten zu einem dieser Bilder, oder zu zwei Bildern oder zu allen drei Bildern. Wählen Sie.

(1) Beschreiben Sie das Bild (die Bilder) ausführlich.

(2) Schreiben Sie etwas über persönliche Erlebnisse, die Ihnen zu dem Bild (den Bildern) einfallen
   oder

(3) Schreiben Sie etwas über eine Frage von allgemeinem Interesse, die Ihnen dazu einfällt
   oder

(4) Schreiben Sie etwas zu der dargestellten Situation oder zu den Problemen, die damit zusammenhängen könnten
   oder

(5) Vergleichen Sie die Situation mit Situationen in Ihrem Land.

Diese Aufgabe ist unter anderem eine gute Vorbereitung auf den mündlichen Teil der ZMP (Zentralen Mittelstufenprüfung), und zwar gerade indem sie *schriftlich* bearbeitet (und dann diskutiert) wird. Sie läßt sich vom oberen Bereich der Grundstufe an (und nach oben unbegrenzt) einsetzen.

---

[54] KÜCHE, frei variiert nach der ZMP des Goethe-Instituts (Musterprüfungssatz)

185 Erzählen, was ein Bild erzählt[55]

Hier holen die Schülerinnen und Schüler selbst die Geschichte aus dem Bild heraus. Sie erzählen, was vor dem Augenblick passierte, den das Bild zeigt. Dann beschreiben sie das Bild im Detail. Dann erzählen sie, wie die künftigen Auftritte der drei Trapezos ablaufen könnten.

186 Bildbeschreibung[56]

Die Aufgabe ist *nicht*, künstlerische oder gar kunstwissenschaftliche Nuancen herauszufinden und darzustellen (obwohl das andererseits nicht verboten werden darf). Die Aufgabe ist, ein Bild so zu sehen, wie es ein Laie tut. Er schaut es sich genau an. Er versucht zu begreifen, was das Bild erzählt, im ganzen und im einzelnen. Er knüpft daran Gedanken, Vergleiche, überlegt sich vielleicht, ob er sich mit einer der abgebildeten Personen identifizieren könnte (falls es solche in dem Bild gibt). So versucht er, eine Beziehung zwischen sich selbst und dem Bild herzustellen.

---

[55] KÜCHE. (Die drei Trapezos fand K. H.)
[56] KÜCHE. Vgl. zu dieser Aufgabe auch die Sprechaufgabe oben S. 257

Geeignet für eine solche Aufgabe sind Bilder (Fotos, Collagen, Graphiken, Gemälde ...), die

– „genügend Anknüpfungspunkte an die Erfahrungswelt des Schülers enthalten",
– „Elemente bieten, die den Schüler zum Sprechen anregen, z. B. narrative Elemente, Personenbeziehungen im Bild, Identifikationsmöglichkeiten des Betrachters",
– so angelegt sind, daß die „Arbeit mit dem Bild über eine bloße Beschreibung hinausführt"[57].

Das Bild kann, aber muß nicht, ein modernes Bild sein. Es kann, aber muß nicht aus dem deutschsprachigen Raum stammen. (Im nachfolgenden Beispiel handelt es sich um eine Arbeit von Pieter Brueghel, also aus dem mitteleuropäischen Raum. Das Bild ist 1568 entstanden und hängt heute im Nationalmuseum in Neapel.)

Aufgaben.
● Welchen Titel könnte das Bild haben?
● Was ist das Ziel der Leute?
● Wer ist ihr Anführer, warum folgen sie ihm?
● Wozu benutzen sie ihre Stangen? (Studieren Sie das genau.)
● Beschreiben Sie den Weg, den die Leute gehen, und die Wegrichtung.
● Übertragen Sie das Bild und seine Geschichte in eine konkrete politische, gesellschaftliche, kulturelle Situation.
● Stellen Sie Fragen an den Maler: Warum hast du ...?
● Falls Sie selbst einige Schritte auf einem solchen Weg gegangen sind: Erzählen Sie, möglichst bunt.
● Bertolt Brecht sagt über Pieter Brueghel, seine Genialität liege vor allem darin, daß „sein Tragisches selber Komik enthält und seine Komik Tragisches". Finden Sie in dem Bild Anhaltspunkte für dieses Urteil.
● Vielleicht fällt Ihnen zu dem Bild eine kurze Geschichte ein?

Mittelstufe

---

[57] Das Bild als Sprechanlaß: Kunstbild. Paris: Goethe-Institut 1988. S. 7. (Die dort aufgestellte Forderung, das zu beschreibende Bild müsse aus dem deutschsprachigen Raum stammen, muß nicht als bindend gelten)

Schreiben über Menschen

187 Personen beschreiben[58]

Die Kursteilnehmer(innen) bekommen in Stichworten einige wenige Angaben über Personen. Sie ergänzen diese wenigen Stichworte zu einem runden Bild und beschreiben nun diese Personen in einem Text.

Marie	Pietro
42 Jahre alt	24 Jahre alt
6 Kinder	Musikstudium
geschieden	Rollstuhlfahrer
Nachtschwester	Geiger in einem bekannten Quartett
deutsch, französisch, rätoromanisch	Musikpreise
2 Katzen	Veronika
alternative Medizin, Zen	italienisch, deutsch, englisch
Sake	Chianti, Grappa

Je vier bis fünf Kursteilnehmer(innen) beschreiben dieselben 2 Personen.

188 Tagesläufe beschreiben[59]

Die Schülerinnen und Schüler bekommen Bilder von einer Person: in ihrer Familie, auf der Straße, bei einem Hobby sowie mehrere Bilder bei ihrer Arbeit. Die Schüler/innen schließen aus den Bildern, wie ein Tag im Leben dieser Person aussehen könnte. Sie erfinden einen Namen und schreiben auf, wie sie sich einen Tageslauf dieses Menschen vorstellen.

189 Eine erfundene Biographie schreiben[60]

Die Kursteilnehmerinnen und Kursteilnehmer bekommen Fragen über eine Person (die sie erfinden sollen). Sie finden zusammenpassende Antworten und bauen daraus eine erfundene Biographie, die sie niederschreiben.

---

[58] KÜCHE
[59] KÜCHE
[60] KÜCHE

männlich? weiblich?
Alter
Aussehen, Kleidung, Bewegungen, Art zu sprechen, Ausstrahlung
Eltern, Geschwister
Ausbildung, Beruf, Ort
lebt in der Heimat? in einem fremden Land?
verheiratet? Kinder?
Freunde, Kollegen
liest? treibt Sport? Hobbys, Interessen?
Essen, Trinken
Erfolg? Zukunft?

190 Die Wahl einer Person begründen

Die beiden folgenden Aufgaben rücken die zu charakterisierende Person näher:
Die Lernenden setzen sich in direkte Beziehung zu dieser Person, denn die
Aufgabe fordert ihre Wahl. Viele Schreiberinnen und Schreiber werden hier
ganz konkrete Menschen vor Augen haben.

a[61]

5. WIE STELLST DU DIR DEN IDEALEN PARTNER VOR?

Aussehen - Beruf - soziale Position - Charakter - Hobbies - Interessen

Er/sie sollte...

b[62]

Unterhaltung / Schreibschule

Wählen Sie eins der folgenden Themen:

Was sollte eine kompetente Psychotherapeutin / ein kompetenter Dirigent / eine
kompetente Schauspielerin können? Gibt es eine „Kompetenz", über die

eine Mutter
ein Freund
ein Vater

verfügen sollte? Worauf kommt es an? Beschreiben Sie diese Art von Kompetenz!

Mittelstufe

---

[61] SPRECHEN UND SPRACHE 3, S. 93
[62] SPRACHKURS DEUTSCH NEU 4, S. 136

Argumentierendes Schreiben

Es geht hier nicht um das Schreiben hochgestochener Seminararbeiten oder Pressekommentare, aber doch um die sprachlich sichere Formulierung einer Vermutung, Behauptung, Feststellung, Meinungsäußerung, Stellungnahme.

Die Lernenden aus vielen Herkunftsländern bringen ein Paket an Grundwissen über das Arrangieren und Formulieren eines argumentierenden Textes mit. Andere Kursteilnehmerinnen und Kursteilnehmer besitzen in diesem Punkt wenig oder keine Vorbildung und müssen erst an einige Techniken des argumentierenden Schreibens herangeführt werden. *Nur für sie* ist die folgende (stark abgekürzte) Darstellung von Bedeutung:[63]

Ein argumentierender Text soll überzeugen. Das tut er nicht, wenn er nur Einfälle aneinanderreiht. Alle Ideen, auch Vermutungen und Behauptungen, müssen begründet, Gedanken nach ihrer Qualität ausgewählt werden. Möglichst viele konkrete Beispiele werden erwartet. Hier eine – sehr kurz gefaßte – Checkliste:

- Ideen sammeln → sichten → auswählen
- Ideen ordnen
- Zwei oder drei Hauptgedanken herausholen, alles andere ihnen unterordnen
- Begründungen und Beispiele, möglichst zu jedem Gedanken
- Den Text niederschreiben

Beim Gedankenordnen können die folgenden Raster hilfreich sein:

pro	– contra
positiv	– negativ
früher	– heute
Ursache	– Wirkung
in meiner Heimat	– im fremden Land

---

[63] Ausführliche Darstellung bei Karl Esselborn / Bernd Wintermann: Auswerten und Schreiben. 2. Aufl. Ismaning: Hueber 1986. S. 44–57

191 Argumentation I

Die beiden folgenden Aufgaben führen die Lernenden quasi in ein – mehr oder weniger dürftig – eingerichtetes Zimmer, in dem ihre Gedanken zunächst etwas Halt finden. Von den angebotenen Materialien aus kann sich ihr Denken in kleineren oder größeren Bögen entfalten.

Aufgaben zu einer schriftlichen Prüfung, in der nicht die intellektuelle, sondern die sprachliche Kompetenz getestet werden soll, werden im allgemeinen so aussehen wie diese beiden.

a[64]

1.a) Welches der Bilder auf der Collage-Seite spricht Sie am meisten an? Warum? Berichten Sie von einem lustigen, traurigen, peinlichen, frustrierenden oder einfach interessanten persönlichen Erlebnis zu diesem Bild oder von einer Begebenheit, von der Sie gehört oder gelesen haben. Schreiben Sie zunächst ein paar Stichwörter auf, und berichten Sie im Plenum.

Mittelstufe

Anmerkung. Das Bild spielt bei dieser Aufgabe die Rolle des Aufhängers, der erwartete Text soll aus dem persönlichen Erleben geschrieben sein.

---

[64] STUFEN 4, S. 147 und 155

b[65]

> *Bitte benützen Sie die folgenden Stichworte zu einem Essay über das Passivrauchen.*
>
> Hauptstrom: der Rauch, den der Raucher selbst einatmet
> Nebenstrom: der Rauch, den die Passivraucher einatmen
>   während des Rauchens:
> $\frac{1}{4}$ aller giftigen Teile → Hauptstrom
> $\frac{3}{4}$ aller giftigen Teile → Nebenstrom
>   während der Rauchpausen:
> $\frac{4}{4}$ aller giftigen Teile → Nebenstrom
> (Passivrauchende) Kellner erkranken wesentlich häufiger an Bronchialkrebs als die übrige Bevölkerung.
>
> Symptome bei Nichtrauchern, die häufig passiv rauchen müssen: Augenentzündungen, Kopfschmerzen, Übelkeit, Schwindel.

192 Argumentation II

Die nachstehenden Aufgaben geben den Lernenden keine Stütze, sondern führen sie aufs freie Feld. Da es nach dem Sprachkurs, im „richtigen Leben", ähnlich zugeht (falls einer überhaupt einen argumentativen Text schreiben muß), sollte diese offene Form im Unterricht mehrere Male probiert werden, nicht aber in der Prüfung.

a[66]

> *Nehmen Sie Stellung zu den folgenden Thesen.*
>
> *Notieren Sie Argumente für oder gegen:*
> 1. Ordnung ist der wichtigste Faktor im sozialen Zusammenleben.
> 2. Wohlstand macht gleichgültig und egoistisch.
> 3. Man findet nur Zugang zu einem Land, wenn man dessen Sprache kann.
> 4. Je besser sich zwei Völker kennen, desto besser verstehen sie sich.
> 5. Mein Vaterland ist dort, wo es mir gut geht.
>
> *Nehmen Sie zu folgenden Fragen Stellung:*
> 1. Ist es wichtig, daß Freunde auch von den Eltern und der Familie akzeptiert werden?
> 2. Welchen Einfluß hat in Ihrem Land die Familie auf die Wahl der Freunde oder Partner?
>
> *Nehmen Sie zu folgenden Thesen und Fragen Stellung:*
> 1. „Ein Mädchen gehört zur Mutter, ein Junge zum Vater."
> 2. Die zu nachgiebige, „anti-autoritäre" Erziehung ist schuld an der fehlenden Orientierung, Leistung und Anpassungsfähigkeit der heutigen Jugend.
> 3. Wie ist die Situation der Jugend in Ihrem Land? Ziehen Sie Vergleiche zur Bundesrepublik.

Mittelstufe

---

[65] SPRACHKURS DEUTSCH NEU 3, S. 259
[66] EINDRÜCKE – EINBLICKE. Textbuch S. 16. 50. 106

b[67]

> Schreiben Sie einen Text über die Bedeutung der Bäume für chinesische Städte und Dörfer!
>
> Alt werden in …
>
> Ist das alles Aberglaube?
>
> Was würden Sie in Ihrem Land ändern, wenn Sie es ändern könnten?

c[68]

> Mensch bleiben
>
> Keine Experimente!
>
> Alles wackelt. Wackelt alles?
>
> Geliebter Irrtum

Mittelstufe

Literatur zum Thema dieses Kapitels Seite 507
Gesichtete Lehrwerke Seite 492–494

Vergleichen Sie auch Kapitel 10 (Experimentelles Verstehen und Schreiben)
                      Kapitel 13 (Ganzaufgaben)

---

[67] CHIN AGRAR 4, S. 23 und KÜCHE
[68] DRUGSTORE und KÜCHE

Kapitel 10

Aufgaben und Übungen zum experimentellen Verstehen und Schreiben

29. Wohin führt der Igel seine Frau?

30. Wie lange wartet der Hase schon?

31. Wer läuft rechts und wer läuft links?

32. Wie schnell rennt der Hase?

33. Wie viele Schritte läuft der Hase vorwärts?

34. Was tut er dann?

35. Was ruft die Frau des Igels?

36. Was glaubt der Hase?

Poesie – durch derlei Fragen[1] aus dem Interesse der Schüler und weitgehend aus dem Sprachunterricht verscheucht – ist offensichtlich eine starke Quelle. Mitten in einer Zeit der Technokratie und gesellschaftlichen Kälte hat sie eine Hintertür gefunden, durch die sie plötzlich, auf überraschend neue Weise, wieder da ist und im Sprachunterricht mitmischt. Noch vor zwölf Jahren war es eine Provokation, laut zu sagen: „Eine Kultursprache lehren zu wollen, ohne gleichzeitig ihre Literatur mitzulehren, ist eine Form von Barbarei"[2]. Heute ist das poetische Element aus dem Unterricht Deutsch als Fremdsprache nicht mehr fortzudenken. Ein eigenes Kapitel ist nötig, um die Aufgaben und Übungen zu besprechen, die nun in diesem Bereich entstanden sind. Nicht nur weil Lesen, Hören, Schreiben viel dichter ineinandergreifen als dies auf den Gebieten, die in Kapitel 7, 8 und 9 dargestellt wurden, der Fall war. Sondern vor allem, weil Lesen, Hören und Schreiben hier etwas anderes sind.

Will man das tastendere, unbestimmtere Denken, das hier geprobt wird, beschreiben, so könnte man sagen, es handelt sich um eine offenere Art von Wachheit, eine Wachheit hinter der Wachheit, die Erich Neumann als kindlich-„wachenden Schlaf" bezeichnet.[3] Poesie wird hier nicht als fertige Sache beurteilt und erobert. Poesie wird als etwas begriffen, was gerade entsteht. Ich beziehe sie in mein Leben ein, in mein Denken und meine Empfindung – so erweitere ich sie, baue sie um, erneuere sie: Kunstrezeption wird „Verjüngung

---

[1] Das Beispiel steht in einem Literaturlehrbuch, das 1979 in New York erschien. Verfasser und Titel sind den Autoren bekannt

[2] Harald Weinrich in: KRISTIN VÖLKER et al. (1984). Band 1, S. 11

[3] Erich Neumann: Der schöpferische Mensch [1959]. Zitiert nach der Ausgabe Frankfurt: Fischer Taschenbuch Verlag 1995. S. 40. Neumann nimmt den Begriff aus Hölderlin (Am Quell der Donau v. 61)

des Vergangenen" (Jauß[4]). Indem ich einem Kunstwerk den, „meinen" Sinn neu gebe, „beseele" ich es neu (Segalen[5]).

Wie wirkt sich dieser (vor rund 20 Jahren in der Literaturwissenschaft „angekommene"[6], seit 12 Jahren im Fach Deutsch als Fremdsprache diskutierte[7]) Ansatz auf das Lesen, Hören, Schreiben und die damit verbundenen Aufgaben und Übungen aus? Zunächst zur Sprachregelung: Da die drei Tätigkeiten Schreiben, Lesen, Hören sich in diesem Bereich aufs lebendigste ergänzen, gegenseitig interpretieren und fördern, werden Verstehen und Schreiben in diesem Kapitel zusammengesehen und mit dem Adjektiv experimentell benannt, wir könnten ebensogut kreativ, literarisch, poetisch, musisch ... sagen, ein understatement schadet nicht.

Wie können wir dieses Kapitel einteilen? Nicht jedes Schreib-Experiment geht von einer literarischen Textvorlage aus. Wir brauchen also einen Abschnitt Freies experimentelles Schreiben. Nicht jede Beschäftigung mit Literatur muß zum experimentellen Schreiben führen – es gibt Texte, die aus irgendeinem Grund nicht dazu einladen, und es gibt Konstellationen von Lernenden und zeitliche Konstellationen, zu denen die Muse einfach nicht kommen will, und wer könnte sie zwingen? Wir brauchen also einen umfangreichen[8] Abschnitt Experimentelles Verstehen. Die Mitte bildet der Abschnitt, der schon in seiner Überschrift die dichte Verschränkung der Tätigkeiten ausdrückt: Experimentelles Schreiben und Verstehen und Verstehen und Schreiben.

Experimentelles Verstehen

Vorweg ein paar Verabredungen. Es ist klar, daß die Auswahl der Beispiele hier noch mehr als in den anderen Kapiteln eine subjektive Note trägt, die Leserinnen und Leser werden vielleicht sagen: zufällig ist. Ohne andere Ansätze verwerfen zu wollen, gilt in diesem Kapitel: Übungen und Aufgaben, die literarische Quellen für grammatische Zwecke auswerten, wurden nicht aufgenommen. Ob eine Übung, eine Aufgabe vollendet durchgestylt oder ein unfertiger Versuch ist, war kein Auswahlkriterium, wohl aber die Ferne oder Nähe zur Unterrichtspraxis.

---

[4] Hans Robert Jauß in: Jörg Zimmermann (Hrsg.): Sprache und Welterfahrung. München: Fink 1978. S. 311

[5] Victor Segalen: Ästhetik des Diversen, Frankfurt: Qumran 1983. S. 45

[6] Hans Robert Jauß: Literaturgeschichte als Provokation, Frankfurt: Suhrkamp 1970. – Wolfgang Iser: Der Akt des Lesens. München: Universitäts-Taschenbücher 1976. – Hans Hunfeld: Literatur als Sprachlehre. Berlin ...: Langenscheidt 1990. – Hans Hunfeld: Fremdsprache Literatur. In: Der fremdsprachliche Unterricht 5/1992. S. 4–10

[7] Bernd Kast: Literatur im Unterricht Deutsch als Fremdsprache. München: Goethe-Institut 1984. – Bernd Kast: Literatur im Anfängerunterricht. In: Fremdsprache Deutsch 11. 1994. S. 4–13. – Dietrich Krusche: Aufschluß. Bonn: Inter Nationes 1987. Teil 2: Erläuterungen und Materialien (zus. mit Stephanie Heckner). – Ingrid Mummert: Nachwuchspoeten. München: Klett Edition Deutsch 1989

[8] Und zwar weil zu diesem Thema noch relativ wenige Arbeiten vorliegen, während zum Thema der beiden anderen Abschnitte in den letzten Jahren eine Fülle von Material entstanden ist

„Es gibt keinen zwingenden methodischen Ablauf bei der Behandlung eines literarischen Textes" (Karin Herrmann[9]). Wollen Sie zu einem poetischen Text eine neue, eigene Didaktisierung entwerfen, werden Sie die einzelnen Unterrichtsschritte also dem literarischen Gegenstand, Ihrem persönlichen Denkstil und der Lerngruppe gemäß, die Sie vor Augen haben, neu kombinieren. Es ist daher nützlich, wenn wir zunächst eine Reihe von einzelnen Unterrichtsschritten (Aufgaben und Übungen) vorstellen, aus denen Sie beim Aufbau Ihrer Sequenz auswählen können, und abschließend einige ganze Sequenzen zeigen.

193 Neun Einstiege

Alle diese Einstiegsaufgaben und -übungen sind auch an anderer Stelle im Fortgang einer Unterrichtssequenz einsetzbar. Umgekehrt eignet sich aber nicht jeder Unterrichtsschritt als Einstieg, der ja eine Art Initialzündung auslösen soll. Der Einstieg in eine Literatursequenz muß, damit von Anfang an das richtige Denkregister gezogen wird, einen zumindest experimentellen, wenn nicht künstlerischen Pfiff haben.

Er sollte

- nicht zu steil sein (nicht zu komplex)
- nicht stark verwirren
- keine negativen Empfindungen abrufen,

damit den Schülerinnen und Schülern nicht die Lust an dem Experiment vergeht, bevor es angefangen hat. Ich kann die angeführten Bedenken (wie der Einstieg nicht sein soll) fast völlig zurückstellen, wenn ich den Einstieg a öffne:

a Sprung in den Text

Er ist zahlreichen didaktischen Mühen überlegen. Das Gespräch zwischen dem Text selbst und dem, der ihn „vernimmt", kann sich ungestört entfalten, bevor irgendwelche Schul-Griffe es steuern können.

Natürlich gibt es auch Begründungen für andere Einstiege. Immer dann, wenn die Lerngruppe, mit der Sie arbeiten, einen Text sprachlich oder gedanklich oder kulturell oder ... als besonders fremd empfinden muß (das gilt z. B. für viele sehr moderne Texte), empfiehlt es sich, zunächst durch eine der nun zu beschreibenden „Vorhallen" zu gehen.

---

[9] KARIN HERRMANN (1984), S. 2. Auf diese systematische Aufgaben- und Übungssammlung greifen wir im folgenden immer wieder zurück, außerdem auf SWANTJE EHLERS (1992 a) und MARION UMBREIT (1993)

b Hörspiel[10]

Literarische Texte sind sehr viel „runder" als Sach- oder Fachtexte, die Schriftgestalt ist nur eine ihrer Seiten, sie sind erst „ganz", wenn sie gesprochen, dargeboten, gespielt, aufgeführt werden. Es ist also von der Textgattung her gedacht, wenn ich einen literarischen Text zuerst als Hörspiel darbiete. Das Hörspiel ist bereits eine Interpretation, manche Unklarheiten des geschriebenen Textes klären sich von selbst auf, wenn man ihn hört.

Das Hörspiel, wenn es gut ist, wird den Text zugleich mit der Darbietung auch strukturieren. Die ergänzende Aufgabe, den Text beim Hören einzuteilen, ergibt sich also ohne Mühe aus der Sache. In unserem Beispiel kommt die Aufgabe, die Textteile zu betiteln, hinzu. Sie macht die Hörenden zu Mitautoren.[11]

a) Hören Sie jetzt den Dialog.
   [...]
d) Es gibt zwei Teile im Dialog. Suchen Sie Titel für Teil 1 und Teil 2.

c „Podiumsdiskussion"[12]

Diese Aufgabe bewegt sich auf der argumentativen Ebene, es geht um die Frage: Gibt es einen Fortschritt oder sind wir noch „die alten Affen"? (Erich Kästner stellt das in seinem bekannten Gedicht „Entwicklung der Menschheit" zur Diskussion.) Unsere Aufgabe kann, im Vorfeld, die Fragestellung anschärfen:

Podiumsdiskussion. Stammt der Mensch vom Affen ab? Finden Sie Argumente für und gegen Herrn Darwin. Bei der Diskussion sollten folgende Gesprächspartner mitspielen:

   Professor Darwin
   ein Theologe
   ein Kind
   ein Psychologe
   ein Affe

Finden Sie weitere Gesprächspartner!

---

[10] DIE SUCHE 1. Textbuch S. 54

[11] Formen der Textstrukturierung siehe auch im Kapitel Lesen, S. 303/304 (dort bezogen auf Sach- und Fachtexte)

[12] SPRACHKURS DEUTSCH NEU 3, S. 87

Die Diskussion endet erfahrungsgemäß damit, daß die Frage völlig offen bleibt. (Der Affe – dessen Rolle nötigenfalls die Lehrkraft übernimmt – wird eine Verwandtschaft mit der fleischfressenden, kriegsstiftenden Gattung Mensch ohnehin weit von sich weisen.) Die imaginäre Gesprächskonstellation trägt dazu bei, daß skurril-hintergründige Denkmodelle auftauchen, von der Sorte, wie sie dann Kästner virtuos einsetzt.

d *Exposition eines Geschehens erraten*[13]

Reizvoll ist die Aufgabe, aus einigen gegebenen Fakten die möglichen Bezüge und Spannungen herauszulesen, aus denen ein dramatischer Konflikt entspringen könnte. So wie ich aus einem Bühnenbild, aus den Kostümen, aus den Personen und ihren Bewegungen die Geschichte erraten kann, auch wenn ich ihre Worte nicht verstehe – so ist es möglich, in räumlichen Gegebenheiten, in gesellschaftlichen, politischen, geschichtlichen … Verhältnissen, in einer Personenkonstellation den Sprengstoff aufzuspüren, der bald für Aufregung sorgen könnte.

Unser Beispiel: eine Geschichte von J. Gotthelf, die einen klassischen Komödienstoff[14] verarbeitet (die Erben, die ihren Gönner betrügen wollen, werden selber betrogen). Aus der Raumdisposition ist der eigentliche Konflikt nur zu einem Teil zu erraten:

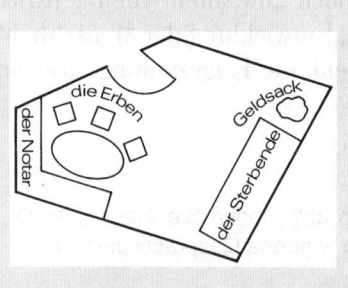

„Laut denken"

1 Dieser Raum ist eine Art Spannungsfeld. Es besteht aus vier Faktoren. Was könnte hier passieren?

2 Hier könnte sich manches abspielen. Erfinden Sie (in Stichworten) eine Tragödie, einen Krimi, eine Oper, eine Komödie. Erzählen Sie Ihre Geschichte, ohne viel zu überlegen.

3 Der Raum hat eine merkwürdige Form. Wo könnte er zum Beispiel stehen?

Mittelstufe

---

[13] LITERATURKURS DEUTSCH S. 45

[14] Bekannteste Ausprägungen bei Ben Jonson: Volpone (1605) und, schon später als Gotthelf, Puccini / Forzano: Gianni Schicchi (1918)

e Einstimmende Geräusche[15]

a) *Hören Sie die Wintergeräusche. Was passiert da?*
   1. Jemand ......   2. Jemand schaufelt Schnee weg.
   3. ...... Die Kinder: „Schlick, Schlack, Schlock" ... „Komm runter!"
b) *Wie reagieren Gröger und Schlock wohl? Was sagen sie?*

Je nachdem, woher die Schülerinnen und Schüler kommen, ergeben sich drei mögliche Diskussionen: Sie identifizieren die Geräusche sofort und versuchen sie zu benennen; sie versuchen die Geräusche zu erraten; sie können sich die Geräusche gegenseitig erklären (falls die Lerngruppe heterogen zusammengesetzt ist). – Ein besonders origineller Einstieg, der viel Atmosphäre vermittelt.

f Vorweg-Impression durch einige Wörter aus dem Text[16]

Auch dieser Einstieg stellt – dunkel, daher Spannung erzeugend – Atmosphäre her:

1. *Zu welchen Situationen passen diese Ausrufe?*
   Suchen Sie Beispiele.

   „Schade."   Man ist traurig / enttäuscht,
                   weil man beim Spiel verloren hat. ...

   „Verdammt"   Wenn man ....

   „Es ist alles aus!" ...

   „HILFE!" ...

---

[15] DIE SUCHE. Textbuch S. 84
[16] Ebd. S. 132

g Einstimmender Paralleltext[17]

Paralleltexte, die sich gegenseitig beleuchten und interpretieren und vertiefen, sind ohnehin ein bekanntes Mittel der Darbietung literarischer Texte (wobei die Textsorte wechseln, neben einem Gedicht ein Fachtext, ein Märchen, eine Zeitungsnachricht stehen darf).[18] Für unser Anliegen der Fremdsprachenvermittlung bietet sich besonders die Begegnung von Texten aus verschiedenen Literaturen an. Im folgenden Beispiel können eine chinesische Legende und die damit verbundenen Fragen und Aufgaben den Raum herstellen, in dem sich dann das wie mathematisch-durchsichtige Mörike-Gedicht von „des Vogels Tritt im Schnee" entfalten kann.

Ein chinesischer Philosoph erblickte im Schnee die Fußtritte eines Vogels. Er blieb stehen und ließ seine Augen lange auf den zierlichen Spuren ruhen. Da versank er in tiefes Nachdenken. Ein Jahr später – die Fußtritte waren verweht, der Schnee geschmolzen – schrieb er 540 Zeichen nieder. So wurde die Schrift erfunden.

CHINESISCHE LEGENDE

Gedankenspiele
Die chinesische Geschichte ist durchsichtig und einfach wie ein chinesisches Bild: ein Gedanke kommt, berührt die Erde, geht wieder. Er hat eine Spur zurückgelassen, die Schrift.

1 Gefällt Ihnen die Legende?

2 Man könnte sich andere Legenden ausdenken. Es muß kein Vogel sein, der die Gedanken bringt. Es könnte sein: ein Kind, der Schatten, der Wind, ein Feuer, ein Tier, ein Blitz … Erfinden Sie andere Legenden.

3 „Bringe meine Kreise nicht durcheinander!" soll der griechische Mathematiker Archimedes verärgert zu einem unerwünschten Zuschauer gesagt haben. Warum? Wer kennt die Geschichte? Erzählen Sie sie.

4 Das wichtigste Schreibinstrument

Mittelstufe

---

[17] LITERATURKURS DEUTSCH S. 34
[18] Aufgabenstellungen mit Paralleltexten auch S. 249/250

h Einstimmende Tätigkeit[19]

Sie sehen hier zwei Masken, wie sie von den griechischen Theaterschauspielern vor 2000 Jahren beim Spielen getragen wurden. Was für Gefühle sollen sie ausdrücken?

● Malen Sie noch mehr solche Masken, und zwar für alle möglichen Gefühle, die ihnen einfallen: Ärger, Spott, Strenge, Lächeln, Freude …

● Nennen Sie Gelegenheiten, bei denen heute noch Masken getragen werden. Warum? Sollen die Masken etwas ausdrücken oder etwas verbergen?

● Eine der Aufgaben der Kunst ist, hinter die Masken zu sehen. Heißt das

Mittelstufe

Hier wird versucht, durch eine Tätigkeit – das Malen, Zeichnen, Ausschneiden – Nachdenklichkeit zu erzeugen, und zwar für die Maskenhaftigkeit des bürgerlichen Daseins. Es handelt sich um den Einstieg in die Beschäftigung mit einem Georg-Büchner-Text (aus „Leonce und Lena"), der das Papierene, Maskenhafte des gesellschaftlichen Lebens karikiert.

i Über Texttitel spekulieren

Ein beliebter, sehr naheliegender Einstieg ist der über den Texttitel. Paradebeispiele:[20]

Im Nebel   (Hesses Gedicht)
Das Fenster-Theater (Die Geschichte von Ilse Aichinger)

Literarische Titel geben mehr als Titel von Sach- oder Fachtexten. Sie sind ein entscheidender Akzent, oft ein Schwerpunkt des dichterischen Werks selbst, bilden Atmosphäre, entwerfen mit ein oder zwei Linien eine Exposition. Gerade

---

[19] LITERATURKURS DEUTSCH S. 39
[20] Hellmut Binder und Ulrike Gänswein in: KRISTIN VÖLKER et al. (1984), S. 59/60 und 65

unsere beiden Beispiele führen fast mühelos auf einige Stichworte, die dann konstitutiv im Text auftauchen. (Natürlich gibt es auch Autoren, die den Titel oft als Kontrapunkt dem Text gegenüberstellen, Beispiel: „Neapel sehen" – die Geschichte von Kurt Marti.)

Es ist klar, ungezählte weitere Einstiege sind möglich, hier nur noch wenige Beispiele:[21]

> Gegenstand, Cartoons, Graffiti, Zitate ...[22]
> Spiele
> Zuordnung von Reimwörtern
> Diskussion über literarische Gattungen, Formen, Epochen ...
> Übung im sorgfältig vorbereiteten lauten Lesen

194 Text- und Bildcollage

Diese und die beiden folgenden Nummern referieren über einige Wege, einen literarischen Text mit wenigen Mitteln zu „öffnen". Gemeint ist: Die Lesen-Lernenden stehen plötzlich nicht mehr vor dem Text wie vor einer Mauer, sondern sie sehen den Text – das ist ihr subjektiver Eindruck – nun von innen. Dabei mag der Text noch viel Dunkles enthalten. Aber er ist ihnen jetzt vertraut, sie „verstehen" ihn an einer entscheidenden Stelle.

Was heißt „ich verstehe" in diesem sehr vorläufigen, ungesicherten, experimentellen Sinn?[23] Es ist ein eher subjektives Erlebnis: Ich habe das Gefühl, einen Durchblick zu haben. Es mag, objektiv gesehen, ein Teilverstehen sein, ich „verstehe" z. B. den Aufbau des Textes, oder ich glaube die „Botschaft" des Textes zu vernehmen, womöglich nehme ich nur das auf, was der Text eben m i r sagt. Es geht nicht darum, zu verstehen, was der Autor mit seinem Text „sagen wollte", sondern darum, eine Beziehung zwischen dem Text und mir herzustellen.

Je nach der Natur der Texte sind die Wege „durch die Mauer" völlig verschieden. Klar ist das Ziel: Die Schüler sollen den Text rasch als den „ihren" empfinden und nun, so früh wie möglich, über den Text hinausdenken, Bezüge, Entsprechungen, auch Kontraste zwischen dem Text und ihrem Leben suchen, auf ihn antworten, sich mit ihm „unterhalten". Es kann (muß aber nicht) dabei nötig werden, daß sie mitunter zum Textwortlaut zurückkehren und Textdetails klären. Texte, die bei den Lesenden an viele Vorerfahrungen anknüpfen können, benötigen wenige Mittel der „Öffnung". Wenn es etwa bei der Darbietung gelingt, Bilder und Worte so zu komponieren, daß sie sich gegenseitig erhellen, ist das Ziel schon weitgehend erreicht, besonders wenn es sich (wie im folgenden Beispiel) um ein so globusum-

---

[21] Teilw. nach KARIN HERRMANN (1984), S. 5–7
[22] Wie z. B. im hier vorliegenden Handbuch S. 244–246. 249. 251
[23] SWANTJE EHLERS (1992 a) stellt zum Thema „Was heißt ‚verstehen'?" (dort S. 21) eine Reihe wichtiger Fragen

spannendes und zugleich, wenigstens auf den ersten Blick, problemloses Thema wie den Kaffee handelt.[24]

Kaffee-Kantate

Ei, wie schmeckt der Kaffee süsse,
lieblicher als tausend Küsse,
milder als Muscaten-Wein.
Kaffee, Kaffee muß ich haben,
und wenn jemand mich will laben,
ach, so schenkt mir Kaffee ein.

Musik: Johann Sebastian Bach (1734)
Text: Picander (1732)

Kaffee ist Poesie

Stefan Zweig, Schriftsteller, 1881 in Wien geboren, beschreibt um 1940 in seiner Autobiographie „Die Welt von gestern" die Wiener Kaffeehäuser der Jahrhundertwende.

Unsere beste *Bildungsstätte* für alles Neue war das Kaffeehaus. Man muß wissen, daß das Wiener Kaffeehaus eine Institution besonderer Art ist, *die mit* keiner ähnlichen in der Welt *zu vergleichen ist.* Es ist eigentlich eine Art *demokratischer Klub,* wo jeder Gast für eine billige *Schale* Kaffee *stundenlang* sitzen, diskutieren, schreiben, Karten spielen, Briefe lesen und vor allem *eine unbegrenzte Zahl* von Zeitungen und Zeitschriften *konsumieren* kann.
In einem besseren Wiener Kaffeehaus lagen alle Wiener Zeitungen aus und nicht nur die Wiener, sondern die des ganzen *Deutschen Reiches* und die französischen und englischen und italienischen und amerikanischen, dazu *sämtliche* wichtigen literarischen und künstlerischen *Revuen* der Welt. So wußten wir alles, was in der Welt *vorging,* aus erster Hand. Täglich saßen wir dort stundenlang, und *nichts entging uns.*

Lob des Kaffees

Kaffee, Kaffee ist mein Leben,
Kaffee ist ein Göttertrank.
Ohne Kaffee bin ich krank.
Selbst der süße Saft der Reben
muß Kaffee den Vorzug geben.

Johann Gottfried Krause (1716)

Das Wiener Kaffeehaus

---

[24] SPRACHBRÜCKE 1, S. 128/129. Aus Raumgründen müssen hier einige Details der dortigen Collage wegfallen. Der Text von Stefan Zweig stammt aus seiner Autobiographie „Die Welt von Gestern" (beendet 1941). Nachweis: Frankfurt: Fischer Taschenbuch Verlag 1970. S. 56/57

195 Den „inneren Bauplan" erkennen

Vom Sachtext unterscheidet sich der literarische Text unter anderem darin, daß es häufig einen Unterschied zwischen dem äußeren Textaufbau und dem „inneren Bauplan" gibt. Soll sich das Interesse der Schülerinnen und Schüler dem äußeren Aufbau zuwenden, empfehlen sich Übungen, wie sie bereits beim Lesen von Sachtexten gezeigt wurden.[25] Um den inneren Bauplan rasch erkennbar zu machen, empfiehlt es sich, daß die Schülerinnen und Schüler versuchen, die folgenden Elemente herauszufinden:[26]

1. das Hauptereignis
2. die Orte, an denen das Geschehen spielt
3. den „roten Faden"
4. die Personen.

Dieser Ansatz eignet sich besonders zum Erkennen der Handlungsverlaufsstruktur einer Geschichte, aber auch eines Theaterstücks und eines Drehbuchs. Folgende Formen der Aufgabenstellung bieten sich an:

- Strukturierende Fragen
- Zuordnung: inhaltliche Bezüge – Personen – Orte – Zeitabschnitte – Tätigkeiten – Ereignisse
- Den „roten Faden" darstellen durch Niederschreiben (Zusammenfassen), Zeichnen

Zur Illustration zwei Beispiele (die Aufgabenstellungen sind so deutlich, daß wir die Texte selbst nicht benötigen, um das Prinzip zu sehen):[27]

a[28]

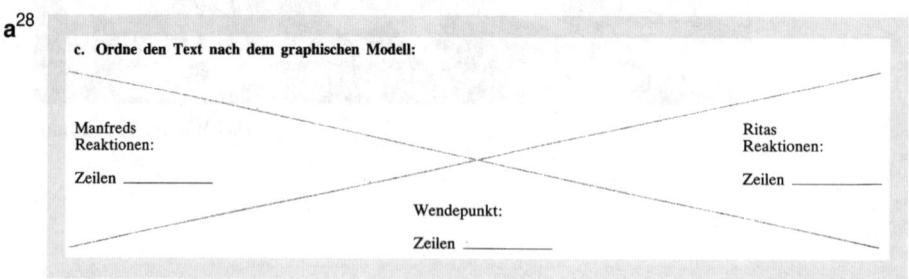

c. Ordne den Text nach dem graphischen Modell:

Manfreds
Reaktionen:

Zeilen _____

Wendepunkt:

Zeilen _____

Ritas
Reaktionen:

Zeilen _____

---

[25] S. 303/304
[26] Vgl. GRUNDGRAMMATIK DEUTSCH, S. 236–238
[27] Peter Müller in: SPRECHEN UND SPRACHE 3, S. 99. Gegenstand ist ein Ausschnitt aus Christa Wolf: Der geteilte Himmel
[28] Weitere vergleichbare Aufgaben und Übungen zur Verdeutlichung des „inneren Bauplans" bei KARIN HERRMANN (1984), S. 44–47

b[29]

Wer sind die Personen der Geschichte?

Trage die Namen, Berufe, Angaben zu ihrem Aussehen in die
Kreise ein.

Bist du einverstanden mit dieser Personenkonstellation?
Wie würdest du die Personen gruppieren?

---

[29] DIETHELM KAMINSKI (1984), S. 205. Gegenstand ist eine Geschichte von Katharina Langen: Klassentreffen

196 Fragen, die den Text beleuchten, indem sie über ihn hinausführen

Häufig können Fragen und Aufgaben, die scheinbar vom Text weg auf eine neue Erfahrungs- oder Gedankenebene führen oder eine Brücke zum Leser schlagen, von dort den Text schlaglichtartig beleuchten und aufschließen. Es ist eine interessante Herausforderung, zu einem literarischen Text genau die Frage oder Aufgabe zu finden, die ihn im Kern trifft. Zwei Beispiele.

a[30] Der Text wird hier nur angeschnitten, die Frage aus dem Zusammenhang von fünf Fragen herausgegriffen. (Text: Ein Ausschnitt aus Peter Handke: Kindergeschichte.)

> Später im Frühling saß das Kind da allein auf einem Karussellpferd. Der Platz wirkt an seinen Rändern schaumweiß wie ein Klippe; es hat gerade erst zu regnen aufgehört. Ein erster Ruck geht durch das anfahrende Ringelspiel, und das Kind, in einer neuartigen Entferntheit von dem Erwachsenen, schaut kurz auf, vergißt sich aber sofort in der Kreisfahrt und hat dann keine Augen für etwas anderes mehr. Der Mann erinnerte sich dazu später
>
> *In dem Vater, der heute am Karussellrand steht, steigen wahrscheinlich mehrere Fragen auf, Fragen an sich selbst, Fragen an die Zukunft, vielleicht auch Fragen an das Kind. Bitte versuchen Sie, einige dieser Fragen zu formulieren.*

b[31]

> Ich will mit dem gehen, den ich liebe.
> Ich will nicht ausrechnen, was es kostet.
> Ich will nicht nachrechnen, ob es gut ist.
> Ich will nicht wissen, ob er mich liebt.
> Ich will mit ihm gehen, den ich liebe.
>
> *Stimmen Sie mit allen Aussagen des Textes überein? Was wollen Sie über die Frau / den Mann (nicht) wissen, die / den Sie lieben?*

---

[30] LITERATURKURS DEUTSCH S. 111. Text aus Peter Handke: Kindergeschichte. Frankfurt: Suhrkamp 1984. S. 25

[31] SPRACHBRÜCKE 1, S. 205. Leider ist der Text dort unkorrekt abgedruckt, die erste und die letzte Gedichtzeile sind im Original nicht identisch, der Fehler wurde hier korrigiert. – Das Gedicht stammt aus Brechts Stück „Der gute Mensch von Sezuan" (1938–1940) und wird dort von der (weiblichen) Hauptfigur Shen Te gesprochen. Bertolt Brecht: Gesammelte Werke. Frankfurt: Suhrkamp 1967. Band 4, S. 1552

197 Vorschlag einer Literatur-Sequenz, stark textbezogen

Franz Kafka, der Texte schrieb, die zum Rätselraten und Nachdenken darüber heftig herausfordern, zweifelt selbst sehr am Sinn von Deutungen, „Meinungen": „Du musst nicht zuviel auf Meinungen achten. Die Schrift ist unveränderlich und die Meinungen sind oft nur ein Ausdruck der Verzweiflung darüber"[32] (für die Vokabel „Schrift" können wir getrost „Text" setzen[33]). Womöglich würde er sagen, alle Interpretationen sind nur Ausflüchte, um die Verzweiflung nicht aushalten zu müssen. Was Susan Sontag schlichter so formuliert: „Wirkliche Kunst hat die Eigenschaft, uns nervös zu machen. Indem man das Kunstwerk auf seinen Inhalt reduziert und diesen dann interpretiert, zähmt man es. Die Interpretation macht die Kunst manipulierbar, bequem"[34].

Was beide, Kafka und Susan Sontag, nicht verboten haben, ist: etwas vom Kunstwerk zu lernen und es zu studieren. Je verwandter die – vorsichtig experimentelle – Tätigkeit des Beobachtens, Nachgehens, Nachspürens, Studierens der Tätigkeit des Textautors selbst wird, desto offener bleibt das Kunstwerk, desto besser kann es atmen und seine Wirksamkeit entfalten, den Suchend-Betrachtenden direkt treffen, „anstecken", mitnehmen, mitentfalten.[35] So ungefähr sieht die didaktische Einstellung aus, der dieser und die beiden folgenden Unterrichtsvorschläge verpflichtet sind. Die nachstehende Literatur-Sequenz kreist um Kafkas Geschichte „Der Kübelreiter".

---

(1) Im Traum – im tiefen oder im wachenden Traum – bauen wir uns, wie Kinder, eine eigene Wirklichkeit. Ich kann auf einem großen Blatt oder (so das Märchen) auf einer Ente über den See schwimmen, ich kann auf einer Tonne, einem Kohleeimer (oder Kohlekübel) reiten, ich kann ... Erzählen Sie von einem unmöglichen Spazierflug, Spazierritt ... Was war Ihr Ziel?

(2) Dunkel wars, der Mond schien helle,
Schnee lag auf der grünen Flur,
als ein Wagen blitzesschnelle
langsam um die Ecke fuhr.

Drinnen saßen stehend Leute,
schweigend ins Gespräch vertieft ...

---

[32] Franz Kafka: Im Dom. Kapitel aus dem „Process"-Entwurf. In: F. Kafka: Hist.-Krit. Ausgabe. Frankfurt: Stroemfeld 1995. Einleitungsband S. 79
[33] Es geht in dem Zitat um die Auslegung des Kafka-Textes „Vor dem Gesetz", Bestandteil seines Romanentwurfs „Der Process"
[34] SUSAN SONTAG (1982), S. 16
[35] Dieses didaktische Prinzip wird besonders klar und eingängig dargestellt in: Brigitte Helmling / Gustav Wackwitz: Literatur im Deutschunterricht am Beispiel von narrativen Texten. München: Goethe-Institut 1986. S. 12–16

Diese Verse[36], die jedes deutsche Kind kennt, erzählen von einer verkehrten Welt. Viele Maler, Akrobaten, Dichter stellen eine Welt dar, die unwirklich scheint oder ist. Welche Tricks benutzen sie? Studieren wir das bei Franz Kafka. Er beschreibt, sehr skurril, einen

Ofen, der Kälte atmet
Mann, der daran zweifeln muß, ob er überhaupt da ist
Kohlenkübel, der so leer ist, daß er in die Luft aufsteigt
Himmel, der ein Schild ist gegen den, der von ihm Hilfe will
Mann, den man mit einem Stück Stoff fortwehen kann

Erfinden Sie ähnliche Dinge:

eine Stimme, die
ein Herz, das
ein Händler, der

(3) Hier Kafkas Kübelreiter, eine Geschichte, in der viel philosophischer Humor steckt:[37]

Verbraucht alle Kohle; leer der Kübel; sinnlos die Schaufel; Kälte atmend der Ofen; das Zimmer vollgeblasen von Frost; vor dem Fenster Bäume starr im Reif; der Himmel, ein silberner Schild gegen den, der von ihm Hilfe will. Ich muß Kohle haben; ich darf doch nicht erfrieren; hinter mir der erbarmungslose Ofen, vor mir der Himmel ebenso, infolgedessen muß ich scharf zwischendurch reiten und in der Mitte beim Kohlenhändler Hilfe suchen. Gegen meine gewöhnlichen Bitten aber ist er schon abgestumpft; ich muß ihm ganz genau nachweisen, daß ich kein einziges Kohlenstäubchen mehr habe und daß er daher für mich geradezu die Sonne am Firmament bedeutet. Ich muß kommen wie der Bettler, der röchelnd vor Hunger an der Türschwelle verenden will und dem deshalb die Herrschaftsköchin den Bodensatz des letzten Kaffees einzuflößen sich entscheidet; ebenso muß mir der Händler, wütend, aber unter dem Strahl des Gebotes »Du sollst nicht töten!« eine Schaufel voll in den Kübel schleudern.

Meine Auffahrt schon muß es entscheiden; ich reite deshalb auf dem Kübel hin. Als Kübelreiter, die Hand oben am Griff, dem einfachsten Zaumzeug, drehe ich mich beschwerlich die Treppe hinab; unten aber steigt mein Kübel auf, prächtig, prächtig; Kamele, niedrig am Boden hingelagert, steigen, sich schüttelnd unter dem Stock des Führers, nicht schöner auf. Durch die festgefrorene Gasse geht es in ebenmäßigem Trab; oft werde ich bis zur Höhe der ersten Stockwerke gehoben; niemals sinke ich bis zur Haustüre hinab. Und außergewöhnlich hoch schwebe ich vor dem Kellergewölbe des Händlers, in dem er tief unten an seinem Tischchen kauert und schreibt; um die übergroße Hitze abzulassen, hat er die Tür geöffnet.

»Kohlenhändler!« rufe ich mit vor Kälte hohlgebrannter Stimme, in Rauchwolken des Atems gehüllt, »bitte, Kohlenhändler, gib mir ein wenig Kohle. Mein Kübel ist schon so leer, daß ich auf ihm reiten kann. Sei so gut. Sobald ich kann, bezahle ich's.« Der Händler legt die Hand ans Ohr. »Hör ich recht?« fragt er über die Schulter weg seine Frau, die auf der Ofenbank strickt, »hör ich recht? Eine Kundschaft.«

---

[36] Zitiert nach: Hans Magnus Enzensberger (Hrsg.): Allerleirauh. Frankfurt: Suhrkamp 1961. S. 281

[37] Franz Kafka: Die Erzählungen. Hrsg. v. Klaus Wagenbach. Frankfurt: S. Fischer 1961. S. 275–277. (Didaktisierung: KÜCHE)

»Ich höre gar nichts«, sagt die Frau, ruhig aus- und einatmend über den Stricknadeln, wohlig im Rücken gewärmt.

»O ja«, rufe ich, »ich bin es; eine alte Kundschaft; treu ergeben; nur augenblicklich mittellos.«

»Frau«, sagt der Händler, »es ist, es ist jemand; so sehr kann ich mich doch nicht täuschen; eine alte, eine sehr alte Kundschaft muß es sein, die mir so zum Herzen zu sprechen weiß.«

»Was hast du, Mann?« sagt die Frau und drückt, einen Augenblick ausruhend, die Handarbeit an die Brust, »niemand ist es, die Gasse ist leer, alle unsere Kundschaft ist versorgt; wir können für Tage das Geschäft sperren und ausruhn.«

»Aber ich sitze doch hier auf dem Kübel«, rufe ich und gefühllose Tränen der Kälte verschleiern mir die Augen, »bitte seht doch herauf, Ihr werdet mich gleich entdecken; um eine Schaufel voll bitte ich; und gebt Ihr zwei, macht Ihr mich überglücklich. Es ist doch schon alle übrige Kundschaft versorgt. Ach, hörte ich es doch schon in dem Kübel klappern!«

»Ich komme«, sagt der Händler und kurzbeinig will er die Kellertreppe emporsteigen, aber die Frau ist schon bei ihm, hält ihn beim Arm fest und sagt: »Du bleibst. Läßt du von deinem Eigensinn nicht ab, so gehe ich hinauf. Erinnere dich an deinen schweren Husten heute nacht. Aber für ein Geschäft und sei es auch nur ein eingebildetes, vergißt du Frau und Kind und opferst deine Lungen. Ich gehe.« »Dann nenn ihm aber alle Sorten, die wir auf Lager haben; die Preise rufe ich dir nach.« »Gut«, sagt die Frau und steigt zur Gasse auf. Natürlich sieht sie mich gleich. »Frau Kohlenhändlerin«, rufe ich, »ergebenen Gruß; nur eine Schaufel Kohle; gleich hier in den Kübel; ich führe sie selbst nach Hause; eine Schaufel von der schlechtesten. Ich bezahle sie natürlich voll, aber nicht gleich, nicht gleich.« Was für ein Glockenklang sind die zwei Worte ›nicht gleich‹ und wie sinnverwirrend vermischen sie sich mit dem Abendläuten, das eben vom nahen Kirchturm zu hören ist!

»Was will er also haben?« ruft der Händler. »Nichts«, ruft die Frau zurück, »es ist ja nichts; ich sehe nichts, ich höre nichts; nur sechs Uhr läutet es und wir schließen. Ungeheuer ist die Kälte; morgen werden wir wahrscheinlich noch viel Arbeit haben.«

Sie sieht nichts und hört nichts; aber dennoch löst sie das Schürzenband und versucht mich mit der Schürze fortzuwehen. Leider gelingt es. Alle Vorzüge eines guten Reittieres hat mein Kübel; Widerstandskraft hat er nicht; zu leicht ist er; eine Frauenschürze jagt ihm die Beine vom Boden.

»Du Böse«, rufe ich noch zurück, während sie, zum Geschäft sich wendend, halb verächtlich, halb befriedigt mit der Hand in die Luft schlägt, »du Böse! Um eine Schaufel von der schlechtesten habe ich gebeten und du hast sie mir nicht gegeben.« Und damit steige ich in die Regionen der Eisgebirge und verliere mich auf Nimmerwiedersehen.

(1917)

die Schaufel	– einfaches Werkzeug zum Bewegen von Erde, Kohlen
der Frost	– die Kälte
abgestumpft	– hier: gefühllos
schleudern	– werfen
schweben	– hier: langsam fliegen
stricken	– Handarbeit, z. B. einen Pullover stricken
mittellos	– ohne Geld
die Kundschaft	– Kunde / Kundin
sperren	– schließen
die Schürze	– schützendes Arbeits-Kleidungsstück

(4) – Welche von den folgenden Begriffen aus der Geschichte sind die drei wichtigsten:

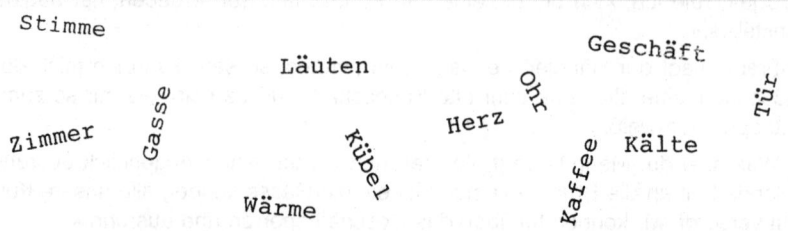

– Welche Begriffe könnten außerdem einen tieferen Sinn haben?
– Es geht in der Geschichte um den Gegensatz von
_____ und _____
(Mehrere Eintragungen sind richtig.)

(5) Können Sie sich mit einem Aspekt oder überhaupt mit der Geschichte identifizieren? Dann schreiben Sie bitte einen Aphorismus, der eine Aufforderung und ihre Begründung enthält, zum Beispiel

Wenn die Menschen …
Der Himmel ist …   aber …

(6) Nehmen wir an, Sie sind der Händler, der dem Bettler gerne ein paar Schaufeln Kohle gibt. Erzählen Sie (mündlich? schriftlich?) die Geschichte aus der Perspektive des Händlers.

198 Vorschlag einer Literatur-Sequenz: Beleuchtung vom thematischen Umkreis her

Um einen wertvollen Text herum quasi einen Atemraum gestalten, der den Text umgibt – schützend, aber auch Teilaspekte verlängernd, verflachend, spiegelnd, vertiefend, verkürzend, umkehrend usw. – und damit den Besucher vorsichtig an die Nähe zum Text heranführen und daran gewöhnen: Das ist eine Sache des Fingerspitzengefühls. In einem Lehrbuch für italienische Deutschlernende finden wir eine Sequenz über Venedig, die auf ein Gedicht von Friedrich Nietzsche hinführt.[38] Das Thema ruft natürlich venezianische Impressionen wach, entweder meine eigenen Eindrücke von dieser Stadt, oder Bilder und Vorstellungen, die ich aufgrund von Berichten Geschichten, Fotos, Filmen bruchstückhaft mit dem Namen Venedig verbinde. Weite Bögen umkreisen zunächst das Gedicht, Texte aus einem Sprachführer und einem Reiseführer und ein eher

---

[38] SPRECHEN UND SPRACHE 3, S. 7–10

assoziativer Gedankenaustausch geleiten zu dem Text hin. Der Schwerpunkt des Gedichts selbst ist eigentlich gar nicht Venedig, sondern die Person, die (1. Strophe) den Klängen Venedigs nachgeht, in die sie (2. Strophe) einzustimmen versucht und auf sich selbst zurückgeworfen wird. Dies alles wird in dem Lehrbuch nicht analytisch, sondern mit der auf das Gedicht antwortenden Vorsicht umfragt. Wir können hier aus Raumgründen nur einen Auszug aus der Lehrbuchsequenz wiedergeben.

Text A

Benvenuti a Venezia, *benwenuhti a wenetßia,* willkommen in Venedig!

Was weiß der Mensch von Venedig? Il gondoliere, gondo*liähre,* der Gondelfahrer, la serenata, *ßerenata,* die Serenade, i mandolini, mandolihni, die Mandolinen, il tenore, *tenohre,* der Tenor, la piazzetta, *piat-tßet-ta,* der kleine Platz (gemeint ist die berühmte Lände von San Marco, auf der die Säule mit dem Markuslöwen steht); und endlich il Canal Grande, *kanalgrande,* der große Kanal. Das Meer, il mare, *il mahre,* das Meer, dessen Wasser wie ein tausendmaschiges Netz den Stadtkörper durchzieht, schaukelt in sanftem Wellenschlag die Fremden, gli stranieri, ßtraniähri, die Fremden, die Ausländer, in das Reich der Illusion, l'illusione, *lil-lusiohne* (übrigens hat es gar keinen Sinn, dieses Wort zu übersetzen, weil sein Wesen darin besteht, daß jeder sich etwas anderes darunter vorstellt). Dunque: il mare erzeugt in Venezia l'illusione! Das Geld hingegen, il denaro però, *pero,* aber, jedoch, wandert auf Grund dieser Illusion mit einer sagenhaften Leichtigkeit aus den Taschen der stranieri in die Taschen der Veneziani, *Wenetßiahni.* Das psychologische Argument dabei ist ganz einfach: wo steht es geschrieben, daß man sich Schönheit nicht bezahlen lassen darf? Und Schönheit, la bellezza, *la bel-let-tßa,* finden wir nun in Venedig wirklich überall.

Aus: Raffalt, Eine Reise nach Neapel ... e parlare italiano, 1957

Text B

Und doch lohnt sich ein Besuch dieser Stadt, zum Beispiel im Winter, wo sich das »wahre Venedig« zeigt, wie manche sagen. Zumindest kann man es dann ganz anders erleben. Die wohlbekannten, sommerlich grellen Postkartenmotive erscheinen surreal verzerrt im Nebel. Wasser und Himmel bilden eine graue Schicht, die Lichter und Stimmen verfremdet. An den hellen, kalten Tagen jedoch legt die blasse Wintersonne unbarmherzig deutlich alle Risse und Sprünge im Mauerwerk, die abblätternden Farbschichten, das gesplitterte, faulende Holz offen. Die museale Größe der Stadt wirkt weniger erdrückend als im Sommer. Dem Besucher bleibt mehr Raum und Zeit, um das Besondere zu suchen und wirken zu lassen.

Aus: Anders reisen, rororo, 1983

a. *Was wird hier mit Venedig assoziiert?*

Text A

_____

_____

_____

_____

_____

Text B

_____

_____

_____

_____

_____

d. Welches Venedig interessiert wen?

| Joachim Arnold | Helene Duft | Bernhard Vipplinger | Rainer von Dannen | Ignaz Rosenkranz |
| Künstler | Schülerin | Diplomat | Gutsbesitzer | Priester |

Venedig.

An der Brücke stand
jüngst ich in brauner Nacht.
Fernher kam Gesang:
goldener Tropfen quoll's
über die zitternde Fläche weg.
Gondeln, Lichter, Musik —
trunken schwamm's in die Dämm'rung hinaus . . .

Meine Seele, ein Saitenspiel,
sang sich, unsichtbar berührt,
heimlich ein Gondellied dazu,
zitternd vor bunter Seligkeit.
— Hörte jemand ihr zu? . . .

Aus: Friedrich Nietzsche, Ecce homo, hrsg. 1908

Das Bild von Venedig, das durch die Wortwahl vermittelt wird, ist:
dekadent – trüb – harmonisch – traurig – konkret – impressionistisch – warm – statisch
– melancholisch – naturalistisch

d. 2. Strophe

Aus wieviel Sätzen besteht sie? Und wie heißen die Hauptelemente?

Die 2. Strophe hat eine besondere Melodie. Durch welches Stilmittel wird das erreicht?

Worin unterscheidet sie sich inhaltlich von der ersten? Was wird hier ausgedrückt?

f. *Das Gedicht endet mit einer Frage. Wie würdest du sie interpretieren?*

199 Vorschlag einer Literatur-Sequenz: Keine Einmischung in den Verstehensvorgang

Selbstkritische Pädagog(inn)en werden sich immer wieder einmal fragen, ob sie mit ihren Aufgaben und Übungen und Fragen nicht womöglich den direkten Kontakt zwischen den Schüler(inne)n und dem Text stören. Sofern Texte, vor allem poetische, in einem Lehrbuch mit einer Kette didaktischer Fragen und Aufgaben ausgestattet sind, sollten Sie, die Lehrenden, jeweils (zusammen mit den Lernenden?) überlegen, ob sie diese Kette eigentlich brauchen oder nicht besser „ihren" Weg in den Text selber finden. Damit dieser eigene Weg nicht am Text vorbeigeht, genügt es, Sie geben immer wieder Tips wie „Es reicht nicht, wenn man etwas draufklebt, man muß reinkriechen in den Text" (Luc Bondy[39]).

Im allgemeinen biete ich Text und Fragen an, stelle aber die Verwendung dieser Fragen frei.

Bei manchen Texten will ich mich aber in den Vorgang des Verstehens überhaupt nicht einmischen. Ich lege nur den Text vor. Die Lernenden entdecken ihn und wie er klingt und wie er nachklingt selbst. Das Lehrerheft sollte für diesen Fall, freilassend, doch einige Anregungen für den Unterricht bereitstellen.

Der folgende Text von Peter Härtling ist so ein Fall.[40] Ob und wie die Schülerinnen und Schüler sich mit ihm überhaupt beschäftigen mögen, sollte ihnen freigestellt werden. Das Lehrerheft bietet Fragen an – aber nur für den, der sie verwenden möchte. Der Unterricht entwickelt sich frei, durch keine Vorgaben eingeengt.

---

[39] Luc Bondy im Interview mit Peter von Becker. Theater heute Jahrbuch 1993. S. 129. Kommentar: Das Den-Text-von-innen-Sehen bedeutet nicht, daß die Sicht nun „objektiv" ist. Sie entsteht zwischen dem Sehenden und dem Text

[40] SPRACHKURS DEUTSCH NEU 6, S. 164. Textquelle: Peter Härtling: Erzählbuch. Weinheim: Beltz und Gelberg 1992. S. 45

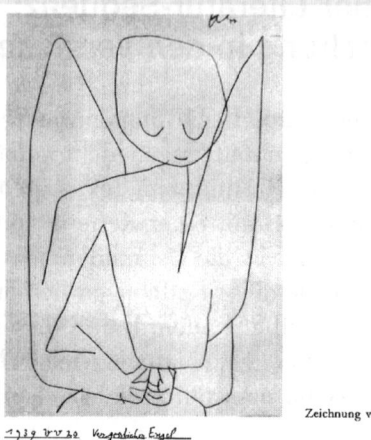

Zeichnung von Paul Klee 1939.

Haben alle Engel Flügel? frage ich meinen Engel, der mich gestern besuchte.
Ja, sagte er. Aber nicht alle Engel können fliegen.
Wieso nicht? Wenn sie schon Flügel haben!
Es kommt darauf an, wer ihnen die Flügel wachsen läßt, sagt mein Engel. Schau mich an!
Ich mustere ihn und bin verblüfft. Du hast ja gar keine Flügel. Wie kann ich dann darauf kommen, daß du ein Engel bist?
Er lächelt mich ein kleines bißchen spöttisch an. Selbstverständlich habe ich Flügel. Aber erst, wenn du an mich denkst, wenn ich dir im Traume erscheine.
Durch meine Gedanken wachsen dir Flügel?
Ja. Er nickt eifrig und aufmunternd.
Also darfst du nicht da sein, damit die Flügel aus den Achseln sprießen.
So ist es. Ich muß fort sein und von deinen Gedanken getragen werden, deiner Sehnsucht nach mir.
Weil ich dich mag, Engel, sage ich und versuche, ihn zu umarmen.
Doch er ist schon fort, und alle meine Gedanken hasten ihm nach.
Jetzt fliegt er, mein Engel, denke ich.

PETER HÄRTLING

Mögliche Fragen, die man hier stellen könnte (Beantwortung ad libitum – schriftlich?):

- Die Flügel des Engels entstehen aus den Gedanken der Menschen. Die Flügel – was heißt das, bedeutet das?
- Was für eine Art Denken ist es, das Flügel schafft?
- Gibt es Ereignisse in Ihrem Leben, die Sie als Begegnung mit einem Engel bezeichnen könnten?
- Was für eine Stimmung hinterläßt die Härtling-Geschichte?
- Beschreiben Sie die Skizze von Klee und sagen Sie, was Ihnen dazu einfällt.

Soll man in der Klasse darüber reden – oder nicht? Die Klasse sollte das entscheiden.

Mittelstufe

Zur Textauswahl

Dazu an dieser Stelle eine Randbemerkung.[41] Das vorrangige Ziel ist nicht, die Sprachlernenden mit den Autoritäten großer Dichter bekannt zu machen. Das Ziel ist, daß die Lernenden einen möglichst selbständigen, „neuen" Zugang zu ihrer neuen Sprache finden und sich in ihr, auch im geschützten Garten der Poesie, frei, selbständig, produktiv bewegen können. Zum Nahekommen und Vertrautwerden taugen die mittel-bedeutenden Texte ebenso wie die bedeutenderen: „nicht nur Literatur mit dem großen L ist gemeint, sondern auch jene mit den kleinen l" (Karin Herrmann[42]). Das muß aber nicht heißen, daß ich mir nun mit der Textauswahl keine Mühe mehr gebe und mich auf das Blättern und Überfliegen verlasse.

Ein Text zum Beispiel (es gibt heute zu viele davon), hinter dessen dünner Kunstgestalt ein noch dünnerer Einfall sich verbirgt, dessen „Witz" ein Wortwitz, eine Anspielung, eine Sprachgeste ist, die Sprachfremde niemals ganz verstehen können, ist ungeeignet. Finden anspruchsvolle Leser und Leserinnen statt Brot Steine vor, zweifeln sie nur an sich selbst. Sie würden ja zuletzt an ihrem Lehrer zweifeln, der sich schier auf den Kopf stellt, um wieder und wieder die dürftige Pointe zu erklären.

Es trägt durchaus zur Qualität des Sprachelernens bei, wenn die Texte sehr intelligent sind und eine Tiefendimension haben. In der klassischen Moderne und in früheren Schichten der weiträumigen deutschsprachigen Literatur gibt es genügend ausgereifte Texte, die den Sprachfremdling erreichen und überzeugen, aber auch in der neuesten Buch-Generation sind handwerklich stimmende, hochkünstlerische, hintergründig fundierte Arbeiten entstanden, aus denen sich mit gebotener Vorsicht Passagen für den Unterricht schneiden lassen.

Äußerst riskant ist es, aus der literarischen Flut einzelne Titel oder Namen herauszuheben; andererseits sind manche ausländische Kolleginnen und Kollegen, die den Informationszugang nicht haben, vielleicht froh darüber. Ihnen geben wir, so fragwürdig das ist, hier einige Tips zu literarischen Entwicklung zwischen 1988 und 1996. Probieren Sie es einmal mit den Autoren Peter Härtling, Christoph Hein, Barbara Honigmann, Monika Maron, Sten Nadolny, Robert Schneider, Patrick Süskind.

---

[41] Vgl. auch S. 286/287
[42] Karin Herrmann in: KRISTIN VÖLKER et al. (1984), Band 1, S. 27

Experimentelles Schreiben und Verstehen und Verstehen und Schreiben

Sprachunterricht ist insofern ein seltener Glücksfall, als die experimentelle, die kreative, die Tätigkeit der Phantasie hier zur Erreichung des Ziels überaus nützlich ist, während das ausschließlich „nützliche" Handeln und nur system-bezogene Lernen eher ein Umweg zum Erfolg ist.

Sprachunterricht ist also ein unserer Zweckgesellschaft, die „nur halbe Men-schen braucht" (Rodari[43]), abgerungener Spiel-Raum, der Neubeginner, Finder und Erfinder fordert – Denkende, die „anders denken"[44].

In unserer Zeit, in der Kreativität zwar für technische und Marktzwecke gerne gekauft wird und deshalb ein Modewort ist,[45] aber kaum einer weiß, wie man sie kultivieren könnte,[46] bietet der Glücksfall Sprachunterricht die Gelegenheit, sie sinnvoll herauszufordern, zu entfalten.

Bekanntlich haben Leute, die mit fremder, neuer Perspektive an ein Gesche-hen, hier die deutsche Sprache, herangehen, das Privileg, oft überraschend neue Töne, Bilder, Hintergründe zu hören, zu sehen, zu finden. Dies ist die Chance des experimentellen Gestaltens, in dem sich Sprache-Schreiben und Sprache-Verstehen ergänzen, gegenseitig entwickeln.

Experimentelles Schreiben in diesem Sinn ist „*nicht* als ‚Auflockerungsübung' zu verstehen, die [...] dann eingesetzt wird, wenn das linguistische und literarische Pflichtpensum erledigt ist". Es will „auch nicht dazu verleiten, literarische Texte einfach zu imitieren" (Gabriele Pomme-rin[47]). Experimentelles Schreiben will den Lernenden helfen, „relativ schnell aus einer Abhän-gigkeit von Fremdsprachenmaterial und Methode der Lehrenden zu einer möglichst großen Autonomie ihres eigenen Fremdsprachenerwerbs zu gelangen" (Pommerin[48]). „Die schulisch bedingten Hemmungen scheinen sich auf diesem Gebiet schnell zu verflüchtigen. Ob in Gruppen oder allein, Schüler schreiben bald gern Gedichte und Geschichten [...] Sie schreiben mit sicht-lichem Vergnügen. Sie lesen ihre Gedichte vor, verbessern und tippen sie; sie veröffentlichen ihre Werke auch außerhalb der Klasse und wenden relativ viel Zeit dafür auf. Das Vergnügen ist erstaunlich groß" (Ingrid Mummert[49]).

Der hier vorliegende Abschnitt zeigt mögliche Aufgaben zum experimentellen Schreiben zu literarischen Textvorlagen. Das Neue begreifen, indem ich in es

---

[43] Gianni Rodari: Grammatik der Phantasie. Leipzig: Reclam 1992. S. 175
[44] So könnte man das umschreiben, was die Kreativitätstheorie „divergierendes Denken" nennt (Rodari, wie Anm. 43, S. 176)
[45] Auch ein Grund, warum es nicht in der Überschrift zu diesem Kapitel erscheint
[46] Rodari (wie Anm. 43), S. 174
[47] GABRIELE POMMERIN (1995), S. 672
[48] POMMERIN (1995), S. 667
[49] Ingrid Mummert: Nachwuchspoeten. München: Klett Edition Deutsch 1989. S. 18

eingreife: dieses Programm stellt zwei gleichrangig nebeneinander gültige Ziele auf. Beide, das Verstehen und das differenzierende, verändernde, neu beleuchtende, verfremdende Weiterschreiben sind aufgegeben. Meist steht das Weiterschreiben im Vordergrund, das Weiterverstehen der ursprünglichen Textvorlage ergibt sich im Hintergrund des Bewußtseins notwendig von selbst.

„Das Gedicht, sei es offen oder verschlossen, fordert die Abschaffung des Dichters, der es schreibt, und die Geburt des Dichters, der es liest" (Octavio Paz[50]). In diesem Sinn ist das Weiterschreiben ein dichterisches, autonomes Lesen des Textes und über den Text hinaus. Schreibend und weiterschreibend identifizieren sich die Lernenden mit der neuen Sprache und dem Text – dem vorgegebenen und ihrem eigenen:

> ich schreibe
> um zu spüren
> daß es mich gibt[51]

200 Eine Textlücke schließen

Das Ziel dieser bekannten Aufgabenform ist nicht nur die „Verbesserung der Kenntnisse über Erzählstrukturen und Aufbauprinzipien von literarischen Texten" (Swantje Ehlers[52]), sondern auch, daß sich der Schreibende in das Innere des Textes einlebt und ihn von daher weiterzudenken und zu ergänzen versucht. Möglichkeiten:

– den Anfang einer Geschichte erfinden

– einen fehlenden Textabschnitt ergänzen[53]

sowie die beliebteste Aufgabenform:

– eine Geschichte zu Ende schreiben.

Erwartet wird natürlich nicht, daß die Lernenden die Lücke so schließen, wie es der Originaltext will. Es kann faszinierend sein, die Kontraste zum Original

---

[50] Octavio Paz: Gedichte. Frankfurt: Suhrkamp 1977. S. 316. (Dort zitiert im Nachwort von Fritz Vogelgsang)
[51] Gedicht von Dorette Müller, zitiert nach Mummert (wie Anm. 49), S. 15
[52] SWANTJE EHLERS (1992 a), S. 80
[53] Ebd.

wie auch die Übereinstimmungen zu studieren, zu diskutieren, zu werten; dabei darf der ursprüngliche Textautor auf keinen Fall automatisch als „der Größte" herauskommen. Es folgt ein inhaltlich relativ einfaches Beispiel:[54]

Ich stemmte mich mit den Schultern gegen die Platte, drückte sie aufwärts und stand im nächsten Moment in einem Gemach, das von grellem Mondschein erfüllt war.
Es war ziemlich klein, vollständig leer bis auf einen Haufen Gerümpel in der Ecke und hatte ein einziges, stark vergittertes Fenster.
Eine Türe oder sonst einen Zugang mit Ausnahme dessen, den ich soeben benützt, vermochte ich nicht zu entdecken, so genau ich auch die Mauern immer wieder von neuem absuchte.
Die Gitterstäbe des Fensters standen zu eng, als dass ich den Kopf hätte durchstecken können, so viel aber sah ich:
Das Zimmer befand sich ungefähr in der Höhe eines dritten Stockwerks, denn die Häuser gegenüber hatten nur zwei Etagen und lagen wesentlich tiefer.
(...)
Zum Judenviertel musste die Gasse unbedingt gehören, denn die Fenster drüben waren sämtlich vermauert oder aus Simsen im Bau angedeutet, und nur im Ghetto kehren die Häuser einander so seltsam den Rücken.

Was hätten Sie jetzt an der Stelle von Meister Pernath gemacht?
[Schreiben Sie einige Sätze nieder.]
Wie geht es wohl weiter?
[Stellen Sie, schriftlich, Vermutungen an.]

[Fortsetzung des Textes:[55]]
Den Morgen abwarten! Unten die Vorübergehenden vom Fenster aus anrufen, damit sie mir von aussen mit einer Leiter Kerzen oder eine Laterne heraufbrächten! – Ohne Licht die endlosen, sich ewig kreuzenden Gänge zurückzufinden, würde mir nie gelingen, empfand ich als beklemmende Gewissheit. – Oder, falls das Fenster zu hoch läge, dass sich jemand vom Dach mit einem Strick —? Gott im Himmel

Mittelstufe

Selbstverständlich ist es auch möglich (und immer reizvoll), eine Geschichte, die keine Lücken hat, weiterzuschreiben: die Vorgeschichte zu der Geschichte zu erfinden; weiterzuspinnen, was nach dem Ende des Textes mit den Personen der Geschichte geschehen ist. Die letztere Aufgabenstellung greift die nicht nur unter kindlichen Zuhörern und Lesern häufige naive Frage auf: Und wie ging es nun weiter?

---

[54] Nach Swantje Ehlers: Der Golem. In: Sequenz. Film und Pädagogik. Goethe-Institut Nancy, Nr. 7, 1994. S. 110–131. Unser Beispiel ist ein – zudem noch gekürzter – Ausschnitt aus dieser Arbeit (S. 117–122). Textquelle: Gustav Meyrink: Der Golem. Frankfurt, Berlin: Ullstein 1992. S. 105–109

[55] Wir haben hier ca. 1 Buchseite übersprungen

201 Möglichkeiten der Textapplikation ("Textverwendung") im engeren Sinn

Die Anwendung, die Verwendung (Applikation) ist eine gesteigerte Form des Verstehens – so sagt es die hermeneutische Denktradition.[56] Der Reiz des Wortes Applikation liegt im Doppelsinn: Eine Applikation ist auch ein kunstvolles Gestalten aus textilen und feinmetallenen Teilen, ein Zusammenfügen zu einem neuen Kunstwerk auf neuem Gewebegrund. Auf experimentelle Spracharbeit bezogen: Das Umschneidern, Variieren, Verfremden, Neuvernähen gegebenen künstlerischen Sprachmaterials nennen wir Textapplikation und meinen damit die Formen kreativ-spielerischen Schreibens, die nahe am Text bleiben (während die nachfolgenden Nummern freiere Möglichkeiten dokumentieren). Die folgende Aufzählung ist keineswegs vollständig:[57]

a Konkretisierung der Figuren des Textes.
   Die äußere Erscheinung einer / der Figur(en) wird, aus der Phantasie oder aufgrund von recherchierten Fakten, genauer beschrieben als dies der Text tut.

b Konkretisierung der Textumwelt.
   Räume, Häuser, Gärten, Städte, Landschaften werden, aus der Phantasie oder … (siehe a).

c Figuren des Textes werden ausgewechselt.
   Möglichkeiten der Verlegung des Textes in eine andere Zeit, z. B. Gegenwart, Zukunft … (Die Schreibenden sollten selbst wählen können.)

d Die Textumwelt wird, zum Teil oder ganz, ausgewechselt. (Siehe c.)

e Wechsel der Perspektive.

f Wechsel der Textsorte, Textgattung usw.[58]
   (Tragödie → Komödie. Gedicht → philosophischer Text.
   Gedicht → Sachtext. Geschichte → Theaterszene …)

g Den deutschen Text mit einem muttersprachlichen Text (mit vergleichbarer Thematik) vergleichen.

h Den deutschen Text in die Muttersprache übertragen / nachdichten.

i Bilder, Collagen, Fotos zu dem Text entwickeln / beschaffen.

k Regie, Besetzung, Bühnenbilder zu einem szenischen Text entwickeln.

---

[56] Zum Begriff Applikation im hermeneutischen Sinn oben S. 216
[57] Das folgende im wesentlichen nach KARIN HERRMANN (1984), S. 10–14 und MARION UMBREIT (1993), S. 98–100. Der Begriff Textapplikation in unserem Sinn stammt ebenfalls von KARIN HERRMANN (1984), S. 3 und 13/14.
[58] Wechsel der Perspektive / der Textsorte: Siehe auch im hier vorliegenden Handbuch oben S. 331/332

Hier nur ein Beispiel.[59] Die Vorlage ist ein Text von Franz Hohler:

Die Riesen im Parkhaus

Drei Riesen gingen einmal in ein Parkhaus.
»Ich gehe ins Parterre«, sagte der erste.
»Ich in den ersten Stock«, sagte der zweite.
»Ich in den zweiten«, sagte der dritte.
Dann nahm jeder eine schwere Eisenstange, ging in seinen Stock und zertrümmerte alle Autos, die dort abgestellt waren.
Nachher trafen sie sich am Ausgang, gingen zusammen fort und kamen nie wieder.

Aufgabe: Das Handlungsgeschehen des Textes soll wie eine reale Begebenheit – Presseecho des Vorfalls am nächsten Morgen – beschrieben werden. Die folgenden Schlagzeilen können, um die Phantasie der Leser anzuregen, vorgegeben werden:

Riesen demolieren Autos. Täter noch nicht gefaßt. Ganze Stadt zittert! Wann kommen sie wieder?
Böse Überraschung im Parkhaus! Autofahrer fragen: Wie lange noch?
Riesen schlagen zu – Umweltschützer jubeln.
Riesige Sachschäden im Parkh~~
auszuschließ~

202 Vorschlag einer Literatur-Sequenz: Eigener Text und Textvorlage werden nebeneinander aufgebaut[60]

(1) Von dem auf Folie kopierten Gedicht werden nur der Titel und die ersten drei Zeilen schrittweise aufgedeckt, ohne den Namen des Autors zu nennen.

Vergnügungen

Der erste Blick aus dem Fenster am Morgen
Das wiedergefundene alte Buch
Begeisterte Gesichter

(2) *Frage an die Teilnehmer:* Was sind für Sie Vergnügungen, was bereitet Ihnen Freude, was macht Ihnen Spaß?

Arbeitsanweisung: Schreiben Sie bitte jeder für sich eine Liste der Dinge, Situationen usw., die Ihnen einfallen.

---

[59] Nach MARION UMBREIT (1993), S. 100. Textquelle: Franz Hohler: Ein eigenartiger Tag. Frankfurt: Luchterhand 1983. S. 78

[60] Ebd. S. 25–31, stark gekürzt. Textquelle: Bertolt Brecht: Gesammelte Werke. Frankfurt: Suhrkamp 1967. Band 10, S. 1022. Für die Bearbeitung im Unterricht ist es nicht unwesentlich, daß es sich um ein Gedicht des späten Brecht handelt. Es ist um 1954 entstanden

[Die Ergebnisse unterscheiden sich formal darin, daß die Texte entweder der Vorgabe der Reihung folgen oder sich davon befreien. Beispiele:]

Was mir Spaß macht:

1. Mit meinem Sohn spielen. Meine Frau.
2. Auto fahren
3. Mit dem Flugzeug fliegen
4. Skifahren
5. Tennis spielen
6. Bücher lesen (Ken Follett)
7. Fotographieren
8. Spazierengehen
9. Den Versailler Platz anschauen
10. Malen
11. Im Garten arbeiten
12. Auto waschen (meines)
13. Eis essen
14. Motorboot fahren
15. Eine gute Tasse Kaffee
16. Urlaub
17. Die Welt
18. Sahnetorten

Andrew aus USA

Vergnügungen

Als ich klein war, saß ich gerne am Fenster, und ich wartete auf etwas. Immer wenn ich ein gelbes Blatt fallen sah, dachte ich dabei, daß jemand gerade schon gestorben ist, und ich fragte mich, welches Blatt gehört zu mir. Jetzt, wenn ich durch das Fenster sehe, strenge ich mich an, neue Knospen zu suchen, und ich war sehr überrascht, als ich heute morgen viele Knospen gesehen habe. Dabei dachte ich, daß ich im Frühling lebe.

Thao aus Vietnam

„Freiheit, Freies Land"

Viele Leute mußten sterben
für ein neues freies Land.
Danach freuten wir uns
unser Land war frei, (endlich)
    Wir haben geweint vor Freude,
    Wir haben geweint vor Traurigkeit.
Wieder mußten viele Leute sterben
als wir ein Freies Land behalten mochten,
    Wir weinen vor Ärger,
    Wir weinen vor Krieg
Wir schreien. „Freiheit, Freies Land."

Janet aus Nicaragua

(3) Lesen des Brecht-Gedichts.

Vergnügungen

Der erste Blick aus dem Fenster am Morgen
Das wiedergefundene alte Buch
Begeisterte Gesichter
Schnee, der Wechsel der Jahreszeiten
Die Zeitung
Der Hund
Die Dialektik
Duschen, Schwimmen
Alte Musik
Bequeme Schuhe
Begreifen
Neue Musik
Schreiben, Pflanzen
Reisen
Singen
Freundlich sein.

(4) Vorstellen der Lernertexte, Lesergespräch

Kommentar der Autorin: Interesse an einem Gespräch über die Ergebnisse entsteht normalerweise ‚von selbst', da die Kursteilnehmer meist ebenso wie ich überrascht sind, daß ein Thema wie Vergnügungen – kulturell und persönlichkeitsbedingt – Assoziationsfelder auslöst, die sich z. B. von Küssen und Kuchen bis Krieg erstrecken. Anschließend Diskussion über die Vergnügungen Brechts ... Informationen zum Leben und Werk Brechts werden gegeben.

(5) Veröffentlichung der Lernertexte. Die Lernertexte werden auf farbiges Papier kopiert und neben einem stark vergrößerten Brecht-Gedicht im Klassenzimmer aufgehängt.

Kommentar der Autorin: Weil durch die Didaktisierung Affekte angesprochen werden und die Teilnehmer sich dadurch besser kennenlernen und näherkommen, wirkt sich ein solches Arbeiten meist auch positiv auf das Lernklima und die Atmosphäre innerhalb eines Kurses aus ... Meist sind die Lerner – berechtigterweise – stolz auf ihre Gedichte und Geschichten ... Sie werden angeregt, weitere auch umfangreichere Schreibaufgaben zu bewältigen, denn: Erfolge machen Mut ...

203 Text-Gegenstücke schreiben: Prosa[61]

(1) Wie findet ihr diese Geschichte?

> ## Museumsbesuch
>
> Das Kind kam heute spät aus der Schule heim. Wir waren im Museum, sagte es. Wir haben alte Bücher gesehen. Ja und, sagte ich, was waren das für Bücher?
> Eben Bücher, sagte das Kind. Und was war darin gedruckt, fragte ich. Das kann ich doch nicht wissen, sagte das Kind. Wir durften sie nicht anfassen. Sie liegen unter Glas.
> Schade, sagte ich.
> Aber das Kind war schon weggesprungen, um an den Knöpfen des Fernsehapparates zu drehen.

(2) Lest nun die Geschichte von Marie Luise Kaschnitz! Was ist alles anders?

Das letzte Buch

Das Kind kam heute spät aus der Schule heim. Wir waren im Museum, sagte es. Wir haben das letzte Buch gesehen. Unwillkürlich blickte ich auf die lange Wand unseres Wohnzimmers, die früher einmal mehrere Regale voller Bücher verdeckt haben, die aber jetzt leer ist und weiß getüncht, damit das neue plastische Fernsehen darauf erscheinen kann. Ja und, sagte ich erschrocken, was war das für ein Buch? Eben ein Buch, sagte das Kind. Es hat einen Deckel und einen Rücken und Seiten, die man umblättern kann. Und was war darin gedruckt, fragte ich. Das kann ich doch nicht wissen, sagte das Kind. Wir durften es nicht anfassen. Es liegt unter Glas. Schade, sagte ich. Aber das Kind war schon weggesprungen, um an den Knöpfen des Fernsehapparates zu drehen. Die große weiße Wand fing sich an zu beleben, sie zeigte eine Herde von Elefanten, die im Dschungel eine Furt durchquerten. Der trübe Fluß schmatzte, die eingeborenen Treiber schrieen. Das Kind hockte auf dem Teppich und sah die riesigen Tiere mit Entzücken an. Was kann da schon drinstehen, murmelte es, in so einem Buch.

---

[61] DIETHELM KAMINSKI (1984), S. 121–126. Textquelle: Marie Luise Kaschnitz: Steht noch dahin. Frankfurt: Suhrkamp 1972. S. 75

(3) Aufgabe: Wir schreiben selber eine Science-Fiction-Geschichte. Ändert an der Vorlage, was notwendig ist:

- a) Der letzte Baum
- b) Der letzte Vogel
- c) Die letzte Puppe
- d) Das letzte Kleid
- e) Die letzte Eisenbahn
- f) Der letzte Mensch
- g) Die letzte Geige
- h) Die letzte Blume

Schülerarbeit:

Das letzte Grasbüschel

Heute kam ich spät aus der Schule heim.

Ich ging an grauen Betonblöcken vorbei und über Parkplätze, wo sich früher einmal grüne Wiesen ausgebreitet hatten.

Die habe ich aber nie gesehen, sondern habe das nur von meiner Mutter gehört. Sonst sah ich dieses Gras nie, außer ein- oder zweimal in unserem neuen Fernseher, der sich über die ganze Breite unseres Wohnzimmers erstreckt.

Der alte Dokumentarfilm war wirklich wunderbar. Ich erinnere mich daran, daß meine Großmutti weinte und meine Eltern ganz still saßen, während die grüne Farbe des Grases und der Bäume an unseren Augen vorüberflog.

Dieser Abend war für die ganze Familie nostalgisch gewesen.

Als ich vor die Haustür trat, bemerkte ich etwas, was ich noch nie gesehen hatte.

Was ist denn das, frage ich mich verwundert. Doch dann fiel es mir plötzlich wieder ein: das Gras! Ein echtes Grasbüschelchen. Ich drehte mich um, um zu sehen, ob mich jemand beobachtete, und riß ein paar Grashalme ab.

Ich ging geschwind ins Haus

204 Text-Gegenstücke schreiben: Gedicht[62]

Zu Ihrer weiteren nachdrücklichen Ermunterung noch zwei finnische Schüler-
arbeiten, angeregt von Hesses bekanntem Gedicht *Im Nebel*. Die Ergebnisse
sprechen für sich, die Aufgabenstellung braucht hier nicht mehr referiert und
kommentiert zu werden.

IM NEBEL

Seltsam, im Nebel zu wandern!
Einsam ist jeder Busch und Stein,
Kein Baum sieht den andern,
jeder ist allein.

Voll von Freunden war mir die Welt,
Als noch mein Leben licht war;
Nun, da der Nebel fällt,
Ist keiner mehr sichtbar.

> Am Badestrand...
> Jeder hat spaß, alle sind zusammen,
> aber jeder ist allein,
> Man beobachtet alles, fühlt aber nichts,
> Wie das kleine Kind weint, man hört es,
> sieht aber nicht,
> Menschen sind blind.

Jouni Rissanen

Wahrlich, keiner ist weise,
Der nicht das Dunkel kennt,
Das unentrinnbar und leise
Von allen ihn trennt.

Seltsam, im Nebel zu wandern!
Leben ist Einsamsein.
Kein Mensch kennt den andern,
Jeder ist allein.

> Einsam in Armut zu wandern
> Einsam ist man ohne Geld
> Keiner sieht den Armen
> Sie zählen ja ihr Geld
>
> Eigentlich ist keiner daran schuld
> weil er nicht besser das Dunkel kennt
> Erst, wenn sie das Dunkel besser kennen
> lernen sie die Armen kennen.

Yorma Ehrnvoth

Mittelstufe

---

[62] Hellmut Binder: Unterrichtsbeispiel Hesse. In: KRISTIN VÖLKER et al. (1984), Band 1, S.
59–64. Textvorlage: Hermann Hesse: Gesammelte Werke. Frankfurt: Suhrkamp 1970. Band
1, S. 27

Freies experimentelles Schreiben

Die Tätigkeit des „Dichtens" im handwerklichen Sinn, in manchen Kulturen, wie etwa der chinesischen, *noch*, in den USA seit rund 30 Jahren als „creative writing" *wieder* lebendig und vor allem in studentischen Kreisen kräftig gefördert, hat den europäischen Raum erreicht und sich binnen weniger Jahre als eine überraschend jugendliche, kräftig ausstrahlende Disziplin etabliert. Die einschlägige pädagogisch-didaktische Literatur wächst ständig (vor allem über das kreative Schreiben in der Muttersprache), alles ist im Fluß. Wer das experimentelle Schreiben intensiver in seinen Sprachunterricht einbeziehen will, sollte sich anhand von einem oder zwei Standardarbeiten kundig machen.[63] Eine eingehendere Beschreibung der Übungs- und Aufgabenformen auf diesem Gebiet steht noch aus, wir müssen uns hier darauf beschränken, die möglichen Arbeitsschritte zu skizzieren und mit einer Reihe von Beispielen zu illustrieren.

Eine Anmerkung zur Unterrichtsform. Zwar lassen sich, mit didaktischem Geschick, wohl alle hier aufgezählten Übungen und Aufgaben in einem „normalen" Sprachkurs anbieten und durchführen. Will man aber unter allen Umständen vermeiden, daß freies experimentelles Schreiben zur Pflichtübung wird, so empfiehlt es sich, neben der allgemeinen Klasse, falls es irgend möglich ist, eine freiwillige Schreibwerkstatt einzurichten, die sich während des Kurses in regelmäßigen Zeitabständen trifft (schon 5 oder 6 Sitzungen von je 90 min können erstaunliche Sprünge nach vorn auslösen). Die Vorteile einer solchen von den Schülerinnen und Schülern frei initiierten und getragenen Schreibwerkstatt liegen auf der Hand.

205 Assoziieren in kleinen Schritten

a   Wörter dichten (siehe oben S. 121/122)

b[64]   Wortblume (Assoziogramm; cluster). Aus einem Grundgedanken, einer Grundvorstellung wächst eine Wortblume von fünf bis höchstens zwölf Assoziationen. Beispiel:

---

[63] Auswahlbibliographie zum Thema dieses Kapitels S. 507/508
[64] Frei nach GABRIELE RICO (1993), passim

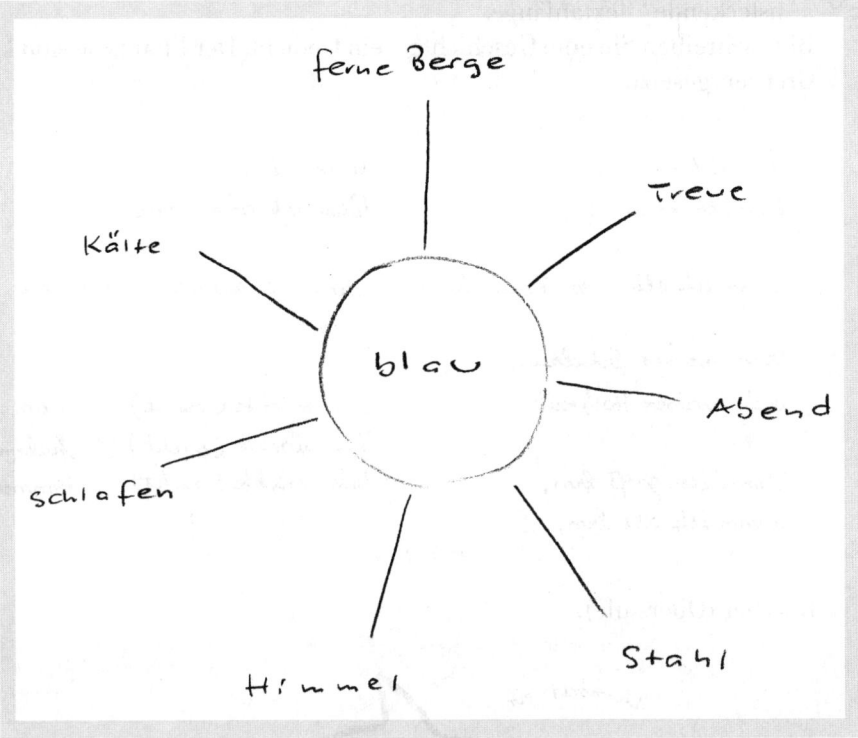

Einige poetische Zeilen entstehen aus einigen dieser Wörter.

Hier ein weiteres Beispiel:

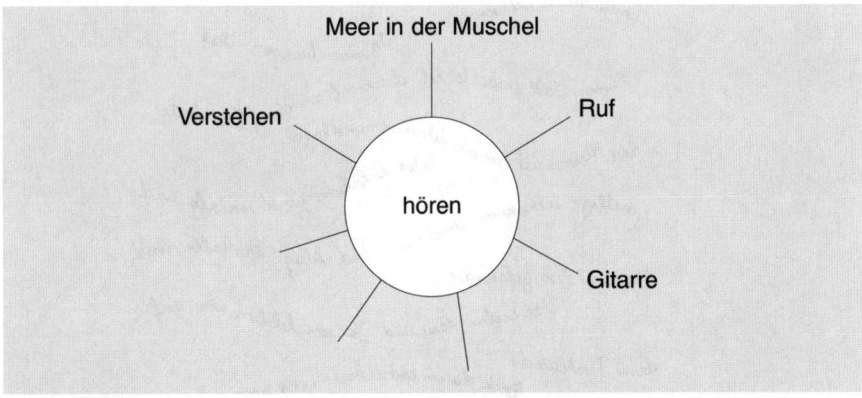

Die Wortblume, anfangs noch *zum Teil* von der Lehrerin, vom Lehrer ausgeführt, wird später von den Lernenden selbst entwickelt.

c[65] „Ansteckende" Textanfänge.
Bitte schreiben Sie eine Geschichte – ein Gedicht. Der Phantasie sind keine Grenzen gesetzt.

Nie wieder .... !
Endlich mal ......!

Wäre ich ein Mann,....
Wäre ich eine Frau,....

Wenn ich allein zu Hause bin ....
Wenn ich auswandern müßte ,...

Nach meiner Schulzeit ......
Nach meiner Hochzeit ....

Ich möchte (nicht) .... sein
Ich möchte (nicht) .... haben
Ich möchte (nicht) .... können

Wenn ich groß bin, ...
Wenn ich alt bin, ...

Beispiel (Oberstufe):

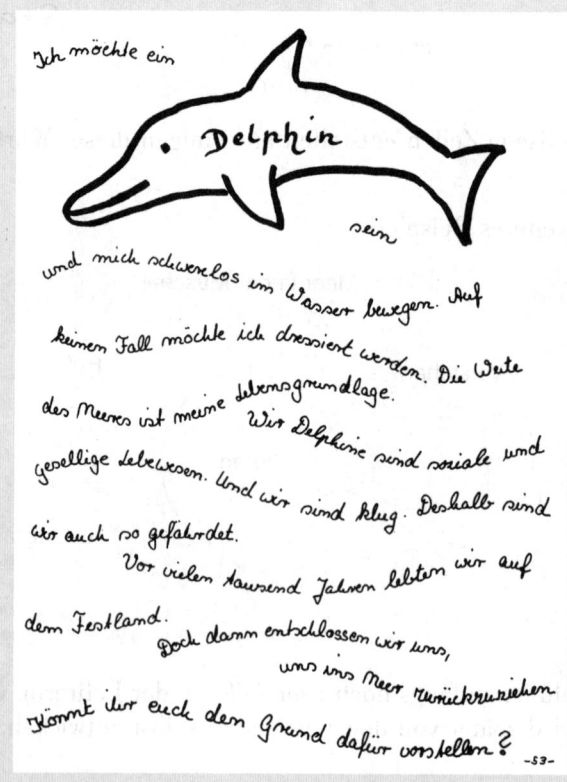

Ich möchte ein Delphin sein und mich schwerelos im Wasser bewegen. Auf keinen Fall möchte ich dressiert werden. Die Weite des Meeres ist meine Lebensgrundlage. Wir Delphine sind soziale und gesellige Lebewesen. Und wir sind klug. Deshalb sind wir auch so gefährdet.
Vor vielen tausend Jahren lebten wir auf dem Festland. Doch dann entschlossen wir uns, uns ins Meer zurückzuziehen. Könnt ihr euch den Grund dafür vorstellen?

-53-

---

[65] Gabriele POMMERIN (1996), S. 40 und 42

d⁶⁶ „Ansteckende" Sätze.

Bitte bauen Sie eine Geschichte um einen dieser Sätze herum:

Alle Blumen waren erfroren.
Ja, die Adresse stimmte, aber: es war die falsche Stadt.
In diesem Augenblick ging das Licht aus.
Tatsächlich! In meinen Händen schlägt die Wünschelrute aus.
Wir kamen genau gleichzeitig auf dem Gipfel an.

e⁶⁷ Kette.

Sankt Johannes hat ein Schloß,
in dem Schloß ist ein Garten,
in dem Garten ist ein Baum,
in dem Baum ist ein Loch,
in dem Loch ist ein Nest,
in dem Nest ist

Schreiben Sie nach diesem Muster eine Kette (nicht unbedingt immer mit dem Wörtchen „ist"). Finden Sie selbst Beispiele, oder wählen Sie hier:

Stadt	oder	Wald	oder	Gebirge
Straßen		Bäume		...
...		...		

Oder drehen Sie die Sache um: Blut
Herz
...

f⁶⁸ Episodische Reihe.
Beispiel:

Was gemütlich ist

In einem Zelt sitzen, wenn es draußen regnet.
... Abends im Bett liegen und von ferne hören

Schreiben Sie den Text weiter,
Schreiben Sie ein Gedicht zu:

Was lustig ist
Was traurig ist
...

---

⁶⁶ KÜCHE
⁶⁷ Nach CHRISTOPH WERR (1987), S. 20
⁶⁸ Nach CHRISTOPH WERR (1987), S. 80

206 Vorschlag einer Sequenz Schreibwerkstatt: Aus assoziativen Ansätzen Gedichte entwickeln[69]

„Irgendeinen Ausgangspunkt brauche ich, wenn's auch nur ein Staubkörnchen ist oder ein aufflackerndes Licht." JOAN MIRÓ

Das gilt fürs Malen wie fürs Schreiben. Ist es für Miró eine Farbe, eine Form, so für den Schreibenden ein Wort oder ein Gedanke.

Was ich wahrnehme, sagt Miró, „zieht eine ganze Reihe von Dingen nach sich, wobei jedes Ding das nächste in sich birgt. So kann aus einem Stückchen Faden eine ganze Welt werden."

Nehmen wir als ersten Ausgangspunkt das Wort „Heimat". Schreiben Sie kurz in Stichworten auf, was Ihnen dazu einfällt.

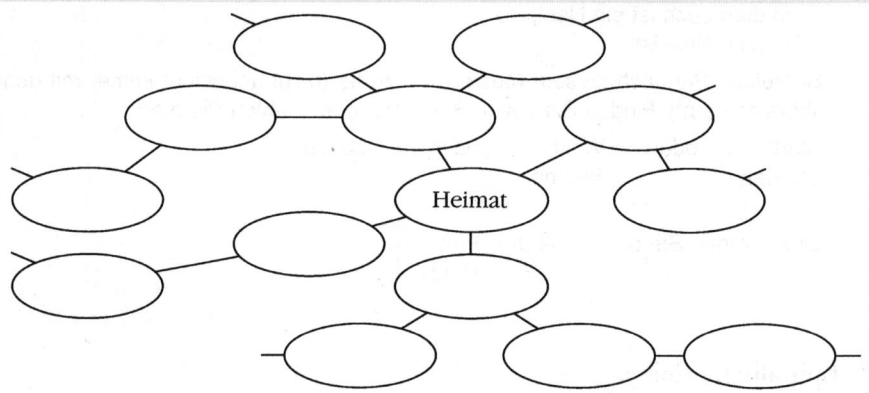

Überlegen Sie nun noch einmal genau und füllen Sie die Tabelle aus:

ich sehe	ich höre	ich rieche	ich schmecke	ich taste	ich fühle

HEIMAT:
Was sehen, hören, riechen, was schmecken, was tasten und fühlen Sie bei diesem Wort?

---

[69] Stephanie Heckner: Werkstatt Poesie. Kapitel 9 des Lehrbuchs SPRACHKURS DEUTSCH NEU 5, S. 252–267. Gekürzt. Dazu auch S. Heckner im Lehrerheft 5, S. 67–69

Schreiben Sie nun auf ein Blatt Papier nach folgendem Muster:

...,

...,

...,

....

Das ist Heimat.

Zum Beispiel:

Ein grauer Himmel,
Frühlingsregen,
ein Marienkäfer auf der Fensterscheibe,
ein schnurrender Kater.
Das ist Heimat.

Chris aus Griechenland schrieb dazu:

EIN KATER, DER IMMER SCHLÄFT,
DER BLAUE HIMMEL,
MEINE BRÜDER, DIE SICH STREITEN,
DIE GRÜNE LANDSCHAFT.
DAS IST HEIMAT.

Keine Bauchschmerzen,
viel Liebe,
grüne Fensterläden,
alles wie immer.
Das ist Heimat.

Silvia aus Italien

Die Meeresluft,
die Stille,
frisches Brot,
und Gewohnheit.
Das ist Heimat.

Trude aus Norwegen

Nehmen Sie nun Wachsmalstifte oder Wasserfarben, Pinsel und ein großes Stück Papier. Malen Sie in Farbe und in abstrakten Formen: Linien, Flächen, ein Bild, das zu Ihrem Gedicht paßt. Schreiben Sie Ihr Gedicht ins Bild hinein.

207 Weitere leichte Rezepte zum freien Schreiben[70]

a

Menschen meines Lebens. Zeichnen Sie zunächst einen „Stammbaum" mit den Menschen Ihrer eigenen Lebensgeschichte oder mit Ihren geistigen Ahnen oder mit Ihren Freundinnen und Freunden. Schreiben Sie dann zu jeder Person des Stammbaums einige Sätze.

b

Farbensprache. Beschreiben Sie einen Menschen, eine Situation, ein Land, eine Stadt nur mit Farben.

c

Umschreibung. Wählen Sie ein Thema (eine Person? eine Landschaft? eine Jahreszeit? eine Stadt?) und schreiben Sie dann einen Text, in dem dieses Thema immer nur umschrieben, nie direkt genannt wird.

d

Sprache der Freiheit. Schreiben Sie ein Gedicht ohne jede Grammatik, ohne jede Regel.

e

Tiere. Stellen Sie sich fremde Tiere vor, zeichnen und beschreiben Sie sie oder schreiben Sie darüber eine Geschichte.

f

Durch die Wand. Stellen Sie sich vor: Sie stehen vor einer Wand und wollen sie durchschreiten. Schreiben Sie eine Geschichte, wie Sie durch die Wand gekommen sind. (Aus dem Gefängnis ins Freie? Von außen in ein verschlossenes Zimmer? ...)

g

Mein Problem. Schreiben Sie Ihr größtes Problem oder das größte Problem Ihrer Familie / Ihres Landes auf. Schreiben Sie dann eine Geschichte, wie dieses Problem gelöst wurde.

208 Komplexere Aufgaben zum freien Schreiben[71]

Ein gutes Schreibthema sollte möglichst viele Einstiegsmöglichkeiten bieten, also mindestens zwei oder drei „Böden" haben. Zu empfehlen ist, den Lernenden jeweils drei oder vier Themen zur Wahl zu stellen und ihnen darüber hinaus noch einen Freiraum für die Wahl eines eigenen Themas zu geben. Das ließe sich zum Beispiel so formulieren:

---

[70] Nach Lutz von Werder: Lehrbuch des kreativen Schreibens. Berlin, Milow: Schibri Verlag 1993. S. 102–107 und 123–127. Vgl. auch im hier vorliegenden Handbuch oben S. 343–345
[71] KÜCHE

- Bitte schreiben Sie ein Gedicht oder eine Geschichte oder eine Betrachtung, wählen Sie aus den hier gegebenen Themen eins aus oder, noch besser, finden Sie ein ganz anderes, „Ihr" Thema. Die folgenden Überschriften sind nur Arbeitstitel, Sie können sie neu formulieren.

- Mögliche Arbeitstitel:

Mein Boot	Brot
Aussteigen	Ausschlüpfen
Kindheit	Schöpfung
Mein Baum / Unser Baum	Selbstporträt, konkret
Städte	Selbstporträt, surrealistisch (in Symbolen, Bildern ...)
Abschied	
Sprache	

209 Ein Hörspiel wird entwickelt[72]

(1) Die Teilnehmer bekamen folgende Anleitung zur Erstellung eines eigenen Hörspiels:

Schreiben Sie einen Monolog in drei Teilen, der Ihre eigene Lage in Eichstätt beschreibt. Eine „Meldung" – ein Werbetext über die Stadt Eichstätt – wird vom Lehrer vorgegeben. Diese „Meldung" wird während des Hörspiels viermal wiederholt, so daß die drei Teile Ihres eigenen Monologes immer wieder durch die Meldung unterbrochen werden. Achten Sie auf folgendes:

1. Schreiben Sie einfache Sätze!
2. Übernehmen Sie das formale Muster aus dem Hörspiel „Der Mann im Eis"[73].
3. Der Inhalt Ihres Monologes kann autobiographisch sein – muß aber nicht!

(2) Textentwürfe werden entwickelt.

(3) Korrekturphase.

(4) Sprechen auf Band. Nach dem zweiten Sprechen geschah die phonetische Korrektur durch den Lehrer [...][74]

(5) Beispiel: Transkription von Text I

---

[72] Ausschnitt einer Projektbeschreibung zur produktiven Arbeit aus ANNETTE BERNDT (1994)

[73] Den Projekt-Hintergrund bildete das Hörspiel „Der Mann im Eis" von Ingeborg Drewitz, von dem sich der hier wiedergegebene Text allerdings nahezu vollständig löst. (Wir ordnen diese Aufgabe daher dem Abschnitt „Freies Schreiben" zu)

[74] A. Berndt gibt ebd. S. 188 didaktische Alternativen zu diesem Ablauf

*Meldung: Eichstätt ist eine der schönsten Städte Deutschlands. Wunderbar eingefügt
liegt sie in der Jurasenke des Altmühltales, einem der wertvollsten Stücke
grüner Natur, die es in Deutschland gibt. Jedes Jahr kommen Tausende
Touristen, um die Perle des Barock, um Eichstätt zu besuchen. Kommen
auch Sie – es lohnt sich!*

II.
Dora: Er ist gestorben ...
  Die ganze Stadt ist schwarz.
  Ein Unfall in meiner Heimat und jetzt kommt er zurück, heute ...
  Er liegt in einem Sarg.
  Es scheint so, als wenn er schlafen würde.
  Vielleicht hat er viele Wunden an seinem Kopf.
  Ich möchte nicht sprechen mit anderen Menschen hier, die ihn kennen ...
  Ich sehe auf den Boden.
  Die Straßen haben nur Pflastersteine.
  Es wachsen keine Blumen dazwischen ...

Meldung: Wie oben.

V.
Dora: Heute nacht hat es geschneit.
  Die Straße war weiß.
  Die Wiesen waren weiß.
  Trotzdem ist die Stadt schwarz.
  Die alten Frauen gehen immer in die Kirche mit schwarzer Kleidung.
  Jeden Tag gibt es eine Beerdigung.
  Stadt des Todes ...
  Schwarz ...

Meldung: Wie oben.

VIII.
Dora: Die Häuser sind traurig.
  Schwarzer Winter.
  Am Brunnen gibt es kein Wasser, er ist zugedeckt und schläft.
  Die Menschen sind weg, niemand ist auf der Straße.
  Ich bin einsam wie die Vögel, die nicht in den Süden geflogen sind.
  Es wird dunkel ...
  Die Nacht kommt ...

Literatur zum Thema dieses Kapitels Seite 507/508
Gesichtete Lehrwerke Seite 492–494

Kapitel 11

Aufgaben und Übungen
als Anstöße zu interkulturellem Lernen

Interkulturelles Lernen

ist ein vieldeutiger Begriff, der zuerst pädagogisch definiert wurde, nämlich als Lernen miteinander und voneinander – in Schulklassen mit Kindern und Jugendlichen aus unterschiedlichen Kulturen und mit unterschiedlichen religiösen und Brauchtumsgewohnheiten. Man benutzt den Begriff jedoch auch für die Erziehung zur Aufgeschlossenheit gegenüber Fremden und Freunden sowohl in der eigenen Kultur wie als Gast in einem Ausland. In bezug auf den Fremdsprachenunterricht muß man präziser definieren, welche Prozesse man mit dem Begriff „interkulturelles Lernen" meint.

In der hebräischen Urfassung der Zehn Gebote heißt es: „Liebe deinen Nächsten, denn er ist wie du!" Die Fähigkeit, den anderen, auch den Fremden anzuerkennen, ist an die Fähigkeit gebunden, zunächst sich selbst zu erkennen. Mit dem Nachdenken über sich selbst und mit der Einsicht, daß es sehr schwierig, vielleicht unmöglich ist, meine Binnenwelt, meine Motive und Reaktionsweisen genau zu beschreiben und zu begründen, entstehen zwei mögliche Haltungen.

1. Ich erkenne mich selbst nur schwer, deshalb habe ich Schwierigkeiten, einen anderen Menschen zu begreifen. 2. Ich erkenne mich am ehesten, indem ich mich dem anderen zu erkennen gebe: Weil ich dem anderen fremd bin, braucht er meine Erläuterungen zu seiner Orientierung.

Wenn jemand Deutsch als Fremdsprache lernt, ist dafür meist eine Bedingung, daß Deutsche seine Sprache nicht beherrschen. Um so mehr wird das Deutsche die Voraussetzung zur Kommunikation, durch die Deutsche an ihm und seiner Welt teilhaben können.

Fazit: Der Fremde lernt Deutsch vorwiegend zu dem Zweck, sich über sich selbst und seine Welt zu äußern, so zu erklären, daß sein deutsches Gegenüber erfährt, wer man und warum man so ist.

Allerdings wird man dabei zweierlei bedenken. Erstens, daß man sich vergewissern muß, ob der Deutsche richtig aufnehmen kann, was man sagt. Zweitens, daß der Deutsche vieles zunächst so vereinnahmt, wie er es aus seinem Kultur-Kontext heraus verstehen kann.

Nicht, weil es Thema der Kommunikation, sondern weil es eine Bedingung für die Kommunikation ist, ist es sinnvoll, im Fremdsprachenunterricht auch Kulturwissen zu vermitteln. Dieses Wissen bezieht sich sowohl auf die eigene wie auf die Zielkultur; Thema ist in der Regel eher die eigene Welt und das eigene Selbst, nicht Deutschland und die Deutschen. Die Zielkultur ist eher Anlaß zum Fragen, zum Sich-Erkundigen, zum Nachfragen, und das gilt auch für die Begegnung mit Deutschsprachigen. Denen erzähle und schreibe ich nichts über sie und Deutschland, sondern über meine Welt und mich selbst.

Aufgaben, die zu interkulturellem Lernen führen, sind deshalb einerseits darauf gerichtet, die Lernenden zu veranlassen, eigenes Denken und Fühlen zu äußern und die eigene Welt zu erläutern. (Und das vermittelt die Fähigkeit, sich präzise und geduldig mitzuteilen, wenn man übers eigene Ich und die eigene Welt befragt wird.) Sie sind andererseits darauf gerichtet, daß sich die Lernenden darin üben, Nichtverstandenes oder Befremdliches zum Anlaß für beharrliches Fragen zu nehmen und dabei das zu berücksichtigen, was Deutsche wahrscheinlich ungewöhnlich finden.

Aufgaben können daher ausdrücklich „schwer" sein und Verwirrung stiften. Folglich muß jedes Lehrmaterial auch viele Texte und Bilder enthalten, die man *nicht* auf Anhieb verstehen kann – damit der hermeneutische Prozeß des langsamen und individuell unterschiedlichen Hineindenkens und gemeinsamen Sinnherstellens ausgelöst wird. In der Bemühung um Auflösung des Rätsels oder Abbau der Unklarheit bedienen sich die Lernenden zum Beispiel der Lehrkraft, die sie zu Rate ziehen. Im Amerikanischen gibt es den treffenden Begriff *value clarification* – Klärung von Wert- und Normüberzeugungen. Um genau diese Klärung und ihre Begründung und Erläuterung geht es beim interkulturellen Lernen im Fremdsprachenunterricht.

Für Lehrerinnen und Lehrer ein Tip dazu. Wenn man Aufgaben so stellt, daß die Kursteilnehmer/innen ihre Deutungsmuster, Sichtweisen und Überzeugungen darstellen können, dann nimmt man als Kursleiter/in den Platz des Zuhörenden und Lernenden ein.

Schließlich ist interkulturelles Lernen auch ein Weg, den eigenen Horizont um die Dimensionen zu erweitern, die notwendig sind, wenn man sich bemüht, Fremdes nicht durch enge Deutungsmuster zu verfälschen, sondern es zu erkennen, indem man es so stehen läßt, wie man die eigene Kultur und Persönlichkeit gewürdigt wissen möchte.

H.-E. P.

Themen, Texte, Aufgaben

Das vorliegende Kapitel erzählt von Aufgaben und Übungen, die so gestaltet sind, daß sie ausdrücklich zum Erkennen und zum Umgang mit interkulturellen Problemen und Lösungen führen[1]. In einigen Fällen entstehen, von dem Anliegen herausgefordert, neue Aufgabenformen; im allgemeinen bewegen sich die Impulse, Übungen, Arbeitsaufträge in den Formen, die wir schon kennen. Was sie alle verbindet, ist das Ziel. Es geht darum, die Lernenden über eine Vielzahl von Fragen, Eindrücken, Denkanreizen und Tätigkeiten an das Abenteuer[2] eines Umdenkens heranzuführen, das man etwa mit dem vergleichen könnte, was in meinem Kopf passiert, wenn ich rückwärts gehe oder fahre – ein Vorgang der Relativierung vieler scheinbar sicherer Annahmen.

Der Aufbau des Kapitels folgt also inhaltlichen Gesichtspunkten. Der einführende Abschnitt heißt „Blick-Öffnung". Hier sind Bild-, Text und Übungsangebote zusammengestellt, die eher spielerisch die Entfaltung einer interkulturellen Intelligenz, die Erweiterung des Sehens allgemein anregen.

Der zweite Abschnitt „Friedensbildung" zitiert einige exemplarische Texte und Aufgaben als Beiträge zum Nachdenken über Vorurteile, über die Brüchigkeit nationalen Dünkels, über Inhalte des Friedens.

Der Abschnitt „Interkulturelle Einsichten" diskutiert Text- und Aufgabenbeispiele, die das hohe Maß der Verflechtung zwischen den Kulturen lehren.

Im Abschnitt „Begriffe" geht es um Sprachreflexion. Er enthält Aufgaben, die zum Entdecken struktureller Divergenzen, aber auch Gemeinsamkeiten zwischen den Wortschätzen führen.

Der Abschnitt „Pragmatik" schließlich zeigt, wie Lernende anhand ausgewählter Beispiele sensibilisiert werden können dafür, daß sprachliche und außersprachliche Kommunikation, interkulturell betrachtet, in sehr unterschiedlichen Spielarten ablaufen können.

Die Auswahl der Themen stimmt weitgehend überein mit den bisher entwickelten Konzepten für interkulturell orientierten Sprachunterricht. Bevor wir ins Detail einsteigen, einige Notizen zur Gewichtung der Inhalte und zu ihrer Darbietung.

Erster Gesichtspunkt: Der „Tenor". Es ist heikel, einem gutwilligen Menschen einschärfen zu wollen, das erste, was er zu tun habe, sei, sich grundlegend in Frage zu stellen und womöglich zu ändern. (Und: Der Pädagoge, der alles besser weiß, ist ohnehin eine bekannte Facette aus dem Bild vom schrecklichen Deutschen.)

---

[1] Innerhalb des Wortes „interkulturell" hat der Begriff „Kultur" eine stark eingeengte Bedeutung als gruppenspezifisches Orientierungssystem, das aus bestimmten Normen, Einstellungen, Regeln usw. besteht. Dazu im einzelnen unten S. 429/430

[2] Auf eine „Entdeckungsreise in das Abenteuer einer fremden Kultur" lädt daher das dezidiert interkulturell orientierte Lehrwerk SICHTWECHSEL NEU 1 im Vorwort S. 7 ein

Dazu kommt: Man will hier den Nichtdeutschen beibringen, wie sie ihr Denken umstellen müssen, damit sie uns, die Deutschen, verstehen und von uns akzeptiert werden können. Peinliche Rollenverteilung! Die Folgerung: sehr dosiert, sensibel, mit viel Selbstironie, und vor allem: beiläufig. Kaum als Thema, nur unauffällig eingefügt zwischen andere Inhalte.[3]

Zweiter Gesichtspunkt: Die Fakten. Untersuchungen zeigen, daß es wacklige Behauptungen sind, die sagen, die Grenzen zwischen den Kulturen fielen mit den Sprachgrenzen zusammen. Das läßt sich am belgischen Beispiel illustrieren. Es ist nachgewiesen worden, daß die Bewohner der belgischen Industriezonen, gleichgültig ob sie flämisch oder französisch sprechen, als kulturell nahezu homogen gelten können; der Kontrast: die Bewohner der ländlichen Gegenden, fast gleichgültig ob in Flandern oder in Wallonien (Konsumgewohnheiten, Arten des Wohnens, politische Entscheidungen).[4] Das Ergebnis erinnert an Beobachtungen, die jeder kennt: Irische und deutsche Musiker, englische und deutsche Bergsteiger, russische und deutsche Schauspieler verstehen sich besser als dieselben Deutschen etwa mit deutschen Verwaltungsfachleuten oder Kaufleuten. Folgerung: Bescheidenheit im Anspruch, richtige Einstufung des Themas in den Gesamtprozeß des Unterrichts.

Dritter Gesichtspunkt: Die Motivation. Je öfter ich meinen Schülerinnen und Schülern erkläre, daß es schwierig ist, sich mit Deutschsprachigen zu verständigen, desto gründlicher verjage ich sie. Was Sprachlernende brauchen, sind nicht Komplikation und Verunsicherung, sondern Gründe zum Vertrauen in das Neue. Sollen Fragen des interkulturellen Verstehens angerührt werden, müssen die Belege für das Verbindende zwischen den Kulturen die trennenden Aspekte nicht nur aufwiegen, sondern weit überwiegen.

„Die Angst vor dem Unbestimmten" nennt Zygmunt Bauman das, was die Begegnung mit dem Fremden schwierig macht, und sagt: „Ungelöste Verstehensprobleme bedeuten Unsicherheit darüber, wie eine Situation zu ‚lesen' ist und welche Antwort vermutlich die gewünschten Resultate bringt. Bestenfalls wird Unsicherheit als unangenehm empfunden, schlimmstenfalls birgt sie das Gefühl der Bedrohung"[5]. Gehen wir von diesen psychologischen Tatsachen aus, so kann die Antwort des Sprachunterrichts nur sein, Vertrauen aufzubauen durch den Realismus der Gesprächsthemen und Argumente. Die Beispiele für das Gemeinsame, das Ganze der Kulturen stehen in der Mitte der Betrachtung, genau wie es der gewachsenen Realität entspricht. Am Rande sind Beispiele zu diskutieren für das überraschend Neue, Fremde. Diese Überlegungen mögen einen Hintergrund herstellen für die Darstellung in den folgenden Abschnitten und dafür, wie die Akzente gesetzt werden.

---

[3] Tatsächlich eignen sich Konzepte der interkulturellen Erziehung ideal für die Aus- und Fortbildung von Fremdsprachenlehrer(inne)n und für den Fremdsprachenunterricht, den Deutsche Deutschsprachigen erteilen. Hier stimmt die Rollenverteilung

[4] Jan Blommaert: Ideologien in interkultureller Kommunikation. In: Sprache und Literatur 74/1994. Dort S. 28

[5] Zygmunt Bauman in: ULI BIELEFELD, Hrsg. (1991), S. 26/27

Blick-Öffnung

Halten wir fest: Es geht in einem interkulturell orientierten Unterricht mehr noch als sonst darum, daß die Lehrerin, daß der Lehrer den Kopf freihält von „Schulungs"-Gedanken, von erzieherischen Absichten. Takt und Maß heißen die Zauberworte.

210 Eine Geschichte macht nachdenklich über die Grenzen meiner Erfahrung[6]

Die folgende Geschichte (im Lehrwerk als Lückendiktat eingeführt – die Lernenden bauen selbst am Text mit) dient der Unterhaltung. Den nötigen Pfiff dazu hat sie. Das Lehrwerk gibt keine didaktischen Fragen vor. Text:

> Ein paar Fischweiber wurden auf dem *Heimweg* vom Markt in ihr Fischerdorf von einem *schweren* Gewitter überrascht. Ein *Gärtner*, dessen Blumenladen am Wege lag, *nahm* sie auf.
>
> Die Frauen legten sich in dem Blumenladen zur Ruhe, aber sie *konnten* keinen Schlaf finden. Der *starke* Geruch der Blumen war *ihnen* zu ungewohnt. Da *fand* eine von ihnen die Lösung. Sie *goß* über die Blumen ein paar Kannen von ihrem *Fischwasser*. Tief atmeten die Fischweiber den Geruch ein und *fielen* bald in Schlaf.
>
> Sie *schliefen* noch, als der Gärtner *kam* und den Laden aufmachen *wollte*. Er *wußte* erst gar nicht, wo er war – so stark roch es nach Fischen.

Indische Geschichte

Daß ein indischer Text ausgewählt wurde, ist übrigens nicht ohne Hintersinn. Die Außenperspektive macht das Ganze noch um eine Nuance offenlassender, „undidaktischer", als wenn es sich um einen deutschen Text handeln würde. Die Lehrerin / der Lehrer mag die Lernenden die Hauptfrage – die nach der Idee der Geschichte – selbst finden lassen. Sie werden viele Antworten mit unterschiedlicher Akzentuierung geben. Interessante Aufgabe: Die Schüler/innen finden (in Kleingruppen) und erzählen analog eine Geschichte zu diesem Grundgedanken. (Anmerkung: mündlich, denn andernfalls entstehen zu viele Tempusfehler. Wir bewegen uns auf der Anfängerstufe.)

---

[6] SPRACHKURS DEUTSCH NEU 2, S. 142. Vollständiger Text im Lehrerheft 2, S. 73. Text aus Heinrich Zimmer: Weisheit Indiens. Darmstadt: L. C. Wittich 1941. S. 20

Der Grundgedanke läßt sich plastisch machen durch die Frage, wo in Montevideo und in Stockholm jeweils mittags um zwölf die Sonne steht,[7] oder: welche symbolische Bedeutung die Farben in ... haben. Beispiel: Die Farbe der Trauer ist in Japan Weiß, in Deutschland Schwarz. Oder er läßt sich etwa in der Form des folgenden Zitats aus dem Buch „Die gesellschaftliche Konstruktion der Wirklichkeit" (nachdrücklicher Titel!) erläutern: „Was für einen tibetanischen Mönch ,wirklich' ist, braucht für einen amerikanischen Geschäftsmann nicht ,wirklich' zu sein"[8].

211 Eine Erzählung macht nachdenklich über die Grenzen meines Wissens[9]

Ich habe die Geschichte mehrmals gehört und gelesen, bevor sie mir selbst passierte, und Sie werden sie kennen.

Der Taxifahrer in New York fragt nach meiner Nationalität, und als ich ihm sage, daß ich Schweizer sei, sagt er, er habe eine Schwester in Stockholm. Stockholm sei in Schweden, sage ich. Das wisse er, sagt er. Schweden und die Schweiz lägen weit auseinander, sage ich. Das wisse er, sagt er, aber er habe eine Schwester in Schweden und ich käme doch aus der Schweiz und das sei doch in Schweden. Mein Englisch reicht nicht aus. Höflich formuliert er für mich und liest aus meinem hilflosen Gesicht, daß es sich umgekehrt verhalten müsse, daß also nicht die Schweiz in Schweden, sondern Schweden in der Schweiz liege. Immerhin, ich habe auch Taxifahrer angetroffen, die trotz geographischer Einordnungsschwierigkeiten etwas mehr über die Schweiz wußten: Fondue, Banken, Uhren.

Dabei ist es absolut vorstellbar, daß ich einem Menschen aus Obervolta sagen würde, daß ich auch jemanden kenne in Kenya und daß er sagen würde, das sei nicht dasselbe, und ich ihm antworten würde, das wisse ich, aber – usw. usw. Ich habe die Länder, die ich hier wahllos aufgeschrieben habe, von einer Weltkarte, die ich mir letzte Woche gekauft habe.

Ich habe die Weltkarte gekauft, weil ich wissen wollte, wo denn die Südmolukker leben.

Ohne ihren Terrorakt hätte ich wohl nie von ihnen erfahren. Offensichtlich kann man mich nur mit Gewalt und Gewaltakten dazu bringen, mich für die Geographie zu interessieren. Terrorismus ist zu einem Informationsmittel geworden.

Ich frage mich, ob ich durch meine Unkenntnis in Geographie nicht irgendwie mitschuldig bin am Terrorismus, denn wenn Terrorismus ein Mittel der Information ist, dann dient es ja dazu, die Uninformierten zu informieren, und ich bin ein Uninformierter.

PETER BICHSEL

---

[7] Dies ist der Aufhänger eines Beitrags von Dietrich Rall zum Thema eigene und fremde Kultur in: Fremdsprache Deutsch 2. Arbeit mit Texten. 1990. S. 25–28. (Nebenbei: In Montevideo steht die Sonne mittags 12 Uhr im Norden)

[8] Peter L. Berger und Thomas Luckner: Die gesellschaftliche Konstruktion der Wirklichkeit. Frankfurt: S. Fischer 1969. S. 3

[9] KÜCHE. Text aus Peter Bichsel: Geschichten zur falschen Zeit. Darmstadt, Neuwied: Luchterhand 1979. S. 44/45. Leicht gekürzt

Aufgaben:

Spiel. Alle Anwesenden, mit Ausnahme *eines* Mitspielers, vertreten die Hypothese, daß es das Land, das Gebiet, den Stadtteil, in dem er zu wohnen angibt, gar nicht gibt. Der betroffene Mitspieler versucht mit allen Mitteln die Existenz seiner Heimat nachzuweisen. Er wird durch viele Argumente widerlegt.

Arbeitsauftrag. Geographie in „Schichten". Wie Sie wissen, verstehen sich Fachleute (z. B. Schauspieler, Musiker, Mathematiker ...) und Leute, die sich sympathisch sind, in der Regel auf der ganzen Welt. Und zwar besser, als sich Klassenfremde im eigenen Land untereinander verstehen. Malen Sie (in kleinen Gruppen) eine Weltkarte der Sympathie, auf der die Welt nach geistigen Regionen aufgeteilt ist. Natürlich werden mehrere, sehr unterschiedliche Karten entstehen. Tauschen Sie die Ergebnisse aus, diskutieren Sie darüber.

Unterhaltung. Was ist Terrorismus? Versuchen Sie eine Definition zu formulieren, die auch eine Analyse der Ursachen und Wirkungen enthält.

Unterhaltung. Information und ihre Grenzen. Bekanntlich kann jeder Mensch nur über Bruchstücke von Information verfügen. Welche Bruchstücke sind, im Hinblick auf ein gutes Zusammenleben auf diesem Planeten, die wichtigsten?

Mittelstufe

212 Autoren aus verschiedenen Weltteilen wissen dasselbe

a[10] Als Einstieg in die folgende kurze Sequenz (obere Grundstufe) hat sich ein Gespräch über die Frage bewährt: Welche Formen von Liebe gibt es?

---

[10] SPRACHKURS DEUTSCH NEU 3, S. 47. Text I: Friedrich Rückert: Alt und neue Welt. In: Ausgewählte Werke. Frankfurt: Insel 1988. Band 1, S. 282. Text II: Khalil Gibran: The Prophet. London: William Heinemann 1928. S. 17/18 (Übersetzung U. H.)

9 Lesetext

I Von deinen Kindern lernst du mehr als sie von dir.
Sie lernen eine Welt von dir, die nicht mehr ist;
Du lernst von ihnen eine, die nun wird und gilt. FRIEDRICH RÜCKERT

II Eure Kinder sind nicht eure Kinder. Sie kommen durch euch, aber nicht von euch. Und obwohl sie mit euch leben, gehören sie euch nicht.
Ihr könnt ihnen eure Liebe geben, aber nicht eure Gedanken, denn sie haben ihre eigenen Gedanken.
Ihr habt sie in eurer Wohnung – ihren Körper, nicht ihre Seele.
Ihre Seelen leben in dem Haus von morgen, in das ihr nicht eintreten könnt, nicht einmal in euren Träumen.
Ihr könnt euch bemühen, ihnen gleich zu werden. Aber versucht nicht, sie euch gleich zu machen. KHALIL GIBRAN

10 Unterhaltung

a Sagen Sie die Grundgedanken der beiden Texte in Ihren Worten.

b Was bedeutet „Eure Kinder sind nicht eure Kinder"?

c Sind Sie einverstanden mit den beiden Texten? Haben Sie eine andere Meinung? In welchen Punkten?

d Wie wurden Sie selbst von Ihren Eltern behandelt? Wenn Sie Kinder haben: Vergleichen Sie die Texte mit Ihrer eigenen Erfahrung.

e Es gibt verschiedene Arten von Liebe: sehr gefühlvoll – wie Kameraden – eng verbunden, mit vielen Fäden – kühl, höflich – sorgenvoll – frei, vertrauensvoll – respektvoll. Wie sollte man – nach Ihrer Meinung – seine Kinder lieben?

links:
Friedrich Rückert (1788–1866),
deutscher Lyriker und Übersetzer

rechts:
Khalil Gibran (1883–1931), der
bekannteste Autor des Libanon

Es wäre durchaus möglich, zwei Texte aus verschiedenen Weltregionen zu konfrontieren, die das (womöglich tragisch) Gegensätzliche der beiden Kulturen repräsentieren. Indessen: Es gibt viele Leser der beiden hier angebotenen Texte, die beim Lesen und Verstehen der subtilen Übereinstimmung zwischen den – zeitlich und räumlich so getrennten – Autoren stark bewegt sind. Das ist der höhere Wert. Natürlich ist die hier gegebene Zusammenstellung keine mühsame Manipulation. Es handelt sich, in der einen wie in der anderen Sprache, um Formulierungen, die jeweils die Quintessenz eines nach vorn blickenden Lebens und Denkens bilden: Verwandtschaft auf einer unbestechlichen Ebene.

b[11] Es folgt hier ein Ausschnitt aus einer Lehrbuchdoppelseite, den Lernenden wiederum ohne Kommentar vorgelegt. Den Schluß – daß die Sprache der Liebenden auf der ganzen Welt verwandte Töne findet – kann jeder, der diese Gedichte liest, selbst ziehen. Wie Sie und Ihre Schüler(innen) mit diesen Texten umgehen möchten, darf Ihrer Phantasie überlassen bleiben, das muten wir Ihnen zu.

Kann ich mich selber
Nicht mehr finden?
Blind suche ich nach meiner Spur
Denn er, der Erwartete
Hat mich aus seinem Herzen verloren

Ono Komachi
Japanische Dichterin

Wenn ich heute blicke
auf das Glitzern des Lichts
auf der endlosen Fläche des Wassers
scheint es mir
als seien wir darübergeflogen
in der vergangenen Nacht

Inge Rosnitschek

Tod grausamer ich klag dich an
Hast meine Herrin mir gestohlen
Die nie Böses in sich trug
Und hast noch nicht genug
In Trauer hältst du mich gefangen
Bald sind mein Mut und Macht vergangen
Tod
Wir waren zwei, doch nur ein Leben
Gestorben bin ich nun mit ihr
Wie kann ich leben ohne Leben
ein leeres Bild, ein Trug
Tod

François Villon

Liebe mich nicht wie Pfeffer –
er macht den Bauch so heiß,
ich kann nicht Pfeffer essen,
dann wenn ich hungrig bin.
Liebe mich nicht wie das Kissen –
man wäre im Schlaf zusammen
und sähe sich kaum bei Tag.
Liebe mich wie einen Traum –
er ist dein Leben bei Nacht
und ist meine Hoffnung bei Tag.
Liebe mich wie einen Kürbis –
heil dient er zum Wasserschöpfen
in Scherben als Steg der Geige.

Flavien Ranaivo
Madagaskar

Ich bin für dich wie ein Garten
Voller Büsche von süßem Duft

Deine Hand in meiner Hand
Ich bin glücklich ganz innen

Dich anschauen mit jedem Blick
Ist mehr als Essen und Trinken

Deine Stimme hören ist Wein
Ich lebe, wenn ich dich höre

Ägyptisch
um 1250 vor Chr.

Ich habe ihn vorausgesehen
In heller Dämmerung
Den künftigen Geliebten
Ich beginne den Träumen
Wie wir sie nennen, zu glauben

Ono Komachi
Japanische Dichterin

Der Dichter Konrad von Altstetten und seine
Geliebte
Farbtafel aus der Manessischen Liederhandschrift
(1200–1240).

213 Sehübungen

Während die Beispiele 210–212 an ein Über-die-Grenzen-Sehen appellieren, steigen die folgenden Aufgaben schon direkter in konkrete Wahrnehmungs-Forschung ein.

a[12] Vorbereitend eine Aufgabe zur Reflexion über das eigene Sehen.

(1) Halten Sie Ihr linkes Auge fest zu. Fixieren Sie mit dem rechten Auge aus 30 cm Entfernung das Kreuz. Führen Sie dann das Buch langsam Ihrem Auge näher. Die Maus verschwindet („blinder Fleck" im Auge). Aber das Gitter wird optisch ergänzt.

(2) Tauschen Sie Ihre Meinungen aus, welche Ecke vorn ist.

(3) Was sehen Sie? Eine alte Frau oder ein junges Mädchen?

(4) bis (8) Finden Sie selbst den augentäuschenden Trick!

Bitte denken Sie noch einmal über die Sehübungen auf der linken Seite nach (vielleicht in kleinen Gruppen? die Ergebnisse werden dem Plenum erzählt?):

Was können Sie nach diesen Sehübungen sagen über objektives Sehen?
– Sehunterschiede zwischen Menschen?
– Mißverständnisse zwischen Menschen?

Mittelstufe

---

[12] SPRACHKURS DEUTSCH NEU 5, S. 268/269

b[13] Im Anschluß daran ein Text über Sehen und Erinnerung; für unseren Zusammenhang genügen die ersten Zeilen:

> „Ich vermute, daß wir nur sehen, was wir kennen", konnte Friedrich Nietzsche schreiben. Von daher ist unser Auge in fortwährender geistiger Übung: „Der größte Teil des Bildes ist nicht Sinneseindruck, sondern Phantasieerzeugnis."
>
> Der amerikanische Psychologe William James hat den Sachverhalt vom modernen Gesichtspunkt aus beschrieben: „Millionen von Dingen bieten sich in der Umwelt meinen Sinnen an, doch dringen sie nic

> – Versuchen Sie, Nietzsches Behauptungen durch konkrete Beispiele zu bekräftigen.
> – Das Auge vereinfacht. Nützt diese Vereinfachung? Kann sie auch schaden?
> – Das Auge wählt aus. Wer ist das Auge? Ich? Oder wirken auch andere Faktoren mit?

Mittelstufe

214 Wahrnehmungs-Forschung

Auf Wahrnehmungs-Kritik hat sich das bekannte Lehrwerk mit dem deutlichen Titel „Sichtwechsel" spezialisiert: „Betrachtet man die Inhalte einer fremden Kultur nur ‚durch die eigene Brille', wird man kaum zu adäquaten Interpretationen und Einschätzungen kommen. Wer sich mit einer fremden Kultur beschäftigt, muß also lernen, seine Wahrnehmung zu kontrollieren, d. h. er muß erkennen, daß seine eigenkulturellen Wahrnehmungskriterien fremde Situationen verformen [...] Wahrnehmung ist aktive Interpretation [...] Daß wir ständig interpretieren, um uns die Welt um uns herum verständlich zu machen, und nach welchen Regeln wir dies tun – das wird im Unterricht durch die Kontrastierung der Einzel- und Gruppenergebnisse bewußt [...] Interpretation schließt praktisch immer Wertung ein, wobei das Fremde, Ungewohnte oft eher negativ beurteilt wird, da man die Funktion, den Sinnzusammenhang nicht kennt"[14].

Hier drei besonders eindrucksvolle Beispiele aus dem Teil dieses Lehrwerks, der sich mit Wahrnehmungs-Kontrolle beschäftigt:

---

[13] Ebd. S. 271 (vgl. auch die Bilder und Aufgaben ebd. S. 272–283 zum Thema Auge und Sehen). Text nach Heinrich Schipperges: Welt des Auges. Freiburg ...: Herder 1978. S. 23–28
[14] SICHTWECHSEL NEU 1. Allgemeine Einführung S. 10–12

a[15]

1. Suchen Sie sich ein Bild auf dieser und den folgenden Seiten aus, und beschreiben Sie es möglichst detailgenau, ohne viel zu interpretieren.

2. Interpretieren Sie das Bild (Zusammenhänge, Gründe, Folgen). Wo könnte das sein? Was für eine Situation?

3. Wie wirkt das Bild auf Sie (das gesamte Bild oder auch Einzelheiten)?

4. Vergleichen Sie Ihre Eindrücke und Gedanken in der Gruppe.

5. Lesen Sie die Bildunterschriften und Texte im Arbeitsbuch.

b[16]

a. Einigen Sie sich auf eine ganz bestimmte Stelle an Ihrem Kursort, von der aus man Menschen beobachten kann, begeben Sie sich für ca. 10–15 Minuten dorthin, und beschreiben Sie dann genau die Eindrücke und Gedanken, die Sie während dieser Zeit dort hatten (Sie können sich während der 10–15 Minuten Stichworte aufschreiben). Bitten Sie auch Ihren Lehrer bzw. Ihre Lehrerin, dies zu tun.

b. Suchen Sie eine Ansichtskarte oder machen Sie eine Zeichnung von der gewählten Stelle (oder markieren Sie diese auf dem Stadtplan), und hängen Sie Ihre EINDRÜCKE und GEDANKEN darunter auf.

c. Diskutieren Sie, was an Ihren EINDRÜCKEN und GEDANKEN ähnlich bzw. unterschiedlich ist. Bestimmen Sie, ob der / die Beschreibende jeweils selbst Teil der Situation war oder ob er / sie „von außen" beschrieben hat. Suchen Sie Erklärungen zu beiden Fragestellungen.

d. Stellen Sie sich vor, Sie würden verschiedenen Personen Ihren Kursort zeigen: einem Kind, einem Freund, einer Freundin, einem ausländischen Kollegen, einer Kollegin, einem Touristen, einem …
Würden Sie allen die gleichen Dinge zeigen, und würden Sie allen die gleichen oder verschiedene Erklärungen dazu geben?

---

[15] SICHTWECHSEL NEU 1, S. 24
[16] Ebd. S. 109

Der Kommentar im Begleitbuch des Lehrwerks zu den Aufgaben a und b:

TB 3.1: Eindrücke und Gedanken. TB 28.3: In der Klasse

Wichtigste Aufgabe zur Wahrnehmungsschulung.

Dabei geht es darum, den Automatismus von Wahrnehmung = Interpretation = Wertung aufzubrechen. Um in Fremdsituationen zu kontrollierter Wahrnehmung zu kommen, d. h. nicht sofort nach den eigenen Kategorien zu interpretieren und zu werten, wird ein dreistufiges Verfahren angewendet und eingeübt:

1. Erfassen: möglichst im Detail beschreiben, ohne zu interpretieren.

2. Interpretieren: Zusammenhänge zwischen den Dingen herstellen, Gründe suchen, Folgen antizipieren, in die (fremdkulturelle) Situation einbetten, die eigenkulturelle Perspektive verdeutlichen.

3. Wirken lassen: die eigenen Eindrücke von Details oder dem Gesamtbild festhalten, Wertungen als solche kennzeichnen und (aus der eigenen Sichtweise) begründen.

Jede der drei genannten Operationen führt zu verschiedenen Erkenntnis-Ergebnissen. Durch die bewußte Trennung der Schritte „Wahrnehmen" – „Interpretieren" – „Werten" wird Raum geschaffen für Hypothesen (Was könnte das sein / bedeuten?) und Interesse geweckt für die Verifizierung (Was hat es damit tatsächlich auf sich?).[17]

Mittelstufe

---

[17] Ebd. Allgemeine Einführung S. 36 .

c[18] Cartoon im Textbuch:

Was verändert sich in der Bildgeschichte?

Kommentar im Lehrerheft:[19]

Der Comic macht noch einmal deutlich, daß die Wahrnehmung von der jeweiligen Interessenlage und den Erwartungen der wahrnehmenden Person bestimmt wird: nicht der Arzt hat sich verändert, sondern die Situation der Frau und damit die Bedeutung des Arztes für sie.

Möglicher Arbeitsablauf:
Die KT können die Geschichte zunächst mit Sprech- und Gedankenblasen versehen. Als weiterführende Aufgabe könnte KL anregen, eigene Erfahrungen mit widersprüchlicher Wahrnehmung in sich ändernden Situationen zu erzählen.

---

[18] Ebd. Textbuch S. 49
[19] Ebd. Unterrichtsbegleiter S. 26

Friedensbildung

215 Gespräche über den Frieden

a[20]

DER GORDISCHE KNOTEN

Wir alle kennen ihn noch aus der Geschichtsstunde, den makedonischen Alexander. Und auch die Anekdote mit dem berühmten gordischen Knoten kennen wir noch, die dem jugendlichen Eroberer nachgesagt wird. Als er in Gordium einzog und von dem kunstvoll verschlungenen Knoten hörte, den bislang kein Mensch hatte aufknüpfen können, ließ er sich stracks hinführen, besah sich das berühmte Ding von allen Seiten, bedachte den Orakelspruch, der dem Auflöser des Problems großen Erfolg und weithallenden Ruhm verhieß, zog kurzentschlossen sein Schwert und hieb den Knoten mitten durch.

Na ja. Die Soldaten Alexanders jubelten natürlich. Und man pries die Intelligenz und die Originalität des jungen Königs. Das ist nicht gerade verwunderlich. Eines muß ich allerdings ganz offen sagen, – meine Mutter hätte nicht dabeisein dürfen! Wenn meine Mutter daneben gestanden hätte, hätte es Ärger gegeben. Wenn ich als Junge, kein Haar weniger originell und intelligent als Alexander, beim Aufmachen eines verschnürten Kartons kurzentschlossen mein Schwert, beziehungsweise mein Taschenmesser zog, um den gordischen Bindfaden zu durchschneiden, bekam ich mütterlicherseits Ansichten zu hören, die denen des Orakels diametral widersprachen und die jubelnden Truppen aus Makedonien außerordentlich verblüfft hätten. Alexander war bekanntlich ein großer Kriegsheld, und die Perser, Meder, Inder und Ägypter pflegten Tag und Nacht vor ihm zu zittern. Nun, meine Mutter hätte sich diesem Gezitter nicht angeschlossen. »Knoten schneidet man nicht durch!« hätte sie in strengem Tone gesagt. »Das gehört sich nicht, Alex! Strick kann man immer brauchen!«

Und wenn Alexander der Große nicht so jung gestorben, sondern ein alter, weiser Mann geworden wäre, hätte er sich vielleicht eines Tages daran erinnert, und bei sich gedacht: »Diese Frau Kästner, damals in Gordium, hatte gar nicht so unrecht. Knoten schneidet man nicht durch. Wenn man es trotzdem tut, sollten die Soldaten nicht jubeln. Und wenn die Soldaten jubeln, sollte man sich wenigstens nichts darauf einbilden!«

ERICH KÄSTNER

---

[20] DRUGSTORE. Text: Erich Kästner: Lesestoff Zündstoff Brennstoff. Berlin: Nishen 1984. S. 84. Rechte: Zürich: Atrium Verlag

(1) Ein Paket ist fest verschnürt. Was tun Sie?

(2) Sie haben Ihr Fahrrad angekettet und den Schlüssel verloren. Was tun Sie?

(3) Man soll einen Stuhl wegwerfen, wenn das Polster kaputt ist.

(4) Bitte, nennen Sie fünf Dinge, die man in Deutschland tut, aber nicht in Ihrem Land!

(5) Kästners Mutter trifft Alexander. Entwerfen und spielen Sie den Dialog!

(6) Welchen symbolischen Sinn könnte der gordische Knoten haben?
a für Staatsmänner
b für zwei Liebende
c für Ärzte
d für Menschen generell

(7) Fällt Ihnen ein Ereignis, eine Tat ein, auf die der Ausspruch paßt, daß da ein gordischer Knoten durchgeschlagen wurde?

(8) Fallen Ihnen Entscheidungen ein, zu denen Sie einem Politiker Ihres Landes gratulieren können oder hätten gratulieren können / mögen?

(9) Worüber sollten Menschen nicht jubeln?

(10) Wovor / vor wem zittern Menschen in Ihrem Land?

Mittelstufe

b[21] Das – unvorbereitete – Lesen der folgenden Textausschnitte ist verbunden mit einer ungeschriebenen Aufgabe. Erwartet wird, daß die Leserin / der Leser sich von diesen durchaus „hohen", verführerisch „guten" Texten distanziert. Das ist auf der vorgesehenen Kursstufe (Mittelstufe, mittlerer Abschnitt) nicht selbstverständlich vorauszusetzen. Eine differenzierte Aufgabe, gedanklich und sprachlich.

---

[21] SPRACHKURS DEUTSCH NEU 5, S. 53

... Denn der Mensch ist ein Raubtier ... Das Raubtier ist die höchste Form des Lebens. Es bedeutet das Maximum an Freiheit von andern und für sich, an Selbstverantwortlichkeit, an Alleinsein, das Extrem der Notwendigkeit, sich kämpfend, siegend, vernichtend zu behaupten. Es gibt dem Typus Mensch einen hohen Rang, daß er ein Raubtier ist ... offensiv, hart, grausam, zerstörend ... Das menschliche Recht ist immer ein Recht des Stärkeren, das der Schwächere zu befolgen hat.

OSWALD SPENGLER

Der Krieg ist ein Akt der Gewalt, und es gibt in der Anwendung derselben keine Grenzen ... Der Krieg ist eine bloße Fortsetzung der Politik mit anderen Mitteln ...
Der Krieg ist ein Akt der Gewalt, um den Gegner zur Erfüllung unseres Willens zu zwingen ... [Schlecht sind] Feldherren, die ohne Menschenblut siegen wollen.

CARL VON CLAUSEWITZ

Für den deutschen Menschen bildet der Krieg vor allem das Mittel, sich selbst zu verwirklichen.

ERNST JÜNGER

Der soziale Charakter des Krieges wird nicht dadurch bestimmt, wo die feindlichen Truppen stehen, sondern welche Klasse den Krieg führt und mit welchen Zielen.

WLADIMIR ILJITSCH LENIN

a Charakterisieren Sie die Gedankenwelt dieser Autoren.
b Versuchen Sie die Argumente dieser Autoren zu widerlegen.
c Entwickeln Sie – allein? in Kleingruppen? – Gegen-Texte zu den Zitaten von Clausewitz, Jünger und Spengler.

Oswald Spengler: Deutscher Philosoph, 1880–1936. Text 1931.
Carl von Clausewitz: Preußischer General, 1780–1831. Text 1818–1830.
Ernst Jünger: Deutscher Schriftsteller, *1895. Text 1930.

Mittelstufe

Während Krieg scheinbar in der Ferne anfängt, kann Frieden nur in der Nähe anfangen. Die Frage heißt also: Wie sieht der Stoff aus, aus dem der Frieden beschaffen ist? Was liegt für den, der eine Sprache lernt, näher als die Antwort: Einer der wesentlichen Bestandteile des Friedens ist die Sprache, oder, wie Martin Buber es ausdrückt: „Der Krieg hat von je einen Widerpart, der fast nie als solcher hervortritt, aber in der Stille sein Werk tut: die Sprache"[22]. Die Bedeutung der Sprache für die psychologische Arbeit entdeckt zu haben, ist das außerordentliche Verdienst Alfred Adlers: „Sprache ist für ein einzeln lebendes Wesen ganz überflüssig. Sie rechnet mit dem gemeinsamen Leben der Menschen, sie ist ein Produkt desselben und Bindemittel zugleich. Ein starker Beweis für diesen Zusammenhang liegt darin, daß Menschen, die unter Bedingungen aufwachsen, unter denen der Anschluß an andere Menschen erschwert oder verwehrt ist oder die diesen Anschluß selbst verweigern, fast regelmäßig an ihrer Sprache und Sprachfähigkeit Mangel leiden. Es ist, als ob dieses Band nur gebildet und erhalten werden könnte, wenn der

---

[22] Martin Buber: Nachlese. Heidelberg: Lambert Schneider 1966. S. 225. Vollständiger Text mit Aufgaben SPRACHKURS DEUTSCH NEU 5, S. 58/59

Kontakt mit der Menschheit gesichert ist. Die Sprache hat eine überaus tiefe Bedeutung für die Entwicklung des menschlichen Seelenlebens"[23]. In der „Logik des menschlichen Zusammenlebens"[24], bei der Friedensbildung spielt die Sprache die tragende Rolle. Eine Erkenntnis, die den nachdenklicheren Sprachlernenden sehr tief motivieren und fördern kann.

Ein Wäscher, der nicht den Fleck, der den Rock wegwäscht,
Ein Arzt, der mit der Krankheit den Kranken beseitigt,
Ein Richter, der Toten nur Recht gibt ...

Peter Hacks[25]

● *Wovon ist die Rede?*

216 Gespräche über Nationalismus

a[26]

Sport und Verständigung

Nationalismus

Wir, ruft er, wir
und umarmt mich,
ein wildfremder Mann
in der U-Bahn
nach dem Fußballspiel
gegen Dingsbums,
wir haben gewonnen.

Arnfried Astel

Bei Olympiaden kündigt man die
Jugend der Welt an.
Tatsächlich kommt aber nur die
Jugend der Nationen.

Werner Schneyder

Sport spricht alle Sprachen

FUSSBALL: EIN ERSATZKRIEG IN SEINER SCHÖNSTEN FORM

Wie verstehen Sie diese Texte? Sprechen sie für oder gegen den Sport? Diskutieren Sie bitte!

---

[23] Alfred Adler: Menschenkenntnis [1927]. Frankfurt: Fischer Taschenbuch Verlag 1966. S. 40
[24] Ebd. S. 37
[25] Lösung: Der Krieg. Peter Hacks: Zwei Bearbeitungen. Frankfurt: Suhrkamp 1963. S. 52
[26] SPRACHBRÜCKE 1, S. 188. Arnfried Astel aus: Ludwig Harig und Dieter Kühn: Netzer kam aus der Tiefe des Raumes. München ...: Hanser 1974. Werner Schneyder: Gelächter vor dem Aus. München: Kindler 1980

Jede Lehrerin und jeder Lehrer weiß selbst, wie weit sie, wie weit er sich in politische Diskussionen einlassen will. Wo es um das Thema Frieden geht, ist es fast unausweichlich, daß auch das Thema Nationalismus in all seinen Spielarten zur Sprache kommt. Sofern ich es überhaupt aufgreife (und bevor ich über vernunftfeindliche Tendenzen in anderen Kulturen notwendig pauschale Meinungen äußere), gibt es eine ebenso anständige wie zweckmäßige Möglichkeit – ich beziehe mich bescheiden auf die Region, die ohnehin zur Debatte steht, und stelle exemplarisch „das" Deutsche, das, was die deutschsprachigen Länder ausmacht, in Frage, und liefere damit den Beweis, daß die allgemeine Annahme, die Deutschen nehmen sich viel zu ernst, nicht immer, zumindest nicht für meinen Unterricht zutrifft. Je kühler, beiläufiger und müheloser eine solche allseits wohltuende Abklärung gelingt, um so weniger gerät sie in Gefahr, als Charakterlosigkeit oder auch nur Koketterie (als versteckte Form von Nationalismus) gewertet zu werden: Es geht ja nicht über oder gegen ein deutschsprachiges Land, anhand „des" Deutschen kann aber gezeigt werden, wie vorübergehend und brüchig aller nationale Dünkel, Besitz und -ismus ist.

Dafür bieten sich vor allem zwei Wege an: der spielend zu führende Nachweis, daß es (von den Künsten und Wissenschaften bis hin zur Sprache) keinen geistigen Nationalbesitz gibt, zum andern ein Tenor der Darbietung, der immer mit einem Schuß Selbstironie vermischt ist, welch letztere Tonart von den österreichischen und schweizerischen Kolleginnen und Kollegen in der Regel weit anmutiger beherrscht wird als gemeinhin von den Deutschen.

b[27]

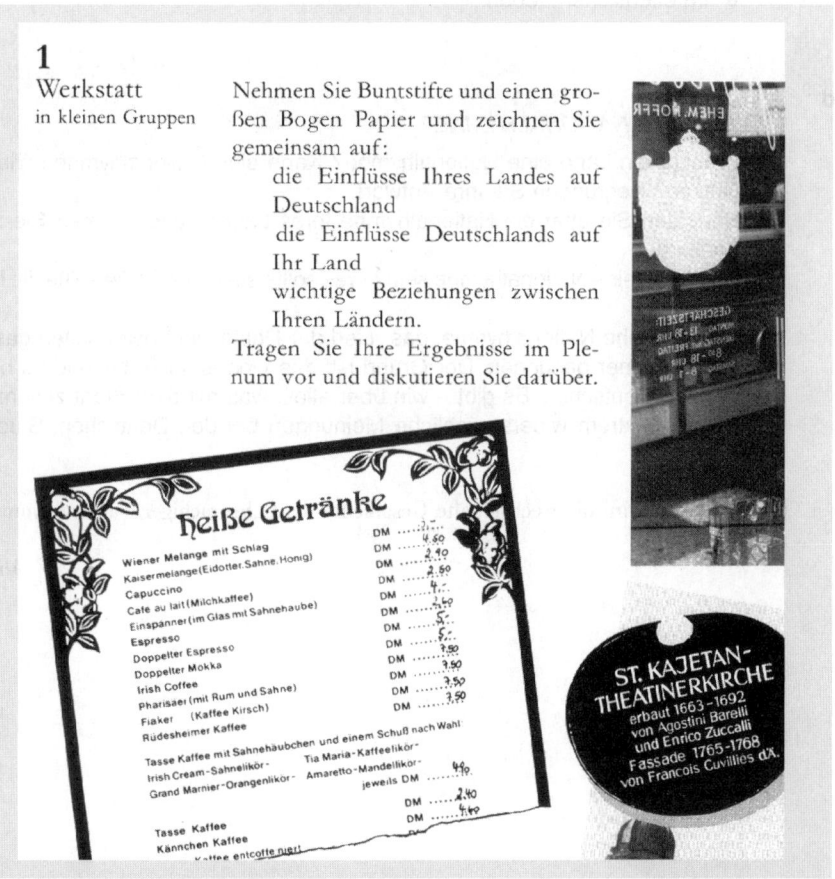

1

Werkstatt
in kleinen Gruppen

Nehmen Sie Buntstifte und einen großen Bogen Papier und zeichnen Sie gemeinsam auf:
  die Einflüsse Ihres Landes auf Deutschland
  die Einflüsse Deutschlands auf Ihr Land
  wichtige Beziehungen zwischen Ihren Ländern.
Tragen Sie Ihre Ergebnisse im Plenum vor und diskutieren Sie darüber.

[27] SPRACHKURS DEUTSCH NEU 6, S. 91

c[28] Aufgaben im Anschluß an eine kurze Übersichtstafel: Geschichte der deutschsprachigen Länder seit 700:

> a Es gab stets eine starke Tendenz zur Spaltung oder gar Auflösung der deutschen Einheit. Zählen Sie die historischen Daten auf, an denen dies deutlich sichtbar wird. Versuchen Sie, diese Spaltungstendenz zu interpretieren
> – als eine Tendenz, die in den Deutschen steckt,
> – als eine Folge der geographischen Lage.
>
> b Der Rückblick auf die deutsche Geschichte seit 1914 macht den Deutschen wenig Freude. Warum? Finden Sie Gründe nicht nur aus unserer Zeittafel, sondern auch aus Ihrem historischen Wissen. Welche Gefühle treten, beim Rückblick auf die neuere Geschichte, möglicherweise an die Stelle der Freude?
>
> c Aufgrund der Geschichte seit 1914 haben die meisten Deutschen eine Neigung zur „Flucht aus der Geschichte wie aus der Nation" (Christian Meier). Überlegen Sie, was das praktisch bedeutet
> • fürs private Leben,
> • im öffentlichen Leben.

d[29]

> *WOZU EINE NATIONALHYMNE?*
> • Braucht ein Land eine Nationalhymne? Kann eine Nationalhymne schaden? Nützen? Begründen Sie Ihre Antwort.
> • Berichten Sie über die Nationalhymne Ihres Landes und nehmen Sie zu ihr Stellung.
> • Wie sollte eine Nationalhymne sein? Was sollte sie sagen? Wie sollte die Musik sein?
> • Die deutsche Nationalhymne, das „Lied der Deutschen", wird selten gespielt, noch seltener gesungen. Der Grund ist: das Lied ist nicht besonders beliebt bei den Deutschen. Es gibt – wie über alles, was mit dem Staat zusammenhängt – extrem widersprüchliche Meinungen bei den Deutschen. Studieren Sie einige.

(Im folgenden wird die wechselhafte Geschichte deutschsprachiger Nationalhymnen skizziert.)

Mittelstufe

---

[28] Ebd. S. 94
[29] Ebd.

217 Mutmaßungen über Vorurteile

a[30]

1) Versuchen Sie, den Begriff Vorurteil zu definieren.

2) Brainstorming zum Begriff Vorurteil. Bitte sammeln Sie an der Tafel / auf einer Folie, gegen wen oder was man an Ihrem Kursort oder in Ihrem Heimatland positive oder negative Vorurteile hat. Schreiben Sie diese Wörter anschließend in Ihr Buch.

[...]

6) Bitte zeichnen Sie den ‚typischen' Deutschen, Japaner, Schotten, Italiener, Amerikaner ... (bzw. Deutsche, Japanerin usw.), wie man ihn / sie bei Ihnen sieht. Machen Sie daraus eine Collage, und stellen Sie diese im Plenum vor.

b[31]

Bestimmt in Gruppenarbeit, welche der folgenden Äußerungen auf ein Denken in Stereotypen schließen lassen. Begründet eure Einschätzungen. Nehmt gegebenenfalls Umformungen vor, um die logische Struktur der Äußerungen durchsichtiger zu machen.

> Und „gemeinsam entwickelte Waffen", so schwärmt ein französischer Rüstungslobbyist in Bonn, „verkaufen sich besser als rein französische. Die Kombination aus deutscher Perfektion und französischer Genialität ist auf dem Waffenmarkt einfach unschlagbar."
>
> Der Spiegel 19/1979

1. Ich würde lieber eine Frau (einen Mann) aus meiner Gegend heiraten.

2. Der Norddeutsche ist wortkarg.

3. Über manche Dinge unterhalte ich mich lieber mit Frauen (Männern).

4. Er ist Schotte, aber neulich hat er allen einen ausgegeben.

5. In Physik ist Gisela allen Jungen überlegen.

6. In Frankreich gibt es auch Sex-Muffel.

7. Was die Ordnung angeht, da könnte sich manches Mäd~~chen~~ von ihm 'ne ~~Scheibe abschneiden~~

10. Nicht jeder Amerikaner ist materialistisch.

11. Er ist Italiener, aber er kann kaum 'ne Arie von 'ner Autohupe unterscheiden.

12. Das Wirtschaftswunder ist ein Beweis deutscher Tüchtigkeit.

13. An dem Staudamm-Projekt war auch deutsches Kapital beteiligt.

14. Die Grausamkeit des Verbrechens ließ zunächst auf einen Südländer als Täter schließen.

Mittelstufe

---

[30] STUFEN 4, S. 60/61
[31] SICHTWECHSEL [ALT]. Lehrbuch S. 174

Interkulturelle Einsichten

Soll transkulturelles Denken eine tief in das Lebensgefühl und Verhalten eingreifende Tragkraft erhalten, so muß es aus mehreren, nachhaltigen, ständig sich erneuernden Quellen gespeist werden. Viel Sorgfalt und trickreiche Phantasie müssen aufgewendet werden, um der entsprechenden Motivation Energie zu verleihen. Im vorliegenden Kapitel gehören daher nur zwei Abschnitte der Bemühung um interkulturelles Lernen im engeren sprachlich-pragmatischen Sinn (Begriffe, Pragmatik), in drei Abschnitten geht es um motivierende Perspektiven (und hier wäre eine Reihe weiterer Aspekte hinzuzufügen).

Hinter der summarischen Überschrift „Interkulturelle Einsichten" läßt sich eine Fülle von Fakten, Verbindungslinien, Ebenen, Hintergründen ahnen, die in verschiedenen Unterrichtsprogrammen verschieden eindringlich angesprochen werden,[32] wir können hier nur wenige Beispiele herausgreifen.

218 Wirtschaftsdeutsch: Import / Export

a[33]

Wovon lebt ein Land?
Wovon lebt die Wirtschaft eines Landes?

Land A: Land B:

viele Rohstoffe   wenig
(Öl/Eisen/Gold/...)   Rohstoffe

wenig Industrie   viel Industrie

a Land A importiert viele industrielle Produkte.
b Land A exportiert _____
c Land B importiert _____
d Land B exportiert _____

a Mittelamerika exportiert Bananen, weil
b Finnland importiert Flugzeuge, weil
c Die Schweiz exportiert Uhren, weil

---

[32] Exil: SPRACHBRÜCKE 2, S. 81–96. Familie: SPRACHKURS DEUTSCH NEU 4, S. 213–215. Greenpeace: STUFEN 4, S. 186/187. „Kulturen verstehen": WEGE. Lehrbuch S. 196–204. Leben in mehreren Sprachen: SPRACHBRÜCKE 1, S. 208–211. Übersetzen: SPRACHBRÜCKE 2, S. 67–73. Universitäten: SPRACHKURS DEUTSCH NEU 6, S. 256–261. Vergleichende Sprachwissenschaft: SPRACHKURS DEUTSCH NEU 6, S. 116–119. Weltbevölkerung: DEUTSCH KOMPLEX 2, S. 128–150. Weltreligionen: DEUTSCH KOMPLEX 2, S. 118–124. SPRACHKURS DEUTSCH NEU 6, S. 158–163
[33] SPRACHKURS DEUTSCH NEU 2, S. 64/65

b³⁴

Import und Export von Büchern als kulturelle Brücke

Die Frankfurter Buchmesse ist jedes Jahr eine willkommene Einladung zur Welt des Buches und zu den Büchern der Welt. Für den einzelnen Leser sind Bücher stille Freunde, für die Völker der Erde sind sie solide Pfeiler der geistigen Brücken, über die sich ein kultureller Dialog entwickeln kann.
Die Frankfurter Buchmesse zeigt, wie dieser Brückenschlag mutig gelingt, auch über ideologische Gräben und weite Distanzen hinweg: In diesem Jahr bringen nahezu 7000 Verlage aus 84 Ländern 320 000 Buchtitel auf die Messe, darunter 92 000 Neuerscheinungen.
Rede von Bundesaußenminister Hans-Dietrich Genscher bei der Eröffnung der Frankfurter Buchmesse 1986.

Einfuhr von Büchern in die Bundesrepublik Deutschland 1986 nach Herkunftsländern: Wert in 1000 DM

Land	1986	1986 in %
Österreich	86 601	17,2
Schweiz	82 822	16,5
USA	61 255	12,2
Großbritannien	55 965	11,1
Italien	39 553	7,9
Niederlande	37 452	7,4
Japan	26 534	5,3
Dänemark	24 118	4,8
Belgien/ Luxemburg	20 043	4,0
Frankreich	19 419	3,9
Tschechoslowakei	8 833	1,7
Spanien	7 713	1,5
Jugoslawien	5 833	1,2
Ungarn	4 386	0,9
Schweden	3 747	0,7
Hongkong	3 074	0,6
Finnland	2 789	0,5
Portugal	1 898	0,4
Singapur	1 971	0,4
Türkei	970	0,2
Korea, Süd-	924	0,2
Israel	679	0,1
Andere Länder	6 644	1,3
Insgesamt	503 314	100,0

Aufgaben

1. Welche Wörter gehören zum Thema „Buch"?
   Beispiel: Neuerscheinung
2. Welche sprachlichen Bilder werden in der Rede benutzt?
   Beispiel: Bücher sind „stille Freunde".
3. Beschreiben Sie bitte die Aussagen der Tabellen!
   Benutzen Sie dabei folgende Wörter und Wendungen:

Ausfuhr von Büchern aus der Bundesrepublik Deutschland 1986 nach Abnahmeländern: Wert in 1000 DM

Land	1986	1986 in %
Schweiz	262 365	25,7
Österreich	244 665	23,9
USA	101 682	9,9
Niederlande	86 204	8,4
Frankreich	64 187	6,3
Italien	36 364	3,6
Belgien/ Luxemburg	35 235	3,5
Japan	34 977	3,4
Großbritannien	32 132	3,1
Schweden	14 836	1,5
Dänemark	13 267	1,3
Spanien	9 556	0,9
Norwegen	9 103	0,9
Kanada	7 838	0,8
Finnland	4 691	0,5
Australien	4 676	0,5
China, Volksrep.	4 298	0,4
Griechenland	4 061	0,4
Nigeria	3 778	0,4
Sowjetunion	3 623	0,4
Jugoslawien	3 411	0,3
Indien	2 873	0,3
Polen	2 498	0,2
Brasilien	2 369	0,2
Andere Länder	33 333	3,2
Insgesamt	1 022 072	100,0

ausführen, exportieren (nach, in die) einführen, importieren (aus, aus der, aus den) kaufen in verkaufen an	
im Wert von ... DM in Höhe von ... DM für ... DM	größer, kleiner als mehr, weniger ... als die meisten, die wenigsten insgesamt
in der Ausfuhr / Einfuhr steht an erster Stelle / ...	vor nach

Beginnen Sie bitte so:
1985 hat Österreich Bücher im Wert von 84 636 000 DM in die Bundesrepublik Deutschland exportiert. Es steht von allen Ländern an erster Stelle. ...

4. Suchen Sie bitte Beispiele aus den Tabellen, die zeigen, wo die Einfuhr oder Ausfuhr von Büchern eine Brücke ist
   a) über ideologische Gräben; b) über weite Distanzen!

219 Sprachreflexion: Wandernde Wörter[35]

1 Skythen: altes Volk in Süd-
   rußland
2 junger Fisch (Hering)
3 Rindfleisch in Würfeln
4 Rum mit heißem Wasser und
   Zucker

Am gastlichen Tisch der deutschen Sprache sitzt die gesamte Menschheit und ißt nicht nur englisches *Steak* mit französischer *Sauce* (Soße), sondern auch *Pflaumen*[a] und *Kirschen*[b] aus dem Lateinischen, *Datteln* aus dem Griechischen, *Butter* aus dem Skythischen[1] und *Quark* aus dem Polnischen, russisches *Rebhuhn*[c], italienische *Kartoffeln*, holländische *Matjes*[2] und türkischen *Joghurt*. Das *Gulasch*[3] kommt aus dem Ungarischen, die *Banane* aus einer Kongosprache (Afrika), die *Kaper* aus dem Persischen, die *Mandel* aus dem Syrischen, der *Zucker* aus dem Indischen, der *Zimt* aus dem Malayischen, die *Schokolade* aus der Mayasprache (Mexiko), und dazu raucht man indianischen *Tabak* und trinkt chinesischen *Tee* oder türkischen (arabischen) *Kaffee* und englischen *Grog*[4] und französischen *Kognak* und lateinischen *Wein* und italienischen *Sekt* und arabischen *Arrak*, und wenn es einmal *Känguruh*[d] gibt, kommt das aus dem Australischen.

Nach Franz Fühmann

Aufgaben

1. Aus welcher Sprache kommt was? Machen Sie bitte eine Tabelle!

Beispiel:

Steak	Englisch

2. So heißen die Wörter in der Sprache, aus der sie kommen:

kahve · ceresia · tartufolo · maatjes · taboco · vinum · prunum · chocolatl · aahwa · daktylos · twaróg · gulyas · δάκτυλος · قَهْوَة

Was gehört zusammen?
Ordnen Sie bitte zu!
Beispiel: *prunum* – Pflaume
          – Dattel
          – Quark
          – Matjes
          – Gulasch
          – Kartoffeln
          – Wein
          – Kaffee
          – Kirsche
          – Schokolade
          – Tabak

3. Übersetzen Sie bitte diese fremden Wörter in Ihre Muttersprache!
4. Sind das auch in Ihrer Sprache fremde Wörter?

Fällt (...) ein fremdes Wort in den Brunnen einer Sprache, so wird es darin so lange umgetrieben, bis es ihre Farbe annimmt und (...) wie ein heimisches aussieht.

Jacob Grimm

---

[35] SPRACHBRÜCKE 1, S. 212. Anmerkung. Es handelt sich hier, mit Ausnahme der Wörter Steak und Sauce, um Lehnwörter, denn sie sind orthographisch ans Deutsche angepaßt. (Die Trennlinie zwischen Fremdwörtern und Lehnwörtern ist jedoch nicht starr festgelegt)

220 Reise-Unterhaltungen[36]

22
Unterhaltung

a   Wählen Sie zwei oder drei Zitate,
    die Ihnen gefallen. Warum finden Sie
    diese Sätze gut?

b   Welche Sätze sind, nach Ihrer Meinung,
    Quatsch? Warum?

Käme doch bald, bald der Tag, an dem ich
mich flüchten kann in die Wälder einer einsa-
men Insel der Südsee, dort in Ruhe nur meiner Kunst zu leben. Umgeben von einer neu-
en Familie, fern von Europa und seiner Jagd
nach dem Geld ... Ohne Sorge um das Geld
kann ich dann lieben, singen und sterben.   *Paul Gauguin 1890*

Der wirkliche Reisende verbrennt immer
wieder seine Schiffe.   *Alfons Paquet 1903*

Dieses Selbstporträt mit Mandoline (1893) malte Paul Gauguin, der 1891 von Frankreich nach Tahiti ging und dort
1903 starb. Seine verzweifelten Worte über dieses Abenteuer
sind ebenso subjektiv wie seine Wunsch-Worte vor der Reise. Beschreiben Sie das Bild. Wie hängt es mit unserem
Thema „Reisen" zusammen?

Daß es Seejungfrauen gibt, halte ich für kein
Märchen. Glaubwürdige Seeleute haben ver-
sichert, solche erblickt zu haben.
                          Nikolaus Lenau 1832

Wahnsinniges, aber trauriges und böses
Abenteuer, meine Reise nach Tahiti.
                          Paul Gauguin 1897

Der kürzeste Weg zu sich selbst führt um die
Welt.   *Hermann Graf Keyserling 1919*

Fahr nicht aus deiner Haut, wenn du fährst.
                          Deutsches Sprichwort

Alles nur Fluchtversuche aller: Vor dem oze-
anweiten Abgrund ihrer individuellen Leere
weichen sie zurück über riesige Entfernun-
gen, um, angelangt irgendwo, erneut den
klaffenden Schlund der eigenen Nichtigkeit
zu erblicken.
                          Günter Kunert 1979

Oft ist es mir unerträglich, in unserer matten,
engen Stadt eingeschlossen zu sein; in kühlen Felsspalten möchte ich herumklettern,
den Quellen nach.   *Bettina Brentano 1807*

Mittelstufe

[36] SPRACHKURS DEUTSCH NEU 4, S. 72/73

Begriffe

In diesem Abschnitt geht es erneut um Reflexion über Wörter, diesmal unter der Perspektive der unterschiedlichen Wortbedeutungen in unterschiedlichen Kulturen.[37]

Da die Wortschätze in den verschiedenen Sprachen bekanntlich ganz verschieden strukturiert sind, die Wortbedeutungsgrenzen in unserem „mentalen Lexikon" von Sprache zu Sprache wandern, ergeben sich Begriffs-Divergenzen, und zu den Aufgaben vor allem des Mittelstufenunterrichts gehört es, dem Wechsel der Wortinhalte durch vergleichende Untersuchungen nachzugehen, ihn bewußt zu machen.[38]

Daß indes die Gemeinsamkeiten zwischen den Wortschätzen der primäre, sowohl pädagogisch und sprachdidaktisch wie auch in der Sache wichtigere Gegenstand für Sprachreflexion und Spracherwerb sind, weiß jeder Praktiker. Aufgaben und Übungen, die diesen Aspekt verstärken, wurden im vorliegenden Handbuch bereits skizziert.[39]

Aufgaben, die Differenzen in den Begriffssystemen verschiedener Sprachen deutlich machen, können sich im allgemeinen nicht auf sprachimmanente Komponenten wie Wortbildung, Grammatik beziehen. Wortbedeutung definiert sich hier durch die Verknüpfungen, logischen Hierarchien, Differenzen, Entsprechungen im Kontext und im Wortfeld.

---

[37] Der Abschnitt steht daher hier im Zusammenhang des interkulturellen Lernens. Er ergänzt das Wortschatzkapitel um eine weitere Koordinate

[38] Vgl. dazu METZLER LEXIKON SPRACHE (1993), Stichwort Mentales Lexikon S. 383/384 (mit Literaturangaben). Bernd-Dietrich Müller (Hrsg.): Konfrontative Semantik. Weil der Stadt [jetzt München]: Lexika Verlag 1981. Dort besonders S. 75–154 (mit Literaturangaben). Bernd-Dietrich Müller: Wortschatzarbeit und Bedeutungsvermittlung, Berlin ...: Langenscheidt 1994 (mit Literaturangaben). Werner Hüllen im HANDBUCH FREMDSPRACHEN-UNTERRICHT (3. Aufl. 1995), S. 511–513

[39] Aufgaben und Übungen in Kapitel 3, S. 87–89 sowie im vorliegenden Kapitel S. 422

221 Sprachreflexion: Untersuchung eines Wortfelds[40]

1. Aus was für Räumen besteht eine typische Wohnung bei Ihnen?
   Was wird in den Räumen gemacht?
   Mit welchen Gegenständen werden die einzelnen Räume eingerichtet und ge-
   schmückt?
   Zu welchen Gelegenheiten kommen Verwandte, Freunde oder Fremde ins Haus?
   Wozu benutzen Sie persönlich die einzelnen Räume und Gegenstände in Ihrer
   Wohnung?
2. Stellen Sie sich vor:
   Im Sommer tauschen Sie Ihre Wohnung mit einer Ihnen fremden Familie aus einem
   fremden Land.

   a. Erklären Sie der Familie in einem Brief alles, was unbedingt beachtet werden
      muß (abschließen, Sicherungen, Müll, Kontakt mit Nachbarn ...).
   b. Fragen Sie die fremde Familie, was Sie alles beachten müssen (z. B.: Kann man
      das Leitungswasser trinken ? ...).

Kommentar im Lehrerheft:[41]

Schon innerhalb einer Kultur bedeutet WOHNEN nicht für jeden dasselbe, da die Be-
dürfnisse verschieden sind. Im Laufe der (persönlichen) Geschichte bekommen die
Räume eines Hauses mit den sich wandelnden Lebensverhältnissen andere Funktionen: der Name sagt oft wenig darüber aus. AB 8.1.1 „Was wird in den Räumen gemacht?" ist also hier die zentrale Frage. Die Küche ist vielleicht der Raum für die
intimen Gespräche zwischen Mutter und den Kindern, während die Treppenstufen der
Raum für intime Gespräche zwischen den Kindern und ihren Freunden sind. Die Toi-
lette ist für viele der einzige Raum, wo sie „mal ihre Ruhe haben", und das Schlaf-
zimmer dient vielleicht auch als ruhiger Arbeitsraum.

[...]

Die Aufgabe AB 8.1.2 kann sehr umfangreich werden. Zunächst muß sehr genau das
Eigene beschrieben werden (schließlich will man ja alles wieder ordentlich vorfinden),
um dann nach den fremden „Wohnregeln" zu fragen. Irgendwann merken die KT, daß
die meisten Fragen von ähnlichen Verhältnissen ausgehen, daß man eigentlich keine
Fragen nach Dingen stellen kann, von denen man überhaupt nichts weiß. Welcher
Deutsche käme auf die Idee zu fragen, ob man im Haus die Schuhe ausziehen muß,
wo man Butangasflaschen herbekommt, wieviel Geld man in den Stromzähler stecken
muß? Jetzt wird die Aufgabe interessant und amüsant: Was kann in einem Haus eigentlich alles wichtig sein? Wer kommt auf die außergewöhnlichsten, aber möglichen
Ideen? Fragen wie: „Muß man zu einer bestimmten Zeit zu Hause sein?" „Muß man
den Bürgersteig fegen?" „Gibt es geregelte Koch- oder Musikzeiten?" „Können die
Nachbarn alles hören?" „In welcher Weise (Kleidung, Handlungen) kann man sich auf
den halböffentlichen Orten (Garten, Terrasse, Balkon) den Nachbarn zeigen, und was
sollte man dort nicht tun?" – sind ja noch relativ „normal".

Mittelstufe

---

[40] SICHTWECHSEL NEU 1, S. 147
[41] Ebd. Unterrichtsbegleiter S. 38/39

222 Sprachreflexion: Begriffsrecherche[42]

Wenn die Recherche in einem deutschsprachigen Land durchgeführt wird, sollten die Projektgruppen (höchstens 5 KT) möglichst gemischt-national sein, weil sich dadurch schon innerhalb der Kleingruppe interessante Kontrastierungen und Erkenntnisse ergeben.

Arbeitsablauf:
Die Gruppe einigt sich auf einen möglichst konkreten Alltagsbegriff. Dies kann irgendein Gegenstand sein, dessen Gebrauch Ihnen aufgefallen ist (z. B. Baumwolltragetasche, Birkenstocksandalen, Brot), ein Gegenstand, der den KT als sonderbar aufgefallen ist (z. B. der Halt-Knopf im Bus, auf den man drückt, wenn man aussteigen will), ein Ort, der ihnen interessant zu sein scheint (Ladenpassage, Buchhandlung, Café, Spielplatz ...).

[...]

Wenn eine Gruppe z. B. das Wort „Fahrrad" recherchiert, kommen die Themen „Umwelt", „Verkehrswesen", „Verkehrsregeln", „Sicherheit", „Gesundheit", „Sport", „Mode / Statussymbole", „(Zubehör-)Industrie" usw. in den Blick.

Vor der Recherche vor Ort („Feldforschung") setzt sich die Gruppe zusammen, stellt Hypothesen über den Begriff auf, eventuell anhand von „Suchfragen" (s. Unterrichtsbegleiter SW 2, Teil 10.1: Wie heißt das Ding? Was ist da drin?), verteilt (Beobachtungs-)Aufgaben und macht einen Termin aus, wann sie sich wieder trifft (zeitliche Organisation!).

Beim nächsten Treffen findet ein erster Erfahrungsaustausch statt, erste Ergebnisse und Interpretationen werden zusammengestellt. Die Gruppe überlegt, ob, und wenn ja, welche(n) Teilaspekt(e) man näher untersuchen will.

Dieser Teilaspekt wird näher erforscht, indem Materialien gesammelt werden (Fotos, Cassettenaufnahmen, Zeichnungen, Notizen, Dokumente, mit Leuten sprechen, Gespräche aufnehmen oder Gedächtnisprotokolle machen). Anschließend werden die Anfangshypothesen mit den Ergebnissen verglichen. Überlegungen: Welche(r) Begriff(e) wäre(n) bei uns äquivalent, d. h. welche Dinge erfüllen bei uns ähnliche Funktionen? Wie sehen sie aus? Und: Welche Funktionen erfüllt dieses Ding bei uns? „Bedeutet" es dasselbe – zum Teil, überhaupt nicht?

Schließlich wird die Präsentation vorbereitet: als Bedeutungscollage, als kontrastierende „Kulturmenge" (s. Sichtwechsel 2, Teil 11: WALD), pantomimisch-szenisch, mit Fotos, (Video)kassettenaufnahmen, als Plakat, Marktstand – je abwechslungsreicher von Gruppe zu Gruppe, desto besser.

Begriffsrecherche im Heimatland der KT:
Wenn keine „Feldforschung" möglich ist, dienen Text- und Bildcollagen, Hörmaterialien, Videos sowie literarische Texte dazu, verschiedene Bedeutungsaspekte des deutschen Begriffs zu erarbeiten.

Mittelstufe

---

[42] Ebd. S. 37/38

223 Sprachreflexion: Begriffe ausprobieren

Alle Arten von Wortfeldübungen und -aufgaben, wie sie bereits in Kapitel 3 gezeigt wurden,[43] vollziehen gleichzeitig eine Überprüfung der Begriffe im Vergleich zu ihren Entsprechungen in anderen Sprachen. Aufgaben wie die folgenden können interkulturell bedingte Bedeutungsdifferenzen noch deutlicher machen:

a[44]

Welche Rolle spielt in Ihrem Land, in Ihrer Gesellschaft

(1) ein alter Mensch

(2) die Frau

(3) ein Lehrer / eine Lehrerin

(4) ein Hund

(5) die Natur

(6) ein Mönch

(7) der König / die Königin

(8) der Streik

b[45]

Bitte spielen Sie die folgenden Dialoge. Übertreiben Sie die möglichen Mißverständnisse.

(1) Deutschland. Eine Deutsche schlägt einem ausländischen Mann (möglichst aus einem asiatischen oder afrikanischen Land) vor, am Wochenende mit ihr eine größere Wanderung (z. B. 30 km durch den Schwarzwald) zu unternehmen. Der Ausländer versteht zunächst nicht, was Wandern ist, und wehrt sich dann gegen die Zumutung, so eine Strapaze auf sich zu nehmen.

(2) Ostasien. Ein junges Paar (ein Deutscher und eine Ostasiatin) ist zu einer Trauerfeier eingeladen. Sie unterhalten sich über die Farbe der Kleidung, die sie dazu anziehen werden.

(3) Spanien / Italien / Südamerika. Eine Spanierin / Italienerin / Südamerikanerin lädt einen Deutschen ein, in eine Bar mitzukommen. Der Deutsche versteht unter „Bar" ein Nachtlokal, die Frau ein kleines Café oder Trinklokal.

---

[43] S. 104–112
[44] KÜCHE
[45] KÜCHE

Pragmatik

Die Pragmatik, vom griechischen prassein – durchführen, vollenden, beschäftigt sich mit der sachbezogenen Anwendung und Durchführung des Gewußten. Auf dem Gebiet der Fremdsprachendidaktik geht es um das kommunikative Sprachverhalten. Der Erfolg kommunikativen Sprachverhaltens ist daran zu messen, wie weit es mir gelingt, durch mein Verhalten Beziehungen herzustellen und lebendig zu erhalten. Unter dem interkulturellen Aspekt richtet sich hier das Hauptinteresse auf die Interferenzen zwischen den Kulturen, d. h. auf die Überschneidungen, möglichen Fehlerquellen und möglichen Korrekturen im kommunikativen Verhalten.

Zwei Beispiele. Wenn ein Japaner „ja" sagt, übersetzt er das aus dem japanischen „hai", dort muß es aber keineswegs „ja" heißen, es kann ebensogut bedeuten: „Ich habe Ihre Frage verstanden". Anderes Beispiel (nach Haddad[46]): Ich will einen Araber indirekt darum bitten, die Tür zu schließen, und sage „Hier zieht's". Für ihn ist gerade der Durchzug etwas besonders Wohltuendes (und bei ihm zu Hause bleiben die Eingangstüren während der langen warmen Jahreszeit immer geöffnet); er antwortet: „Ja, angenehm".

Kommunikation orientiert sich

– an der Situation, in der sie sich vollzieht, sie „ist damit abhängig von situativen Faktoren wie Anzahl der Gesprächspartner, Zeitpunkt, Zeitdauer, Öffentlichkeitsgrad, Geschlossenheit, formeller bzw. informeller Prägung der Gesprächskonstellation usw." (Sitta[47])
– an meiner Deutung der Situation
– an der jeweiligen Spielregel, nach der die in der Situation mitspielenden Personen zu handeln gewohnt sind.

In den letzten beiden Komponenten können Reibungswiderstände stecken, die den Vorgang der Verständigung erschweren oder stoppen. Die Kommunikation selbst ist eine Einheit aus sprachlichen und nichtsprachlichen Signalen, zu den nichtsprachlichen gehören Mimik, Gestik, Augenkontakt, Tonlage, Akzent usw., in der schriftlichen Kommunikation gehören dazu etwa Papiersorte, äußere Form, Duktus oder Typoskript- bzw. Computersatzqualität und vieles mehr. Niemals ist es möglich, Kontaktprobleme, Mißverständnisse, Reibungsverluste im voraus komplett zu verhindern. Zu überlegen ist nur, „wie man die Lernenden für interkulturelle Mißverständnisse und mögliche Krisensituationen sensibilisieren kann" (Lüger[48]). Das bedeutet: Die Lernenden werden, auch wenn sie eine Spielregel in der gegebenen Situation nicht sicher kennen, um-

---

[46] Najm Haddad: Kultur und Sprache. Frankfurt ...: Peter Lang 1987. S. 21
[47] Horst Sitta: Pragmatisches Sprachverstehen und pragmaorientierte Sprachgeschichtsschreibung. In: Sitta (Hrsg.): Ansätze zu einer pragmatischen Sprachgeschichte. Tübingen: Niemeyer 1980. S. 23–34. Dort S. 29
[48] Heinz-Helmut Lüger: Sprachliche Routinen und Rituale. Frankfurt ...: Peter Lang 1992. (Werkstattreihe Deutsch als Fremdsprache 36) S. 43

sichtig für mögliche Mißverständnisse, vorsichtig im Hinblick auf mögliche Fehler, sie handeln „empfindsamer", mit Fingerspitzengefühl, mit offenen Sinnen. Auf einem anderen Blatt steht die Frage, inwieweit überhaupt „Anpassung oder gar Assimilation wünschenswert oder nötig sind"[49].

Wie logisch oder einleuchtend eine Spielregel ist, das zu fragen ist meist müßig. Einer Spielgemeinschaft – also jeder Gesellschaft, die eingespielten Verabredungen folgt – ist es mit ihren Spielregeln ernst, denn sie haben, wie Huizinga gezeigt hat, starke gruppenbildende Kraft.[50] Die Spielgemeinschaft nimmt einen Gast auch dann in ihre Mitte auf, wenn er ihre Spielregeln nicht virtuos beherrscht, er muß sie aber ernst nehmen, sensibel dafür sein, daß sie ihre, von ihm womöglich unbegriffene, Bedeutung haben und bereit sein, den Umgang mit ihnen zu lernen, auch wenn dieses Lernen wahrscheinlich nicht so bald enden wird.

An dieser Stelle sollten wir noch einmal auf die oben S. 401/402 angedeutete Brisanz der Rollenverteilung zu sprechen kommen. Im Fremdsprachenunterricht für Deutsche ist es selbstverständlich, daß ich, die Lehrkraft, mich darum bemühe, bei meinen Schülern eine möglichst subtile interkulturelle Intelligenz zu entwickeln und zu fördern. Im Deutschunterricht für Nichtdeutsche ist meine Rolle als Deutscher heikel, und ich brauche viel Charme und Selbstironie dazu, den angemessenen Stil zu treffen. Ich habe nicht die Aufgabe, „in der Nachfolge der Missionare" [...] „die Menschen in der Dritten Welt aufzuklären"[51]. Es gehört alles andere als Besserwisserei, nämlich ein gutes Stück Demut und Bescheidenheit zu dem Stil, der hier stimmt.

Bevor wir in die Darstellung von Aufgabenbeispielen einsteigen, eine kleine Denkpause. Ein kurzes Nachdenken nämlich über den Begriff „Kultur", der dem Wort „interkulturell" zugrunde liegt. Es geht im folgenden um den Sprachgebrauch innerhalb der Fremdsprachendidaktik, nicht unbedingt den Sprachgebrauch im öffentlichen, auch linguistischen Diskurs, der zuweilen offener, weiträumiger abläuft.[52] Speziell im fremdsprachendidaktischen Zusammenhang wird „Kultur" meist stark verengt verwendet und folgendermaßen definiert: „Allgemein kann Kultur als ein universell verbreitetes, für eine Gesellschaft, Nation, Organisation oder Gruppe aber spezifisches Orientierungssystem betrachtet werden. Dieses Orientierungssystem beeinflußt die Wahrnehmung, das Denken, Werten und Handeln der Menschen innerhalb der jeweiligen Gesellschaft"[53]. Eine Kultur, das ist die Summe von „ethnischen, nationalen oder die Rasse betreffenden Merkmalen"[54]. Dabei ist die Perspektive zu betonen: Begegnungen zwischen Personen

---

[49] SICHTWECHSEL NEU. Allgemeine Einführung S. 15

[50] Johan Huizinga: Homo ludens. Reinbek: Rowohlt 1956. S. 14–18

[51] Thanos Lipowatz in: Josef Gerighausen / Peter Seel (Hrsg.): Interkulturelle Kommunikation und Fremdverstehen. München: Goethe-Institut 1983. S. 122/123 (Diskussionsbeitrag)

[52] Im METZLER LEXIKON SPRACHE (1993) wird „die gemeinsame Kultur" einer Nation durch die Stichworte „Werthaltungen, Institutionen, Kunst, Sachkultur" umschrieben

[53] Alexander Thomas: Psychologisch-pädagogische Aspekte interkulturellen Lernens im Schüleraustausch. In: Thomas (Hrsg.): Interkulturelles Lernen im Schüleraustausch. Saarbrücken: Breitenbach 1988. S. 82/83

[54] Jan Blommaert (wie Anm. 4), S. 26

mit unterschiedlichem kulturellem Hintergrund werden „immer als eine Kollision zwischen ‚Kulturen' gesehen"[55].

Kein Zweifel, daß das Wort „Kultur" hier von seinem wesentlichen Inhalt abgelöst und für einen theoretischen, wenn nicht ideologischen Zweck umgemünzt worden ist. Dabei könnte das eigentliche Volumen des Wortes Kultur in Vergessenheit geraten. Kultur, als ungeteilte, unteilbare menschliche Möglichkeit begriffen, zeichnet sich gerade dadurch aus, daß sie Grenzen durchlässig macht: Philosophie, Wissenschaft, Kunst, Religion, Qualität menschlichen Verhaltens sind nicht denkbar ohne die Dominanz der Einflüsse über Raum- und Zeitgrenzen hinweg. Dies nur als kritische Randbemerkung zum etablierten Terminus „Kultur", wie auch wir ihn in der vorliegenden Darstellung benutzen müssen.

224 Gestik[56]

Kommen Sie!

Ich bitte um Ruhe.
Bitte langsam!

sehr gute Qualität!

Menschen verständigen sich nicht nur durch Worte, sondern über viele Brücken. Zum Beispiel durch Blicke („Augensprache"), durch Handbewegungen (Gesten), durch Bewegungen des ganzen Körpers („Körpersprache"). Es gibt Signale, die nur unbewußter Ausdruck sind (einer geht mit kleinen Schritten – er ist ein vorsichtiger Mensch) und es gibt Signale, die bewußt „gemacht" werden (etwa: das diplomatische Lächeln). Wir zeigen Ihnen hier einige Gesten, die wir täglich gebrauchen. Wir zeigen sie, weil sie nicht in der ganzen Welt dieselbe Bedeutung haben. Wir zeigen Ihnen die Gesten, wie wir sie in Mittel- und Nordeuropa benutzen.

---

[55] Ebd.
[56] GRUNDGRAMMATIK DEUTSCH, S. 178/179. SPRACHBRÜCKE 2, S. 36

1. Der Fingerkuß   2. Die lange Nase   3. Das Vogelzeigen

4. Das Kreiszeichen   5. Der gestreckte Daumen   6. Die Hand vor der Stirn

a) Was bedeuten diese Gesten?
Was vermuten Sie?

Beispiele:
Ich stelle mir vor, daß Geste 1
... bedeutet.

Ich denke mir, daß Geste 1 für
... steht.

Ich habe mir überlegt, daß Geste 1
als ... gilt.

Nein, das glaube ich nicht.
Geste 1 bedeutet wohl eher ...

Nein, auch nicht. Das ist weder
eine Geste für ... noch für ..., das
ist eine Geste für ...

b) Haben diese Gesten in Ihrem
Land eine andere Bedeutung?

Beispiel:
Der Fingerkuß bedeutet bei uns
„Das Mädchen gefällt mir."

Alles in Ordnung!
Klugheit
Prima!
Guten Tag!
Phantastisch!
Sehr gut!   Dummkopf!
Angst
Du bist dumm!   Frage?
Ich bin ein Dummkopf   Schadenfreude   o.k.
Ätsch!   Ohne mich!   Achtung!
Geh weg!
Alles ist gut gelaufen!

Auflösung für Deutschland:

6. Ich bin ein Dummkopf.	
5. Ätsch! Schadenfreude, alles in Ordnung	3. Du bist dumm!
4. prima	2. Ätsch! Schadenfreude
	1. phantastisch

Gesten für Gäste

Machen Sie bitte eine Liste mit Gesten für Deutsche, die
in Ihr Land kommen! Zeichnen oder fotografieren Sie die
wichtigsten Gesten, und geben Sie die Bedeutung an!

225 Du und Sie[57]

Wenn man nichts falsch machen möchte ...

Wie drückt man bei Ihnen Nähe und Distanz / Ferne zwischen Personen aus? Wenn es nur ein Wort für die Anrede gibt: Muß man andere Ausdrucksformen beachten? Vergleichen Sie sie bitte mit den Anredeformen im Deutschen!

Verhaltensregeln in Deutschland	Verhaltensregeln bei Ihnen
Man duzt Kinder und Jugendliche bis zu etwa 15 Jahren, egal ob und wie gut man sie kennt.	
Personen, die älter als 15 Jahre sind, werden gesiezt, wenn man sie nicht kennt oder wenn man kein persönlicheres Verhältnis zu ihnen hat, z. B. Chef, Lehrer, Nachbarn.	
Man duzt Familienmitglieder und Freunde.	
Wenn man Leute näher kennenlernt und mit ihnen vertrauter wird, kann man vom „Sie" zum „Du" übergehen. Meistens bietet der Ältere dem Jüngeren, die Frau dem Mann das „Du" an.	
Sportkameraden und Leute, die man bei Freizeitbeschäftigungen trifft, duzt man meistens / oft.	
Besondere Hinweise: Die Anrede mit „Sie" ist niemals unhöflich. Findet der Angesprochene das „Sie" nicht passend, wird er das „Du" anbieten.	*Besondere Hinweise:*

---

[57] SPRACHBRÜCKE 2, S. 110. SPRACHKURS DEUTSCH NEU 5, S. 91

Wer hat das gesagt oder geschrieben?

Und kommen Sie morgen pünktlich, Frau Kirsch.	ein Vater
Was, du hast vergessen, die Autonummer auszu-tauschen?	der von mir angefahrene Rad-fahrer
Legen Sie Ihr Geld jetzt nicht auf die Bank!	ein Hausbesitzer
Dein Schnupftabak ist einfach der beste.	unsere Tochter Grazia
Und fahr vorsichtig, Gotthelf!	eine Zeitungsinformation
Ich darf Sie um sofortige Überweisung bitten.	meine Frau
Du totaler Vollidiot!	Mafia-Boss K. H. J.
Ihr kommt schon heim? so früh?	Stammtischfreund Klaus
Was, du bist schon wieder pleite?	die Ehefrau des Geliebten
Raus mit Ihnen, aber ein bißchen plötzlich!	ein Chef

In welchen Sätzen ist der Gebrauch der 2. Person wahrscheinlich falsch?

a Still, Cäsar, legen Sie sich hier auf den Boden!
b Wie war Ihr Urlaub, Herr Professor?
c 15 Mark ist mein letztes Wort. Mehr kann ich dir nicht geben.
d Liebe Großeltern, wir gratulieren Ihnen herzlich zur Goldenen Hochzeit!
e Bitte den Arm freimachen, ich muß Ihren Blutdruck messen.
f Grüß dich, Evi, komm doch rein!
g Jetzt blüht ihr endlich, ihr müden Tulpen!
h Das Kino hat 6 Mark gekostet. Mama, können Sie mir noch 1 Mark geben?
i Wenn du eine Nachricht hinterlassen willst, sprich bitte jetzt nach dem Pfeifton!
k Das ist ein herrliches weiches Bett, liegen Sie auch so gut?
l Bleibt doch stehen, ihr doofen Pferde!
m Kommen Sie zum Frühstück, haben Sie Ihre Zähne schon geputzt?

226 Gesellschaftliche Spielregeln

Im folgenden geht es einerseits um Verhaltensregeln im umfassenderen Sinn (Regeln der „Etikette", „Rituale"),[58] die auch außersprachliche Kommunikationselemente einbeziehen; andererseits um Diskursroutinen (Redemittel).

Wir stellen die hier folgenden Übungsbeispiele zur Diskussion, obwohl bereits oben in Kapitel 7 überlegt wurde, daß die Lernkapazität der Schülerinnen und Schüler nicht unbegrenzt ist, vor allem wo es sich um listenähnliche Darstellungen handelt. Wir bitten also zur vorliegenden Nummer den Kommentar oben S. 280/281 kritisch zu vergleichen.

Wir wählen eins der meistbehandelten Themen: Besuch und Einladung.

---

[58] Zusammenfassend Heinz-Helmut Lüger: Sprachliche Routinen und Rituale (wie Anm. 48)

a[59]

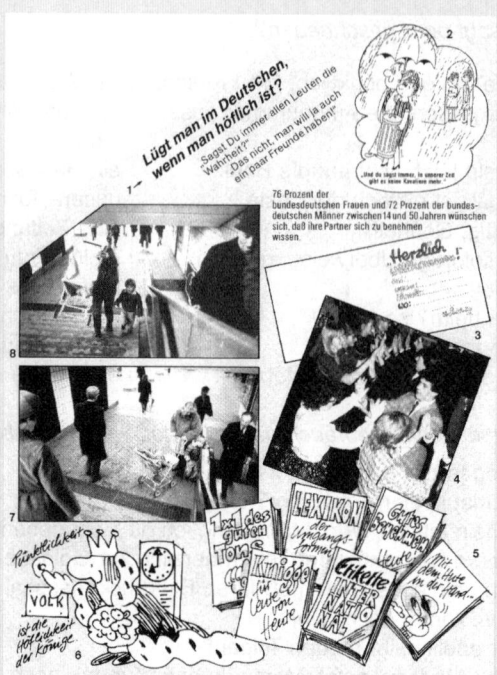

2. Was sagen oder fragen Sie? (Routineformeln)

a) Sie sind hier bei einer Familie zum Abendessen eingeladen. Man stellt Ihnen ein älteres weibliches Familienmitglied vor.
Was sagen Sie?
❑ Sehr angenehm!
❑ Sehr erfreut!
❑ Es freut mich sehr!
❑ Guten Abend, Frau!
❑ Guten Abend, Frau X, wie geht es Ihnen?
❑ Guten Abend, Frau X.

b) Was sagen Sie, wenn die Gastgeber Ihnen während des Essens etwas anbieten, Sie aber nichts mehr essen möchten?
❑ Vielen Dank.
❑ Vielen Dank, ich bin voll.
❑ Vielen Dank, ich bin satt.
❑ Nein danke, das war alles sehr gut.
❑ Nein danke, wirklich nicht.

c) Was sagen Sie, wenn Sie nach Hause gehen möchten?
❑ Ich möchte mich jetzt verabschieden.
❑ Ich glaube, es wird langsam Zeit für mich.
❑ Oh, schon so spät! Jetzt muß ich aber langsam gehen.
❑ So, ich gehe jetzt. Auf Wiedersehen.
❑ Ja, so langsam muß ich gehen.

---

[59] STUFEN 3, S. 112 und 115

b[60] **Bitte schreiben Sie die folgenden Äußerungen unter die linke oder unter die rechte Skizze:**

formell | salopp

a) **Einladen:** Können Sie übernächsten Samstag zu uns zum Abendessen kommen ? / Ich mache morgen abend Pizza. Willst du probieren kommen? / Wir wollen nächsten Samstag chinesisch kochen. Hast du Zeit und Lust? / Hätten Sie Zeit, am Samstag, dem 15., so gegen sieben Uhr zu uns zum Essen zu kommen? / Ich möchte Sie übernächsten Samstag zum Abendessen einladen. Hätten Sie Zeit? / Ich mach' am Samstag 'ne kleine Party. Hast du da schon was vor?

b) **Zögern:** Das kann ich noch nicht genau sagen. / Mal sehen, ich weiß noch nicht. / Ich fürchte, das geht nicht. / Hm, eigentlich habe ich keine Zeit.

c) **Überreden:** Och, komm doch (auch). / Sie müssen unbedingt kommen. / Das wäre aber sehr schade! / Versuchen Sie's doch bitte! / Das wird bestimmt ganz toll! / Mensch, sieh doch mal zu, daß es irgendwie klappt!

---

[60] Ebd. S. 151

c[61]

Diskussion *Wer spricht wie?*

Einladung zum Essen
- Hast du Lust, heute abend mit mir zu essen?
- Ach, kommen Sie doch heute abend bei uns zum Essen vorbei!
- Darf ich Sie am Freitag zum Essen einladen?
- Habt Ihr am nächsten Freitag schon etwas vor? Ich habe einige Leute zum Essen eingeladen.
- Du bleibst doch zum Abendessen hier?!
- Kommt doch einfach heute abend zu uns, wir machen Pizza.
- Willst du nicht heute abend zu uns kommen, zum Essen?
- Ich würde dich gerne für heute abend zum Essen einladen. Hast du Zeit?

Ablehnung einer Einladung
- Der Freitag paßt mir überhaupt nicht. Da habe ich bereits einen Termin im Kalender.
- Dieses Wochenende nicht. Ich muß mal wieder einen Sonntag mit meiner Familie verbringen.
- Leider kann ich Ihre Einladung nicht annehmen. Am Sonntag habe ich schon eine Verabredung.
- Wenn ich das früher gewußt hätte! Jetzt haben wir bereits für das Wochenende eingekauft.
- Ach laß mal. Ich will euch nicht den Abend vermiesen. Ich fühl mich gerade ziemlich kaputt.
- Du, ich bin im Moment unheimlich im Streß. Wollen wir das nicht später mal machen?
- Ich bin augenblicklich leider total überlastet. Ich schließe gerade eine größere Arbeit ab. Würde es Ihnen etwas ausmachen, wenn wir den Besuch etwas verschöben?
- Diese Woche sind wir leider schon total ausgebucht. Wie wäre es denn nächste Woche?
- Nee du, heute abend! Mein Mann hat leider Karten bestellt für die Premiere. Das tut mir wirklich schrecklich leid.
- Können wir das nicht verschieben, mir paßt's heute abend nicht so sehr. Ich muß diese Woche noch ein Referat fertigschreiben.

Die in dieser Nummer 226 gezeigten Beispiele sollten auf keinen Fall als Übungen zum stumpfsinnigen Einpauken und Auswendiglernen von Routineformeln benutzt werden. Sie eignen sich aber für ein oder zwei rasche Durchgänge der intelligenten Selbstkontrolle: Habe ich, der oder die Lernende, schon so viel „Sprachgefühl", daß ich diese Formulierungen richtig einordne?

Literatur zum Thema dieses Kapitels Seite 508/509
Gesichtete Lehrwerke Seite 492–494

---

[61] SICHTWECHSEL [ALT]. Lehrbuch S. 125/126

Kapitel 12

Aufgaben und Übungen zur Bewußtwerdung und Erleichterung des eigenen Lernens

Jede Lehrerin und jeder Lehrer weiß, daß unrationelle Lernmethoden weithin gebräuchlich, oft tief eingewurzelt und beliebt sind. Die Initiative, hier gegenzusteuern, nämlich indem ich im Sprachunterricht das Lernen thematisiere und bei meinen Schülerinnen und Schülern eine lernstrategische Kompetenz aufzubauen versuche, gewinnt als systematische Bemühung[1] (erst) seit rund einem Jahrzehnt – nun aber in außergewöhnlichem Umfang – an Bedeutung. Das überrascht nicht, denn

1. erwartet die Zukunft von dem, der in ihr bestehen will, Flexibilität in jeder Beziehung, Innovationskraft und lebenslanges Lernen,

2. befinden sich die Rollen von Schüler(in) und Lehrer(in) in einem Wandel. Den Lernenden wird mehr zugemutet, mehr Freiheit, mehr Eigenverantwortlichkeit. „Dem Lehrer seinerseits kommt zum einen die Aufgabe zu, eine Lernumgebung zu schaffen, in der die Schüler die ihnen angemessenen Strategien erkennen und erproben können. Zum anderen hat er alternative Strategien anzubieten und die Lerner zur Reflexion über den eigenen Lernprozeß anzuregen. Er wächst damit in die Rolle eines Lernhelfers bzw. -beraters hinein" (Tönshoff[2]).

Die Tatsache, daß das Lehren von Lernstrategien bis heute relativ wenig erprobt ist, sollten wir als Vorteil sehen. Die einschlägige Literatur[3] ist überschaubar, der erfahrene und kritische Fachkollege sichtet ohne allzu viel Aufwand die Forschungsergebnisse und Unterrichtsempfehlungen, sondert die aus, die weniger praktisch erscheinen, sieht aber auch bald, daß es hier noch ganz offene Felder gibt, die auf seine Experimentierfreude und -kunst warten. Viel Raum für Neues, für weiträumige Ideen und Erfindungen, eine Herausforderung für kreative Köpfe!

An dieser Stelle der Hinweis auf zwei Gefahren, denen diese noch junge Fachrichtung leicht unterliegen könnte. Erstens. Das Ziel der Bemühung um Einsicht in den Lernprozeß ist nicht, die Schülerinnen und Schüler mit einem engen Netz von Lernratschlägen zu umstellen. Die Folge wäre, daß die Ler-

---

[1] Zum umfasenderen Thema Autonomes Lernen finden Sie oben S. 198/199 einen einführenden Abschnitt

[2] Wolfgang Tönshoff in: HANDBUCH FREMDSPRACHENUNTERRICHT (3. Aufl. 1995), S. 243

[3] Siehe S. 509/510. Mit einer möglichen Bezeichnung für das neue Fach (Manthetik, Unterweisung in der Kunst des Lernens, vom griechischen manthanein, lernen) spielt Seymour Papert: Revolution des Lernens. Hannover: Heise 1994

nenden sich in tantenhafter Fürsorge erstickt fühlten. Das Gegenteil vom ursprünglichen Ziel der Lernerautonomie wäre erreicht.

Zweitens. Das Ziel kann auch nicht sein, die Lernenden kurzerhand aus ihren Lerngewohnheiten zu reißen (hinter denen eine jahrhundertealte pädagogische Kultur stehen könnte). „Richtig verstandenes Lernertraining sieht den erwachsenen Lerner daher nicht als tabula rasa, sondern die Beschäftigung mit dem Lernen möchte seine Erfahrungen je nach Bedarf thematisieren und ihm durch Kennenlernen weiterer Möglichkeiten die Chance zur Optimierung seiner Fertigkeiten eröffnen" (Dräxler[4]).

Fazit aus beiden Anmerkungen: Es kommt wie so oft auf die maßvolle, sensible und vor allem spielerische Art an, mit dem Thema umzugehen; schon das Wort Training kann unangenehme Assoziationen wecken. Nicht förderlich ist der tierische Ernst, für den deutsche Pädagogen, zurecht oder nicht, bekannt sind. Ein Lehrprogramm kann Angebote machen, es kann Informationen, Übungen, Aufgaben zur Auswahl vorlegen. Die Intensität der Behandlung wird der Lehrer / die Lehrerin so offenlassend und vorsichtig variieren, wie es der Lerngruppe angemessen ist.

Schwerpunkte. Junge Denkmodelle lassen sich, nicht nur auf pädagogischem Gebiet, daran erkennen, daß die Theorie der Praxis voraus ist. Auf unser Thema bezogen: Zur systematischen Hinführung an ein bewußteres, effektiveres Lernen gibt es zahlreiche fundierte Studien, Untersuchungen, Kommentare, Grundsatzerklärungen, auch konkrete Ratgeber. Die didaktisch tatsächlich eingreifenden Übungen und Aufgaben sind erst im Entstehen. Die folgende Darstellung zeigt solche Aufgaben und Übungen, die praktisch notwendig und sicher erscheinen. Hier die Auswahl der Schwerpunkte:

Erster Schwerpunkt: Wissen um mich selbst
    Unterthemen: Motivation
                 Persönlicher Lernstil
                 Meine Deutschkenntnisse
                 Lernroutinen

Zweiter Schwerpunkt: Gedächtnis
  Ein Unterthema: Vergessen

Dritter Schwerpunkt: Kritische Annäherung an das Lehrwerk

Vierter Schwerpunkt: Aufgaben begreifen

Weitere Schwerpunkte: Lernstrategien Wortschatz
                    Lernstrategien Lesen
                    Lernstrategien Schreiben

Die hier gegebene Reihenfolge der Schwerpunkte bedeutet keine Rangfolge. Sie will auch kein Vorgriff auf eine etwa notwendige Abfolge der Behandlung im Unterricht sein.

---

[4] Hans-Dieter Dräxler: Rahmenrichtlinien für den Mittelstufenunterricht am Goethe-Institut. München: Goethe-Institut 1996, S. 127. (Wir geben die Seitenzahlen nach der vorletzten Fassung an.) Dräxler bezieht sich hier auf den erwachsenen Lerner; sein Hinweis gilt aber für jugendliche Lerner ebenso, sobald Deutsch als zweite Fremdsprache fungiert

Wissen um mich selbst

So wie der erfahrene Lehrer jeden Schritt „mit den Schülern geht" und die Möglichkeiten und Grenzen ihres Verstehens und Handelns genau kennt, so muß ich als autonomer Lerner lernen, mich selbst zu begleiten, mir über die Schulter zu sehen und richtig einzuschätzen, was ich kann und was ich nicht kann. Ein wichtiger Bereich sind die persönlichen Faktoren, die mein Lernen beeinflussen.

227 Aufgaben zur Klärung meiner eigenen Motivation

Zwei Ansätze sind zu unterscheiden. 1. Klärung durch Sichtung der möglichen Motive, die mich zum Lernen der fremden Sprache bewegt haben und noch bewegen – dazu können zum Beispiel gehören: äußere Notwendigkeiten, Chancen, Perspektiven (etwa fachlicher oder sozialer Art), Lust zur Erweiterung und Öffnung, Neugier, eine Reiselust im übertragenen Sinn, Interesse für Menschen, die ich schon kenne oder kennenlernen möchte, Hoffnungen aller Art, etwa die, über eine Krise (die sich auf irgendeiner Ebene abspielt) wegzukommen usw. usw. Ein solches Bewußtwerden hat natürlich nur dann einen Sinn, wenn, durch die Aufgabenstellung gesteuert, das Ergebnis eine erhebliche Verstärkung der Motivation ist.

2. Klärung nicht durch Analyse, sondern durch direkte Verstärkung und Verjüngung der Motivation selbst. Ein phantasievoller, schülernaher Unterricht wird dies ohnehin fortgesetzt leisten. Nützlich kann aber durchaus auch die gezielte Bemühung um eine sinnbezogene Erhöhung der geistigen Spannkraft sein. Wie überall, so kommt es auch hier darauf an, daß die Herausforderung eine dringend-lebendige Gestalt besitzt und mit einer konkreten Tätigkeit verbunden ist. Die Herausforderung hat im folgenden Text die Gestalt des Wagenlenkers, die Tätigkeit ist das Erfinden und Aufzeichnen eines vergleichbaren Sinnbildes:[5]

---

[5] SPRACHKURS DEUTSCH NEU 6. Lehrerheft S. 93/94

Text 4

Ein Gleichnis, das aus Tibet stammt, sagt, daß ein Mensch, der sich seiner nicht bewußt ist, einem Wagen gleiche, dessen Fahrgäste die Begierden, dessen Pferde die Muskeln sind, und der Wagen selbst ist das Skelett. Die Bewußtheit ist der schlafende Kutscher. Solange er schläft, wird der Wagen ziellos bald hierhin, bald dorthin gezerrt. Jeder Fahrgast will an ein anderes Ziel, jedes der Pferde zieht in eine andere Richtung. Ist der Kutscher wach und hält die Zügel, so wird er Pferde und Wagen so lenken, daß jeder Fahrgast sein Ziel erreicht.

In den Augenblicken, da es der Bewußtheit gelingt, mit Gefühl, Sinnesempfindung, Bewegung und Denken gemeinsame Sache zu machen, wird der Wagen seine Straße halten und auf ihr leicht und schnell vorankommen. Das sind die Augenblicke, in denen Entdeckungen gemacht werden, in denen einer erfindet, schöpft, Neues schafft, erkennt. In ihnen begreift er: seine kleine Welt und die große um ihn sind eins, und in dieser Einheit ist er nicht mehr allein.

Moshé Feldenkrais: Bewußtheit durch Bewegung. Frankfurt: Suhrkamp 1978. S. 82

Rednerwettstreit

Bitte überlegen Sie, wie Sie das eindrucksvolle tibetische Gleichnis in ein anderes, mindestens ebenso eindrucksvolles Bild setzen könnten. Machen Sie sich nur wenige Stichworte. Sprechen Sie dann, mit Hilfe Ihrer Stichworte, frei. Vorbereitung: zu Hause? in der Klasse? Entscheiden Sie selbst.

Mittelstufe

228 Aufgaben zum Bewußtwerden des eigenen Lernstils

Alle Aufgaben zur Bewußtwerdung und Erleichterung des eigenen Lernens wollen, wie der Titel sagt, einen Beitrag leisten zur Klärung und Sicherung von bewußten, halbbewußten und unbewußten Lernressourcen und zum Erkennen der Vielfalt von möglichen Lernstrategien. Während eine Aufgabe zum Thema Motivation direkt verändernd und verstärkend ausstrahlen sollte, will eine Aufgabe zum eigenen Lernverhalten, Lernstil, Lerntyp die persönlichen Stärken bewußt machen. Das Ziel ist natürlich, daß der Lernende planvoller, effektiver seine Entscheidungen trifft, seine (jeweiligen) Lernwege (jeweils neu) wählt. Die folgende Aufgabe (Anfängerstufe) eröffnet einen erstaunlich differenzierten Blick auf die Lernlandschaft:[6]

---

[6] DIE SUCHE 1. Textbuch S. 115/116

Das menschliche Gehirn hat zwei Hälften, eine linke und eine rechte.
Jede Gehirnhälfte hat besondere Funktionen.
Bei vielen Menschen ist eine von beiden Seiten dominant:
Die einen denken eher „analytisch", die anderen denken eher „global".
Die einen wollen alles genau verstehen;
die anderen sind zufrieden, wenn sie die wichtigen Punkte verstehen.
Die einen interessieren sich mehr dafür, wie etwas funktioniert;
die anderen erfinden gern.

a) *Wie ist es für Sie? Kreuzen Sie an.*

Wollen Sie wissen, zu welchem Lerner-Typ Sie gehören?

Ich verstehe viel besser, wenn ich einen Text lese.	Einen neuen Text höre ich lieber zuerst.
Ich habe oft Probleme mit der deutschen Aussprache.	Ich finde meine Aussprache schon ganz gut.
Ich bin nicht zufrieden, wenn ich noch Fehler mache.	Mir ist es egal, wenn ich Fehler mache.
Ich interessiere mich für die grammatischen Aspekte.	Ich denke nicht oft an die Grammatik.
Ich möchte die wörtliche Übersetzung von einem Wort kennen.	Mich interessiert die bildliche Bedeutung von Wörtern und Ausdrücken.
Ich will einen Text immer ganz verstehen und alle neuen Wörter und Ausdrücke lernen.	Wenn ich bei einem Text die wichtigen Punkte verstanden habe, möchte ich lieber mit einem neuen Text arbeiten.
Ich sage lieber gar nichts, wenn ich nicht sicher bin, daß es richtig ist.	Wenn ich etwas sagen will, versuche ich es, so gut ich kann.
Ich lerne etwas gut, was ich genau verstanden habe.	Ich lerne etwas gut, was mir Spaß macht.

b) *Lernstrategien: Vorteile (+), Nachteile (–).*
   Vergleichen Sie.

	1. Der „analytische" Lerner	2. Der „globale" Lerner
+	Er lernt alles im Detail	......
–	......	......

229 Bestandsaufnahme: Meine Deutschkenntnisse[7]

20. Denken Sie über Ihre Deutschkenntnisse nach.

a) Welche Situationen beherrschen Sie auf deutsch? Notieren Sie, wie gut Sie sie beherrschen:

gut [2]   nicht so gut [1]   gar nicht [0]   ich weiß nicht [?]   das muß/möchte ich noch lernen [x]

- ❑ meinen Namen und meine Adresse buchstabieren
- ❑ meine Personalien angeben
- ❑ unbekannte Wörter sofort richtig aussprechen
- ❑ mir in einem Restaurant etwas zu essen bestellen
- ❑ nach dem Weg fragen
- ❑ eine Wegbeschreibung geben
- ❑ eine Fahrkarte kaufen
- ❑ ein Hotelzimmer reservieren
- ❑ eine Wohnung oder ein Zimmer mieten
- ❑ einem Arzt erklären, was mir fehlt
- ❑ einer Werkstatt erklären, was an meinem Auto kaputt ist
- ❑ von meiner Familie erzählen
- ❑ über meine Hobbys berichten
- ❑ ein Erlebnis aus meiner Schulzeit erzählen
- ❑ über meinen Arbeitsplatz berichten
- ❑ meine Wohnung beschreiben
- ❑ meinen Tagesablauf beschreiben

- ❑ über die Geschichte, Politik und Geographie meines Landes berichten
- ❑ über das Wetter reden
- ❑ meinen Gastgebern Komplimente für das Essen machen
- ❑ flirten
- ❑ mich am Telefon mit jemandem verabreden
- ❑ eine Einladung höflich ablehnen
- ❑ jemandem zum Geburtstag gratulieren
- ❑ die Bedienung eines Geräts erklären
- ❑ meine Meinung über Umweltprobleme sagen
- ❑ meine Meinung über einen politischen Konflikt sagen
- ❑ den Inhalt meines Lieblingsbuches erzählen
- ❑ ein deutsches Märchen erzählen
- ❑ über Sport diskutieren
- ❑ über meine berufliche Zukunft reden
- ❑ einen kurzen Text mündlich zusammenfassen
- ❑ ein deutsches Formular ausfüllen

- ❑ eine Einladung zu meinem Geburtstag schreiben
- ❑ mich schriftlich für eine Einladung bedanken
- ❑ eine Urlaubskarte schreiben
- ❑ eine Bewerbung für einen Arbeits- oder Ausbildungsplatz schreiben
- ❑ einen einfachen Zeitungsartikel verstehen
- ❑ die Radio-Nachrichten verstehen
- ❑ Micky Maus auf deutsch lesen
- ❑ ein deutsches Gedicht lesen
- ❑ einen deutschen Roman lesen
- ❑ einen deutschen Spielfilm verstehen
- ❑ die Formen der starken Verben konjugieren
- ❑ die Wörter im Satz an den richtigen Ort stellen
- ❑ die Präpositionen mit dem Dativ aufzählen
- ❑ alle Wörter, die bisher in „Themen" vorgekommen sind, in meine Muttersprache übersetzen

b) Wenn Sie es nicht genau wissen: Probieren Sie einige dieser Situationen – eventuell im Rollenspiel – aus.

c) Ergänzen Sie die Liste zusammen mit Ihrem Nachbarn.

d) Überlegen Sie und besprechen Sie im Kurs:
  - Was brauchen Sie wahrscheinlich für eine Prüfung?
  - Was sollten Sie eventuell wiederholen?
  - Wie können Sie diese Dinge am besten üben?

sich gegenseitig Briefe schreiben und verbessern

so oft wie möglich mit Deutschen sprechen

eine Lernkartei | anlegen
ein Fehlerprotokoll |
ein „Lerntagebuch" |

Lektion…
wiederholen

die Wortliste durcharbeiten

Wörter zu einem bestimmten Thema sammeln

mit einer Freundin | zusammen lernen
einem Freund |

…

---

[7] THEMEN NEU 3. Kursbuch S. 53

230 Reflexion über Lernroutinen

Hier geht es um Aktivitäten moderneren und modernen, aber auch traditionellen Stils, um spielerische Aufgaben, aber auch um gradlinige Fleißübungen vielfältiger Art. Jeder Schüler, jede Schülerin beherrscht und pflegt längst die eine oder andere dieser Lernroutinen, wie zum Beispiel

Abschreiben und Auswendiglernen[8]
Texte sammeln[9]
Notizen, Schaubilder anfertigen[10]
Berichte schreiben[11]
Tagebuch schreiben[12]
usw.

Aufgabe an das Plenum:[13] Machen Sie eine Bestandsaufnahme von den Lernroutinen (wie Auswendiglernen usw.), die die Kursteilnehmerinnen und Kursteilnehmer benutzen, und unterhalten Sie sich über Vorteile und Nachteile dieser Routinen.

Die sorgfältige Pflege und Vertiefung solcher Lernroutinen sollte im Unterricht mit Nachdruck empfohlen werden. Wirkung hat diese Empfehlung, wenn sie mit einer Aufgabe oder Übung verbunden ist, wie sie sich aus der betreffenden Lernroutine ergibt.

---

[8] Wolfgang Rug et al.: 50 praktische Tips zum Deutsch-Lernen. München: Klett Edition Deutsch 1991. S. 37
[9] Ebd. S. 40 und 41
[10] Ute Rampillon in: Michael Müller-Verweyen (Hrsg.): Werkstattgespräch: Autonomes Lernen / Selbstlernsystem. München: Goethe-Institut 1995. In Rampillons Beitrag Punkte 4.1 und 3.7
[11] Ebd. Punkt 5.3
[12] Wolfgang Rug (wie Anm. 8), S. 48 und 49
[13] KÜCHE

Gedächtnis

Abgesehen davon, daß Sie – liebe Kolleginnen und Kollegen – in Ihrem Unterricht zweifellos irgendwann über Grundtatsachen unseres Gedächtnisses diskutieren werden:[14] mindestens ebenso wichtig wie eine solche Unterrichtung ist eine Übungs- und Aufgabensequenz, die mit der gewonnenen Erkenntnis unmittelbar in die Praxis steigt. Bei der folgenden, in sich schlüssigen Sequenz (wir zeigen nur zwei Ausschnitte) handelt es sich um die Erkenntnis, daß wir uns vernetzte, zu einer Gestalt verbundene Eindrücke um ein Vielfaches besser merken als isolierte,[15] und um ihre Anwendung in Form einer Wortfeldaufgabe.

231 Wortnetz, Wortbaum, Wortigel[16]

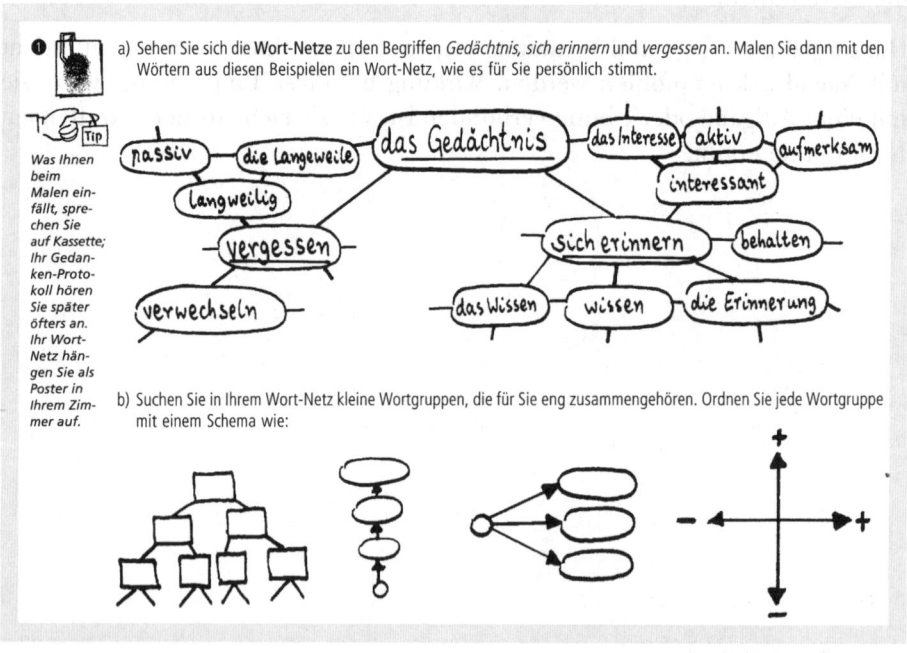

❶ a) Sehen Sie sich die **Wort-Netze** zu den Begriffen *Gedächtnis, sich erinnern* und *vergessen* an. Malen Sie dann mit den Wörtern aus diesen Beispielen ein Wort-Netz, wie es für Sie persönlich stimmt.

Tip
Was Ihnen beim Malen einfällt, sprechen Sie auf Kassette; Ihr Gedanken-Protokoll hören Sie später öfters an. Ihr Wort-Netz hängen Sie als Poster in Ihrem Zimmer auf.

b) Suchen Sie in Ihrem Wort-Netz kleine Wortgruppen, die für Sie eng zusammengehören. Ordnen Sie jede Wortgruppe mit einem Schema wie:

---

[14] Zum Beispiel aufgrund der im vorliegenden Handbuch S. 207–209 gegebenen zusammenfassenden Information, oder auch anhand der entsprechenden Sequenz in GEGENSÄTZE, Textbuch, S. 1–2 und 1–3

[15] Dazu im hier vorliegenden Handbuch S. 79/80 und 104

[16] MEMO S. 103/104. Für den Fall, daß Sie die Aufgaben zum „Wort-Baum" variieren (und den Begriff Wortbaum beibehalten) wollen, empfehlen wir, das Schema umzudrehen. Der Grundbegriff muß unten stehen, die Verzweigungen, so wie beim Baum, oben

❸

→ *Einheit 14, S. 130–141*

Studieren Sie diesen Wörter-Baum: Oben sind Wörter mit ganz allgemeiner Bedeutung. Nach unten werden die Wortbedeutungen immer spezieller und genauer. Schreiben Sie Wörter aus der Wort-Kiste in die passenden Kästchen und verbinden Sie Wörter, die besonders eng zusammengehören, mit Linien wie im Beispiel.

Kommunikation

Hören **Sprechen**	**mündliche** **Kommunikation**	**schriftliche** **Kommunikation**	**Schreiben** **Lesen**

das Gespräch das Telefon das Buch die Platte die Diskussion das Radio der Druck
das Fernsehen die Postkarte das Video das Fax der Brief das Gedicht die Kassette
der Vortrag das Theater der Roman der Film das Papier die CD die Schrift die Broschüre

❹

Wählen Sie drei Nomen aus dem Wörter-Baum, die Sie interessieren.
Malen Sie zu jedem Begriff einen Wort-Igel mit passenden Verben aus dieser Wort-Kiste. Beispiel:

aufnehmen aufschreiben aussprechen
diskutieren hören kopieren korrigieren
markieren mißverstehen nennen
notieren sagen schreiben sprechen
verstehen zeichnen zuhören

hören   sprechen

(*ein Gedicht...*) —*schreiben*

diskutieren   verstehen

232 Analyse des Vergessens[17]

(1) Vergessen geschieht vor allem dadurch, daß ein Eindruck von *ähnlichen* anderen Eindrücken (die mich dicht davor füllten oder mich unmittelbar danach treffen) weggeschoben, erdrückt wird. Ich vergesse also, wenn ich dem Eindruck, den ich mir merken will, nicht genügend Raum lasse. Welche der folgenden, das Lernen umringenden Tätigkeiten oder Eindrücke dürfen sich unmittelbar vor und nach dem intensiven Lernen abspielen, welche nicht?

Essen

Sport   Kino

Musik   Spaziergang

Lernen

körperliche Arbeit

Diskussion

Lesen

Schlaf

(2) Formulieren Sie nun (an Ihre Mitstudenten gerichtet) einige Ratschläge zum Thema Vergessen.

---

[17] KÜCHE

Kritische Annäherung an das Lehrwerk

Das Lehrwerk ist eine strukturierende Intervention in den Fremdsprachenlernprozeß. Es ist weder das Libretto des Unterrichts noch die materielle Grundlage des Lernprozesses. Die Frage nach den Voraussetzungen der Lernenden in bezug auf eine Lehrwerkeinheit stößt genau auf diese Problematik. Daraus begründen sich auch die Impulse, die das Vorwissen (sprachlich) und die thematischen Vorerfahrungen (inhaltlich) aktivieren.

233 Mögliche Aufgaben beim Einstieg in ein Lehrwerkkapitel[18]

(1) Welche unserer spontanen Einfälle finden sich wo in der Einheit x? Was ist aber neu und anders?

(2) Die folgende Aufgabe kann, in ähnlicher Weise, den Blick auf die ganze Einheit lenken:

Bitte, überfliegen Sie die Teile von Einheit x und markieren Sie diese mit

p – positiv: da sehe ich sofort den Sinn und möchte mich sogleich damit befassen

n – negativ: das wirkt auf mich abstoßend, uninteressant und überflüssig

ü – überraschend: das hätte ich hier nicht erwartet, das macht mich neugierig

(3) Variation zu (2):

a – hat für mich Priorität, erscheint mir attraktiv und wichtig

b – ist möglicherweise wichtig und interessant, erscheint mir aber auf den ersten Blick schwierig

c – gefällt mir überhaupt nicht oder erscheint mir überflüssig

Es können sich dann die Kursteilnehmer/innen mit p oder a zusammenfinden und versuchen, das jeweilige Unterkapitel, die betreffende Übung den anderen interessant und schmackhaft zu machen.

234 Mögliche Aufgabe zur Bilanz über die Arbeit mit einem Lehrwerkkapitel[19]

Was können Sie nach der Arbeit mit Einheit x besser, treffender, genauer ausdrücken? Was werden Sie in Ihrer Erinnerung aufbewahren? Worauf sollten wir im Kurs nach einer gewissen Zeit noch einmal zurückkommen?

Kursteilnehmer/innen gewinnen aus dieser Distanz ein kritisches, aktives und mitdenkendes Verhältnis zum Lehrwerk.

H.-E. P.

---

[18] DRUGSTORE
[19] DRUGSTORE

Aufgaben begreifen

Überaus hilfreich und motivierend für jede selbständige Arbeit mit Sprachlern-materialien aller Art ist das Vertrautsein mit vielen möglichen Aufgabenformen, die Kompetenz im raschen Erfassen dessen, was die Aufgabe von mir will, und im Herstellen von Übersicht und Planung der Bearbeitung.[20]

Wie weiter oben angemerkt, besteht die Gefahr der Überpädagogik. Der fol-gende Fragenkatalog müßte erdrückend wirken, käme er im vollen Umfang auf die Lernenden zu. Sinnvoll ist nur die selektive Verwendung.

Die erste – bewußte oder unbewußte – Reaktion auf die Begegnung mit einer Aufgabe wird das Tasten nach vertrauten Anhaltspunkten sein. Die Frage könn-te lauten: Kenne ich diese Art der Aufgabenstellung, ist sie mir schon begegnet? Damit ist der erste Schritt der Einordnung des Aufgabentyps schon getan. Wei-tere Fragen nach der Klassifikation der Aufgabe: Handelt es sich um eine eng-geführte oder eher um eine offene Aufgabe? Sind mehrere Lösungen möglich? Fordert sie eine persönliche Stellungnahme? Baut sie auf einen spezifischen Lernstoff auf – auf welchen?

Hier ist der Ort für die Querfrage nach dem Zweck der Aufgabe. Warum soll ich die Aufgabe bearbeiten? Wird mich die Beschäftigung mit dieser Aufgabe fördern? Was wird sie fördern: meine linguistische Kompetenz? meine kom-munikative Kompetenz? meine Lernmotivation?

Nun die praktischen Fragen nach Lösungswegen, wie zum Beispiel: Wie läßt sich die Aufgabe lösen? Wie ungefähr wird das Ziel aussehen? Gibt es mehrere Lösungsschritte? Welche? Wie steige ich ein? Wieviel Zeit wird die Lösung der Aufgabe kosten?

Um eine Kompetenz im Umgang mit Aufgaben (task knowledge) aufzubauen, ist es nützlich, neben der Aufgabe selbst immer einmal wieder – sehr dosiert, um überpädagogische Betulichkeit zu vermeiden – einige der folgenden Fragen zu stellen, die das Aufgabenlösen auf lange Sicht leichter machen.

---

[20] Das Gebiet ist wenig bearbeitet. Wir folgen hier in vielen Punkten Anita L. Wenden in: Michael Müller-Verweyen (Hrsg.), wie Anm. 10. Literaturhinweise dort S. 21/22

235 Diskussion zur Erleichterung des Lösens von Aufgaben[21]

Die folgenden Fragen führen zu Diskussionen, in die schließlich auch der Lehrer / die Lehrerin seine / ihre Sachkenntnis einbringen wird. Man wird wohl nur eine Frage oder zwei aus diesem Bündel herausholen, bei einer anderen Gelegenheit eine oder zwei andere.

(1) Kennen Sie diese Aufgabenform? Haben Sie schon eine ähnliche Aufgabe gelöst?

(2) Wie würden Sie diese Art von Aufgabe bezeichnen?

(3) Welchen Zweck hat die Aufgabe?

(4) Wird die Lösung der Aufgabe kurz oder eher umfangreich aussehen?

(5) Läßt sich die Aufgabe in mehrere Teilaufgaben zerlegen?

(6) Wie sollte man in die Aufgabe einsteigen?

Lernstrategien Wortschatz siehe oben Seite 83–92
Lernstrategien Lesen siehe oben Seite 288–294

Literatur zum Thema dieses Kapitels Seite 509/510
Gesichtete Lehrwerke Seite 492–494

---

[21] KÜCHE (frei nach Wenden, wie Anm. 20)

Kapitel 13

Ganzaufgaben

Unter „Ganzaufgaben" verstehen wir freiere sprachliche Aufgaben, die mehrere Sozial- und Arbeitsformen und Tätigkeitsebenen verknüpfen. Die Lernenden werden nicht partiell als Leser oder Hörer oder Schreibende oder Vortragende oder Gesprächsteilnehmer gefordert, sondern ihre Persönlichkeit als Ganzes wird engagiert. Hier soll noch einmal betont werden, daß wir im vorliegenden Handbuch – wie schon im Vorwort beteuert – keine Aufgaben und Übungen zeigen, die ein großer Teil der Lehrerinnen und Lehrer wahrscheinlich nicht benützen kann und wird.[1] Dies ist der Ort, den Begriff Aufgabe, so wie er oben im ersten „Palaver" bereits umrissen wurde,[2] mit einigen noch etwas genaueren Strichen zu definieren. Ganzaufgaben kommen dem am nächsten, was im folgenden allgemein als Aufgaben bezeichnet wird.

Aufgaben appellieren an das Vorwissen, das Erkenntnisinteresse und an Erschließungs- und Sinnstiftungsstrategien als Voraussetzung für die rezeptive und produktive Sprachtätigkeit.

Aufgaben sind Instrumente zur Auslösung entdeckenden und konstruierenden Lernens durch Arbeit an Inhalten, Problemstellungen und Sachverhalten mit dem Ziel, die Erkenntnisse und Befunde in der Zielsprache zu formulieren und gegebenenfalls zur Diskussion zu stellen. Aufgaben enthalten auch widersprüchliche, „schwierige", nicht leicht verständliche Sachverhalte, in denen Begriffe und Zusammenhänge auftauchen, die ausdrücklich fremd – im Sinne von unerklärt – bleiben, die Stutzen und Verwirrung als Voraussetzung explorativer Neugierde auslösen. Mißverständnisse und Fehldeutungen sind also natürlich. Die Auseinandersetzung mit diesen Schwierigkeiten ist ein fruchtbarer und notwendiger Prozeß innerhalb des Spracherwerbs.

Aufgaben werden vorwiegend in Partner- und Gruppenarbeit bewältigt und setzen die Lehrerin, den Lehrer frei für die individuelle Förder- und Beratungstätigkeit und für binnendifferenzierende Maßnahmen.

---

[1] Wer solche – sehr reizvollen und interessanten – Aufgaben sucht, die hohe Ansprüche an die Experimentierlust und -zeit des Lehrers / der Lehrerin stellen, findet sie bei CHRISTOPH EDELHOFF / ECKART LIEBAU, Hrsg. (1988), S. 15–75. MICHAEL LEGUTKE (1988), S. 72–240. BERND-DIETRICH MÜLLER, Hrsg. (1989), S. 79–107
[2] Siehe S. 195–197

Die Lösungen und Berichterstattungen lassen einerseits typische Denkweisen, Interessen und Erfahrungsschwerpunkte erkennen, andererseits aber auch den Übungsbedarf der betreffenden Gruppe oder einzelner Kursteilnehmer/innen.

Wenn Aufgaben sich einmal als sinnvoll und machbar erwiesen haben, sind sie auf verschiedenen Lernstufen wiederholbar. Sie werden immer wieder anders gelöst, weil sie bei jedem Schüler und auf jeder Lernstufe auf einen neuen Erfahrungskontext oder -hintergrund stoßen.

Ist dies der Impuls:

– so reagieren nach meinen Untersuchungen Menschen in aller Welt ähnlich: Strich, Linie, Fluß, Straße, Gerade, Horizont. Erstaunlicherweise erscheint in den ersten Äußerungen immer „Horizont": ein Indiz für eine Universalie. Wähle ich nun als nächsten Impuls die Strecke:

– ist die Wahrscheinlichkeit groß, daß nun Strecke, Rennstrecke, Wettkampf, Ziel, Start, Sieg, Ehrgeiz, laufen, gewinnen, Rekord folgen.

Lasse ich nun durch eine Skizze dies geschehen, sind die Reaktionen voraussagbar:

Unfall – Herz – Zusammenbruch – Arzt – Rotes Kreuz – Erste Hilfe – Ambulanz – Herzinfarkt – tot – Witwe ...

Lautet die Aufgabe nun: Bitte schreiben Sie auf, welche der Wörter für Sie positiv – negativ – überraschend sind, unterscheiden sich die Antworten auf Grund unterschiedlicher Einstellungen und Vorerfahrungen. Zugleich öffnen diese assoziativen Tätigkeiten das Bewußtsein für komplexere und solche Texte, die Neues vermitteln.

H.-E. P.

Mögliche Einteilung

Die Aufgabentypen lassen sich wie folgt gruppieren:

(1) Ungewöhnliche Probleme. Die Lösung dieser Aufgaben ist in einem kürzeren Durchgang zu erreichen.
(2) Ungewöhnliche Projekte. Hier werden Konzepte, (utopische) Denkmodelle entwickelt. Aufgaben sehr unterschiedlichen Umfangs.
(3) Handlungsentwürfe. Hier entstehen experimentelle Arbeiten, die meist die sprachliche mit einer manuellen oder künstlerischen Tätigkeit verbinden.
(4) Erkundungen. Diese Aufgaben führen vom Unterrichtsraum weg nach draußen: durchs Sprachinstitut, in die Stadt, in die Landschaft, auch nach Hause. Am Schluß stehen Erkundungsspiele. Sie bilden den Übergang zu Kapitel 14: Spiele.

Ungewöhnliche Probleme

236 Problemlösungen

Vorgegeben werden Probleme, die zu lösen List und Phantasie erfordert. Vorschlag für den Unterricht: Kleingruppen bilden. Alle Gruppen bearbeiten dieselbe Aufgabe. Die Teilnehmer(innen) beraten, entwickeln Ausweg-Strategien und machen sich Notizen. Berichterstattung: Aus jeder Gruppe referiert ein Teilnehmer (eine Teilnehmerin) zunächst eine Lösung, es folgt Gruppe 2 usw. Nächste Runde: Aus jeder Gruppe wird die zweite Lösung referiert usw. Möglichst korrektes Deutsch darf – im Hinblick auf die Gruppenvorbereitung – erwartet werden. Beispiele:

a[3]

- Mein Freund hat mich aus Versehen in mein Zimmer eingeschlossen. Ich muß in einer Stunde bei der Prüfung sein. Was mache ich?
- Ich habe in der U-Bahn eine meiner beiden Sandalen verloren. Ich bin auf dem Weg zu einer wichtigen Besprechung, ich habe kein Geld dabei, um neue Schuhe zu kaufen. Was mache ich?
- Ich habe – zu Gast bei Freunden, die verreist sind – eine wertvolle chinesische Vase zerbrochen. Was mache ich?

b[4]

- Sie bereiten den Nachtisch für die Gäste vor. Beim Öffnen der Ananasdose finden Sie eine tote Maus darin.
- Ihr Besuch läßt sich neben den brennenden Kerzen Ihres Weihnachtsbaums fotografieren. Plötzlich stehen die blonden Haare Ihrer Schwägerin in Flammen.
- Von Ihrer Wohnzimmerdecke fallen Tropfen auf Ihren Teller.

c[5]

- In einer Kneipe belästigt ein Betrunkener deine Freundin (eine Betrunkene deinen Freund).
- Das Kind eines deutschen Freundes hat dein Radio auseinandergenommen.
- Ein kleiner Junge versucht, mit einem großen Messer eine Konservendose zu öffnen.

d[6]

- Einer Familie ist im Ausland während eines Urlaubs das gesamte Geld aus der Ferienwohnung gestohlen worden. Schmuck und andere Wertsachen sind ihnen erhalten geblieben. Sie sind 800 km von der Grenze nach Deutschland entfernt, der Tank ihres Autos ist leer. Was tun?

---

[3] SPRACHKURS DEUTSCH NEU 3, S. 315 und 185
[4] SCHUMANN MITTELSTUFE, S. 241
[5] SICHTWECHSEL NEU (Entwurfsfassung)
[6] DRUGSTORE

237 „Verrückte Situationen"[7]

a) Welche Erklärungen kann es geben?

Sie wollen in einem Geschäft Kirschen kaufen.

Sie: „Guten Tag. Geben Sie mir bitte zwei Pfund von den Kirschen."
der Verkäufer: „Kaufen Sie die lieber nicht, die schmecken überhaupt nicht!"
Erklärungen: ......

b) Arbeiten Sie in Gruppen.

Erfinden Sie andere „verrückte Situationen" mit einer „logischen Erklärung".

im Bahnhof   im Büro   auf der Straße   in der Schule ......

Das sagt / fragt / macht   Person A: „....."
Das fragt / macht / antwortet   Person B: „....."   Ihre Erklärung: ......

c) Lesen Sie Ihren Dialog vor. Die anderen versuchen, die Erklärung zu erraten.

238 Einen komplexen Sachverhalt erklären[8]

Werkstatt

Bitte diskutieren Sie die folgenden Aufgaben in kleinen Gruppen, jede Gruppe wählt eine Aufgabe. Beschaffen Sie sich die nötigen Hilfsmittel zur Bearbeitung, und schreiben Sie gemeinsam vier bis sechs Sätze dazu nieder (benutzen Sie das Wörterbuch). Tragen Sie ihren Text im Plenum vor, das Plenum diskutiert und korrigiert den Text.

a Es gibt mindestens drei Arten, die Himmelsrichtung festzustellen.

b Können Sie Ebbe und Flut erklären?

c Wir arbeitet eine Sanduhr? Wie arbeitet eine Waage?

d Auf welchem Prinzip fußen die Temperaturskalen von Fahrenheit und Celsius?

e Archimedes lebte von 285–212. Erklären Sie diese merkwürdige Rechnung. Nennen Sie andere Methoden der Zeitrechnung in der Welt.

f Konsul Smith mußte in einer Woche viermal zwischen Tokio und Washington hin- und herfliegen. Als er eines Morgens aufwachte, wußte er nicht mehr, wo er war. Das Mädchen, das ihm das Frühstück brachte, teilte ihm mit: „Heute ist Donnerstag". „Dann bin ich in Washington", sagte Smith.

---

[7] DIE SUCHE 1. Arbeitsbuch S. 176
[8] SPRACHKURS DEUTSCH NEU 4, S. 113

Ungewöhnliche Projekte

239 Imaginäres Interview[9]

Greta Garbo
Der Teufel
Pablo Picasso
Johann Strauss
(Sohn)

23
Werkstatt

in kleinen Gruppen

Interview

Mit wem wollen Sie diskutieren? Wählen Sie irgendeine bekannte oder unbekannte Person aus irgendeiner Zeit, aus irgendeinem Land. (Die Bilder hier sind nur Ideen.) Was möchten Sie diese Person fragen? Planen Sie das Interview. Wer spielt die bekannte/unbekannte Person? Spielen Sie das Interview.

[9] SPRACHKURS DEUTSCH NEU 2, S. 18

240 Gruppen-Projekte: Wunsch-Unternehmer

a[10]

Sie leben in Kringen (Appenzell). Kringen liegt 680 m hoch am Kringer See mit Alpenblick. Aber es gibt nur eine kleine Jugendherberge. Sie wollen ein Hotel bauen. Wie muß das Hotel sein?

(1) Wie viele Betten muß das Hotel haben? Wie viele Zimmer mit Bad? Mit Balkon? Wie viele Einzelzimmer? Doppelzimmer?
(2) Weg zum Hotel, Parkplatz?
(3) Wo muß das Hotel liegen?
(4) Garten?
(5) Welche Räume muß das Hotel haben?
(6) Wie viele Mitarbeiter? Wie müssen die Mitarbeiter sein?
(7) Beschreiben Sie ein Frühstück in Ihrem Hotel.
(8) Ein Menü in Ihrem Hotel.

b[11]

Sie sind Leiter eines finanzkräftigen Verlags. Welche Bücher wollen Sie drucken? Beachten Sie vor allem drei Gesichtspunkte:

a Geht es in dem Buch um eine wichtige Sache?
b Wird das Buch lebensfähig sein, d. h. wird es gekauft?
c Dient das Buch dem Ansehen des Verlags? (Die Antwort auf diese Frage kann hilfreich sein, falls Sie die Frage b nicht klar beantworten können.)

Bitte begründen Sie jeweils Ihr Ja oder Nein.

Warum drucken wir das Buch? Warum drucken wir es nicht?

Buchtitel:

(1) Der babylonische Turm
(2) Die 20 besten Restaurants der Welt
(3) Auch du kannst 100 Jahre alt werden! (Ein Ratgeber)
(4) Computer und Gesellschaft
(5) Schlagzeug
(6) Die großen Fliegerinnen
(7) Mein Freund, das Mammut
(8) Chaplins filmisches Universum
(9) Die Geschichte der Friedensidee
(10) Man trägt wieder Gold
(11) Descartes – ein unbekannter Denker
(12) 100 000 Mark in dreißig Tagen!
(13) Fernsehen macht unsere Kinder kaputt
(14) Wahrer Report aus der Hölle
(15) Die 110 schönsten Katzen der Welt in Farbe

---

[10] SPRACHKURS DEUTSCH NEU 1, S. 130
[11] SPRACHKURS DEUTSCH NEU 4, S. 49

Die Aufgabe *Wunsch-Unternehmer* läßt sich beliebig variieren und mit den entsprechenden neuen Aufgabenpunkten füllen. Beispiele:

Ich gründe	eine Bank	Ich baue	einen Zoo
	eine Glasfabrik		einen Hafen
	einen Autohandel		einen Kindergarten
	eine Kirche		eine Stadt
	eine Zeitung		ein Freibad
	eine Mondraketenfabrik		

Haben die Schülerinnen und Schüler einmal das Prinzip begriffen, entwerfen sie selbst neue Aufgaben und Unteraufgaben.

241 Gruppen-Projekte: Phantasiefamilien

a[12]

10. a) Bitte benennen Sie die jeweiligen Tätigkeiten auf der Skizze unten. Was macht die Traumfrau tagsüber?

1. _____
2. _____
3. _____
4. _____
5. _____
6. _____
7. _____

So können Sie sich die Arbeit teilen

Traumfrau

von Erich Rauschenbach

Ich kann mir ein Leben ohne dich überhaupt nicht mehr vorstellen.

---

[12] STUFEN 3, S. 83. Hier handelt es sich um den ersten Teil einer Aufgabe (den zweiten Teil des im Lehrbuch vorgesehenen Textes unterschlagen wir hier). Es wäre durchaus möglich, diesen ersten Teil (auf Folie) allein einzuführen und den zweiten gar nicht oder später ergänzend zu benutzen

b[13]

SO ERZIEHEN SIE IHR KIND RICHTIG

Die Klasse wird geteilt in

Psychologen (P)
Kinder (K)
Eltern (E).

Je eine Dreiergruppe (P und K und E) setzt sich zu einer Spielgruppe zusammen.
Alle drei erhalten denselben Text, z. B. „Wenn es sich nicht konzentrieren kann".

Der Vater oder die Mutter stellt dem Psychologen das Problem dar.

Der Psychologe möchte von dem Vater, der Mutter und dem Kind Details wissen.

Das Kind darf sich natürlich verteidigen. Zum Schluß gibt der Psychologe den
Eltern und dem Kind Ratschläge, wie sie das Problem am besten lösen können.

Natürlich sollte sich die Gruppe vor dem Spiel vorbereiten.

Wenn es grüne Haare tragen möchte

Lassen Sie es. Kinder müssen sich von den Eltern abgrenzen. Die Zeit der grünen Haare oder der Löcher in den Hosen geht schnell vorbei.

Wenn es dominieren will

Kinder lernen durch Vorbilder. Vielleicht gibt es in der Familie einen, der auch dominieren will?

Wenn es oft lügt

Häufiges Lügen ist oft ein Zeichen dafür, daß ein Kind sich unter Druck fühlt.
Seien Sie großzügiger!

Wenn es ein Träumer ist

Ein Kind, das immer träumt, bekommt bestimmt irgendwann Probleme. Zeigen Sie ihm die Realitäten. Belohnen Sie es, wenn es auf eine Anforderung sofort reagiert.

Wenn es den Hund, die Katze mißhandelt

Eigentlich sind Kinder tierlieb. Wenn Ihr Kind ein Tier mißhandelt, kann das signalisieren, daß Sie zu streng mit ihm sind. Es mißhandelt das Tier, so wie Sie es mißhandeln. Engen Sie es nicht so ein.

Wenn es sich nicht konzentrieren kann

Loben Sie es schon für das erste Zeichen von Konzentration. Üben Sie mit ihm, sich eine Minute auf eine Sache zu konzentrieren, immer wieder.

Wenn es die falschen Freunde hat

Da hilft nur eins:
Öffnen Sie Ihr Haus allen Freunden Ihres Kindes. Ihr Kind kann dann in Ruhe die Freunde vergleichen.

Wenn es verschlossen ist

Vielleicht ist es nur verschlossen, weil man nicht ruhig zuhört, wenn es erzählt. Sie sollten immer aufmerksam zuhören, wenn Ihr Kind redet.

---

[13] SPRACHKURS DEUTSCH NEU 3, S. 58/59

242 Gruppen-Projekte: Utopien[14]

Da sich diese Aufgabe von der oberen Grundstufe an auf allen Lernstufen (nach oben unbegrenzt) durchführen läßt, die inhaltlichen Vorgaben aber je nach Stufe, Zielgruppe, Kursort wechseln werden, legen wir hier nur eine Entwurfsfassung vor. Die konkrete Ausformulierung der Aufgabe(n) sollten Sie, die Lehrerin, der Lehrer, vornehmen oder – etwa in einer oberen Mittelstufe oder Oberstufe – einer Schüler-Arbeitsgruppe übertragen. Thema: Mein Kommune-Modell.

Damit dieses Utopie-Konzept nicht im luftleeren Raum steht, sollten zunächst einige konkrete (eigene? geschichtliche?) Erfahrungen mit Kommune-, Gruppen-, Wohngemeinschaftsversuchen diskutiert werden. Es ist durchaus legitim, mindestens zwei Vorgaben zu setzen:

- Eine Kommune fällt erfahrungsgemäß rasch auseinander, wenn ihre Mitglieder nicht durch eine gemeinsame praktische Arbeit verbunden sind.
- Eine Kommune fällt rasch auseinander, wenn sich die Mitglieder kein gemeinsames tragendes Ziel gesetzt haben (ein politisches Ziel? ein geistiges? ein künstlerisches? ein ...?).

Diese Erfahrungswerte wird die Lerngruppe im allgemeinen nach kurzer Diskussion akzeptieren. Nun sind mindestens noch folgende Fragen anzuschneiden, aber noch nicht zu beantworten:

Idealer Umfang (4–6 Personen? 5–8 Personen? 6–12 Personen?)
Notwendige Distanz zwischen den Mitgliedern oder Kleinstgruppen
Notwendige Nähe
Frage des Eigentums
Umgang mit dem Geld

Diese fünf Gesichtspunkte sind hier in der Reihenfolge ihrer Wichtigkeit angeordnet. Die weitere Bearbeitung erfolgt in den Kleingruppen:

Die beiden Vorgaben und fünf weiteren Gesichtspunkte werden (womöglich arbeitsteilig?) weiterdiskutiert und mit Leben gefüllt. Welche Fragen sind darüber hinaus von Bedeutung? (Beteiligung an gemeinsamen Arbeiten, z. B. Putzen ... „Ämter", Verantwortungen. Wie werden Entscheidungen getroffen?) Jede Kleingruppe erarbeitet dann eine Art Programmschrift in theoretischer Form? in Form eines Einakters? einer Bilddarstellung? einer Zeitung? Die Produkte werden, in Zusammenarbeit mit der Lehrkraft, sprachlich überarbeitet und veröffentlicht.

Die Schülerinnen und Schüler finden weitere vergleichbare Themen, die in größeren zeitlichen Abständen zu bearbeiten sind. Nur für den Fall, daß diese Vorschläge nicht ausreichen, hier noch einige weitere Themen:

Mein Traumjob	Mein Traumpark
Das neue Matriarchat	Land der wirklichen Freiheit
Filmentwurf Die Paradiesesgeschichte	

---

[14] Dieser Entwurf folgt teilweise MICHAEL LEGUTKE (1988), S. 138–143, jedoch ohne die psychotherapeutische Komponente (geschlossene Augen, halbabgedunkelter Raum). Inhaltlich geht der hier vorgelegte Entwurf tiefer ins Konkrete

243 Gruppen-Projekte: Helden

a[15]

```
Ist der kleine Mann um seine große Freundin (seine "große Liebe")
zu beneiden oder nicht?

Lassen Sie ihn eine Episode aus seinem ungewöhnlichen Leben
aufschreiben. Sie soll entweder zeigen, wie er trotz des Größen-
unterschiedes glücklich ist   oder mit welchen Problemen   er
täglich zu kämpfen hat.
```

---

[15] DIETHELM KAMINSKI (1989), S. 142. Aus dem Zusammenhang, in dem die Aufgabe steht, nämlich einem Buch über Riesen, Zwerge, Drachen, sind die Schülerinnen und Schüler auf solche Fragen eher gefaßt

b[16]

Gestern wie heute : Reiche Beute

Ordnen Sie die Stichwörter zunächst danach, ob sie zu einem Seeräuber passen (+) oder nicht passen (-).

Beschreiben Sie dann einen typischen Seeräuber anhand dieser Stichwörter. Versuchen Sie zum Schluß, Ihre Beschreibung besser zu ordnen.

Beispiel: Ein Seeräuber liebt das offene Meer. Er will sich keinem König unterordnen. Er wird bestimmt niemals Ehrenbürger einer Stadt. Er muß trinkfest sein, damit ihn seine Kameraden akzeptieren.

Sie dürfen die Stichwörterliste gerne verändern oder erweitern.

Ehrenbürger −

Macht   König   das offene Meer +   trinkfest +

Kameraden

fromm

Rente   feiern

Sturm   Gold

Bitten   offene Feldschlacht

Burg

Freiheit   Pferd

Henker

Wein   Tränen   Kinder   Weiber

Blumen   Hinrichtung   Binnenseen   verheiratet   Wind

---

[16] Ebd. S. 73

Handlungsentwürfe

244 Bleigießen[17]

Es muß nicht unbedingt Jahresanfang sein – jeder Geburtstag, jede Feier eignet sich als Anlaß. Die Kursteilnehmer(innen) unterhalten sich über die Zeichen und Figuren, die sie da gegossen haben, und den Bezug zu ihrer Person, ihrem Leben, ihren Plänen, ihrer Zukunft. Vielleicht lernen sie einander und sich selber von einer neuen Seite her kennen, vielleicht haben sie eine Geschichte zu erzählen, Fragen zu stellen. Ein lustiges, bitte nicht allzu tiefsinniges Spiel, das 30 bis 40 Minuten dauert. Zwei oder drei Schüler(innen) können den Unterricht leiten (Lernen durch Lehren).

In einer nach Herkunftsländern heterogenen Gruppe bietet sich die Gelegenheit zu interkulturellen Fragen und Gesprächen an: Wie feiert ihr Sylvester, Jahrestage?

Aberglaube und was damit zusammenhängt war schon immer eins der besten Gesellschaftsspiele – für solche, die Phantasie haben und nicht mit verbissenem Ernst an alles herangehen.

Für alle Lernstufen geeignet

245 Bücher machen[18]

Aufgabe: Welt-Kinderbilderbuch

Die Aufgabe wird im Plenum diskutiert, mögliche Differenzierungen des Themas entstehen durch Brainstorming. (Die Bücher sollen für Kinder aus aller Welt geeignet sein.) Die Arbeit spielt sich in Kleingruppen ab. Die optisch und inhaltlich erfindungsreich gemachten Bücher können Graphiken, Malereien, Fotos, eingeklebte Pflanzen usw. usw. enthalten, und vor allem selber geschriebene oder auch nur selber bearbeitete Texte: kleine Geschichten, Witze, Märchen, Dichtungen. Bevor die Texte endgültig ins Buch gemalt werden, werden sie in Zusammenarbeit mit der Lehrkraft sprachlich redigiert.

Varianten:

Welt-Kochbuch. Die interessantesten Rezepte werden gemeinsam ausprobiert.

Welt-Familienalbum. Eigene und fremde Bilder aus dem Alltag der letzten Generationen, dazu gefundene und selbstverfaßte Texte über Sozialgeschichte, Politik, Krieg und Frieden.

Für alle Lernstufen geeignet

---

[17] Nach einer Demonstration von Herbert Mäser, Wien
[18] KÜCHE

246 Hör-Pantomime[19]

Das Ziel ist: Die ganze Klasse (mit Ausnahme der Sprecher) spielt pantomimisch eine Geschichte, die von zwei oder drei Sprechern vorgetragen wird.

Die Geschichte (Krimi? Ritterstück? Kintopptragödie?) schreiben zunächst die Lernenden. Sie darf 3–5 Seiten lang sein. Sie sollte so formuliert werden, daß sie spontan pantomimisch umsetzbar ist. Darauf muß die Lehrerin / der Lehrer im Gespräch mit den Kleingruppen achten, und natürlich auf den sprachlichen Stil.

Aufführung. Die Rollen werden besetzt (es gibt auch ungewöhnliche Rollen wie etwa das Fenster, die Linde, der Schaukelstuhl usw.). Die Sprecher tragen (nach sorgfältiger Vorbereitung) den Text vor, die Spieler spielen ihn.

Mittelstufe

247 Fotokurs[20]

- Gehen Sie mit Ihrer Kamera auf eine Entdeckungsreise in die Nähe. (Sie haben keine Kamera? Können Sie sich eine leihen?) Finden Sie möglichst viele eindrucksvolle Gegenstände, die den Charakter des Holzes, des Glases, des Steins, des Metalls, der Erde verkörpern. Nehmen Sie sie auf, lassen Sie Ihre Bilder entwickeln, einige vergrößern. Entdecken Sie den Reichtum der Linien, der Formen, der Farben in einem solchen „toten" Ding. Ihre Reise wird sich lohnen. Sie lernen die Dinge näher, genauer sehen. Sie lernen überhaupt besser sehen, unterscheiden, verstehen. Sie lernen die Dinge gernhaben, den Kontakt mit ihnen pflegen.

- Stellen Sie Ihre Bilder in Ihrem Klassenraum aus. Sprechen Sie darüber, tauschen Sie Ihre Beobachtungen aus, versuchen Sie, die Qualität der Bilder zu beurteilen. Laden Sie Leute aus anderen Klassen ein, und führen Sie sie durch Ihre Ausstellung.[21]

- Haben Sie Lust, nun noch (schriftlich?) einen kleinen Rückblick auf diesen Werkstattversuch zu formulieren? Was haben Sie neu gelernt und neu kennengelernt
  - technisch
  - im Umgang mit den Materialien
  - im Umgang mit sich selbst?

Mittelstufe

---

[19] KÜCHE (angeregt durch einen im Herder-Institut kursierenden Text unbekannter Herkunft)
[20] SPRACHKURS DEUTSCH NEU 6, S. 196/197.
[21] Variante: Zeichenkurs in SPRACHKURS DEUTSCH NEU 4, S. 154–162 (kann hier seines Umfangs wegen nicht abgedruckt werden). Vgl. auch im hier vorliegenden Handbuch S. 318

248 Visualisierung von Sprachstrukturen

Thema: Präpositionen[22]

> Setzen Sie sich in kleinen Gruppen zusammen, nehmen Sie Farbstifte und einen großen Bogen Papier und malen Sie gemeinsam eine Landschaft. In der Landschaft sollten möglichst viele Geschichten passieren, die man mit den Präpositionen *in, auf, hinter, diesseits, oberhalb* usw. usw. ausdrücken kann (dazu siehe die Elemente Nummer 14). Erklären Sie dann Ihre Landschaft Ihren Mitstudenten, verwenden Sie möglichst viele korrekte Sätze mit Präpositionen.

Mittelstufe, ohne „diesseits, oberhalb" usw. schon ab mittlere Grundstufe einsetzbar

Kommentar. Die Visualisierung der durch die Präpositionen ausgedrückten Verhältnisse wird in Lehrwerken immer wieder unbekümmert versucht,[23] in Wirklichkeit ist es problematisch, dies den Schülerinnen und Schülern in starrer Form zum Einpauken zu geben, da viele Präpositionen mehrere, oft widersprüchliche Bedeutungen haben, vor allem wenn räumlicher und zeitlicher Aspekt divergieren (nach, in, um ...). Stelle ich aber den Schülerinnen und Schülern die Aufgabe, das selbst zu visualisieren, so entstehen eher flüchtige Bilder, rasche experimentelle Impressionen, der eigentliche Wert der Aufgabe liegt im Nachdenken und in der differenzierenden Diskussion über das Thema Präpositionen.

Viele Sprachstrukturen bieten sich zur Visualisierung durch die Schülerinnen und Schüler an – Sprachstrukturen, das bedeutet nicht nur grammatische, sondern auch Strukturen des Wortschatzes. Visualisierungsaufgaben ähnlich der zitierten lassen sich finden zu

hin / her
Positionsverben (stehen / sitzen / liegen ...)
Verbvalenz und Satzmuster
Wortposition im Satz
Wortfamilien
Wortfelder

249 Reiseberatung[24]

Die folgenden Aufträge sollten in Kleingruppen oder – falls es aus einem Herkunftsland nur eine Repräsentantin / einen Repräsentanten gibt – individuell sorgfältig vorbereitet und dann im Plenum diskutiert werden.

---

[22] SPRACHKURS DEUTSCH NEU 6, S. 105

[23] Dazu unkritisch HORST G. SPERBER (1989), S. 205–223 mit zahlreichen Beispielen seit 1964 (J. Dankleff)

[24] STUFEN 3, S. 75 und STUFEN 4, S. 101. Zu Aufgabe b: „in diesen Ländern" bedeutet: in den deutschsprachigen Ländern. Zu Aufgabe d: „hier" bedeutet: in den deutschsprachigen Ländern

b) Erkundigen Sie sich bei Bekannten / in Broschüren oder Reisebüros nach touristischen Sehenswürdigkeiten und Feriengebieten in diesen Ländern. Tragen Sie diese Orte und Regionen in die Karte ein (eventuell auch mit Bildern, Fotos usw.). Berichten Sie dem Plenum anhand der Karte, und lassen Sie weitere Einträge durch Gruppenmitglieder machen.

c) Machen Sie eine Landkartenskizze von Ihrem Heimatland oder Ihrer Heimatregion. Markieren Sie einige Orte mit touristischen Attraktionen, und erklären Sie, was es da zu sehen gibt.

d) Was können Sie Bekannten oder Freunden aus Ihrer Heimat raten, wenn sie hier alternativ reisen und Land und Leute wirklich kennenlernen möchten?

e) Machen Sie ein (möglichst preiswertes) Reiseprogramm für ausländische Freunde, die in den Ferien Ihr Heimatland kennenlernen möchten (inklusive günstige Anreisemöglichkeiten). Geben Sie Hinweise auf mögliche Schwierigkeiten, bestimmte Gesetze, Sitten usw.

g) Wie müßte ein *Spion* einer fremden Macht aussehen und sich verhalten, damit er *in Deutschland* nicht auffällt?

h) Wie müßte ein ‚*deutscher*' Spion aussehen und sich verhalten, damit er in Ihrem Heimatland nicht auffällt?

250 Symbolischer Lebenslauf[25]

Symbolischer Lebenslauf

Jemand geht an die Tafel und zeichnet nur mit Symbolen seinen Lebenslauf. Die anderen müssen erraten, was er darstellen will.

Diese Aufgabe läuft dann am besten, wenn sie (als Hausaufgabe?) sehr sorgfältig vorbereitet wurde.

---

[25] SCHUMANN MITTELSTUFE, S. 35

251 Poetisches Selbstporträt[26]

Spiel. Entwerfen Sie ein poetisches Selbstporträt: schreiben Sie möglichst viele Sätze nach dem Muster:

Ich bin unter den Pflanzen ein*e Sonnenblume* .

    (Sie wählen die Erscheinung / die Sache, die Sie als die Ihnen verwandteste empfinden.)

Ich bin unter den Tieren ein_____
Ich bin unter den Steinen
Ich bin unter den Metallen
Ich bin unter den Sternen
Ich bin unter den Tageszeiten
Ich bin unter den Jahreszeiten
Ich bin unter den Körperteilen
Ich bin unter den Wettererscheinungen

    (Finden Sie viele weitere Beispiele.)

Die Porträts werden eingesammelt und ungeordnet wieder ausgeteilt. Die Kursteilnehmer(innen) finden die Autor(inn)en der Texte heraus und diskutieren darüber.

Mittelstufe

252 Meine persönliche Geometrie[27]

Das Ziel ist, eine geometrische Darstellung zu finden für das Spannungsfeld, in dem sich Ihr Leben abspielt.

– Überlegen Sie zunächst, welche (widerstreitenden?) Kräfte auf Sie einwirken, z. B. positive und negative Vorbilder, konkrete und illusionäre Chancen, Grenzen, Gefahren, Zwänge, Verlockungen. Welche Personen sind für Sie wichtig: Eltern, Partner, Kinder, Chefs ...? Welche Institutionen bestimmen Ihr Leben mit: Firma, Hochschule, Staat ...?

– Entwickeln Sie nun eine graphische Darstellung (in Koordinaten? Kreisen? geometrischen Figuren? Linien? Kurven?) ihres Lebens-Feldes.

– Malen Sie Ihre persönliche Geometrie mit Farben auf einen großen Bogen Papier.

– Diskutieren Sie im Plenum über Ihr Bild: die anderen raten und fragen, Sie antworten und erläutern und erzählen.

---

[26] KÜCHE
[27] KÜCHE, angelehnt an CHRISTOPH EDELHOFF / ECKART LIEBAU, Hrsg. (1988), S. 45/46

Erkundungen

253 Reise in die Nähe[28]

Falls die beiden folgenden Aufgaben im Heimatland der Kursteilnehmer durchgeführt werden, müssen sie beim Bericht im Plenum das, was sie gehört und erlebt haben, auf Deutsch darstellen und darüber auf Deutsch diskutieren. Werden die Aufgaben in einem deutschsprachigen Land durchgeführt, sind die Lernanlässe vielfältiger: Die Kursteilnehmer müssen sich in dem Ort zurechtfinden, Gespräche auf Deutsch führen, Notizen auf Deutsch machen, im Plenum auf Deutsch berichten.

- *Bitte üben Sie dies eine Woche lang:*
  Sprechen Sie täglich einen Unbekannten auf der Straße / in einem Laden / auf der Post usw. an, und unterhalten Sie sich einige Minuten lang mit ihm. Erzählen Sie dann beim nächsten Treffen in Ihrer Klasse.

- *Bitte üben Sie dies einige Wochen lang:*
  Studieren Sie zweimal wöchentlich ein Haus / einen Garten / eine Straße, die Sie besonders interessant finden. Versuchen Sie – auch durch Fragen und Gespräche mit den Leuten in diesem Haus, auf dieser Straße – möglichst viel über diesen Ort herauszufinden. Erzählen Sie dann beim nächsten Treffen in Ihrer Klasse.

254 Ortserkundung[29]

Für die Durchführung in einem deutschsprachigen Land geeignet

Die Kursteilnehmerinnen und Kursteilnehmer werden in den Kursort hinausgeschickt, und zwar mit 10–12 Fotos von bekannten und weniger bekannten, möglichst interessanten Objekten mit oder ohne historischen Bezug in diesem Ort oder in einem Stadtteil. Die Fotos können sich zum Teil zwischen den Kleingruppen wiederholen. Die Teilnehmer(innen) fragen sich solange durch, bis sie „ihre" Objekte finden. Dort versuchen sie möglichst viele Informationen über ihre Objekte herauszubringen. Sie tauschen dann ihre Erfahrungen im Plenum aus.

Eine ausgezeichnet bewährte, ertragreiche Aufgabe mit landeskundlich-interkultureller Komponente.

---

[28] SPRACHKURS DEUTSCH NEU 4, S. 60
[29] KÜCHE

255 Reise in die Geschichte[30]

Für die Durchführung in einem deutschsprachigen Land geeignet

Die Kursteilnehmerinnen und Kursteilnehmer besuchen die Bewohnerinnen und Bewohner eines Seniorenheims; die zeitliche Abstimmung organisieren sie selbst. Sie erzählen von sich selbst und lassen sich erzählen, indem sie vorbereitete und unvorbereitete Fragen stellen, vor allem nach vergangenen Zeiten. Vielleicht – nur falls ihre Gastgeber einverstanden sind – können sie Fotos und Cassettenaufnahmen machen? Sie tauschen ihre Erfahrungen, womöglich mit Fotos und Hörtexten, im Plenum aus.

Überaus bewährte Aufgabe, wie Nummer 254

Mittelstufe

256 Amtshilfe[31]

Für die Durchführung in einem deutschsprachigen Land geeignet

Die Teilnehmerinnen und Teilnehmer an einem Fortgeschrittenenkurs (ab mittlere Mittelstufe) versuchen, vom Wohnungsvermieter, von der Bank, von der Bibliothek, vom Arbeitsamt, vom Wohnungsamt die wichtigsten Formulare zu bekommen. Nun übersetzen sie die Formulare aus der schwer verständlichen Amtssprache, in der sie verfaßt sind, mit Hilfe der Lehrkraft in ein sauberes, einfaches, leicht zugängliches Deutsch – nämlich für die Teilnehmerinnen und Teilnehmer der Anfängerstufe, denen sie auf diese Weise einen großen Dienst tun.

Mittelstufe

Lernen durch Lehren

Für die Unterrichtsform Lernen durch Lehren (Schülerinnen und Schüler organisieren den Unterricht selbst) engagieren wir uns, wie Sie festgestellt haben, in diesem Handbuch besonders. Nicht zuletzt weil diese Unterrichtsform eigentlich aus lauter Ganzaufgaben besteht. Alle Tätigkeitsebenen sind hier aufgerufen und verschmolzen, die ganze Person des Lernenden wird herausgefordert. Alles einzelne dazu oben S. 221–223.

Literatur zum Thema dieses Kapitels Seite 510
Gesichtete Lehrwerke Seite 492–494

---

[30] KÜCHE
[31] KÜCHE

Kapitel 14

Spiele

Anders als bei allen anderen Übungen und Aufgaben hat eine Typologie der Spiele über den eigentlichen Inhalt und die Möglichkeiten der Spiele nur eine sehr begrenzte Bedeutung. Ein gutes Spiel ist nicht durch Analogie von anderen ähnlichen Spielen abzuleiten, es ist eine freie, neue Erfindung. Wir legen zwar eine Kategorisierung der Spiele, die sich für den Fremdsprachenunterricht eignen, vor und geben für jeden Typus 2 bis 3 Beispiele, sie können aber wenig verraten über die anderen Spiele, die zur selben Gruppe gehören. Nachdrücklicher als in allen anderen Kapiteln weisen wir hier auf die Spiele-Bibliographie hin.[1] Bitte finden Sie selbst heraus, welche der dort aufgeführten Werke Ihnen besonders viel geben, wir möchten hier aus naheliegenden Gründen keine Wertung vorwegnehmen.

Stellenwert

„Tätig sein und doch nicht arbeiten, sich einer Regel fügen und doch frei sein [...] an schillernden Seifenblasen sich freuen und doch ohne Schmerz sie zerrinnen sehen, mit Aufbietung aller Kunst die Saiten rühren und doch das Verklingen der Töne nicht beklagen – das ist das Wesen des Spiels, und darin liegt seine erholende Kraft." Der Autor dieser Zeilen ist Hermann Hesses Vater, Johannes Hesse,[2] er faßt damit die wesentlichen Elemente des Spiels zusammen. Daß eine Beschreibung von Spiel in Paradoxa geschieht, gehört zum Gegenstand, wie auch der übergreifende Satz Huizingas mit einem Paradoxon arbeitet: „Wir spielen und wissen, daß wir spielen, also sind wir mehr als bloß vernünftige Wesen"[3]. Solche Beschreibungen leisten mehr als mühsame Definitionen, um die wir uns hier nicht zu kümmern brauchen, auch nicht um pingelige Abgrenzungen, was noch und was nicht Spiel ist. Speziell im Blick auf das Lernen durch Spielen könnte man noch einige Striche hinzufügen.

(Richtiges) Spielen kann einen kommunikativen Unterricht kommunikativer machen, „die soziale Sensibilität steigern"[4], vor allem wenn es gelingt, möglichst viele Schülerinnen und Schüler am Spiel zu beteiligen. (Richtiges) Spie-

---

[1] S. 510/511
[2] Zitiert bei ELISABETH HEIM (1981), S. 4
[3] Johan Huizinga: Homo ludens. Reinbek: Rowohlt 1956. S. 11
[4] SPIELE FÜR DEN DEUTSCHUNTERRICHT (1982), S. 4

len kann auch in sehr heterogenen Klassen die Unterschiede, zum Beispiel im Sprachniveau, aufheben, vor allem wenn sie so angelegt sind, daß auch schwächere Teilnehmer gewinnen können.[5] (Richtiges) Spielen wird auch von Erwachsenen an der richtigen Stelle im Unterricht, und natürlich in den Unterricht überzeugend integriert, mit großer Freude akzeptiert.

Vor allem wenn – und sei es mit zwei oder drei Worten – offengelegt wird, daß und wie ein Spiel notwendig zum Übungsgeschehen gehört: „nicht als ‚Auflokkerung‘, als Motivationsköder oder gar als ‚Belohnung‘“, sondern als eine Chance, ein Lernziel leichter, beiläufig, „im Spiel" zu erreichen.[6]

Eine der wichtigsten Ingredienzien des Spiels ist eine gute Portion Spontaneität;[7] das Spiel, dies ist besonders an deutsche Deutschlehrer(innen) gerichtet, sollte nicht durch Überorganisation an Leichtigkeit verlieren, man sollte auch den Mut haben zu „spielen mit der Spielregel, nicht bloß nach der Spielregel" (Heim[8]).

Unterteilung

Es versteht sich von selbst, daß im folgenden nur von Spielen die Rede ist, die dem Deutschunterricht dienlich sein können. Man könnte diese Spiele nach den sprachlichen Lernzielen ordnen oder nach ihrer Komplexität, nach der Mitspielerzahl oder nach dem materiellen Aufwand … Wir ordnen hier, einer traditionellen Differenzierung folgend,[9] nach der Spielweise, führen diese Anordnung aber nicht bürokratisch konsequent durch. Wir gehen etwas weiter ins Detail als üblich und kommen auf die nachstehende Reihung, die wir der Übersichtlichkeit halber alphabetisch anordnen:

Buchstabenspiele	Pantomime
Dichten	Quiz
Domino	Rätsel
Erzählspiele	Rollenspiele
Fragespiele	Schreibspiele
Gedächtnisspiele	Sprechspiele
Grammatische Spiele	Ton-Bild-Spiele
Kartenspiele	Utopie-Spiele
Kettenspiele	Würfelspiele
Orakelspiele	Zaubern

---

[5] RICHARD GÖBEL et al. (1977), S. 8
[6] Ebd. S. 7 und 4
[7] Rebecca Wild: Erziehung zum Sein. Heidelberg: Arbor 1991. S. 96
[8] ELISABETH HEIM (1981), S. 5
[9] Dieser Anordnung folgen die meisten Spielbücher und -hefte, sie geht, auf Umwegen oder direkt, zurück auf ELISABETH HEIM (1981; erste Ausgabe Kassel: Bärenreiter 1950)

Buchstabenspiele

Dazu zählen wir auch alle Arten von Kreuzworträtseln, Silbenrätseln, Rösselsprung, Anagrammspielen etc. Sechs Beispiele finden Sie hier im Handbuch S. 95–99. Weitere Spielformen:

257 Abkürzungen[10]

Die Lernenden sammeln deutsche Abkürzungen wie ADAC, Lkw, ÖBB, SOS ... Sie finden selbst neue Erklärungen für diese Hieroglyphen, zum Beispiel
  Ahnungslose Dampf-Auto-Chaoten
  Seepiraten ohne Schiff

Im Plenum
Die Spieler selbst finden Aufgaben und Lösungen

258 Gefüllter Pfannkuchen[11]

Schreiben Sie die Buchstaben eines Substantivs von oben nach unten und in entsprechendem Abstand rechts davon dieselben Buchstaben von unten nach oben. Füllen Sie die Lücken so, daß neue Substantive entstehen. Beispiel:

```
E  NTENBRUS  T
L  ANDEBAH   N
E            A
F            F
A            E
N            L
T            E
```

Jeder Spieler versucht nun, seine Wörter so zu umschreiben, daß die Spieler gegenseitig erraten, was sie gefunden haben. Beispiel:
  Körperteil eines Schwimmvogels (Entenbrust)

Mittelstufe. In Kleingruppen
Die Spieler selbst finden Aufgaben und Lösungen

---

[10] ELISABETH HEIM (1981), S. 77
[11] Ebd. S. 60 (Beispiele erneuert)

Dichten

Hier ist nicht die Rede von poetischem Schreiben, wie es aus der persönlichen Nachdenklichkeit kommt – ihm gehört das ganze Kapitel 10. Es geht hier um das Modellieren mit Sprache als Spielform. Eins dieser Spiele ist das Neudichten von Wörtern: dazu im einzelnen oben S. 121/122. Eine andere Spielform ist das gemeinsame

259 Reimen[12]

Beispiel:

Es war einmal ein Mann,
Der hatte einen Schwamm.
Der Schwamm war ihm zu naß,
Da ging er auf die Gaß.
Die Gaß war ihm zu kalt,
Da ging er in den Wald.
Der Wald war ihm zu grün,
Da ging er nach Berlin.
Berlin war ihm zu bunt,
Da kauft er einen Hund.
Der Hund

(1) Reimen Sie (aber nehmen Sie sich Zeit dazu!) weiter, so weit Sie mögen.

(2) Oder beginnen Sie neu:

Es war mal eine Lilie,
Die hatte 'ne Familie.
Die Familie

Oder:

Es war ein kleiner Affe,
Der trank so gerne Kaffee.
Der Kaffee

In Kleingruppen
Die Spieler selbst finden Aufgaben und Lösungen

---

[12] KÜCHE. Angeregt durch CHRISTOPH WERR (1987), S. 19

Domino

Die Aufgabe ist bei allen Dominospielen dieselbe: Die Teilnehmer legen die Karten so, daß sich immer Passendes berührt. Sie können die Karten zunächst in einer Reihe auslegen und erst danach, um die erste und die letzte Karte zusammenzufügen, die Reihe zu einer runden oder viereckigen Figur verschieben. Am Schluß wird (außer beim Spiel 262) der Kartentext vorgetragen.

260 Domino: Wortbildung[13]

261 Domino: Fragen und Antworten[14]

Jm Bett	Warum weinst Du?	Weil ich traurig bin	Wann kommst Du?	Um 5 Uhr	Wo ist Karl ?

---

[13] GRAMMATIK À LA CARTE 1, S. 172
[14] ANNE SPIER (1981), S. 106

262 Domino: Bild und Wort[15]

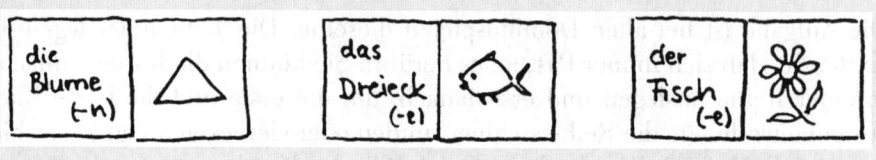

263 Domino: Selbst bauen

Bauen Sie selbst Dominospiele!

In Kleingruppen
Die Spieler selbst finden Aufgaben und Lösungen

---

[15] Ebd. S. 104

Erzählspiele

Aufgaben zu Erzählspielen gibt es im vorliegenden Handbuch bereits auf den Seiten 261–263. Hier zwei weitere Spiele.

264 Lebenslauf[16]

17. Erzählen Sie einen Lebenslauf

Mehrere Lerner sitzen in einem Kreis und erzählen einen Lebenslauf. Jeder sagt der Reihe nach einen Satz. Je kleiner der Kreis, desto häufiger die Möglichkeit, mit einem Satz den Lebenslauf fortzusetzen.

A. Am 12.4.1962 wurde ich in Frankfurt geboren.

B. `Mit drei Jahren kam ich in den Kindergarten`

C. `Mit fünf Jahren`

In Gruppen von 5–7 Teilnehmer(inne)n

265 Weitererzählen[17]

Freitag abend. Ingenieur Boris hat eine Woche intensiv beim Entstehen eines neuen Flugzeugtyps mitgearbeitet und, um sich zu entspannen, ein Gläschen Wodka getrunken. Er besteigt zum Nachhauseflug die falsche Maschine und landet in der modernen Großstadt O. statt in der modernen Großstadt P. Da sich die beiden Städte, auch die Wohnsiedlungen und die Namen der Straßen zum Verwechseln ähneln, bemerkt er nicht, daß er in der falschen Stadt ist, steigt ins Taxi und nennt seine Adresse. Das Haus mit seiner Adresse sieht dem, in dem er eigentlich wohnt, täuschend ähnlich, er klingelt, wird eingelassen und trifft auf eine ganz andere Familie. Erzählen Sie die Geschichte zu Ende.

Die Schülerinnen und Schüler notieren sich in Stichworten (in Kleingruppen) den Fortgang und Abschluß der Geschichte und geben ihr einen Titel. Jede Gruppe trägt ihre Geschichte in der Klasse vor. Welche ist die beste?

Variation. Die Schülerinnen und Schüler finden oder erfinden selbst Geschichtenanfänge, die sie für dieses Spiel in den Unterricht mitbringen.

---

[16] GRAMMATIK À LA CARTE 1, S. 36
[17] KÜCHE; nach der dramatischen Idee des Stücks „Sylvestersauna" von Braginskij und Rjasanow

Fragespiele

266 Reiseziele[18]

Einer denkt sich ein Reiseziel aus (Stadt oder Land). Die andern müssen sein Reiseziel aus ihm herausfragen, sie dürfen aber keine geographischen Fragen (nach Kontinent, Land, Sprache usw.) stellen.

267 Alibi[19]

Alibi. Zwei Personen sollen eine Straftat begangen haben, z. B. einen Diebstahl. Sie behaupten aber, ein Alibi zu haben. Zwei Teilnehmer spielen die Diebe, der Rest der Klasse fragt sie aus. Die beiden dürfen sich vor der Tür über ihr Alibi verständigen. Sie müssen drei Orte sagen, an denen sie waren. Die beiden werden einzeln hereingerufen und gefragt. Das Spiel ist aus, wenn zwei Widersprüche entdeckt wurden oder wenn zehn Minuten vorüber sind. (Die Antwort „Daran kann ich mich nicht erinnern" darf nur zweimal gebraucht werden.)

---

[18] SPRACHKURS DEUTSCH NEU 3, S. 314
[19] Ebd. S. 166

Gedächtnisspiele

268 Kim[20]

Auf einem Tablett, vorerst noch mit einem Tuch bedeckt, liegen zehn (bei späteren Durchgängen zwölf oder fünfzehn) Gegenstände wie Schere, Löffel, Ei, Armbanduhr … „Aufschauen!" ruft der Spielleiter, das ist das Zeichen, daß die Spieler jetzt genau aufpassen müssen. Der Spielleiter hebt das Tuch hoch und läßt den Spielern so viel Zeit, daß sie sich die Gegenstände einprägen können, dann zieht er das Tuch wieder darüber. Es folgt eine halbe Minute Kopfrechnen wie z.B. 3×5; $7 - 4$; $35 + 6$; $3 : 3$ usw. Danach schreiben die Spieler die Gegenstände auf, die sie noch im Gedächtnis haben.

269 Tast-Kim[21]

Die Gegenstände (siehe vorangehendes Spiel) wandern in einer großen Tüte unter dem Tisch von Hand zu Hand und werden nur ertastet. Fortgang wie oben.

270 Bild-Kim[22]

Geeignet sind Bilder, Plakate, Fotos, die vorwiegend Gegenstände, Räume, Personen abbilden und so groß sind, daß sie für alle Mitspieler sichtbar sind. Das Bild wird gemeinsam besprochen, so daß die Mitspieler genug Gelegenheit haben, sich die Inhalte einzuprägen. Dann wird es teilweise abgedeckt. Die Spieler schreiben auf, was jetzt nicht mehr zu sehen ist.

---

[20] ELISABETH HEIM (1981), S. 49, ergänzt durch FREDERIC VESTER (1993), S. 154 (Rechenbox ebd. S. 152). Vgl. auch ANNE SPIER (1981), S. 89
[21] Ebd. Vgl. auch ANNE SPIER (1981), S. 90
[22] ANNE SPIER (1981), S. 91

Grammatische Spiele

271 Warum haben sie sich getrennt?[23]

Je vier Schüler(innen) bilden eine Gruppe. Auf dem Tisch liegen 28 Karten mit dem Bild nach unten. Der Reihe nach nimmt jeder eine Karte auf, dreht sie um und antwortet auf die Frage der anderen Spieler „Warum haben sie sich getrennt?", indem er den Inhalt der Bildkarte benutzt, zum Beispiel „weil er immer sein Auto geputzt hat – da hatte er keine Zeit für seine Frau." Wichtig: vor dem Spiel so viele Kartensätze herstellen, wie Gruppen da sind.

Auf den Bildkarten ist zu sehen:

ein Tausendmarkschein	ein Staubsauger
ein Athlet	Kolosseum / Eiffelturm / Prater
eine Knoblauchknolle	eine Zigarettenschachtel
Schmuck	ein Tennisspieler
eine Flasche	ein Computer
Mann wäscht Auto	eine Yacht
Spielkarten	...
ein Hund	

Variation: Die Lehrerin / der Lehrer gibt nur vier oder fünf Karten aus. Die Teilnehmerinnen und Teilnehmer stellen (in Kleingruppen) selbst die restlichen Karten her.

In Kleingruppen
Die Spieler können selbst Aufgaben und Lösungen finden

272 Stadtplanung[24]

Gruppen mit 3 bis 4 „Städteplanern" bekommen den Auftrag, auf einem Bauland von 2 x 3 km ein neues humanes Wohnviertel für ca. 5000 Menschen zu planen. Das Ergebnis soll auf einer Skizze festgehalten werden. Nach einer Planungszeit von 45 min geht jede Gruppe an die Tafel und beschreibt ihr Modell anhand der Skizze, die an die Tafel gezeichnet wird.

Danach hat das Plenum auf einer „Pressekonferenz" die Möglichkeit, Fragen an die jeweilige Gruppe zu stellen. Eine Jury wählt das beste Modell aus, die Entscheidung muß aber begründet werden.

(Grammatik-Übungsfeld: Lokalangaben)

---

[23] SPIEL DOCH MIT (1986), Nr. 9
[24] WALTER LOHFERT (1982), S. 114

Kartenspiele

273 Kauftips[25]

Die Klasse teilt sich in zwei gegenübersitzende Gruppen. Jeder Spieler der Gruppe A bekommt eine Karte, auf der eine Ware angegeben ist. Jeder Spieler der Gruppe B bekommt eine Karte mit einer Adresse, einer möglichen Antwort. Die A-Spieler fragen die B-Spieler. Wer die entsprechende Antwortkarte hat, sagt: Am besten gehst du in die Töpfergasse in das Sportgeschäft, oder: Geh doch in das Sportgeschäft in der Töpfergasse 12 ... Gruppenwechsel nach einem Durchgang.

Aspirin	APOTHEKE Bergweg 34
Blumen	SPORTGESCHÄFT Töpfergasse 12
Brot	WARENHAUS Kaiserstraße 89
Brille	REISEBÜRO Bergweg 7 a
Grimms Märchen	ZEITUNGSSTAND Ecke
Hamburger	OPTIKER Opelplatz 8
Jacke	MARKT Zentrum
Reiseprospekte	GARTEN Haus
Salat	BIBLIOTHEK Marienplatz 5
Skier	IMBISSBUDE Martinstor
Schuhe	SCHUHGESCHÄFT Seestraße 126
Zeitung	BÄCKEREI Salzstraße 48

[25] SPIEL DOCH MIT (1986), Nr. 4

274 Quartettspiel selbst bauen

Das hier abgedruckte Quartettspiel[26] ist für Jugendliche gemacht (die sprachlichen Anforderungen sind nicht so leicht wie es auf den ersten Blick scheint), es läßt sich aber durchaus auch in einem Anfängerkurs mit Erwachsenen einsetzen. Es steht hier vor allem als Anregung: Die Schülerinnen und Schüler, ab der oberen Grundstufe, können solche Quartettspiele selbst entwickeln – sei es auf dem eigenen Sprachniveau, sei es für ein niedrigeres sprachliches Niveau, also als Geschenk für die Nachbarklasse.

Zum Ansporn können die Quartett-Baumeister das hier vorgelegte Muster bekommen. Das neue Produkt sollte aber mindestens ebensoviel Phantasie und trickreiche Einfälle besitzen wie das Muster.

Muster:

---

[26] Sequenz. Film und Pädagogik. Goethe-Institut Nancy. Nr. 8. 1994. S. 144–146

Der Schmetterling

das Flußpferd
der Eisbär
das Chamäleon

Das Flußpferd

der Schmetterling
der Eisbär
das Chamäleon

Der Eisbär

der Schmetterling
das Flußpferd
das Chamäleon

Das Chamäleon

der Schmetterling
das Flußpferd
der Eisbär

Der Wal

der Nordpol
das Meer
die Eisscholle

Die Eisscholle

der Nordpol
das Meer
der Wal

Das Meer

der Nordpol
die Eisscholle
der Wal

Der Nordpol

das Meer
die Eisscholle
der Wal

Die Palme

das Faß
der Fluß
die Insel

Die Insel

das Faß
der Fluß
die Palme

Der Fluß

das Faß
die Palme
die Insel

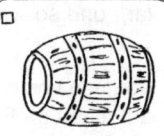

Das Faß

der Fluß
die Palme
die Insel

Der Mond

die Sonne
die Nacht
der Wind

Die Sonne

der Mond
die Nacht
der Wind

Die Nacht

der Mond
die Sonne
der Wind

Der Wind

der Mond
die Nacht
die Sonne

Kettenspiele

275 Wortkette[27]

Aus jedem Halstuch oder sauberen Taschentuch kann ich durch einfaches Verknoten einen „Plumpsack" herstellen. Vorteile (gegenüber dem Ball): Mit dem Knotentuch läßt sich leichter zielen, es läßt sich leichter auffangen (es gibt ja Schüler und womöglich Lehrer, die keine Lust haben, sich wie im Sportklub zu fühlen). Natürlich funktioniert das Spiel auch ganz ohne Tuch oder Ball.

a

Der erste Spieler sagt irgendein Nomen („Apfel"). Der Spieler, dem er das Tuch zuwirft, findet ein Wort, das mit dem letzten Buchstaben des davor genannten beginnt („Land").

Varianten: Es sollen nur grüne (blaue? gelbe?) Dinge genannt werden. Es sollen nur Berufe / Länder / Dinge aus Metall / Pflanzen … genannt werden.

b

Das Knotentuch wird von einem zusammengesetzten Nomen begleitet („Dickkopf"). Der zweite Teil des Wortes bildet nun den ersten Teil des neuen („Kopfsalat") und so weiter.

c

Variante von b: Schriftlich in Kleingruppen. Die Spieler malen ihre Wortschlangen auf einen großen Bogen Papier. Beispiel:

Haustür - Türschlüssel - Schlüsselbund - Bundeskanzler - Kanzleramt…
…. Amtsmißbrauch

Spiel b: Wegen der Fugenelemente nur für Mittelstufe empfohlen

276 Boot laden[28]

Der erste Spieler sagt: „Ich lade unser Boot und lege das Zelt hinein". Der nächste Spieler (durch das Knotentuch oder durch Blicke gewählt) wiederholt den Satz und fügt einen Gegenstand hinzu, zum Beispiel: „Ich lade unser Boot und lege das Zelt und stelle mein Fahrrad hinein". Und so weiter.

Variante: mit Adjektiven („das blaue Zelt").

---

[27] ANNE SPIER (1981), S. 42/43. Vgl. auch ELISABETH HEIM (1981), S. 55
[28] ANNE SPIER (1981), S. 46. Variiert

Orakelspiele

Zwei dieser kommunikativ ungemein anregenden und ergiebigen Spiele wurden im vorliegenden Handbuch bereits empfohlen: das Handlesen (oben S. 169) und das Bleigießen (oben S. 460). Hier zwei weitere Spiele.

277 Figurenlesen[29]

a

Klecksen

Jede Spielerin und jeder Spieler macht mit Tinte, Tusche oder kräftigen Aquarellfarben ein paar Kleckse auf ein Blatt Papier. Nun wird das Blatt in der Mitte gefaltet, so daß die Klecksographie symmetrisch wird, oder ein zweites Blatt Papier wird daraufgelegt.

Was bedeuten diese seltsamen Figuren (und womöglich: für die Zukunft)?

In Kleingruppen
(Berichte über die Ergebnisse im Plenum?)

b

Aus der Kaffeetasse lesen

Die Teilnehmerinnen und Teilnehmer trinken eine kleine Tasse mit starkem Kaffee, sehr fein gemahlen, ungefiltert. Nachdem die Tasse ausgetrunken ist, wird sie sofort auf eine Papierserviette gekippt. Einige Minuten warten. Auf der Tasseninnenseite entstehen Figuren. Links vom Henkel weg nach oben: die private Seite. Rechts vom Henkel weg nach oben: die öffentliche Seite. (Den Henkel halte ich beim Betrachten unten.)

Was bedeuten die Figuren? Der Phantasie sind keine Grenzen gesetzt.

In Kleingruppen
(Berichte über die Ergebnisse im Plenum?)

---

[29] ELISABETH HEIM (1981), S. 10 und KÜCHE

Pantomime

Pantomime – ein kommunikatives Spiel von allergrößtem Charme und Gewinn auf vielen Ebenen – wurde in diesem Handbuch bereits in sechs Formen empfohlen: auf den Seiten 101–103. 272. 461.

Hier eine weitere Variante.

278 Pantomime: Den Ort raten[30]

Vorweg allgemein zur Pantomime: Hier gibt es keine Gegenstände – keine Tassen, keine Zeitungen, keinen Hobel – alles existiert nur im Kopf. Es wird nicht gesprochen, nur gemimt. Zu jedem Spiel, so auch zur Pantomime, gehört der Kitzel, daß es auch Herausforderungen gibt, die nicht auf Anhieb gelingen.

Die Klasse teilt sich in zwei Gruppen. Gruppe A einigt sich auf einen Ort, wie etwa

Wartezimmer
Zoo
Flugzeug
Schreinerwerkstatt
Café
Kaufhaus
Sauna
Berggipfel

Die Rollen werden verteilt, die zu dem verabredeten Ort passenden Tätigkeiten pantomimisch dargestellt. Gruppe B errät den Ort. Nächstes Spiel: Gruppe B spielt, Gruppe A rät. Hier gibt es sehr viel Gesprächsstoff – zunächst geflüstert, dann laut gesprochen.

---

[30] ELISABETH HEIM (1981), S. 91/92

Quiz

Dieses im Medienzeitalter so beliebte Spiel läßt sich für den Fremdsprachen-unterricht bequem einspannen. Besonders wenn ein Quiz listig gemacht ist, kann es als leichter Einstieg in einen Themenkreis und zur beiläufigen Vermittlung neuen Wortschatzes gute Dienste leisten. Die im Fernsehen meist geltende Bedingung, daß die Antworten innerhalb einer vorgegebenen Zeit erfolgen müssen, entfällt im Sprachunterricht. Natürlich kommt es, aus der Sicht des Sprachdidaktikers, überhaupt nicht auf die sachliche Richtigkeit der Antworten an, sondern auf die beim Suchen der Antworten entstehende Diskussion, und Stoff dafür liefert ein gut gemachtes Quiz genug.

279 Quiz mit Auswahlantworten[31]

1 Es gibt auf der Welt
☐ a   822 Sprachen.
☐ b 2790 Sprachen.
☐ c 9781 Sprachen.

2 Die internationale Postsprache ist
☐ a   Englisch.
☐ b   Spanisch.
☐ c   Französisch.

3 Wieviel Prozent der Deutschsprachigen leben in Deutschland?
☐ a   rund 91%.
☐ b   rund 67%.
☐ c   rund 39%.

4 In Deutschland leben rund
☐ a   5,8 Millionen Ausländer.
☐ b   3,8 Millionen Ausländer.
☐ c   2,2 Millionen Ausländer.

5 In Europa ist – nach dem Russischen – die meistgesprochene Sprache
☐ a   das Englische.
☐ b   das Italienische.
☐ c   das Deutsche.

6 Schwyzertüütsch ist
☐ a   ein alemannischer Dialekt.
☐ b   ein schwäbischer Dialekt.
☐ c   eine romanische Sprache.

7 Im Elsaß spricht man heutzutage im Alltag überwiegend
☐ a   französisch.
☐ b   elsässisch.
☐ c   deutsch.

8 Die große Sprachfamilie, der auch die deutsche Sprache entstammt, nannte 1816 der deutsche Forscher Franz Bopp „indoeuropäisch". Diese Bezeichnung ist heute international gebräuchlich.

☐ a Deutsche Forscher sagen dafür auch „indogermanisch".
☐ b Französische Forscher sagen dafür auch „indokeltisch".
☐ c Bayrische Forscher sagen dafür auch „indobairisch".

Nur eine der drei Behauptungen a, b oder c ist falsch. Welche?

Mittelstufe

---

[31] SPRACHKURS DEUTSCH NEU 6, S. 115. Auflösung: 1b. 2c. 3b. 4a. 5c. 6a. 7a. 8c

280 Schüler bauen ein Quiz[32]

Neben der oben gezeigten Quizform gibt es weitere, zum Beispiel

- Offene Fragen

- Lückentext

- Text, etwa Kurzbiographie, mit vier (oder sechs oder ...) falschen Angaben. Die Anzahl der Falschangaben muß genannt werden.

Intellektuell sehr animierende, sprachlich ertragreiche Aufgabe: Die Schülerinnen und Schüler stellen selbst ein Quiz über ein bestimmtes Fachgebiet, eine Persönlichkeit, einen Ort (z. B. den Kursort) her, nicht nur für die Teilnehmer(innen) des eigenen Kurses, sondern auch für die Nachbarklassen.

Für die Erfinder interessanteste Form: Quiz mit Auswahlantworten.

In Kleingruppen
Die Schüler selbst erfinden die Aufgaben

---

[32] KÜCHE

Rätsel

Zur Rubrik „Buchstabenspiele", S. 469, zählen wir alle Arten von Kreuzworträtseln, Silbenrätseln, Rösselsprung, Anagrammspielen etc. (Sechs Beispiele finden Sie bereits in Kapitel 3, S. 95–99.)

Im Grammatikkapitel finden Sie ein grammatisches Rätsel (S. 159).

Hier weitere Rätsel-Formen.

281 Texträtsel[33]

Zweihundertzehn Studentinnen und Studenten freuen sich, lachen und feiern. Warum? Drei Professoren sind heute unpünktlich: Professor Martius, Professor Cornelius und Professor Teddy.

Endlich erscheinen die drei Herren eilig in ihren Hörsälen. Alle drei bluten. Der eine hat sich beim Rasieren ins Ohr geschnitten. Der andere hat beim Öffnen der Dosenmilch seinen Finger verletzt. Der dritte ist vom Fahrrad gefallen.

Die Fächer der Professoren sind Anatomie, Biochemie und Koreanisch. Der Biochemieprofessor hat sich ins Ohr geschnitten. Das ist nicht Professor Teddy. Professor Martius ist vom Fahrrad gefallen. Er spricht kein Koreanisch. Warum kommen die Professoren Martius, Cornelius und Teddy zu spät, welches sind ihre Fächer?

---

[33] SPRACHKURS DEUTSCH NEU 4, S. 101

Auflösung. Der Biochemieprofessor Cornelius hat sich ins Ohr geschnitten, der Koreanischprofessor Teddy hat sich den Finger verletzt, der Anatomieprofessor Martius ist vom Rad gestürzt.

282 Spruchrätsel[34]

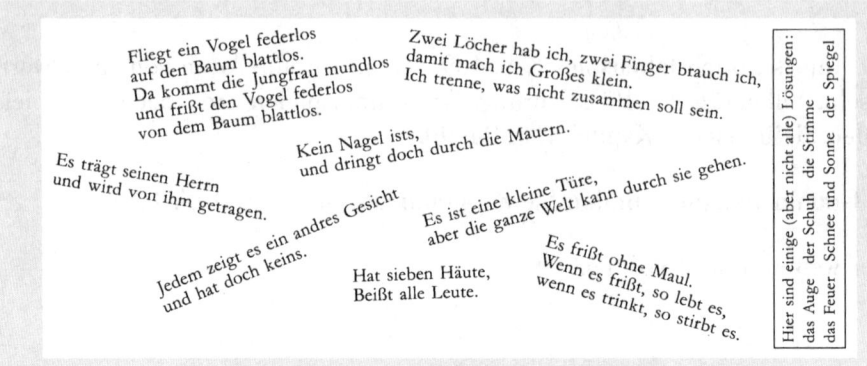

Fliegt ein Vogel federlos
auf den Baum blattlos.
Da kommt die Jungfrau mundlos
und frißt den Vogel federlos
von dem Baum blattlos.

Zwei Löcher hab ich, zwei Finger brauch ich,
damit mach ich Großes klein.
Ich trenne, was nicht zusammen soll sein.

Es trägt seinen Herrn
und wird von ihm getragen.

Kein Nagel ists,
und dringt doch durch die Mauern.

Jedem zeigt es ein andres Gesicht
und hat doch keins.

Es ist eine kleine Türe,
aber die ganze Welt kann durch sie gehen.

Hat sieben Häute,
Beißt alle Leute.

Es frißt ohne Maul.
Wenn es frißt, so lebt es,
wenn es trinkt, so stirbt es.

Hier sind einige (aber nicht alle) Lösungen:
das Auge der Schuh die Stimme
das Feuer Schnee und Sonne der Spiegel

283 Begriffsrätsel[35]

Rätsel 1:
1. Ein Ort, der immer schöner wird, je älter man wird.
2. Ein Ort, in dem alles kleiner ist, wenn man dahin zurückkommt.
3. Ein Ort, von dem man oft träumt.
4. Ein Ort, in dem manches ganz deutlich zu sehen ist, und anderes verschwommen.
5. Ein Ort, an den man nie zurückkehrt.
6. Ein Ort, den auch Blinde sehen können.
7. Ein Ort, ohne den wir nicht wir wären.

Rätsel 2:
1. Etwas, was man nicht anfassen kann, aber was man durch Berührung spürt.
2. Etwas, was man nicht kaufen kann, aber wofür viele Leute Geld bezahlen.
3. Etwas, woran man sterben kann, obwohl man es zum Leben braucht.
4. Etwas, womit geworben wird.
5. Etwas, wozu man niemanden zwingen kann.
6. Etwas, woran man sich gern erinnert, auch wenn man darunter gelitten hat.
7. Etwas, was jedesmal neu ist, obwohl es immer dasselbe ist.
8. Etwas, wonach sich jeder sehnt, wenn er es nicht hat, aber was man leicht vernachlässigt, wenn man es hat.
9. Etwas, wovon man abwechselnd krank und lebendig werden kann.
10. Etwas, was man nicht für sich behalten darf, wenn man es behalten will.
11. Etwas, was nur bleibt, wenn man es gehen läßt.
12. Etwas, was sich verändern muß, um gleich zu bleiben.

Schreiben Sie ähnliche Rätsel.

Mittelstufe

---

[34] SPRACHKURS DEUTSCH NEU 4, S. 124
[35] SICHTWECHSEL NEU 1. Textbuch S. 157

Rollenspiel / Szenisches Spiel

Zu diesem Thema gibt es eine ausführliche Darstellung mit einer Reihe von Unterrichtsvorschlägen im Kapitel Sprechen auf den Seiten 269–271.

Eine weitere, grammatisch orientierte Form von Rollenspiel erwähnt das Kapitel Grammatik auf S. 168, stellvertretend für viele vergleichbare Aufgaben.

Es folgt hier noch eine detailliertere Spielanweisung zum Thema „einen Fremden ansprechen".

284 Gesprächsspiel: Reisebekanntschaft[36]

Sie befinden sich auf einer längeren Reise (auf dem Schiff, im Zug, in der Gondel eines Luftballons: Über Reiseweg und -ziel einigen Sie sich vor dem Gespräch). Ihnen gegenüber sitzt eine Person, die Sie so sympathisch finden, daß Sie mit ihr ins Gespräch kommen wollen. Ihre Absicht ist, eine Verabredung zu treffen, weil Sie mit dieser Person in Kontakt bleiben möchten. Das Gespräch läuft so lang, bis eine Verabredung zustande kommt oder endgültig abgelehnt wird.

In Kleingruppen

---

[36] SPIELE FÜR DEN DEUTSCHUNTERRICHT (1982), S. 38. Dort weitere Rollenspiele S. 30–32. 39–41. 44/45

Schreibspiele

285 Alliteration[37]

Mindestens vier Wörter in einem Satz sollen mit demselben Buchstaben beginnen, zum Beispiel „Merkwürdig, wie gut meinen Gästen meine mißglückte Mehlsuppe schmeckt!"

Version 1. Rede und Antwort. Kleingruppe A (bestehend aus 2–3 Mitspielern) formuliert mit D-Alliteration eine Behauptung, eine Beobachtung, ein Lob, einen Anwurf, der mit der Gruppe B zusammenhängt. Gruppe B widerspricht mit W-Alliteration und formuliert ihrerseits einen Satz mit F-Alliteration, der auf Gruppe A paßt. Und so weiter.

Version 2. Ein längerer Text entsteht. Die dominierenden Buchstaben wechseln von Satz zu Satz.

In Kleingruppen

286 Inserate[38]

Wir verfassen Inserate. Spieler 1 setzt oben auf ein Blatt Papier einen Gegenstand wie etwa „Kätzchen / Cabriolet / Reisebegleiter / Gitarre" und faltet das Papier um. Spieler 2 (der nicht weiß, was Spieler 1 geschrieben hat) malt die Eigenschaften des Gegenstands aus: „spricht fließend Spanisch / eine Woche alt / nur 45 000 km". Er faltet wiederum das Papier um. Spieler 3 ergänzt die lobende Beschreibung, die Spieler 2 gegeben hat, faltet um und gibt an Spieler 4 weiter. Der notiert nun den Zweck des Inserats: „zum Tausch gegen ... / dringend gesucht / entlaufen ..." Das Ergebnis ist verblüffend.

---

[37] ELISABETH HEIM (1981), S. 62. Variiert
[38] Ebd. S. 39. Variiert

Sprechspiele

Sprechspiele im engeren Sinn (mündliche Beschreibung / Nachricht / Statement) werden an verschiedenen Stellen des vorliegenden Buchs gegeben, zum Beispiel im Wortschatzkapitel S. 106. 110/111. 120/121. Hier ein weiteres Sprechspiel.

287 Bildbeschreibung[39]

Jede Kleingruppe erhält ein Bild, für das sie innerhalb von 10–12 Minuten eine Beschreibung formuliert und in Stichworten notiert. Die erste Gruppe wählt nun aus einer anderen einen Zeichner, der an der Tafel nach ihren Anweisungen das Bild skizziert. Vor Beginn der Reproduktion bekommt die Gruppe, aus der der Zeichner stammt, das Bild: Sie kontrolliert, ob die Anweisungen korrekt sind. Die Gruppe, aus der der Zeichner stammt, wählt aus der dritten Gruppe den nächsten Zeichner und so weiter.

Die Bilder sollten nicht zu viele Details enthalten. Gut eignen sich Landschaften, kleine Alltagsszenen, geometrische Zeichnungen.

In Kleingruppen

Szenisches Spiel siehe Rollenspiel, S. 487.

Ton – Bild – Spiel

Dieses Spiel finden Sie im Kapitel Hören, S. 25/26.

Utopie-Spiele

Diese Projektspiele finden Sie im Kapitel Ganzaufgaben, S. 454/455. 457.

---

[39] SPIELE FÜR DEN DEUTSCHUNTERRICHT (1982), S. 26/27

Würfelspiele

Daß die Einführung der Zahlen am besten mit allerlei Würfelspielen läuft, ist natürlich bekannt. Weitere Möglichkeiten:

288 Sätze bauen[40]

Ein großer Würfel ist auf den sechs Seiten mit den sechs Fragen bemalt:
wann?
wen?
wo?
warum?
wie oft?
wie?

Die Kleingruppe einigt sich auf das Subjekt des Satzes, zum Beispiel „der Spatz". Der erste Spieler würfelt, nach oben fällt „wo?". Die Spieler finden den Ort, zum Beispiel „auf dem Strandhotel". Der nächste Spieler würfelt, oben liegt „wie?", usw. Übungsschwerpunkte: Präpositionen, Wortposition im Satz.

In Kleingruppen
Eher für Kurse mit Jugendlichen geeignet

289 Positivismus[41]

Wir einigen uns darauf, daß die Würfelaugen Bewertungen ausdrücken, zum Beispiel

1 Auge:	schrecklich
2 Augen:	schlecht
6 Augen:	wundervoll

oder umgekehrt. Das Spiel läuft in Kleingruppen. Der erste Spieler gibt den Würfel dem zweiten Spieler und fragt ihn – den Würfel – nach irgendeiner Bewertung, zum Beispiel „Wie findest du meine neue Frisur?" oder „Was hältst du von dem Institutsleiter?". Der Würfel – den der zweite Spieler nun wirft – antwortet mit 2 Augen. Der zweite Spieler findet nun ein zur Sache passendes, aber immer positiv formuliertes Urteil, wie zum Beispiel „Nett von dem Friseur, daß er noch ein paar Haare übriggelassen hat" oder „Er hat ein schickes Auto". Der zweite stellt die nächste Frage an den Würfel, der dritte Spieler würfelt usw.

In Kleingruppen

---

[40] KÜCHE. Variiert nach ANNE SPIER (1981), S. 110
[41] KÜCHE

Zaubern

Diese sehr lernproduktiven Aufgaben sind in erster Linie eine praktische Erprobung des Leseverstehens (Textmißverständnisse werden von der Sache selbst korrigiert). Das Spiel dient zugleich der Unterhaltung im doppelten Sinn. Hier zwei verschiedene Formen des Zauberspiels:

290 Zahlenmagie[42]

Sim-Sala-Bim

Der berühmte Zauberer Oberon kann Gedanken lesen. Er bittet einen Zuschauer:

Nehmen Sie einen Zettel und schreiben Sie Ihr Geburtsjahr nieder. Nun schreiben Sie darunter die Jahreszahl eines wichtigen Moments in Ihrem Leben. Darunter bitte Ihr Alter am 31. Dezember des jetzigen Jahres. Und darunter noch die Zahl der Jahre, die seit jenem wichtigen Moment vorüber sind, und nun addieren Sie alles. Der Zauberer Oberon kennt – SIM-SALA-BIM – das Ergebnis. Sie auch?

Spielen Sie den Zauberer Oberon. Probieren Sie das Kunststück mit Studenten anderer Klassen.

291 Bar-Magie[43]

Einige Eiswürfel sind vom Cocktail übriggeblieben. Sie liegen in einer kleinen Schale. Auch der berühmte Zauberer Oberon ist an diesem Abend erschienen, und er zeigt den Gästen, wie man einen Eiswürfel aus der Schale holen kann, ohne ihn zu berühren. Er legt ein Streichholz quer über einen Würfel, schwingt seinen Zauberstab feierlich und sagt SIM-SALA-BIM – und holt, nach etwa einer Minute, den Würfel heraus, der an dem Streichholz klebt. Keiner macht ihm dies nach. (Denn der große Zauberer hat zuvor unbemerkt etwas Salz über den Würfel gestreut.)

Literatur zum Thema dieses Kapitels Seite 510/511
Gesichtete Lehrwerke Seite 492–494

---

[42] SPRACHKURS DEUTSCH NEU 4, S. 124
[43] KÜCHE

Bibliographie[1]

1. Gesichtete Lehrwerke
2. Untersuchungen: Nach Sachgebieten geordnet
3. Untersuchungen: Alphabetisch geordnet

1. Gesichtete Lehrwerke

Die Lehrwerke, aus denen Beispiele von Übungen oder Aufgaben zitiert werden, sind in den Fußnoten mit einem Schlagwort (in VERSALIEN) angeführt. Den bibliographischen Nachweis finden Sie hier unter demselben Schlagwort (in VERSALIEN). Im folgenden wird zwar die Anzahl der Bände angegeben, nicht aber deren Unterteilung in Textbücher (Lehrbücher / Kursbücher) und Arbeitsbücher (Übungsbücher). Als Autorinnen und Autoren werden im allgemeinen die Mitarbeiter(innen) aller Bände angeführt.
Etliche Aufgaben und Übungen stammen aus unveröffentlichten Materialien. Die Bezeichnung DRUGSTORE steht für: Werkstatt Piepho. Die Bezeichnung KÜCHE steht für: Werkstatt Häussermann.
Sofern Beispiele von Aufgaben und Übungen nicht aus Lehrwerken, sondern aus didaktischen Untersuchungen entnommen wurden, finden Sie die bibliographischen Angaben schon in der jeweiligen Fußnote oder hier in der Bibliographie der Untersuchungen, S. 495–521.

BAUER, HANS LUDWIG et al.: Atmosphärische Hörszenen für Anfänger. Bonn: Inter Nationes. 2. Aufl. 1990

CHIN AGRAR. Deutsch für [chinesische] Agrarwissenschaftler. Dossiers 1–12. Von Yingjie Dai und Hans-Eberhard Piepho. Gießen 1993 [Manuskriptdruck]

DEUTSCH AKTIV NEU. Band 1 A. 1 B. 1 C. Von Kees van Eunen, Josef Gerighausen, Gerd Neuner, Theo Scherling, Reiner Schmidt, Heinz Wilms. Berlin …: Langenscheidt 1986–1989

DEUTSCH HIER. Von Theo Scherling, Hans Friedrich Schukall, Heinz Wilms. Berlin …: Langenscheidt 1982–1985

DEUTSCH KOMPLEX. Band 1. 2. Von Gisa Baudisch, Sylvia Eggert, Hildegard Jacobeit, Birgit Kößling, Martin Löschmann, Ursula Nebe-Al Rikabi, Lothar Schmidt, Ruth Sezesny. Leipzig: Sachsenbuch 1993

DEUTSCH KONTRASTIV. Von Peter Bochow, Gopalan Krishnamurthy, Henning Schroedter-Albers et al. New Delhi: RNC 1984

DIELING, HELGA / URSULA HIRSCHFELD: Phonetik lehren und lernen. Berlin …: Langenscheidt 1995. (Fernstudienprojekt des DIFF, der GhK und des GI. Erprobungsfassung)

DUDEN-ÜBUNGSBÜCHER 5. Übungen zur deutschen Sprache 1. Grammatische Übungen. Von Stefanie und Gerhard Kaufmann. Mannheim …: Dudenverlag 1975

---

[1] Die Titel werden, entgegen verbreiteter Gepflogenheit, mit vollständigem Autorennamen und Verlag angegeben

EHLERS, SWANTJE: Der Golem. In: Sequenz 7. Nancy: Goethe-Institut 1992. S. 110–131

EICHHEIM, Hubert / Günther STORCH: Mit Erfolg zum Zertifikat. München: Klett Edition Deutsch 1993

EINDRÜCKE – EINBLICKE. Von Karl-Heinz Drochner und Dieter Föhr. Berlin …: Langenscheidt 1985

FREY, EVELYN: Kursbuch Phonetik. Ismaning: Hueber 1995

GEGENSÄTZE. Von Klaus Lodewick. Göttingen: Fabouda 1994

GRAMMATIK À LA CARTE. Band 1. 2. Von Mary L. Apelt, Hans-Peter Apelt, Margot Wagner. Frankfurt: Diesterweg. Aarau: Sauerländer 1992–1994

GRUNDGRAMMATIK DEUTSCH. Von Jürgen Kars und Ulrich Häussermann. Frankfurt: Diesterweg. Aarau: Sauerländer. 4. Aufl. 1992

GUTTERER, GISELA / BERND LATOUR: Grammatik in wissenschaftlichen Texten. 2. Aufl. Ismaning: Hueber 1986

HANDBUCH DES DEUTSCHSPRACHIGEN FACHUNTERRICHTS. Von Josef Leisen. Bonn: Varus 1994

HEIM, ELISABETH: Gesellschaftsspiele für jung und alt. Kassel: Stauda 1981

HERRMANN, KARIN: Übungsformen [zu literarischen Texten]. In: Literarische Texte in der Unterrichtspraxis. Band 3. München: Goethe-Institut 1984

HERRMANN, KARIN: Wirtschaftstexte im Unterricht. München: Goethe-Institut 1990

HORIZONTE. Deutsch für Fortgeschrittene. Lehrbuch. Von Birgit Gasperschitz Zambardi, Giuseppa Piccarda Randone, Hella Voit. Milano: RCS Libri & Grandi Opere 1996. (Sansoni per la Scuola)

IL TEDESCO SCIENTIFICO. Von Maria Böhmer, Ursula Tassinari. Roma: Bulzoni 1982

KAMINSKI, DIETHELM: Eine Beispielsammlung. In: Literarische Texte in der Unterrichtspraxis. Band 2. München: Goethe-Institut 1984

KAMINSKI, DIETHELM: Sagen. Aufgaben und Übungen. München: Goethe-Institut 1989

L'ALLEMAND CLÉS EN MAIN. Von Hubert Eichheim, Barbara Momenteau, Ulrich Olschewski, Dietrich Sturm. Berlin …: Langenscheidt 1987

LERNIDEEN MIT BILDERN. Von Diethelm Kaminski. Ismaning: Verlag für Deutsch 1980

LITERATURKURS DEUTSCH. Von Germana D'Alessio, Christiane C. Günther, Ulrich Häussermann, Diethelm Kaminski. Frankfurt: Diesterweg. Aarau: Sauerländer 1987

LOHFERT, WALTER: Kommunikative Spiele für Deutsch als Fremdsprache. Ismaning: Hueber 1982

LOS EMOL. Von Martin Müller, Lukas Wertenschlag. Berlin …: Langenscheidt 1985

MARTINI, MADDALENA: Lesekurs für Anfänger. Firenze: Sansoni 1993

MEMO. Von Gernot Häublein, Martin Müller, Paul Rusch, Theo Scherling, Lukas Wertenschlag. Berlin …: Langenscheidt 1995

RUG, Wolfgang / Andreas TOMASZEWSKI: Grammatik mit Sinn und Verstand. München: Klett Edition Deutsch 1993

SCHUMANN, Johannes: MITTELSTUFE Deutsch. Ismaning: Verlag für Deutsch 1992

Sequenz. Film und Pädagogik. Goethe-Institut Nancy. Nr. 8. 1994

SICHTWECHSEL [ALT]. Von Saskia Bachmann, Trudi Brecheisen, Sebastian Gerhold, Martin Hog, Bernd-Dietrich Müller, Gerd Wessling. Stuttgart: Klett 1984–1988

SICHTWECHSEL NEU. Band 1. Von Saskia Bachmann, Sebastian Gerhold, Bernd-Dietrich Müller, Gerd Wessling. München: Klett Edition Deutsch 1995

SOWIESO. Band 1. Von Hermann Funk, Michael Koenig, Theo Scherling, Gerd Neuner. Berlin …: Langenscheidt 1994

SPIEL DOCH MIT. Hrsg. v. Wolfgang Eschker und Diethelm Kaminski. München: Goethe-Institut 1986

SPIELE FÜR DEN DEUTSCHUNTERRICHT. Informationen Deutsch als Fremdsprache 2/1982

SPIER, ANNE: Mit Spielen Deutsch lernen. Frankfurt: Cornelsen Scriptor 1981

SPRACHBRÜCKE. Band 1. 2. Von Heike Behal-Thomsen, Jürgen Genuneit, Gudula Mebus, Andreas Pauldrach, Marlene Rall, Dietmar Rösler. München: Klett Edition Deutsch 1987–1989

SPRACHKURS DEUTSCH NEU. Band 1–6. Von Dagmar Blei, Georg Dietrich, Sieglinde Gruber, Christiane C. Günther, Gisela Häussermann, Ulrich Häussermann, Stephanie Heckner, Karin Herrmann, Helmut Hofmann, Diethelm Kaminski, Dietrich Sturm, Timm Tralau, Hella Voit-von Kirschten, Hans-Heinrich Wängler, Konrad Wille, Ulrike Woods, Hugo Zenkner. Frankfurt: Diesterweg. Aarau: Sauerländer 1989–1994

SPRECHEN UND SPRACHE. Band 1–3. Von Marina Bartolo, Emilia De Micheli Zanovello, Birgit Gasperschitz Zambardi, Maddalena Martini Kars, Peter Müller, Giuseppina Piccarda Randone, Udo Schmitt, Iris Schneller, Frauke van der Werff. Firenze: Sansoni 1982–1984

STUFEN. Band 1–4. Von Anne Vorderwülbecke und Klaus Vorderwülbecke. München: Klett Edition Deutsch 1986–1991

DIE SUCHE. Band 1. Von Volker Eismann, Hans Magnus Enzensberger, Kees van Eunen, Brigitte Helmling, Bernd Kast, Ingrid Mummert, Maria Thurmair. Berlin ...: Langenscheidt 1993–1994

THEMEN NEU. Von Hartmut Aufderstraße, Heiko Bock, Werner Bönzli, Karl-Heinz Eisfeld, Mechthild Gerdes, Hanni Holthaus, Walter Lohfert, Helmut Müller, Jutta Müller, Uthild Schütze-Nöhmke. Ismaning: Hueber 1992–1994

VIEL SPASS MIT DEUTSCH. Band 1. 2. Von Prisna Taatloha, Budsabong Kowin, Srinantha Silapasawat, Sombun Piyasinachart, Hubert Maier-Knapp, Frank Krampinkowski, Georg Dietrich, Narümon Ngaosuwan, Pornsan Watanaggauhn. Bangkok: Duangkamol 1989–1990

VÖLKER, KRISTIN et al. (Hrsg.): Literarische Texte in der Unterrichtspraxis. Band 1. München: Goethe-Institut 1984

WECHSELSPIEL. Von Michael Dreke, Wolfgang Lind. Berlin ...: Langenscheidt 1986

WEGE. NEUAUSGABE. Von Hans Jürg Tetzeli von Rosador, Gabriele Neuf-Münkel, Bernd Latour. Ismaning: Hueber 1992

WERR, CHRISTOPH: Literatur zum Anfassen. Ismaning: Hueber 1987

WIRTSCHAFTSDEUTSCH FÜR ANFÄNGER. Von Dominique Macaire und Gerd Nicolas. München: Klett Edition Deutsch 1995

WÖRTER ZUR WAHL. Von Magda Ferenbach und Ingrid Schüßler. Stuttgart: Klett 1970

2. Untersuchungen: Nach Sachgebieten geordnet

Die Arbeiten, die in den Fußnoten zum laufenden Text mit einem Schlagwort (in VERSALIEN) angeführt wurden, werden hier unter demselben Schlagwort (in VERSALIEN) bibliographisch nachgewiesen.
Des weiteren finden Sie hier eine knappe Auswahl aus der ergänzenden und weiterführenden Literatur.

Hören (zu Kapitel 1)

BAUER, HANS LUDWIG: Hören ohne Angst. In: Fremdsprache Deutsch 7. Hörverstehen. 1992. S. 24–27

BEILE, WERNER: Methodische Überlegungen zur Entwicklung der Hörverstehensfähigkeit. In: Zielsprache Deutsch 2/1980. S. 7–15

Bimmel, Peter / Mariet van de Ven: Verstehen üben, verstehen lernen. In: Fremdsprache Deutsch 7. Hörverstehen (1992). S. 12–16

DAHLHAUS, Barbara: Fertigkeit Hören. Berlin …: Langenscheidt 1994. (Fernstudienprojekt des DIFF, der GhK und des GI)

Davis, Paul / Mario Rinvolucri: Dictation. Cambridge: University Press 1988

Desselmann, Günther: Aufgaben- und Übungsgestaltung zur auditiven Sprachrezeption. In: Deutsch als Fremdsprache 6 (1983). S. 345–350

Dirven, Renée (Hrsg.): Hörverständnis im Fremdsprachenunterricht. Kronberg: Scriptor 1977

HANDBUCH FREMDSPRACHENUNTERRICHT. Hrsg. v. Karl-Richard Bausch, Herbert Christ, Hans-Jürgen Krumm. Tübingen, Basel: Francke. 3. Aufl. 1995

Hörmann, Hans: Der Vorgang des Verstehens. In: Wolfgang Kühlwein / Albert Raasch (Hrsg.): Sprache und Verstehen. Tübingen: Narr 1980. Band 1, S. 17–29

Kuntz, Helmut: Das Hörverstehenstraining und seine Progression. In: Info DaF 1984. S. 25–41

PFEIFFER, JOACHIM / ANNE MARGRET RUSAM: Autonomes Lernen. Die Methode „Lernen durch Lehren" in universitären Deutschkursen. In: Armin Wolff / Barbara Gügold (Hrsg.): Deutsch als Fremdsprache ohne Mauern. Regensburg 1994. (Materialien Deutsch als Fremdsprache 35) S. 243–250

SOLMECKE, GERT: Texte hören, lesen und verstehen. Berlin …: Langenscheidt 1993

UR, PENNY: Hörverständnisübungen. München: Hueber 1987

Weitere Literaturhinweise zu diesem Thema bei GERT SOLMECKE (siehe oben), S. 109–111

Aussprache (zu Kapitel 2)

BREITUNG, HORST (Hrsg.): Phonetik, Intonation, Kommunikation. München: Goethe-Institut 1994

CAUNEAU, ILSE: Hören, Brummen, Sprechen. Handbuch und Begleitheft. München: Klett Edition Deutsch 1992

DIELING, HELGA: Phonetik im Fremdsprachenunterricht Deutsch. Berlin …: Langenscheidt 1992

DIELING, HELGA / URSULA HIRSCHFELD: Phonetik lehren und lernen. Berlin …: Langenscheidt 1995. (Fernstudienprojekt des DIFF, der GhK und des GI. Erprobungsfassung)

Ehnert, Rolf: Ausspracheschulung. In: Rolf Ehnert (Hrsg.): Einführung in das Studium des Faches Deutsch als Fremdsprache. Frankfurt: Peter Lang 1989. S. 127–148

FREY, EVELYN: Kursbuch Phonetik. Ismaning: Hueber 1995

Griem, Eberhard: Korrektive Phonetik des Englischen. In: Der fremdsprachliche Unterricht 1/1977. S. 28–39

HIRSCHFELD, URSULA: Einführung in die deutsche Phonetik. Videokurs mit Begleitheft. Ismaning: Hueber 1992

HIRSCHFELD, URSULA: Phonetik im Unterricht Deutsch als Fremdsprache: Wie der Lehrer, so der Schüler? In: Fremdsprache Deutsch 12. Aussprache (1995). S. 6–10

Hirschfeld, Ursula: Übungsprogramm für die Mittelstufe. (Erscheint 1996)

Kelz, Heinrich P.: Ausspracheschulung im Spannungsfeld zwischen phonetischer Analyse und Unterricht in Deutsch als Fremdsprache. In: Info DaF 6/1993. S. 585–594

Kreuzer, Ursula / Klaus Pawlowski: Deutsche Hochlautung. Stuttgart: Klett 1971

Martens, Carl und Peter: Phonetik der deutschen Sprache. München: Hueber 1965

Mebus, Gudula: Erfolgskontrolle, Prüfung, Bewertung – auch für die Aussprache? In: Fremdsprache Deutsch 12. Aussprache (1995). S. 26–30

RAUSCH, RUDOLF / ILKA RAUSCH: Deutsche Phonetik für Ausländer. Berlin ...: Langenscheidt Verlag Enzyklopädie. 3. Aufl. 1993

Schiffler, Ludger: Lernpsychologische Überlegungen zur Korrekturphonetik im Fremdsprachen-Anfängerunterricht. In: Der fremdsprachliche Unterricht 1/1977. S. 20–27

SLEMBEK, EDITH: Lehrbuch der Fehleranalyse und Fehlertherapie. Heinsberg: Dieck. 2. Aufl. 1995

VORDERWÜLBECKE, KLAUS: Vom Sprechen zum Vorlesen. In: Klaus Vorderwülbecke (Hrsg.): Phonetik, Ausspracheschulung und Sprecherziehung im Bereich Deutsch als Fremdsprache. Regensburg 1992. (Materialien Deutsch als Fremdsprache 32) S. 131–142

WÄNGLER, HANS-HEINRICH: Grundriß einer Phonetik des Deutschen. Marburg: Elwert. 2. Aufl. 1967

Weitere Literaturhinweise zu diesem Thema bei HELGA DIELING / URSULA HIRSCHFELD (siehe oben), S. 189–192

Wortschatz (zu Kapitel 3)

ALBERS, HANS-GEORG / SIBYLLE BOLTON: Testen und Prüfen in der Grundstufe. Berlin ...: Langenscheidt 1995. (Fernstudienprojekt des DIFF, der GhK und des GI)

DROSDOWSKI, GÜNTHER (Hrsg.): Duden 4. Grammatik. Mannheim ...: Dudenverlag 1984

ERBEN, JOHANNES: Einführung in die deutsche Wortbildungslehre. Berlin: Erich Schmidt. 2. Aufl. 1983

FLEISCHER, WOLFGANG: Wortbildung der deutschen Gegenwartssprache. Tübingen: Niemeyer. 4. Aufl. 1975

FLEISCHER, WOLFGANG: Phraseologie der deutschen Gegenwartssprache. Leipzig: Bibliographisches Institut 1982

FUNK, HERMANN: Wörterbuch – Nein danke? Arbeit mit dem Wörterbuch im Deutschunterricht. In: Fremdsprache Deutsch 3. Wortschatzarbeit (1990). S. 22–28

HERINGER, HANS JÜRGEN: Grammatik und Stil. Frankfurt: Cornelsen 1989

KNAPP-POTTHOFF, ANNELIE / KARLFRIED KNAPP: Fremdsprachenlernen und -lehren. Stuttgart ...: Kohlhammer 1982

LATOUR, BERND: Mittelstufen-Grammatik für Deutsch als Fremdsprache. Ismaning: Hueber 1988

MÜLLER, BERND-DIETRICH: Wortschatzarbeit und Bedeutungsvermittlung. Berlin ...: Langenscheidt 1994. (Fernstudienprojekt des DIFF, der GhK und des GI)

Nation, Paul / Ron Carter (eds.): Vocabulary Acquisition. Amsterdam: Free University Press 1989. (Aila-Review 6)

Neuner, Gerhard: Mit dem Wortschatz arbeiten. In: Fremdsprache Deutsch 3. Wortschatzarbeit (1990). S. 4–11

NOKE, ANGELA: Untersuchungen zur Arbeit an und mit Phraseologismen im Fortgeschrittenenunterricht Deutsch als Fremdsprache. Phil. Diss. Leipzig 1990 (= 1990 a)

NOKE, ANGELA: Wer A sagt muß auch B lernen. Phraseologismen im Fortgeschrittenenunterricht. In: Die Ginkgo-Wurzel. Arbeitsheft für den Deutschunterricht. Nr. 3. Helsinki 1990. S. 40–45 (= 1990 b)

PORTMANN, PAUL R.: Schreiben und Lernen. Tübingen: Niemeyer 1991

PRELLER, ROLF-DIETER: Beispiele für die Einbeziehung suggestopädischer Verfahren in den Englischunterricht nach der Methode Lernen durch Lehren. In: Roland Graef, Rolf-Dieter Preller (Hrsg.): Lernen durch Lehren. Rimbach: Verlag im Wald 1994. S. 201–222

RAMPILLON, UTE: Lerntechniken im Fremdsprachenunterricht. München: Hueber 1985

ROHRER, JOSEF: Zur Rolle des Gedächtnisses beim Sprachenlernen. Bochum: Kamp. 3. Aufl. 1990

SAXER, ROBERT: Wortbildung im Sprachunterricht. In: Info DaF 1/1991. S. 55–62

SCHOUTEN-VAN PARREREN, CAROLINE: Wider das Vergessen. Lern- und gedächtnispsychologische Gesichtspunkte beim Wortschatzerwerb. In: Fremdsprache Deutsch 3. Wortschatzarbeit (1990). S. 12–16

SEGERMANN, KRISTA: Typologie des fremdsprachlichen Übens. Bochum: Brockmeyer 1992

STEINIG, WOLFGANG: Kann man eine fremde Sprache autonom in der Schule lernen? In: Martin Müller et al. (Hrsg.): Autonomes und partnerschaftliches Lernen. Berlin ...: Langenscheidt 1989. S. 31–48

WEINRICH, HARALD: Textgrammatik der deutschen Sprache. Mannheim ...: Dudenverlag 1993

Weitere Literaturhinweise zu diesem Thema: Fremdsprache Deutsch 3. Wortschatzarbeit (1990). S. 56/57

Grammatik (zu Kapitel 4)

DROSDOWSKI, GÜNTHER (Hrsg.): Duden 4. Grammatik. Mannheim ...: Dudenverlag 1984

ENGEL, ULRICH / ROZEMARIA KRYSTYNA TERTEL: Kommunikative Grammatik Deutsch als Fremdsprache. München: iudicium 1993

GICK, CORNELIA: Fördern Lehrwerke die Autonomie der Lerner? In: Martin Müller et al. (Hrsg.): Autonomes und partnerschaftliches Lernen. Berlin ...: Langenscheidt 1989. S. 163–185

GÖTZE, Lutz / Ernest W. B. HESS-LÜTTICH: Knaurs Grammatik der deutschen Sprache. München: Droemer-Knaur 1989

GROSS, HARRO / KLAUS FISCHER: Grammatikarbeit im Deutsch-als-Fremdsprache-Unterricht. München: iudicium 1990

GRUNDGRAMMATIK DEUTSCH von Jürgen Kars und Ulrich Häussermann. Frankfurt: Diesterweg. Aarau: Sauerländer. 4. Aufl. 1992

HÄUSSERMANN, Ulrich: Grundgrammatik Deutsch. In: Jahrbuch Deutsch als Fremdsprache 16. München: iudicium 1990. S. 173–181

HEID, MANFRED (Hrsg.): Die Rolle des Schreibens im Unterricht Deutsch als Fremdsprache. München: iudicium 1989

Helbig, Gerhard / Joachim Buscha: Deutsche Grammatik. Leipzig ...: Verlag Enzyklopädie / Langenscheidt 1991

HERINGER, HANS JÜRGEN: Grammatik und Stil. Frankfurt: Cornelsen 1989

LATOUR, BERND: Mittelstufen-Grammatik für Deutsch als Fremdsprache. Ismaning: Hueber 1988

MARTIN, JEAN-POL: Vorschlag eines anthropologisch begründeten Curriculums für den Fremdsprachenunterricht. Tübingen: Narr 1994 (= 1994 a)

PIEPHO, Hans-Eberhard: Kommunikative Didaktik des Englischunterrichts. Limburg: Frankonius 1979

PORTMANN, PAUL R.: Schreiben und Lernen. Tübingen: Niemeyer 1991

Weitere Literaturhinweise: Fremdsprache Deutsch 9. Lebendiges Grammatiklernen (1992). S. 62, sowie GRUNDGRAMMATIK DEUTSCH (siehe oben), S. 263/264.
Eine kommentierte Übersicht über neuere Grammatikdarstellungen finden Sie im hier vorliegenden Handbuch S. 160/161

Sprachliche Nuancen (zu Kapitel 5)

Bausinger, Hermann: Deutsch und Deutsche. Frankfurt: Fischer Taschenbuch Verlag. Neuausgabe 1984

Buhlmann, Rosemarie / Anneliese Fearns: Handbuch des Fachsprachenunterrichts. Berlin ...: Langenscheidt 1986

Eichhoff, Jürgen: Wortatlas der deutschen Umgangssprachen. Bern, München: Francke 1977

GRUNDGRAMMATIK DEUTSCH. Von Jürgen Kars und Ulrich Häussermann. Frankfurt: Diesterweg. Aarau: Sauerländer. 4. Aufl. 1992. Dort S. 212–216: Die gesprochene Sprache. S. 246–261: Stil

GUTTERER, GISELA / BERND LATOUR: Grammatik in wissenschaftlichen Texten. 2. Aufl. Ismaning: Hueber 1986

HANDBUCH DES DEUTSCHSPRACHIGEN FACHUNTERRICHTS. Von Josef Leisen. Bonn: Varus 1994

HENZEN, WALTER: Schriftsprache und Mundarten. Bern: Francke. 2. Aufl. 1954

HERINGER, HANS JÜRGEN: Grammatik und Stil. Frankfurt: Cornelsen 1989

HUTTERER, CLAUS JÜRGEN: Die germanischen Sprachen. Wiesbaden: Drei Lilien Verlag. 2. Aufl. 1987

METZLER LEXIKON SPRACHE. Hrsg. v. Helmut Glück. Stuttgart, Weimar: Metzler 1993. S. v. Dialekt; Jargon; Soziolekt; Umgangssprache

Rath, Rainer: Kommunikationspraxis. Göttingen: Vandenhoeck und Ruprecht 1979

RUG, Wolfgang / Andreas TOMASZEWSKI: Grammatik mit Sinn und Verstand. München: Klett Edition Deutsch 1993. S. 297–315: Gesprochene Umgangssprache

SEGERMANN, KRISTA: Typologie des fremdsprachlichen Übens. Bochum: Brockmeyer 1992

Weiss, Andreas: Syntax spontaner Gespräche. Düsseldorf: Schwann 1975

Didaktische Durchblicke (zu Kapitel 6)

Palaver 1: Aufgaben und Übungen
Zu Seite 195–197

Apelt, Walter: Lehren und Lernen fremder Sprachen. Berlin: Volk und Wissen 1991

BLEI, DAGMAR: Die Aufgabenstellung als Mittel zur Steuerung des Sprachsystem- und Sprachhandlungslernens. In: Pädagogische Hochschule „Karl Liebknecht" Potsdam. Wissenschaftliche Zeitschrift 2/1984. S. 297–303

Blei, Dagmar: Aufgabenstellungen als Modelle für interaktionales Sprachhandeln. In: Fragezeichen 1/1992. S. 14–19

Candlin, Christopher N. / Dermit Murphy (Hrsg.): Language Learning Tasks. Cambridge: Prentice-Hall International 1987

DESSELMANN, GÜNTHER: Handlungsorientierte Aufgabengestaltung im Deutschunterricht für Ausländer. Leipzig: Verlag Enzyklopädie 1987

DOYÉ, PETER: Typologie der Testaufgaben für den Unterricht Deutsch als Fremdsprache. Berlin …: Langenscheidt 1988

EDELHOFF, CHRISTOPH (Hrsg.): Kommunikativer Englischunterricht. München: Langenscheidt-Longman 1978

Edelhoff, Christoph (Hrsg.): Authentische Texte im Deutschunterricht. München: Hueber 1985

Kasper, Gabriele (Hrsg.): Learning, teaching and communication in the foreign language classroom. Aarhus: Aarhus University Press 1986

Knapp-Potthoff, Annelie: Fremdsprachliche Aufgaben. Tübingen: Narr 1979

Krashen, Stephen D.: Writing in a foreign language. Oxford: Pergamon 1982

LEGUTKE, MICHAEL: Lebendiger Englischunterricht. Bochum: Kamp 1988

MÜLLER, BERND-DIETRICH (Hrsg.): Anders lernen im Fremdsprachenunterricht. Berlin …: Langenscheidt 1989

NEUNER, GERHARD et al.: Übungstypologie zum kommunikativen Deutschunterricht. Berlin …: Langenscheidt 1981

Neuner, Gerhard / Hans-Eberhard Piepho: Aufgaben und Übungsgeschehen – ein lohnendes Thema für ‚Fremdsprache Deutsch'. In: Fremdsprache Deutsch 10. Aufgaben und Übungsgeschehen (1994). S. 4/5

Neuner, Gerhard: Aufgaben und Übungsgeschehen im Deutschunterricht. In: Fremdsprache Deutsch 10. Aufgaben und Übungsgeschehen (1994). S. 6–13

Ni Jenfu: Aufgabentypologie und Übungsformen im Sprachkurs Deutsch als Fach- und Gemeinsprache. In: Info DaF 1/1992. S. 44–55

Nunan, David (ed.): Guidelines for the development of curriculum resources. Adelaide: National Curriculum Resource Centre 1987

Nunan, David: Designing Tasks for the Communicative Classroom. Cambridge: Cambridge University Press 1989

PIEPHO, Hans-Eberhard / Silvia SERENA: Artikulationsphasen in einem aufgaben- und impulsgesteuerten Deutschunterricht. In: Fragezeichen 1/1992. S. 20–41

PORTMANN, PAUL R.: Produktiver Sprachgebrauch. Überlegungen zu einem schwierigen didaktischen Konzept. In: Deutsch als Fremdsprache 3/1993. S. 139–145

Weitere Literaturhinweise zum Thema Aufgaben und Übungen bei Gerhard Neuner: Aufgaben und Übungsgeschehen im Deutschunterricht. In: Fremdsprache Deutsch 10. Aufgaben und Übungsgeschehen (1994). Dort S. 13
Literaturhinweise zum Thema Interimsprache: Seite 502
Literaturhinweise zum Thema Sozialformen: Seite 503

Autonomes Lernen
Zu Seite 198/199

Dickinson, Leslie: Self Instruction in Language Learning. Cambridge: Cambridge University Press 1987

Dräxler, Hans-Dieter: Rahmenrichtlinien für den Mittelstufenunterricht am Goethe-Institut. München: Goethe-Institut 1996. S. 27/28. (Wir geben die Seitenzahlen nach der vorletzten Fassung an)

Holec, Henri (ed.): Autonomy and self-directed learning: present fields of application. Strasbourg: Council of Europe 1988

Müller, Martin et al. (Hrsg.): Autonomes und partnerschaftliches Lernen. Berlin ...: Langenscheidt 1989

Nehm, Ulrich / Klaus Vogel (Hrsg.): Autonomes Lernen und Fremdsprachenerwerb. Bochum: AKS-Rundbrief 17

Nodari, Claudio: Autonomiefördernde Aufgaben im Fremdsprachenunterricht. In: Fremdsprache Deutsch 10. Aufgaben und Übungsgeschehen (1994). S. 39–43

Weitere Literaturhinweise zu diesem Thema bei Martin Müller et al. (siehe oben), S. 46/47

Mündliche Fehlerkorrektur
Zu Seite 201–205

GEGNER, RENATE: Lernen durch Lehren in der Unterrichtspraxis am Beispiel von „Echanges, Edition longue, Bd. 1". In: Roland Graef, Rolf-Dieter Preller (Hrsg.): Lernen durch Lehren. Rimbach: Verlag im Wald 1994. S. 56–63

HANDBUCH FREMDSPRACHENUNTERRICHT. Hrsg. v. Karl-Richard Bausch, Herbert Christ, Hans-Jürgen Krumm. Tübingen, Basel: Francke. 3. Aufl. 1995

Henrici, Gert / Brigitte Herlemann: Mündliche Korrekturen im Fremdsprachenunterricht. München: Goethe-Institut 1986

Kleppin, Karin / Frank Königs: Grundelemente der mündlichen Fehlerkorrektur im (interkulturellen) Vergleich. In: Fremdsprachen Lehren und Lernen 22. 1993. S. 76–90

KLEPPIN, KARIN: Fehler und Fehlerkorrektur. Berlin ...: Langenscheidt 1994. (Fernstudienprojekt des DIFF, der GhK und des GI. Erprobungsfassung)

Königs, Frank G.: Fehlerkorrektur. In: HANDBUCH FREMDSPRACHENUNTERRICHT (3. Aufl. 1995), S. 268–272

NEUF-MÜNKEL, GABRIELE / REGINE ROLAND: Fertigkeit Sprechen. Berlin ...: Langenscheidt 1994. (Fernstudienprojekt des DIFF, der GhK und des GI. Erprobungsfassung) S. 105–107

PIEPHO, Hans-Eberhard / Silvia SERENA: Artikulationsphasen in einem aufgaben- und impulsgesteuerten Deutschunterricht. In: Fragezeichen 1/1992. S. 20–41. Dort S. 37

STEINIG, WOLFGANG: Kann man eine fremde Sprache autonom in der Schule lernen? In: Martin Müller et al. (Hrsg.): Autonomes und partnerschaftliches Lernen. Berlin ...: Langenscheidt 1989. S. 31–48

Tomaszewski, Andreas / Wolfgang Rug: Meine 99 liebsten Fehler. München: Klett Edition Deutsch 1993 [Übungs- und Arbeitsbuch]

Weitere Literaturhinweise zu diesem Thema bei KARIN KLEPPIN, 1994 (siehe oben), S. 143–146

Gedächtnispsychologie und Mnemotechnik
zu Seite 207–209

Blum, Herwig: Die antike Mnemotechnik. Hildesheim: Olms 1969

Bower, Gordon H. / Ernest R. Hilgard: Theorien des Lernens. Stuttgart: Klett / Cotta. Band 1,
   5. Aufl. 1983. Band 2, 3. Aufl. 1984

Ebbinghaus, Hermann: Über das Gedächtnis [1885]. Darmstadt: Wiss. Buchgesellschaft 1992

Fuchs, Rainer: Einführung in die Lernpsychologie. Darmstadt: Wiss. Buchgesellschaft. 2. Aufl.
   1991

Metzig, Werner / Martin Schuster: Lernen zu lernen. Berlin: Springer. 2. Aufl. 1993

ROHRER, JOSEF: Zur Rolle des Gedächtnisses beim Sprachenlernen. Bochum: Kamp. 3. Aufl. 1990

SPERBER, HORST G.: Mnemotechniken im Fremdsprachenerwerb mit Schwerpunkt „Deutsch
   als Fremdsprache". München: iudicium 1989

VESTER, FREDERIC: Denken, Lernen, Vergessen [1975]. München: dtv 1993

Weitere Literaturhinweise zu diesem Thema bei HORST G. SPERBER, 1989 (siehe oben), S.
271–282

Hausaufgaben
Zu Seite 210–213

Becker, Georg E. / Britta Kohler: Hausaufgaben. Weinheim: Beltz 1988

Diaz, Cristina: Für wen sind eigentlich Hausaufgaben? In: Fremdsprache Deutsch 8. Lernstrategien (1993). S. 37/38

HANDBUCH FREMDSPRACHENUNTERRICHT. Hrsg. v. Karl-Richard Bausch, Herbert
   Christ, Hans-Jürgen Krumm. Tübingen, Basel: Francke. 3. Aufl. 1995

Kurtz, Gunde: „Hausaufgaben" wirkungsvoll selbst gestalten. In: Fremdsprache Deutsch 8. Lernstrategien (1993). S. 39–43

MEYER, HILBERT: UnterrichtsMethoden. Frankfurt: Cornelsen Scriptor. 2. Band, 6. Aufl. 1994.
   S. 174–176

Pauels, Wolfgang: Hausaufgaben. In: HANDBUCH FREMDSPRACHENUNTERRICHT. Tübingen, Basel: Francke. 3. Aufl. 1995. S. 258–260

Pauels, Wolfgang: Hausaufgaben im prozeßorientierten Fremdsprachenunterricht. In: Praxis
   3/1995. S. 233–239

Speichert, Horst: Praxis produktiver Hausaufgaben. Königstein: Scriptor 1982

Sturm, Berthold: Differenzierende Hausaufgaben. In: Praxis 2/1983. S. 170–178

Weitere Literaturhinweise zu diesem Thema bei Pauels in: HANDBUCH FREMDSPRACHEN-
UNTERRICHT (siehe oben), S. 260

Hermeneutik
zu Seite 214–216

Gadamer, Hans-Georg: Wahrheit und Methode [1960]. Tübingen: Mohr. 6. Aufl. 1990

HERRMANN, KARIN: Übungsformen. In: Literarische Texte in der Unterrichtspraxis. Band 3.
   München: Goethe-Institut 1984

Hunfeld, Hans: Literatur als Sprachlehre. Berlin …: Langenscheidt 1990

Hunfeld, Hans: Fremdsprache Literatur. In: Der fremdsprachliche Unterricht 5/1992. S. 4–10

Hunfeld, Hans: Hermeneutischer Fremdsprachenunterricht. In: Hubert Eichheim (Hrsg.):
   Fremdsprachenunterricht, Verstehensunterricht, Wege und Ziele. München: Goethe-Institut
   1992. S. 11–24

Krusche, Dietrich / Alois Wierlacher (Hrsg.): Hermeneutik der Fremde. München: iudicium 1990

Rodi, Frithjof: Erkenntnis des Erkannten. Frankfurt: Suhrkamp 1990

RUSTERHOLZ, PETER: Hermeneutik. In: Literaturwissenschaft. Hrsg. v. H. L. Arnold und V. Sinemus. München: dtv. 6. Aufl. 1973. (Grundzüge der Literatur- und Geisteswissenschaft 1) S. 89–105

SEIFFERT, HELMUT: Einführung in die Hermeneutik. Tübingen: Francke 1992. (Universitäts-Taschenbücher 1666)

Szondi, Peter: Einführung in die literarische Hermeneutik. Frankfurt: Suhrkamp 1975

WEISZ, JUTTA: Kreativer versus hermeneutisch orientierter fremdsprachlicher Literaturunterricht? In: Hubert Eichheim (Hrsg.): Fremdsprachenunterricht, Verstehensunterricht, Wege und Ziele. München: Goethe-Institut 1992. S. 121–144

Weitere Literaturhinweise bei HELMUT SEIFFERT (siehe oben), S. 253–260

Interimsprache / Interlanguage / Lernervarietät
Zu Seite 217/218

Bausch, Karl-Richard / Horst Raabe: Zur Frage der Relevanz von kontrastiver Analyse, Fehleranalyse und Interimsprachenanalyse für den Fremdsprachenunterricht. In: Jahrbuch Deutsch als Fremdsprache 4. 1978. S. 56–75

Dittmar, Norbert: Soziolinguistik. In: HANDBUCH FREMDSPRACHENUNTERRICHT. Tübingen, Basel: Francke. 3. Aufl. 1995. S. 38–45. Dort besonders S. 42–45

Faerch, Claus / Gabriele Kasper (eds.): Strategies in Interlanguage Communication. London, New York: Longman 1983

Kasper, Gabriele: Funktionen und Formen der Lernersprachenanalyse. In: HANDBUCH FREMDSPRACHENUNTERRICHT. Tübingen, Basel: Francke. 3. Aufl. 1995. S. 263–267

Skowronek, Barbara: Der sprachliche Fehler im gesteuerten Fremdsprachenunterricht im Gefüge der Interimsprache und der Sprachnorm. In: Glottodidaktik 17. 1984. S. 39–46

Tarone, Elaine / George Yule: Focus on the Language Learner. Oxford: Oxford University Press 1989

Weitere Literaturhinweise zu diesem Thema bei Gabriele Kasper (wie oben), S. 267

Lernen durch Lehren
zu Seite 221–223

GRAEF, ROLAND / ROLF-DIETER PRELLER (Hrsg.): Lernen durch Lehren. Rimbach: Verlag im Wald 1994

MARTIN, JEAN-POL: Zum Aufbau didaktischer Teilkompetenzen beim Schüler. Tübingen: Narr 1985

MARTIN, JEAN-POL: Vorschlag eines anthropologisch begründeten Curriculums für den Fremdsprachenunterricht. Tübingen: Narr 1994 (= 1994 a)

MARTIN, JEAN-POL: Didaktische Briefe. In: GRAEF, ROLAND / ROLF-DIETER PRELLER (1994) – siehe oben –, S. 29–48 (= 1994 b)

PFEIFFER, JOACHIM / RUSAM, ANNE MARGRET: Autonomes Lernen. Die Methode „Lernen durch Lehren" in universitären Deutschkursen. In: Armin Wolff / Barbara Gügold (Hrsg.): Deutsch als Fremdsprache ohne Mauern. Regensburg 1994. (Materialien Deutsch als Fremdsprache 35) S. 243–250

Weitere Literaturhinweise zu diesem Thema bei JEAN-POL MARTIN (1994 a), wie oben, S. 240–254

Sozialformen im Sprachunterricht
Zu Seite 224–229

Bower, Gordon H. / Ernest R. Hilgard: Theorien des Lernens. Stuttgart: Klett/Cotta. Band 1, 5. Aufl. 1983. Band 2, 3. Aufl. 1984

Brocher, Tobias: Gruppendynamik und Erwachsenenbildung. Braunschweig: Westermann 1967

Cohn, Ruth: Von der Psychoanalyse zur Themenzentrierten Interaktion. Stuttgart: Klett 1975

Gick, Cornelia / Martin Müller: Tandem, oder: Zwei Menschen lernen zusammen Fremdsprachen. Balanceakt zwischen zwei Sprachen. In: Hubert Eichheim (Hrsg.): Fremdsprachenunterricht, Verstehensunterricht, Wege und Ziele. München: Goethe-Institut 1992. S. 25–44

Gutte, Rolf: Gruppenarbeit. Theorie und Praxis des sozialen Lernens. Frankfurt: Diesterweg 1976

HANDBUCH FREMDSPRACHENUNTERRICHT. Hrsg. v. Karl-Richard Bausch, Herbert Christ, Hans-Jürgen Krumm. Tübingen, Basel: Francke. 3. Aufl. 1995

HERFURTH, HANS-ERICH: Möglichkeiten und Grenzen des Fremdsprachenerwerbs in Begegnungssituationen. Zu einer Didaktik des Fremdsprachenlernens im Tandem. München: iudicium 1993

MEYER, HILBERT: UnterrichtsMethoden. Frankfurt: Cornelsen Scriptor. 2. Band, 6. Aufl. 1994. S. 237–277

Müller, Martin et al. (Hrsg.): Autonomes und partnerschaftliches Lernen. Berlin ...: Langenscheidt 1989

PIEPHO, Hans-Eberhard: Sozialformen: Überblick. In: HANDBUCH FREMDSPRACHENUNTERRICHT. Tübingen, Basel: Francke. 3. Aufl. 1995. S. 201–204

SCHWERDTFEGER, INGE CHRISTINE: Gruppenunterricht und Partnerarbeit. In: HANDBUCH FREMDSPRACHENUNTERRICHT. 3. Aufl. 1995. S. 206–208

Ulich, Dieter: Pädagogische Interaktion. Weinheim, Basel: Beltz 1976

WOLFF, JÜRGEN: „Sei alternativ – lern autonom"? In: Martin Müller et al. (Hrsg.): Autonomes und partnerschaftliches Lernen. Berlin ...: Langenscheidt 1989. S. 89–106

Weitere Literaturhinweise zu diesem Thema bei PIEPHO (wie oben), S. 204 und SCHWERDTFEGER (wie oben), S. 208

„Sprachverstand"
Zu Seite 230–233

Bausch, Karl-Richard: Erwerb weiterer Fremdsprachen im Sekundarschulalter. In: HANDBUCH FREMDSPRACHENUNTERRICHT. Tübingen, Basel: Francke. 3. Aufl. 1995. S. 446–451

Eschholz, P. et al. (eds.): Language awareness. New York: St. Martin's Press. 4th edition 1986

Gnutzmann, Claus: Reflexion über ‚Fehler'. Zur Förderung des sprachlichen Bewußtseins im Fremdsprachenunterricht. In: Der fremdsprachliche Unterricht 8/1992. S. 16–21

Göbel, Anja / Gisela Schmid-Schönbein: Why English? „Language Awareness" in einer Projektwoche. In: Englisch (Bielefeld: Cornelsen) 2/1995. S. 41–49

HANDBUCH FREMDSPRACHENUNTERRICHT. Hrsg. v. Karl-Richard Bausch, Herbert Christ, Hans-Jürgen Krumm. Tübingen, Basel: Francke. 3. Aufl. 1995

Hawkins, E. W.: Awareness of language: an introduction. Cambridge: Cambridge University Press. Rev. ed. 1987

James, Carl / Peter Garrett (eds.): Language Awareness in the Classroom. London: Longman 1991

Krashen, Stephen D.: Second Language Acquisition and Second Language Learning. Oxford: Pergamon Press 1981

Luchtenberg, Sigrid: Zur Bedeutung von Language Awareness – Konzeption für die Didaktik des Deutschen als Fremd- und als Zweitsprache. In: Zeitschrift für Fremdsprachenforschung 5. 1/1994. S. 1–25

METZLER LEXIKON SPRACHE. Hrsg. v. Helmut Glück. Stuttgart, Weimar: Metzler 1993. s. v. Sprachbewußtsein (S. 568/569) und Sprachgefühl (S. 575)

PORTMANN, PAUL R.: Schreiben und Lernen. Tübingen: Niemeyer 1991

Quetz, Jürgen: Erwerb von Fremdsprachen im Erwachsenenalter. In: HANDBUCH FREMD-SPRACHENUNTERRICHT. Tübingen, Basel: Francke. 3. Aufl. 1995. S. 451–456

TÖNSHOFF, WOLFGANG: Bewußtmachung – Zeitverschwendung oder Lernhilfe? Bochum: Brockmeyer 1990. (Manuskripte zur Sprachlehrforschung 31)

Weitere Literaturhinweise zu diesem Thema: METZLER LEXIKON SPRACHE (siehe oben), S. 569

Typologie der Aufgaben und Übungen
zu Seite 234/235

ALBERS, HANS-GEORG / SIBYLLE BOLTON: Testen und Prüfen in der Grundstufe. Berlin …: Langenscheidt 1995. (Fernstudienprojekt des DIFF, der GhK und des GI)

BLEI, DAGMAR: Die Aufgabenstellung als Mittel zur Steuerung des Sprachsystem- und Sprach-handlungslernens. In: Pädagogische Hochschule „Karl Liebknecht" Potsdam. Wissenschaft-liche Zeitschrift 2/1984. S. 297–303

DESSELMANN, GÜNTHER: Handlungsorientierte Aufgabengestaltung im Deutschunterricht für Ausländer. Leipzig: Verlag Enzyklopädie 1987

DOYÉ, PETER: Typologie der Testaufgaben für den Unterricht Deutsch als Fremdsprache. Berlin …: Langenscheidt 1988

LEGUTKE, MICHAEL: Lebendiger Englischunterricht. Bochum: Kamp 1988. S. 106–108

NEUNER, GERHARD et al.: Übungstypologie zum kommunikativen Deutschunterricht. Berlin …: Langenscheidt 1981

Ni Jenfu: Aufgabentypologie und Übungsformen im Sprachkurs Deutsch als Fach- und Gemein-sprache. In: Info DaF 1/1992. S. 44–55

PORTMANN, PAUL R.: Produktiver Sprachgebrauch. Überlegungen zu einem schwierigen di-daktischen Konzept. In: Deutsch als Fremdsprache 3/1993. S. 139–145

SEGERMANN, KRISTA: Typologie des fremdsprachlichen Übens. Bochum: Brockmeyer 1992. S. 1–51

Weitere Literaturhinweise zu diesem Thema oben S. 499

Palaver 2: Kommunikatives Handeln
Zu Seite 238–241

Candlin, Christopher N.: Form und Funktion der Sprache. Elemente eines kommunikativen Sprachunterrichts. In: Bundesarbeitsgemeinschaft Englisch an Gesamtschulen (Hrsg.): Pro-tokoll der 5. Arbeitstagung. Fuldatal 1974. S. 31–49

Candlin, Christopher N. / Christoph Edelhoff: Challenges. Teacher's Guide. Harlow, Essex: Longman 1982

Candlin, Christopher N. / Dermit Murphy (Hrsg.): Language Learning Tasks. Cambridge: Pren-tice-Hall International 1987

LEGUTKE, MICHAEL: Lebendiger Englischunterricht. Bochum: Kamp 1988

Leontjew, Aleksej A.: Psycholinguistik und Sprachunterricht. Stuttgart …: Kohlhammer 1974

Maas, Utz / Dieter Wunderlich (Hrsg.): Pragmatik und sprachliches Handeln. Frankfurt: Suhrkamp 1972

NEUNER, GERHARD et al.: Übungstypologie zum kommunikativen Deutschunterricht. Berlin ...: Langenscheidt 1981

PIEPHO, Hans-Eberhard: Kommunikative Kompetenz als übergeordnetes Lernziel im Englischunterricht. Dornburg-Frickhofen: Frankonius 1974

PIEPHO, Hans-Eberhard: Kommunikative Didaktik des Englischunterrichts. Limburg: Frankonius 1979

Piepho, Hans-Eberhard: Kommunikativer DaF-Unterricht heute – Überlegungen zum Einstieg in die „postkommunikative Epoche". In: Deutsch lernen 2/1990

Wunderlich, Dieter: „Sprechakte". In: Maas, Utz / Dieter Wunderlich (Hrsg.): Pragmatik und sprachliches Handeln. Frankfurt: Suhrkamp 1972. S. 69–188

Weitere Literaturhinweise zu diesem Thema bei MICHAEL LEGUTKE (siehe oben), S. 246–264

Sprechen (zu Kapitel 7)

APELT, WALTER / HEIKE KOERNIG: Affektivität im Fremdsprachenunterricht. In: Fremdsprachenunterricht 3/1994. S. 161–168

Bredella, Lothar / Michael Legutke: Schüleraktivierende Methoden im Fremdsprachenunterricht Englisch. Bochum: Kamp 1983

EDELHOFF, CHRISTOPH (Hrsg.): Kommunikativer Englischunterricht. München: Langenscheidt-Longman 1978

FISCHER, ROLAND: Kommunikation im Klassenzimmer authentisch und nicht gespielt. In: Forum Deutsch (Calgary) 1/1992. S. 2–5

GRAEF, ROLAND / ROLF-DIETER PRELLER (Hrsg.): Lernen durch Lehren. Rimbach: Verlag im Wald 1994

GRUNDGRAMMATIK DEUTSCH. Von Jürgen Kars und Ulrich Häussermann. Frankfurt: Diesterweg. Aarau: Sauerländer. 4. Aufl. 1992

HANDBUCH FREMDSPRACHENUNTERRICHT. Hrsg. v. Karl-Richard Bausch, Herbert Christ, Hans-Jürgen Krumm. Tübingen, Basel: Francke. 3. Aufl. 1995

Hüllen, Werner: Sprachliches Curriculum. In: HANDBUCH FREMDSPRACHENUNTERRICHT. Tübingen, Basel: Francke. 3. Aufl. 1995. S. 508–513

Jones, Ken et al.: Simulationen im Fremdsprachenunterricht. München: Hueber 1984

Maley, Alan / Alan Duff: Szenisches Spiel und freies Sprechen im Fremdsprachenunterricht. München: Hueber. 2. Aufl. 1985

MEYER, HILBERT: UnterrichtsMethoden. Frankfurt: Cornelsen Scriptor. 2. Band, 6. Aufl. 1994. S. 280–334

MÜLLER, BERND-DIETRICH (Hrsg.): Anders lernen im Fremdsprachenunterricht. Berlin ...: Langenscheidt 1992

NEUF-MÜNKEL, GABRIELE / REGINE ROLAND: Fertigkeit Sprechen. Berlin ...: Langenscheidt 1994. (Fernstudienprojekt des DIFF, der GhK und des GI. Erprobungsfassung)

NEUNER, GERHARD et al.: Übungstypologie zum kommunikativen Deutschunterricht. Berlin ...: Langenscheidt 1981

Neuner, Gerhard: Aufgaben und Übungsgeschehen im Deutschunterricht. In: Fremdsprache Deutsch 10. Aufgaben- und Übungsgeschehen (1994). S. 6–13

PATTISON, PAT: Ideenkiste: Schüler / innen aktivieren. In: Fremdsprache Deutsch 10. Aufgaben und Übungsgeschehen. 1994. S. 52/53

PFEIFFER, JOACHIM / RUSAM, ANNE MARGRET: Autonomes Lernen. Die Methode „Lernen durch Lehren" in universitären Deutschkursen. In: Armin Wolff / Barbara Gügold (Hrsg.): Deutsch als Fremdsprache ohne Mauern. Regensburg 1994. (Materialien Deutsch als Fremdsprache 35) S. 243–250

PIEPHO, Hans-Eberhard: Kommunikative Didaktik des Englischunterrichts. Limburg: Frankonius 1979

PIEPHO, Hans-Eberhard / Silvia SERENA: Artikulationsphasen in einem aufgaben- und impulsgesteuerten Deutschunterricht. In: Fragezeichen 1/1992. S. 20–41

Schwerdtfeger, Inge Christine: Alltag und Fremdsprachenunterricht. München: Hueber 1987

SEIFFERT, HELMUT: Einführung in die Hermeneutik. Tübingen: Francke 1992. (Universitäts-Taschenbücher 1666)

SONTAG, SUSAN: Kunst und Antikunst. Frankfurt: Fischer Taschenbuch Verlag 1982

Speight, Stephen: Konversationsübungen. In: HANDBUCH FREMDSPRACHENUNTERRICHT. Tübingen, Basel: Francke. 3. Aufl. 1995. S. 252–255

STURM, DIETRICH: Zur Visualisierung von Lehrwerken für Deutsch als Fremdsprache. Phil. Diss. Kassel 1990 [Manuskriptdruck]

WICKE, RAINER E.: Aktive Schüler lernen besser. München: Klett Edition Deutsch 1993

Weitere Literaturhinweise zu diesem Thema bei GABRIELE NEUF-MÜNKEL / REGINE ROLAND (wie oben), S. 152/153

Lesen (zu Kapitel 8)

APELT, WALTER / HEIKE KOERNIG: Affektivität im Fremdsprachenunterricht. In: Fremdsprachenunterricht 3/1994. S. 161–168

BIMMEL, PETER: Wegweiser im Dschungel der Texte. In: Fremdsprache Deutsch 2. Arbeit mit Texten (1990). S. 10–15

Buhlmann, Rosemarie: Das Lesen von Fachtexten. In: Lesen in der Fremdsprache. München: Goethe-Institut 1981. S. 55–124

DOYÉ, PETER: Typologie der Testaufgaben für den Unterricht Deutsch als Fremdsprache. Berlin …: Langenscheidt 1988

EDELHOFF, CHRISTOPH (Hrsg.): Authentische Texte im Deutschunterricht. München: Hueber 1985

EHLERS, SWANTJE: Literarische Texte lesen lernen. München: Klett Edition Deutsch 1992 (= 1992 a)

EHLERS, SWANTJE: Lesen als Verstehen. Berlin …: Langenscheidt 1992. (Fernstudienprojekt des DIFF, der GhK und des GI) (= 1992 b)

GRAEF, ROLAND / ROLF-DIETER PRELLER (Hrsg.): Lernen durch Lehren. Rimbach: Verlag im Wald 1994

HANDBUCH FREMDSPRACHENUNTERRICHT. Hrsg. v. Karl-Richard Bausch, Herbert Christ, Hans-Jürgen Krumm. Tübingen, Basel: Francke. 3. Aufl. 1995

HERRMANN, KARIN: Wirtschaftstexte im Unterricht. München: Goethe-Institut 1990

KARCHER, GÜNTHER L.: Das Lesen in der Erst- und Fremdsprache. Heidelberg: Groos 1988

NEUNER, GERHARD et al.: Übungstypologie zum kommunikativen Deutschunterricht. Berlin …: Langenscheidt 1981

PIEPHO, Hans-Eberhard: Didaktische Anmerkungen und Empfehlungen zum Lesen im Fremdsprachenunterricht. In: CHRISTOPH EDELHOFF (Hrsg.): Authentische Texte im Deutschunterricht. München: Hueber 1985. S. 31–42

PIEPHO, Hans-Eberhard / Silvia SERENA: Artikulationsphasen in einem aufgaben- und impulsgesteuerten Deutschunterricht. In: Fragezeichen 1/1992. S. 20–41

Stiefenhöfer, Helmut: Übungen zum Leseverstehen. In: HANDBUCH FREMDSPRACHENUNTERRICHT. Tübingen, Basel: Francke. 3. Aufl. 1995. S. 246–248

SPERBER, HORST G.: Mnemotechniken im Fremdsprachenerwerb. München: iudicium 1989

WESTHOFF, GERARD: Arbeit mit Texten. Psychologische Einsichten und das Lesen im Deutsch-als-Fremdsprache-Unterricht. Tübingen: Deutsches Institut für Fernstudien an der Universität Tübingen 1984

WESTHOFF, GERARD J.: Didaktik des Leseverstehens. München: Hueber 1987

Weitere Literaturhinweise zu diesem Thema bei SWANTJE EHLERS: Lesen als Verstehen (siehe oben), S. 76/77

Schreiben (zu Kapitel 9)

Bohn, Rainer: Schreiben – eine sprachliche Haupttätigkeit im Unterricht DaF. In: Deutsch als Fremdsprache 4/1987. S. 233–239

Esselborn, Karl / Bernd Wintermann: Auswerten und Schreiben. 2. Aufl. Ismaning: Hueber 1986

Fremdsprache Deutsch 1. Schreiben (1989)

Fremdsprache Deutsch 5. Das Bild im Unterricht (1991)

HEID, MANFRED (Hrsg.): Die Rolle des Schreibens im Unterricht Deutsch als Fremdsprache. München: iudicium 1989

HERRMANN, KARIN: Wirtschaftstexte im Unterricht. München: Goethe-Institut 1990

Jacobs, George: Quickwriting: A Technique for Invention in Writing. In: English Language Teaching Journal 1986. S. 282–290

NEUNER, GERHARD et al.: Übungstypologie zum kommunikativen Deutschunterricht. Berlin …: Langenscheidt 1981

Pica, Teresa: An Interactional Approach to the Teaching of Writing. English Teaching Forum 3/1986. S. 6–10

PIEPHO, Hans-Eberhard / Silvia SERENA: Artikulationsphasen in einem aufgaben- und impulsgesteuerten Deutschunterricht. In: Fragezeichen 1/1992. S. 20–41

PORTMANN, PAUL R.: Schreiben und Lernen. Tübingen: Niemeyer 1991

STURM, DIETRICH: Zur Visualisierung von Lehrwerken für Deutsch als Fremdsprache. Phil. Diss. Kassel 1990 [Manuskriptdruck]

Weitere Literaturhinweise zu diesem Thema in: Fremdsprache Deutsch 1. Schreiben (1989). S. 44/45

Hinweise auf Bücher, die das Schreiben von Geschäftsbriefen zeigen, finden Sie im vorliegenden Handbuch S. 342

Experimentelles Verstehen und Schreiben (zu Kapitel 10)

BERNDT, ANNETTE: Produktiver Einsatz von Neuen Hörspielen und auditiver Dichtung im Unterricht Deutsch als Fremdsprache. München: iudicium 1994

Boehnke, Heiner / Jürgen Humburg: Schreiben kann jeder. Reinbek: Rowohlt 1980

EHLERS, SWANTJE: Literarische Texte lesen lernen. München: Klett Edition Deutsch 1992 (= 1992 a)

Fritzsche, Joachim: Schreibwerkstatt. Stuttgart: Klett 1989

GRUNDGRAMMATIK DEUTSCH. Von Jürgen Kars und Ulrich Häussermann. Frankfurt: Diesterweg. Aarau: Sauerländer. 4. Aufl. 1992

HERRMANN, KARIN: Übungsformen. In: Literarische Texte in der Unterrichtspraxis. Band 3. München: Goethe-Institut 1984

KAMINSKI, DIETHELM: Eine Beispielsammlung. In: Literarische Texte in der Unterrichtspraxis. Band 2. München: Goethe-Institut 1984

Kast, Bernd: Literatur im Anfängerunterricht. In: Fremdsprache Deutsch 11. Literatur im Anfängerunterricht (1994). S. 4–13

Maley, Alan, Alan Duff, Françoise Grellet: The Mind's Eye. Using Pictures creatively in language learning. Cambridge: Cambridge University Press 1980

Mattenklott, Gundel: Literarische Improvisation. Eine Sammlung von Schreibspielen und literarischen Übungen. Berlin: Pädagogisches Zentrum 1984

Mummert, Ingrid: Freies Schreiben im Deutschunterricht. In: Fremdsprache Deutsch 1. Schreiben (1989). S. 17–22

Mummert, Ingrid: Nachwuchspoeten. München: Klett Edition Deutsch 1989

POMMERIN, GABRIELE: Kreatives Schreiben im Bereich Deutsch als Fremdsprache. In: Deutsch als Fremdsprache. An den Quellen eines Faches. Festschrift Gerhard Helbig. München: iudicium 1995. S. 665–683

POMMERIN, GABRIELE: Kreatives Schreiben. „Wenn ich in einer fremden Sprache schreibe, tanzen die Wörter in meinem Kopf ". Madrid: Editorial Idiomas 1996

RICO, GABRIELE R.: Garantiert schreiben lernen. Reinbek: Rowohlt 1993

Scheidt, Jürgen von: Kurzgeschichten schreiben. Frankfurt: Fischer Taschenbuch Verlag 1994

SONTAG, SUSAN: Kunst und Antikunst. Frankfurt: Fischer Taschenbuch Verlag 1982

UMBREIT, MARION: Literarische Texte im kommunikativen Fremdsprachenunterricht Deutsch. Unterrichtseinheiten, Ergebnisse und Erfahrungen. Magisterarbeit Universität München 1993 [Manuskriptdruck]

VÖLKER, KRISTIN et al. (Hrsg.): Literarische Texte in der Unterrichtspraxis. Band 1. München: Goethe-Institut 1984

Waldmann, Günter: Produktiver Umgang mit Lyrik. Baltmannsweiler: Verlag Schneider-Hohengehren 1992

Wicke, Rainer E.: Die Aufgabe als Verstehenshilfe im Umgang mit literarischen Texten. In: Fremdsprache Deutsch 11. Literatur im Anfängerunterricht (1994). S. 40–45

Weitere Literaturhinweise zu diesem Thema bei GABRIELE POMMERIN 1995 (siehe oben), S. 682/683

Interkulturelles Lernen (zu Kapitel 11)

Bausinger, Hermann: Stereotypie und Wirklichkeit. In: Jahrbuch Deutsch als Fremdsprache 1988. S. 157–170

Behal-Thomsen, Heinke et al.: Typisch deutsch? Arbeitsbuch zu Aspekten deutscher Mentalität. Berlin …: Langenscheidt 1993

BIELEFELD, ULI (Hrsg.): Das Eigene und das Fremde. Hamburg: Junius 1991

GRUNDGRAMMATIK DEUTSCH. Von Jürgen Kars und Ulrich Häussermann. Frankfurt: Diesterweg. Aarau: Sauerländer. 4. Aufl. 1992

Haddad, Najm: Kultur und Sprache. Frankfurt …: Peter Lang 1987

HANDBUCH FREMDSPRACHENUNTERRICHT. Hrsg. v. Karl-Richard Bausch, Herbert Christ, Hans-Jürgen Krumm. Tübingen, Basel: Francke. 3. Aufl. 1995

Hess-Lüttich, Ernest W. B. (Hrsg.): Integration und Identität. Tübingen: Narr 1986

Hüllen, Werner: Sprachliches Curriculum. In: HANDBUCH FREMDSPRACHENUNTERRICHT. Tübingen, Basel: Francke. 3. Aufl. 1995. S. 508–513. Insbesondere S. 511–513

Krumm, Hans-Jürgen: Interkulturelles Lernen und interkulturelle Kommunikation. In: HAND-BUCH FREMDSPRACHENUNTERRICHT. Tübingen, Basel: Francke. 3. Aufl. 1995. S. 156–161

Lüger: Heinz-Helmut: Sprachliche Routinen und Rituale. Frankfurt ...: Peter Lang 1992. (Werkstattreihe Deutsch als Fremdsprache 36)

METZLER LEXIKON SPRACHE. Hrsg. v. Helmut Glück. Stuttgart, Weimar: Metzler 1993. Stichwort: Mentales Lexikon, S. 383/384

Mog, Paul / Hans-Joachim Althaus (Hrsg.): Die Deutschen in ihrer Welt. Tübinger Modell einer integrativen Landeskunde. Berlin ...: Langenscheidt 1992

Müller, Bernd-Dietrich: Konfrontative Semantik. Weil der Stadt [jetzt München]: Lexika Verlag 1981

Müller, Bernd-dietrich (Hrsg.): Interkulturelle Wirtschaftskommunikation. München: iudicium. 2. Aufl. 1993

MÜLLER, BERND-DIETRICH: Wortschatzarbeit und Bedeutungsvermittlung. Berlin ...: Langenscheidt 1994. (Fernstudienprojekt des DIFF, der GhK und des GI)

Neuner, Gerhard (Hrsg.): Kulturkontraste im DaF-Unterricht. München: iudicium 1986

Otten, Hendrik / Werner Treuheit (Hrsg.): Interkulturelles Lernen in Praxis und Theorie. Ein Handbuch für Jugendarbeit und Weiterbildung. Leverkusen: Leske und Budrich 1993

Sitta, Horst: Pragmatisches Sprachverstehen und pragmatikorientierte Sprachgeschichte. In: Horst Sitta (Hrsg.): Ansätze zu einer pragmatischen Sprachgeschichte. Tübingen: Niemeyer 1980. S. 23–33

Valdes, Joyce Merill (ed.): Culture Bound. Cambridge: Cambridge University Press 1986

Wierlacher, Alois (Hrsg.): Kulturthema Fremdheit. München: iudicium 1993

Weitere Literaturhinweise zu diesem Thema bei Werner Hüllen (siehe oben), S. 512/513 und Bernd-Dietrich Müller (1994: siehe oben), S. 111–113

Bewußtwerdung und Erleichterung des Lernens (zu Kapitel 12)

Untersuchungen, Unterrichtsvorschläge, Ratgeber

Bimmel, Peter: Lernstrategien im Deutschunterricht. In: Fremdsprache Deutsch 8. Lernstrategien (1993). S. 4–11

Ceh, Johann: Optimales Lernen. Tips und Kniffe für geistiges Arbeiten. Landsberg: moderne verlagsgesellschaft 1985

Dickinson, Leslie: Self Instruction in Language Learning. Cambridge: Cambridge University Press 1987

Eilis, Gail / Barbara Sinclair: Learning to Learn English. A Course in Learner Training. Cambridge: Cambridge University Press 1989

Faerch, Claus / Gabriele Kasper (eds.): Strategies in Interlanguage Communication. London, New York: Longman 1983

HANDBUCH FREMDSPRACHENUNTERRICHT. Hrsg. v. Karl-Richard Bausch, Herbert Christ, Hans-Jürgen Krumm. Tübingen, Basel: Francke. 3. Aufl. 1995

Müller-Verweyen, Michael (Hrsg.): Werkstattgespräch Autonomes Lernen / Selbstlernsystem. München: Goethe-Institut 1995 [Manuskriptdruck]

Multhaup, Uwe / Dieter Wolff: Prozeßorientierung in der Fremdsprachendidaktik. Frankfurt: Diesterweg 1992

Nold, Günter (Hrsg.): Lernbedingungen und Lernstrategien. Tübingen: Narr 1992

Oxford, Rebecca L.: Language Learning Strategies. New York: Newbury House Publ. 1989

Prokop, Manfred: Lernen lernen – aber ja! Aber wie? Klassifikation von Lernerstrategien im Zweit- und Fremdsprachenunterricht. In: Fremdsprache Deutsch 8. Lernstrategien (1993). S. 12–17

RAMPILLON, UTE: Lerntechniken im Fremdsprachenunterricht. München: Hueber 1985

Rampillon, Ute: Lernen leichter machen. Deutsch als Fremdsprache. Ismaning: Hueber 1995

Rug, Wolfgang et al.: 50 praktische Tips zum Deutsch-Lernen. München: Klett Edition Deutsch 1991

Schräder-Nef, Regula D.: Rationeller Lernen lernen. Weinheim, Basel: Beltz. 17. Aufl. 1992

Tönshoff, Wolfgang: Lernerstrategien. In: HANDBUCH FREMDSPRACHENUNTERRICHT. Tübingen, Basel: Francke. 3. Aufl. 1995. S. 240–243

Wenden, Anita L. / Joan Rubin: Learner Strategies in Language Learning. Englewood Cliffs: Prentice Hall 1987

Wenden, Anita L.: Learner Strategies for Learner Autonomy. New York: Prentice Hall 1991

Weitere Literaturhinweise zu diesem Thema bei Wolfgang Tönshoff: Lernerstrategien (siehe oben), S. 243

Ganzaufgaben (zu Kapitel 13)

Hier nur die im Text zitierten Arbeiten:

EDELHOFF, CHRISTOPH / ECKART LIEBAU (Hrsg.): Über die Grenze. Praktisches Lernen im fremdsprachlichen Unterricht. Weinheim, Basel: Beltz 1988

LEGUTKE, MICHAEL: Lebendiger Englischunterricht. Bochum: Kamp 1988

MÜLLER, BERND-DIETRICH (Hrsg.): Anders lernen im Fremdsprachenunterricht. Berlin …: Langenscheidt 1989

SPERBER, HORST G.: Mnemotechniken im Fremdsprachenerwerb. München: iudicium 1989

Ausführliche Literaturangaben zum Thema Aufgaben und Übungen oben S. 499

Spiele (zu Kapitel 14)

Materialsammlungen und Untersuchungen

Behme, Helma: Miteinander reden lernen. Sprechspiele im Unterricht. München: iudicium. 4. Aufl. 1992

Dauvillier, Christa: Im Sprachunterricht spielen, aber ja! München: Goethe-Institut 1986. (Projekt Didaktik und Methodik für den Unterricht DaF in Frankreich)

GÖBEL, RICHARD et al.: Lernspiele als Übungsalternative im Fremdsprachenunterricht. Frankfurt, Bonn: Pädagogische Arbeitsstelle des Deutschen Volkshochschul-Verbandes 1977

GÖBEL, RICHARD: Lernen mit Spielen. Frankfurt, Bonn: Pädagogische Stelle des Deutschen Volkshochschul-Verbandes 1979

HANDBUCH FREMDSPRACHENUNTERRICHT. Hrsg. v. Karl-Richard Bausch, Herbert Christ, Hans-Jürgen Krumm. Tübingen, Basel: Francke. 3. Aufl. 1995

HEIM, ELISABETH: Gesellschaftsspiele für jung und alt. Kassel: Stauda 1981

Kleppin, Karin: Sprach- und Sprachlernspiele. In: HANDBUCH FREMDSPRACHENUNTERRICHT. Tübingen, Basel: Francke. 3. Aufl. 1995. S. 220–223

Lernspielekartei. Von Thorsten Friedrich und Eduard von Jan. Ismaning: Hueber 1985

LOHFERT, WALTER: Kommunikative Spiele für Deutsch als Fremdsprache. Ismaning: Hueber 1982

SPIEL DOCH MIT. Hrsg. v. Wolfgang Eschker und Diethelm Kaminski. München: Goethe-Institut 1986

SPIELE FÜR DEN DEUTSCHUNTERRICHT. Informationen Deutsch als Fremdsprache 2/1982

Spielstraße Deutsch. Von Mechthild Borries et al. Hannover: Schroedel 1991

SPIER, ANNE: Mit Spielen Deutsch lernen. Frankfurt: Cornelsen Scriptor 1981

44 Sprechspiele für Deutsch als Fremdsprache. Von Lisa Prange. Ismaning: Hueber 1994

VESTER, FREDERIC: Denken, Lernen, Vergessen [1975]. München: dtv 1993

WERR, CHRISTOPH: Literatur zum Anfassen. Ismaning: Hueber 1987

Weitere Literatur bei Karin Kleppin (siehe oben), S. 223

3. Untersuchungen: Alphabetisch geordnet

44 Sprechspiele für Deutsch als Fremdsprache. Von Lisa Prange. Ismaning: Hueber 1994

ALBERS, HANS-GEORG / SIBYLLE BOLTON: Testen und Prüfen in der Grundstufe. Berlin ...: Langenscheidt 1995. (Fernstudienprojekt des DIFF, der GhK und des GI)

Apelt, Walter: Lehren und Lernen fremder Sprachen. Berlin: Volk und Wissen 1991

APELT, WALTER / HEIKE KOERNIG: Affektivität im Fremdsprachenunterricht. In: Fremdsprachenunterricht 3/1994. S. 161–168

BAUER, HANS LUDWIG: Hören ohne Angst. In: Fremdsprache Deutsch 7. Hörverstehen. 1992. S. 24–27

Bausch, Karl-Richard / Horst Raabe: Zur Frage der Relevanz von kontrastiver Analyse, Fehleranalyse und Interimssprachenanalyse für den Fremdsprachenunterricht. In: Jahrbuch Deutsch als Fremdsprache 4. 1978. S. 56–75

Bausch, Karl-Richard: Erwerb weiterer Fremdsprachen im Sekundarschulalter. In: HANDBUCH FREMDSPRACHENUNTERRICHT. Tübingen, Basel: Francke. 3. Aufl. 1995. S. 446–451

Bausinger, Hermann: Deutsch und Deutsche. Frankfurt: Fischer Taschenbuch Verlag. Neuausgabe 1984

Bausinger, Hermann: Stereotypie und Wirklichkeit. In: Jahrbuch Deutsch als Fremdsprache 1988. S. 157–170

Becker, Georg E. / Britta Kohler: Hausaufgaben. Weinheim: Beltz 1988

Behal-Thomsen, Heinke et al.: Typisch deutsch? Arbeitsbuch zu Aspekten deutscher Mentalität. Berlin ...: Langenscheidt 1993

Behme, Helma: Miteinander reden lernen. Sprechspiele im Unterricht. München: iudicium. 4. Aufl. 1992

BEILE, WERNER: Methodische Überlegungen zur Entwicklung der Hörverstehensfähigkeit. In: Zielsprache Deutsch 2/1980. S. 7–15

BERNDT, ANNETTE: Produktiver Einsatz von Neuen Hörspielen und auditiver Dichtung im Unterricht Deutsch als Fremdsprache. München: iudicium 1994

BIELEFELD, ULI (Hrsg.): Das Eigene und das Fremde. Hamburg: Junius 1991

BIMMEL, PETER: Wegweiser im Dschungel der Texte. In: Fremdsprache Deutsch 2. Arbeit mit Texten (1990). S. 10–15

Bimmel, Peter / Mariet van de Ven: Verstehen üben, verstehen lernen. In: Fremdsprache Deutsch 7. Hörverstehen (1992). S. 12–16

Bimmel, Peter: Lernstrategien im Deutschunterricht. In: Fremdsprache Deutsch 8. Lernstrategien (1993). S. 4–11

BLEI, DAGMAR: Die Aufgabenstellung als Mittel zur Steuerung des Sprachsystem- und Sprach-handlungslernens. In: Pädagogische Hochschule „Karl Liebknecht" Potsdam. Wissenschaft-liche Zeitschrift 2/1984. S. 297–303

Blei, Dagmar: Aufgabenstellungen als Modelle für interaktionales Sprachhandeln. In: Fragezei-chen 1/1992. S. 14–19

Blum, Herwig: Die antike Mnemotechnik. Hildesheim: Olms 1969

Boehnke, Heiner / Jürgen Humburg: Schreiben kann jeder. Reinbek: Rowohlt 1980

Bohn, Rainer: Schreiben – eine sprachliche Haupttätigkeit im Unterricht DaF. In: Deutsch als Fremdsprache 4/1987. S. 233–239

Bower, Gordon H. / Ernest R. Hilgard: Theorien des Lernens. Stuttgart: Klett / Cotta. Band 1, 5. Aufl. 1983. Band 2, 3. Aufl. 1984

Bredella, Lothar / Michael Legutke: Schüleraktivierende Methoden im Fremdsprachenunterricht Englisch. Bochum: Kamp 1983

BREITUNG, HORST (Hrsg.): Phonetik, Intonation, Kommunikation. München: Goethe-Institut 1994

Brocher, Tobias: Gruppendynamik und Erwachsenenbildung. Braunschweig: Westermann 1967

Buhlmann, Rosemarie: Das Lesen von Fachtexten. In: Lesen in der Fremdsprache. München: Goethe-Institut 1981. S. 55–124

Buhlmann, Rosemarie / Anneliese Fearns: Handbuch des Fachsprachenunterrichts. Berlin ...: Langenscheidt 1986

Candlin, Christopher N.: Form und Funktion der Sprache. Elemente eines kommunikativen Sprachunterrichts. In: Bundesarbeitsgemeinschaft Englisch an Gesamtschulen (Hrsg.): Pro-tokoll der 5. Arbeitstagung. Fuldatal 1974. S. 31–49

Candlin, Christopher N. / Christoph Edelhoff: Challenges. Teacher's Guide. Harlow, Essex: Longman 1982

Candlin, Christopher N. / Dermit Murphy (Hrsg.): Language Learning Tasks. Cambridge: Pren-tice-Hall International 1987

CAUNEAU, ILSE: Hören, Brummen, Sprechen. Handbuch und Begleitheft. München: Klett Edition Deutsch 1992

Ceh, Johann: Optimales Lernen. Tips und Kniffe für geistiges Arbeiten. Landsberg: moderne verlagsgesellschaft 1985

Cohn, Ruth: Von der Psychoanalyse zur Themenzentrierten Interaktion. Stuttgart: Klett 1975

DAHLHAUS, Barbara: Fertigkeit Hören. Berlin ...: Langenscheidt 1994. (Fernstudienprojekt des DIFF, der GhK und des GI)

Dauvillier, Christa: Im Sprachunterricht spielen, aber ja! München: Goethe-Institut 1986. (Pro-jekt Didaktik und Methodik für den Unterricht DaF in Frankreich)

Davis, Paul / Mario Rinvolucri: Dictation. Cambridge: University Press 1988

Desselmann, Günther: Aufgaben- und Übungsgestaltung zur auditiven Sprachrezeption. In: Deutsch als Fremdsprache 6 (1983). S. 345–350

DESSELMANN, GÜNTHER: Handlungsorientierte Aufgabengestaltung im Deutschunterricht für Ausländer. Leipzig: Verlag Enzyklopädie 1987

Diaz, Cristina: Für wen sind eigentlich Hausaufgaben? In: Fremdsprache Deutsch 8. Lernstra-tegien (1993). S. 37/38

Dickinson, Leslie: Self Instruction in Language Learning. Cambridge: Cambridge University Press 1987

DIELING, HELGA: Phonetik im Fremdsprachenunterricht Deutsch. Berlin ...: Langenscheidt 1992

DIELING, HELGA / URSULA HIRSCHFELD: Phonetik lehren und lernen. Berlin ...: Langenscheidt 1995. (Fernstudienprojekt des DIFF, der GhK und des GI. Erprobungsfassung)

Dirven, Renée (Hrsg.): Hörverständnis im Fremdsprachenunterricht. Kronberg: Scriptor 1977

Dittmar, Norbert: Soziolinguistik. In: HANDBUCH FREMDSPRACHENUNTERRICHT. Tübingen, Basel: Francke. 3. Aufl. 1995. S. 38–45.

DOYÉ, PETER: Typologie der Testaufgaben für den Unterricht Deutsch als Fremdsprache. Berlin ...: Langenscheidt 1988

Dräxler, Hans-Dieter: Rahmenrichtlinien für den Mittelstufenunterricht am Goethe-Institut. München: Goethe-Institut 1996. S. 27/28. (Wir geben die Seitenzahlen nach der vorletzten Fassung an)

DROSDOWSKI, GÜNTHER (Hrsg.): Duden 4. Grammatik. Mannheim ...: Dudenverlag 1984

Ebbinghaus, Hermann: Über das Gedächtnis [1885]. Darmstadt: Wiss. Buchgesellschaft 1992

EDELHOFF, CHRISTOPH (Hrsg.): Kommunikativer Englischunterricht. München: Langenscheidt-Longman 1978

EDELHOFF, CHRISTOPH (Hrsg.): Authentische Texte im Deutschunterricht. München: Hueber 1985

EDELHOFF, CHRISTOPH / ECKART LIEBAU (Hrsg.): Über die Grenze. Praktisches Lernen im fremdsprachlichen Unterricht. Weinheim, Basel: Beltz 1988

EHLERS, SWANTJE: Literarische Texte lesen lernen. München: Klett Edition Deutsch 1992 (= 1992 a)

EHLERS, SWANTJE: Lesen als Verstehen. Berlin ...: Langenscheidt 1992. (Fernstudienprojekt des DIFF, der GhK und des GI) (= 1992 b)

Ehnert, Rolf: Ausspracheschulung. In: Rolf Ehnert (Hrsg.): Einführung in das Studium des Faches Deutsch als Fremdsprache. Frankfurt: Peter Lang 1989. S. 127–148

Eichhoff, Jürgen: Wortatlas der deutschen Umgangssprachen. Bern, München: Francke 1977

Eilis, Gail / Barbara Sinclair: Learning to Learn English. A Course in Learner Training. Cambridge: Cambridge University Press 1989

ENGEL, ULRICH / ROZEMARIA KRYSTYNA TERTEL: Kommunikative Grammatik Deutsch als Fremdsprache. München: iudicium 1993

ERBEN, JOHANNES: Einführung in die deutsche Wortbildungslehre. Berlin: Erich Schmidt. 2. Aufl. 1983

Eschholz, P. et al. (eds.): Language awareness. New York: St. Martin's Press. 4th edition 1986

Esselborn, Karl / Bernd Wintermann: Auswerten und Schreiben. 2. Aufl. Ismaning: Hueber 1986

Faerch, Claus / Gabriele Kasper (eds.): Strategies in Interlanguage Communication. London, New York: Longman 1983

FISCHER, ROLAND: Kommunikation im Klassenzimmer authentisch und nicht gespielt. In: Forum Deutsch (Calgary) 1/1992. S. 2–5

FLEISCHER, WOLFGANG: Wortbildung der deutschen Gegenwartssprache. Tübingen: Niemeyer. 4. Aufl. 1975

FLEISCHER, WOLFGANG: Phraseologie der deutschen Gegenwartssprache. Leipzig: Bibliographisches Institut 1982

Fremdsprache Deutsch 1. Schreiben (1989)

Fremdsprache Deutsch 5. Das Bild im Unterricht (1991)

FREY, EVELYN: Kursbuch Phonetik. Ismaning: Hueber 1995

Fritzsche, Joachim: Schreibwerkstatt. Stuttgart: Klett 1989

Fuchs, Rainer: Einführung in die Lernpsychologie. Darmstadt: Wiss. Buchgesellschaft. 2. Aufl. 1991

FUNK, HERMANN: Wörterbuch – Nein danke? Arbeit mit dem Wörterbuch im Deutschunterricht. In: Fremdsprache Deutsch 3. Wortschatzarbeit (1990). S. 22–28

Gadamer, Hans-Georg: Wahrheit und Methode [1960]. Tübingen: Mohr. 6. Aufl. 1990

GEGNER, RENATE: Lernen durch Lehren in der Unterrichtspraxis am Beispiel von „Echanges, Edition longue, Bd. 1". In: Roland Graef, Rolf-Dieter Preller (Hrsg.): Lernen durch Lehren. Rimbach: Verlag im Wald 1994. S. 56–63

GICK, CORNELIA: Fördern Lehrwerke die Autonomie der Lerner? In: Martin Müller et al. (Hrsg.): Autonomes und partnerschaftliches Lernen. Berlin …: Langenscheidt 1989. S. 163–185

Gick, Cornelia / Martin Müller: Tandem, oder: Zwei Menschen lernen zusammen Fremdsprachen. Balanceakt zwischen zwei Sprachen. In: Hubert Eichheim (Hrsg.): Fremdsprachenunterricht, Verstehensunterricht, Wege und Ziele. München: Goethe-Institut 1992. S. 25–44

Gnutzmann, Claus: Reflexion über ‚Fehler'. Zur Förderung des sprachlichen Bewußtseins im Fremdsprachenunterricht. In: Der fremdsprachliche Unterricht 8/1992. S. 16–21

Göbel, Anja / Gisela Schmid-Schönbein: Why English? „Language Awareness" in einer Projektwoche. In: Englisch (Bielefeld: Cornelsen) 2/1995. S. 41–49

GÖBEL, RICHARD et al.: Lernspiele als Übungsalternative im Fremdsprachenunterricht. Frankfurt, Bonn: Pädagogische Arbeitsstelle des Deutschen Volkshochschul-Verbandes 1977

GÖBEL, RICHARD: Lernen mit Spielen. Frankfurt, Bonn: Pädagogische Stelle des Deutschen Volkshochschul-Verbandes 1979

GÖTZE, Lutz / Ernest W. B. HESS-LÜTTICH: Knaurs Grammatik der deutschen Sprache. München: Droemer-Knaur 1989

GRAEF, ROLAND / ROLF-DIETER PRELLER (Hrsg.): Lernen durch Lehren. Rimbach: Verlag im Wald 1994

Griem, Eberhard: Korrektive Phonetik des Englischen. In: Der fremdsprachliche Unterricht 1/1977. S. 28–39

GROSS, HARRO / KLAUS FISCHER: Grammatikarbeit im Deutsch-als-Fremdsprache-Unterricht. München: iudicium 1990

GRUNDGRAMMATIK DEUTSCH von Jürgen Kars und Ulrich Häussermann. Frankfurt: Diesterweg. Aarau: Sauerländer. 4. Aufl. 1992

Gutte, Rolf: Gruppenarbeit. Theorie und Praxis des sozialen Lernens. Frankfurt: Diesterweg 1976

GUTTERER, GISELA / BERND LATOUR: Grammatik in wissenschaftlichen Texten. 2. Aufl. Ismaning: Hueber 1986

Haddad, Najm: Kultur und Sprache. Frankfurt …: Peter Lang 1987

HANDBUCH DES DEUTSCHSPRACHIGEN FACHUNTERRICHTS. Von Josef Leisen. Bonn: Varus 1994

HANDBUCH FREMDSPRACHENUNTERRICHT. Hrsg. v. Karl-Richard Bausch, Herbert Christ, Hans-Jürgen Krumm. Tübingen, Basel: Francke. 3. Aufl. 1995

HÄUSSERMANN, Ulrich: Grundgrammatik Deutsch. In: Jahrbuch Deutsch als Fremdsprache 16. München: iudicium 1990. S. 173–181

Hawkins, E. W.: Awareness of language: an introduction. Cambridge: Cambridge University Press. Rev. ed. 1987

HEID, MANFRED (Hrsg.): Die Rolle des Schreibens im Unterricht Deutsch als Fremdsprache. München: iudicium 1989

HEIM, ELISABETH: Gesellschaftsspiele für jung und alt. Kassel: Stauda 1981

Helbig, Gerhard / Joachim Buscha: Deutsche Grammatik. Leipzig …: Verlag Enzyklopädie / Langenscheidt 1991

Henrici, Gert / Brigitte Herlemann: Mündliche Korrekturen im Fremdsprachenunterricht. München: Goethe-Institut 1986

HENZEN, WALTER: Schriftsprache und Mundarten. Bern: Francke. 2. Aufl. 1954

HERFURTH, HANS-ERICH: Möglichkeiten und Grenzen des Fremdsprachenerwerbs in Begegnungssituationen. Zu einer Didaktik des Fremdsprachenlernens im Tandem. München: iudicium 1993

HERINGER, HANS JÜRGEN: Grammatik und Stil. Frankfurt: Cornelsen 1989

HERRMANN, KARIN: Übungsformen. In: Literarische Texte in der Unterrichtspraxis. Band 3. München: Goethe-Institut 1984

HERRMANN, KARIN: Wirtschaftstexte im Unterricht. München: Goethe-Institut 1990

Hess-Lüttich, Ernest W. B. (Hrsg.): Integration und Identität. Tübingen: Narr 1986

HIRSCHFELD, URSULA: Einführung in die deutsche Phonetik. Videokurs mit Begleitheft. Ismaning: Hueber 1992

HIRSCHFELD, URSULA: Phonetik im Unterricht Deutsch als Fremdsprache: Wie der Lehrer, so der Schüler? In: Fremdsprache Deutsch 12. Aussprache (1995). S. 6–10

Hirschfeld, Ursula: Übungsprogramm für die Mittelstufe. (Erscheint 1996)

Holec, Henri (ed.): Autonomy and self-directed learning: present fields of application. Strasbourg: Council of Europe 1988

Hörmann, Hans: Der Vorgang des Verstehens. In: Wolfgang Kühlwein / Albert Raasch (Hrsg.): Sprache und Verstehen. Tübingen: Narr 1980. Band 1, S. 17–29

Hüllen, Werner: Sprachliches Curriculum. In: HANDBUCH FREMDSPRACHENUNTERRICHT. Tübingen, Basel: Francke. 3. Aufl. 1995. S. 508–513

Hunfeld, Hans: Literatur als Sprachlehre. Berlin ...: Langenscheidt 1990

Hunfeld, Hans: Fremdsprache Literatur. In: Der fremdsprachliche Unterricht 5/1992. S. 4–10

Hunfeld, Hans: Hermeneutischer Fremdsprachenunterricht. In: Hubert Eichheim (Hrsg.): Fremdsprachenunterricht, Verstehensunterricht, Wege und Ziele. München: Goethe-Institut 1992. S. 11–24

HUTTERER, CLAUS JÜRGEN: Die germanischen Sprachen. Wiesbaden: Drei Lilien Verlag. 2. Aufl. 1987

Jacobs, George: Quickwriting: A Technique for Invention in Writing. In: English Language Teaching Journal 1986. S. 282–290

James, Carl / Peter Garrett (eds.): Language Awareness in the Classroom. London: Longman 1991

Jones, Ken et al.: Simulationen im Fremdsprachenunterricht. München: Hueber 1984

KAMINSKI, DIETHELM: Eine Beispielsammlung. In: Literarische Texte in der Unterrichtspraxis. Band 2. München: Goethe-Institut 1984

KARCHER, GÜNTHER L.: Das Lesen in der Erst- und Fremdsprache. Heidelberg: Groos 1988

Kasper, Gabriele (Hrsg.): Learning, teaching and communication in the foreign language classroom. Aarhus: Aarhus University Press 1986

Kasper, Gabriele: Funktionen und Formen der Lernersprachenanalyse. In: HANDBUCH FREMDSPRACHENUNTERRICHT. Tübingen, Basel: Francke. 3. Aufl. 1995. S. 263–267

Kast, Bernd: Literatur im Anfängerunterricht. In: Fremdsprache Deutsch 11. Literatur im Anfängerunterricht (1994). S. 4–13

Kelz, Heinrich P.: Ausspracheschulung im Spannungsfeld zwischen phonetischer Analyse und Unterricht in Deutsch als Fremdsprache. In: Info DaF 6/1993. S. 585–594

KLEPPIN, KARIN: Fehler und Fehlerkorrektur. Berlin ...: Langenscheidt 1994. (Fernstudienprojekt des DIFF, der GhK und des GI. Erprobungsfassung)

Kleppin, Karin: Sprach- und Sprachlernspiele. In: HANDBUCH FREMDSPRACHENUNTER-RICHT. Tübingen, Basel: Francke. 3. Aufl. 1995. S. 220-223

Kleppin, Karin / Frank Königs: Grundelemente der mündlichen Fehlerkorrektur im (interkulturellen) Vergleich. In: Fremdsprachen Lehren und Lernen 22. 1993. S. 76-90

Knapp-Potthoff, Annelie: Fremdsprachliche Aufgaben. Tübingen: Narr 1979

KNAPP-POTTHOFF, ANNELIE / KARLFRIED KNAPP: Fremdsprachenlernen und -lehren. Stuttgart ...: Kohlhammer 1982

Königs, Frank G.: Fehlerkorrektur. In: HANDBUCH FREMDSPRACHENUNTERRICHT (3. Aufl. 1995), S. 268-272

Krashen, Stephen D.: Second Language Acquisition and Second Language Learning. Oxford: Pergamon Press 1981

Krashen, Stephen D.: Writing in a foreign language. Oxford: Pergamon 1982

Kreuzer, Ursula / Klaus Pawlowski: Deutsche Hochlautung. Stuttgart: Klett 1971

Krumm, Hans-Jürgen: Interkulturelles Lernen und interkulturelle Kommunikation. In: HANDBUCH FREMDSPRACHENUNTERRICHT. Tübingen, Basel: Francke. 3. Aufl. 1995. S. 156-161

Krusche, Dietrich / Alois Wierlacher (Hrsg.): Hermeneutik der Fremde. München: iudicium 1990

Kuntz, Helmut: Das Hörverstehenstraining und seine Progression. In: Info DaF 1984. S. 25-41

Kurtz, Gunde: „Hausaufgaben" wirkungsvoll selbst gestalten. In: Fremdsprache Deutsch 8. Lernstrategien (1993). S. 39-43

LATOUR, BERND: Mittelstufen-Grammatik für Deutsch als Fremdsprache. Ismaning: Hueber 1988

LEGUTKE, MICHAEL: Lebendiger Englischunterricht. Bochum: Kamp 1988

Leontjew, Aleksej A.: Psycholinguistik und Sprachunterricht. Stuttgart ...: Kohlhammer 1974

Lernspielekartei. Von Thorsten Friedrich und Eduard von Jan. Ismaning: Hueber 1985

LOHFERT, WALTER: Kommunikative Spiele für Deutsch als Fremdsprache. Ismaning: Hueber 1982

Luchtenberg, Sigrid: Zur Bedeutung von Language Awareness – Konzeption für die Didaktik des Deutschen als Fremd- und als Zweitsprache. In: Zeitschrift für Fremdsprachenforschung 5. 1/1994. S. 1-25

Lüger: Heinz-Helmut: Sprachliche Routinen und Rituale. Frankfurt ...: Peter Lang 1992. (Werkstattreihe Deutsch als Fremdsprache 36)

Maas, Utz / Dieter Wunderlich (Hrsg.): Pragmatik und sprachliches Handeln. Frankfurt: Suhrkamp 1972

Maley, Alan, Alan Duff, Françoise Grellet: The Mind's Eye. Using Pictures creatively in language learning. Cambridge: Cambridge University Press 1980

Maley, Alan / Alan Duff: Szenisches Spiel und freies Sprechen im Fremdsprachenunterricht. München: Hueber. 2. Aufl. 1985

Martens, Carl und Peter: Phonetik der deutschen Sprache. München: Hueber 1965

MARTIN, JEAN-POL: Zum Aufbau didaktischer Teilkompetenzen beim Schüler. Tübingen: Narr 1985

MARTIN, JEAN-POL: Vorschlag eines anthropologisch begründeten Curriculums für den Fremdsprachenunterricht. Tübingen: Narr 1994 (= 1994 a)

MARTIN, JEAN-POL: Didaktische Briefe. In: GRAEF, ROLAND / ROLF-DIETER PRELLER (1994) – siehe oben –, S. 29-48 (= 1994 b)

Mattenklott, Gundel: Literarische Improvisation. Eine Sammlung von Schreibspielen und literarischen Übungen. Berlin: Pädagogisches Zentrum 1984

Mebus, Gudula: Erfolgkontrolle, Prüfung, Bewertung – auch für die Aussprache? In: Fremdsprache Deutsch 12. Aussprache (1995). S. 26–30

Metzig, Werner / Martin Schuster: Lernen zu lernen. Berlin: Springer. 2. Aufl. 1993

METZLER LEXIKON SPRACHE. Hrsg. v. Helmut Glück. Stuttgart, Weimar: Metzler 1993

MEYER, HILBERT: UnterrichtsMethoden. Frankfurt: Cornelsen Scriptor. 2. Band, 6. Aufl. 1994

Mog, Paul / Hans-Joachim Althaus (Hrsg.): Die Deutschen in ihrer Welt. Tübinger Modell einer integrativen Landeskunde. Berlin ...: Langenscheidt 1992

Müller, Bernd-Dietrich: Konfrontative Semantik. Weil der Stadt [jetzt München]: Lexika Verlag 1981

MÜLLER, BERND-DIETRICH (Hrsg.): Anders lernen im Fremdsprachenunterricht. Berlin ...: Langenscheidt 1992

Müller, Bernd-Dietrich (Hrsg.): Interkulturelle Wirtschaftskommunikation. München: iudicium. 2. Aufl. 1993

MÜLLER, BERND-DIETRICH: Wortschatzarbeit und Bedeutungsvermittlung. Berlin ...: Langenscheidt 1994. (Fernstudienprojekt des DIFF, der GhK und des GI)

Müller, Martin et al. (Hrsg.): Autonomes und partnerschaftliches Lernen. Berlin ...: Langenscheidt 1989

Müller-Verweyen, Michael (Hrsg.): Werkstattgespräch Autonomes Lernen / Selbstlernsystem. München: Goethe-Institut 1995 [Manuskriptdruck]

Multhaup, Uwe / Dieter Wolff: Prozeßorientierung in der Fremdsprachendidaktik. Frankfurt: Diesterweg 1992

Mummert, Ingrid: Freies Schreiben im Deutschunterricht. In: Fremdsprache Deutsch 1. Schreiben (1989). S. 17–22

Mummert, Ingrid: Nachwuchspoeten. München: Klett Edition Deutsch 1989

Nation, Paul / Ron Carter (eds.): Vocabulary Acquisition. Amsterdam: Free University Press 1989. (Aila-Review 6)

Nehm, Ulrich / Klaus Vogel (Hrsg.): Autonomes Lernen und Fremdsprachenerwerb. Bochum: AKS-Rundbrief 17

NEUF-MÜNKEL, GABRIELE / REGINE ROLAND: Fertigkeit Sprechen. Berlin ...: Langenscheidt 1994. (Fernstudienprojekt des DIFF, der GhK und des GI. Erprobungsfassung)

NEUNER, GERHARD et al.: Übungstypologie zum kommunikativen Deutschunterricht. Berlin ...: Langenscheidt 1981

Neuner, Gerhard (Hrsg.): Kulturkontraste im DaF-Unterricht. München: iudicium 1986

Neuner, Gerhard: Mit dem Wortschatz arbeiten. In: Fremdsprache Deutsch 3. Wortschatzarbeit (1990). S. 4–11

NEUNER, GERHARD: Aufgaben und Übungsgeschehen im Deutschunterricht. In: Fremdsprache Deutsch 10. Aufgaben- und Übungsgeschehen (1994). S. 6–13

Neuner, Gerhard / Hans-Eberhard Piepho: Aufgaben und Übungsgeschehen – ein lohnendes Thema für ‚Fremdsprache Deutsch‘. In: Fremdsprache Deutsch 10. Aufgaben und Übungsgeschehen (1994). S. 4/5

Ni Jenfu: Aufgabentypologie und Übungsformen im Sprachkurs Deutsch als Fach- und Gemeinsprache. In: Info DaF 1/1992. S. 44–55

Nodari, Claudio: Autonomiefördernde Aufgaben im Fremdsprachenunterricht. In: Fremdsprache Deutsch 10. Aufgaben und Übungsgeschehen (1994). S. 39–43

NOKE, ANGELA: Untersuchungen zur Arbeit an und mit Phraseologismen im Fortgeschrittenenunterricht Deutsch als Fremdsprache. Phil. Diss. Leipzig 1990 (= 1990 a)

NOKE, ANGELA: Wer A sagt muß auch B lernen. Phraseologismen im Fortgeschrittenenunterricht. In: Die Ginkgo-Wurzel. Arbeitsheft für den Deutschunterricht. Nr. 3. Helsinki 1990. S. 40–45 (= 1990 b)

Nold, Günter (Hrsg.): Lernbedingungen und Lernstrategien. Tübingen: Narr 1992

Nunan, David (ed.): Guidelines for the development of curriculum resources. Adelaide: National Curriculum Resource Centre 1987

Nunan, David: Designing Tasks for the Communicative Classroom. Cambridge: Cambridge University Press 1989

Otten, Hendrik / Werner Treuheit (Hrsg.): Interkulturelles Lernen in Praxis und Theorie. Ein Handbuch für Jugendarbeit und Weiterbildung. Leverkusen: Leske und Budrich 1993

Oxford, Rebecca L.: Language Learning Strategies. New York: Newbury House Publ. 1989

PATTISON, PAT: Ideenkiste: Schüler / innen aktivieren. In: Fremdsprache Deutsch 10. Aufgaben und Übungsgeschehen. 1994. S. 52/53

Pauels, Wolfgang: Hausaufgaben im prozeßorientierten Fremdsprachenunterricht. In: Praxis 3/1995. S. 233–239

Pauels, Wolfgang: Hausaufgaben. In: HANDBUCH FREMDSPRACHENUNTERRICHT. Tübingen, Basel: Francke. 3. Aufl. 1995. S. 258–260

PFEIFFER, JOACHIM / ANNE MARGRET RUSAM: Autonomes Lernen. Die Methode „Lernen durch Lehren" in universitären Deutschkursen. In: Armin Wolff / Barbara Gügold (Hrsg.): Deutsch als Fremdsprache ohne Mauern. Regensburg 1994. (Materialien Deutsch als Fremdsprache 35) S. 243–250

Pica, Teresa: An Interactional Approach to the Teaching of Writing. English Teaching Forum 3/1986. S. 6–10

PIEPHO, Hans-Eberhard: Kommunikative Kompetenz als übergeordnetes Lernziel im Englischunterricht. Dornburg-Frickhofen: Frankonius 1974

PIEPHO, Hans-Eberhard: Kommunikative Didaktik des Englischunterrichts. Limburg: Frankonius 1979

PIEPHO, Hans-Eberhard: Didaktische Anmerkungen und Empfehlungen zum Lesen im Fremdsprachenunterricht. In: CHRISTOPH EDELHOFF (Hrsg.): Authentische Texte im Deutschunterricht. München: Hueber 1985. S. 31–42

Piepho, Hans-Eberhard: Kommunikativer DaF-Unterricht heute – Überlegungen zum Einstieg in die „postkommunikative Epoche". In: Deutsch lernen 2/1990

PIEPHO, Hans-Eberhard / Silvia SERENA: Artikulationsphasen in einem aufgaben- und impulsgesteuerten Deutschunterricht. In: Fragezeichen 1/1992. S. 20–41

PIEPHO, Hans-Eberhard: Sozialformen: Überblick. In: HANDBUCH FREMDSPRACHENUNTERRICHT. Tübingen, Basel: Francke. 3. Aufl. 1995. S. 201–204

POMMERIN, GABRIELE: Kreatives Schreiben im Bereich Deutsch als Fremdsprache. In: Deutsch als Fremdsprache. An den Quellen eines Faches. Festschrift Gerhard Helbig. München: iudicium 1995. S. 665–683

POMMERIN, GABRIELE: Kreatives Schreiben. „Wenn ich in einer fremden Sprache schreibe, tanzen die Wörter in meinem Kopf". Madrid: Editorial Idiomas 1996

PORTMANN, PAUL R.: Schreiben und Lernen. Tübingen: Niemeyer 1991

PORTMANN, PAUL R.: Produktiver Sprachgebrauch. Überlegungen zu einem schwierigen didaktischen Konzept. In: Deutsch als Fremdsprache 3/1993. S. 139–145

PRELLER, ROLF-DIETER: Beispiele für die Einbeziehung suggestopädischer Verfahren in den Englischunterricht nach der Methode Lernen durch Lehren. In: Roland Graef, Rolf-Dieter Preller (Hrsg.): Lernen durch Lehren. Rimbach: Verlag im Wald 1994. S. 201–222

Prokop, Manfred: Lernen lernen – aber ja! Aber wie? Klassifikation von Lernerstrategien im Zweit- und Fremdsprachenunterricht. In: Fremdsprache Deutsch 8. Lernstrategien (1993). S. 12–17

Quetz, Jürgen: Erwerb von Fremdsprachen im Erwachsenenalter. In: HANDBUCH FREMD-SPRACHENUNTERRICHT. Tübingen, Basel: Francke. 3. Aufl. 1995. S. 451–456

RAMPILLON, UTE: Lerntechniken im Fremdsprachenunterricht. München: Hueber 1985

Rampillon, Ute: Lernen leichter machen. Deutsch als Fremdsprache. Ismaning: Hueber 1995

Rath, Rainer: Kommunikationspraxis. Göttingen: Vandenhoeck und Ruprecht 1979

RAUSCH, RUDOLF / ILKA RAUSCH: Deutsche Phonetik für Ausländer. Berlin …: Langenscheidt Verlag Enzyklopädie. 3. Aufl. 1993

RICO, GABRIELE R.: Garantiert schreiben lernen. Reinbek: Rowohlt 1993

Rodi, Frithjof: Erkenntnis des Erkannten. Frankfurt: Suhrkamp 1990

ROHRER, JOSEF: Zur Rolle des Gedächtnisses beim Sprachenlernen. Bochum: Kamp. 3. Aufl. 1990

Rug, Wolfgang et al.: 50 praktische Tips zum Deutsch-Lernen. München: Klett Edition Deutsch 1991

RUG, Wolfgang / Andreas TOMASZEWSKI: Grammatik mit Sinn und Verstand. München: Klett Edition Deutsch 1993. S. 297–315: Gesprochene Umgangssprache

RUSTERHOLZ, PETER: Hermeneutik. In: Literaturwissenschaft. Hrsg. v. H. L. Arnold und V. Sinemus. München: dtv. 6. Aufl. 1973. (Grundzüge der Literatur- und Geisteswissenschaft 1) S. 89–105

SAXER, ROBERT: Wortbildung im Sprachunterricht. In: Info DaF 1/1991. S. 55–62

Scheidt, Jürgen von: Kurzgeschichten schreiben. Frankfurt: Fischer Taschenbuch Verlag 1994

Schiffler, Ludger: Lernpsychologische Überlegungen zur Korrekturphonetik im Fremdsprachen-Anfängerunterricht. In: Der fremdsprachliche Unterricht 1/1977. S. 20–27

SCHOUTEN-VAN PARREREN, CAROLINE: Wider das Vergessen. Lern- und gedächtnispsychologische Gesichtspunkte beim Wortschatzerwerb. In: Fremdsprache Deutsch 3. Wortschatzarbeit (1990). S. 12–16

Schräder-Nef, Regula D.: Rationeller Lernen lernen. Weinheim, Basel: Beltz. 17. Aufl. 1992

Schwerdtfeger, Inge Christine: Alltag und Fremdsprachenunterricht. München: Hueber 1987

SCHWERDTFEGER, INGE CHRISTINE: Gruppenunterricht und Partnerarbeit. In: HANDBUCH FREMDSPRACHENUNTERRICHT. 3. Aufl. 1995. S. 206–208

SEGERMANN, KRISTA: Typologie des fremdsprachlichen Übens. Bochum: Brockmeyer 1992

SEIFFERT, HELMUT: Einführung in die Hermeneutik. Tübingen: Francke 1992. (Universitäts-Taschenbücher 1666)

Sitta, Horst: Pragmatisches Sprachverstehen und pragmatikorientierte Sprachgeschichte. In: Horst Sitta (Hrsg.): Ansätze zu einer pragmatischen Sprachgeschichte. Tübingen: Niemeyer 1980. S. 23–33

Skowronek, Barbara: Der sprachliche Fehler im gesteuerten Fremdsprachenunterricht im Gefüge der Interimsprache und der Sprachnorm. In: Glottodidaktik 17. 1984. S. 39–46

SLEMBEK, EDITH: Lehrbuch der Fehleranalyse und Fehlertherapie. Heinsberg: Dieck. 2. Aufl. 1995

SOLMECKE, GERT: Texte hören, lesen und verstehen. Berlin …: Langenscheidt 1993

SONTAG, SUSAN: Kunst und Antikunst. Frankfurt: Fischer Taschenbuch Verlag 1982

Speichert, Horst: Praxis produktiver Hausaufgaben. Königstein: Scriptor 1982

Speight, Stephen: Konversationsübungen. In: HANDBUCH FREMDSPRACHENUNTER-RICHT. Tübingen, Basel: Francke. 3. Aufl. 1995. S. 252–255

SPERBER, HORST G.: Mnemotechniken im Fremdsprachenerwerb mit Schwerpunkt „Deutsch als Fremdsprache". München: iudicium 1989

SPIEL DOCH MIT. Hrsg. v. Wolfgang Eschker und Diethelm Kaminski. München: Goethe-Institut 1986

SPIELE FÜR DEN DEUTSCHUNTERRICHT. Informationen Deutsch als Fremdsprache 2/1982

Spielstraße Deutsch. Von Mechthild Borries et al. Hannover: Schroedel 1991

SPIER, ANNE: Mit Spielen Deutsch lernen. Frankfurt: Cornelsen Scriptor 1981

STEINIG, WOLFGANG: Kann man eine fremde Sprache autonom in der Schule lernen? In: Martin Müller et al. (Hrsg.): Autonomes und partnerschaftliches Lernen. Berlin ...: Langenscheidt 1989. S. 31–48

Stiefenhöfer, Helmut: Übungen zum Leseverstehen. In: HANDBUCH FREMDSPRACHENUNTERRICHT. Tübingen, Basel: Francke. 3. Aufl. 1995. S. 246–248

Sturm, Berthold: Differenzierende Hausaufgaben. In: Praxis 2/1983. S. 170–178

STURM, DIETRICH: Zur Visualisierung von Lehrwerken für Deutsch als Fremdsprache. Phil. Diss. Kassel 1990 [Manuskriptdruck]

Szondi, Peter: Einführung in die literarische Hermeneutik. Frankfurt: Suhrkamp 1975

Tarone, Elaine / George Yule: Focus on the Language Learner. Oxford: Oxford University Press 1989

Tomaszewski, Andreas / Wolfgang Rug: Meine 99 liebsten Fehler. München: Klett Edition Deutsch 1993 [Übungs- und Arbeitsbuch]

TÖNSHOFF, WOLFGANG: Bewußtmachung – Zeitverschwendung oder Lernhilfe? Bochum: Brockmeyer 1990. (Manuskripte zur Sprachlehrforschung 31)

Tönshoff, Wolfgang: Lernerstrategien. In: HANDBUCH FREMDSPRACHENUNTERRICHT. Tübingen, Basel: Francke. 3. Aufl. 1995. S. 240–243

Ulich, Dieter: Pädagogische Interaktion. Weinheim, Basel: Beltz 1976

UMBREIT, MARION: Literarische Texte im kommunikativen Fremdsprachenunterricht Deutsch. Unterrichtseinheiten, Ergebnisse und Erfahrungen. Magisterarbeit Universität München 1993 [Manuskriptdruck]

UR, PENNY: Hörverständnisübungen. München: Hueber 1987

Valdes, Joyce Merill (ed.): Culture Bound. Cambridge: Cambridge University Press 1986

VESTER, FREDERIC: Denken, Lernen, Vergessen [1975]. München: dtv 1993

VÖLKER, KRISTIN et al. (Hrsg.): Literarische Texte in der Unterrichtspraxis. Band 1. München: Goethe-Institut 1984

VORDERWÜLBECKE, KLAUS: Vom Sprechen zum Vorlesen. In: Klaus Vorderwülbecke (Hrsg.): Phonetik, Ausspracheschulung und Sprecherziehung im Bereich Deutsch als Fremdsprache. Regensburg 1992. (Materialien Deutsch als Fremdsprache 32) S. 131–142

Waldmann, Günter: Produktiver Umgang mit Lyrik. Baltmannsweiler: Verlag Schneider-Hohengehren 1992

WÄNGLER, HANS-HEINRICH: Grundriß einer Phonetik des Deutschen. Marburg: Elwert. 2. Aufl. 1967

WEINRICH, HARALD: Textgrammatik der deutschen Sprache. Mannheim ...: Dudenverlag 1993

Weiss, Andreas: Syntax spontaner Gespräche. Düsseldorf: Schwann 1975

WEISZ, JUTTA: Kreativer versus hermeneutisch orientierter fremdsprachlicher Literaturunterricht? In: Hubert Eichheim (Hrsg.): Fremdsprachenunterricht, Verstehensunterricht, Wege und Ziele. München: Goethe-Institut 1992. S. 121–144

Wenden, Anita L. / Joan Rubin: Learner Strategies in Language Learning. Englewood Cliffs: Prentice Hall 1987

Wenden, Anita L.: Learner Strategies for Learner Autonomy. New York: Prentice Hall 1991

WERR, CHRISTOPH: Literatur zum Anfassen. Ismaning: Hueber 1987

WESTHOFF, GERARD: Arbeit mit Texten. Psychologische Einsichten und das Lesen im Deutsch-als-Fremdsprache-Unterricht. Tübingen: Deutsches Institut für Fernstudien an der Universität Tübingen 1984

WESTHOFF, GERARD J.: Didaktik des Leseverstehens. München: Hueber 1987

WICKE, RAINER E.: Aktive Schüler lernen besser. München: Klett Edition Deutsch 1993

Wicke, Rainer E.: Die Aufgabe als Verstehenshilfe im Umgang mit literarischen Texten. In: Fremdsprache Deutsch 11. Literatur im Anfängerunterricht (1994). S. 40–45

Wierlacher, Alois (Hrsg.): Kulturthema Fremdheit. München: iudicium 1993

WOLFF, JÜRGEN: „Sei alternativ – lern autonom"? In: Martin Müller et al. (Hrsg.): Autonomes und partnerschaftliches Lernen. Berlin …: Langenscheidt 1989. S. 89–106

Wunderlich, Dieter: „Sprechakte". In: Maas, Utz / Dieter Wunderlich (Hrsg.): Pragmatik und sprachliches Handeln. Frankfurt: Suhrkamp 1972. S. 69–188

Sachregister

Die Zahlen verweisen auf Seitenzahlen.

Dieses Register ist für
- Benutzer, die die gesuchte Aufgaben- oder Übungsthematik nicht spontan in dem ausführlichen Inhaltsverzeichnis S. 5–15 finden. Für ein Stichwort (wie etwa: *Akzent*) werden daher oft ein oder zwei alternative Stichwörter angeboten (hier: *Betonung*).
- Benutzer, die zu einem ganz bestimmten sprachlichen Problem eine Aufgabe oder Übung suchen. Für sie ist zum Beispiel angegeben: *Umgangssprache*, oder: *Futur / Zukunft*.

Eine Auflistung nach rein äußeren, formalen Aufgaben- oder Übungskategorien (wie etwa „Schüttelkasten" oder „Schalttafel") wurde nicht vorgenommen.